Françoise Dolto

Alltagsprobleme mit Kindern und Jugendlichen

Françoise Dolto

Alltagsprobleme mit Kindern und Jugendlichen

Die ersten fünf Jahre
Wenn die Kinder älter werden…

Aus dem Französischen von Sylvia Koch

BELTZ
Quadriga

Titel der Originalausgabe:
Lorsque l'enfant paraît, Tome 1, 2 et 3

Die Deutsche Bibliothek – CIP-Einheitsaufnahme

Dolto, Françoise:
Alltagsprobleme mit Kindern und Jugendlichen : die ersten fünf Jahre ; wenn die Kinder älter werden ... / Françoise Dolto. Aus dem Franz. von Sylvia Koch. – Weinheim ; Berlin : Quadriga-Verl., 1992
Einheitssacht.: Lorsque l'enfant paraît <dt.>
ISBN 3-88679-207-2

Wiederveröffentlichung der im »Psychologie heute-Sachbuch« bei Beltz verlegten Titel »Die ersten fünf Jahre« und »Wenn die Kinder älter werden«.

Lektorat: Claus Koch

Gesamtherstellung: Druckhaus Beltz, 6944 Hemsbach
Umschlaggestaltung: Dieter Zembsch, München
ISBN: 3-88679-207-2

Inhaltsverzeichnis

Vorwort zur französischen Ausgabe

Während meines Urlaubs im August 1976 bekam ich einen Telefonanruf. Der Direktor von FRANCE-INTER*, Pierre Wiehn, den ich bis dahin nicht kannte, schlug mir vor, nach der Urlaubszeit an einer Sendung über Probleme, die Eltern mit ihren Kindern haben, teilzunehmen. Fürchterlich, mitten im Urlaub an die Rückkehr denken zu müssen. Ich lehnte ab. Ich sagte auch deshalb kategorisch nein, weil mir die Schwierigkeit einer solchen Sendung bewußt war – spielen bei Erziehungsproblemen doch so viele unbewußte Faktoren eine Rolle. Einige Tage später versuchte der Stellvertreter des Direktors von FRANCE-INTER dann überzeugender zu sein. Die Nachfrage nach einer solchen Sendung wäre groß , sagte er. Seit das Radio zu Hause eine Art ständiger Begleiter geworden sei, suchten dort viele Eltern die Antworten auf ihre psychologischen Probleme. Man sollte deswegen einmal eine Sendung über die Schwierigkeiten bei der Kindererziehung machen. Ich fand die Idee nicht schlecht, aber warum gerade mit mir, die ich in meinem Beruf als Psychoanalytikerin schon viel zu viel beschäftigt bin? Das wäre doch eher eine Aufgabe für Erzieher, Psychologen oder junge Mütter und Väter. Es gibt schließlich viele Leute, die sich mit diesen Fragen beschäftigen. Ich blieb bei meiner Ablehnung und die Sache war für mich gestorben.

Bei meiner Rückkehr aus dem Urlaub rief Pierre Wiehn dann noch einmal an. Kommen Sie doch nur vorbei, sagte er, um mit uns zu sprechen und wir denken über die Angelegenheit noch einmal nach. Wir würden gern unsere Vorstellungen mit Ihnen diskutieren, denn es handelt sich um eine Sendung, die uns

* Bekannte französische Rundfunkanstalt.

sehr am Herzen liegt. Ich war gerade zurückgekommen und fühlte mich gut ausgeruht, stand noch nicht unter dem Druck meiner Termine und sagte zu. An einem Nachmittag Anfang September ging ich schließlich zu dem großen Gebäude von FRANCE-INTER, um die Herren, die mich auf die Sendung angesprochen hatten, dort zu treffen, mit ihnen gemeinsam über das Projekt nachzudenken und mich nach und nach für ihre Sache gewinnen zu lassen.

Ich sah ein, daß man sich der Kinderwelt annehmen sollte, zumal die Nachfrage von seiten der Öffentlichkeit wirklich groß war. Doch wie konnte man Antworten geben, ohne zu schaden, ohne zu indoktrinieren, wie konnte man die Zuhörerschaft nutzen, um etwas für diejenigen zu tun, die die Zukunft einer Gesellschaft sind, von der sie aber niemals angehört werden? Schließlich stimmen die Verantwortlichen von Beratungsstellen darin überein, daß sie feststellen, daß die Verhaltensstörungen, aufgrund derer die Kinder zu ihnen gebracht werden, häufig auf die frühe Kindheit zurückzuführen sind. Neben den unmittelbar reaktiven Störungen aufgrund von schulischen oder familiären Ereignissen gibt es in der Kindheit richtige Neurosen oder Psychosen, die mit Störungen anfingen, die man hätte beheben können, wenn den Eltern und den betroffenen Kindern dabei geholfen worden wäre, sich ohne Angst und Schuldgefühle von beiden Seiten besser zu verstehen. Ohne diese Hilfe gehen solche Störungen häufig in einen chronisch pathologischen Zustand über, der beim Kind sowohl von starken Abhängigkeitsgefühlen und Abwehrreaktionen wie auch von einer ungleichmäßigen Entwicklung gekennzeichnet ist. Die ganz Kleinen drücken ihre Leiden zunächst durch Funktionsstörungen der Verdauungsorgane, Appetitverlust, Schlafstörungen, motorische Unruhe oder durch große Apathie aus, wenn nicht dadurch, daß sie anfangen, sich gegenüber allem gleichgültig zu zeigen und die Lust am Spielen und kindlichen Umhertoben verlieren. Die Verlangsamung der Sprachentwicklung, motorische Störungen oder Charakterstörungen sind dann die nachfolgenden Symptome des Verlustes der sprachlichen Kommunikation mit der Umgebung. Diese in der frühen Kindheit ja häufig auftretenden Störungen sind für die meisten Eltern völlig unverständlich, und sie begnügen sich damit, das Schulalter abzuwarten und ihre Kinder bis dahin für die Fehlentwicklungen zu bestrafen oder den sie störenden Kindern Beruhigungsmittel zu verabreichen, auf die sie der Arzt eines Tages aufmerksam gemacht hat und die sie seitdem täglich anwenden. Man kann also sagen, daß derartige kindliche Beziehungsschwierigkeiten bis zum schulpflichtigen Alter nicht als solche ins Bewußtsein der Erwachsenen dringen. Dabei sind sie es doch selbst, die eine gestörte psychosoziale Zukunft des Kindes vorbereiten. Es ist nicht so, daß die Eltern ihre Kinder nicht lieben, sondern sie verstehen es nicht, sie wissen nicht – oder wollen es nicht wissen – wie sie mitten in den Schwierigkeiten ihres eigenen Lebens an die psychischen Probleme der ersten Lebensphase ihrer Söhne und Töchter herangehen sollen. Dabei sind diese Kinder doch schon in den ersten Stunden ihres Lebens Wesen, die nach Kommunikation trachten, Wesen, die Sicherheit, Liebe, Fröhlichkeit und Worte brauchen, und zwar mehr noch wie materielle Pflege oder eine gesunde Ernährung und rein körperliches Wohlergehen. Hinzu kommt, daß die Medizin und speziell die Chirurgie solche Fortschritte gemacht haben, daß manche Kinder, die in der Vergangenheit sowohl an Infektionskrankheiten als auch an Funktionsstörungen oder physiologischen Schwächen im frühen Alter starben, heute gerettet werden; wiederum andere bleiben nach einem schwierigen Leben im Mutterleib oder nach einer Frühgeburt mit langem Aufenthalt im Brutkasten am Leben. Doch diese medizinisch so gut betreuten und körperlich erholten Kinder zeigen oft Regressionssymptome und Schwierigkeiten bei der Sprachentwicklung im weitesten Sinne des Wortes, zeigen Gesundheitsstörungen psychosozialer Herkunft in ihrem familiären Milieu, in der Gesellschaft oder wenn sie mit gleichaltrigen Kindern zusammen sind. Es ist dann viel zu spät, wenn im Schulalter die Auswirkungen einer in ihrer Entwicklung bis zu drei oder fünf Jahren gestörten Frühkindheit dadurch zu erkennen sind, daß es für diese Kinder unmöglich ist, sich mit Sicherheit und Fröhlichkeit an den Aktivitäten der Kinder ihres Alters zu beteiligen. Und erst viel später lassen sich die Eltern dann dazu bewegen, spezielle Untersuchungen durchführen zu lassen, nämlich wenn sie mit Charakterstörungen ihrer Kinder, andau-

ernden psychosomatischen Symptomen oder verschiedenen psychischen Symptomen konfrontiert werden, daß die Kinder z.B. in Angstzustände verfallen oder heftige Ablehnung durch ihre Altersgruppe oder die Erwachsenen in ihrer Umgebung erfahren. Dabei haben diese Kinder aber noch Glück im Vergleich zu denjenigen, die von ihren Eltern getrennt sind und sich in Anstalten oder Einrichtungen aufhalten, in denen sie meist für immer zu abseits stehenden Mitgliedern der Gesellschaft gemacht werden.
Man müßte also viel früher eingreifen, nämlich sobald bei der Erziehung des Kindes Probleme in seinem Verhältnis zur Mutter auftauchen. Aber wie?
Es gibt zahlreiche Fälle, bei denen die Eltern selbst dieser Meinung sind und das Scheitern ihrer Erziehungsbemühungen verstehen lernen wollen. Doch oft handelt es sich um umfassende Erziehungsprobleme, d.h. sie versuchen dann »alles«, wie sie sagen, und haben doch Angst, damit zu scheitern. Gleichzeitig verliert das Kind an Lebenslust, weil es ihm nicht gelingt, sich gerade denjenigen gegenüber verständlich zu machen, von denen es – von Natur aus, weil es ein Kind ist – alles erwartet, und an deren Hilfe es gerade durch seine Entwicklungsstörungen appelliert.
Wäre es also nicht möglich, den Eltern bei ihren Problemen, sich ausdrücken zu können, zu helfen, die Bedeutung der Schwierigkeiten ihrer Kinder verstehen zu lernen, anstatt die ersten Anzeichen des kindlichen Leidens totzuschweigen oder zu ignorieren? Man müßte darüber informieren, wie man einem Kind am besten die Sicherheit zurückgeben kann und ihm ermöglicht, in seiner Entwicklung weitere Fortschritte zu machen und sein Selbstvertrauen zu finden: nach einem Schicksalsschlag oder schlechten Erfahrungen, einer schweren Krankheit, einer bleibenden Behinderung bzw. einem vorhandenen körperlichen, geistigen oder seelischen Leiden. Es gibt für Eltern nichts Schlimmeres, als ihre Ohnmacht vor dem physischen oder psychischen Leid ihres Kindes festzustellen, und ebenso geht es dem Kind, wenn es das Gefühl hat, seine existentielle Sicherheit zu verlieren, dieses Gefühl des natürlichen Vertrauens, das es aus dem Erwachsenen schöpft. Alles in allem ginge es also darum, die Eltern zu informieren, auf

ihren Hilferuf eine Antwort zu geben, festgefahrene Situationen aufzulösen, dem einen oder anderen die Schuld abzunehmen, um letztlich Denkprozesse in Gang zu setzen; es ginge darum, Väter und Mütter in ihrem Verständnis zu unterstützen, daß auch sie zu der gestörten Entwicklung des Kindes beigetragen haben. Vielleicht könnte man ihnen auch manchmal helfen, über die Schwierigkeiten, die ihnen ihr gestörtes Kind vor Augen führt, sich selbst besser zu verstehen. Das gestörte Kind ist häufig nur der scheinbare, doch manchmal auch der wirkliche Grund ihrer Bestürzung und Probleme, die oft ohne ihr Wissen eine Reaktion auf ihre eigenen Ungeschicklichkeiten sind, welche die Weiterentwicklung ihres nach Selbständigkeit strebenden Kindes hemmen; es mag daran liegen, daß sie ihm je nach Alter und seiner Art manchmal zu viel und manchmal nicht genug Freiheit geben. Ist aber eine solche Hilfestellung überhaupt möglich? Sollte man also den Versuch mit der Sendung wagen?
Bestand nicht die Gefahr, fertige Lösungen und wirksame Erziehungstricks vorzubringen, wobei es doch meistens um komplexe emotionale Probleme geht, die auf die Erwachsenen zurückzuführen sind? So tragen diese häufig noch die Verhaltensweisen ihrer eigenen Eltern in sich, die sie ihren Kindern gegenüber wiederholen oder befinden sich im Gegenteil in Widerspruch zu ihrer Elternrolle, die sie zu früh familiären Verpflichtungen nachkommen läßt, mit denen sie nicht fertig werden können, weil sie gleichzeitig ihre eigene verlängerte Jugend weiterleben. Letztere sind zu früh an ein Leben gebunden, das Verantwortung von ihnen verlangt. Ich glaubte, daß man von dieser Art von Rundfunksendung nicht zu viel erwarten sollte, aber reichte es aus, sich der Aufgabe zu entziehen? Wenn ich es mache, so sagte ich mir, würden dagegen sicherlich viele Einwände erhoben werden, aber war auch dies ein Grund, den Versuch nicht zu unternehmen? Viele familiäre Situationen sind z. B. einfach zu schwierig, zu viele unbewußte Prozesse spielen beim Kommunikationsverlust in der Familie eine Rolle, als daß es den Eltern möglich wäre, die innere Ruhe wiederzuerlangen, die für ein Nachdenken notwendig ist; um so mehr, da gerade Eltern, die selbst in Schwierigkeiten geraten, von ihren Kindern und deren

›Lebenserfolgen‹Trost für ihren Kummer erwarten. Es gibt so viele Eltern, die in ihrer Kindheit verletzt, in ihrer Ehe bzw. dem Leben mit ihren Angehörigen emotional enttäuscht oder beruflich entmutigt worden sind und nun alle ihre Hoffnung auf ihren Nachwuchs setzen, dessen kleinster Mißerfolg sie zur Verzweiflung bringt und den sie mit einer für Jugendliche lähmenden Verantwortung belasten, anstatt ihnen in einer Atmosphäre der Sicherheit und Entspannung zu helfen, ihr Selbstvertrauen zu bewahren und ihre Hoffnung ...

Wie sollte man also vorgehen? Zunächst nicht auf alle Fragen direkt antworten, selbst wenn die Anonymität gewahrt bliebe. Man sollte detaillierte Briefe anfordern und den Schreibenden gleichzeitig versichern, daß alle ihre Briefe aufmerksam gelesen werden würden, obwohl man – angesichts der knappen Sendezeit – nur auf die wenigsten direkt eingehen könnte. Seine Schwierigkeiten *schriftlich* zu formulieren, ist ja schon für sich genommen ein gutes Mittel, um sich selbst zu helfen. Das war meine erste Idee.

Nach Durchsicht der Post müßte man dann unter den Fragen diejenigen auswählen, die, von einem besonderen Fall ausgehend, ein Problem aufwerfen, das zahlreiche Eltern interessieren kann, selbst wenn es sich für jedes Kind anders darstellt. Zu berücksichtigen wäre weiterhin die familiäre Lebensweise, die Anzahl der Kinder, das Alter, das Geschlecht, der Platz, den das Kind in der Geschwisterreihe einnimmt, denn von diesen Faktoren hängen eine Reihe von emotionalen Faktoren beim Kind ab. Ebenso werden von diesen Umständen die Weltsicht des Kindes beeinflußt, die es im Verlauf seiner Entwicklung auf der Suche nach seiner Identität gewinnt, die Anregungen, die es bekommt, die Rivalität in seinem Verhältnis zu anderen und seine aufeinanderfolgenden Identifikationen. Man müßte die Eltern, die uns zuhören würden, über die *besonderen* Zeitabschnitte informieren, die alle Kinder – jedes auf seine Weise – in ihrer Entwicklung durchleben und die so viel Kopfzerbrechen bereiten, wobei das Unverständnis der Erwachsenen und ihre Bestürzung angesichts von Mißerfolgen gerade in dieser Zeit für die Kinder schmerzhafter sind als in späteren Zeitabschnitten ihres Lebens und die Ursache für Mißverständnisse, Mißdeutungen und Kettenreaktionen, die einem glücklichen Ausgang dieser besonderen Entwicklungsetappen im Wege stehen. Man müßte also anhand von speziellen Fällen über diese häufigsten Probleme sprechen, damit die Sendung dem Verständnis der Kindheit durch die Erwachsenen wirklich dient. Für viele Erwachsene trifft zu, daß sie von diesen für die Kindheit spezifischen Krisen und von den entsprechenden Reaktionsweisen, die – je nach Art des Kindes – mit einem glücklichen oder weniger glücklichen Ausgang einhergehen, überhaupt nichts wissen.

Die Eltern und Erwachsenen wissen nämlich nur selten, daß ein kleiner Mensch von Geburt an ein sprachliches Wesen ist und daß viele von seinen Schwierigkeiten am besten dadurch gelöst werden, daß man sie ihm erklärt. So klein ein Kind auch sein mag, ist es doch fähig, wenn eine Mutter oder ein Vater mit ihm über die bekannten oder nur vermuteten Gründe seines Leides spricht, diese Leidsituation zu überwinden und dabei sein Selbstvertrauen und das Vertrauen in seine Eltern zu bewahren. Aber versteht es denn schon den Sinn der Wörter oder die Hilfsbereitschaft, von der dieses Sprechen zeugt? Ich bin mir sicher, daß es schon sehr früh für den Sinn der mütterlichen Sprache sowie auch für den vermenschlichenden Sinn des mit Mitgefühl und Aufrichtigkeit an seine Person gerichteten Wortes offen ist. Es empfindet darin mehr Sicherheit und zusammenhängende Befriedung als in dem Gebrüll, in den Beschimpfungen und Schlägen, die es zum Schweigen bringen sollen und dies manchmal ja auch fertigbringen. Eltern, die so handeln, verleihen dem Kind eher den Status eines Haustieres, das seinem Herrchen gegenüber unterwürfig und ängstlich ist, als den eines Menschen, dem bei seinen existentiellen Schwierigkeiten, von denjenigen, die ihn lieben, geholfen wird. Die Kinder können dann selbst nur noch durch Geschrei ihr Unbehagen zum Ausdruck bringen, weil ihnen die beruhigenden und erklärenden Worte von seiten der Eltern fehlen. Die menschliche Kommunikation scheint mir heutzutage gegenüber den Kindern in Vergessenheit geraten zu sein, die zwar stets Zeuge des elterlichen Ehelebens sind, aber der direkt an sie gerichteten Sprache beraubt. Dies trifft besonders auf solche Kinder zu, die in der Stadt leben – mit ihrer Mutter, bei ihrer Pflegemutter oder in der Kinderkrippe. In den alten

Stammesfamilien gab es früher immer einen zusätzlichen Erwachsenen, der, wenn die Eltern nicht da waren, mit dem Kind zu sprechen wußte, ihm ein Lied singen, es wiegen bzw. mit sich selbst versöhnen konnte, und dabei auch dessen Leidensäußerungen tolerierte. Auch kommt es darauf an, im Laufe der Erziehung auf alle Fragen eines Kindes ehrlich zu antworten und seine Beobachtungsgabe, sein Urteilsvermögen und seinen kritischen Sinn zu fördern. Mir schien es notwendig, daß die Eltern diese Sprache entdecken oder wiederentdecken. Doch sind das alles nicht eigentlich Erkenntnisse des gesunden Menschenverstandes, die man Eltern beibringen muß und die sie nur vergessen haben?

Ich fragte mich auch, ob die anstehende Arbeit mit der Sendung oder, man könnte auch sagen, diese soziale Hilfestellung, Aufgabe eines Psychoanalytikers sein kann? Ein Psychoanalytiker ist doch ausgebildet für das stille Zuhören bei denjenigen, die gekommen sind, um im Gespräch mit ihm ihre innere Ruhe wiederzufinden, die durch vergangene Krisen gestört wurde, deren Sinn sie durch ein Wiedererzählen zu entziffern suchen, weil sie durch den Wiederholungsprozeß in bezug auf diese Krisen derart in sich eingesperrt sind, daß sie in ihrer menschlichen Entwicklung beeinträchtigt werden. War es also Aufgabe eines Analytikers – zu denen ich ja schließlich gehöre – in einer Radiosendung direkt auf Fragen in bezug auf Erziehungsprobleme zu antworten? Diese Frage habe ich mir seinerzeit gestellt und stelle sie immer noch. Sicherlich kann ich nur zu Erziehungsproblemen Stellung nehmen wie jemand, der durch die Psychoanalyse ausgebildet ist, auf der anderen Seite aber auch von so vielen ungelösten Situationen informiert wurde, in denen sich diejenigen – junge und weniger junge Menschen –, denen ich in meinem Beruf begegnet bin, zu bewähren hatten. Wenn auch jeder Mensch in seiner Entwicklung die gleichen Etappen durchmacht, so empfindet doch jeder Einzelne die daraus entstehenden Schwierigkeiten anders, die immer an die seiner Eltern – mögen diese auch noch so wohlmeinend sein – gekoppelt sind. Kann diese immer besondere und individuelle Kenntnis des menschlichen Leidens dazu beitragen, auch anderen zu helfen, die nicht direkt angesprochen werden? Ich weiß es nicht. Die Erfahrung wird es zeigen. Und gibt es keine vermeidbaren Leidsituationen unter denjenigen, die Eltern und Kinder im Laufe ihres gemeinsamen Lebens durchmachen? Wir alle sind von unbewußten Wünschen eingenommen, und in bezug auf die Eltern-Kind-Beziehung sind diese vom Inzestverbot durchdrungen bzw. den Schwierigkeiten, einen schöpferischen Ausweg aus Bedürfnissen zu finden, die zwischen den einzelnen Familienmitgliedern nicht zugelassen sind. Aber wenn ich Psychoanalytikerin bin, so bin ich auch eine Frau, Gattin oder Mutter, und ich habe ebenfalls die Probleme dieser verschiedenen Rollen gekannt und kenne die Grenzen, einfach nur guten Willens zu sein. Ich spreche als Frau, die, obwohl Psychoanalytikerin, von ihrem Alter her mindestens Großmutter sein könnte, als Frau, deren Antworten anfechtbar und die ihnen zugrundeliegenden Ideen angreifbar sind, in einer sich bewegenden Welt, in der die heutigen Kinder die Jugendlichen und die Erwachsenen von morgen sein werden, in einer in Wandlung begriffenen Zivilisation. Im Grunde möchte ich nur in die Fragen, die man mir stellt, mehr Verständnis für das zugrundeliegende Problem einbringen. Die Zuhörer – die, die mir schreiben, zuhören und schließlich die, die hier meine Antworten lesen – sollten nicht denken, daß ich über ein wahres Wissen verfüge, das sie nicht in Frage zu stellen hätten. Es geht mir darum, diesen Weg der Wissensvermittlung zu erforschen und darum, sich den aktuellen Problemen der heutigen Kinder zu stellen. Diese sind in vielen Fällen Erfahrungen und einem psychosozialen Klima ausgesetzt, das sich stets verändert und ständig Situationen schafft, die für alle neu sind. In den Antworten, die ich gebe, setze ich mir zum Ziel, die Eltern, die Schwierigkeiten haben, zu bewegen, ihr Problem unter einem anderen Blickwinkel zu betrachten, jene Zuhörer, die sich nicht unmittelbar angesprochen fühlen, zum Nachdenken über die Stellung, die der Kindheit um uns herum eingeräumt wird, zu bringen, diese Kindheit, die wir Erwachsene, die wir neben ihr hergehen, zu empfangen und zu unterstützen haben, damit die Kinder in aller Ruhe den Sinn ihrer Verantwortung verstehen lernen.

Ist die heutige Kindheit eine Kopie unserer eigenen? Müssen wir in unseren Verhaltensweisen die derjenigen wiederholen, denen es gelungen ist, vergangene Generationen großzuziehen? Sicherlich nicht. Die Bedingungen der Wirklichkeit haben sich verändert und verändern sich jeden Tag und mit ihnen müssen die heutigen Kinder leben, um sich zu entwikkeln. Was sich nicht geändert hat, ist das unstillbare Bedürfnis der Kinder nach Kommunikation mit den Erwachsenen. Dieses existiert immer noch und hat immer existiert, denn es macht das menschliche Wesen aus, daß es sich ausdrückt und danach trachtet, den Schranken des Alters und der Sprache zum Trotz sich den anderen mitzuteilen und dann auch leidet, dazu unfähig zu sein oder nur inadäquate Mittel dafür zur Verfügung stehen zu haben.

Alle diejenigen, die meine Antworten auf diese Briefe von Eltern und seltener von Jugendlichen lesen, werden, so hoffe ich, dazu angeregt, ihrerseits über diese Probleme, deren Sinn und die verschiedenen Antworten, die man darauf geben kann, nachzudenken. Dazu gehört auch das Nachdenken über dieses außergewöhnliche Mittel des Sichmitteilens und der gegenseitigen Hilfe im Rahmen einer Radiosendung, welche die Kommunikation zwischen einander unbekannten Leuten über Probleme, die früher in den Familien geheimgehalten wurden, ermöglicht.

Bei manchen werden Erinnerungen aus ihrer eigenen Kindheit wachgerufen werden, manche werden auf Schwierigkeiten aufmerksam gemacht, die sie selbst als Kind oder die ihre Eltern mit ihnen gehabt haben bzw. auf Probleme, die sie mit ihren eigenen Kindern hatten oder jetzt noch haben und die sie ohne fremde Hilfe lösen können. Ich hoffe auch, daß dieses Buch viele ermutigt, sich anderen Familien zu nähern. Es mag dann dazu beitragen, in Leidsituationen geratene Eltern und deren Kinder anders zu betrachten, sowie die Reaktionen der Kinder mit anderen Augen zu sehen, ob man sie nun auf den Spielplätzen miteinander spielen sieht, ob es sich um Kinder handelt, die sich in der Schule schwertun oder um Kinder, die uns einfach nur in unserer Ruhe stören. Vielleicht kann man den Erwachsenen helfen, mit solchen Kindern anders zu sprechen als wie sie es jetzt tun, nicht zu schnell über sie zu urteilen, durch ihr Nachdenken Antworten auf alltägliche Probleme, die man ihnen anvertraut, und von denen hier so viel die Rede sein wird, zu finden. Vielleicht werden sie besser als ich die hilfreichen Worte zu dem schwierigen menschlichen Dasein der Eltern und dem nicht weniger schwierigen menschlichen Dasein der Kinder bei denjenigen finden, denen sie begegnen und die sie um Rat bitten.

Ich möchte zuletzt allen von der kleinen Mannschaft, die wir während der Sendung bildeten, danken: Bernard Grand, dem Produzenten, der immer ein wachsames Auge auf seine Uhr geworfen hat! Jacques Pradel, der sich mit mir während der Sendung unterhält; Catherine Dolto, die alle von mir ausgewählten Briefe zusammengefaßt hat, was es uns ermöglichte, die Hauptthemen des Tages festzulegen; den treuen Technikern und Sekretärinnen des Zimmers 5348, 116, avenue du Président Kennedy, Paris XVI.

Françoise Dolto

Vorwort zur deutschen Ausgabe

Das vorliegende Buch beruht auf einer in Frankreich über mehrere Jahre hinweg ausgestrahlten Rundfunksendung: *Wenn ein Kind auf die Welt kommt.* Die Psychoanalytikerin und Kinderärztin Françoise Dolto beantwortete in dieser Sendereihe die Briefe von Eltern, Kindern und Jugendlichen, die sich mit Alltagsproblemen aus allen Bereichen der Erziehung befassen. Dabei versuchte sie, die Erkenntnisse der Psychoanalyse praktisch umzusetzen. Bei den Problemen handelt es sich um keine spektakulären »Fälle«, sondern eher um die Beobachtungen von besorgten Eltern, die sich mit Verhaltensweisen ihrer Kinder konfrontiert sehen, deren Sinn sie nicht verstehen, oder die in der Erziehung vor Entscheidungen stehen, bei denen sie unsicher sind, ob der von ihnen eingeschlagene Weg der »Problemlösung« dem Kind oder Jugendlichen gerecht wird. Die Detailanalysen zu diesen Problemen bilden den Ausgangspunkt einer »Kinderpsychoanalyse«, in deren Verlauf sich dem Leser von Kapitel zu Kapitel immer neue Erkenntnisse der bewußten und unbewußten psychischen Vorgänge bei Kindern und Jugendlichen erschließen. So lernen wir schrittweise die zugrundeliegende Dynamik psychischer Vorgänge besser zu verstehen.

Vor allem aber ist es möglich, diese Erkenntnisse auch auf Probleme anzuwenden, die in diesem Buch, trotz seiner Materialfülle, keine Erwähnung gefunden haben.

Françoise Dolto antwortet auf alle Fragen in einem leichtverständlichen Stil und erreicht so möglichst viele Eltern. Ihr Stil ist *populär* in dem Sinne, daß der Leser von ihren theoriegeleiteten Äußerungen schnell wieder in seine eigene Lebenspraxis zurückfindet und sich niemals in den Gängen eines ihm vielleicht unbekannten theoretischen Gebäudes verirrt.

Gegenüber ähnlichen Versuchen, psychoanalytisches Wissen einem breiten Publikum zu vermitteln, liegt die Stärke von Françoise Dolto darin, daß sie den Eltern in bezug auf ihre Erziehungsprobleme keinerlei Schuldgefühle vermittelt, auch wenn die psychoanalytische Deutung dieser Schwierigkeiten das enge Verhältnis zwischen Kindern und Eltern, insbesondere in den ersten Lebensjahren der Kinder, betont. Es gelingt der Autorin sogar, vorhandene Schuldgefühle abzubauen, da sie von der Grundannahme der Psychoanalyse ausgeht, daß der komplizierte Aufbau der menschlichen Psyche, ihre außergewöhnliche Sensibilität gegenüber allem, was sie einschüchtert oder bedroht, eine strikte Trennung von »normalem« und »gestörtem« Verhalten nicht zuläßt. Diese Sensibilität des Kindes und Jugendlichen zu schützen ist das Leitmotiv von Françoise Dolto. Sie stellt sich bewußt auf die Seite der Betroffenen, also der Kinder und Jugendlichen und verteidigt geradezu deren normalen Widerstand gegenüber einer sie in vielen Fällen bedrohenden Wirklichkeit. Die Probleme oder hieraus resultierenden psychischen Störungen zeugen dann weniger von Schwäche, sondern eher von starker Sensibilität des Kindes seiner Umwelt gegenüber.

Die Autorin tritt im Verlauf dieses Buches durchweg für eine größtmöglichste Offenheit im Umgang mit Kindern und Jugendlichen ein. Dies entspringt ihrer Grundüberzeugung, daß psychische Störungen auf einen Mangel an echter Kommunikation in den Familien der davon betroffenen Kinder und Jugendlichen zurückgehen. Denn jedes Kind und jeder Jugendliche entwickelt im Verlauf seiner Entwicklung Ängste, da diese Entwicklung zu Unabhängigkeit und Ich-Identität immer mit dem Verlust der primären Bezugspersonen einhergeht. Entscheidend ist, daß die Eltern ihren Kindern gestatten, ihnen diese Ängste mitzuteilen und Verständnis dafür zeigen. Psychische Störungen stellen auf der anderen Seite den Versuch dar, innerpsychisch mit diesen Ängsten fertig zu werden, sie nicht mehr der Außenwelt mitzuteilen, sondern auf sich zu beziehen, worunter das Selbst leidet und geschwächt wird. Und auch in diesen Fällen sollen die Eltern – vielleicht selbst ängstlich geworden – sich vor den auftauchenden Schwierigkei-

ten und Problemen im Umgang mit ihren Kindern nicht zurückziehen, sie einschüchtern oder bedrohen, sondern das Gespräch mit ihnen suchen, das für beide Seiten die Ängste mindert.
Auf diese Weise dient das »Sich-mit-teilen« von Geburt an als Vorbeugung psychischer Störungen und Erkrankungen.

Françoise Dolto spricht die Eltern stets als verantwortungsvolle Erwachsene an, die ihre Kinder lieben. Gerade weil sie nur »das Beste« für sie wollen, schränken sie sie jedoch häufig in ihrem Drang nach Selbständigkeit ein und hindern sie an der Entfaltung ihrer Bedürfnisse, ihrer Hoffnungen und Wünsche. Sie lehrt uns, ein Kind so zu empfangen und zu lieben *wie es ist* und nicht, wie es in den Augen von besorgten Erwachsenen häufig sein soll. Sie tritt für eine Erziehung zur Selbständigkeit ein, in deren Verlauf Kinder wie Eltern lernen, offen und mit Respekt füreinander umzugehen. Ein bescheidener Anspruch, aber doch so schwierig in die Praxis umzusetzen. Dieses Buch und die darin geschilderten Probleme sind dafür Beleg und Lösungsweg zugleich.

Claus Koch

1

Alles hat seinen Grund

(Ein Kind ist da)

Françoise Dolto, Sie sind Psychoanalytikerin; es kommt aber hier nicht darauf an, eine persönliche Sprechstunde abzuhalten. Sind Sie auch dieser Meinung?

Ganz genau. Und obwohl ich Psychoanalytikerin bin, wie Sie sagen, hoffe ich, daß ich auch einen gesunden Menschenverstand habe und daß ich den Eltern in ihren Schwierigkeiten werde helfen können, genauer gesagt, bei solchen Schwierigkeiten, die bei ihren Kindern noch vor den ernsteren Störungen kommen, für die man später zu den Ärzten oder denen gehen muß, die für die Psyche der Menschen zuständig sind. Es gibt viele Dinge, die die Eltern zunächst nicht so ernstnehmen, im übrigen die Ärzte auch nicht. Die Eltern wissen nur, daß sie ein Problem haben: ihr Kind hat sich verändert. Sie möchten dann wissen, was sie machen sollen; und sehr oft könnten sie die Lösung selbst herausfinden, wenn sie nur ein wenig nachdenken würden. Ich möchte ihnen helfen, nachzudenken, das ist mein Ziel.

Das stimmt, denn vorbeugen ist besser als heilen. Andererseits gibt es aber nicht nur die Dramen: die Ankunft eines Kindes ist ein freudiges und glückliches Ereignis. Aber man muß diese Kinder, die da kommen, verstehen. Und das ist nicht immer leicht.

Die Eltern empfangen sie meist mit viel Freude. Aber man erwartet ein Baby, und dann ist es ein Junge oder ein Mädchen. Man hätte ein Mädchen vielleicht ein bißchen lieber gehabt, aber es ist ein Junge geworden; man würde lieber einen Jungen haben, und es ist ein Mädchen ... Man muß hinzufügen, daß es im übrigen in der Familie ja nicht nur die Eltern gibt. Die Großeltern sind auch da, und vor allem die ersten Kinder. Ein solches Ereignis – die Geburt eines Neuankömmlings – ist für viele erste Kinder ein kleines Drama. Ich möchte sogar sagen, daß es ein sehr schlechtes Zeichen ist, wenn das Kind, das, sagen wir einmal, zwischen 18 Monaten und vier Jahre alt ist, nicht eifersüchtig reagiert. Das vorige Kind *soll* Eifersucht zeigen, weil es ihm Probleme schafft, wenn es zum ersten Male sieht, daß alle Leute vor seinen Augen ein jüngeres Kind bewundern: »Muß man also ›Baby‹ spielen«, denkt sich das ältere Kind, »um bewundert zu werden?«. Bis dahin glaubte es, daß es anerkannt sein würde, wenn es zum Erwachsenen werden würde, ein großer Junge oder ein großes Mädchen. Ich glaube, daß man den Eltern gerade in dem Augenblick, in dem ihr Baby zur Welt kommt, helfen soll, denn alles wird in den darauffolgenden Monaten komplizierter.

Sie sprachen vom »gesunden Menschenverstand«. Es ist wahr, daß ein bißchen gesunder Menschenverstand manchmal eine Situation wieder in Ordnung bringen kann, die ursprünglich extrem verworren und dramatisch erscheint. Vielleicht könnten wir dieses anhand eines konkreten Beispiels erläutern.

Man muß wissen, daß das Kind, welches eine seltsame Reaktion zeigt, immer einen Grund dafür hat. Man spricht dann häufig von den *Launen* des Kindes: sie sind dann einfach da, weil man sie so nennt. In Wirklichkeit besteht unsere Aufgabe, wenn ein Kind plötzlich eine seltsame Reaktion zeigt, die alle Leute stört, darin, zu *verstehen,* was eigentlich vor sich geht. Ein Kind will auf der Straße nicht mehr weitergehen: vielleicht will es seine Schuhe nicht mehr anhaben; vielleicht will es gerade in diese Richtung nicht gehen; vielleicht geht man zu schnell, und vielleicht müßte man doch den Kinderwagen nehmen, wo man doch glaubte, es wäre groß genug, um darauf verzichten zu können. Die Eltern aber denken: »Es hat doch schöne Ferien gehabt, es steht gut auf seinen Füßen ...« Eben überhaupt nicht! Am gleichen Ort wie vor den Ferien möchte es, daß man wie früher seinen Kinderwagen dabei hat. So etwas wird nicht lange dauern. Die Launen kommen meiner

Meinung nach vom Unverständnis für das Kind: es versteht nicht, weil der Erwachsene es nicht mehr versteht. Hierbei handelt es sich also im Grunde um eine Frage des gesunden Menschenverstandes! Und ich habe eine Reihe von Kindern gesehen, die anfingen, ihre Launen zu haben. Es ist dies der Fall bei jedem lebendigen oder intelligenten Kind, das erklären will, was es empfindet und wünscht, aber nicht weiß, wie es vorgehen soll: es schimpft dann, es ist ablehnend, es schreit und dann fängt man auch selbst um es herum an zu schreien. So sollte man eben nicht reagieren, sondern vielmehr versuchen, es zu verstehen, indem man sich sagt: »Es gibt einen Grund. Ich weiß nicht welchen, aber denken wir nach!« Und vor allem soll man nicht sofort ein Drama daraus machen.

Ein anderes Ereignis, das alle Eltern betrifft, die Kinder im Vorschulalter haben: Die Kindergartenzeit beginnt. Oft ist es für das Kind ein richtiges Ereignis, von seiner Familie wegzugehen, zu einem Unbekannten zu gehen, neue Leute kennenzulernen.*

Sprechen Sie von einem Kind, das zum ersten Mal in den Kindergarten geht, oder von demjenigen, bei dem der Kindergarten – etwa nach den Ferien – wieder anfängt?

Von beiden. Befassen wir uns zunächst mit dem kleinen Kind, das zum ersten Mal in den Kindergarten geht.

Letzten Sommer arbeitete ich ruhig im Garten, als ich ein kleines Mädchen hörte, das die Ankunft seines Onkels beju-

* Die Vorschulerziehung ist in Frankreich etwas anders organisiert als bei uns. So ist der eigentlichen Grundschule, die wie bei uns mit sechs Jahren beginnt, die *»L'école maternelle«* vorgeordnet, in die die Kinder ab drei Jahren gehen. Sie entspricht zwar im großen und ganzen unserem Kindergarten, ist aber besonders zum Ende hin eher eine »Vorschule«, d.h. straffer organisiert als unsere Kindergärten und schon eindeutig auf jene Fertigkeiten hin orientiert, die die Kinder beim Schuleintritt brauchen. Die Erzieherinnen wechseln jedes Jahr. In diesem Buch wurde »L'école maternelle« für die drei- und vierjährigen Kinder mit »Kindergarten«, für die fünfjährigen Kinder mit »Vorschule« oder »Vorschulkindergarten« übersetzt. (Anm. der Übers.)

belte. Das war für dieses Mädchen eine richtige Freude! Nun gut. Dieser Herr steigt also aus seinem Auto aus und sieht die Kleine: »Mensch, bist du aber groß geworden! Du kommst bestimmt bald in den Kindergarten!« Darauf sagt das Mädchen glücklich und sich ganz wichtig vorkommend: »Ja, ja, ich werde in den Kindergarten gehen. Wenn der Kindergarten wieder losgeht, gehe ich hin, in zwei Monaten.« Der Onkel antwortet: »Du wirst sehen, daß es dort nicht so lustig zugeht. Du wirst nämlich ganz ruhig bleiben müssen und darfst nicht so einfach herumrennen. Sieh mal, du bohrst jetzt mit dem Finger in der Nase, das wird man da z. B. nicht machen dürfen. Und dann noch deine kleinen Spielkameraden. Du wirst vor ihnen achtgeben müssen, denn sie werden dich an den Zöpfen ziehen. Wie? Du wirst deine Zöpfe noch haben? Aber nein, man muß dir die Haare schneiden.« Wirklich, eine Schreckensvision! Das kleine Mädchen war so fröhlich vor der Ankunft seines Onkels, so fröhlich bei seinem Empfang... Danach habe ich es nicht mehr gehört. Hier war ein Kind durch die Worte eines Erwachsenen, der es vielleicht necken wollte, völlig am Boden zerstört worden. Dies ist nur ein Beispiel, aber wie oft stellen Erwachsene dem Kind den Eintritt in den Kindergarten als das Ende des unbeschwerten Lebens dar.

Es ist dann wohl auch nicht erstaunlich, Kinder zu sehen, die weinen und sich praktisch auf dem Bürgersteig hinterherschleifen lassen, um nicht in den Kindergarten gehen zu müssen.

Es gibt auch Kinder, die es nicht mehr abwarten können, in den Kindergarten zu kommen, weil sie dann eine Tasche für ihr Frühstücksbrot haben werden, etc. Und dann kommen sie dort an: sie werden in der Menge der dort anwesenden Kinder untergehen und hatten damit nicht gerechnet. Die Kinder sind dann – vor allem am zweiten Tag – sehr verängstigt, wenn sie den Kindergarten wieder verlassen und die Mutter sie abholt. Und am dritten Tag wollen sie dann nicht mehr hingehen. Ich glaube, daß es – zum Glück – Kindergärten gibt, die die Kinder anders empfangen... Man muß langsame Schritte machen, d.h. man soll einem Kind, daß eine starke Abneigung gegen den Besuch eines Kindergartens empfindet, nicht vor den Kopf stoßen. Der Vater könnte vielleicht einmal seine Arbeitszeit anders regeln, um das Kind abzuholen oder es wenigstens morgens hinbringen. Es gibt viele Kinder, die auch nach dem Kindergarten noch zu jemand anderem gebracht werden und vorher nicht daran gewöhnt waren. Außerdem muß man auch sehr früh aufstehen. Die Kinder selbst hatten aber eine ganz andere Vorstellung gehabt, für sie bedeutete der Kindergarten einfach mit anderen zusammen zu sein und zusammen zu spielen. Und dann ist es ganz und gar nicht so. Die Mutter hatte dem Kind z.B. nicht gesagt, daß es erst zu jemand anderem käme und von dort aus in den Kindergarten gehen würde, daß derjenige, bei dem es vor dem Kindergarten war, es auch wieder abholt und es die Mutter erst am Abend wiedersehen würde. Ich glaube, daß man den Kindern sagen muß, was geschehen wird, ohne ihnen Angst zu machen, etwa indem man ihnen zeigt, daß man bei ihnen ist: »Ich werde an dich denken.« Oder: »Schau, ich habe dir ein Bildchen oder eine Fahrkarte mitgebracht: wenn du dich im Kindergarten langweilst, wirst du es in der Tasche haben. Dein Vater hat dir diese Fahrkarte gegeben. Du kannst dich also sicher fühlen.« Solche Dinge sollte man sagen. Die Kinder brauchen die Anwesenheit der Eltern. Das neue Milieu ist dem Kind nämlich ungewohnt. Die Eltern müssen ihre Anwesenheit dort durch irgend etwas, was sie dem Kind gegeben haben, dokumentieren, damit das Kind an Selbstvertrauen gewinnt.

Man sollte auch daran denken, daß das Kind nicht immer erzählen kann, was im Kindergarten los war. Wenn das Kind sich in seinem familiären Milieu befindet, kann es nur erzählen, was an diesem Ort selbst geschieht, was es im Augenblick denkt. *Das Kind lebt immer in der Gegenwart.* Nun wird gefragt: »Was war heute im Kindergarten los?« Und man schimpft mit ihm, weil es nichts erzählen kann.

Nehmen wir das Beispiel eines Kindes, das zum zweiten oder dritten Mal mit dem Beginn des Kindergartens konfrontiert wird, etwa nach den großen Ferien. Jetzt geht es bei ihm nicht mehr um die ursprüngliche Angst vor dem Kindergartenbesuch; dieses Kind kann aber durch die Ankunft einer neuen Erziehungsperson oder durch einen Wechsel in der Kindergruppe, durch eine veränderte Stimmung oder durch neu aufgenommene Kinder usw. verunsichert werden.

Es ist wichtig zu wissen, ob es das vorausgegangene Jahr im Kindergarten glücklich gewesen ist. Wenn es dort ein wenig gleichgültig war oder wenn es dort Sorgen hatte, wird das zweite Jahr im Kindergarten im Gegenteil eine glückliche Zeit sein: denn es wollte nicht die gleiche Erzieherin wiederhaben. Ich habe viele Kinder gesehen, die in die Klinik gebracht wurden: »Das Kind ist jeden Tag krank, wenn es in den Kindergarten gehen soll und sonntags geht es ihm sehr gut.« Ich habe mit dem Kind geredet und als wahrer Grund stellte sich heraus, daß das Kind *diese* Erzieherin nicht haben wollte: es wollte die *andere* wiederhaben, die vom vorigen Jahr. Leider hatte ihm die neue Erzieherin gesagt: »Also diejenigen, die bei mir nicht mitkommen, werden noch einmal zu den Kleinen zurückkehren.« Aber das war ja genau, was dieses Kind wollte! Ich erklärte dann dem Kind, daß es eigentlich viel Glück hatte: »Du hast viel Glück, daß du deine neue Erzieherin nicht magst. Denn wenn man seine Erzieherin mag, versucht man nicht, alles zu können, um das nächste Jahr in eine andere Gruppe zu kommen.«
Wenn die Kinder ihre Erzieherin im Vorschulkindergarten nicht mögen, sollte man sie folgendes fragen: »Erklärt sie auch gut?« Sehr oft sagen sie: »Ich mag die Erzieherin nicht, aber erklären tut sie schon gut.« – »Also, genau das ist doch das Wichtigste. Eine Erzieherin ist da, um zu erklären. Für den Rest ist die Mutter da.«

2

Der Mensch weiß alles – von seiner frühesten Kindheit an

(Wenn ein kleiner Bruder auf die Welt kommt)

Kehren wir zu der Frage der Geburt eines kleinen Kindes in einer Familie zurück, in der es schon kleine – drei- oder vierjährige – Jungen oder Mädchen gibt. Soll man diese Kinder lange, bevor es soweit ist, davon informieren, ihnen die Schwangerschaft der Mutter also erklären?

Man soll den Älteren erklären, daß ein Baby kommen wird, und daß man nicht weiß, ob es ein Junge oder ein Mädchen wird; dies, damit die Geschwister verstehen, warum die Mutter eine Wiege vorbereitet. Und vor allem sollten die Mütter nicht darüber erstaunt sein, daß allem, was sie tun, widersprochen wird: zum Beispiel, daß das Kind dieser Wiege wie aus Versehen einen Fußtritt versetzt, wenn die Mutter gerade mit ihr beschäftigt ist. Die Mutter sollte dem Kind bloß nicht sagen, daß es deswegen böse ist. Ihr Kind befindet sich in einer außergewöhnlichen Situation. Man bereitet die Ankunft eines Babys vor, und ein Baby ist für das größere Kind einfach weniger wert als schon groß zu sein.

Die Mütter sagen manchmal: »Wir werden es kaufen, dieses Baby.« Damit macht man sich über einen Menschen lustig, der sehr wohl weiß, daß er vorher ein Baby gewesen ist. Im Unbewußten weiß der Mensch alles, seit er ganz klein ist. Die »Intelligenz« des Unbewußten ist die gleiche, wie bei uns Erwachsenen. Also, jedesmal, wenn wir die Gelegenheit haben, mit den Kindern über die Dinge des Lebens zu sprechen, sollten wir sie einfach so sagen, wie sie sind.

Der Ältere wird nun vom Baby, das geboren wird, sagen: »Warum denn? Ich will es nicht haben.« Man antwortet: »Aber dieses Baby ist doch nicht *für dich.*« In vielen Familien heißt es aber von seiten der Eltern: »Ein kleiner Bruder oder eine kleine Schwester für dich.« Infolgedessen rechnet das Kind damit, sofort einen gleichaltrigen Spielkameraden zu haben, weil es Kinder kennt, die Brüder oder Schwestern haben. Es sagt sich dann: »So soll es sofort sein!« – »Aber du weißt doch, daß du als ganz kleines Baby auf die Welt gekommen bist.« Man zeigt ihm dann Fotos aus dieser Zeit: »Schau mal, wie du aussahst, als du klein warst. So wird das Baby auch aussehen, wenn es geboren wird.« Und wenn das Kind im voraus entscheidet: »Wenn es ein Junge wird, dann will ich es nicht« oder »Wenn es ein Mädchen wird, dann will ich es nicht«, kann man ihm antworten: »Aber weißt du, es muß nicht unbedingt sein, daß du es gern hast, es hat Eltern, wie du Eltern hast.« Oft wird das Kind, dem man sagt, daß es seinen kleinen Bruder oder seine kleine Schwester nicht gernzuhaben braucht, gerade dieses Geschwister am liebsten haben, und zwar aus dem einfachen Grund, weil dies etwas ganz Natürliches ist. Wenn ein Kind seinen kleinen Bruder oder seine kleine Schwester nicht gern hat, dann nur, um seine Mutter zu ärgern und ihr zu widersprechen, sie zum ›Ausflippen‹ bringen will, wie man heute sagt.

Sie sprachen von den Fußtritten gegen die Wiege. Das ist ja nicht so schlimm. Aber ich glaube zu wissen, daß es manchmal schlimmer kommen kann. Ich habe insbesondere von dem Fall eines vier- bis fünfjährigen Jungen gehört, der ein Baby ziemlich grausam gebissen hatte. Kommt das häufig vor?

Ja, relativ häufig. In solch einem Fall muß die Mutter schon viel Geistesgegenwart zeigen. Man soll vor allem das ältere Kind nicht brutal beschimpfen. Es schämt sich schon genug wegen dem, was es gemacht hat. Es ist notwendig, ihm beiseitezustehen und ihm zu sagen: »Siehst du, wie kräftig du bist? Aber dein kleiner Bruder (oder deine kleine Schwester) ist noch sehr schwach und sehr klein, so wie du gewesen bist, als du noch sehr klein warst. Jetzt weiß das Baby, daß es einen großen Bruder hat und es wird dir vertrauen. Aber verstehst du, du sollst es nicht beißen, da du es nicht essen kannst. Also nutzt dir das Beißen nichts.« Wir müssen uns vorstellen, daß die kleinen Kinder, wenn sie etwas mögen, es probieren wollen, sie essen es. Für sie ist das Stadium des Kannibalismus noch nicht so weit entfernt. Hinzu kommt, daß sie das Baby oft an der Mutterbrust saugen sehen und ihnen kommt ein an seiner Mutter saugendes Baby durchaus wie ein Kannibale vor. Sie verstehen nichts an diesem seltsamen Vorgang. Aber solche Vorkommnisse, die Sie angesprochen haben, gehen schnell vorbei, wenn die Mutter begreift, daß derartige Reaktionen nicht einfach böse, sondern vor allem Angstreaktionen sind.

Aber wenn die Eifersuchts- oder sogar Ablehnungsreaktionen (ein Fußtritt gegen die Wiege, Beißen usw.) weiter andauern, wird die Lage dann nicht doch ernst? Was soll man dann tun?

Die Lage wird zum einen ernst, wenn die Eltern ängstlich sind, und zum anderen, wenn das Kind stark darunter leidet, vernachlässigt zu werden. Vielleicht verhält es sich in Wirklichkeit gar nicht so, nur wird ihm nicht so geholfen, wie es notwendig wäre. Und wie kann man einem eifersüchtigen Kind helfen, das leidet? Ich meine, der Vater kann es am besten. Der Vater oder eine Schwester der Mutter, eine Tante, eine Großmutter ... Wenn es sich um einen Jungen handelt, sollte ein Mann ihm helfen. Zum Beispiel kann der Vater am Sonntag sagen: »Komm, wir Männer ...«, und man läßt die Mutter mit ihrem Baby zurück: »Sie denkt nur an ihr Baby.« Der Vater kann ruhig solche Dinge sagen, wie »Du, du bist schon groß, du kommst mit mir.« Wenn man so will, »befördert« er das ältere Kind, um dessen Eifersuchtsreaktionen, wie wieder ins Bett zu machen, nur noch Milchprodukte essen zu wollen, bei jedem kleinsten Anlaß herumzujammern oder nicht mehr gehen zu wollen, aufzufangen. Warum handelt das Kind auf diese Weise? Es geht dabei um ein Problem, das die Identität des Kindes betrifft: ein Kind versucht, diejenigen nachzuahmen, die es bewundert, und es bewundert, was Vater und Mutter bewundern. Wenn es für das ältere Kind also so aussieht, daß die Eltern das Baby bewundern, erlebt es einen Konflikt. Wie soll man da herauskommen? Ich meine, daß man dem Älteren in seiner Entwicklung helfen muß, ihn veranlassen, daß es mit Gleichaltrigen spielt; man soll es bloß nicht die ganze Zeit neben die Wiege stellen und sich mit der Mutter und dem Baby aufhalten lassen.

Nehmen wir an, daß es sich um eine Familie handelt, in der es schon Kinder gibt, die ein bißchen älter sind als diejenigen, von denen wir bis jetzt gesprochen haben, z. B. fünf-, sechs- oder siebenjährige Kinder. Diese Kinder zeigen zwar keine so offenen Ablehnungsreaktionen, aber reagieren doch auch?

Ab dem Alter von vier oder fünf Jahren will ein Kind sich das Baby aneignen. Es will sich besser um es kümmern als seine Mutter oder sein Vater. Hier muß man sehr aufpassen, da sich das Kind von seinem eigenen Schicksal, eben das eines Jungen oder Mädchens, das unter Gleichaltrigen groß werden soll, abwenden kann, und beginnt, so eine Art wirkliche Mutter oder Vater zu werden. Zum einen ist das für das ältere Kind sehr schlecht, zum anderen auch für das Baby, für das die Mutter fortan zwei Stimmen und zwei Köpfe haben wird. Die Mutter und der Vater sollten sich möglichst sagen, daß sie für jedes Kind, das geboren wird, die Eltern eines Einzelkindes sind. Ein Neugeborenes ist auf seine Weise auch *einzigartig* in bezug auf sein Alter und seine Bedürfnisse. Was die älteren Geschwister betrifft, sollten sie natürlich helfen, mitwirken und bei der Arbeit mitmachen. Aber man sollte sie nicht dazu verpflichten. Die beste Methode, wenn sie sich um das Baby kümmern wollen, ist, ihnen zu sagen: »Also gut, ich erlaube es dir heute.« Aber dies sollte für die Mutter keinesfalls zum Alibi werden, etwa nach dem Motto: »Wenn das Kind sich um das kleine Geschwister kümmert, habe ich meine Ruhe.« Eine solche Haltung ist für das Baby sehr schlecht.

3

Siehst du, wir haben dich erwartet

(Das Kind ist jetzt unter uns)

Das Kind ist jetzt auf die Welt gekommen und die Eltern stellen sich viele Fragen: soll man mit dem Kind in einer Art von Babysprache sprechen oder es wie einen kleinen Erwachsenen behandeln? Soll man es von den Erwachsenen isolieren? Soll das Kind in einer Art Kokon, ohne Lärm, Musik usw. gehalten werden? Soll man das Kind an seinen Platz zurückbringen, wenn Freunde kommen?

Sie sagen: »Das Kind an seinen Platz zurückbringen ...«, als ob es ein Gegenstand wäre!

Ich werde wohl von der Wahrheit nicht allzuweit entfernt sein, wenn ich sage, daß manche Eltern ihr Baby tatsächlich als kleinen Gegenstand betrachten.

Wissen Sie, früher lebten alle in dem einzigen Raum zusammen, der beheizt wurde und die Wiege stand auch dort. Diese Kinder entwickelten sich zu sozialeren Wesen als die Kinder von heute, die zu sehr vor dem Lärm des Familienlebens abgeschirmt werden. Man soll nicht vergessen, daß das Kind bereits *im Mutterleib* am Leben seiner Mutter teilnimmt; es hört auch die Stimme seines Vaters. Es kann also *im Mutterleib* alles hören, vor allem gegen Ende der Schwangerschaft. Und plötzlich kommen dann bei der Geburt die lauten Geräusche. Es entwickelt dann sehr schnell das Bedürfnis, die Schwingungen der mütterlichen Stimme zu hören, die es ja wiedererkennt, aber auch die Stimme des Vaters. Ich glaube, daß die erste Zwiesprache mit dem Baby in den Armen der Mutter sehr wichtig ist: »Siehst du, wir haben dich erwartet. Du bist ein kleiner Junge. Vielleicht hast du uns sagen hören, daß wir ein kleines Mädchen erwarteten. Aber wir sind sehr froh, daß du ein kleiner Junge bist.«

Was kann die Wirkung dieser Worte auf ein kleines Baby sein, das erst einige Stunden oder einige Tage alt ist? Ist es wirklich sehr wichtig?

Es ist sehr wichtig. Ich kann Ihnen sagen, daß es Kinder gibt, die sich an die allerersten Dinge, die um sie herum gesprochen wurden, erinnern. Sie sind darüber erstaunt, nicht wahr? Es ist, als wäre alles auf einem Art Tonband aufgenommen worden. Ich meine damit im übrigen nicht, daß man mit dem Baby lange Gespräche führen soll, sondern daß man das Baby von Geburt auf ansprechen kann, und daß es diese Ansprache braucht. Auf diese Weise führen wir es in unsere eigene Welt ein, als zukünftigen Mann oder als zukünftige Frau und nicht als ein kleines Ding, als Baby oder Stofftierchen. Es ist ein Mensch; man muß ihn sicher auch liebkosen; aber man muß ihn vor allem als zukünftigen Mann oder zukünftige Frau respektieren.

Man soll also schon in den ersten Lebensmonaten das Kind am Familienleben, an den Ereignissen des Tages teilhaben lassen...

Vor allem an jenen Ereignissen, die es angehen. Zum Beispiel, wenn viel Lärm um es entsteht: »Siehst du, dein Bruder kippt gerade einen Stuhl um.« Oder wenn es weint. Es geht nicht immer darum, es dann auf den Arm zu nehmen, sondern man sollte mit dem Kind sprechen: »Nanu, geht es dir nicht gut? Du bist so unglücklich!« Man soll Sätze und Stimmlaute haben, die das Leiden des Kindes begleiten, denn auf diese Weise wird das Leiden (auch für das Baby) menschlich, da es verbalisiert wird. Alles, was gesprochen wird, wird menschlich. Alles, was nicht gesprochen wird, bleibt im Bereich des Ungewöhnlichen und ist nicht in die Beziehung zur Mutter einbezogen.

Ich glaube, daß alle, die ein erstes Kind haben, sich immer wieder die Frage gestellt haben, ob man das Kind weinen lassen oder auf den Arm nehmen sollte. Im letzteren Fall hat man dann oft Angst, dem Kind schlechte Gewohnheiten beizubringen. Aber muß man dem Kind eigentlich »Gewohnheiten« beibringen?

Was verstehen Sie unter »Gewohnheiten«? Wenn diese dazu führen würden, daß die Eltern, weil ein Kind geboren wurde, ihren Lebensstil ganz und gar umstellen, glaube ich nicht, daß sie es schaffen würden. Natürlich ist es richtig, daß ein Kind regelmäßig gestillt wird. Es braucht, daß man sich um es kümmert und seine Windeln wechselt. Sicherlich hat die Mutter nicht die gleiche Freiheit wie früher und auch der Vater hat »seine kleine Frau« nicht mehr für sich allein. Es tritt also wirklich eine Veränderung in ihrem Freiheitsgefühl ein, aber es ist doch auch so schön, sich über eine Wiege zu beugen und mit dem Kind zu sprechen! Ich finde, daß das Kind am Familienleben beteiligt sein soll, wie es dies schon im Bauch seiner Mutter war. Ob man es schreien lassen soll? Nicht zu lange, eher es wiegen, d. h. *ihm seinen Rhythmus wiedergeben.* Warum es sich dadurch beruhigt? Weil es der gleiche Rhythmus ist, den es im Körper der Mutter verspürte, wenn sie mit ihrem Kind im Bauch überall herumging. Und dann sollte sie beim Wiegen vor allem mit ihm sprechen. »Sieh, Mutter ist da, Vater ist da. Sieh doch, wir sind doch da für dich.« So in dieser Art sollte man mit ihm sprechen. Dann wird sich das Kind, wenn es weinen möchte, an die Schwingungen der Stimmen seiner Eltern erinnern und wieder beruhigt sein.

Ich meinte mit Gewohnheiten auch die Gestaltung des täglichen Lebens. Zum Beispiel wird das Baby spazierengefahren, bekommt etwas zu essen und wird anschließend hingelegt. Und die Eltern legen fest, daß dieser Mittagsschlaf eineinhalb, zwei oder zweieinhalb Stunden dauern soll. Soll man das Kind, wenn man z. B. merkt, daß es nach einer halben Stunde in seinem Zimmer weint, zwingen, diese Ruhepause, die es selbst nicht will, trotzdem einzuhalten?

Jeder sollte seinen eigenen Rhythmus herausfinden. Aber wieso »in seinem Zimmer«? Ein Kind schläft dort ein, wo wir alle sind. Wenn es müde ist, schläft es irgendwo ein und es ist viel besser so. Es wird besser schlafen, wenn es um sich herum Gespräche hört. Das Baby muß viel schlafen, aber es ist nicht notwendig, es deshalb beiseite zu schaffen, als würde man es in die Wüste schicken. Als es im Bauch seiner Mutter schlief, störte es der Lärm auch nicht; es wachte irgendwann auf, denn schon im Mutterleib schläft und wacht das Kind dann wieder auf.

Das Kind soll in der Familie integriert sein und so viel wie möglich mit ihr in einem gemeinsamen Raum leben. Aber sollte es nicht der Erholung wegen in bestimmten Momenten doch von den Erwachsenen getrennt werden und eine Welt nach seinem Maßstab haben?

Ich kenne Familien, die ein »Kinderzimmer« eingerichtet haben und dieses genauso belassen haben, bis das Kind vierzehn Jahre alt war, und zwar einfach deshalb, weil man für das Kinderzimmer Geld ausgegeben hatte. Ich persönlich glaube, daß das Baby nichts anderes braucht als seine Wiege und vielleicht eine Kiste, damit nicht überall Unordnung herrscht, d.h. man kann, sobald das Kind ins Bett gebracht worden ist, alle seine Spielzeuge in die Kiste zurücktun. Wenn das Kind dann zu krabbeln anfängt, sollte man vielleicht einen kleinen Teppich neben die Kiste legen, damit es ohne Mühe auf dem Boden spielen kann. Auf diese Weise ist es wirklich in das Leben der Familie integriert und hat andererseits auch seine Ecke für sich.

Ich finde es gut, wenn das Kind in seiner eigenen Ecke schläft. Es gibt aber auch Familien, die nur eine Einzimmerwohnung haben; in diesem Fall kann man einen Vorhang anbringen, damit die Eltern weiterhin ihr eigenes Leben haben können und das Kind auch sein eigenes Reich. Bei einer Familie, die in einer Zweizimmerwohnung lebt, ist es besser, daß das Kind getrennt schläft, damit die Eltern ihre Ruhe haben; einfache Möbel, die der Vater gebastelt hat, sind fast besser als neue, schön lackierte Möbel, die das Kind, bis es vier oder fünf Jahre alt ist, ja doch nur kaputtmacht. Denn man muß wissen, daß ein Kind *kaputtmachen muß,* es *muß.* Und zwar deswegen, weil das Spiel des Kindes nichts mit dem Respekt vor den Gegen-

ständen zu tun hat. Wenn man ihm zu früh beibringt, alles, was teuer gekauft worden ist, die Möbel, die Tapeten usw., zu respektieren, hindert man es am »Leben«: ein Kind ist gesund, wenn es fröhlich ist und wenn die Eltern nicht ständig aufpassen: »Was wird es als Nächstes anstellen?«
Wenn die Eltern abends ins Bett gehen wollen, ist dies kein Grund, das Kind ebenfalls ins Bett zu bringen. Wenn es in sein Zimmer geht, sagt man: »Du verläßt uns jetzt (es sollte möglichst der Vater sagen), du läßt deine Mutter in Ruhe. Wir wollen allein zusammen sein.« Das Kind wird sich schnell damit abfinden, besonders, wenn man mit ihm freundlich spricht.
Dann gibt es noch die Freunde der Familie: die Kinder wollen sie kennenlernen. Warum auch nicht? Man zieht ihnen ihre kleinen Morgenmäntel an und sie kommen dazu. Wenn das Kind an Ort und Stelle einschläft, bringt man es in sein Zimmer zurück. Man sollte sich bei allem von seinem gesunden Menschenverstand leiten lassen und wissen, daß man ein Kind respektiert, wenn man es am Leben der Eltern teilhaben läßt und ihm gleichzeitig beibringt, seinerseits die Eltern zu respektieren; andererseits sollte es auch spüren, daß sein Bedürfnis nach Ruhe für sich selbst anerkannt wird und daß man nicht gegen seinen Rhythmus vorgeht.

Sie haben gesagt, daß eine Mutter sich von ihrem Baby nie entfernen sollte. Ich glaube aber, daß es sich dabei leider nur um eine Idealvorstellung handelt und daß das alltägliche Leben ganz anders aussieht. Viele Mütter sind aus beruflichen oder sonstigen Gründen gezwungen, ihr Kind, selbst wenn es noch ganz klein ist, von jemand anderem beaufsichtigen zu lassen. Soll man diese Situation möglichst vermeiden oder was kann man sonst machen?

Nehmen wir an, daß die Eltern die Lösung der Kinderkrippe, Tagesmutter oder eine andere Person in der Stadt gewählt haben, damit ihr Kind beaufsichtigt wird. Für den Anfang wäre die Lösung zu Hause mit der Mutter sicherlich am besten. Die Lösung mit der Krippe ist nicht so schlecht, wenn die Hausordnung dort so flexibel ist, daß die Mutter das Kind auch an einem Tag, wenn sie Urlaub hat, zu Hause behalten kann. Aber wie immer sollte man vor allem mit dem Kind sprechen: »Ich bringe dich in die Krippe und dann werde ich dich wieder abholen. In der Krippe wirst du alle deine Freunde und die Damen oder die Tanten (ich weiß nicht, wie man sie in den verschiedenen Krippen nennt) sehen.« Die Mutter soll also mit dem Kind sprechen und es im voraus informieren. Wenn sie ihr Kind dann wiedersieht, soll sie sich bloß nicht auf es stürzen, um es zu küssen. Wenn die Mutter sofort ihr Kind zu liebkosen anfängt, wird es sich fürchten. Sie sollte mit ihm sprechen, ihm Fragen stellen, es ihren eigenen Geruch wieder wahrnehmen lassen, denn das Kind erkennt seine Mutter an der Stimme und dem Geruch. Vor allem aber erkennt das Kind seine Mutter, wenn es wieder zu Hause ist und nicht mehr unterwegs, auf der Straße oder in der Krippe. Die Mutter, die sich ja sofort auf das Kind beziehen kann, mag das erstaunlich finden. Aber das Kind erkennt sie wirklich erst in dem Rahmen, in dem der Raum und die Stimme ihm bekannt sind, wo sein Vater, seine Mutter, es selbst und die Wiege sind. Natürlich spreche ich hier von ganz kleinen, d.h. vier, fünf oder sechs Monate alten Kindern. Nach einer gewissen Zeit kennt das Kind dann seinen täglichen Rhythmus und ist sehr glücklich, nach Hause zu gehen. Jedoch soll man es weiterhin nicht abküssen, wenn das Kind nicht selbst den ersten Schritt unternimmt. Es ist viel besser, daß die Mutter ein Bonbon mitbringt, anstatt das Kind abzuküssen.

Sie sagten, daß die Anwesenheit der Mutter für die Entwicklung des Kindes sehr wichtig sei. Heißt das, daß sich diese im Idealfall auf zwei oder drei Jahre erstrecken soll?

Wenn Sie mich nach dem Idealfall fragen, so sollte sich die Zeit der Anwesenheit solange erstrecken, bis das Kind sicher laufen kann. Das Kind kann ungefähr im Alter von achtzehn Monaten richtig laufen oder turnen, da es ja zwischen 12 und 14 Monaten zu laufen beginnt. Das Ideal wäre – damit die Mütter auch einmal Ruhe vor ihren Kindern haben –, daß sich diejenigen, die Kinder in etwa dem gleichen Alter haben, einigen, sich zusammentun und abwechselnd am Nachmittag die Kinder nehmen... Alle drei Tage werden dann die Kinder von der gleichen Frau beaufsichtigt und sich nach einer gewissen Zeit an den Rhythmus anpassen. Außerdem lassen sich die Kinder mit anderen gleichaltrigen Kindern viel besser erziehen als allein.

Übrigens haben wir bisher nur von den Ehepaaren gesprochen, die die Geburt eines Kindes erwarten. Man sollte nichtsdestoweniger vor den Großmüttern den Hut ziehen... Es gibt auch Großmütter, die uns schreiben, stellen Sie sich vor...

Die Großmutter spielt eine wichtige Rolle. Meistens kennt das Kind schon sehr früh ihren Namen; man sollte aber nicht irgendwelche alten Damen »Omi« nennen und sollte die Großmutter väterlicherseits und die Großmutter mütterlicherseits durch ihren Familiennamen unterscheiden: »Weißt du, die Omi, die heute zu Besuch kommt, ist die Mutter deines Vaters, oder die Mutter deiner Mutter.« Es gibt häufig Spannungen zwischen der Mutter des Kindes und deren Mutter oder Schwiegermutter. Das Kind merkt so etwas sofort. Man sollte diese Dinge vor dem Kind nicht verheimlichen, sondern sie mit Humor nehmen. Nur sollten die Mutter und die Großmutter vor dem Kind nicht aus dem einfachen Grund streiten, weil die eine das Gegenteil von dem, was die andere will, möchte. Und die Großmütter sollten auch nicht so tun, als würde das Kind ihnen gehören: »Oh, mein Sohn! Oh, meine Tochter!«. Sie sollten dem Kind sagen: »Du bist mein Enkel oder meine Enkelin. Dein Vater ist mein Kind; oder deine Mutter ist meine Tochter.« So in dieser Art. Das Kind entwickelt recht schnell einen Sinn dafür, daß es Vorfahren hatte, von jemandem abstammt, wenn man ihm es schon früh durch Worte vermittelt. Es versteht auch schnell, mit wem es gerade zu tun hat, wenn man mit ihm spricht. Manchmal nutzt es das auch aus, aber das macht nichts.
Die Großmütter sollten andererseits keine Angst haben: »Oh, ich weiß nicht, ob meine Tochter (oder meine Schwiegertochter) darüber erfreut sein wird, daß ich dieses oder jenes mache.« So sollten sie wirklich nicht denken. Sie sollten mit dem Kind so verfahren, wie sie wollen und man kann sich

hinterher aussprechen. Das Kind versteht das sehr schnell. Und eine Großmutter kann auch einmal ein paar Fotos zeigen und von der Vergangenheit des Vaters oder der Mutter sprechen, was das Kind schon ab dem Alter von drei oder vier Jahren sehr interessiert. Es ist für das Kind eine richtige Entdeckung, wenn es erfährt, daß auch Vater und Mutter Kinder gewesen sind. Nicht nur die Großmutter kann ihm dies im übrigen mitteilen.

Da wir gerade von den Großmüttern sprechen. Hier erzählt eine Mutter, daß ihre fünfjährige Tochter dieses Jahr zum ersten Mal in die Vorschule geht; alles ist gut gelaufen; sie hatte sich auch besondere Mühe gegeben, das Kind morgens selbst hinzufahren, hatte den Vater gebeten, es um die Mittagszeit abzuholen, damit es sich wirklich im Vertrauen fühlt. Die ersten vierzehn Tage lief auch alles ganz gut; doch plötzlich fing das Kind nach einem Besuch bei der Schwiegermutter an zu weinen und sich zu weigern, in den Kindergarten zu gehen. Warum? Die Mutter versuchte, es herauszufinden: »Meine Schwiegermutter hat dem Kind folgendes gesagt: Sieh zu, daß du im Kindergarten schön arbeitest, weil Omi die Kinder nicht mag, die schlecht arbeiten.« Wenn die schroffe Ablehnung des Kindergartens wirklich von dieser Szene herrührt, wird sich die Mutter fragen, was sie tun könnte, damit ihr Kind wieder Lust hat, in den Kindergarten zu gehen...

Es ist schwierig, auf diese Frage zu antworten; die Großmutter hat von Arbeit gesprochen. Nur geht es hier um den Kindergarten: man ist dort, um zusammen zu spielen und zusammen zu singen. Dieses Kind soll sich sagen: »Aber sie versteht nicht, was der Kindergarten ist.« Gerade das sollte man vielleicht mit dem Kind bereden, ihm erklären, daß die Omi es nicht wußte, weil es, als sie klein war, nicht solche Kindergärten wie heute gab; oder daß sie mit „arbeiten" basteln, tanzen und singen gemeint hat. Und dann sollte man dem Kind in diesem Zusammenhang versprechen, daß Mutter oder Vater der Omi erklären werden, was der Kindergarten nun wirklich ist ...

4
Abwesenheit des Vaters

Bei der Ankunft eines Kindes geht man eher davon aus, daß sich zunächst eine besondere Beziehung zur Mutter herstellt und sich das Kind mehr mit ihr identifiziert als mit dem Vater. Es kommt auch häufig vor, daß das Kind den Vater nach dessen Abwesenheit von ein paar Tagen oder Wochen nicht akzeptiert bzw. mit ihm schmollt.

Und der Vater ärgert sich darüber ... Nun gut. Man muß zuerst verstehen, daß Kinder und Erwachsene ein anderes Zeitgefühl haben. Zwei, drei Tage sind für ein Kind zwei, drei Wochen, d. h. eine lange Zeit. Der Vater sollte dem Kind immer sagen, wenn er weggeht und vor allem: »Ich werde an dich denken.« Die Mutter sollte auch von dem abwesenden Vater sprechen, damit er in ihren Worten weiterhin präsent ist. Die Väter sollten ihrerseits bei ihrer Rückkehr nicht erstaunt sein, wenn das Kind ihnen gegenüber ein langes Gesicht zieht oder gleichgültig erscheint. Sie sollten keinen Ärger zeigen und sich ganz natürlich verhalten. Nach kurzer Zeit wird das Kind zurückkommen und um den Vater herumspielen.
Man sollte sich auch nicht auf das Kind stürzen, um es zu küssen. Die wenigsten Eltern wissen, daß das Kind diese Küssereien bis zum Alter von drei Jahren nicht als etwas Angenehmes empfindet; dies liegt daran, daß es nicht weiß, wie weit der Erwachsene mit seinen Umarmungen geht. (Dazu kommt, daß es seine Eltern sehr stark liebt und die Liebe drückt ein kleines Kind dadurch aus, daß es das, was es liebt, in den Mund steckt. Das Verschlingen als Zeichen von Liebe ist dem Kannibalismus verwandt, der nach dem Abstillen im übrigen zum Tabu wird.) Die Eltern denken, daß sie ihrem Kind ihre Liebe beweisen, wenn sie es küssen und meinen,

auch das Kind äußert seine Liebe, indem es sie küßt. Das ist aber nicht wahr bzw. handelt es sich eher um ein Ritual, das dem Kind auferlegt wird, ein Ritual, das es über sich ergehen lassen muß und das im Grunde nichts beweist. Das Kind beweist seine Liebe, wenn es seinem Vater sein Spielzeug bringt oder auf seinen Schoß klettert. In solchen Momenten könnte derjenige, der abwesend war, sagen: »Ich bin froh, dich wiederzusehen«, und auch über den Gegenstand, den das Kind gerade gebracht hat: »Oh, wie schön. Es ist schön, was du mir da bringst.« Alles wird in Ordnung sein, da der Gegenstand, den das Kind interessiert, auch das Interesse des Vaters oder der Mutter gefunden hat.

Im Zusammenhang mit zeitlich begrenzten Trennungen haben wir viele Briefe von Eltern bekommen, die gezwungen sind, häufiger zu verreisen, z. B. Lastwagenfahrer, Vertreter, Radio- oder Fernsehjournalisten; alle fragen sich, ob es nicht ein großes Drama im Leben eines Kindes ist, immer wieder vom Vater getrennt zu sein. Manche ziehen sogar in Betracht, ihren Beruf zu wechseln. Wie erlebt ein Kind diese Trennung?

Alles hängt davon ab, wie man mit ihm spricht. Wenn der Vater ihm erklärt, was er macht, wenn er nicht zu Hause ist, wenn er seinem Kind mit einfachen Worten und auf eine lebendige Art erzählt (selbst wenn das Kind ihn nicht zu verstehen scheint), daß er einen Lastwagen fährt, daß er für das Fernsehen arbeitet oder daß er Vertreter ist ... oder einem anderen Beruf nachgeht, wird das Kind diese Worte im Ohr behalten. Es ist auch die Aufgabe der Mutter, den Kindern den abwesenden Vater, der arbeitet, an sie denkt und bald zurückkommen wird, in Erinnerung zu bringen. Wenn sie alt genug sind, kann man ihnen den Kalender zeigen: »Siehst du, an diesem Tag wird er wieder zurück sein. Was wirst du für deinen Vater machen? Wirst du ein schönes Bild malen, das wird ihn sicherlich freuen.« Man *muß* vom Vater sprechen, wenn er nicht da ist; nach seiner dritten oder vierten Abwesenheit wird das bewußte Kind – ein Kind ist bereits ab zwölf, vierzehn oder achtzehn Monaten »bewußt« – sehr wohl wissen, daß der Vater, wenn er weg ist, auch zurückkommen wird, und daß alle

während seiner Abwesenheit an ihn denken, da von ihm gesprochen wird.
Noch etwas Wichtiges: Man sollte das Kind nicht in dem Glauben lassen, daß der Vater bei seiner Rückkehr den Polizisten spielen wird, erst recht nicht, wenn es etwas unordentlich und schwierig ist, der Mutter gern widerspricht oder leicht wütend wird – eine Phase, die meistens zwischen 18 und 22 Monaten liegt. So sollte die Mutter bloß nicht sagen: »Das werde ich aber deinem Vater erzählen.« Das wäre sehr, sehr ungeschickt, weil das Kind auf diese Weise eine ganze Reihe kleiner Schuldgefühle erwirbt, die es dann mit der Rückkehr des Vaters in Verbindung bringt. Die Freude an der Rückkehr des Vaters würde getrübt, weil das Kind sich unwohl fühlt. Allerdings geht es auch nicht darum, den Vater gänzlich auszuschließen, unter dem Vorwand, er sei ja nicht da. Ältere Kinder bitten ihre Mutter manchmal darum, ihrem Vater das eine oder andere, auf das sie nicht besonders stolz sind, nicht zu sagen. Wenn es sich dabei um eine unwichtige Angelegenheit oder alltägliche Streitigkeiten des Kindes im Zusammenhang mit einem anderen Kind oder der Mutter handelt, sollte die Mutter darauf bedacht sein zu antworten: »Ich werde es ihm ganz sicher nicht erzählen. Du weißt, daß du im Unrecht gewesen bist und hättest es wahrscheinlich nicht getan, wenn dein Vater dagewesen wäre, aber ich werde ihn mit diesem Kinderkram doch nur langweilen.« Wenn es sich im Gegenteil um ein ernsthaftes Ereignis handelt, das die Mutter dem Vater unbedingt mitteilen muß, sollte sie das Kind darüber nicht im unklaren lassen, aber ihm auch nicht drohen, mit dem Vater so zu sprechen, als ob es darum ginge, an eine strafende Kraft zu appellieren. Sie sollte dem Kind helfen, vor seinem Vater Achtung zu haben und ihn als eine Hilfe darstellen, die ihr mit guten Ratschlägen beiseitesteht und auch als Verantwortlichen, der mit ihr zusammen nach Mitteln und Wegen sucht, um dem Kind bei der Überwindung seiner Schwierigkeiten zu helfen. Kurzum, das Wichtigste bei der Abwesenheit des Vaters ist für alle Kinder, unabhängig von ihrem Alter, den Gedanken an seine Gegenwart und das Vertrauen zu ihm stets aufrechtzuerhalten.

5

Was ist gerecht?

(Aufregung und launisches Verhalten)

Eine Mutter sagt uns, daß sie seit der Geburt ihres ersten Babys von der Notwendigkeit überzeugt ist, ihm zuzuhören, es zu verstehen und mit ihm zu sprechen. Jedoch schreibt sie dann noch folgendes: »Das Leben ist nicht einfach. Es gibt Situationen, die von Müdigkeit oder Aufregung geprägt sind, bzw. Situationen, in denen ich dazu neige, vor meinem Kinde die Selbstbeherrschung zu verlieren.« Ihre Frage lautet: » Denken Sie, daß diese Momente, die jede Mutter kennt und in denen man unkontrolliert handelt, für das Kind schädlich sind?«

Hier geht es vor allem um den Charakter der Mutter; sie wird ihn nicht ändern, nur weil ein Kind da ist. Wenn ein Kind seine Mutter manchmal aufregt, dann sagt man ihm: »Siehst du, ich bin heute nervös.« Das Kind wird schon verstehen, d. h. es ahnt sehr schnell, was los ist. Nachdem man zornig war, sollte man ihm sagen: »Siehst du, ich habe mich aufgeregt.« Man sollte aber nach einer solchen Situation auf keinen Fall das Kind küssen, um den schlechten Augenblick wieder auszulöschen; man sollte mit ihm in einer sanfteren Stimme sprechen und mit ihm lachen. Auf keinen Fall sollte man dem Kind Vorwürfe machen, wenn die Aufregung von der Mutter ausging. Es zu küssen würde andererseits auch nichts nützen; das Kind wird keinen Kuß verstehen, nachdem es brüskiert wurde. Sprechen ist hier immer dem körperlichen Zugriff – ob er nun aus Zorn oder einem Gefühl der Zärtlichkeit resultiert – vorzuziehen, da dieser eher dem Tier als dem Menschen eigen ist.

Die gleiche Mutter stellt noch eine andere Frage: »Glauben Sie, daß eine Mutter, die gerade einen Fehler gemacht hat und ihn vor dem Kind offen zugibt, in den Augen des Kindes an Respekt verliert?« Sie fragt sich also, welches Urteil ein Kind in einem solchen Fall über sie fällen wird.

Für das Kind ist von *vornherein* immer alles gut, was die Mutter macht. Trotzdem soll die Mutter nicht erstaunt sein, wenn ihr Kind mit zwei oder drei Jahren manchmal einen kleinen Wutanfall bekommt oder ungehörige Worte an sie richtet. Sie wird dann lachen und sagen: »Nun gut, du ärgerst dich manchmal wie ich.«

Ihrer Meinung nach ist es also falsch, wenn ein Erwachsener dem Kind seine vorübergehende Nervosität zugibt?

Ganz und gar nicht. Er sollte ihm aber nicht sagen: »Ich war im Unrecht«, sondern »Ich war nervös.« Die Mutter könnte dann noch hinzufügen: »Entschuldigung«, denn das Kind entschuldigt seine Eltern immer gern.

Zu diesem Thema habe ich einen weiteren, gleichzeitig humorvollen wie auch tiefgründigen Bericht vorliegen. Eine Dame schreibt Ihnen: »Ich habe einen Sohn, der jetzt dreizehn Jahre alt ist; als er fünf oder sechs war und ich mit ihm stritt und ihn wegen einer Dummheit schlagen wollte, fing er an, lauthals zu lachen. Ich war natürlich vollkommen außer mir. Ich hätte ihn am liebsten umgebracht. Dann habe ich mich nach einer Weile wieder beruhigt. Wir haben uns auf das Bett gesetzt und ich habe ihn gefragt, warum er denn so gelacht hätte. Er hat zu mir gesagt: ›Mutter, wenn du dich selber sehen könntest, wie du aussiehst, wenn du zornig bist, würdest du die erste sein, die lacht ...‹ Ich glaube auch, daß man nicht besonders hübsch aussieht, wenn man sich so zur Schau stellt. Wenn ich Lust habe, ihn zu verprügeln, sage ich seitdem zu ihm: ›Komm mit mir, es ist jetzt der passende Augenblick, um sich vor den Spiegel zu stellen.‹ Und der Zorn läßt nach. Beide lachen wir dann.«

Der Mutter und ihrem Sohn ist es gelungen, ihre Spannungen mit Humor zu nehmen. Das ist eine gute Methode. Im Grunde hat in diesem Fall das Kind seiner Mutter geholfen, ihre Wutanfälle zu überwinden.

Ein anderer Brief nimmt zu dem, was sie gerade erklärt haben, eine etwas andere Haltung ein: »Wie soll man gegenüber einem zweiten Kind handeln, das auf das Älteste eifersüchtig ist? (...) Ich habe drei Kinder, zwei Mädchen von zwölf und neun Jahren und einen dreijährigen Jungen. Nun ist das neunjährige Mädchen immer eifersüchtig auf das, was die ältere tut, sagt oder bekommt. Und ich versichere Ihnen, daß ich mein Menschenmöglichstes getan habe, um immer gerecht zu sein. Dieses Kind ist trotzdem nie zufrieden; da es überempfindlich ist, wird der kleinste Anlaß zum Drama, das von Geschrei, Tränen und Wutanfällen begleitet wird. Sie behauptet dann, daß man sie nicht lieb genug hat, daß sie weggehen will; und da sie sehr selbständig ist, fällt es ihr schwer zu gehorchen. Was soll man da machen?«

Dieses kleine Mädchen ist bestimmt in einer schwierigen Situation. Sie ist die zweite und vom gleichen Geschlecht wie die Älteste. Ihr besonderer Wunsch ist es, sich immer der Ältesten gleichzustellen. Als der kleine Bruder geboren wurde – der erste Junge – war dieser für die Eltern wirklich ein neues Kind, da ein zweites, gleichgeschlechtliches Kind in gewisser Hinsicht nur die Wiederholung von etwas schon Bekanntem ist. Ich denke mir, daß die Eifersucht für dieses Mädchen erst seit der Geburt ihres Bruders zu einer schmerzhaften Erfahrung wurde. Die Mutter unterliegt einem Irrtum, wenn sie ihr Möglichstes versucht, um Gerechtigkeit walten zu lassen: *es gibt keine Gerechtigkeit für das Kind. Alles ist in seinen Augen ungerecht, wenn es nicht alles bekommt.* Die Mutter sollte besser sagen: »Es stimmt, du hast recht, ich bin ungerecht, sogar sehr ungerecht. Vielleicht bist du in dieser Familie unglücklich.« Sie sollte mit diesem Kind allein sprechen, d.h. weder vor seiner älteren Schwester noch vor seinem kleinen Bruder. Vielleicht könnten außerdem der Vater und die Mutter zusammen mit dem Mädchen sprechen und ihr sagen: »Wenn du wirklich zu unglücklich bist ..., müssen wir uns überlegen, ob wir uns nicht einschränken könnten, um dich in ein Internat zu schicken. Es würde für uns ein großes finanzielles Opfer bedeuten, aber wenn du dort wirklich glücklicher sein könntest ..., also, wir werden darüber einmal nachdenken.« Die Mutter soll bloß nicht versuchen, immer gerecht zu sein, denn die Welt ist ungerecht. Man kann dem Kind auch erzählen: »Weißt du, es gibt Länder, in denen die Sonne immer scheint, und solche, wo es immer regnet. Vielleicht willst du zum Beispiel woanders sein. Du bist nicht zufrieden, wo du bist.« Und dann sollte man alles herausstellen, was zwischen ihr und ihrer Schwester verschieden ist. Es ist eine gute Methode, die Unterschiede zwischen Kindern hervorzuheben, um ihnen zu helfen, sich mit sich selbst und nicht mit anderen zu identifizieren. Auch kommt es darauf an, die Qualitäten des Einzelnen anschaulich zu machen. Wenn man z.B. ein Kleid, ein Bändchen oder eine andere kleine Sache kaufen geht, könnte die Mutter mit jeder Tochter leise flüstern, damit die andere nicht zuhören kann und dabei jeder ins Ohr sagen, welche Farbe sie denn gerne hätte ... Auf diese Weise ermutigt sie jede, über ihren eigenen Geschmack nachzudenken und ihre eigene Wahl mitzuteilen. Sonst wird das jüngere Kind unter Umständen glauben, daß das, was das ältere nimmt, schöner bzw. überhaupt das Beste ist. Das zweite Kind ist von dem älteren einfach zu abhängig und darunter leidet es sehr stark; es *spielt* nur die Unabhängige, aber in Wirklichkeit ist sie es nicht. Die Abhängigkeit und die Eifersucht kommen von dem (eingebildeten) geringen Selbstwertgefühl. Es ist die Aufgabe der Mutter, jedem ihrer Kinder ein persönliches Selbstwertgefühl zu vermitteln. Es ist schmerzhaft, auf ein anderes Kind eifersüchtig zu sein, das einfach nicht nachzuahmen ist.

Ja, aber im vorliegenden Fall vor allem deshalb, weil das Kind fühlt, daß sein Verhalten im Grunde der Mutter wehtut. Diese nennt die Eifersucht einen Fehler, aber das trifft nicht zu. Sie ist eine Qual, die Mitgefühl und Liebe von seiten der Mutter erfordert. Es handelt sich dabei um eine normale und unvermeidliche Etappe der Entwicklung zwischen kurz hintereinander geborenen Kindern.

Schlimm für das Kind?

Ich weiß nicht, ob schlimm oder nicht schlimm. Ich glaube nicht; es hängt davon ab, ob die Mutter unter der Qual ihrer Tochter selbst leidet, während sich das betroffene Kind schon verstanden fühlen würde, wenn sie sein Leiden mit Worten ausdrücken würde und ihm auf diese Weise helfen könnte. Aber ich möchte wiederholen, daß man mit diesem Kind nicht vor seinem Bruder oder seiner Schwester sprechen sollte ... Ich bin mir auch nicht ganz sicher, ob der ganze Vorgang nicht das Resultat einer gewissen Eifersucht ist, die die ältere Tochter gegenüber der jüngeren empfindet.
Mein Ratschlag wäre, nicht zu versuchen, in jedem Fall gerecht zu sein, sondern dem jüngeren Mädchen einfach dadurch zu helfen, daß man mit ihm ehrlich spricht. Sonst wird sich das Kind immer wieder über alles Mögliche beklagen.

Eine Dame sagt uns: »Ich habe ein fünfjähriges Mädchen, deren Reaktionen mich manchmal ratlos machen. Welche Haltung soll ich vor diesem kleinen Mädchen einnehmen, das mich schlägt oder so tut, als wollte sie mich schlagen, sobald ich ihr einen Befehl erteile oder ihr einen Wunsch ablehne? Das kommt natürlich nur vor, wenn es schlecht gelaunt ist.« Und sie fügt hinzu, daß sie »alles versucht« hätte: gleichgültig zu bleiben, ironisch zu reagieren oder zu toben ...

Glauben Sie, daß es sich um eine Großmutter oder eine Mutter handelt?

Genau die gleiche Frage habe ich mir auch gerade gestellt ...

Nun gut, nehmen wir einmal an, daß es sich um die Mutter handelt ... Geschieht es, wenn die beiden allein sind oder wenn noch andere Leute da sind?

Darüber sagt sie nichts.

Machen wir trotzdem weiter: »Ich habe alles versucht: gleichgültig zu bleiben, zu toben ...« Und was noch?

Ironisch zu sein.

Ironisch zu sein ... Ich glaube, daß sie schließlich eine Art Spiel miteinander begonnen haben: wer wird dem anderen befehlen? Es wird sich wohl um ein intelligentes Mädchen handeln, denn es ist überhaupt nicht dasselbe, so zu tun, als ob man jemanden schlagen will oder wirklich zu schlagen. »Zu tun als ob« bedeutet so viel wie »Achtung, Achtung, ich führe das Kommando!« Wenn es wirklich einmal zuschlägt, wahrscheinlich nur deshalb, weil es ganz außer sich ist. Ich glaube, daß die Mutter für den Fall, daß das Kind wirklich einmal zuschlagen sollte, sagen kann: »Hör zu, ich sage dir Dinge, die dir nicht gefallen, aber ich versuche mein Bestes. Wenn du damit nicht einverstanden bist, brauchst du nicht zu mir zu kommen. Dann bleibe doch in deinem Zimmer, zieh dich zurück. Aber wenn du in meine Nähe kommst, dann sage ich dir, was ich denke.« Ich finde, man soll sich mit diesem Kind unterhalten und nicht die Beleidigte, die Verärgerte oder was weiß ich spielen. Man soll auch mit ihm lachen: »Also, deine Hand will mich schlagen, was meinst du dazu?« ...« Denn das Kind ist in der Lage mit seinen Händen oder Füßen zu reagieren, ohne sie mit sich selbst in Zusammenhang zu bringen. Das hört sich vielleicht etwas komisch an, aber man soll ihm ruhig sagen: »Schau, warum will diese Hand mich schlagen? Weil ich etwas gesagt habe, was dir nicht gefällt? Aber du sagst zu mir doch auch manchmal Dinge, die mir nicht gefallen. Schlage ich dich deshalb?« Oder, wenn das Kind ein Stofftier hat: »Na warte, den Schlag, den ich gerade von dir bekommen habe, kriegt dein Bärchen zurück. Und was sagt dann das Bärchen dazu?« Damit kann man die ganze Angelegenheit zu einem Spiel werden lassen. Ich habe den Eindruck, daß das kleine Mädchen, von dem wir sprachen, nur möchte, daß sich seine Großmutter (oder Mutter) um es kümmert, und zwar nur um es. Leider wissen wir nicht, ob sich der gleiche Vorgang in der Öffentlichkeit oder in einer vertrauten Spielsituation abspielt.

Ich habe den Eindruck, daß er auch in der Öffentlichkeit stattfindet, da die Mutter (oder die Großmutter) schreibt: »Ich habe alles versucht, und zwar je nachdem, in welcher Umgebung wir gerade waren.« Also hat sie sich wohl entweder Ratschläge aus ihrer Umgebung geholt oder die Szene hat sich vor den Augen anderer abgespielt. Damit hängt übrigens noch ein weiteres Problem zusammen, denn diejenige, die den Brief an uns gerichtet hat, sagt auch nicht, ob sie das Kind selbst öfter geschlagen hat oder ob sie ein Kindermädchen hatte, das das Kind schlug, als es noch ganz klein war.

Die Kinder machen sich die Gewohnheiten der Erwachsenen zu eigen, insbesondere, wenn sie noch ganz klein sind. Dieses Kind findet Gefallen daran, die Sprache der Eltern zu übernehmen. Man ist immer wieder darüber erstaunt. Häufig hört man, wie Eltern ihre kleinen Kinder mit strenger Stimme ansprechen: »Halt deinen Mund, faß das nicht an« usw. Und dann sind sie ganz überrascht, daß das Kind ihre Gewohnheiten übernimmt, wenn es beginnt, sich selbst als kleine Persönlichkeit zu fühlen ...

Und wie steht es überhaupt damit, Kinder zu schlagen?

Das hängt davon ab.

Was halten Sie eigentlich von dem Standpunkt, daß ein paar Ohrfeigen, die man früher ja auch bekommen hat, nichts schaden können ...?

Viele Mütter haben manchmal, als sie klein waren, Schläge bekommen und fanden das in Ordnung. Warum sollten sie ihren Kindern dann diese Erfahrung vorenthalten? Sie tun eben das gleiche, was man auch mit ihnen gemacht hat. Es gibt Kinder, die für diese Methode sogar empfänglich sind: wenn man ihnen nicht ab und zu Schläge erteilt, glauben sie, daß sie nicht genügend geliebt werden. Das hängt vom Erziehungsstil der Mutter ab. Man kann darüber, ob Schlagen gut oder schlecht ist, kein absolutes Urteil fällen, da es Teil eines Ganzen ist.

Aber schockieren Sie derartige Erziehungspraktiken nicht?

Nein. Ich glaube, daß man vor allem alles vermeiden soll, was für das Kind erniedrigend ist. Man darf Kinder nie demütigen. Das ist destruktiv, ob es nun aus Spaß oder aus Ärger heraus geschieht. Abgesehen davon, daß das Schlagen den Erwachsenen und manchmal auch das Kind für den Augenblick beruhigt, halte ich es langfristig allerdings doch für schädlich (und das Ziel einer Erziehung eröffnet ja eine längerfristige Perspektive). Auf jeden Fall sollten der Vater oder die Mutter, die

ihr Kind nun unbedingt schlagen wollen, dies niemals in der Öffentlichkeit tun. Man nimmt das Kind eher beiseite und schimpft mit ihm. Aber wenn die Mutter vor lauter Aufregung die Hand gegen ihr Kind erhebt – was soll sie dann machen? Man kann es nicht einfach verhindern. Das heißt auch nicht, daß sie unbedingt eine schlechte Mutter ist. Es gibt Mütter, die ihr Kind niemals anrühren, die aber in ihrer Sprache und in ihrem Verhalten viel aggressiver, sogar viel sadistischer sind, als wenn sie das Kind schlagen würden.
Man sollte jedoch wissen, daß körperliches Strafen ein Zeichen von Schwäche von seiten der Eltern ist und von einem Mangel an *Selbstbeherrschung* zeugt, wie jemand es uns hier richtig geschrieben hat. Es handelt sich also um ein schlechtes Beispiel, das den Kindern von den Erwachsenen gegeben wird. Ein Erwachsener, der seinem Kind gegenüber schroff und aggressiv spricht, dazu neigt, heftig zu handeln und den für ihn typischen Wutausbrüchen freien Lauf läßt, sollte nicht darüber erstaunt sein, einige Monate oder Jahre später sein Kind genauso mit schwächeren Kindern sprechen und handeln zu sehen. Ich wiederhole, daß ein jüngeres Kind die Handlungsweise des Erwachsenen erst einmal als »gut« ansieht, blind sozusagen. Und das Kind wird den Erwachsenen früher oder später nachahmen, und zwar sowohl Erwachsenen wie auch anderen Kindern gegenüber.
Was das Schlagen betrifft, sollte der Erwachsene, der sich durch einen Mangel an *Selbstbeherrschung* nicht zurückhalten kann jedoch nicht auf die billige Ausrede verfallen, daß er eine erzieherische Maßnahme vornimmt, denn damit würde er sich wirklich etwas vormachen. Und er sollte zumindestens diese Maßnahme nicht im voraus ankündigen, nach dem Motto: heute abend oder am Samstag werde ich dir »deine« Schläge verpassen. In diesem Fall handelt es sich um eine perverse, dem Erwachsenen lustbringende Haltung, die auch das Kind verdirbt, für beide demütigend ist und insgesamt erziehungsfeindlich; denn wenn das Kind den Erwachsenen fürchtet, verliert es schnell die Achtung ihm gegenüber und verurteilt ihn für das, was er ist, nämlich ein schwaches Wesen, unfähig, sich zu beherrschen oder noch schlimmer: sadistisch bis hin zur Kaltblütigkeit.

6

Über die Erziehung zur Sauberkeit

In diesem Fall habe ich einen Erlebnisbericht vor mir liegen. Ich will diesen langen Brief, der von einer Mutter von fünf Kindern stammt, einmal zusammenfassen. Das älteste Kind ist zehn Jahre alt, das jüngste 25 Monate. Eigentlich geht es dabei um das Problem, wie die Kinder lernen, sauber zu sein. Die Mutter hat die Tatsache, daß sie fünf Kinder hat, dazu genutzt, fünf verschiedene Erfahrungen zu sammeln. Dem ersten Kind hat sie sehr oft das Töpfchen angeboten und mit ihm geschimpft, wenn es in die Windeln machte oder ablehnte, sich auf den Topf zu setzen. Dem zweiten …

Ja, aber zu welchem Zeitpunkt? Sagt sie darüber nichts?

Ich glaube, daß sie es sagt. Aber dann müßte ich den Brief wohl doch im Detail vorlesen.

Es geht vor allem um das älteste Kind, denn die anderen werden normalerweise dadurch erzogen, daß sie dieses nachahmen.

Hier haben wir es: »Ich bin Mutter von fünf Kindern, die ich ziemlich schnell hintereinander bekommen habe, das älteste ist jetzt zehn Jahre alt, das jüngste 25 Monate. Meine beiden ersten Kinder sind knapp ein Jahr auseinander. Wie viele Mütter, hatte ich es sehr eilig, meinen ersten Sohn sauber zu sehen, vor allem, weil seine kleine Schwester ihm dicht nachfolgte. Deshalb habe ich ihm den Topf hartnäckig so oft wie möglich angeboten – manchmal jede Stunde – und schimpfte mit ihm, wenn es erfolglos blieb und er statt dessen in die Windeln machte. Nachdem ich mich in dieser Beziehung ein Jahr angestrengt hatte, war er sauber geworden; genau mit zwei Jahren tagsüber und mit zweieinhalb Jahren auch nachts. Also keine Heldentat!« Soweit zum ersten Kind. Danach hat sie ihr System ein wenig umgestellt. Sie hat den Topf angeboten, aber diesmal ohne mit dem Kind zu schimpfen, oder sie hat mit ihm geschimpft, aber den Topf nicht angeboten usw. Das hat sie bis zu dem letzten Kind so gemacht, dem sie absolute Freiheit gewährte, d. h. sie hat ihm den Topf überhaupt nicht mehr von sich aus angeboten. Sie hat festgestellt, daß alle ihre Kinder mit zwei Jahren tagsüber und mit zweieinhalb Jahren nachts sauber gewesen sind.

Das finde ich sehr amüsant und auch sehr lehrreich, vielen Dank an diese Mutter für ihren Bericht.

Und sie fügt noch hinzu: »Ich halte es für überflüssig zu versuchen, das Kind um jeden Preis sauber zu bekommen.«

Ich glaube, daß dieser Bericht viele Mütter trösten wird, die sich schwarzärgern, weil ihr Kind noch nicht sauber ist. Ich möchte aber auch dazu sagen, daß sie Glück gehabt hat, daß der Älteste nicht weiterhin ins Bett gemacht hat, da sie zu früh mit der Sauberkeitserziehung begonnen hat. Erst ab zwei Jahren, d. h. ab dem Zeitpunkt, wenn das Kind in der Lage ist, eine Haushaltsleiter allein bis zur letzten Stufe, an der es sich mit seinen Händen festhält, hinauf- und wieder hinunterzuklettern, ist sein Nervensystem soweit ausgebildet, daß es, wenn es aufpaßt, sauber sein kann. Vorher geht es nicht. Diese Mutter hat ja ein Jahr später ein anderes Kind bekommen; aber ich könnte mir denken, daß der Älteste das Interesse, das seine Mutter für seinen Popo gezeigt hat, als sehr angenehm empfand, denn sie kümmerte sich auf diese Weise ganz besonders um ihn.
Ich finde, daß es recht klug war, was sie, eigentlich ohne ihr Wissen, für den Ältesten tat, der dadurch auch nach der Geburt des zweiten Kindes weiterhin die Aufmerksamkeit der Mutter erhielt. Die anderen Kinder werden dadurch erzogen, daß sie den Ältesten nachahmen. Sobald sie es können, wollen sie alles genauso richtig machen wie er. Sicherlich können sie tagsüber nicht vor ungefähr 21 Monaten, was die Mädchen

angeht, und 23 Monaten, was die Jungen angeht, sauber sein. Die Jungen werden etwas später als die Mädchen sauber. Aber es schließt sich in unserem Falle die Frage an, ob der Älteste bei seiner Erziehung zur Sauberkeit nicht ein wenig perfektionistischer, weniger frei und weniger locker in seinen Bewegungen als die anderen geworden ist. Wenn nicht, dann ist es gut so. Trotzdem bleibt es schade um die Zeit, die mit dem Nachttopf verloren wurde, während es so viele andere Dinge zu tun gibt, um die Geschicklichkeit der Hände, des Mundes, der Sprache bzw. des ganzen Körpers zu entwickeln ... Wenn das Kind geschickt ist, Fingerfertigkeit besitzt, gerne turnt, d.h. frei und entspannt über eine gelungene Koordination seiner Bewegungen verfügt, seine Muskelkraft beherrschen kann und schon gut spricht, macht es ihm viel Spaß, allein sauber zu werden und so zu handeln wie die Erwachsenen, nämlich richtig auf die Toilette zu gehen. Bei dieser Gelegenheit möchte ich noch sagen, daß die Mütter den Nachttopf weder in die Küche noch in das Zimmer des Kindes stellen sollten. Er muß in der Toilette stehen, außer nachts, und das Kind soll immer, es sei denn, es ist sehr kalt draußen, und das ist es ja nur im Winter, seine Bedürfnisse auf der Toilette erledigen und nie in den Räumen, in denen gelebt und gegessen wird.

7

Wer verläßt wen?

Hier eine Mutter, die ein Baby hat, das drei Monate alt ist: sie erklärt Ihnen, daß dieses Baby mit sechs Monaten in die Krippe gehen soll und fragt, wie man ihm den Übergang vom Leben in der Familie zur Anwesenheit in der Krippe erleichtern kann. Sie sagt auch, daß sich ihre ganze Umgebung dadurch hervortut, ihr zu erklären, wie schädlich die Krippen für Kinder seien, aber daß sie nicht nachgeben will. Sie fragt danach, ob sie sich z. B. in der Woche, bevor das Kind mit der Krippe beginnt, weniger um es kümmern soll oder ob sie vielmehr die Feiertage dazu benutzen soll, ihr Kind möglichst häufig Leuten aus ihrer Familie, wie z. B. der Großmutter, anzuvertrauen.

Bloß nicht das letztere. Diese Mutter soll sich um ihr Baby kümmern ... Ich halte es für das Wichtigste, daß sie mit ihrem Baby zu anderen Leuten geht und dort mit ihm bleibt. Für das Baby ist es überhaupt nicht das Gleiche, mit anderen Babys zusammenzusein, wie es in drei Monaten in der Krippe der Fall sein wird, oder ganz allein Erwachsenen überlassen zu werden. Es wird ihm aber bestimmt helfen, wenn es seine Mutter häufig mit anderen Erwachsenen sprechen sieht, anstatt ständig allein mit ihr unter vier Augen zu sein. Alle Babys sollten oft mit ihrer Mutter andere Leute besuchen gehen. Jedesmal, wenn die Mutter irgendwohin geht, sollte sie – sofern es möglich ist – ihr Baby mitnehmen, damit es alle seine Onkel, seine Tanten, seine Großmütter usw. kennenlernt. Die Mutter sollte dann aber bei ihm bleiben. Aber um auf die Ausgangsfrage zurückzukommen – es ist schon ein heikles Alter, um ein Kind in die Krippe zu bringen.

Es ist wohl noch etwas zu klein?

Nein, darum geht es nicht, man kann im Gegenteil Kinder sehr früh dorthin bringen. Das Kind gewöhnt sich schnell an diesen Rhythmus. Aber es ist noch in einem Alter, in dem ihm seine Mutter sehr fehlen wird. Man sollte es also entsprechend darauf vorbereiten... Sie sagt nichts darüber, was für eine Arbeit sie haben wird und ob sie ihre ganze Zeit dafür aufbringen muß?

Scheinbar legt sie Wert darauf, die Beschäftigung, die sie zur Zeit ausübt, nicht fallen zu lassen. Ich denke, daß sie im Mutterschaftsurlaub ist, aber entschlossen, ihre Beschäftigung wieder aufzunehmen.

Das Kind wird sich in einigen Wochen daran gewöhnen, aber sie wird es ihm erklären müssen: »Ich bin gezwungen, arbeiten zu gehen. Es tut mir sehr weh, dich in der Krippe zu lassen, aber dort wirst du Freunde finden, dort wirst du kleine Babys finden.« Sie sollte ihm auch oft von anderen Babys erzählen und mit ihm auf Spielplätze gehen, um ihm dort die Babys mit ihren Müttern zu zeigen; sie soll sie ihm benennen: »die anderen Babys, die kleinen Freunde, die Kameraden, die kleinen Mädchen, die kleinen Jungen« usw. Sie sollte nie sagen, daß dieses oder jenes Baby lieber ist als es selbst; es sollte genau wissen, daß die Mutter ihm das meiste Interesse gegenüber zum Ausdruck bringt, auch wenn sie vor ihm mit einer anderen Mutter oder mit einem anderen Kind spricht.

Auf jeden Fall sollte sie das Interesse für ihr Kind nie verlieren oder sich weniger um ihr Kind kümmern, wenn es in die Krippe kommt ...

Auf keinen Fall. In der Krippe kümmern sich die Frauen viel um die Babys. Also warum nicht auch die Mutter? Natürlich muß sie sich in Anwesenheit des Babys, während sie mit ihm spricht, auch um das Haus kümmern, wie es die Frauen in der Krippe im übrigen auch tun; diese kümmern sich um viele Dinge und gleichzeitig um die Babys.

Solche Fragen über das Problem der Trennung von einem kleinen Baby kommen immer wieder vor.
Ich habe zwei Briefe hierzu vorliegen. Der eine stammt von einer Großmutter, die Ihnen sagt: »Ich werde ab nächsten Januar auf meine kleine Enkelin aufpassen müssen. Könnten Sie mir etwaige Vorsichtsmaßnahmen anraten, die im Hinblick auf diese Lebensumstellung ergriffen werden müssen?

Sie sagt nicht, ob das Kind seine Eltern wiedersehen wird oder nicht?

Anscheinend doch. Aber sie gibt keine näheren Erläuterungen hierzu: »Ich werde von 8.00 Uhr morgens bis 17.30 Uhr abends auf sie aufpassen, außer mittwochs, samstags und sonntags; meine Enkelin wird also die Betreuung, die Bettwäsche und sogar die Umgebung wechseln.«

Das Problem liegt also ähnlich wie das, über das wir gerade gesprochen haben. Dieses Baby sollte ab jetzt mit seiner Mutter oder mit seinem Vater einige Stunden bei der Großmutter verbringen. Es soll die Umgebung kennenlernen. Seine Mutter kann ihm sagen: »Siehst du, hier bist du bei deiner Großmutter.« Nach deren Worten übernimmt sie die Betreuung wohl nur am Tage und das nicht einmal jeden Wochentag. Das wird gut klappen. Man soll dem Kind auch hier immer im voraus sagen, woran es ist. Es muß diese neue Umgebung zusammen mit der Anwesenheit und mit der Stimme seines Vaters, der mütterlichen Nähe und ihrer Stimme kennenlernen. Auch sollte es irgendwelche Sachen seiner Mutter bei sich haben, damit es ihren Geruch verspürt, oder Spielzeug, die es zu Hause hat, das hingebracht und jedesmal von der Großmutter zurückgebracht wird; weiterhin Spielsachen, die es immer bei der Großmutter wiedersehen wird, und die es nach einer gewissen Zeit nach Hause mitnehmen und dort behalten kann, genauso, wie es anderes Spielzeug von zu Hause zur Großmutter hinbringen und dortlassen wird. Es sollte einen Lieblingsgegenstand haben, den es von der Mutter zur Großmutter und von der Großmutter zur Mutter hin- und hertransportiert. Dieses Kind wird ganz einfach zwei Orte haben, an denen es sich aufhält. Es muß aber die Kontinuität seiner Person zwischen diesen beiden Orten fühlen. Auf diese Weise wird es sich sehr gut an den Umstand, an zwei Orten zu leben, gewöhnen. Es wäre auch gut, wenn die Großmutter mit dem Kind in der Woche spazierengeht und ebenso die Eltern, wenn sie das Kind haben.

Die Angelegenheit ist also nicht so dramatisch. Der zweite Brief stammt von einem Vater. Das Problem geht über das des letzten Briefes etwas hinaus, aber betrifft immer noch die Frage nach der Trennung von den Eltern: »Was könnten die unmittelbaren, aber vor allem langfristigen Folgen für ein Kind sein, das im Alter von 20 Monaten dreieinhalb Monate von seinen Eltern getrennt wird?«

20 Monate ... es wird also schon gehen, laufen und sprechen können. Man kann auch seine Sprache schon leicht verstehen, selbst wenn es noch nicht so gut spricht. Man soll das Kind auf die bevorstehende Veränderung vorbereiten und mit ihm darüber sprechen. Der Vater oder die Mutter sollen es zu dem Ort hinfahren, an dem es sich aufhalten wird; und sie sollen sich dann von ihm verabschieden, selbst wenn es weint; sie sollen nicht weggehen, wenn es schläft und ihr Weggehen nicht bemerkt. Da sie ihm Postkarten schreiben werden, könnten sie ihm auch kleine Bilder zeichnen; sie könnten ihm regelmäßig einmal in der Woche Kekse oder Bonbons schicken; das Kind muß von seinen Eltern Zeichen bekommen, um zu sehen, daß sie an es denken. Das ist das Wichtigste. Mit 20 Monaten kann ein Kind im übrigen von den Eltern ohne weiteres getrennt werden ... Die Eltern sollten aber durch kleine Aufmerksamkeiten immer zeigen, daß sie in Gedanken bei ihrem Kind sind. Man braucht sich jedoch nicht zu wundern, wenn das Kind darauf unzufrieden reagiert, denn es reagiert auf seine Weise. Es ist viel besser, daß ein Kind auf eine derartige Trennung irgendwie reagiert. Und wenn es seine Eltern wiedersieht und dabei ein wenig schmollt, müssen diese ihr Kind verstehen, mit ihm sprechen und dürfen ihm keine Vorwürfe machen. Dann wird es gutgehen. Wenn diese Trennung unbedingt notwendig ist, handelt es sich um eine Leidenssituation, die das Kind

überwinden muß. Vielleicht wird sie für die Großmutter oder die Person, bei der es einige Wochen verbracht haben wird, noch größer sein als seine eigene, wenn es sie wieder verlassen wird. Es braucht sie aber auch nicht plötzlich zu verlassen. Was die Eltern betrifft, so sollen sie mit dem Kind nachträglich von der Trennungssituation sprechen und von der Freude, die sie verspürten, als sie es wiedergesehen haben; die angebliche Gleichgültigkeit, die es beim ersten Treffen nach der Trennung vielleicht gezeigt haben mag, sollten sie jedoch nicht erwähnen.

Eine andere Frau schreibt uns folgendes: »Ich habe einen kleinen zweieinhalbjährigen Jungen. Als er im kritischen Alter von sieben Monaten war, habe ich ihn dreimal in der Woche verlassen.«

Man erkennt schon, daß diese Mutter Schuldgefühle bei sich empfindet, denn sie spricht von »verlassen« und nicht von »jemandem anvertrauen«.

Die Mutter hat ihr Kind aus beruflichen Gründen bei einer Tagesmutter untergebracht. Sie schreibt: »Ich muß hinzufügen, daß ich privilegiert bin, da ich Lehrerin bin. Ich habe also lange Ferien, die ich mit meinem Kind verbringen kann.« Das zweite Jahr arbeitete sie dann fast jeden Tag und hat das Kind wieder zu der Tagesmutter gebracht. Alles ist gut gelaufen. Dann aber dieses Jahr (das Kind ist zweieinhalb Jahre alt): »Ich habe mit meiner Tätigkeit aufgehört, aber wollte meinen Sohn in den Kindergarten schicken, damit er zu anderen Kindern Kontakt hat.«

Obwohl sie mit ihrer Arbeit aufgehört hat?

Genau.

Seltsam.

Sie hat ihrem Kind genau erklärt, daß der Kindergarten ein Ort ist, an dem man viel Spaß hat und kleine Freunde trifft: »Aber nach dem ersten Tag im Kindergarten lehnte dieses Kind es strikt ab, wieder dorthin zu gehen und weinte sehr viel.« Die Mutter stellt nun die Frage, ob man darauf bestehen soll, das Kind in den Kindergarten zu schicken oder im Gegenteil einige Monate abwarten soll, bevor man es dort wieder hinbringt.

Ich denke, daß diese Mutter sehr gut versteht, worum es geht. Ihr Kind war bei einer Tagesmutter ... Wir haben gesehen, daß die Mutter ihrerseits das Gefühl hatte, ihr Kind verlassen zu haben. Das Kind schien jedoch bei dieser Tagesmutter ganz glücklich gewesen zu sein. Sie sagt uns nicht, ob es dort noch andere Kinder gab oder ob es allein war ... Natürlich muß es diesem Kind im Alter von zweieinhalb Jahren etwas komisch vorkommen, nun einerseits mit vielen Freunden in den Kindergarten zu gehen und andererseits die Mutter bei sich zu Hause zu wissen. Gerade jetzt schickt sie es dorthin, wo sie doch Zeit für es hätte! Denn schließlich hätte sie für ihr Kind alles, was man im Kindergarten tut, auch machen können, abgesehen davon, daß man dort nicht mit seiner Mutter sprechen und sich an ihrem Alltag beteiligen kann wie Einkaufen, Kochen oder Hausarbeit ...

Ich dachte, sie hat ihr Kind in den Kindergarten geschickt, damit es zu anderen Kindern Kontakte kriegt. Es ist nämlich ein Einzelkind.

Richtig, aber sie ist doch eine Mutter, die unterrichten kann ... Sie könnte jetzt, wo sie zu Hause bleibt, doch zu einer anderen Form mütterlicher Erziehung übergehen, die der Tagesmutter nicht möglich war. Das Kind sollte nicht, weil die Mutter nun zu Hause ist, wieder zur Tagesmutter gehen, aber man bräuchte diese auch nicht ganz abzuschaffen. Das Kind könnte ihr vielleicht an einem oder zwei Nachmittagen wieder anvertraut werden. So wird die Mutter ein wenig Ruhe haben. Denn sie hat ihre Arbeit doch wahrscheinlich aufgehört, um sich ausruhen zu können, vielleicht auch aus einem anderen Grund,

den sie nicht angibt. Vielleicht könnte sie es auch so einrichten, daß sie auf ihren Sohn aufpaßt und ihn gleichzeitig auf den Kindergarten vorbereitet, von dem er ja schon weiß, was er bedeutet; und sie könnte in diesem Sinne mit ihm spielen, malen, singen und seine Aufmerksamkeit auf Bastelarbeiten lenken. Im übrigen finde ich das Alter von zweieinhalb Jahren viel zu früh, um in den Kindergarten zu gehen.
Eigentlich kann man ein zweieinhalbjähriges Kind erst dann in den Kindergarten schicken, wenn es daran gewöhnt ist, andere Kinder draußen und bei sich zum Spielen zu treffen und wenn es von sich aus hingehen will, weil es sich durch die Anwesenheit eines Kindes, das es dort schon kennt oder eines älteren Geschwisters, das es nachahmen will, angezogen fühlt. Trotzdem, zweieinhalb Jahre ist eigentlich zu früh.

Was ist allgemein das ideale Alter, um ein Kind in den Kindergarten zu schicken?

Ein Kind »im allgemeinen« gibt es nicht. Jedes Kind ist verschieden. Es gibt Kinder, die sich zu Hause sehr gut beschäftigen können, wenn man es ihnen beigebracht hat und die vor allem zusammen mit der Mutter das tun, was zu Hause so anfällt. Es ist wichtig, daß ein Kind zu Hause seine Fertigkeiten erlernt und übt, es soll sich dort allein beschäftigen können, allein spielen, bei seinem Tun und Treiben laut sprechen, mit seinen Bären, Puppen und seinen kleinen Autos spielen und sich Geschichten dabei erzählen. Es soll allein Spiele machen oder mit dem, der es trotz seiner Arbeit nebenher begleitet. Es arbeitet auch im Haushalt mit, putzt das Gemüse mit der Mutter, es geht einkaufen und beobachtet die Geschehnisse auf der Straße. Erst dann wird es sich für den Kindergarten interessieren. Bis dahin sollte es schon mit anderen Kindern auf Spielplätzen gespielt haben und dabei zu seiner Mutter gelaufen sein, wenn kleinere Rivalitätskämpfe stattfanden, worauf die Mutter es tröstet, indem sie ihm die Erfahrung, die es gerade gemacht hat, erklärt.

Mit welchem Alter also?

Mit drei Jahren; für ein aufgewecktes Kind ist das ein gutes Alter, um mit dem Kindergarten anzufangen. Zweieinhalb Jahre finde ich sehr früh, vor allem für ein Einzelkind, das sich *zunächst* an den Umgang mit anderen Kindern zu gewöhnen hat.

Gibt es andererseits auch eine Altersgrenze nach oben, die man nicht überschreiten darf? Man sollte ein Kind doch auch nicht zu lange zu Hause behalten, nicht wahr?

Nein, aber es hängt auch davon ab, wie es zu Hause beschäftigt wird und wie gut es die Welt draußen, d.h. die Nachbarn, die Straße, die Spielplätze usw., kennt. Früher kam man mit sechs Jahren in die Volksschule, weil man zu Hause, in der Familie oder mit den Freunden alles getan hatte, was man heute im Kindergarten macht. Für das Kind blieb die Familie nicht auf seinen Vater und seine Mutter beschränkt. Es gab die Großmutter, den Onkel, die Tanten, Kusinen und Nachbarn. Und die Beteiligung des Kindes an der Hausarbeit. Das Kind war dann sehr froh, lesen und schreiben zu lernen, denn es hatte schon eine Menge Anregungen bekommen, sang Lieder, tanzte, spielte allein und konnte sich sonst nützlich machen ... Eigentlich war es zu allem fähig, was ein Kind mit seinem Körper, d.h. mit seinen Händen und seiner motorischen Intelligenz machen kann: nämlich wirklich ein kleiner Begleiter des alltäglichen Lebens zu sein. Auf jeden Fall ist es, um darauf noch einmal zurückzukommen, für ein zweieinhalbjähriges Kind zu früh, in den Kindergarten zu gehen – mit Ausnahme vielleicht von einigen sehr aufgeweckten Kindern, die sich schon wünschen, ständig mit kleinen Freunden zusammen zu sein.

8

Jeder hat seine eigenen Schlafgewohnheiten

In diesem Brief wird bestritten, was Sie in bezug auf den Schlaf des Kindes gesagt hatten, und zwar daß ein Kind eigentlich überall einschlafen kann, sobald es ein Bedürfnis dazu verspürt. Auch meinten Sie, daß man ein Kind ein wenig zur Einsamkeit zwingt, wenn man es zum Schlafen ins Bett steckt. Dazu nimmt nun eine Mutter wie folgt Stellung: »Ich habe einen achtzehn Monate alten Jungen. Dieses Kind will nicht einschlafen, solange es nicht in seinem Bett, d. h. in seinem Zimmer ist, außer bei längeren Autofahrten, auf denen es dann auch einschläft. Wenn es aber Gesellschaft hat, möchte es unbedingt am Leben um sich herum beteiligt sein, es zwingt sich regelrecht dazu, wachzubleiben.« Diese Dame ist also der Meinung, daß die Umgebung der Erwachsenen sich auf den Schlaf ihres Sohnes nachteilig auswirkt, wobei doch der Schlaf einer der wichtigsten Faktoren für die Entwicklung eines Kindes in diesem Alter ist.

Sie hat vollkommen recht. Wir verallgemeinern zu viel. Es gibt Kinder, die entsprechend ihrem eigenen Rhythmus dort einschlafen, wo man sie hinlegt, und zwar sobald sie ein Bedürfnis dazu haben. Bei diesem Kind scheint dies nicht der Fall zu sein. Es bezieht sich wahrscheinlich besonders stark auf die Erwachsenen. Kein Kind ist dem anderen gleich. Und seine Mutter hat es bestimmt schon früh daran gewöhnt, in seinem Bett zu schlafen. Diese Mutter hat also recht mit dem, was sie schreibt. Sie hat ihr Kind schon an einen bestimmten Lebensrhythmus gewöhnt. Warum auch nicht? Sie hat erreicht, daß ihr Kind einschläft, sobald man es in sein Zimmer bringt, und sollte sich deswegen keine Fragen stellen und weiter so verfahren wie bisher. Ich bin im übrigen sehr froh, daß von den Zuhörern auch Einwände gegen das, was ich sage, vorgebracht werden.

In diesem Fall hatte ich ein wenig zu stark verallgemeinert, denn ich erinnerte mich, daß auf einem Bauernhof die Kinder in einem gemeinsamen Raum schlafen, seitdem sie Babys sind, da es keinen anderen beheizten Raum gibt. Als meine älteren Geschwister klein waren, war ja Krieg gewesen und man konnte nur einen Raum beheizen, eben den, in dem man sich aufhielt. Heute leben wir nicht mehr unter den gleichen Bedingungen. Hinzu kommt die persönliche Eigenart des Kindes; es gibt welche, die besonders stark auf Reize ihrer Umwelt reagieren und solche, die gelassener sind und die, wenn sie es wollen, überall einschlafen können. Wie uns gesagt wurde, schläft das Kind, von dem die Rede ist, im Auto; dabei gibt es wieder andere, die genau dort nicht schlafen wollen.

Aber ich möchte noch einmal betonen, daß es andererseits auch nicht schädlich ist, ein Kind in einem Zimmer einschlafen zu lassen, in dem sich viele Erwachsene aufhalten.

Der Kleine, über den wir gerade gesprochen haben, wurde daran gewöhnt, in seinem eigenen Bett einzuschlafen. Er ist ein bißchen auf sein eigenes Bett oder auf das Schlafen im Auto fixiert, warum auch nicht? Er scheint Schlafgewohnheiten behalten zu haben, die ihm beigebracht worden waren, als er noch ganz klein war. Aber vielleicht wird sich das für ihn auch einmal ändern. Momentan bleibt er zwar in seinem Bett, doch es ist durchaus möglich, daß er es eines Tages einmal verläßt, um in den Raum, in dem sich die anderen aufhalten, zurückzukehren. Ich glaube, daß man sich dann weder ärgern noch erstaunt fühlen sollte. Wenn dieses Kind irgendwann einmal gegenüber den Erwachsenen eine persönliche Initiative ergreift und sie dabei nicht stört, warum sollte man ihm die Möglichkeit dazu verwehren? Ein Kind, das »Gewohnheiten« hat, kann sich weniger auf Veränderungen einstellen als ein anderes. Es findet dann eben nicht in allen Situationen die Sicherheit, die es für sich braucht.

Damit wäre die Antwort auf diesen Brief erledigt. Trotzdem fände ich es gut, die dort angesprochene Fragestellung etwas zu erweitern und einmal allgemein auf den Schlaf, seine Bedeutung und seine Dauer beim Kind zu sprechen zu kommen.

Hier läßt sich wohl kein Patentrezept erfinden. Meine eigenen drei Kinder hatten alle drei verschiedene Schlafgewohnheiten. Ab einem gewissen Zeitpunkt waren sie natürlich alle in ihrem Zimmer, aber nicht alle in ihrem Bett. Ich denke, daß man die Kinder möglichst nicht ins Bett schicken sollte, bevor der Vater nach Hause kommt. Man kann sie ja in ihrem Schlafanzug aufbleiben lassen, wenn sie noch nicht ins Bett gehen wollen. Wenn sie nun sehr müde sind, sollte man sie natürlich schlafen lassen. Kinder, die nie gezwungen werden, ins Bett zu gehen, legen sich auch freiwillig hin, sobald sie in ihr Bett hineinklettern können. Von daher empfiehlt sich im übrigen ein nicht zu hohes Bett ohne Stäbe, gegebenenfalls ein Stuhl daneben, auf den man Spielzeug oder Bilderbücher zum Anschauen vor dem Einschlafen bzw. nach dem Aufwachen legen kann.

Sollte man die Kinder vielleicht wecken, wenn der Vater nach Hause kommt?

Wenn sie wirklich schon schlafen, nein. Aber der Vater kann den Kindern sagen: »Ich werde euch immer gute Nacht sagen, wenn ich nach Hause komme.« Wenn das Kind in solch einem Fall aufwacht und seinen Vater begrüßen will, finde ich es richtig, es aus dem Bett herausklettern zu lassen. Es kann dann noch im Morgenmantel dort bleiben, wo sich die Eltern aufhalten, denn es ist für ein Kind doch sehr wichtig, seinen Vater zu sehen, nicht wahr? Man sollte ihm dann erlauben, noch fünf oder zehn Minuten aufbleiben zu dürfen ... Bevor es sich dann wieder hinlegen soll, kann man ihm etwas Milch zu trinken geben, um die Situation zu beenden. Ein Kind schläft viel besser, wenn es ein kleines glückliches Erwachen gehabt hat und wenn es noch eine Kleinigkeit zu essen bekommen hat, eine Scheibe Brot, ein Plätzchen oder etwas zu trinken. Bei gedämpftem Licht und mit seinem Spielzeug um es herum wird es dann einschlafen, wenn es müde ist.
Es soll allerdings den Abend seiner Eltern auch respektieren lernen. Die Erwachsenen brauchen ihre Ruhe und das Zusammenleben außerhalb der Kinder.

In einem anderen Brief werden Sie gefragt, ob sich das Schlafen im Zimmer seiner Eltern auf die »seelische Gesundheit« eines fünfjährigen oder sechsjährigen Kindes auswirken kann.

Nun steht in diesem Brief nicht, ob die Familie viel Platz hat oder gezwungen ist, in einem Raum zu leben. Es ist tatsächlich besser, daß das Kind nachts nicht Zeuge der Intimität und des Schlafes seiner Eltern ist. Wenn es nicht anders geht, sollte man aber dafür sorgen, daß das Kind nicht in das Bett seiner Eltern geht; wenn es diesen Wunsch äußert, sollte man nicht mit ihm schimpfen, sondern darüber sprechen und ihm, wenn es ein Junge ist, sagen, daß auch der Vater, als er klein war, sein eigenes Bett hatte; und im Falle eines Mädchens sollte es lernen zu akzeptieren, daß es noch ein kleines Mädchen ist und nicht Vater oder Mutter mit den Erwachsenen spielen kann, als würde es selbst schon erwachsen sein.

Noch einige andere Fragen in diesem Zusammenhang, die immer wieder vorkommen. Ein Mädchen, das jetzt zweieinhalb Jahre alt ist, teilte ein Zimmer mit seinem sechsjährigen Bruder. Eines Tages dann haben ihm seine Eltern ein eigenes Zimmer eingerichtet. Und jetzt will es zu seinem Bruder zurückkehren, da es allein in seinem Zimmer Angst hat. Was soll man tun?

Erstens scheinen die Eltern die getrennten Zimmer eingerichtet zu haben, ohne das Kind vorher um seine Meinung gefragt zu haben. Ich finde, daß es vernünftiger gewesen wäre, die beiden noch zusammenzulassen, bis das Mädchen das gebärfähige Alter erreicht hat. Für den Jungen ist es noch unwichtig ...

Was heißt eigentlich gebärfähiges Alter?

Gebärfähiges Alter? Das heißt, seine Periode zu haben. Es handelt sich also um den Zeitpunkt, an dem sich das Kind zum jungen Mädchen entwickelt. In diesem Moment (vielleicht auch etwas früher) wird das Mädchen sehr froh sein, ihr eigenes Zimmer zu haben, und der Junge auch. Aber warum macht die Mutter nicht vorläufig aus dem anderen Zimmer ein Spielzimmer? In dem Zimmer, in dem man schläft, wird gearbeitet und in dem anderen gespielt. Es wäre vernünftiger, denn meiner Meinung nach sollte man diese Kinder, die zu zweit in der Familie sind, zu diesem Zeitpunkt noch nicht trennen. Bei mehreren Mädchen und einem Jungen gäbe es ein Zimmer für den Jungen *und* eines für die Mädchen.

Weiter gibt es viele Briefe, die das Problem nächtlicher Ängste bei Kindern erwähnen. Dabei scheinen mir diese Ängste immer mit einem ganz besonderen Problem des Kindes verknüpft zu sein. Für das Mädchen von zehneinhalb Jahren wurden die Ängste aus dem vorgenommenen Umgebungswechsel verständlich ...

... und vor allem, weil es sich diesen Wechsel ja selbst gar nicht gewünscht hatte ...

Gibt es andere Erklärungen für nächtliche Ängste bei Kindern?

Natürlich. Alpträume kommen häufig im Alter von sieben Jahren vor und sind als relativ gewöhnliches Vorkommnis zu betrachten, die in diesem Alter sogar notwendig sind. Ich denke mir, daß es sich beim vorliegenden Fall aber um ein Mädchen handelt, daß sich etwas zu stark in das Alter seines Bruders »zurückversetzt« hat, während der Bruder sich im Gegenteil »gestreckt« hat, um das Alter seiner Schwester zu erreichen. Ich glaube, daß diese beiden Kinder, bevor man sie trennt, verschiedene Freunde haben müßten, anstatt fälschlicherweise wie Zwillinge zusammenzusein, und dies seit ihrer frühesten Kindheit. Jetzt kann man den Trennungsprozeß nicht plötzlich beschleunigen, nachdem die Kinder solange daran gewohnt waren, zusammen in einem Zimmer zu sein. Dies ist im Gegenteil ein langsamer Prozeß, der durch eine psychologische Veränderung des Kindes vonstatten geht, wobei diese Veränderung zum großen Teil auf den Einfluß von Freunden zurückzuführen ist. Das Kind braucht immer einen Freund, mit dem es sich gut versteht, in unserer Fachsprache nennen wir ihn ein »Hilfs-Ich«. Kinder brauchen Gesellschaft. In unserem Fall sind diese Kinder bestimmt viel glücklicher, im gleichen Zimmer zu schlafen. Bis jetzt ist jeder für den anderen das bevorzugte »Hilfs-Ich«. Man wird ihnen sicherlich nicht dadurch helfen, daß man sie plötzlich nachts trennt, sondern dadurch, daß man ihnen beibringt, wie sie tagsüber am besten allein auskommen, indem sie sich am Wochenende oder während der Ferien andere Spielkameraden suchen.

Bis zu welchem Alter können sich denn zwei Jungen das gleiche Zimmer teilen?

Während ihrer ganzen Kindheit, ja sogar während ihrer ganzen frühen und späten Jugend. Man kann ihnen z. B. in demselben Zimmer zwei getrennte Ecken einrichten, damit sie sich beim Arbeiten mit ihrem Licht nicht gegenseitig stören, da sie verschiedene Tätigkeits- und Schlafrhythmen haben werden. Ich kann mir überhaupt nicht vorstellen, wie es für Kinder gleichen Geschlechts schädlich sein kann, im gleichen Zimmer zu schlafen. Vielleicht wird es im Pubertätsalter schwieriger. Allerdings ist es wichtig, die Kinder zum Schlafen zu trennen. Damit meine ich, daß es Kindern zwar viel Spaß macht, in einem Doppelbett zu schlafen, aber ich halte diese Lösung für nicht so hervorragend. In diesen Betten bekommt der eine alle Bewegungen des anderen mit, es sei denn, die Betten sind fest in der Wand verankert. Während des Schlafes regredieren wir alle; die Kinder, die in solchen Betten schlafen, sind voneinander abhängig, wobei die Beschaffenheit der Wohnungseinrichtung ihnen diese Abhängigkeit aufzwingt. Wenn man wenig Platz hat, sind ausziehbare Betten, die man auch trennen kann, vorzuziehen; um so mehr, als sie zum Bettenmachen auch praktisch sind bzw. für den Fall, daß ein Kind krank ist und im Bett bleiben muß. Es ist im allgemeinen schädlich, Kinder unabhängig davon, ob sie gleichen Geschlechts, verschiedenen Alters oder Zwillinge sind, in einem Bett schlafen zu lassen. Was auf dem Land nicht so viele Nachteile hatte (obwohl es auch dort welche gab), wirkt sich in der Stadt ungünstig aus, weil man auch tagsüber ständig eng aufeinander hockt. Jeder soll nachts seinen freien Raum haben, ohne ständig an den Körper des anderen zu stoßen. Im gleichen Zimmer zu schlafen ist natürlich etwas ganz anderes und keinesfalls schädlich, es sei denn, das älteste Kind ist bereits erwachsen und das andere noch ein Kind.

9

»Gern haben« oder »begehren«

(Nächtliches Aufwachen)

Kehren wir zu dem Problem zurück, wenn ein Kind in der Nacht aufwacht und zu weinen beginnt.

Um Kinder in welchem Alter handelt es sich?

In diesem Fall um ein dreijähriges Mädchen, das alles in allem sehr ausgeglichen ist, wie die Mutter schreibt. Trotzdem wacht es seit drei Monaten jede Nacht auf. Die Mutter hat sich daraufhin mit Freundinnen, die auch sehr junge Kinder haben und ebenfalls häufiger, d. h. drei- oder viermal in der Nacht, aufwachen, überlegt, wie man das Problem lösen kann: »Daraufhin bin ich zu meinem Kinderarzt gegangen, um ihm mitzuteilen, daß ich es nicht länger aushalten würde, ständig auf diese Weise in der Nacht geweckt zu werden und habe ihn um ein Beruhigungsmittel für das Kind gebeten. Der Arzt hat mir aber kein Beruhigungsmittel gegeben. Ich persönlich bin jedoch dafür und auch, daß das Kind nachts wieder Windeln trägt.«

Warum soll es wieder Windeln haben? Was hat das mit dem Problem zu tun?

Ich gestehe, daß es völlig aus dem Zusammenhang fällt …

Es handelt sich um ein großes, schon dreijähriges Mädchen; das nächtliche Aufwachen ist nicht dasselbe wie bei den ganz kleinen Kindern … Und erst vor drei Monaten hat es angefangen … Gerade in diesem Alter (mit drei Jahren) interessiert sich das Kind für den Geschlechtsunterschied. In diesem Alter liebt das kleine Mädchen seinen Vater heiß und innig. Diese Mutter spricht zwar nicht von ihrem Mann, ohne Zweifel wird sie aber mit ihm zusammen in einem Bett liegen. Ich vermute, daß das Mädchen in der Nacht auch jemanden bei sich haben möchte, so wie die Mutter.

Im übrigen sagt die Mutter, daß das Mädchen beim Aufwachen immer das Gleiche ruft, nämlich »Mutter, Mutter« oder »Wasser« oder »Vater«. Wenn daraufhin nichts geschieht, gibt es ein Drama, ein großes Geschrei.

Dem Mädchen würde ganz bestimmt dadurch geholfen sein, daß der Vater ab und zu an sein Bett kommt, um es zu beruhigen: »Psst! Deine Mutter schläft. Alle müssen schlafen. Schlaf du auch.« Die Mutter könnte auch einiges an der Einrichtung des Schlafzimmers des Kindes ändern. So könnte das Kind auf einem Nachttisch immer ein Glas Wasser neben sich haben. Häufig hört das Kind dann auf, ins Bett zu machen (ich sage das wegen der Windeln, von denen die Mutter sprach). Ein Glas Wasser neben das Bett eines Kindes zu stellen, das nachts ins Bett macht, kommt den meisten Eltern widersprüchlich vor. Der Grund dafür liegt aber darin, daß ein Kind, das ein bißchen unruhig und ängstlich ist, Wasser braucht. Die unmittelbare Art, sich Wasser zu »machen«, ist dann, ins Bett zu pinkeln; die zweite Möglichkeit besteht darin, das Wasser, welches im Glas neben dem Bett steht, zu trinken. Wahrscheinlich handelt es sich bei diesem Mädchen um ein Kind, das nächtliche Ängste hat – bei dreijährigen Kindern ist es normal. Bei den siebenjährigen Kindern tauchen sie in Form von Alpträumen wieder auf. Bei den Dreijährigen bedeutet Aufwachen: die Mutter suchen, wieder klein zu werden und aufs Neue eng mit der Mutter zusammensein wollen, denn sie befinden sich in einem Alter, in dem sie größer werden und das Bewußtsein dafür gewinnen, ein Junge oder ein Mädchen zu sein. Was das Problem dieser nächtlichen Ängste angeht, so kann man während des Tages mit dem Kind »blinde Kuh« spielen und dabei das Zimmer verdunkeln. Man bindet sich dabei ein Tuch vor die Augen und tut so, als wäre es Nacht; man steht auf, macht irgend etwas, knipst das Licht an und wieder aus usw. Aber man hütet sich davor, »Vater oder Mutter zu wecken«. Ich denke mir, daß das Mädchen nach einigen Erklärungen, die durch das Spiel vermittelt werden können, sehr wohl begreift, daß es seine Eltern in Ruhe lassen soll; wenn es groß sein wird, wird es auch einen Mann haben, aber zur Zeit ist es zu klein, auch wenn es kein Baby mehr ist. Wahrscheinlich wird der Kleinen von ihrer Mutter zu wenig Selbständigkeit eingeräumt. Zum Beispiel sich die Sachen, die es tagsüber anzieht, selbst auszusuchen, die Frisur zu bestimmen und viele Dinge mehr. Es ist ein Alter, in dem die kleinen Mädchen beginnen, ein wenig eitel zu werden. Wenn die Mütter die Unabhängigkeit dieser kleinen Mädchen tagsüber fördern, können sie ihnen viel dabei helfen, die nächtliche Zuflucht ins »Nest« nicht mehr zu brauchen. Was soll ich noch dazu sagen? Ich verstehe die Geschichte mit den Windeln überhaupt nicht. Wenn es soweit gekommen ist, wahrscheinlich, weil das Kind noch ins Bett macht.

Anscheinend.

Macht sich das Kind eigentlich Gedanken darüber, daß es nachts ins Bett macht?

Ich glaube, daß die Mutter die Windeln erwähnt, um dem Kind nachts keinen Anlaß zu geben, aufzuwachen ...

Eben. Dieses Kind spricht von Pipi, weil es glaubt, daß der Unterschied zwischen den Geschlechtern ein Unterschied des Pipi sei. Ich glaube, daß die Mutter ihm unbedingt erklären muß, daß die Jungen und die Mädchen verschiedene Geschlechter haben, wobei sie ruhig den Ausdruck »Geschlecht« benutzen soll, denn dieses hat mit dem Pipi ja nichts zu tun. Sie soll dem Kind erklären, daß es jetzt ein hübsches Mädchen ist, dann ein junges Mädchen und schließlich eine Frau werden wird, so wie seine Mutter. Aber vielleicht liegt es auch daran, daß dieses dreijährige Kind noch ein Gitterbettchen hat, aus dem es nicht allein herauskommt, um Pipi zu machen. Der Vater sollte die Stäbchen abmontieren oder eben ein anderes Bett besorgen.
Und noch ein Wort zu den *Beruhigungsmitteln.*
Der Arzt hatte völlig recht, sie abzulehnen, denn sie sind doch

nur für die Mutter bequem. Was für die Mutter aber auch bequem sein würde und dem Kind nichts schadet, wäre, die Tochter hin und wieder woanders bei einer kleinen Freundin übernachten zu lassen. Wenn das Kind bei einer Kusine oder einer Freundin übernachten würde, könnte das Problem innerhalb von acht Tagen gelöst sein. Der mögliche Grund, daß dieses dreijährige Kind im Grunde nur auf seine Eltern, die zusammen in einem Bett liegen, eifersüchtig ist, würde wegfallen, wenn es einmal ganz allein schläft.
In jedem Fall geht es weder darum, zu schimpfen oder das Kind zu beruhigen, sondern zu verstehen, was in ihm, das bestimmte Veränderungen durchmacht, vor sich geht: vielleicht fühlt es sich eingeengt, weil es aus seinem Bett, das es kindlicher macht und an dessen Ränder es stößt, herauswächst; oder es kann aufgrund seiner sich entwickelnden Intelligenz die »Pipis«, also den Geschlechtsunterschied zwischen Mädchen und Jungen, erfassen, von dem es vorher keine beruhigende Information von seiten der Mutter bekommen hat. Es ist dagegen keine Lösung, ein Kind, das nicht schlafen kann, mit Arzneien vollzustopfen. Es ist besser, verstehen zu lernen, daß das Mädchen von seiner Körpergröße und seinen intellektuellen Fähigkeiten her wächst und es entsprechend zu behandeln und mit ihm zu sprechen, um bestimmte Fragen zu lösen.

Hier habe ich noch zwei weitere Briefe. Der eine stammt von einer Großmutter, der andere von einer Mutter. Es handelt sich dabei um etwas ältere Kinder, die spezielle Probleme mit sich bringen. Zuerst also der Brief der Großmutter, die sich um ihren elfjährigen Enkel Sorgen macht. Seit längerer Zeit und trotz wiederholter Besuche beim Arzt macht dieser Junge immer noch ins Bett: »Da wir nicht länger zusehen wollen, daß dieser Junge mit dieser Störung aufwächst, möchten wir Sie um Rat bitten. Was kann man dagegen tun?«

Ich möchte der Großmutter folgendes sagen: es ist nett, daß sie sich an uns wendet. Dieses Kind ist schon groß und müßte seine sexuelle Entwicklung selbst in Angriff nehmen. Um die Wahrheit zu sagen: das Problem, daß ein Junge noch ins Bett macht, ist immer mit seiner Sexualität verknüpft. Ich weiß nicht, ob diese Familie – speziell der Vater – sich über ihr Kind Sorgen macht. Es wird nicht vom Vater gesprochen, glaube ich.

Der Brief stammt von der Großmutter.

Diese Großmutter sollte dem Jungen auf eine kluge Art und Weise so viel Zuwendung wie möglich geben, ohne jedoch auf das Problem konzentriert zu sein, daß er noch ins Bett macht. Was das Kind selbst betrifft, so könnte es, wenn ihm die Angelegenheit lästig ist, einen Spezialisten um Rat fragen. Es gibt sicherlich welche in der Nähe, also dort, wo diese Frau lebt. Er kann sich z.B. an eine Beratungsstelle wenden. In diesen Einrichtungen kann man auch um eine psychothetapeutische Behandlung nachsuchen, und die Krankenkasse übernimmt in den meisten Fällen die Kosten. In seinem Alter kann der Junge, wenn es ihn beunruhigt, mit jemandem allein über das Problem reden, auch wenn er noch nicht in der Pubertät ist. Aber man sollte ihm keine Schuldgefühle einreden, weil er seine Schließmuskeln noch nicht beherrschen kann – ein Zeichen psychologischer Unreife, an der die Familie und die Großmutter vielleicht beteiligt sind.

In dem anderen Brief geht es um einen vierzehnjährigen Jugendlichen. Dieser Junge ist seit seinem siebenten Lebensjahr nachts sehr ängstlich: er hat eine krankhafte Angst vor der Dunkelheit. Er schläft ein, doch wenn er manchmal aufwacht, hat er Angst.

Es hat also angefangen, als er sieben Jahre alt war. Ich muß sagen, daß Kinder, die mit ca. sieben Jahren keine Alpträume haben, nicht normal sind; denn jedes siebenjährige Kind hat mindestens zwei- oder dreimal in der Woche Alpträume. Warum? Weil sie in diesem Alter anfangen, den Unterschied zwischen *»gern haben«* und jemanden *»begehren«* zu begreifen. Der Vater und die Mutter haben in den Augen des Kindes dadurch, daß sie sich liebhaben, viel füreinander übrig; jetzt kommen aber das Begehren und die Vorgänge hinzu, die sich in der Intimität ihres Schlafzimmers abspielen und die die Eltern vor den Kindern verbergen wollen. Dieser Jugendliche wird in der Dunkelheit von Ängsten heimgesucht... Er schleppt diese Ängste seit seinem siebenten Lebensjahr mit sich herum und jetzt, da er 14 Jahre alt ist, wird es höchste Zeit, daß er sich einmal mit einem – möglichst männlichen – Psychotherapeuten unterhält, damit er seine Alpträume frei aussprechen und ihren Sinn verstehen lernen kann. Mit sieben Jahren – das kann man ruhig jedem sagen – hat das Kind Alpträume, daß seine Eltern sterben, was ein gutes Zeichen, normal und unvermeidlich ist. Seine eigene Kindheit muß in ihm sterben; das bedeutet so viel wie »sterben für die Milchmutter« und sterben für den »Vater der Milchzähne«. Wahrscheinlich hat dieser Junge diese Phase mit sieben Jahren nicht durchgemacht. Jetzt ist es zu spät, um das Problem mit einer Auskunft über den Rundfunk zu lösen. Er braucht ein Gespräch mit einem Psychotherapeuten.

10

Sich verständlich machen, indem man schreit

Hier haben wir einen Brief, der von einer Lehrerin geschickt wurde: Ihr dreieinhalbjähriges Kind hat zur Zeit einige kleinere Probleme. Zunächst beschreibt die Mutter die Situation in der Familie: Der Mann arbeitet und kommt spät nach Hause; trotzdem findet er am Abend oder am Wochenende Zeit, um mit den Kindern zu spielen und mit ihnen zu sprechen (es gibt nämlich auch noch einen kleinen Bruder, der bald ein Jahr alt wird und von dem Dreieinhalbjährigen sehr gut akzeptiert wird). Seit das besagte Kind zweieinhalb Jahre alt ist, geht es in den Kindergarten, wo es auch gut zurechtkommt. Am Anfang gab es dort einige kleinere Probleme, die sich aber bald wieder legten; so nannte man ihn »den Kleinen« oder die Erzieherin behandelte ihn zu sehr als Baby, was ihn beleidigte. »Zu dieser Zeit folgte zu Hause ein Kindermädchen auf das andere. Dieses Jahr – und hier liegt das Problem – kümmert sich eine neue Dame um meine zwei Kinder und sie fühlt sich allmählich etwas überfordert...«

Wie alt ist diese Dame?

Sie ist 52 Jahre alt und hat selbst eine achtzehnjährige Tochter. Sie beklagt sich darüber, daß der kleine Junge ihr nicht gehorcht, mit ihr grob ist und ihr sogar Fußtritte gibt. Als die Mutter ihn danach fragte, hat er sein Verhalten zugegeben, aber trotzdem hat die Betreuerin große Mühe damit, daß ihr das Kind gehorcht. Es kommt ihren Aussagen zufolge jeden Tag zu einem neuen Konflikt. Jetzt ist der Junge abends immer nervöser und reizbarer. Ohne sichtbaren Grund und bei den geringsten Anlässen fängt er an zu schreien.

Er ist wohl mit seinen Nerven am Ende.

Genau. Er lehnt sogar ab, sich vor dem Essen seine Hände zu waschen, wenn seine Mutter ihn darum bittet. Wenn sie weiterreden will, schreit das Kind: »Hör auf, hör auf, hör auf ...« Die Mutter schreibt: »Er übertönt mit seinem Gebrüll jeden Versuch, ihm etwas zu erklären.« Damit das Bild vollständig ist, noch ein paar Bemerkungen zu dem Kind: es ist sensibel, spielt oft mit seinem kleinen Bruder und hat ihn offensichtlich gern. Der Brief endet ein wenig selbstkritisch: »Mir scheint, daß wir von diesem Jungen oft ein bißchen zu viel verlangen. Wir wollen, daß er artig und höflich ist und daß er uns kleine Gefallen tut. Im Grunde möchten wir ein richtiges Gleichgewicht zwischen unserem Wunsch, ein glückliches und ausgeglichenes Kind zu haben und unseren eigenen nervlichen Belastungen finden, ärgern uns aber nicht im richtigen Augenblick und sind so unseren Prinzipien nicht treu.« Sie bittet Sie, ihr einige Ratschläge zu geben, damit der Junge sich nicht vor seiner Umwelt verschließt bzw. damit er weniger aggressiv wird.

Wahrscheinlich lehnt der Junge seine jetzige Betreuerin ab. Natürlich ist es schwer, jemanden zu finden, der einen kleinen Jungen richtig betreuen kann; diese Aufgabe ist für eine Frau noch schwieriger, erst recht, wenn sie, wie in diesem Fall, selbst keinen Jungen großgezogen hat. Denn es gibt zwischen Jungen und Mädchen schon gewaltige Unterschiede. Es ist z.B. kein gutes Zeichen, wenn ein Junge im Alter zwischen zweieinhalb und dreieinhalb Jahren nicht ein bißchen heftig ist. Weiterhin ist es für einen Jungen wichtig, zu einer Frau, ob nun Mutter oder Betreuerin, »nein« sagen zu können. Darüber sollte sich keine Mutter ärgern, denn wenn ein Kind »nein« sagt, heißt das so viel, daß es zwei oder drei Minuten später so handeln wird, als hätte es »ja« gesagt. Ein Junge muß zu seiner eigenen Identifizierung zu einer Frau »nein« sagen, damit er zu seinem eigenen Werdegang als Junge »ja« sagt. Es ist ziemlich wichtig, diesen Prozeß zu verstehen. Der Brief berichtet im übrigen nicht, was der Vater macht, ob er sich um seinen ältesten Sohn kümmert, indem er z.B. mit ihm spazierengeht ..., d.h. ihn aus dieser Welt von Frau und Baby herausführt.

Am Anfang des Briefes wird uns gesagt, daß er spätabends nach Hause kommt, daß er aber trotzdem oft für das Kind Zeit findet, wenigstens am Wochenende …

Aber sie sagt, daß er sich um *die* Kinder und nicht besonders um diesen Ältesten kümmert, der sich ja von seinem Alter her sehr von seinem kleinen Bruder unterscheidet. Mir scheint, daß er ein wenig zu sehr wie sein kleiner Bruder behandelt wird. Im Grunde will er, der ja viel zu früh in den Kindergarten geschickt wurde, eigentlich groß werden. Es wäre wichtig, ihn außerhalb des Kindergartens mit gleichaltrigen Kindern spielen zu lassen. Ein Baby reicht als kleiner Freund wohl nicht aus.

Er scheint sensibel und intelligent zu sein. Wahrscheinlich hat er sich gekränkt gefühlt, als man ihn »Kleiner« nannte. Nun war er aber tatsächlich noch sehr jung, als er in den Kindergarten kam. Ich denke mir, daß diese Mutter ihrem Kind schon dadurch helfen könnte, ruhiger zu werden, indem sie ihn z.B. nicht allein zum Händewaschen schickt. Es ist nicht schwer zu sagen: »*Wir* gehen uns die Hände waschen.« Die Mutter soll mit ihm gehen, ihn dabei begleiten, ihm helfen oder einfach dabei sein. In bezug auf die Dinge, um die sie ihn bittet, sollte eine gewisse Vertrautheit zwischen beiden sein. Ich glaube, daß ihm das gefallen wird. Es gibt etwas anderes, was nervöse Kinder enorm beruhigt, nämlich mit Wasser zu spielen. Die Mütter wissen es viel zu wenig. Es läßt sich immer irgendwo ein Spülbecken, eine Schüssel oder ein Bidet finden, wo das Kind abends, wenn es vom Kindergarten zurückkommt oder wenn es aufgedreht ist, mit Wasser spielen kann. Man kann ihm z.B. sagen: »Sieh mal, dein Vater hat dir ein kleines Boot mitgebracht.« In einem Raum, in dem Wasser vorhanden ist, kann sich ein Kind stundenlang vergnügen und beruhigt sich. Man kann ihm auch zeigen, wie man mit einem Putzlappen ungewollten Überschwemmungen provisorisch abhelfen kann.

Dies kommt mir ein wenig wie das Rezept von einer Großmutter vor …, gibt es dafür denn eine wissenschaftliche Erklärung?

In den Wohnungen haben die Kinder mit den natürlichen Elementen nicht mehr viel zu tun. Was ist denn das Leben anderes als das Wasser, die Erde, die Bäume, die Blätter, auf Steine zu klopfen, eben dies alles zusammen... Die kleinen Kinder wollen auf undifferenzierte Art aggressiv sein. In dem uns vorliegenden Fall sieht es so aus, als würde die Betreuerin gleichzeitig als Steinchen, Baum, Mauer oder alles zusammen fungieren. Und natürlich überfordert diese Situation die Frau, wie die Mutter schreibt. Könnte die Mutter das Kind nicht statt dessen zu einem kleinen Freund schicken. den es mag? Ich habe das Gefühl, daß dieses Kind nicht wie ein »Großer« erzogen wird und dagegen setzt es sich zur Wehr. Gleichzeitig wollen die Eltern aber, daß er ein Großer ist, sehen dabei aber nur die Seite der Umgangsformen. Wenn die Mutter von den Erwartungen spricht, die die Eltern dem Jungen gegenüber haben, könnte man glauben, daß er fünf oder sechs Jahre alt ist; in dem Brief finden sich widersprüchliche Äußerungen. Von daher ist es schwierig, eine Antwort zu geben. Vor allem aber muß vermieden werden, daß das Kind sich schuldig fühlt. Die Mutter schreibt, daß der Junge sein Verhalten, der Betreuerin Fußtritte zu versetzen, »zugibt«. Was heißt aber in diesem Zusammenhang »zugeben«? Seine Füße sind sehr aufgeregt und er tritt. Sein Mund ist voll von Geschrei und Leiden, und er sagt dem Kindermädchen Dummheiten. Ich glaube, daß er nicht genügend so beschäftigt ist, wie es ein Junge seines Alters eigentlich sein sollte und daß er nicht genügend Möglichkeiten hat, sein Bedürfnis nach Bewegungsfreiheit abzureagieren. Es gibt in dieser Familie für die einfache Lebensfreude keinen Platz.

Kommen wir noch einmal auf den Brief zurück. Sie haben zwar schon eine ganze Reihe von Teilantworten gegeben, trotzdem möchte ich aber noch ein allgemeines Problem aufwerfen, denn die Ausführungen dieser Lehrerin gehen viele Familien an. Die Lehrerin schrieb: »Mir scheint, daß wir von diesem Kind zu viel verlangen.« Man verlangt von ihm, artig und höflich zu sein und daß es den Erwachsenen kleinere Gefallen tut. Und dann soll es auch noch ausgeglichen sein. Stellt man an diesen Jungen mit dem, was er alles tun soll, nicht ein wenig zu hohe Ansprüche?

Ganz bestimmt, er soll ja ständig dem Wunsch seiner Eltern nachkommen. Tun diese Eltern eigentlich dem Kind ihrerseits irgendwelche Gefallen? Sind sie ihrerseits zu ihm immer höflich? Mögen und können sie mit ihm spielen? Zum Beispiel mit Bildern, die man ordnen muß, mit einem einfachen Kartenspiel oder mit irgendwelchen Postkarten? Ein Kind versteht unter »artig sein« nicht viel mehr als still zu bleiben und den Erwachsenen zu gefallen. Das schränkt aber seine Eigeninitiative ein, nicht wahr? Ich denke mir, daß dieses Kind, so wie alle ersten Kinder in einer Familie, das Leidtragende dieser Konstellation ist und es von seiner Mutter andererseits auch nicht richtig ist, sich so viele Vorwürfe zu machen. Vielleicht hat sie Recht, indem sie sich darüber Gedanken macht, was man mit diesem Kind tun muß, denn mir scheint, daß der Junge wirklich bald mit seinen Nerven am Ende ist. Ich hatte vorhin das Spielen mit Wasser erwähnt. Es gibt auch noch andere Spiele: Steckspiele, Versteckspiele, Spiele, bei denen man laufen und lachen kann. Ein Kind braucht Fröhlichkeit um sich herum. Ein Kind ist dann artig, wenn es beschäftigt ist und über das sprechen kann, was es interessiert, wenn es kleine Spiele mit seinen Bären macht usw. ... Die Mutter könnte ihm sagen: »Was möchtest du heute spielen?«, anstatt mit ihm so zu spielen, daß sie ihn ständig um etwas bittet. Sie sollte ihm auch selbst ab und zu einen Gefallen tun. Zum Beispiel gibt es dreieinhalbjährige Kinder, die darum gebeten werden, ihre Sachen aufzuräumen. In diesem Alter ist das zu früh, man muß dem Kind noch dabei helfen: »Hilfst du mir? Wir räumen gemeinsam dein Zimmer auf.« Man soll die Arbeit gemeinsam tun.

Die Mutter sagt auch: »Wir möchten ein glückliches und ausgeglichenes Kind haben.« Kann nun eigentlich das Bild, das ein Erwachsener vor Augen hat, wenn er von Glück und Gleichgewicht spricht, der Welt eines kleinen Kindes entsprechen?

Das ist schwierig zu sagen. Hier handelt es sich um eine Mutter, die in der Schule unterrichtet. Sie hat wohl – ohne es selbst zu merken – den Hang zum Perfektionismus und zum »Intellektualismus«, weil sie in der Schule gewohnt ist, sich mit Kindern zu beschäftigen, die *zusätzlich* noch »ihre« Mutter haben, mit der sie lachen und sich amüsieren können. Vielleicht hat das Problem auch hiermit zu tun.

11
Trennung, Ängste

Ich habe diesmal den Brief eines Vaters vor mir (was bei unserer Post übrigens ziemlich selten vorkommt), der das Problem voneinander getrennter Eltern aufwirft, da er sich selbst in einer »illegalen« Situation (d.h. in ›wilder Ehe‹) befindet. Er fragt Sie, ob sich solche Umstände – Zusammenleben ohne verheiratet bzw. lediger Vater zu sein – auf das Kind neurotisierend auswirken. Wird ein Kind in einer solchen Situation automatisch leiden? Oder liegt, wie er schreibt, »letztlich nicht alles an der Art und Weise, wie sich die Kinder die Probleme in ihrem Kopf, entsprechend ihrem Niveau und ihren eigenen Maßstäben, vorstellen? Könnte man die Gefahr, daß das Kind verletzt wird, nicht dadurch ausräumen, daß man ihm die Situation einfach erklärt?«

Verletzt sein? Leiden? Jeder Mensch hat seine eigenen Schwierigkeiten. Mir scheint das Wichtigste für die Eltern zu sein, daß sie mit ihrer Situation selbst fertig werden, ob sie nun legal oder illegal ist; die Eltern könnten dem Kind sagen, von wem es ist, und daß sein Leben für die Mutter, die es zur Welt gebracht hat, und für den Vater, der es gezeugt hat, einen Sinn hat ... Die Kinder haben manchmal viele Papas, aber sie haben nur einen Vater; sie haben eine Mutter, die sie im Bauch getragen hat, und man muß es ihnen auch sagen, denn sie haben manchmal viele Mamas, von der Betreuerin bis zu der Großmutter. Mutter und Vater bedeuten für das Kind überhaupt nicht *leibliche* Mutter und *leiblicher* Vater. Ich glaube, daß die Kinder zunächst einmal sehr früh wissen sollten, wer ihre Mutter und wer ihr Vater ist; genauso sollten sie wissen, ob dieser oder jener Mann, mit dem ihre Mutter zusammen ist, ihr jetziger »Vater«, also wirklich ihr Vater ist oder nicht. Was nun diese »illegale« Situation des unverheirateten Zusammenlebens angeht, warum nicht? Wenn die Eltern mit dieser Situation gut zu Rande kommen, werden sie dem Kind erklären, welchen Sinn ihr und sein Leben hat und warum es gezeugt wurde. Die Eltern leben jetzt zwar getrennt, doch liebt jeder von beiden das Kind wie zuvor und beide fühlen sich für es verantwortlich, solange, bis es für sich selbst sorgen kann. Ich finde, daß ein Kind wissen muß, daß dieses oder jenes Kind sein Halbbruder väterlicherseits oder seine Halbschwester mütterlicherseits ist usw. Seinen Familiennamen kann man ihm damit erklären, daß er vom Gesetz vorgeschrieben ist bzw. daß jeder Bürger einen Nachnamen bekommt; mit den Gefühlen der Familienzusammengehörigkeit oder mit der Zeugung hat er allerdings nicht immer so viel zu tun.

Müssen die Kinder diese Dinge eigentlich sehr früh wissen oder ...

Sie sollten darüber früh Bescheid wissen, d.h. man sollte sie ihnen keinesfalls verschweigen. Eines Tages wird die Antwort vielleicht klarer ausfallen, weil das Kind, entweder von sich aus oder weil es zufällig einen Kommentar dazu gehört hat, die Frage direkt stellt. Doch das Wichtigste ist, daß die Eltern niemals dem Wunsch nachgeben, es dem Kind zu verschweigen. Wenn das Kind sagt, »komisch, warum hat diese Person gesagt, daß es nicht mein Vater ist, wenn er doch mein Vater ist«, sollen die Mutter oder der Vater, die diese Frage gehört haben, sofort die Wahrheit sagen. Wenn die Eltern mit ihrer Situation klarkommen, sollen sie nicht so tun, als würden sie die Frage überhört haben; sobald das Kind die Frage stellt, soll ihm mit der Wahrheit geantwortet werden. Es handelt sich dabei um eine Frage des Vertrauens zwischen dem Kind und seinen Eltern. Ob es die Antwort versteht oder nicht, ist eine andere Sache. Eines Tages wird das Kind dieselbe Frage präziser stellen. »Dieser oder jener hat mir gesagt, daß du mit Vater nicht verheiratest bist.« – »Es ist völlig richtig. Ich hatte nur gewartet, es dir zu erklären, damit du groß genug bist, um solche Dinge zu verstehen. Ich bin dein leiblicher Vater, obwohl du den Mädchennamen deiner Mutter trägst«, oder

»ich bin nicht dein leiblicher Vater, aber ich betrachte dich als mein eigenes Kind. Ich lebe mit deiner Mutter, weil wir uns lieben und sie von deinem Vater getrennt ist«, oder »du bist von einem Mann gezeugt, den sie geliebt hat, aber sie haben nicht geheiratet« usw. Einfach die Wahrheit sagen wie sie ist.

Stellenweise berichtet dieser Herr in seinem Brief auch über sich: »Ich habe mich von meiner Frau getrennt, und wir haben dann, so gut es geht, ein System zur Betreuung der Kinder entworfen, nämlich folgendes: unsere beiden Kinder – das eine ist jetzt sieben Jahre, das andere drei Jahre alt – sollen sowohl mit dem einen Elternteil wie auch mit dem anderen Elternteil leben; sie sollen praktisch in unterschiedlicher Zeitfolge genauso viele Tage bei beiden verbringen und genauso viele Male bei dem einen oder anderen essen. Hinzu kommen dann noch zwei Aufenthalte von jeweils acht Tagen bei den Großeltern, bei denen wir alle gemeinsam zusammen sind. Alle, einschließlich der Psychologen, haben gesagt, daß dieses System schädlich für die Kinder wäre. Sie sollten vielmehr ganz von einem Elternteil übernommen werden, wobei der andere sie dann ab und zu sehen würde.« Er fügt noch hinzu: »Ich bin aber gegen den Strom geschwommen und habe mir gedacht, daß diese Leute spinnen und nicht wissen, was die Liebe eines Mannes oder einer Frau für ihre Kinder bedeutet.« Dann geht er dazu über, das Ergebnis dieser Regelung zu schildern: »Nach drei Jahren scheinen mir die Kinder jetzt nicht weniger anormal als andere zu sein, in der Schule kommen sie eigentlich ganz gut mit. Meine Beziehung hat sich zu ihnen auch um vieles gebessert und ich bin ihnen gegenüber nicht mehr so aggressionsbeladen wie es eine Zeitlang der Fall gewesen war. Ich stelle auch fest, daß bei meinem Sohn seit dieser Zeit das Stottern verschwunden ist.«

Das ist ein sehr interessanter Bericht.

Sind Sie erstaunt?

Nein; im allgemeinen verstehen sich die Eltern nach einer Trennung nicht mehr, aber in diesem Fall scheinen sie ganz gut miteinander auszukommen. Sie verstehen sich sogar so gut, daß sie acht Tage mit den Kindern gemeinsam verbringen können. Das ist nur in den seltensten Fällen möglich. In dem Brief wird allerdings nichts davon gesagt, ob es sich bei den beiden Kindern um Jungen oder um einen Jungen und ein Mädchen handelt, bzw. ob die Eltern wieder geheiratet haben. Das Problem wird nämlich dann kompliziert, wenn einer der beiden Ehepartner wieder heiratet und ein Kind bekommt und der andere seinerseits andere Kinder hat. Ich glaube also, daß es hierfür keine Patentlösung gibt; die beste Lösung besteht darin, daß sich die für das Kind verantwortlichen Eltern weiterhin verstehen; dann kann das Kind seine Eltern auch einmal zusammen erleben und mit seiner eigenen Situation klarkommen; es muß wissen, daß seine Eltern, wenn auch geschieden, doch für es verantwortlich sind. Diesem Herrn ist etwas gelungen, wofür ich ihn loben möchte. Man könnte allerdings einwenden, daß die Kinder, die mal hier oder mal dort sind, letztlich nicht mehr wissen, wo ihr »Zuhause« ist. In dem vorliegenden Fall ist der siebenjährige Junge z. B. sowohl bei seinem Vater als auch bei seiner Mutter. Aber er hat ja auch noch nicht so viele Aufgaben für die Schule zu machen. Es ist aber anzunehmen, daß ein Kind besser arbeitet und seine Aufgaben besser erledigen kann, wenn es an einem festen Ort seine eigene Ecke hat und seinen Vater oder seine Mutter ansonsten so oft wie möglich sieht. Doch wenn es auch anders klappt, warum nicht? Wichtig ist, daß es spürt, daß beide Eltern mit der Regelung einverstanden sind, damit es mit seinen Lebensgewohnheiten am besten hinkommt, und zwar entsprechend seinem Alter, dem Schulbesuch und seinen Freunden; es soll für das Kind bloß keine Geheimniskrämereien geben, also Dinge, die man dem einen oder anderen der Eltern nicht sagen darf. Aufgrund der Überempfindlichkeit und der Konkurrenz, die zwischen beiden Elternteilen herrscht, ist das leider nur selten möglich. Denn diese Eltern sind meistens noch an die Zeit gebunden, in der ihre Kinder »ihnen gehörten«; hinzu kommen dann noch häufig die Schwierigkeiten, die aufgrund der verschiedenen Lebensweise des geschiedenen Vaters und der geschiedenen Mutter entstehen.

12

Indirekte Fragen

(Vaterschaft, Geburt, Sexualität)

Hier haben wir einen Brief von einer Frau aus der Schweiz, die ein kleines Mädchen adoptiert hat. Das Mädchen lebte vorher in einem deutschsprachigen Milieu. Die Mutter, die uns geschrieben hat, spricht aber französisch. Da sie sich darüber Sorgen macht, möchte sie wissen, ob sich das Kind durch seinen Wechsel in ein französischsprechendes Milieu vor den Kopf gestoßen fühlt. Genauer gesagt, hat sie das kleine Mädchen mit zwei Monaten adoptiert und es ist jetzt fünf oder sechs Monate alt. Sie hat seinerzeit aufmerksam zugehört, was Sie über die Sprachentwicklung des Kindes gesagt haben. Sie haben, wenn ich mich recht erinnere, das Gedächtnis mit einer Art Tonband verglichen, das alles aufnimmt.

Das stimmt.

Hier also die genaue Frage der Mutter: »Kann, was das Kind im Mutterleib erlebt hat, eines Tages wieder zum Vorschein kommen? Wie und vor allem wann soll ich dem Mädchen sagen, daß es adoptiert wurde?«

Es wird nicht gesagt, wie alt das Kind jetzt ist.

Sechs Monate.

Hier liegen meiner Ansicht nach mehrere Fragen vor. Fangen wir einmal mit dem Alter an, in dem man einem Kind sagen sollte, daß es adoptiert wurde. Doch so ist die Frage eigentlich schon verkehrt gestellt, denn man sollte die Tatsache der Adoption vor einem Kind sowieso nie zu verbergen versuchen. Wenn die Mutter beispielsweise mit Freunden spricht, wissen diese doch, daß das Kind adoptiert wurde und der Vater – vermutlich gibt es einen Adoptivvater – weiß es natürlich auch. Ich halte es für das Wichtigste, daß die Mutter oft vor sich hin oder zu ihren Freunden sagt: »Welche Freude, daß wir, die wir keine Kinder bekommen konnten, dieses kleine Mädchen haben« oder auch »ich konnte ja kein Kind im Bauch tragen«, so kann man es doch sagen, nicht wahr? Das kleine Mädchen wird diese Worte immer wieder hören. Wenn es dann im Alter von etwa drei Jahren fragen wird »Wo war ich, bevor ich geboren wurde?«, wird es in diesem Augenblick einfach sein, ihm zu sagen: »Aber du weißt es doch. Ich habe dir immer gesagt, daß ich dich nicht in meinem Bauch getragen habe. Du hast eine Mutter gehabt, die dich mit einem Mann, den sie geliebt hat, gezeugt hat, du bist in ihrem Bauch gewachsen und sie hat dich auf die Welt gebracht. Sie ist deine leibliche Mutter. Sie hat dich sehr hübsch gemacht, aber sie konnte dich nicht behalten. Da sie dich nicht bei sich behalten konnte, hat sie einen Vater und eine Mutter gesucht, die dich erziehen können, und wir sind gewählt worden.« Oder man kann auch sagen: »Wir haben ein Baby gesucht, das von seinem leiblichen Vater und von seiner leiblichen Mutter nicht behalten werden konnte.« Man soll immer von »leiblicher Vater« und von »leiblicher Mutter« sprechen ... »Wir wollten eine Tochter adoptieren, uns wurde gesagt, daß du ohne Eltern wärest und so haben wir dich geholt.« Das Mädchen wird vielleicht sagen: »Aber wo?« Man wird ihm dann sagen, wo es gewesen war und in welcher Stadt. Es wird diese Frage bestimmt mehrmals in seinem Leben stellen. Jedesmal soll man dem Kind in diesen oder ähnlichen Worten die Wahrheit sagen, die dem Kind mit der Zeit immer bewußter werden wird. Wichtig ist, ihm zu sagen, daß »seine leibliche Mutter« es sehr geliebt hat. Das muß einem Kind immer gesagt werden, gerade, wenn es ein Mädchen ist; für ein Mädchen hat es sonst ziemlich schlimme Konsequenzen, wenn es mit einer Adoptivmutter aufwächst, die sie für steril hält, auch wenn es sich dessen nicht sicher ist, aber doch irgendwie zu ahnen glaubt. Diese Mädchen entwikkeln sich unbewußt zu einer sterilen Frau. Die Antwort kommt also ganz von allein: Man soll dem Kind gegenüber niemals die Wahrheit verschweigen. »Ich bin also nicht wie die Anderen?«, wird das Kind vielleicht sagen. – »Du bist wie wir. Wir sind deine Adoptiveltern, du bist unser Adoptivkind, das heißt, du bist ein Kind, das wir gewollt haben.«

Bei den Sorgen dieser Mutter geht es noch um folgendes: »Als das Kind aus einer deutschsprachigen Provinz kam, wußten alle Nachbarn Bescheid. Die Kinder, die bald kleine Spielkameraden sein werden ...«

Also alle Leute wissen es.

Alle wissen es, aber sie will die erste sein, die es ihm sagt. Man kann ihm es also Ihrer Meinung nach sehr früh sagen?

Ja, sehr früh . Es wird wahrscheinlich die Worte »adoptiert« oder »Adoptiv-« ständig gehört haben. Es wird nach der Bedeutung dieses Wortes fragen, aber die Eltern können dieser »Enthüllung« zuvorkommen, indem sie es über den Sinn und die Bedeutung dieses Wortes bei passender Gelegenheit aufklären; das kann im Zusammenhang damit geschehen, daß eine Frau in der Nachbarschaft schwanger ist oder irgendwo ein Baby geboren wird. Man wird es ihm dann erklären können. Oder man erläutert dem Kind durch ein anderes Beispiel die Bedeutung des Wortes »Adoption«, nämlich mit Hilfe der Geschichte vom Ei und vom Huhn: Ein Huhn legt Eier, die von einem anderen Huhn ausgebrütet werden. Wer ist die wahre Mutter? Es gibt viele wahre Mütter. Es gibt die leibliche Mutter und die Mutter, die das Kind erzieht.
Jetzt zu der Frage in bezug auf die deutsche Sprache. Sicherlich hat dieses Kind, das von einer deutschsprachigen Person getragen worden ist und zwei Monate in dieser Sprache gelebt hat, deutsche Laute gehört; und die bleiben im tiefen Unbewußten haften. Das ist aber überhaupt nicht wichtig. Das ist auch nicht schädlich. Es könnte sich später lediglich ergeben, daß das Kind eine gewisse Zuneigung für die deutsche Sprache hat. Man wird ihm dann sagen: »Es ist nicht erstaunlich, da deine leibliche Mutter und vielleicht auch dein leiblicher Vater aus der deutschsprachigen Schweiz waren. Als du noch im Bauch deiner Mutter warst, hast du die deutsche Sprache bis zwei Monate nach deiner Geburt um dich herum gehört.«

Nehmen wir jetzt einen Brief, der, wenn auch über einen Umweg, zum gleichen Problem zurückkehrt, nämlich zu der Frage nach der Herkunft bzw. der Geburt eines Kindes. Es handelt sich um zwei Fragen. Die erste lautet: »Ich habe ein kleines Baby – ein zwei Monate altes Mädchen –, das regelmäßig am späten Nachmittag anfängt zu schreien.« Es wird gefragt, ob Babys das Bedürfnis haben, in bestimmten Augenblicken zu schreien oder zu weinen, ähnlich wie die Erwachsenen sich zu einer bestimmten Zeit mitteilen möchten.

Ich glaube nicht, daß die Babys ein Bedürfnis haben, zu schreien, ich meine, aus Verzweiflung zu schreien. Die Mütter merken im übrigen sehr wohl, um was für ein Schreien es sich bei ihrem Kind handelt. Manchmal hört das Baby schon nach kurzer Zeit wieder auf zu schreien, so als hätte es bloß schlecht geträumt. Schreit das Kind aber immer wieder um die gleiche Uhrzeit, so hat um diese Zeit in seinem Leben irgend etwas stattgefunden. Man weiß aber nicht mehr was, man hat es vergessen. Man muß das Baby dann beruhigen, es in seine Arme nehmen und wiegen ... Das Wiegen erinnert das Baby an den Gang der Mutter, wie ich schon gesagt habe, an die Sicherheit, die das Kind genoß, als es in ihrem Bauch war.

Jetzt eine Frage, die ich meinerseits Ihnen stellen möchte: Hat ein Baby (selbst, bevor es zwei Monate alt ist) schon »Seelenzustände«?

Bestimmt hat auch schon ein Baby Seelenzustände. Jedes Kind ist verschieden; jede Person ist von Geburt an verschieden. Es ist möglich, daß das Ende des Tages ein Kind ängstlich macht; man kann dann das Licht anmachen und Worte für es finden. Ich denke, die Mutter könnte es dadurch beruhigen, daß sie es zu dieser Zeit in einer Tragetasche oder einem Tragetuch ganz dicht bei sich trägt und mit ihm dabei spricht, ohne ihre jeweilige Tätigkeit aufgeben zu müssen. Entgegen allen Behauptungen, daß man dem Kind keine »schlechten Gewohnheiten« beibringen soll, ist es für ein Baby nicht gut, wenn man es zu lange allein vor sich hinschreien läßt. Und manchmal kommt es auch vor, daß Kinder nach einer Mahlzeit noch nicht satt sind. Das heißt, man muß immer den Grund des Weinens herausfinden und den Kindern dann helfen.

Weiter steht in dem Brief: »Als ich dieses Kind zur Welt gebracht habe, hat mein Mann die Gelegenheit genutzt, um seine Geburt zu filmen . . .«

Das stelle ich mir sehr schön vor . . .

. . . und Sie werden gefragt, ob und ab welchem Alter man dem Kind diesen Film zeigen kann.

Nun, warum auch nicht? Das heißt, wenn die Eltern sich den Film ansehen, kann das Kind dabei sein, ohne daß man es dazu zwingt; ebensowenig sollte man es direkt dazu auffordern, hinzuschauen.

Ich möchte weiter aus dem Brief vorlesen: »Soll man die Geburt eines anderen Kindes abwarten, oder kann man ihm diesen Film möglichst bald zeigen?«

Und wenn kein anderes Kind mehr kommt? Wird es dann kein Recht haben, den Film zu sehen? Nein, ich denke, daß sich dieses Kind den Film ruhig anschauen kann, wenn die Eltern es selbst ab und zu tun (ich frage mich allerdings, was diese Eltern dazu bewegt, sich diese Erinnerung an einen bestimmten Tag ihres Lebens so oft anzusehen). Man kann doch dem Kind auch später, wenn es von seiner Geburt spricht: »Wie war ich, als ich klein war . . .«, Fotos aus der Zeit zeigen, als es noch ein Baby war. Und die Mutter könnte dann hinzufügen: »Weißt du, dein Vater hat bei deiner Geburt einen Film gedreht; den können wir uns jetzt ansehen, wenn du magst.« Allerdings ist es auch denkbar (die Mutter sollte sich deshalb nicht beleidigt fühlen), daß das Kind ihr antwortet: »Ach so« und weggeht oder: »das interessiert mich nicht.« Mich persönlich würde eine solche Reaktion überhaupt nicht erstaunen. Dennoch wird das Kind eines Tages für den Film großes Interesse zeigen. Ich denke, daß es den Jugendlichen oder Erwachsenen Freude macht, sich Filme ihrer Kindheit anzuschauen – und warum nicht auch von der Geburt? Doch im allgemeinen sehen sich die Kinder solche Filme nur an, weil ihre Eltern es wollen. Sie interessieren sich eigentlich mehr für ihr Heute und Morgen als für ihre Vergangenheit.

Ich möchte Sie bitten, noch einen weiteren Brief zu beantworten, der, obwohl er eigentlich ein anderes Thema behandelt, doch mit dem letzten Brief einige Gemeinsamkeiten aufweist. Es geht dabei um die kindliche Sexualität. Wie soll man mit den Kindern darüber sprechen? Denn die Fragen, die jenes Mädchen über seine Geburt oder über seine Adoption stellt, kann ein anderes Kind über die Sexualität stellen. In diesem Brief geht es um acht- bis zwölfjährige Kinder. Die Mutter fragt, wie man mit Kindern dieses Alters über das Sexualleben sprechen soll und wo man die Grenze ziehen soll, um die Kinder bei diesem Thema nicht vor den Kopf zu stoßen. Soll man solange abwarten, bis sie von selbst Fragen stellen oder – im Gegenteil – aus Angst, das Thema könnte unter den Klassenkameraden auf schmutzige Art angesprochen werden, die Fragen selbst provozieren? Und was soll man machen, wenn das Kind von sich aus keine Fragen stellt?

Im allgemeinen stellen Kinder ab drei oder vier Jahren keine direkten Fragen mehr, wenn man unter »Fragen« versteht, daß sich jemand direkt nach etwas erkundigt. Dagegen stellen sie indirekte Fragen, die allerdings auch schon ab dem Tag vorkommen, an dem sie sprechen bzw. die ersten ganzen Sätze bilden können. Ich möchte für eine typisch indirekte Frage ein Beispiel geben: »Wie werden meine Kinder später sein?« – »Das wird von der Frau abhängen, die du dir später wählst.« – »Ach so? Ach ja?« Mehr wird das Kind vielleicht nicht sagen und man beläßt es dabei. Dann unternimmt es einen neuen Versuch: »Warum hast du mir gesagt, daß es von der Frau abhängen wird, die ich wählen werde?« – »Du weißt, daß du, wie alle Menschen, einen Vater hast. Manchmal hörst du solche Bemerkungen wie ›hierin sieht er seinem Vater aber ähnlich‹ oder ›er sieht seinem Vater in diesem Punkt aber überhaupt nicht ähnlich‹. Warum sieht ein Kind wohl seinem Vater ähnlich? Einfach deswegen, weil der Vater genauso viel zur Entstehung des Lebens des Kindes beigetragen hat.« Das Kind sagt vielleicht: »Ach so?«, und ich meine, daß diese Antwort der Eltern vorerst genügt. Wenn das Kind keine genaueren Fragen stellt, braucht man das Thema nicht zu vertiefen. Man hat einiges in Richtung auf die Wahrheit gesagt und das Kind wird eines Tages darauf kommen, weitere Fragen zu stellen. Das gleiche gilt auch für die Frage nach der Zeugung: »Wo war ich, bevor ich geboren wurde?« – »Bevor du geboren wurdest, warst du in meinem Bauch.« Man kann versuchen, einer schwangeren Frau zu begegnen und es dem Kind dann erklären. Man kann auf seinen Kommentar »ist diese Frau aber dick!« antworten: »Wußtest du nicht, daß die Mütter ihre Babys vor der Geburt in ihrem Bauch tragen? Du wirst sehen, daß diese Mutter in einigen Wochen oder Monaten einen Kinderwagen dabei haben wird und keinen dicken Bauch mehr hat: das Baby wird dann in dem Kinderwagen liegen.« Das ist ein Beispiel, wie man dem Kind erklären kann, daß die Mutter das Kind vor seiner Geburt getragen hat. Für die meisten Mütter bringt diese Erklärung allerdings keine große Schwierigkeit mit sich. Anders verhält es sich schon bei der Frage, wie das Baby aus der Mutter herauskam. Man könnte antworten: »Da unten, zwischen den Beinen seiner Mutter, durch das Geschlecht seiner Mutter. Du weißt ja, daß die Frauen ein Loch da haben. Es öffnet sich, um das Baby herauskommen zu lassen.« Noch schwieriger wird es für die Eltern, dem Kind die Rolle des Vaters verständlich zu machen. Man soll es ihnen aber bei der ersten indirekten oder versteckt formulierten Frage dennoch gleich sagen. Ein Kind wird dann vielleicht entgegnen: »Dieser oder jener Freund hat aber keinen Vater«, worauf man antworten kann: »Du irrst dich, das ist nicht möglich.« – »Doch, er hat es mir gesagt!« – »Dein Freund irrt sich, er kennt ihn nur nicht, aber natürlich hat er einen leiblichen Vater gehabt (man sollte immer das Wort ›leiblicher Vater‹ verwenden). Vielleicht ist er gestorben. Ich weiß es nicht. Wie dem auch sei, hätte seine Mutter keinen Mann gehabt, so wäre er auch nicht geboren worden. Ich versichere dir, er hat einen leiblichen Vater gehabt und du kannst es ihm sagen. Seine Mutter hat einen Mann geliebt, der ihr einen ›Lebenskern‹ gab, aus denen dann das Kind entstanden ist.« Darauf wird das Kind sagen: »Aber wie hat er das gemacht?« – »Frage am besten deinen Vater.« Ich glaube nämlich, daß es besser ist, daß die Mutter das Kind in diesem Fall zum Vater schickt bzw. Mutter und Vater mit ihm gemeinsam darüber sprechen, um zu erklären, daß sich die Lebenskerne, aus denen die Kinder entstehen, in beiden Geschlechtern, sowohl beim Jungen als auch beim Mädchen, befinden: »Man braucht einen halben männlichen Lebenskern und einen halben weiblichen Lebenskern im Bauch einer Frau, und wenn sie sich dort zusammentun, entsteht das Leben eines Menschen, eines Jungen oder Mädchens. Weder dein Vater noch ich haben über dein Geschlecht entschieden.«

Die Mutter, deren Brief wir vorhin vorlasen, fügt hinzu, daß sie mit der Meinung ihres Mannes zu diesem Thema nicht einverstanden ist: »Mein Mann behauptet, daß ein Kind alles wissen, ja, sogar alles sehen muß und daß wir das Kind auch über die sexuelle Lust aufklären sollten. Ich bin aber nicht dieser Meinung.«

Die Lust kennt das Kind bereits. Es kennt zwar nicht die Lustempfindung mit jemand anderem, aber doch die Lust, die es an seinen Genitalien empfindet. Der Vater hat Recht. Man muß das Kind darüber aufklären, daß das sexuelle Verlangen beim Geschlechtsakt die Erwachsenen Lust empfinden läßt. Wenn man also vom Zeugungsakt zwischen Mann und Frau oder Vater und Mutter spricht, sollte man das Wort »Verlangen« ruhig erwähnen: »Du wirst dieses Verlangen selbst kennenlernen, wenn du groß bist. Nach einem Mädchen, daß du sehr lieben wirst, wirst du Verlangen spüren.« So könnte man z.B. von der Liebe sprechen, die eine körperlich-sexuelle Beziehung einschließt. Was nun die Lust betrifft, die das Kind schon sehr früh an seinem eigenen Geschlecht verspürt, soll man ihm sagen, daß es ganz natürlich ist, aber man soll dabei keine aufreizende Situation für das Kind oder für sich selbst provozieren.

Sie haben über das Problem eines kleinen Jungen gesprochen, den man in diesem Fall am besten zu seinem Vater schickt. Aber was tun, wenn es keinen Vater gibt?

Wenn der Junge zu Hause keinen Vater oder Mann hat, an den er sich wenden kann, könnte die Mutter ihm vielleicht sagen: »Wonach du fragst, kann dir am besten ein Mann erklären, der ja früher auch einmal ein kleiner Junge gewesen ist. Ich war es nicht und deshalb fragst du besser einen Mann.« Oder sie könnte zusammen mit dem Sohn ihren Arzt aufsuchen und ihm sagen: »Mein Sohn hat diese oder jene Frage gestellt. Ich möchte mich zurückziehen, damit Sie mit ihm ›unter Männern‹ sprechen können.« Auf diese Weise könnte man also auch eine Auskunft geben, wenn kein Vater zu Hause ist. Ich selbst bin dagegen, daß solche Erklärungen von den Frauen gegeben werden. Natürlich wird auch eine Ärztin über dieses Thema sprechen können, z. B. wenn der Hausarzt eine Ärztin ist; aber ich finde es trotzdem besser, wenn es ein Mann ist, der mit dem Jungen über dieses Thema spricht. Wenn ein Mann einen Jungen mit der Liebe für ein Mädchen oder eine Frau – die mit sexuellem Verlangen einhergeht – vertrautmacht, sollte er nicht nur von der Lust sprechen, sondern auch von dem Respekt dafür, daß der Andere kein Verlangen verspürt. Und dann könnte er hinzufügen: »Mit deiner Mutter und deinen Schwestern ist diese Art von Liebe nicht möglich. Es muß ein Mädchen sein, das nicht aus der Familie ist.« Und wenn der Junge nach dem Grund dafür fragt, sollte man antworten: »Wenn du groß bist, könntest du vielleicht ein Buch darüber schreiben, denn es ist sehr kompliziert. Ich weiß nicht, was ich dir darauf antworten kann. Es handelt sich um ein Gesetz für alle Menschen.« Die Kinder akzeptieren diesen Sachverhalt dann, wenn sie wissen, daß sich auch ihre Eltern dem Gesetz unterwerfen. Man kann auch sagen: »Ich weiß nicht, was ich dir antworten soll, denn das Inzestverbot ist kein einfaches Problem, aber dieses *Gesetz** gilt für alle Menschen; bei den Tieren ist es etwas anderes.« Ich persönlich meine, daß man den Begriff »Heirat« nur für die sexuelle Verbindung von Mann und Frau benutzen sollte, die vor dem Gesetz eine Ehe geschlossen haben; man soll ihn die Kinder nicht verwenden lassen, wenn sie vom Geschlechtsverkehr der Tiere sprechen. Dafür sollte man ihnen den Begriff »Paarung« beibringen. Man könnte auch von Zeugung sprechen, die zwangsläufig durch die sexuelle Verbindung zwischen zwei Partnern verschiedenen Geschlechts stattfindet, ohne daß der Geschlechtsakt immer von einer Zeugung begleitet wird.

Beim Zuhören habe ich mir den Brief noch einmal vergegenwärtigt: »Mein Mann behauptet, daß das Kind auf jeden Fall alles wissen und sogar alles sehen soll.«

Ich glaube, daß sich dieser Mann der Gefahr für das Kind, sich den Geschlechtsverkehr der Eltern auf deren Bitte hin anzugucken, in keinster Weise bewußt ist. Wenn es sie eines Tages dabei ertappen sollte, kann man natürlich nichts ändern. Wenn man merkt, daß es zugeschaut hatte, könnte man ihm dann sagen: »Weißt du, ich habe dir einmal davon erzählt. Jetzt hast du es gesehen.« Meiner Meinung nach irrt dieser Herr, wenn er der Meinung ist, daß sein Kind dem Geschlechtsverkehr seiner Eltern beiwohnen muß. Ein solcher Vorgang würde sich traumatisierend für das Kind auswirken, denn das Geschlechtsleben eines Menschen wird begleitet von Schamgefühl, Respekt vor dem Anderen und manifestiert sich im Anstand der Erwachsenen ihren Kindern gegenüber. Dies gilt erst recht für solche Kinder, deren Empfindungen eng mit einer sich entwickelnden Sensibilität verknüpft sind. Also wirklich keine inzestuösen Praktiken, die die Eltern auch noch begünstigen. Sie verderben das Kind.

---

* Das Wort *Gesetz* wird von Françoise Dolto in diesem Buch nicht in seinem juristischen Wortsinn gebraucht. Vielmehr wird als *Gesetz* bezeichnet, was als kulturspezifische Schranke für das Triebleben aller Menschen gilt. In diesem Zusammenhang kommt dem *Inzestverbot* eine besondere Bedeutung zu, da seine Aufhebung es dem Kind verunmöglicht, seine Triebe, die anfangs auf Mutter und Vater gerichtet sind, von diesen abzulösen. Ohne diese Ablösung blieben diese Triebe zeitlebens auf Mutter und Vater fixiert. Diese Auffassung von *Gesetz* und *Inzestverbot* geht auf die Lehre des französischen Psychoanalytikers Jacques Lacan zurück. (Anm. der Übers.)

13

Gibt es müde Mütter?

Ich schlage vor, jetzt einige Protestschreiben von ...

Gern, das finde ich immer sehr interessant ...

... Leuten vorzulesen, die mit dem, was Sie in dieser Sendung gesagt haben, nicht einverstanden sind.

Ich persönlich bin mit solchen Protesten einverstanden!

Eine Mutter wirft Ihnen vor, von der sozialen Wirklichkeit zu abstrahieren: »Sie vergessen, wenn Sie von den Frauen, den Müttern und ihren kleinen Kindern sprechen, alle diejenigen, die nach zwei oder drei Monaten ausrufen: ›Ich habe die Nase voll, mein Kind hochzupäppeln!‹« Und sie fährt fort, daß die Mutterschaft auch die Hölle bedeuten kann, daß man auf alles in der Welt verzichten müßte, wollte man Ihre Ratschläge befolgen und die meiste Zeit zu Hause bleiben, um das Kind großzuziehen. Dann fragt sie noch, warum Sie so wenig von den Vätern sprechen.

Sehen Sie, man kann nicht jedem gegenüber gerecht werden. Diese Frau hat Kinder bekommen und dennoch nicht Gefallen daran gefunden, Mutter zu sein, als ihre Kinder klein waren ...; natürlich kommt so etwas vor. Vielleicht gibt es das heutzutage etwas seltener, weil man besser vermeiden kann, Mutter zu werden. Das war früher, ohne daß die Frauen ihre Gesundheit ruinierten, noch nicht möglich. Aber was soll ich dieser Frau sagen? Zunächst vielleicht, daß sie unserer Sendung nicht zuhören sollte. Andererseits ist es natürlich richtig, daß die Mütter infolge sozialer Schwierigkeiten, zu kleiner Wohnungen usw. oft mit ihren Nerven am Ende sind. Ich möchte trotzdem sagen, daß diese Frauen mit ihren zu kleinen Wohnungen und ihrer Nervosität ihre Kinder lieben und ihr Bestes versuchen, um sie großzuziehen und um ihnen zu helfen. Dieser Eindruck entsteht bei mir nach der Durchsicht der bei uns eingegangenen Briefe. Diese Sendung dient ja gerade dazu, ihnen bei diesem Vorhaben zu helfen. Natürlich können wir weder die Größe der Wohnung noch die Gesundheit der überarbeiteten Frauen verändern. Wissen Sie, die Kinder ... ich habe nämlich irgendwie die Vorstellung, daß die Kinder ihre Eltern wählen und sehr wohl wissen, daß ihre Mutter so ist, wie sie nun einmal ist. Da sie vom gleichen Erbgut wie die Mutter stammen, verstehen sie auch ihre Nervosität. Ich glaube, daß man das Problem falsch aufwirft, wenn man die soziale Frage in Hinblick auf die Liebe der Eltern zu ihren Kindern stellt. Ich habe die Trennung der berufstätigen Mütter von ihren Kindern in dieser Sendung schon behandelt: das Wichtigste ist dabei, daß die Mutter mit ihrem Kind darüber spricht. Wenn sie aber bei ihrem Kind bleiben *kann,* sollte sie daraus keine Pflichtübung machen und sich mit ihm auch nicht jeden Tag allein zu Hause einsperren; sie sollte im Gegenteil jeden Tag ausgehen, auf Spielplätzen andere Frauen treffen oder mit ihrem Kind Freunden, die vielleicht auch Kinder haben, einen Besuch abstatten. Ich kenne Mütter, denen es im Grunde nur deswegen schwerfällt, allein mit ihrem Baby zu sein, weil sie sich schlicht und einfach langweilen. Sie sollten sich mit anderen Müttern zusammentun, um sich bei der Betreuung der Kinder abzuwechseln; auf diese Weise kommt man auch zu Tagen, an denen man sich ausruhen kann. Außerdem ist es in jedem Fall besser, daß eine Mutter, die es nicht aushält, zu Hause zu bleiben, arbeiten geht und eine Tagesmutter bezahlt, anstatt deprimiert zu sein.

Die zweite Frage haben wir, glaube ich, noch nicht beantwortet: »Sie sprechen wenig von den Vätern. Aber diese könnten den Müttern helfen und sich zur Hälfte ebenfalls um die Kinder kümmern. Das wäre keine schlechte Sache.«

Diese Frau hat recht. Es geht darum, diesen relativ neuen Prozeß des Umdenkens herkömmlicher Rollenaufteilungen zu beschleunigen. Natürlich gibt es eine Reihe von Vätern, bei denen es aufgrund ihrer beruflichen Situation gar nicht möglich ist, sich täglich um die Kinder zu kümmern. Aber den anderen, die es sich bloß nicht zutrauen, muß man es beibringen. Sobald sie in der Lage dazu sind, werden sie dabei viel Freude haben, die sie bisher nicht kannten: ich denke, daß die Mütter ihnen dabei helfen sollten, diese Freuden zu entdecken. Für ein kleines Kind ist es nie zu früh, sich sowohl mit der Mutter als auch mit dem Vater in körperlicher Geborgenheit und in Sicherheit zu fühlen; umgekehrt muß auch der Vater sich mit seinem Kind in Sicherheit fühlen.

Eine andere Mutter schreibt uns etwa im gleichen Sinne: »Sprechen Sie bloß nicht von Liebe!« Zunächst gibt sie uns einen Erfahrungsbericht: »Wenn man sich zu einem Kind unheimlich nett verhält, wenn man zu ihm zärtlich ist, es ein bißchen verhätschelt und küßt, fragt man es selten nach seiner eigenen Meinung. Es geschieht aber häufig eher aus einem eigenen Bedürfnis nach Zärtlichkeit als aus einem anderen Grund.«

Sicher.

Sie fährt dann fort: »Ich frage mich selbst, ob ich meinen Kindern gegenüber – so hart es auch sein mag, es sich zuzugestehen – jemals die geringste Liebesbezeugung gezeigt habe. Denn manchmal denke ich mir, daß ich sie sogar hasse – so schwer fällt es mir, eine nette Geste, einen zustimmenden Blick oder ein wenig Verständnis für sie übrig zu haben.« An dieser Stelle meint sie dann: »Wenn es sich also so verhält, dann erzählen Sie uns bloß nichts von Liebe.« Es ist doch wahr, daß es Eltern gibt, die manchmal einfach so dahinsagen: »Ich würde meine Kinder am liebsten umbringen ...«

Das stimmt. Aber diese Eltern sollten verstehen, daß ihr Kind genauso ist wie sie selbst. Die menschliche Liebe ist immer ambivalent. Für die Mutter ist es eine Freude, ihre Kinder zu küssen, sicherlich ... Aber was mag das Kind eigentlich gern? Es will sich neben seiner Mutter in Sicherheit fühlen. Man sollte also mit dem Kind reden und keine Angst davor haben, Widersprüchliches zu sagen: »Weißt du, ich liebe dich nicht, ich möchte dich nicht mehr sehen.« Das stimmt natürlich nicht. Deshalb sollte man dazu sagen: »Ich liebe dich weiterhin, aber du gehst mir auf die Nerven, ich habe die Nase voll.« Das Kind wird sich dann sagen: »Na gut! Ich verhalte mich Mutter gegenüber auch manchmal so wie sie jetzt mir gegenüber.« Im übrigen sagen eine ganze Reihe von Kindern ihren Müttern: »Ich liebe dich nicht.« Auf diese Weise wird es zwischen ihnen dann ganz menschlich zugehen. Liebe bedeutet etwas anderes, als auf einer rosa Wolke zu schweben und sich ständig schöne Augen zu machen. Liebe bedeutet, natürlich zu sein und zu seinen Widersprüchen zu stehen.

Wenn man also sagt: »Ich liebe dich nicht, ich liebe dich nicht mehr«, ist es auch eine Art, von Liebe zu sprechen?

Genau.

Ich möchte noch eine Frage aus demselben Brief erwähnen. Sie geht auf den Kuß ein, den die Erwachsenen den Kindern geben ... Sie haben davon abgeraten, die Kinder auf den Mund zu küssen.

Ja. Vor allem, wenn die Kinder nicht selbst darum bitten. Es kann sie in eine körperliche Erregung versetzen, mit der sie nicht fertig werden.

Diese Mutter schreibt nun: »Aber wie steht es mit den Russen?« Denn es ist ja bekannt, daß sich die Russen, ich meine die Erwachsenen, einfach ›nur so‹ auf den Mund küssen ... Bringt das für ihre Kinder keine Probleme mit sich ...?«

Eben nicht, da es gesellschaftlich sozusagen gang und gäbe ist. Es geht ihnen dabei nicht darum, etwa sexuelle Vertrautheit auszudrücken. Alles, was ständig in der Gesellschaft vorkommt, wirkt enterotisierend. Bei uns gibt man sich die Hand; in manchen Ländern, wie z.B. in Indien, wäre es unangebracht, sich die Hand zu geben, weil es eine Intimität bedeutet, an welcher der Tastsinn beteiligt ist. In Indien kommt dieser Geste eben einfach deshalb eine besondere Bedeutung zu, weil sie nicht »sozialisiert« ist. Alles hängt also von dem Milieu und dem betreffenden Land ab. Mit dem Kind sollte man vermeiden, Vertraulichkeiten auszutauschen, die im Rahmen unserer Gesellschaft eine erotische Bedeutung haben; wenn es in einer anderen Gesellschaft allgemein üblich ist, sich auf den Mund zu küssen, dann wird der Kuß auf den Mund auch nicht mehr allzuviel bedeuten. Dagegen würde eine andere Geste erotisch wirken ... Ich stehe also auf dem Standpunkt, daß die Eltern, was das Küssen betrifft, einen zu nahen körperlichen Kontakt vermeiden sollten.

14

Der Große ist ein bißchen wie der Kopf, der Kleine wie die Beine

(Brüder unter sich)

Sprechen wir jetzt von einem Problem, das in fast allen Familien vorkommt: das Zusammenleben der Kinder unter sich und die Beziehung manch kleiner »Teufel« zu ihren Eltern. Im ersten Brief, der dieses Problem aufwirft, geht es um eine Mutter, die zwei Kinder hat, eines ist siebeneinhalb Jahre, das andere vier Jahre alt. Beides sind Jungen. Die Mutter schreibt: »Der Große ist ein bißchen wie der Kopf, der Kleine wie die Beine. Ich habe einigen Ihrer Sendungen gut zugehört. Sie haben gesagt, daß es fast unnormal wäre, wenn ein Kind keine Eifersucht gegenüber seinem kleinen Bruder empfinden würde. Nun hat mein siebenjähriger Junge aber keine Anzeichen von Eifersucht seinem jüngeren Bruder gegenüber gezeigt. Dieses Kind scheint mir, wenn Sie so wollen, für sein Alter fast zu reif zu sein.« Sie fragt auch, wann die Sprache der Erwachsenen, die man ja mit diesem Kind zwangsläufig benutzen muß, zu kompliziert für sein Verständnis wird.

Als ich von der Eifersucht sprach, habe ich sie zwischen einem Alter von 18 Monaten und fünf Jahren angesetzt. Nun war dieses Kind, von dem wir jetzt sprechen, schon ungefähr fünf Jahre alt, als sein Bruder geboren wurde. Ich führte das Problem der Eifersucht darauf zurück, daß das Kind zögert, zwischen zwei Möglichkeiten zu wählen. Hat es mehr davon, sich (aufgrund der Bewunderung der Familie dem Baby gegenüber) mit dem Baby zu identifizieren, d. h. in seiner Entwicklung zu regredieren und die Gewohnheiten, die es als kleines Kind hatte, wieder aufzunehmen oder im Gegenteil in seiner Entwicklung fortzuschreiten und sich mit den Erwachsenen zu identifizieren? Mir kommt es so vor, daß dieses Kind den zweiten Weg gewählt hat. Es hat sich in seinem Umgang mit dem jüngeren Bruder dagegen gewehrt oder ein wenig Angst davor gehabt, in seiner Entwicklung wieder zurückzuschreiten; gleichzeitig konnte es sich, da es schon zur Schule geht und Kontakte zu Gleichaltrigen hat, mit seinem Vater oder Kindern seines Alters identifizieren. Es hat diesen Weg, wie die Mutter berichtet, vielleicht sogar in einer etwas übertriebenen Art gewählt, wenn es sich schon wie ein kleiner Erwachsener verhält oder wie sie spricht. Ich denke mir, daß der Unterschied zwischen den beiden Kindern recht auffällig ist, wenn man sie zusammen sieht. Die Eifersucht nimmt also einen kleinen Umweg und manifestiert sich gerade in diesem unterschiedlichen Verhalten der beiden. Obwohl er noch nicht so weit ist, möchte der Ältere, um nicht mit dem Kleinen verwechselt zu werden, so sein wie die Erwachsenen, denn genau hierzu ist sein kleiner Bruder noch nicht in der Lage. Ich glaube, man sollte sich bei dem älteren Jungen nicht allzu große Sorgen machen, er ist für sein Alter vielleicht ein wenig zu vernünftig, vielleicht etwas gehemmt und nicht verspielt genug. Die Mutter könnte ja bei der nächstbesten Gelegenheit den Ältesten mit Freunden im gleichen Alter oder etwas älteren zusammenbringen und den jüngeren Bruder mit kleinen Freunden zwischen achtzehn Monaten und drei Jahren. Es ist für die Kinder immer von Vorteil, sowohl mit etwas jüngeren als auch mit etwas älteren Kindern zusammen zu sein, und nicht nur mit Gleichaltrigen.

Und was den anderen Teil der Frage betrifft ...

Mit ihm wie mit einem Erwachsenen zu reden?

»Wie kann man wissen, ob er die Erklärungen, die man ihm gibt, nicht mehr versteht ...?« Siebeneinhalb Jahre ist doch noch kein Alter ...

Ich glaube, daß ein siebeneinhalbjähriges Kind bereits alle Erklärungen versteht. Die einzige Gefahr könnte darin liegen, daß das Kind nur noch sprechen und nichts mehr mit seinen Händen oder seinem Körper anfangen kann, d.h. zu sehr in der verbalen Ausdrucksweise verharrt, losgelöst von den

Gefühlen, Empfindungen und Wünschen, die seinem Alter gemäß sind. Ohne Hände, Arme und Beine hätte er auch keinen Kontakt mehr zu seinen Freunden. Die Mutter sagt es übrigens selbst: »Der Kleine ist wie die Beine.« Der ältere Sohn sollte also Fußball spielen und Sport treiben; sein Vater sollte mit ihm ins Schwimmbad gehen. Es liegt schon eine Gefahr darin, wenn ein Kind mit seiner Sprache der Gefährte der Erwachsenen sein will und dabei die Gruppe der Gleichaltrigen, deren Spiele und deren Interessen verläßt, um den Erwachsenen zu spielen.

Ein anderer Brief wirft das Problem auf, wie man sich gegenüber vierzehn-, zwölf- und achtjährigen Kindern verhalten soll, die sich ständig miteinander herumprügeln. Die Kinder, um die es geht, würden überhaupt nicht mehr aufhören, sich zu schlagen. Die Mutter schreibt, daß sie deswegen öfters regelrecht die Nerven verliert. Der Vater hat seinerseits den Vorgang genau beobachtet und meint, daß die Kinder ihre Prügeleien mit Absicht veranstalten würden, damit die Mutter außer sich gerät. Die Frage lautet wörtlich: »Stimmt es, daß sich Kinder – wenn sie so wollen – derart pervers verhalten können, nur um sich über den Nervenzusammenbruch ihrer Mutter lustig zu machen?«

Nein. Es hat mit Perversion meiner Meinung nach überhaupt nichts zu tun. Diese Kinder sind keinesfalls pervers. Aber es ist so lustig, an der Strippe zu ziehen und die Glocke läutet bzw. die Erwachsenen wie Hampelmänner zu behandeln! Ich habe den Eindruck, daß die Kinder aus dieser Dame einen Hampelmann machen wollen. Ich bin sicher, daß sich die angesprochenen Schwierigkeiten von selbst legen würden, wenn die Mutter folgenden Entschluß fassen würde, vorausgesetzt, es sind in der Wohnung zwei Zimmer vorhanden: sie sollte die Tür des Zimmers, in dem sie sich gerade befindet, zumachen, sich meinetwegen Watte in die Ohren stopfen und sich dann um nichts mehr kümmern. Sie sollte den Kindern vielleicht nur noch sagen: »Hört mal, wenn jemand zu Schaden kommt, bringe ich euch ins Krankenhaus, aber ich möchte mich nicht mehr um euch kümmern.« Oder sie könnte, wenn es ihr möglich ist, einfach die Wohnung verlassen: alles wird sich in ihrer Abwesenheit beruhigen, auf keinen Fall aber schlimmer werden und ihr selbst wird es besser gehen. Aber sie sollte aufhören, sich in die Auseinandersetzung zwischen ihren Kindern einzumischen. Natürlich ist es ein Problem, wenn man drei Jungen hat. Ich denke, daß es von Vorteil wäre, wenn der älteste Sohn soviel wie möglich aus dem Hause ginge, um mit älteren Kindern oder Gleichaltrigen zusammen zu sein. Mit 14 Jahren müßte er ja wirklich soweit sein, sein eigenes Leben zu leben, mit Freunden zusammen zu sein; und natürlich wird er auch noch nach Hause kommen, um mit seinen Eltern gemeinsam zu essen oder die Schulaufgaben zu machen. Wenn man Glück hat, ist es sehr gut, ein zusätzliches Zimmer zu haben, in dem die Kinder je nach ihrem Wunsch ruhig arbeiten oder sich von den Anderen zurückziehen können. Man sollte auch an die Möglichkeiten einer Art »passiven Verteidigung« denken, die aus einem Schloß an der Tür besteht, so daß sich derjenige, der sich zurückziehen will, einfach einschließen kann. Läßt er dann die Tür offen, möchte er sich anscheinend gern mit den anderen streiten. So könnte es funktionieren. Zumindestens hat man aber demjenigen, der seine Ruhe haben will, die Möglichkeit dazu gegeben, sich zurückzuziehen.

Auf der anderen Seite gibt es Eltern, die von sogenannten »Wutanfällen« ihrer Kinder beunruhigt sind. Hier ist der Brief einer Mutter von drei Jungen, der eine ist siebeneinhalb, der andere viereinhalb und der dritte zweieinhalb Jahre alt. Seitdem der Jüngste laufen kann, ist er anscheinend sehr reizbar und sehr anspruchsvoll geworden; er möchte seine Brüder den ganzen Tag lang ärgern. Diese Mutter fragt Sie, welche Haltung man einem starken Wutanfall gegenüber einnehmen sollte: »Was soll man tun, um einen kindlichen Wutanfall zu beendigen? Kann man versuchen, diese Szenen dadurch zu vermeiden, indem man sehr nachgiebig ist? Vielleicht wird man dann aber zu nachgiebig werden ...?«
Man muß hinzufügen, daß es diesem Kind ansonsten sehr gut geht und sich die Mutter bisher keine größeren Fragen gestellt hat; gewarnt wurde sie vielmehr von den Nachbarn, die die

Wutanfälle akustisch mitbekamen. Sie sind dann zu der Mutter gegangen und haben ihr gesagt: »Sie sollten aufpassen. Dieses Kind ist bestimmt krank. Es wird Krampfanfälle bekommen.«

Beantworten wir zunächst den letzten Punkt. Krampfanfälle kommen bei Wutausbrüchen von Kindern nicht vor. Wutausbrüche können bei Kindern durchaus dramatisch sein, aber zu Krampfzuständen führen sie nicht. Aber ich denke mir, daß in dieser Familie das zweite Kind, ohne dabei aufzufallen, dem Kleinen auf die Nerven geht bzw. selbst diese Wutanfälle provoziert, da es wahrscheinlich auf den kleinen Bruder immer noch eifersüchtig ist... Es ist auch nicht einfach, das zweite Kind in der Familie zu sein. Denn dieses wünscht sich einerseits gern ein bevorzugtes Verhältnis zu dem Älteren und will andererseits den Jüngeren von ihm isolieren. Drei Jungen sind auch eine wirklich schwierige Konstellation. Das zweite Kind in der Geschwisterreihe muß, ohne daß man es merkt, dem jüngeren Kind die Rolle des »Allerkleinsten« aufzwingen. Und dieser ist dann ständig in eine minderwertige Position gedrängt, weil ihn die anderen nicht mitspielen lassen. Die Mutter könnte dadurch für einen Ausgleich sorgen, daß sie sich mehr dem Kleinen widmet, nicht um »nachgiebig« zu sein, sondern um ihn in seiner Entwicklung zu bestärken. Und noch etwas. Daß Kinder jähzornig oder sehr nervös sind, kommt häufiger vor. Die Mutter sollte einmal in der Familie nachforschen, ob es dort Verwandte gibt, die auch so waren.

Die Mutter schreibt es auch in ihrem Brief: »Als mein Mann ein Kind war, war er ebenfalls sehr jähzornig.«

Dann sollte man es diesem Kind sagen. Der Vater müßte es tun: »Als ich klein war, war ich so wie du; ich wurde sehr leicht wütend. Ich habe mit der Zeit verstanden, daß ich dadurch keine Freunde bekam und mir große Mühe gegeben, mich zu überwinden. Dir wird es auch gelingen.« Man kann die Tatsache, daß es sich um den Vater handelt, für das Kind nutzen, indem er sich jetzt mehr um diesen Sohn kümmert, ohne ihm dabei die Schuld zu geben, denn er erkennt sich in dem Kind ja selbst wieder. Aber natürlich sind die Wutanfälle auch störend für die Nachbarn.

Wenn ich Sie also recht verstanden habe, sollte man bei einem Wutanfall des Kindes abermals zuerst sprechen, anstatt selbst laut zu schreien oder zu schimpfen.

Am allerwenigsten sollte man sich über es lustig machen. Mit ihm während des Wutanfalls zu sprechen ist quasi unmöglich. Aber man sollte nicht mit ihm schimpfen und auch nicht mit den Größeren, die ihn in Wut versetzt haben. Im Grunde sollte man wie ein Dirigent sein: die Großen ein wenig beruhigen und dann sollten alle schweigen. Und wenn der Vater zu Hause ist, fände ich es nicht schlecht, wenn er das Kind in ein anderes Zimmer bringt und es dort beruhigt. Danach sollten sich alle wieder treffen: »Jetzt ist es vorbei. Wenn er groß ist, wird er seine Wut allein beherrschen können; aber er ist noch zu klein, das ist alles.« Und der Vater könnte zu den anderen sagen: »Es ist weder angenehm noch bequem, solch eine Natur zu haben; ich weiß es, ich bin früher wie er gewesen.«

Um darauf zurückzukommen. Bis in welches Alter wird er diese Wutanfälle haben?

Zum einen fällt es einem Kind bis zum Alter von viereinhalb oder fünf Jahren schwer, sich zu beherrschen; und das ist für seine weitere Entwicklung auch gut, es sei denn, es bekäme ständig eine liebevolle Hilfe. Das jähzornige Kind, das wie eine aufgeladene Batterie ist, muß sich beruhigen. Wasser beruhigt die Kinder sehr, ich habe es schon gesagt. Wenn man solange mit Wasser spielen darf wie man will, macht es Spaß und beruhigt auch. Ein Kind, das einen Wutanfall gehabt hat oder im Begriff ist, einen zu bekommen, weil es schon lange mehr keinen gehabt hat (was man spürt), sollte ein ausgedehntes und angenehmes Bad haben; die Erwachsenen können ihm auch Gesicht und Hände mit einem feuchten und frischen Waschlappen waschen. Kinder brauchen Bäder und solche Kinder noch mehr als andere; lange, entspannende Bäder oder angenehme Duschen. Keine kalten Duschen, da sie anregend wirken, sondern warme, beruhigende Duschen.

Das sollte ja auch nicht zum Folterinstrument werden! Man sollte ihn also nicht jedesmal, wenn er quengelt, mit einem Bad oder einer Dusche drohen.

Es muß dem Kind Spaß machen. Und dann könnte man mit dem Jungen auch einfach ins Schwimmbad gehen, er ist ja nicht zu jung dafür. Kinder brauchen Wasser. Und er sollte mit gleichaltrigen Kindern zusammenkommen. Er ärgert seine Brüder, weil er keine anderen Freunde hat.

15

Was ist wahr?
(Der Weihnachtsmann)

Ich habe hier eine Frage über den Weihnachtsmann. Es handelt sich um eine ganz einfache Frage. Und zwar ist es ein Vater, der Sie nach Ihrer Meinung zu diesem Mythos fragt: »Sollte man das Kind an den Weihnachtsmann, an die kleine Maus bei Verlust der Milchzähne oder den Osterhasen glauben lassen. Denn wenn das Kind später von Schulkameraden die Wahrheit erfährt, stellt sich doch die Frage, ob die Erklärungen der Eltern über die Symbolträchtigkeit des Weihnachtsmannes ausreichen, um die Enttäuschung des Kindes aufzufangen, wenn es plötzlich merkt, daß seine Eltern es belogen haben?*

Ich finde, daß die Frage so falsch gestellt ist. Kinder, und nicht nur sie, haben ein starkes Bedürfnis nach Poesie; auch die Erwachsenen wünschen sich ja nach wie vor ein schönes Weihnachtsfest, nicht wahr? Was bedeutet also in diesem Zusammenhang, die »Wahrheit« zu sagen. An dem Weihnachtsmann verdient man doch eine Menge Geld, oder nicht? Und wenn man an etwas viel Geld verdient, macht es doch einen wahren Eindruck? Ich glaube, daß dieser Herr sich deswegen um den Glauben seines Kindes an den Weihnachtsmann Sorgen macht, weil er denkt, man würde es auf diese Weise belügen. Aber ein Mythos ist doch eine Poesie; und diese hat ihre eigene Wahrheit. Natürlich sollte man dem Kind weder zu lange etwas vom Weihnachtsmann erzählen noch ihm sagen, daß der Weihnachtsmann dem Kind nichts schenken wird, wenn es seinen Eltern nicht gehorcht, usw.

---

* Es ist in Frankreich alter Brauch, daß die Kinder ihre Milchzähne, die sie verlieren, unter das Kopfkissen legen. Die Eltern erzählen den Kindern, daß in der Nacht eine kleine Maus kommt, die die Zähne mitnimmt und dafür eine kleine Überraschung unter dem Kopfkissen liegenläßt. (Anm. der Übers.)

Wenn die Eltern aber keine »Staatsaffäre« aus dem Weihnachtsmann machen und diesen Glauben irgendwie zu ernst nehmen, ernster noch als das Kind, wird das Kind keinen besonderen Anlaß haben zu sagen: »Weißt du, die Schulkameraden haben mir gesagt, daß der Weihnachtsmann nicht existiert.« Wenn es zu Hause davon erzählt, kann man ihm bei dieser Gelegenheit den Unterschied zwischen einem Mythos und einer lebendigen Person erklären, die geboren wurde, Eltern und eine Staatsangehörigkeit hat, die groß geworden ist und auch sterben wird, und die zwangsläufig, wie alle Leute, in einem Haus wohnt und nicht in den Wolken.

Ich möchte noch gleich hinzufügen, daß der Zuhörer, der uns geschrieben hat, absolut gegen die Weihnachtsmänner ist und insbesondere gegen diejenigen, die auf der Straße herumlaufen.

Vielleicht hat er mit Recht empfunden, daß diese netten verkleideten Leute den wahren Weihnachtsmann entmystifizieren, an den er früher selbst geglaubt hat und dem man nicht den ganzen Dezember über auf der Straße begegnete, sondern der nur am Heiligen Abend existierte. Das ärgert ihn. Oder vielleicht ist es im Gegenteil ein Herr, der nicht mehr viel für Poesie übrig hat. Auf jeden Fall – ich weiß nicht, wie es mit Ihnen steht – kann ich für mich sagen, daß ich noch immer an den Weihnachtsmann glaube. Ich möchte Ihnen eine Geschichte von meinem Sohn erzählen. Als Jean im Kindergarten war, hat er eines Tages gesagt: »Wie kommt es eigentlich, daß es so viele Weihnachtsmänner gibt? Es gibt blaue ... lila ... und es gibt rote Weihnachtsmänner!« Wir gingen damals durch die Straßen spazieren und es gab überall diese Weihnachtsmänner. Dann habe ich ihm gesagt: »Aber weißt du, dieser Weihnachtsmann da, den kenne ich, es ist der Herr Sowieso«; es war ein Angestellter eines Spielzeugladens oder einer Konditorei, der sich als Weihnachtsmann verkleidet hatte: »Siehst du, er hat sich als Weihnachtsmann verkleidet, und der andere auch, er ist ein Verkäufer des Geschäftes, der sich als Weihnachtsmann verkleidet hat.« Er hat mich dann gefragt: »Aber der wahre Weihnachtsmann, wo ist der ...?« – »Der wahre Weihnachtsmann, der ist in unserem Herzen. Er ist wie ein riesiges Heinzelmännchen, das wir uns vorstellen. Wenn man klein ist, ist man froh darüber, denken zu können, daß Heinzelmännchen oder Riesen existieren können. Du weißt natürlich, daß es in Wirklichkeit keine Heinzelmännchen gibt und die Riesen aus den Märchen auch nicht. Der Weihnachtsmann ist nicht geboren worden und Vater oder Mutter hat er auch nicht gehabt. Er ist nicht lebendig. Nur um Weihnachten herum lebt er auf, und zwar in den Herzen aller derjenigen, die für die Feier mit ihren kleinen Kindern eine Überraschung haben wollen. Und alle Erwachsenen trauern ihrer Kindheit nach; deshalb mögen sie den Kindern so gern sagen: ›Das ist der Weihnachtsmann.‹ Wenn man klein ist, kann man zwischen den wahren, lebendigen Dingen und den wahren Dingen, die sich im Herzen befinden, keinen Unterschied feststellen.« Er hörte mir gut zu und sagte dann: »Am nächsten Tag nach Weihnachten wird er also nicht in seinen Schlitten mit den Rentieren steigen und wegfahren? Er wird nicht wieder hoch in die Wolken steigen?« – »Nein, weil er in unserem Herzen ist.« – »Wenn ich dann meine Schuhe hinstelle, wird er mir nichts geben?« – »Wer wird dir nichts geben?« – »Wird nichts in meinen Schuhen sein?« – »Aber doch.« – »Aber wer wird es dann hineingetan haben?« Ich lächelte. »Wirst du es sein oder Papa, ihr werdet also etwas hineinlegen?« – »Ja, sicher.« – »Ich kann also dann auch der Weihnachtsmann sein?« – »Sicherlich kannst du auch der Weihnachtsmann sein. Dein Vater, Marie und ich werden auch unsere Schuhe vor die Tür stellen. Du wirst Sachen hineintun. Und dann wirst du wissen, daß du eben der Weihnachtsmann für die anderen gewesen bist. Und ich werde sagen: Vielen Dank, Weihnachtsmann; eigentlich wirst du den Dank bekommen, aber ich werde so tun, als wüßte ich nicht, daß du es warst. Und deinem Vater werde ich es auch nicht sagen, es wird auch für ihn eine Überraschung sein.« Er fand die Vorstellung herrlich und war begeistert; dann sagte er auf dem Rückweg: ». . . Erst jetzt, wo ich weiß, daß er nicht wirklich existiert, finde ich ihn toll, den Weihnachtsmann.«

Die kindliche Phantasie und ihre Poesie sind weder Gutgläubigkeit noch eine Kinderei, sondern es handelt sich um die Intelligenz auf einer anderen Ebene.

16

Wir sterben, weil wir leben

Wenn wir nicht auf alle Briefe antworten, so einfach deswegen, weil wir so viele bekommen; andererseits berühren einige Briefe dasselbe Problem. Wir antworten dann auf diejenigen, die das betreffende Problem am deutlichsten zum Ausdruck bringen. So hoffe ich, daß die anderen auch eine Antwort auf ihre Fragen erhalten werden. Ich habe schon zu Anfang gesagt, daß man eine Frage nicht durch eine einzige Antwort endgültig erledigen kann und *eine* Antwort ist auch nicht immer die einzig mögliche. Ich vertrete manchmal auch nur eine Meinung unter vielen und habe wohl insgesamt eine bestimmte Art, mit Kindern umzugehen. Deshalb finde ich es auch gut, wenn uns Protestbriefe erreichen. Eine Mutter schreibt uns zum Beispiel: »Ich mache es anders, und es klappt sehr gut.« Es ist immer sehr interessant, diese Briefe zu lesen, weil es sich dabei meistens um einen anderen Typ von Mutter handelt, die sich bei den gleichen Schwierigkeiten anders zu helfen weiß als ich es gedacht hätte. Man muß in diesem Zusammenhang bedenken, daß uns die Kinder sehr tiefsinnige Fragen stellen. Wir haben die Tendenz, die Lösung ganz einfach in dem zu finden, was unsere eigenen Eltern für uns getan haben oder vielleicht im genauen Gegenteil. Im allgemeinen spielt es sich so ab, doch wäre es viel besser, jedes Kind für sich zu betrachten, die ihm eigene Natur wahrzunehmen und ihm zu helfen, mit seinen Schwierigkeiten besser fertig zu werden.

Hier ein Brief, dessen Thema alle angeht: der Tod. Wie soll man mit den Kindern darüber sprechen? Die Dame, die den Brief geschrieben hat, wohnt auf dem Land: »Die Kinder, die hier leben, sehen sehr oft die Tiere sterben und werden dadurch veranlaßt, viele Fragen zu stellen.«

In diesem Brief findet sich eine schöne Formel: »Wie soll man ihnen sagen, daß wir sterben?« Aber wir sterben, weil wir leben und alles, was lebt, stirbt auch. Jedes lebendige Wesen ist vom Tag seiner Geburt an auf einem Weg, der es zum Tod führt. Übrigens haben wir keine anderen Erklärungen für das Leben als den Tod, wie umgekehrt keine anderen Erklärungen für den Tod als das Leben. Das Leben gehört also zum Lebewesen wie der Tod. Der Tod gehört zum Schicksal eines Lebewesens. Und die Kinder wissen es genau: »Sie sehen die Tiere sterben ...« Dennoch ist der Tod der Tiere auf keinen Fall dasselbe wie der Tod der Menschen. Und das sollte man den Kindern sehr schnell sagen, denn die Tiere haben weder eine Sprache noch eine persönliche Geschichte. Die Geschichte der Haustiere ist mit dem Leben der Familie verbunden, aber da die Tiere keine Geschichte haben, haben sie auch keine Nachfahren, die sich an ihr Leben erinnern können, wie die kleinen Menschen sich an das Leben ihrer Eltern erinnern. Wir wissen, daß die ältesten Leute vor dem Sterben zu ihrer Kindheit zurückkehren und noch einmal nach ihrer Mutter rufen. Wir haben eine Geschichte. Unser Körper ist mit den Worten, die wir von unseren Eltern erfahren haben, eng verbunden. Deshalb ist es sehr wichtig, den Kindern auf ihre Frage nach dem Tod eine Antwort zu geben und sich nicht über dieses Thema in Schweigen zu hüllen.

In welchem Alter fangen denn die Kinder an, dieses Problem anzuschneiden?

Sie fragen nach dem Tod in demselben Alter, in dem sie auch die Frage nach dem Unterschied der Geschlechter stellen, und sie formulieren ihre Fragen indirekt: »Wirst du sehr bald sterben?« Oder: »Bist du schon sehr alt?« – »Sehr alt? Nein! Nicht so alt, wie dieser oder jener, aber ich bin ziemlich alt, das ist richtig.« – »Du wirst also bald sterben?« – »Ich weiß es nicht. Wir wissen nicht, wann wir sterben werden.« In diesem Zusammenhang kann man z. B. auf Straßenunfälle hinweisen, von denen die Kinder häufig schon gehört haben: »Diese Leute wußten, als sie in ihren Urlaub fuhren, zum Beispiel nicht, daß sie eine Stunde später sterben würden. Siehst du, niemand weiß, wann er sterben wird.« Am Schluß eines solchen Gespräches kann man dann sagen: »Leben wir alle Momente unseres Lebens aus.«

Manchmal wird die Frage nach dem Tod auch in Familien gestellt, die gläubig sind. Es gibt verschiedene Glaubensformen, z. B. den Glauben an das Leben nach dem Tod oder an die Seelenwanderung. Wir wissen nichts darüber. Das sind Antworten aus der Phantasie der Menschen, die den Tod nicht »denken« können. Ein lebendiges Wesen kann seinen eigenen Tod nicht denken. Es weiß, daß es sterben wird, aber sein Tod selbst ist etwas Absurdes, etwas Undenkbares. Was die Geburt betrifft ..., wir sind bei unserer Geburt selbst nicht dabei, die anderen nehmen daran teil. Und auch an unserem Tod nehmen die anderen teil. Wir – wenn ich es zu sagen wage – leben unseren Tod, aber wir nehmen nicht daran teil: wir vollenden ihn.

Die Kinder ihrerseits fragen ohne Angst nach dem Tod, bis sie ungefähr sieben Jahre alt sind. Mit drei Jahren fangen sie an, die Frage nach dem Tod zu stellen, aber ohne Angst, wie ich betonen möchte. Dann muß man mit ihnen über den Tod sprechen. Und im übrigen nehmen die Kinder den Tod wahr. Oft sterben in ihrer Umgebung Menschen, auch Kinder. Ich glaube, daß man einem Kind immer antworten kann: »Wir werden sterben, wenn wir zu Ende gelebt haben.« Es hört sich vielleicht komisch an, aber es ist wahr. Sie können sich nicht vorstellen, wie dieses Wort ein Kind beruhigt. Ihm einfach sagen: »Mach dir keine Sorgen. Du wirst erst sterben, wenn du zu Ende gelebt hast.« – »Aber ich habe doch noch nicht zu Ende gelebt.« – »Siehst du, du stellst fest, daß du noch nicht zu Ende gelebt hast, also bist du ganz lebendig.« Mein kleiner Sohn – er war ungefähr drei Jahre alt – hatte einmal von der Atombombe gehört. Eines Tages kam er aus dem Kindergarten zurück und fragte: »Gibt es wirklich die Atombombe? Stimmt es, daß ganz Paris verschwinden kann? ...« – »Aber ja. Das, was du sagst, stimmt alles.« – »Es kann also vor dem Essen oder auch nach dem Essen passieren?« – »Ja, das wäre schon möglich, wenn wir jetzt Krieg hätten. Aber wir haben jetzt keinen Krieg.« – »Und wenn es doch geschehen würde, auch wenn wir jetzt keinen Krieg haben?« – »In diesem Fall wären wir nicht mehr da.« – »Wenn es so ist, dann finde ich besser, daß es nach dem Essen geschieht.« Ich habe geantwortet: »Du hast ganz recht.« Und damit war das Thema erledigt. Sehen Sie, er war in einem Augenblick ängstlich: »Wird es vor dem Essen geschehen?« Er hatte eben großen Hunger und wir wollten bald essen. Ein Kind befindet sich immer im Gegenwärtigen. Was es sagt, sagt es für den Augenblick. Wenn jemand aus der Familie stirbt, soll man es ihm unbedingt sagen. Es nimmt nämlich den veränderten Ausdruck der gewohnten Gesichter wahr. Da es diese Person liebte und nun wegen ihrer Abwesenheit beunruhigt ist, wäre es schlimm, wenn es nicht einmal die Frage nach ihrer Abwesenheit stellen dürfte. Gleichzeitig würde die Tatsache, daß man es ihm nicht sagt, bedeuten, daß man es wie eine Katze oder einen Hund behandelt, denn man würde es aus der Gemeinschaft der sprechenden Lebewesen ausschließen.

Oft belügt man die Kinder in bezug auf dieses Thema. Man redet dann von fernen Reisen oder von einer ewig andauernden Krankheit, von der zum Schluß niemand etwas mehr berichtet. Die Situation wird außergewöhnlich und bedrückend.

Ich habe Kinder gekannt bzw. wurden sie mir in meiner Sprechstunde vorgestellt, deren Leistungen in der Schule ab einem bestimmten Datum nachließen ... Man versuchte, die Ursachen herauszufinden. Dann kam heraus, daß das Nachlassen der Schulleistungen mit dem Tod des Großvaters oder der Großmutter einsetzte, von dem man diesen Kindern nichts erzählt hatte. Wenn das Kind z.B. die Großmutter unbedingt sehen wollte, wurde ihm gesagt: »Weißt du, sie befindet sich im Krankenhaus und ist sehr krank.« Und das war alles. Man ging dem Thema aus dem Wege und wechselte das Gespräch. Dabei hätte man diesem kleinen Kind einfach erklären sollen, daß seine Großmutter tot ist und mit ihm auf den Friedhof gehen sollen, damit es sieht, wo die Körper der gestorbenen Menschen hinkommen. Man muß ihm von dem Herz erzählen, das nicht tot ist und weiterhin lieben kann, solange es noch Leute gibt, die sich an diejenigen erinnern können, die sie geliebt

haben. Es ist die einzige Art und Weise, einem Kind eine Antwort zu diesem Thema zu geben.
Ich fände es auch sehr gut, daß die Familie am Totensonntag einen kleinen Rundgang über die Friedhöfe macht – sie sehen zu dieser Zeit besonders schön aus – und man dann auf alle Fragen der Kinder antwortet, die die Namen und die Daten auf den Grabsteinen zu entziffern versuchen... Das alles wird ihnen sehr weit weg vorkommen, sie werden sehr nachdenklich sein. Anschließend werden sie sehr fröhlich sein; man kann für sie einen schönen Kaffeetisch decken und dann sagen: »Aber wir, wir sind doch noch alle sehr lebendig.«

Sie haben vorhin gesagt, daß man den Tod eines Tieres mit dem eines Menschen nicht vergleichen kann.

Ich meinte damit den Tod eines Tieres, das man schlachtet.

Ich persönlich kann mich, was die Zeit zwischen zwei und drei Lebensjahren bei mir angeht, eigentlich an nichts mehr erinnern; mir ist nur noch ein regelrechtes Drama meiner Kindheit bewußt. Ich besaß eine kleine Ente, die mir jemand, der sie bei der Lotterie gewonnen hatte, geschenkt hatte. Ich spielte mit dieser Ente täglich in unserem Innenhof. Und dann hatte ich beschlossen, ihr aus einer Kiste ein Haus zu bauen. Die Kiste lehnte ich schräg an die Wand. Eines Tages war die Ente wohl zu nah an der Kiste vorbeigekommen, auf jeden Fall ist sie heruntergefallen und die Ente ist gestorben. Dieses Ereignis hat mich tief getroffen. Wie gesagt, es handelt sich um jene Kindheitserinnerung, die am weitesten in meine Vergangenheit zurückreicht. Ich denke also, daß der Tod eines Tieres für ein Kind eine große Bedeutung haben kann.

Natürlich, denn er berührt das Problem des Todes aller derjenigen, die wir lieben. Wenn dieses lebendige Wesen stirbt, so ist es ein ganzes Stück unseres Lebens, unserer Sensibilität, das wir nicht mehr wiederfinden werden. Sie haben unter dem Tod dieser kleinen Ente ja auch deswegen gelitten, weil Sie sich aufgrund Ihrer Unachtsamkeit schuldig gefühlt haben; der Tod läßt Schuldgefühle bei uns entstehen.

Eigentlich ist es erstaunlich, denn es ist doch nichts Schlechtes daran, daß jemand stirbt, da wir alle sterben müssen. Aber wenn wir in irgendeiner Weise daran beteiligt sind, dann werfen wir uns selbst vor, irgendwie verletzt zu haben, was so sanft und so gut, so angenehm und lebendig war in der Verbindung mit dem Anderen, die nun abgebrochen ist. Ich finde es sehr wichtig, daß man sich niemals über ein Kind lustig machen soll, das seine Katze, seinen Hund oder seine kleine Ente beweint. Genauso wenig soll man sich über ein Kind lustig machen, das die Teile seiner Puppe oder seines zerfledderten Bärchens aufbewahrt... Das Kind sieht hier keinen Unterschied, denn alles, was es liebt, ist für es lebendig. Natürlich handelt es sich dabei um eine andere Form von Leben. Also sollte man auch keine Teile eines Gegenstandes, den ein Kind geliebt hat, wegwerfen. Wenn eine kleine Ente, ein Kätzchen oder ein kleiner Hund stirbt, mögen die Kinder gern, es zu begraben, d.h. diesem Lebewesen in gewissem Sinne die Trauer zu erweisen. Alle Menschen brauchen diese Zeremonie der Trauer, um mit dem Tod fertig zu werden. Und warum auch nicht? Man soll diese Art des Kindes, das Geheimnis des Todes zu überwinden, respektieren, denn es ist für uns ein Geheimnis – der Tod übrigens nicht mehr als das Leben.

17

Erst mit dem Baby wird die Frau zur Mutter

(Ernährungsfragen)

Ein anderer Brief spricht das Problem des Stillens an. Diese Frau ist zur Zeit schwanger und bittet Sie darum, von den Vor- und Nachteilen des Stillens zu sprechen. Man muß vielleicht dazu sagen, daß auf manchen Entbindungsstationen ein wahrer Stillterror existiert, d. h. man muß *stillen. Viele Frauen haben aber Probleme damit, weil sie schon bald merken, daß die Milch zum Stillen nicht reicht oder ganz ausbleibt.*

Natürlich kann es sich auch genau umgekehrt verhalten. In manchen Krankenhäusern wird nämlich den Frauen, die stillen möchten, Angst eingejagt: »Sie werden nie frei sein, wenn Sie stillen«, heißt es dann. Ich glaube, daß die Reaktion jeder Frau davon abhängt, wie sie früher selbst von ihrer Mutter behandelt wurde: ob ihre eigene Mutter sie an der Brust ernährt hat oder es bedauerte, sie nicht gestillt zu haben... Ich kannte Mütter, die unbedingt stillen wollten, obwohl sie kaum Milch hatten und das Kind offensichtlich nicht die genügende Menge bekam. Die Mütter sollten bei diesem Thema auf vorgefaßte Meinungen verzichten und die Geburt des Kindes abwarten. Es ist letztlich das Baby, daß die Frau zur Mutter werden läßt. Vor der Geburt kann sie sich so ziemlich alle Vorsätze machen: »Ich werde das tun, ich werde jenes tun...« Ist das Baby dann auf der Welt, wirft sie diese Theorien dann alle über einen Haufen. Man sollte sich also vor der Geburt des Kindes nicht allzuviele Fragen stellen. Leben wir Tag für Tag die Freuden und die Sorgen unseres Lebens aus, ohne große Programme zu machen.

Nun sagten Sie vorhin, daß die Stillschwierigkeiten von Problemen abhängig sein könnten, die eine Mutter in ihrer eigenen

Kindheit mit ihrer Mutter gehabt hat... Mir wurde gesagt, daß Sie zu diesem Thema eine Begebenheit erzählen könnten, die Sie früher selbst erlebt haben.

Sie zu erzählen, würde eigentlich ein wenig zu viel Zeit in Anspruch nehmen!... Sie meinen wohl jene Anekdote von der Mutter, die während des Krieges entbunden hatte? Die Geschichte klingt wirklich unglaublich. Selbst ich, die sich damals in der psychoanalytischen Ausbildung befand, habe sie kaum für möglich gehalten. Die Sache ereignete sich in dem Krankenhaus, an dem ich während meiner Ausbildung arbeitete. In dem Wachsaal sagte uns die diensthabende Ärztin: »Eine Frau hat gerade entbunden. Es geht ihr prächtig und sie hat so viel Milch, daß drei Babys davon satt werden können...« Während des Krieges fehlte es ja an Milch. Am nächsten Tag hieß es dann: »Wissen Sie nicht, was passiert ist? Diese Frau hat ihr Baby einmal gestillt und danach bekam sie keine Milch mehr...« Damit hatte wirklich keiner von uns gerechnet. Ich habe dann gesagt, daß man mit dieser Frau sprechen müßte. »Es kann sein, daß ihre Mutter sie nicht an der Brust gestillt hat und daß sie irgendwelche Schuldgefühle bekam, als sie nun ihr eigenes Baby an der Brust spürte.« Natürlich gab es daraufhin im Saal ein allgemeines Gelächter... So sind also die Vorstellungen der Psychoanalytiker! Ein paar Tage waren vergangen – ich arbeitete dort sowieso nur zwei Tage in der Woche – als ich eines Tages mit lautem Hallo empfangen wurde. (Die Leute hatten sich sogar zu meiner Ehre im Spalier aufgestellt.) Man sagte zu mir: »Wissen Sie, was geschehen ist?« – »Nein, ich weiß es nicht.« – »Ich habe die ganze Geschichte und ihre Vorstellungen der Oberschwester erzählt«, sagte die Ärztin der Entbindungsstation. Die Oberschwester hat daraufhin mit dieser Mutter gesprochen, die darauf anfing zu weinen und ihr erzählte, daß sie als kleines Kind im Stich gelassen worden war und ihre Mutter niemals kennengelernt habe. Die Schwester hat dann einen sehr guten Einfall gehabt, auf den die anderen nicht gekommen waren...; sie hat diese junge Mutter bemuttert, ist mit ihr sanft und lieb gewesen und hat ihr gesagt: »Sie haben das Zeug dazu, eine gute Mutter zu sein und sie werden ihr Baby behalten.« Und dann hat sie noch hinzugefügt: »Ich werde Ihnen das Fläschchen geben, das Ihnen Ihre Mutter nicht gegeben hat.« Und nachdem sie den Säugling in die Arme der Mutter gelegt hatte, hat sie der Mutter tatsächlich ein Fläschchen gegeben und sie dabei liebevoll gestreichelt. Die Milch ist kurz danach wieder eingeschossen. Diese Geschichte entspricht tatsächlich der Wahrheit.

Jetzt eine präzise Frage zur Ernährung des Kindes. Die Mutter ist vietnamesischer Abstammung: »Mein Sohn ist sehr schwierig. Mit seinen sieben Jahren ißt er nur Reis, Teigwaren, Rindfleisch, Kartoffeln und kein anderes Gemüse. Er lehnt sämtliches grüne Gemüse ab. Was das Obst betrifft, akzeptiert er nur Orangen, Bananen oder Äpfel. Ich versuche zwar die Mahlzeiten so vielseitig wie möglich zu gestalten, aber das Kind ißt nur das, was es selbst gewählt hat. Wird sein Wachstumsprozeß dadurch nicht beeinträchtigt?« Die Mutter fügt noch hinzu, daß sie praktisch nie vietnamesisch kocht und daß das Kind dieses Essen sowieso ablehnt; als er in der Schule aß, mochte er dort fast alles, was ihm angeboten wurde; trotzdem wollte er lieber wieder bei seinen Eltern essen.

Dieses Kind bekommt eine Nahrung, die völlig ausreicht. Es ißt zwar kein grünes Gemüse, aber dafür Äpfel, Orangen, Bananen... Ich glaube nicht, daß daran irgend etwas Beunruhigendes sein könnte. Das Beunruhigendste ist eigentlich, daß sich seine Mutter so viele Sorgen macht.

Sie soll sich also keine Sorgen machen?

Nein. Ich denke, daß sich ihr Sohn im Grunde nur in der beschriebenen Art und Weise verhält, um seine Mutter zum Tanzen zu bringen. Sie sollte aufhören, sich über ihn zu ärgern. Sie sollte für sich und ihren Mann kleine Gerichte kochen, die die beiden gern essen. Und dem Sohn soll sie das machen, worauf er Appetit hat, wenn es sein muß, immer das gleiche. Und wenn er sehen wird, daß sich seine Eltern über ihr kleines Gericht freuen, wird er eines Tages auch davon essen, vor allem, wenn seine Mutter sich nicht länger darüber beunruhigt und ihn wirklich das wählen läßt, was er mag.

18

Noch einen Augenblick zu Hause

(Hier Kindergarten, dort Werbung)

Man sollte nicht alle diejenigen zahlreichen Frauen und Männer vergessen, die uns einfach schreiben, um uns zu ermutigen und sagen: »Bei uns zu Hause ist alles in Ordnung.«

Das stimmt. Hier haben wir zum Beispiel den Brief einer Frau, die zwei Söhne hat – einer ist sechs, der andere sieben Jahre alt – und uns dafür dankt, schwierige Situationen, die häufig vorkommen, zu entdramatisieren, wobei sie uns gleichzeitig schreibt, wie sehr sie am Familienleben Freude hat, trotz der vielen, vielen Probleme, die die Kinder mit sich bringen; letztlich könne man diese Probleme doch lösen, weil man eine große und vereinte Familie ist. Sie schreibt uns auch, daß die Psychologen das Familienleben im Grunde zu kompliziert betrachten.

Wir versuchen ja unsererseits, Klarheit in die Dinge zu bringen, anstatt sie komplizierter zu machen.
Hier ein Plädoyer dafür, zu Hause einen Kindergarten einzurichten. Die Mutter ist Kindergärtnerin und zur Zeit beurlaubt; sie hat zwei Zwillinge zu Hause, die 19 Monate alt sind: »Sobald die Kinder zwischen 15 und 18 Monate alt sind, sagen einem die Leute: »Sie sollten bald in den Kindergarten kommen und nicht zu lange zu Hause bleiben.« Aber ich persönlich hätte eben Lust, sie noch eine Weile zu Hause zu behalten. Und wenn ich mit ihnen dort das machen würde, was man im Kindergarten macht, wäre es so schlimm? Man lebt ungefähr 70 Jahre. Warum sollte man dann nicht versuchen, seine Kinder fünf oder sechs Jahre zu Hause zu behalten? ...« Dann stellt sie noch die folgende Frage: »Wie kann man zu Hause einen Kindergartentag organisieren?«

Diese Frau hat vollkommen recht, wenn sie meint, daß die Eltern ihre Kinder bis zum Beginn der Schule zu Hause behalten können. Wenn die Kinder bei der Einschulung dann wirklich »sozialisiert« sind, ist es völlig in Ordnung. Mit »sozialisiert« meine ich, daß sie kleine Freunde kennen, daß sie in der Lage sind, allein und mit anderen zu spielen, von ihren Eltern getrennt zu sein und vor allem mit ihren Händen, ihrem Körper und mit ihrer Sprache geschickt umgehen können, daß sie also in der Lage sind, sich gleichzeitig zu vergnügen, aber dabei auch eine gewisse Stabilität besitzen; denn genau diese Fähigkeiten werden in der Schule verlangt. Nun kommt hier aber noch etwas anderes hinzu, und zwar, daß es sich um Zwillinge handelt. Sie haben gesagt *zwei* – man sagt ja immer *zwei* Zwillinge. Es sind Zwillinge, und sie sind noch sehr jung. Ganz bestimmt brauchen sie sehr früh ein soziales Leben. Ich glaube, daß es schädlich ist, wenn die Eltern ihren Kindern kein soziales Leben von zwei oder drei Stunden am Tag geben können; damit meine ich, daß sie mit den Kindern auf Spielplätze gehen oder unter sich eine Kindergruppe einrichten. Und gerade dieser Mangel an Beteiligung am sozialen Leben wird im Kindergarten aufgehoben. Wenn irgendwo mehrere Kinder sind, soll man sie in einer Art von Kindergarten oder Vorschulklasse mit drei oder vier Kleinen zu einer Gruppe zusammenfassen.

Von der gleichen Mutter eine andere Frage: »Wenn es also für meine Kinder gut ist, zu Hause eine Art Kindergarten zu haben, wie soll ich den Tag organisieren? Sollen feste Stundenpläne wie in der Schule festgelegt werden, d.h. soll man die Kinder an einen festen Zeitplan gewöhnen und eine Art Vorschule aufziehen, oder soll man sie eher nach Lust und Laune beschäftigen?«

Es ist ganz gut, die Kinder ab drei oder vier Jahren – das hängt auch von den Kindern ab – daran zu gewöhnen, sich auf eine Aufgabe zu konzentrieren. Man sollte also im Laufe des Vormittags zwanzig Minuten dieses und zwanzig Minuten jenes mit ihnen machen. Zum Beispiel kann man die Kinder Gegenstände aussuchen lassen, die sie selbst zusammensetzen können. »Du kannst versuchen, sie anzumalen oder du kannst

Stickarbeiten machen oder etwas kleben ...« Ich glaube, daß es gut ist, wenn das Kind solche Arbeiten nicht nur spielerisch bewältigt; es soll etwas tun, was es interessiert, aber gelenkt durch einen gewissen Zeitplan oder durch eine gewisse Raumordnung. Nicht irgendwo irgendetwas machen, also nicht an einem Tag in der Küche, am anderen im Zimmer. Möglichst immer am gleichen Ort, an dem man seine Sachen hat und sich auch daran gewöhnt, sie extra in eine Schachtel, sozusagen für »die Schule«, einzuräumen.

Am Ende dieses Briefes steht: »Trotz dieses Plädoyers, den Kindergarten nach Hause zu verlegen, würde ich keinen Augenblick zögern, darauf zu verzichten, wenn ich durch mein Vorhaben in irgendeinem Punkt die Entfaltung meiner Kinder aufhalten würde.« Kann man diese Dame also beruhigen?

Ganz bestimmt.

Sie soll also auf ihr Vorhaben nicht verzichten?

Ich finde, sie sollte dieses Projekt trotz der kleinen finanziellen Schwierigkeiten, die es mit sich bringen wird, durchführen.

Ein anderer Brief, der sehr kurz ist. »Wir haben einen drei Monate alten Sohn. Dieses Kind ist sehr lebhaft und fröhlich. Mein Mann und ich haben beschlossen, daß ich mit der Arbeit solange aufhöre, bis er ungefähr zwei Jahre alt sein wird; denn dann werde ich mich besser um ihn kümmern können und kann ihn auch stillen. Diese Entscheidung wird für uns allerdings einige finanzielle Probleme mit sich bringen. Wir haben uns gedacht, daß wir sie zumindestens teilweise dadurch lösen könnten, daß wir das Baby als Modell für Werbefotos fotografieren lassen.« Sie fragt Sie nach Ihrer Meinung zu diesem Vorhaben und vor allem, ob es für ein Baby schädliche Folgen haben könnte, so früh »benutzt« zu werden, um Geld zu verdienen. Wenn nicht, so fährt die Dame fort, bis zu welchem Alter kann man ein Kind diese Art von Arbeit machen lassen, ohne zu riskieren, daß man es eines Tages zu Hause mit einem eingebildeten Fatzke zu tun hat?

Zum einen: Wenn dieses Kind von klein an »Ernährer« sein soll, d. h. sich und seine Familie ernährt, könnte man dem, von einigen Nachteilen abgesehen, dadurch abhelfen, daß man jedesmal, wenn das Kind etwas verdient hat, einen guten Teil davon – z. B. 10 Prozent oder 15 Prozent, vielleicht sogar *fifty-fifty* – auf ein Sparbuch einzahlt, das dem Kind gehört. Später, wenn man ihm davon erzählt, wird es sehr stolz sein, seiner Familie geholfen und seiner Mutter ermöglicht zu haben, mit ihm zu Hause zu bleiben. Andernfalls wird es vielleicht denken, daß es ein bißchen »ausgebeutet« wurde. Bis zu welchem Alter man es machen sollte? Ich finde, daß die Grenze mit drei Jahren erreicht ist, denn es handelt sich um eine Art Mannequintätigkeit, d. h. um eine Art passiven Exhibitionismus; man sollte also schon aufpassen. Ein Foto ab und zu, einverstanden; aber als regelmäßige Geldquelle sollte man diese Tätigkeit bei Kindern, die älter als zwei oder zweieinhalb Jahre sind, auf keinen Fall fortsetzen.

19

»Sprechen müssen« gibt es nicht

(Worte und Küsse)

Hier haben wir eine Mutter, deren achtzehn Monate alte Tochter bisher ein unproblematisches Baby gewesen ist, das gut schlief, gut aß und viel lächelte, in einem Wort... ein absolut glückliches Kind; seit den Ferien hat sie sich jedoch völlig verändert. Im Juli ist die Mutter drei Wochen lang mit dem Kind durch ganz Frankreich gereist, alle ein oder zwei Tage haben sie eine Pause eingelegt. Fast viertausend Kilometer sind sie in dieser kurzen Zeit herumgekommen. Seit der Rückkehr aus diesen Ferien mag dieses kleine Mädchen nur noch auf dem Arm seines Vaters und seiner Mutter sein und nicht mehr auf dem Arm einer anderen Person. Wegen kleinster Anlässe beginnt es zu weinen. Wenn seine Mutter es beim Staubsaugen darum bittet, einen Stuhl oder einen kleinen Schreibtisch beiseite zu schieben, lehnt das Kind die Bitte ab und fängt sofort an zu brüllen. Die Mutter fragt sich, woher diese Veränderung im Verhalten des Mädchens kommt. Am Ende des Briefes schreibt sie dann noch, daß es bald (im Februar) einen kleinen Bruder geben wird ...

Dieser letzte Satz ist sehr wichtig, denn er bedeutet, daß dieses Baby, welches im Februar auf die Welt kommen soll, bereits im Juli unterwegs war. Nun hat es bei dem Mädchen ausgesprochen zu dieser Zeit eine Wende in seinem Verhalten gegeben. Das kleine Mädchen war damals sechzehn Monate alt und mußte gleichzeitig mit zwei wichtigen Dingen fertig werden: einmal wechselte es seine Umgebung und lernte viele neue Leute kennen, und vor allem fühlte es – denn Babys können es fühlen –, daß seine Mutter schwanger war. Ich habe eine Frau mit vielen Kindern gekannt und sie sagte mir: »Ich merkte immer aufgrund der Reaktion der letzten Kinder, daß ich schwanger war, denn ich stillte noch und es gab keine anderen

Zeichen für eine Schwangerschaft bei mir. Das letzte Kind regredierte, es wollte immer auf meinem Arm sein und fing sofort an zu plärren, wenn ich es nach irgend etwas fragte ... Ich bin bestimmt wieder schwanger, dachte ich mir, und es stimmte auch.« Also, dieses kleine Mädchen hat wohl gefühlt, daß seine Mutter schwanger war. Andererseits nimmt ein Kind im Alter von 18 Monaten seine Mutter sehr stark in Anspruch. Die Mutter müßte also viel Zeit investieren, dem Kind Gegenstände in die Hand geben, dabei mit ihm sprechen und überhaupt viele Spiele mit ihm machen. Sie sollte auch ihrer kleinen Tochter erklären, daß sie leiden würde, weil ihre Mutter ein Baby kriegt, daß dieses Baby aber nicht dazu da ist, ihr eine Freude zu machen, sondern weil ihr Vater und ihre Mutter beschlossen haben, ein anderes Kind zu bekommen; sie könnte ihr auch erklären, daß sie jetzt vielleicht traurig sei, sich später aber auch über das andere Kind freuen würde.

In einem anderen Brief geht es um einen kleinen Jungen von siebzehn Monaten. Er ist ein Einzelkind, das Schwierigkeiten damit hat, sauber zu sein, vor allem, was das Pinkeln betrifft: »Wir junge Mütter werden durch die zahlreichen Broschüren, Ratschläge und vorgefaßten Meinungen über die Erziehung eines Säuglings oft in die Irre geführt. Mein Kind ist siebzehn Monate alt und spricht noch nicht. Ab welchem Monat muß ein Kind sprechen?«

»Sprechen müssen« gibt es nicht. Man kann aber bereits vorher fühlen, ob ein Kind zu einem Zeitpunkt, an dem es die Sprache zur Kommunikation braucht, sprechen wird: es ist lebendig, schaut einen an, wechselt seinen Gesichtsausdruck und sucht seinerseits Kontakte, wenn man es anspricht, d. h., daß es sich bereits verständlich machen will. Hinzu kommt, daß ein Kind nicht so leicht spricht, wenn es der einzige Gesprächspartner seiner Mutter oder seines Vaters ist. Ein Kind erlernt dadurch die gesprochene Sprache, daß es seine Mutter von ihm oder für es sprechen sieht, daß es sieht, wie sich seine Eltern unterhalten und daß es auch in das Gespräch mit einbezogen wird. Das Kind sollte aber auch mit anderen Leuten sprechen. Sprechen heißt für ein Kind im übrigen auch, Spielzeuge und ähnliche Dinge heranzuschleppen. Man soll ihm dann nicht sagen: »Du störst uns«, sondern »du kannst ruhig zuhören, was wir sagen.«

Ich glaube, daß diese Dame mit dem Ausdruck Sprache aber die gesprochene Sprache meinte.

Sicher, aber die gesprochene Sprache entwickelt sich auf gesunde Art und Weise nur, wenn das Kind etwas zu sagen hat. Nun sagt das Kind bereits viele Dinge und macht bereits viele Wünsche verständlich, ehe es sprechen kann. Diese Mutter soll sich wegen der Worte keine Gedanken machen. Ein Junge spricht häufig etwas später als ein Mädchen. Die Mädchen haben eine lockere Zunge, weil sie kein Schwänzchen haben. So müssen sie eben auf andere Weise auffallen.

Darauf wäre ich nicht gekommen.

Es ist aber so. Die Jungen sprechen später. Manchmal sprechen die ersten Kinder früher, weil sie große Lust haben, sich in die Gespräche zwischen Vater und Mutter einzumischen. Aber das zweite Kind hat es nicht so eilig, da das erste immer an seiner Stelle spricht, wenn es gerade etwas sagen will. Für einen Jungen ist es im Alter von 17 Monaten noch sehr früh, um mit dem Sprechen zu beginnen. Ich finde, daß die Mutter eher versuchen sollte, mit ihrem Sohn anders zu kommunizieren, z. B. mit Berührungen der Hand, gemeinsamen Beobachtungen von Gegenständen, mit denen man dann auch zusammen spielt, mit Sprachspielen oder mit seinen Stofftieren. Ich glaube, sie denkt zu viel daran, daß er sauber werden soll. Siebzehn Monate ist nämlich noch viel zu früh, um auf den Topf zu gehen. Aber es ist im Gegenteil nicht zu früh für die Geschicklichkeit der Hände, das Aufstellen von Bauklötzen, das Ballspielen und für Spiele mit dem Mund: Seifenblasen machen, singen, einen Haufen Geräusche erzeugen, wie bimbimbim oder bumbumbum usw. Die Mutter soll diese Geräusche im Spiel machen und Lieder singen; es ist die beste Methode, einem Kind das Sprechen beizubringen.

Die Mutter fügt hinzu, daß dieses Baby sehr zärtlich ist und viel Aufmerksamkeit von ihr und ihrem Mann erhält. Von daher, daß es diese Zärtlichkeit in der Familie gewohnt sei, bestünde die Tendenz, mit anderen Kindern, sich selbst oder mit Tieren sehr zärtlich umzugehen. Dann fährt sie fort: »Eine meiner Freundinnen, die ein Baby im Alter von vierzehneinhalb Monaten hat, wirft meinem Sohn vor, lästig zu sein und wie eine Klette an ihrem Kind zu hängen, weil es von ihm geküßt und gestreichelt wird. Kann man etwas dagegen machen?«

Vielleicht hat die Freundin recht, ich weiß es nicht. Es würde zu der Tatsache passen, daß der Junge noch nicht spricht. Wenn Kinder noch nicht sprechen, haben sie die Tendenz, mit den Armen und mit dem Mund körperliche Kontakte zu suchen, d.h. auch zu küssen. Wahrscheinlich ist dieses Kind schon ein wenig zu viel geküßt und liebkost worden. Bei dieser Gelegenheit möchte ich den Müttern sagen, daß es für sie zwar ganz angenehm ist, die Haut des Babys zu küssen – sie ist so zart –, daß aber die kleinen Kinder mit zwei oder zweieinhalb Jahren das Küssen damit verwechseln, aufgefressen zu werden. Und anstatt ihre Liebe dadurch zu zeigen, daß sie mit dem Kind sprechen, mit ihm zusammen spielen und mit Gegenständen gemeinsam umgehen, zeigen sie ihre Zuneigung durch körperliche Kontakte. Ich glaube, daß sich dieser Kleine zur Zeit in einer solchen Phase befindet. Wenn das andere Kind da ist, müßte man ihm vielleicht sagen: »Du weißt, daß es klein ist. Es wird glauben, daß du es essen willst. Vielleicht denkst du auch, deine Großmutter, deine Tante oder ich wollen dich essen, wenn wir dich küssen ... Wehre dich dagegen. Siehst du, der Kleine will sich auch wehren und seine Mutter verteidigt ihn, weil er es nicht mag.« Er sollte es also nicht weitermachen, denn es ist weder für ihn noch für den Kleinen gut, immer mit diesen »Küssereien« zu tun zu haben, als wären sie Bonbonlutscher. Mit siebzehn Monaten befindet man sich in einem Alter, in dem die Motorik eine große Rolle spielt; die Kinder turnen und toben gern herum, spielen Ball und wollen alles anfassen –

das ist doch in diesem Alter viel interessanter als sich mit den Personen abzugeben.
Kurz und gut, ich glaube, daß dieser Kleine mit einem noch Kleineren wahrscheinlich genau dasselbe tut, was man mit ihm gemacht hat und noch immer tut. Man hat an ihm herumgemacht, ihn geküßt und liebkost, anstatt ihn in das Leben der Erwachsenen durch Mitsprechen und Mithandeln einzubeziehen. Wenn man Kinder als Bärchen oder Hündchen erzieht, verhalten sie sich auch entsprechend. Wenn sie dann groß werden, gehen sie zum Angriff über.

20

Er wird ein Künstler

Wenn man ein Kind hat, wünscht man sich vielleicht, daß es dieses Kind – wie man so sagt – später »einmal möglichst weit bringt« und, warum auch nicht, ein Künstler wird. Eine Mutter von drei Töchtern (neun, sieben und sechs Jahre alt) schreibt uns, daß die Älteste und Jüngste eine außergewöhnliche Begabung für das Zeichnen zeigen würden. Die Älteste, sagt sie, zeichnete schon von ganz klein auf (bereits mit 18 Monaten) sehr gerne. Das ist übrigens neben ihrer Puppe fast zur einzigen Beschäftigung geworden. Ihren Bildern liegt immer der gleiche Einfall zugrunde: sie malt Prinzessinnen, Feen mit ganz langen Kleidern voller Stickereien und mit sehr geometrisch und akkurat gezeichnet Motiven – ein bißchen erstaunlich für ein Kind in diesem Alter. In der Schule dagegen ist sie mittelmäßig, sie hat dort sogar einige Schwierigkeiten. Die Kleinste, die sechs Jahre alt ist und sehr ausgeglichen, versteht sich sehr gut mit den anderen beiden Kindern. Ihre Bilder zeichnen sich durch kräftige Farben aus, die oft, so die Mutter, mit der Wirklichkeit nichts zu tun haben: das Mädchen scheint die Gegenstände in den Farben zu sehen, die sie ihnen gibt. »Zum Beispiel eine riesige Sonne mit schönen roten und orangen Strahlen, in kräftigen Farben gemalt.« Die Mutter hat nun folgende Frage: »Kann man diesen Bildern irgend etwas entnehmen?« In anderen Worten lautet die Frage, ob man den Bildern der Kinder immer eine Erklärung abgewinnen muß.

Auf keinen Fall. Aber ich meine, daß es das Kind interessieren könnte, seine Bilder in Worten auszudrücken. Wenn ein Kind seine Bilder jedoch von sich aus nicht vorzeigt, sollte man es in Ruhe lassen. Zeigt es sie aber der Mutter, dann sollte man auch nicht selig schwärmen: »Oh, ist das aber schön« und ansonsten nichts mehr sagen. Die Mutter sollte das Kind über das Gemalte zum Sprechen bringen, über die Geschichte, die in dem Bild steckt: »Und dann? ... Und da? ... Zum Beispiel hier? ... Und da ... Was ist das? ... Ach so! Ich hätte es nicht gesehen, daß es das sein soll.« Man sollte also mit dem Kind über die Bilder sprechen. Das ist für das Kind interessant und nicht, daß es bewundert wird. Das Kind, dessen Bilder man immer wieder nur bewundert, kann dadurch dazu gebracht werden, sich zu wiederholen, so wie es bei der Ältesten der Fall zu sein scheint. Vielleicht wollte die älteste Tochter ihre Mutter bei der Geburt der zwei anderen Kinder mit ihren Bildern ganz besonders interessieren. Das ist vielleicht auch der Grund dafür, daß sie in der Schule weniger gut zurechtkommt. Sie hat es schwer, denn sie muß durch ihre Handlungen immer dafür sorgen, das Interesse ihrer Mutter auf sich zu lenken. Ich glaube, daß es jetzt ganz gut wäre, wenn sich ihre Mutter ein Spiel ausdenkt, bei dem man Bilder ausschneidet, natürlich nur, wenn das Kind mitmachen will; ihre Feen, ihre Prinzessinnen und all das könnte in eine bestimmte Umgebung gestellt werden: in Schlösser, auf Straßen usw. Und dann sollten sich zwischen diesen Figuren Geschichten abspielen. Das wird das Kind lebendiger werden lassen und ihm helfen, in der Schule besser eigene Aktivitäten zu entfalten.

Was die Kleinste betrifft, die einen ausgeprägten Sinn für kräftige Farben hat ... Man sieht immer mehr Kinder, die einen Sinn dafür haben. Ich frage mich, ob es nicht auf das Farbfernsehen oder die bunten Zeitschriften zurückzuführen ist; als wir Kinder waren, gab es das alles nicht.

Alle Kinder machen eine »künstlerische« Phase durch, in der sie viel malen; ähnlich machen alle eine »musische« Phase durch. In jedem Fall sollten die Erwachsenen nicht versuchen, die Bilder zu deuten, sondern das Kind dazu bewegen, über das Gemalte selbst zu sprechen.

Ich könnte mir vorstellen, daß diese Frage gestellt wurde, weil man weiß, daß Sie Psychoanalytikerin sind. Die Psychoanalytiker sind ja dafür bekannt, daß sie manchmal ziemlich erstaunliche Deutungen aus Bildern herauslesen können ...

Ich finde nicht, daß es sich dabei um Deutungen von seiten des Psychoanalytikers handelt, sondern eher darum, daß sich das Kind in seinen Bildern *ausdrückt;* und irgendwann wird das Kind selbst sein Bild in Worte fassen.

Es lohnt sich also auf keinen Fall, die Bilder sozusagen »auseinanderzunehmen«.

Nein, das sollte man nicht tun. Das ist übrigens auch der Grund, warum ich nie über die Bilder der Kinder und deren Interpretation geschrieben habe. Ein Kind, das sich verbal nicht auszudrücken vermag, kann sich durch Bilder ausdrükken. Und dann kommt es auch vor, daß Kinder einfach deswegen aufhören zu malen, weil ihre Eltern ständig dahinter her sind und wissen wollen, was auf dem Bild zu sehen ist. Wenn sich Kinder einem Psychoanalytiker über ein Bild mitteilen können, nur deshalb, weil dieses Bild ihr *Geheimnis* ist, das sie im Grunde für sich behalten wollen. Es gibt aber auch noch andere künstlerische Tätigkeiten als nur das Malen: man kann Marionetten basteln, man kann mit der Sprache und mit Stimmlauten spielen oder etwas Modellieren. Ein Kind, das nur noch Bilder malt, sieht die Welt leicht in zwei Dimensionen; in dem Fall, den wir vorhin besprachen, tut es die älteste Tochter bereits. Beim Modellieren hingegen, selbst wenn es nicht gut gemacht wird, eröffnet sich dem Kind eine lebendige Welt, denn es schafft Figuren, die unter sich spielen können. Das ist genau das, was man in der Schule nicht mehr spielen kann. Ab dem Zeitpunkt, ab dem man Schriftzeichen deutet, schreibt oder Bilder für die Schule malt, wird alles zu einer »schulischen« Beschäftigung, während das, was man zu Hause macht, eine *Selbstdarstellung* ist und – sofern die Mutter zur Verfügung stehen kann – eine Kommunikation zwischen Mutter und Tochter beginnen lassen könnte; genau das ist mit einer Lehrerin, die viele Kinder zu beaufsichtigen hat, nicht möglich. Die Mutter könnte ihren kleinen Töchtern (auch der zweiten, von der sie im übrigen nicht viel sagt) helfen, beim Musikhören zu modellieren oder zu malen; sie wird feststellen, daß das Kind entsprechend bestimmter Musikarten bestimmte Farbkombinationen wählt. Begabte Kinder mögen dieses Spiel sehr gern; sie mögen auch Träume malen, Geschichten malen oder von der Mutter vorgelesene oder erfundene Geschichten nachmalen. Man sollte auch nicht vergessen, daß Kinder, die in der frühen Kindheit nie gemalt haben, nach der Pubertätszeit Kunstmaler oder Zeichner werden können; umgekehrt ist es ebenso möglich: Kinder, die früher besonders begabt gewesen waren, bringen nach der Pubertätszeit nichts mehr zustande.

Hier haben wir einen Brief von einer Mutter, die vier Kinder hat: eine fünfeinhalbjährige Tochter, »zweieiige« Zwillinge, die fast vier Jahre alt sind, und dann noch ein kleines, einjähriges Mädchen. Ihre Frage bezieht sich auf die eine Zwillingsschwester, die Claire heißt; sie ist sehr verschmust und sensibel und scheint ein sogenanntes Künstlertemperament zu haben. Die Mutter schreibt: »Die Musik übt eine sehr große Anziehungskraft auf sie aus. Sie ist manchmal traurig oder weint sogar, wenn ein Musikstück zu Ende ist, das sie gern hört. Andererseits ist sie oft sehr zerstreut. Wir beide, mein Mann und ich, sind der Meinung, daß man das alles nicht so wichtig nehmen darf und wollen ihr deswegen keine Probleme einreden.« Die Mutter fragt Sie dennoch, welche Aktivitäten man bei dem Kind unterstützen sollte, damit es diese Begabung fortentwickelt: »Kann man bei einem so jungen Kind eigentlich schon sagen, ob es eines Tages ein Künstler werden wird?«

Wenn dieses Kind ein gutes Gehör hat und gern Musik hört, warum sollte man nicht schon jetzt eine musikalische Ausbildung beginnen; natürlich sollte es ein guter Musiklehrer sein, der sich auf die Besonderheit eines jeden Kindes einstellt und keiner, der es Tonleitern und Übungen spielen läßt, die es langweilen werden. Es gibt auch Schallplatten – nicht irgendwelchen Singsang –, die sehr gut gemacht sind und die dem Kind die Werke der großen Komponisten erklären. Das Kind könnte auch selbst einmal zu einer Musikvorstellung gehen, damit es nicht nur Unterhaltungsmusik oder Musik von der Cassette hört. Zum Beispiel könnte die Mutter ihr Kind, wenn es sich dafür interessiert, mit in eine Kirche nehmen, in der es ein Harmonium oder eine Orgel gibt.

Die Musik ist eine äußerst nützliche Ausdrucksmöglichkeit für viele sensible Kinder. Es gibt aber auch noch das Tanzen; es reicht nämlich nicht aus, der Musik nur zuzuhören und dabei passiv zu bleiben. Die Musik spricht die Gefühle an, aber auch die Muskeln und es ist wichtig, daß dieses kleine Mädchen mit seinem ganzen Körper seine Gefühle zum Ausdruck zu bringen weiß. Der Sinn für Musik entwickelt sich sehr früh. Wenn dieses Kind musikalisch ist, soll man nicht länger warten, ihm eine musikalische Erziehung zu geben. Ich möchte in diesem Zusammenhang auch sagen, daß ich es bedauere, daß es so kleine Spielklaviere gibt, die mal zu hoch und mal zu tief klingen und die nie richtig gestimmt sind. Das Gehör ist aber so wichtig, daß man es nicht deformieren sollte. Es ist besser, überhaupt keine Musikinstrumente als ein verstimmtes Spielzeugklavier zu haben – das bedeutet wirklich einen Hohn für das Ohr, ein Organ, das beim Kind so empfindlich ist. Ein Liederbuch wäre viel besser; oder diese kleinen Instrumente, die man Melodica nennt und die richtig gestimmt sind; ich glaube, daß man mit diesem Instrument die Musikerziehung schon ab zwei Jahren beginnen kann. Man kann sie mit einer höheren oder tieferen Tonlage bekommen und das Kind kann auswählen, was ihm besser gefällt. Wenn ein Klavier zu Hause ist, muß man darauf achten, daß es richtig gestimmt ist. Die Kinder sollten nicht auf verstimmten Klavieren herumklimpern und sie sollten auch lernen, die Noten zu kennen. Die Noten sind wie die Menschen: man soll sie durch ihre Namen kennen und erkennen.

Brauchen diese künstlerisch begabten Kinder mehr Hilfe als andere, weil sie sensibler sind?

Sie brauchen wohl eher Respekt. Man sollte jedes Kind respektieren; ein »künstlerisch« begabtes Kind hat wahre Antennen und spürt die Dinge ganz genau. Wenn es auf irgendetwas eine ungewöhnliche Reaktion zeigt, sollte man ihm nicht sagen »Spinnst du ...?«, z.B. wenn es sich zurückzieht oder im Gegenteil besonders überschwenglich auf etwas reagiert. Ich denke, daß es sehr wichtig ist, daß die »künstlerisch begabten« Kinder die Möglichkeit haben, sich auszudrükken und in der ihnen eigenen Art, sich auszudrücken, respektiert werden. Sie sollten auch in dem Instrument, das sie besonders mögen, von jemandem unterrichtet werden, der wirklich etwas von Kunst versteht. Musik hören, nicht zu viel auf einmal, ins Museum gehen oder sich Malereien ansehen kann man, wie gesagt, schon sehr früh mit den Kindern.

21

Stumme Fragen

(Noch einmal Sexualität)

Eine junge, 23jährige Frau ist seit drei Jahren verheiratet und – im weitesten Sinne – eine »zukünftige« Mutter. Sie hat aber noch kein Kind und ist auch nicht schwanger ...

Sie befaßt sich aber früh mit solchen Fragen!

Sie fragt Sie, ob sich die Eltern vor ihren Kindern ohne weiteres nackt zeigen sollen oder ob dies auf das Kind traumatisierend wirken könnte.

Es wirkt sich immer traumatisierend aus. Die Eltern sollten ihr Kind immer wie einen Ehrengast respektieren. Und vor einem Ehrengast würden sie ja auch nicht nackt herumspazieren! Für ein Kind ist der nackte Körper seiner Eltern so schön und so anziehend, daß es sich selbst armselig daneben vorkommt. Diese Kinder entwickeln dann Minderwertigkeitsgefühle oder schlimmer noch, sie nehmen ihren eigenen Körper nicht mehr wahr und fühlen sich so, als hätten sie kein Recht, einen eigenen Körper zu haben. Die Mutter und der Vater sollten bei sich zu Hause immer dezent sein.

Eine andere Frau fragt, ob man einem drei- oder vierjährigen Kind erklären soll, warum sich seine Eltern auf den Mund küssen, mit ihm es aber nicht machen. Eine weitere Frage steht mit dieser in engem Zusammenhang: »Soll man ein Kind zu Hause auf den Mund küssen, es aber in der Öffentlichkeit vermeiden?«

Man sollte es weder da noch dort tun. Es übt noch mehr Anziehungskraft aus, wenn es in der heimischen Vertrautheit geschieht. Ich glaube, daß die Kinder sehr früh verstehen, daß ihre Eltern eine gewisse Vertraulichkeit unter sich haben, die sie selbst nicht haben dürfen. Darin besteht ja nun gerade der Unterschied zwischen dem Erwachsensein und dem Kindsein. Man kann ihnen doch sagen: »Wenn du später einen Mann oder eine Frau haben wirst, wirst du es auch tun.« Es versteht sich, daß es vollkommen unnötig ist, ein Kind mit diesem Anblick absichtlich zu konfrontieren. Es gibt Eltern, die das Kind zum Spaß gern eifersüchtig machen. Das ist ganz und gar unnötig. Das Kind ist nicht dazu da, ein Voyeur zu werden.

Nach diesen Worten müßte man also kleinen Jungen oder kleinen Mädchen, die ihre Eltern sich auf den Mund küssen sehen, wenn sie sich Guten Tag oder Auf Wiedersehen sagen, dasselbe verweigern, wenn sie auch einen Kuß auf den Mund bekommen wollen?

Man kann sie doch auf die Wange küssen und sagen: »Nein, dich habe ich gern. Ihn liebe ich und er ist mein Mann, oder, siehst du, sie ist meine Frau. Eine Mutter küßt nicht ihre Kinder auf den Mund.« Und wenn es noch einen Großvater oder eine Großmutter gibt, kann man sagen: »Siehst du, ich küsse weder meinen Vater noch meine Mutter so, wie ich es mit deinem Vater tue. Und er tut es umgekehrt auch nicht.«

Eine Mutter hat unserer Sendung irgendwann einmal zugehört, als Sie von körperlichen Strafen bei Kindern sprachen. Ich erinnere mich daran, daß Sie damals sagten, es sei schädlich, wenn man sein Kind in der Öffentlichkeit schlägt.

Man soll es niemals demütigen ...

Sie schreibt uns nun folgendes: »Ich bin 27 Jahre alt und habe einen sechsjährigen Sohn. Ich bin Sekretärin in einem Verwaltungsbüro und nehme meinen Sohn manchmal dorthin mit. Vor einigen Wochen hatte mein Sohn in der Schule ein ›besonders schlaues‹ Spiel entdeckt, das darin bestand, die Röcke der Mädchen hochzuheben.« Die Mutter hat es nicht so ernstgenom-

men und ihm nur gesagt, er solle damit aufhören, weil man es nicht macht. Aber eines Tages hat dieses Spiel ungeahnte Ausmaße angenommen, da der Junge, den sie zu ihrer Arbeit mitgenommen hatte, vor allen Sekretärinnen den Rock eines jungen Mädchens hochgehoben hat, das daraufhin anscheinend vor Verlegenheit ganz rot wurde. Die Mutter hat sich darüber geärgert, dem Sohn die Hose heruntergelassen und ihm den Hintern versohlt... »wie ich es noch nie in meinem Leben getan habe und wie ich es auch nie wieder tun werde. Er wurde zwar gedemütigt, aber wenigstens hat er verstanden.«

Was geschehen ist, ist geschehen!

Aber was ist richtiger, zu demütigen oder zu heilen?

Wie immer, sollte man zuerst versuchen zu verstehen, was eigentlich geschehen ist. Durch seine Geste hat dieses Kind im Grunde nur die stumme Frage nach dem Geschlecht der Frauen gestellt. Man hat ihm wohl darauf nicht rechtzeitig eine Antwort gegeben. Deshalb setzte er sein Spiel fort. Wenn ein Kind solche Gesten macht, dann braucht es offensichtlich irgendwelche Erklärungen von einem Mann oder einer Frau, von seinem Vater oder seiner Mutter. »Du hast gesehen, daß die kleinen Mädchen kein Schwänzchen wie die Jungen haben und willst nun nicht glauben, daß deine Mutter und die Frauen auch keines haben. Es ist aber so, daß sie keines haben. Und nun bist du darüber erstaunt, daß dein Vater eine Frau gern mag, die nicht so gebaut ist wie er? So ist eben das Leben.« Hätte man dem Kind so eine oder eine ähnliche Antwort gegeben, hätte es in der Öffentlichkeit diese Geste nicht gemacht. Selbstverständlich bedauere ich, daß die Mutter beleidigt und gestört worden ist, außer sich vor Wut geriet und mit Gewalt reagiert hat... Das Kind ist jetzt zwar auf der Hut, aber es hat die Frage nach dem Geschlecht der Frauen und seine Wißbegierde darüber verdrängt, ehe er sich über diesen Punkt im klaren war. Ich bedauere es.

Sie bedauert es auch.

Wie ich gesagt habe, was geschehen ist, ist nun mal geschehen ... Aber man soll wissen, daß ein Kind, das diese Art von Gesten macht, einfach Erklärungen braucht; die Jungen, vor allem, wenn sie kleine Schwestern haben, trauen ihren Augen nicht, wenn sie zum ersten Mal merken – besonders im Kindergarten –, daß die Mädchen kein Schwänzchen so wie sie haben. Sie bleiben lange Zeit der Überzeugung, daß ihre Mutter, wie die erwachsenen Frauen im allgemeinen, einen Penis wie die Männer haben. Und darüber, daß es nicht so ist, sollte man sie informieren und sie aufklären. Ihre Gesten sind nur stumme Fragen.

Ein anderes Problem: »Ist es ratsam, ein vierjähriges Mädchen bei der Entbindung seiner Mutter zuschauen zu lassen?« Die Frau, die uns schreibt, ist schwanger und wird bald entbinden.

Wenn die Mutter bei sich zu Hause – etwa, wenn sie auf einem Bauernhof lebt – entbindet, ist es nicht notwendig, das Kind wegzuschicken; aber es ist auch nicht notwendig, es unbedingt zuschauen zu lassen. Es sollte ein- und ausgehen dürfen. Auf jeden Fall bin ich eher dafür, daß man darauf verzichtet, dem Kind die Geburt zu zeigen, vor allem, wenn die Geburt nicht zu Hause stattfindet. Das könnte nämlich traumatisierende Folgen haben. Ich weiß, daß solche Dinge zur Zeit in Mode kommen, bin aber von ihrem erzieherischen Wert nicht so sehr überzeugt. Es dürfte für ein kleines Mädchen auch recht frustrierend sein, daß es das Gleiche in absehbarer Zeit nicht wird tun können. Diese Beteiligung eines älteren Kindes bei der Entbindung ist also sicherlich nicht notwendig und vielleicht auch schädlich; und im Zweifelsfall sollte man es lassen. Für das Baby, das geboren wird, ist diese Beteiligung natürlich vollkommen sinnlos. Die Anwesenheit seines Vaters braucht es schon, genauso wie die seiner Mutter. Für manche Frau und manchen Mann ist es völlig selbstverständlich zusammenzusein, um dieses Neugeborene zu empfangen, das ihren vereinten Wunsch und ihre vereinte Liebe verkörpert.

22

Was geschehen ist, ist geschehen

(Ängste)

Im folgenden Brief werden einige Ihrer Äußerungen wieder aufgenommen. Eine Mutter schreibt: »Es stimmt, was Sie gesagt haben. Es ist immer das älteste Kind, das in einer Familie das Leidtragende ist.« Sie hat eine dreieinhalbjährige Tochter und einen Sohn, der zweieinhalb Jahre alt ist. Sie schreibt, daß sie sich erst nach der Geburt des Sohnes wirklich als Mutter gefühlt hat; als die ältere Tochter auf die Welt kam, hatten sich sie und ihr Mann gerade von ihrem Zuhause befreit und das erste Kind kam ihr ein wenig fremd vor: »Wahrscheinlich habe ich für meine kleine Tochter eine Reihe von traumatischen Situationen in ihren ersten drei Lebensjahren geschaffen. Kann man die Scherben wieder zusammenkitten?« Sie hat nämlich gehört, daß in den ersten drei Lebensjahren die Würfel sozusagen »gefallen« sind, und daß man ab diesem Zeitpunkt nichts mehr rückgängig machen kann. Stimmt das eigentlich? Und wenn ja, kann man dennoch wieder zusammenkitten, was kaputtgegangen ist?

Sie sagt ja nicht, ob es wirklich Scherben gab. Sie hat Schuldgefühle, das ist erst einmal alles. Es ist ja nicht gesagt, ob sich das Kind inmitten des Durcheinanders nicht doch zurechtgefunden hat. Wir wissen es nicht genau ...

Man muß sagen, daß es schon einige ganz schöne Krisen gegeben hat.

Einige ganz schöne Krisen? ... Um noch einmal auf das Argument mit den drei Jahren zurückzukommen, tatsächlich sind die Würfel erst mit sechs Jahren gefallen und nicht mit drei Jahren. Im gewissen Sinn hat die Mutter allerdings recht. Das

Kind hat sich mit sechs Jahren und mit all seinen Erfahrungen, die es bis dahin gemacht hat, schon eine ihm eigene Persönlichkeit aufgebaut. Das liegt daran, daß das Kind ja zu Beginn seines Lebens ohne jeden Bezug zu seiner Umwelt gelebt hat. Wäre es chinesisch erzogen worden, würde es chinesisch sprechen. Es trifft sich aber, daß es französisch spricht, und zwar nicht nur die Sprache; es »spricht« auch das Verhalten seiner Eltern; es hat sich belehren lassen und gelernt, daß man, um ein Erwachsener zu werden, wie sein Vater oder seine Mutter sein müßte. Dieses Kind wird eine Persönlichkeit entwickeln, die durch die Art von den Beziehungen geprägt ist, die es bisher gehabt hat; das heißt aber keineswegs, daß es nun einen ganz schlimmen Charakter haben oder neurotisch sein wird. Was geschehen ist, ist geschehen. Jetzt kommt es darauf an, mit dem Kind, das älter wird, zu sprechen, und wenn es eines Tages sagen wird: »Ich finde, du hast mich gar nicht lieb«, sollte man ihm antworten: »Doch, ich habe dich lieb, aber stell dir vor, als du geboren wurdest, wußte ich überhaupt nicht, was es heißt, Mutter zu sein. Und vielleicht hast du es mir beigebracht... Dank deiner Hilfe habe ich es dann für deinen Bruder gelernt.« Das wird für dieses Mädchen eine ungeheure Entdeckung sein, nämlich zu hören, daß seine Mutter zugibt, mit ihr ungeschickt gewesen zu sein und jetzt sagt, daß sie dank seiner Hilfe beim zweiten oder dritten Kind weniger ungeschickt sein wird. Es ist wichtig, es dem Kind zu sagen und ihm nicht zu verbergen, daß seine frühe Kindheit wirklich schwierig war und die Mutter häufig Wutanfälle gehabt hat. Das Verhältnis zwischen Eltern und Kindern soll offen sein; andererseits sollte man nun nicht versuchen, irgend etwas »nachholen« zu wollen. Wenn man seinem Kind vom dritten Monat bis zum sechzehnten Monat nicht genügend die Flasche gegeben hat und es aus diesem Grund eine Rachitis bekam, wird man ihm nicht mit neun Jahren die Flaschen zurückgeben können, die ihm damals gefehlt haben. Das kleine Mädchen ist also zu dem geworden, was es ist: vielleicht wird sie einen schwierigeren Charakter haben als ihr Bruder – und selbst das ist nicht hundertprozentig sicher; vielleicht wird es über mehr Abwehrmechanismen verfügen, ich weiß es nicht. Die Persönlichkeitsstruktur, d.h. die Basis, auf der alles Spätere sich aufbaut, ist schon mit drei Jahren angelegt ... Es kommt darauf an, den Charakter des Kindes zu verstehen, weil es eben schon einen kleinen Charakter hat, nicht wahr? Vor allem muß man seine Art mögen. Es muß auch selbst seinen Charakter mögen, d.h. man muß ihm helfen, sich selbst zu verstehen; z.B. könnte man mit ihm darüber reden, was es gern tun möchte ... Es sollte das Kind selbst sein, was sagt, was es tun möchte. Wenn es ein Junge ist, ist die Rolle des Vaters – oder eines Großvaters bzw. überhaupt eines Mannes – am wichtigsten. Die Mutter kann, wenn das Kind sich bereits ein bißchen von ihr zurückgezogen hat, nicht alles allein in Angriff nehmen. Einem Mann gegenüber kann es sich besser öffnen. Und dazu sollte der Vater da sein. Wenn man drei Jahre alt ist, mag man es gern, den gleichgeschlechtlichen Elternteil nachzuahmen, um den anderen zu interessieren. Man braucht auch gleichaltrige Freunde.

Eine andere Mutter schreibt uns etwas Amüsantes: »Wenn ich Sie höre, sage ich mir, daß ich – wenn ich auch keine perfekte Mutter gewesen bin – wenigstens den Kindern meiner Kinder eine vorbildliche Großmutter abgeben werde.« Ihre Kinder sind nun 11, 12 und 13 Jahre alt und sie denkt, daß sie in deren früher Kindheit kleine Erziehungsfehler gemacht hat: »Ich habe den Eindruck, daß die Probleme, die ich mit meinen Kindern gehabt habe, von deren Sensibilität herrühren. Ich denke mir, daß die Kinder letztlich ausgeglichener und fröhlicher sind, wenn sie weniger sensibel sind.«

Das ist wahr.

Aber sollte man solche sensiblen Kinder dann nicht auch anders behandeln und sie, sagen wir mal, mit Samthandschuhen anfassen?

Nein. Zunächst einmal muß man ihre Sensibilität anerkennen. Sicherlich empfindet ein sensibleres Kind sowohl intensivere Freuden als auch auch intensiveren Kummer als andere. Man sollte mit ihm seine Freuden teilen. Und man muß seine

Sensibilität in Worte kleiden, sie also weder als gut noch als schlecht hinstellen, sondern als eine Tatsache, die man ihm zuerkennt, die er ertragen und später beherrschen muß. Man sollte weder Bedauern noch Schamgefühle bei dem Kind hervorrufen.

Hier ein Brief über ein sehr unruhiges und aggressives vierjähriges Kind. Bei ihm sind zusätzlich unverkennbare Anzeichen für Anpassungsschwierigkeiten im Kindergarten sichtbar, es ist schwierig, verbal und motorisch sehr hastig, unruhig und kann sich schlecht konzentrieren, was es daran hindert, sich an den Aktivitäten seiner Gruppe zu beteiligen. Zu Hause ist es sehr aggressiv, »rebelliert permanent gegen alles, was man von ihm verlangt, ißt schlecht und macht noch ins Bett. Es ist ein sehr ängstliches Kind.«

Das scheint etwas Ernsthafteres zu sein. Ich glaube, daß diese Frau zu einer Beratungsstelle gehen sollte ... Es handelt sich hierbei um den Fall eines – wie man sagt – äußerst labilen, d. h. ängstlichen Kindes. Trotzdem schon an dieser Stelle einige Ratschläge, wie man zu Hause mit dem Kind umgehen sollte: die Mutter sollte sich über es niemals ärgern, wenn es selbst schon genug nervös ist; im Gegenteil, sie sollte ruhig sein und versuchen, ihm etwas zu trinken zu geben. Sie sollte ihm Wasser zu trinken geben und Wasser zum Spielen. Ich habe schon gesagt, daß es nervösen Kindern sehr hilft, mit Wasser zu spielen oder täglich zu baden. Musik hilft ihnen auch, natürlich nicht irgendwelche lauten Unterhaltungsplatten, sondern Musik von Mozart, Bach usw. ... Aber ich finde, daß sich das Kind im vorliegenden Fall einer ärztlichen und psychologischen Untersuchung unterziehen müßte.
Andererseits schreibt die Mutter: »Er ißt schlecht.« Das ist nicht wahr. Würde sie ihn wirklich in Ruhe und ihn essen lassen, was er will, ohne ihn mit irgendwelchen Mahlzeiten zu plagen, würde es für das Kind schon viel besser sein; es ist schädlich, es zum Essen zu zwingen, wenn es keinen Hunger hat. Unter solchen Bedingungen ißt es dann nur noch aus Angst.

23

Eine andere Sprache verstehen, seine Eltern adoptieren

Sprechen wir jetzt ein wenig von den adoptierten Kindern und deren Adoptiveltern. Eine Frau, die uns geschrieben hat, hat zwei Kinder adoptiert. Das eine ist jetzt neun Jahre alt; das andere Kind, um das sich die Frage dreht, ist ein kleiner Vietnamese, der im Alter von sechseinhalb Monaten in Frankreich angekommen ist. Er hat seine Adoptivmutter durch die Krampf- und Ohnmachtsanfälle, die er bei den kleinsten Anlässen bekam, sehr überrascht. Das geschah im Alter zwischen sechseinhalb und neun Monaten, z.B. wenn das Fläschchen bald leer war. Wissen Sie dafür eine Erklärung?

Ja. Es handelt sich um ein Kind, das gerade aus dem Umstand heraus, der zu seiner Adoption führte, traumatisiert worden ist. Mitten im Krieg wurde es zu einem Zeitpunkt, als es noch gestillt wurde, von seiner Mutter getrennt. Um ihn herum wurde gekämpft und das wird dieser Junge alles noch in seinem Gedächtnis haben. Ein sechs Monate altes Kind ist bereits ein großes Baby, das den Geruch seiner Mutter, den Klang ihrer Stimme und die Worte auf vietnamesisch sehr gut kennt. Diese ganze Welt wurde nun in Stücke gerissen, vielleicht durch den Tod der Mutter, auf jeden Fall durch seine Abreise nach Frankreich. Natürlich hat es nun wieder eine sichere Existenz gefunden, aber nur für seinen Körper; denn seine innere Persönlichkeit hat sich am Anfang anders entwickelt, ein Prozeß, der mit einem Bruch endete. Es hat, indem es mit dem Flugzeug hierher kam, eine zweite Geburt »über sich ergehen lassen« müssen. Man könnte sagen, daß ihm so etwas wie die Erinnerung an ein »verlängertes vorgeburtliches Leben« geblieben ist, an eine Trennung, die zu einer zweiten, sehr traumatischen Geburt führte. Es würde mich auch nicht wundern, wenn es in seiner Entwicklung ein wenig zurückgeblieben ist. Es wurde wie eine Pflanze in einen anderen Boden verpflanzt. Jetzt *ist es notwendig,* daß der Junge seiner Wut freien Lauf läßt, *es ist absolut notwendig.* Diese Wutanfälle und Krämpfe sind seine Art und Weise, die Spuren der dramatischen Ereignisse, die er durchgemacht hat, wieder ins Leben zu rufen, um sie zu verarbeiten.

Jetzt ist er zwei Jahre alt und will nicht sauber werden. Wenn seine Mutter ihn trockenlegt, will er nicht, daß man seine schmutzigen Windeln von ihm entfernt, so als ob ihm bewußt wäre, daß das alles zu ihm gehört und er es nicht verlieren will, als ob es ihn an das Zusammenleben mit seinen vietnamesischen Eltern erinnern würde, bevor er ihnen entrissen wurde.

In seinen rein körperlichen Bedürfnissen überlebt eben die Erinnerung an das Begehren nach seiner ersten Mutter, die er im Alter bis zu sechs Monaten gehabt hat. Dieses Begehren bezieht sich in erster Linie auf die körperlichen Vorgänge. In seinen Gedanken, die er in Frankreich entwickelte und die über das Körperempfinden hinausgehen, hat er das Alter von zwei Jahren eigentlich noch gar nicht erreicht. Man könnte sagen, daß er noch nicht einmal 18 Monate alt ist, denn er brauchte eine gewisse Zeit, um eine andere Sprache zu verstehen, sich an seine neue Umgebung anzupassen und sich *selbst seine neuen Eltern zu adoptieren;* dazu hat er mindestens drei, vier oder fünf Monate gebraucht. Deshalb sollte man dieses zweijährige Kind so behandeln, als wäre es neun Monate, wenn nicht ein ganzes Jahr jünger, obwohl sein Körper schon »älter« ist... Was die Sprache betrifft – und wenn ich »Sprache« sage, so meine ich nicht nur »Worte«, sondern auch die Art und Weise, emotional zu reagieren – ist er ganz sicher um mindestens neun Monate jünger.
Jetzt zu der Frage nach den Wutanfällen... Dieser Kleine wurde die ersten Monate seines Lebens von seiner Mutter in einer Situation im Bauch getragen, in der sich um ihn herum lärmende, beängstigende und dramatische Ereignisse abspielten. Es kann auch vorgekommen sein, daß er an manchen Tagen gar nicht ernährt wurde. Nun trägt er den Krieg in sich und die Wutanfälle sind für ihn eine Möglichkeit, aus jener

Zeit, in der er mit seiner leiblichen Mutter zusammen war, wieder zu sich selbst zu finden. Wie könnte ihm seine Adoptivmutter dabei helfen? Indem sie ihm erklärt, daß er jetzt groß genug ist, um französisch zu verstehen, daß seine leibliche Mutter und sein leiblicher Vater im Krieg waren, als er noch ganz klein war, daß sie tot oder vermißt sind und er damals allein war. Aus diesem Grund kam er nach Frankreich und hat dann hier wieder eine Familie gefunden. Selbst wenn er diese Sätze nicht zu verstehen scheint, wird er sie doch hören, wenn man sie ihm mehrere Male wiederholt und das wird den Wutanfällen – Ausdruck seines seelischen Leidens – einen Sinn geben. Auf keinen Fall sollte man sich darüber ärgern, wenn er wütend ist. Statt dessen sagt man ihm: »Ja, ich verstehe dich, es war Krieg, als du klein warst und du hast den Krieg noch in dir. Du mußt ihn zum Ausdruck bringen.«

Wenn man sich über diesen kleinen Jungen ärgert oder ihn schlagen will, zeigt er ein recht merkwürdiges Verhalten: er lacht. Man hat »den Eindruck, daß die Strafen an ihm abgleiten«.

Das stimmt nicht. Die Eltern interpretieren dieses Lachen nur so, als ob »alles an ihm abgleiten würde«. Aber so verhält es sich nicht. Der kleine Junge lebt in einer starken nervösen Anspannung: Lachen und Weinen können einfach das Gleiche sein. In diesem Fall ist beides Ausdruck seiner Anspannung. Er steht unter Druck und bringt ihn, wahrscheinlich deshalb, weil er zu stolz ist, durch dieses Lachen zum Ausdruck. Auf keinen Fall darf man ihn demütigen. Für seine Erregungszustände ist es meiner Meinung nach besser, wenn man ihn in ein anderes Zimmer führt und mit ihm leise und ganz ruhig spricht. Und wenn seine Wut abgeklungen ist, kann man ihm alles, was ich vorhin sagte, erzählen.

Was soll man in solchen Fällen also genau machen? Soll man mit den Kindern sprechen? Ihnen immer ihre frühere Situation erklären?

Ja, immer. Und ihnen solche Worte sagen wie »leiblicher Vater« oder »leibliche Mutter«, ein *anderes* Land, ein *anderer* Ort oder ein *anderes* Haus. Noch etwas: Wenn es sich um Kinder handelt, die in eine Kinderkrippe gehen oder von einigen Erwachsenen betreut werden, die sich gleichzeitig um mehrere kleine Kinder kümmern müssen, suchen sie nicht so engen Kontakt zu den Erwachsenen, wodurch viele Adoptivfamilien sehr erstaunt sind; diese Kinder sind dagegen glücklich, wenn sie fünf oder sechs Kinder um sich herum haben, die sich bewegen und herumspringen ... Sie haben nicht so viel Sinn für die Zärtlichkeit mit den Erwachsenen. Man kann sagen, das sei Gewohnheitssache, aber vielleicht sind die Erlebnisse in den ersten Lebensmonaten wie ein Engramm zurückgeblieben, d. h. wie eine bekannte und beruhigende Lebensweise, die im Gedächtnis in der Art einer Tonbandaufnahme aufgezeichnet ist. Diese Aufzeichnungen aus einer sehr frühen Kindheit kommen mit angenehmen oder unangenehmen Verhaltensweisen wieder zum Vorschein, teilweise auch durch ein ganz außergewöhnliches Verhalten. Ich glaube, daß die Kinder dafür selbst viel leichter eine Erklärung finden, wenn die Eltern sie ihnen mit Worten geben. Aber diese Probleme, die sich aus der Vorgeschichte ergeben, lösen sich mit der Zeit, denn ein Adoptivkind adoptiert auch seine Eltern, genauso, wie es von seinen Eltern adoptiert wird.

Kommen wir noch auf ein anderes Thema zu sprechen, und zwar auf das Problem verschiedensprachiger Eltern. Hier haben wir eine deutsche Mutter, die mit einem Franzosen verheiratet ist. Sie, die mit ihrem Mann zur Zeit in Frankreich lebt, fragt, ob es für das Kind ein Risiko bedeuten kann, in einer Familie aufzuwachsen, in der zwei Sprachen gesprochen werden. Soll man nun eher die Sprache der Mutter oder die des Vaters benutzen? Sie fragt auch, ob es bestimmte Phasen der Entwicklung des Kindes gibt, bei denen es vorzuziehen wäre, entweder die Sprache der Mutter oder die des Vaters zu sprechen. Leider gibt sie uns das Alter ihres Kindes nicht an, aber ich habe den Eindruck, daß es noch sehr jung ist.

Sagt sie etwas über sein Geschlecht?

Nein, aber ich denke, daß es sich um einen Jungen handelt, da sie in ihrem Brief immer von »ihm« spricht.

Wir wissen, daß das Kind im Mutterleib den Klang der Wörter und die Stimmen seiner Eltern schon hören kann; wahrscheinlich sprachen und sprechen diese Eltern abwechselnd deutsch und französisch miteinander. Sie können es weiter so machen. Es wird jedoch besser sein, daß das Kind in der Vorschule und Schule immer die gleiche Sprache spricht, bis es gut lesen und schreiben kann. Dann wird die Mutter oder der Vater ihm in dieser Schulsprache, also entweder deutsch oder französisch, helfen. Aber da die Mutter Deutsche ist, wird es für sie nicht möglich sein, »mütterlich« zu sein, ohne ihre eigene Sprache zu sprechen; wenn sie ihre natürliche Sprechweise verkleiden muß, d. h. sie in eine Sprache, die nicht ihre Muttersprache ist, hineinfließen läßt, wird sie die unmittelbaren und intuitiven Gefühle nicht mehr ausleben können, die eine Mutter von Natur aus für ihr Kind empfindet.

Verschiedensprachige Eltern bedeuten also kein Risiko für das Kind, ein Trauma davonzutragen. Wenn ich Sie über dieses Thema sprechen höre, denke ich an ein mit mir befreundetes Ehepaar unterschiedlicher Nationalität. Die kleine Tochter konnte sich in beiden Sprachen perfekt ausdrücken. Am Anfang sprach sie ein komisches Kauderwelsch, aber später hat sie sich regelrecht zwei verschiedene Welten geschaffen. D. h., es gab für sie solche, die der deutschen, und solche, die der französischen Welt angehörten; niemals antwortete sie einem in der Sprache, zu deren Welt man nicht gehörte.

Warum auch? Sie war schlau und was sie tat war ganz natürlich. Aber ich möchte noch etwas hinzufügen. Einem Kind, das im Alter von zwei Jahren – also in einer Zeit, in der es in seiner Sprachentwicklung große Fortschritte macht – in ein anderes Land kommt, muß unbedingt geholfen werden. Man sollte die Sprache, die es zuerst gehört und gesprochen hat, auch wenn man sie an dem neuen Ort nicht mehr spricht, mit ihm sprechen, ihm Lieder vorsingen, die es als ganz kleines Kind gehört hat und es gleichzeitig durch einfache Mittel, etwa Gegenstände benennen usw., in die neue Sprache einführen: »Hier sagt man das so und so.« Das Kind sollte aber mit seinen Eltern weiterhin so wie früher sprechen. Die andere Sprache wird es mit Kindern und seinen kleinen Freunden erlernen.

24

Kinder brauchen Leben um sich

(Freizeitbeschäftigungen)

Sprechen wir jetzt über die Freizeitbeschäftigungen von Kindern. Der folgende Brief wirft dieses Problem in bezug auf ein sehr kleines Kind auf: »Ich habe einen kleinen Jungen, der 15 Monate alt ist. Ich bin zwar viel zu Hause, aber kann mich nur schwer um mein Kind kümmern; zum einen fällt viel Arbeit im Haushalt an und zudem arbeite ich auch noch für die Universität.« Die Mutter hat seit einigen Wochen den Eindruck, daß sich dieser kleine Junge langweilt: »Er marschiert mit seinem Daumen im Mund ziellos herum und möchte immer auf meinen Schoß.« Sie möchte nun wissen, ob es bereits für dieses Alter Spiele gibt, die man sich ausdenken könnte. Wenn nicht, ob es dann Bücher gibt, die man empfehlen kann.

Nein, ein Kind ist im Alter von 15 Monaten noch zu klein für die Beschäftigung mit Büchern und derlei Dingen. In diesem Alter finden die Beschäftigungen des Kindes immer in Gegenwart mit anderen Personen statt. Es braucht dazu auch andere Kinder. Ich denke, daß sich diese Mutter, wenn sie sehr beschäftigt ist, ein Kindermädchen nehmen sollte, das ihren Sohn z.B. zweimal in der Woche mit anderen Kindern betreut. Und dann könnte sie außerdem zweimal am Tag mit ihm eine halbe Stunde lang spielen. Sie könnten mit Bauklötzen spielen, hintereinander herrennen, auf eine Leiter klettern oder mit Wasser spielen (davon habe ich schon mehrmals gesprochen). Sie könnte ihm also zeigen, wie man mit der Spüle in der Küche spielt: man läßt Wasser einlaufen und Schiffchen fahren, spielt mit einem Schwamm oder anderen Dingen ... Die Mutter hat schon recht, wenn sie schreibt, daß sich ihr Kind langweilt. Sie sollte mit ihm auch ab und zu sprechen, denn sonst besteht die Gefahr, daß das Kind anfängt, verschlossen zu werden. Ich glaube, daß sie sich zu Recht angesichts der bestehenden Situation beunruhigt und nach einer Lösung sucht.

Eine andere Mutter – von fünf Mädchen und einem Jungen – hat ihre letzte Tochter, die jetzt vier Jahre alt ist, mit einundvierzig Jahren bekommen. Diese Tochter kam in den Kindergarten und hat dort, wie alle Kinder, kleinere Probleme gehabt, weil sie den Kindergarten im Grunde ablehnte. Es hat ihr dort am Anfang keinen Spaß gemacht, doch sie scheint ihn jetzt so einigermaßen zu akzeptieren. Seit sie dort ist, stellt ihre Mutter jedoch fest, daß sie keine Lust mehr hat zu malen, was sie vorher gern tat. Welche Haltung sollte man nun einnehmen? Soll man, wie es die Erzieherin empfohlen hat, einfach warten, bis sie von selbst wieder zu ihrer alten Beschäftigung zurückfindet?

Ich halte die Angelegenheit eigentlich nicht für sehr dramatisch. Ist dieses Mädchen von den fünf Kindern das letzte Geschwister?

Ja, es ist das letzte Kind, die anderen sind schon viel älter, 25, 23, 17, 15 und 14 Jahre alt.

Im Grunde ist sie also ein Einzelkind, denn zwischen ihr und dem nächsten Geschwister liegen immerhin zehn Jahre. Wahrscheinlich hat ihr Verhalten damit etwas zu tun. Sie spielte in der Familie eine ganz besondere Rolle und war von vielen Erwachsenen umgeben. Man muß ihr also erklären, daß es schwierig ist, jetzt in den Kindergarten zu gehen, weil sie vorher immer nur mit Erwachsenen zusammen war; aber daß sie sehen wird, daß die Kinder viel lustiger als die Erwachsenen sind.

Das Mädchen will übrigens nur für eine kleine Kusine malen, die ihre Freundin ist.

Indem sie das tut, identifiziert sie sich wieder mit den Erwachsenen, deren Rolle sie gegenüber der kleineren Kusine annimmt; der Vater könnte sich vielleicht ein wenig mehr um

dieses Kind kümmern, denn er besitzt sozusagen den Schlüssel, um seiner kleinen Tochter den Übergang vom Dasein als Baby zum Dasein eines großen Mädchen zu erleichtern ... Ich habe ein wenig das Gefühl, daß in dieser Familie alle ein Elternstatut haben, d. h. alle sind Vater und Mutter.
Was das Malen betrifft, scheint mir die Mutter einfach enttäuscht zu sein, denn ihre Tochter malte früher schöne Bilder und nun gar nicht mehr. Aber diese Tochter hat wohl bessere Dinge zu tun, die auch mehr von ihr verlangen. Denn ein Kind, das überhaupt nicht gewohnt ist, mit Gleichaltrigen zusammen zu sein, braucht ungefähr drei Monate, in denen es die Umwelt um sich beobachtet, um sich im Kindergarten heimisch zu fühlen. Das kommt also noch. Die Mutter sollte sich keine Sorgen darüber machen.

Hier ein sehr lustiger Brief, in dem Ihnen Fragen darüber gestellt werden, ob man sich in der Familie einen kleinen Hund anschaffen sollte. Die Mutter hat zwei Töchter, die eine ist elf Jahre, die andere sieben Jahre alt. Im großen und ganzen hat sie keine Probleme mit ihnen. Sie werden tagsüber von einer Dame beaufsichtigt, die seit fünfeinhalb Jahren zu ihnen nach Hause kommt; die ältere Tochter bittet seit einigen Monaten ständig darum, daß man ihr einen kleinen Hund kauft. Hier die Frage: »Wir wohnen in einer Sozialbauwohnung, was einige Probleme mit sich bringt. Wir haben uns auch genau überlegt, was an Unannehmlichkeiten auf uns zukommt, wenn wir uns einen Hund zulegen. Aber unsere Tochter bedrängt uns immer wieder mit diesem Wunsch. Was meinen Sie? Sollten wir ihr zu Weihnachten diesen Wunsch erfüllen, obwohl wir davon keineswegs begeistert sind, oder vergeht unserer Tochter dieser Wunsch nach einem Hund irgendwann einmal?

Es fällt mir schwer, diese Frage zu beantworten, denn in der Wohnung scheint es, wie die Mutter schreibt, wirklich zu eng zu sein. Der Hund würde sich dort nicht wohlfühlen. Andererseits trifft zu, daß die Kinder Leben um sich herum brauchen und davon gibt es in den modernen Häusern nicht mehr allzuviel. Vielleicht könnte man ein Tier wählen, das weniger

Platz einnimmt und das man nicht spazieren zu führen braucht, einen Hamster z. B. . . .

Ich habe Ihnen mit Absicht noch nicht das Postscriptum des Briefes vorgelesen. Dort heißt es: »Wir haben zum Beispiel in der Küche ein vier Wochen altes Küken, das wir bei einer Lotterie gewonnen haben. Es gehört unserer jüngsten Tochter, die sich aber sehr wenig um es kümmert. Dagegen kümmert sich die ältere – also diejenige, die so gern den Hund haben will – sehr um dieses Tier und spielt viel mit ihm; trotzdem mußten wir ihr zu verstehen geben, daß wir das Küken, an dem sie so stark hängt, mit zwei Monaten auf dem Land aussetzen müssen.« Soweit zu diesem Postscriptum. Das eigentliche Problem besteht aber darin, ob man einem Kind einen Wunsch ablehnen kann, der sehr stark ist und auf dem es besteht.

Natürlich kann man das, nur muß die Ablehnung gerechtfertigt sein; hier ist sie durch das Wohlbefinden des Kükens, das zum Hahn oder zur Henne wird, gerechtfertigt, in dem anderen Fall durch das Wohlbefinden des Hundes. Ein Tier sollte immer so glücklich sein wie der, der es hält. Wenn aber das Herrchen mit dem Hund glücklich ist, der Hund aber unglücklich, sollte man dies vermeiden und den Kindern die Ablehnung der Eltern erklären.

Und wenn man dem Kind etwas anderes ablehnt, z. B. einen Spaziergang, den Kauf eines Buches oder einen Kinobesuch?

Die Wünsche sind zunächst nur Vorstellungen, die ihre Grenzen im Möglichen finden, in der »Realität«.
Allerdings kann ich nicht verstehen, warum man einem Kind etwas ablehnen sollte, das die Eltern nicht stört, dem Kind nicht schadet und das alles in allem keine Nachteile mit sich bringt . . . Doch jetzt wieder zurück zu diesem Mädchen. Vielleicht würde es sich doch freuen, einen Hamster zu bekommen. Ein Hamster ist doch ein nettes Tier und stinkt auch nicht so sehr in der Wohnung. Er ist lustig und leicht zu pflegen. Mit das Wichtigste ist doch, daß ein Kind sein Tier pflegen kann. Die ältere Tochter ist im Gegensatz zu der jüngeren auch in der

Lage, das Küken zu pflegen. Hat man ihr übrigens Goldfische vorgeschlagen oder eine Schildkröte? Vielleicht noch ein anderes Tier? Auf jeden Fall sollte man mit dem Kind alles genau besprechen, bevor man ein anderes Tier kauft, für das es dann die Verantwortung zu tragen hat.

Man sollte also vor allen Dingen viel Phantasie haben ...

Genau. Die Kinder mögen auch gern Pflanzen haben und sie wachsen sehen. *Sie brauchen also vor allem Leben um sich.* Ich glaube, daß das Kind, von dem wir sprachen, verstehen wird, warum es keinen Hund haben kann. Vielleicht möchte es auch einen Hund haben, weil eine kleine Freundin von ihr einen besitzt, der aber im Garten herumlaufen kann. Man könnte ihr auch die Geschichte eines unglücklichen Hundes erzählen, der in einem Haus von Bekannten wohnt; *man muß mit ihr reden.* Sie soll nicht glauben, daß die Eltern ihren Wunsch nur deshalb ablehnen, um sie zu schikanieren.

Eine andere Mutter schreibt uns folgendes: »Wenn man eine Tochter hat, soll man sie auf ihre Mädchenrolle beschränken und ihr nur typisch weibliche Dinge schenken?«

Wir haben immer wieder betont, daß man die Wünsche der Kinder respektieren sollte. Wenn ein Kind nun allein ist, identifiziert es sich im allgemeinen mit den Kindern, die es sieht – ob Jungen oder Mädchen. Wenn z.B. ein Junge ganz allein eine kleine Nachbarin besuchen geht, wird er sich mit ihr identifizieren und umgekehrt, sie mit ihm. Deshalb gibt es für Jungen die Spiele mit den »Puppen« und für Mädchen die Spiele mit den »Autos«. Doch wächst das Kind allein auf, so wird es, wenn es ein Junge ist, seinen Vater nachahmen und wenn es ein Mädchen ist, seine Mutter ... Dennoch brauchen die Jungen ganz bestimmt Puppen, Puppengeschirr ...

Sie meinen die Mädchen?

Nein, die Jungen! Die Jungen ebenso wie die Mädchen. Häufig

grenzen sich allerdings Jungen und Mädchen, wenn sie zusammen sind, voneinander ab und wollen sich unterscheiden. Dagegen kann man nicht viel machen. Die Kinder sind so, wenn sie klein sind. Sie grenzen sich gern voneinander ab, so daß die Jungen im allgemeinen eine Vorliebe für motorische Spiele, die Mädchen eher für ruhige oder ›traditionelle‹ Spiele haben. Das gehört zur natürlichen Art von jedem Geschlecht. Ab drei oder vier Jahren spielen die Kinder gern mit denjenigen und wie diejenigen, die sie mögen: wenn es ein bestimmendes Kind gibt – ob Mädchen oder Junge –, das die Spiele auswählt, wird das andere Kind auch mitspielen, weil es einfach dessen Gegenwart mag. Im übrigen spielen die Jungen, wenn sie mit Puppen spielen, anders als die Mädchen und die Mädchen spielen mit den Autos auch anders als die Jungen.

25

Wenn man an den Körper des Kindes rührt
(Operationen)

Hier habe ich eine Reihe von Briefen vor mir liegen, in denen von Kindern die Rede ist, die entweder bald operiert oder wegen einer ernsteren Sache ins Krankenhaus eingewiesen werden müssen. Ein zweieinhalbjähriges Mädchen muß z. B. demnächst ins Krankenhaus, weil es ein offenes Herz hat, das operiert werden muß. Dafür wird ein Krankenhausaufenthalt von zwei Monaten notwendig sein, hinzu kommen noch einige Tage für die Wiederbelebung, was bedeutet, daß die Besuchsmöglichkeiten begrenzt sein werden. Die Eltern sagen andererseits, daß ihr Kind halbtags zu einer Tagesmutter geht und sich dort sehr wohlfühlt, daß es gern mit anderen Kindern spielt und im übrigen schon an das Krankenhaus gewöhnt ist, da es zur Behandlung oft dorthin gegangen ist. Sie fragen nun, wie man ihre Tochter, die ja noch sehr jung ist, auf die bevorstehende Operation vorbereiten kann.

Das Wichtigste ist, daß die Eltern nicht ängstlich sind. Die für dieses Kind notwendige Operation wird heutzutage laufend durchgeführt und ist nicht gefährlich. Nur die »psychologische« Seite spielt dabei eine ganz entscheidende Rolle. Wenn man diese Operation durchführen muß, macht man es ja deshalb, damit das Kind, das jetzt auch schon gut zu Rande kommt, sich nachher noch besser fühlt. Dieser Gedanke sollte im Vordergrund stehen. Eine Operation ist immer etwas Unangenehmes, aber ihr Ziel ist die Heilung von Störungen, die das Kind jetzt hat und die sich verschlimmern würden, wenn man es nicht sofort operieren würde.
Wie man dem Kind helfen kann? Zum einen besteht vielleicht die Möglichkeit, daß sich die Mutter so oft wie möglich am Bett des Kindes aufhält; das sollte sie mit der Oberschwester vorher

klären. Sie könnte um Erlaubnis bitten, ihrem Kind möglichst viel Gesellschaft leisten zu dürfen. Das wäre gut und ist auch in zahlreichen Krankenhäusern erlaubt. Falls sie keine derartige »Sondergenehmigung« bekommt, könnte sie für ihr Kind im voraus Puppen vorbereiten: sie könnte vier Puppen kaufen. Zwei davon wird sie einkleiden, eine als Krankenschwester, die andere als Arzt und sie ihrem Kind im Krankenhaus schenken. In der Regel darf man ja Spielzeug aus dem Krankenhaus nicht wieder mit nach Hause nehmen. Deshalb sollte sie die gleichen Kostüme für die anderen beiden Puppen vorbereitet haben, die zu Hause bleiben und die das Kind dort vorfindet, wenn es aus der Klinik entlassen wird. Die Mutter wird auf diese Weise die Verbindung zwischen Krankenhaus und dem Zuhause aufrechterhalten, denn – und das steht im Gegensatz zur Meinung der Mutter – es ist gerade die *Rückkehr* vom Krankenhaus nach Hause, die besonders schwierig ist. Das Kind wird zwei Monate im Krankenhaus leben; in diesem Alter werden zwei Monate als sehr lang empfunden, so wie acht oder zwölf Monate für uns. Das Mädchen sollte also zu Hause dasselbe Spielzeug wiederfinden, das ihm im Krankenhaus Gesellschaft geleistet hat.
Ich vermute aber, daß die Angst der Eltern um ihre Tochter auch noch einen anderen Grund haben könnte; sie könnte aus Worten wie »offenes Herz« resultieren. Dieser Ausdruck »offenes Herz« ängstigt die Leute, obwohl die Operation, wie schon gesagt, nicht gefährlich ist. Bei »Herz« handelt es sich um ein Wort, das symbolisch für den Ort der Liebe steht. Aber die Mutter soll wissen, daß man das Herz ihres Kindes in *dieser* Bedeutung des Wortes nicht verändert. Sie sollte es ihm auch erklären: »Das Herz, das der Doktor operieren wird, ist das Herz deines Körpers, aber an deinem Herz, das liebt, kann niemand rühren und niemand kann es aufmachen.«

Eine andere Frage, die in diesem Zusammenhang häufig von Eltern zwei-, drei- oder vierjähriger Kinder gestellt wird, bezieht sich auf die Phimose oder Hypospadie. Ich gebrauche jetzt die wissenschaftlichen Begriffe und vielleicht sollte man sie zunächst schnell erläutern.

Es geht dabei um kleine Anomalien des männlichen Gliedes. Bei der Phimose ist die Vorhaut zu eng, so daß das Kind beim Wasserlassen, aber vor allem, wenn es eine Erektion hat, gestört wird. Die Erektion empfindet das Kind als schmerzhaft. Im Winter kann die Vorhaut auch rissig werden. Beides stört viele Kinder und es ist deshalb absolut nicht von Vorteil, eine Phimose zu behalten. Der Kinderarzt sollte es beurteilen. Natürlich haben die Kinder dann vor einer Operation der Phimose Angst. Man muß ihnen also erklären, warum man die Operation machen läßt, daß ihr Glied nachher schöner ist, so wie das Glied des Vaters und daß sie ein Glied haben werden, das Erektionen haben kann, ohne daß sie darunter leiden. Man sollte auch wissen, daß die Operation selbst nicht schmerzhaft ist.

Hier der Brief einer Mutter, deren Sohn eine Phimose hat, die in einem oder anderthalb Jahren operiert werden muß: »Können Sie mit mir einmal darüber nachdenken? Man kann doch davon ausgehen, daß diese Operation für das Kind nicht erfreulich ist und für diesen vierjährigen Jungen sogar traumatisierend sein kann. Ich finde, daß diese Aussichten doch ungeheuer viel Angst machen können. Auch wage ich nicht, mit meinem Kind darüber zu sprechen, weil ich befürchte, daß ich es mit meinen eigenen Ängsten anstecken werde. Auch mein Mann und ich sprechen nicht darüber, so als ob wir auf diese Weise unsere Ängste verdrängen können.« Ihre Ängste scheinen manchmal ganz schöne Ausmaße anzunehmen!

Ich verstehe schon, aber geht es wirklich um eine Phimose?

Nein, entschuldigen Sie, es handelt sich um eine ausgeprägte Hypospadie, wie sie sagt.

Das ist natürlich etwas anderes. Bei einer Hypospadie befindet sich die Öffnung des Gliedes statt in der Mitte der Eichel unter dem Glied, manchmal dicht bei der Eichel, manchmal aber auch fest an der Wurzel des Gliedes. Im übrigen litt Ludwig der Sechzehnte auch darunter; er wurde im Erwachsenenalter operiert, weil er ohne die Operation nicht hätte Vater werden können. Ein Kind mit einer Hypospadie hat immer etwas nasse

Unterhosen, wofür es nichts kann. Es ist für einen Jungen recht störend, eine Hypospadie zu haben. Wie dem auch sei, ich verstehe die Angst der Eltern nicht ganz, da das Kind nach der Operation doch viel glücklicher sein wird. Es ist tatsächlich eine unangenehme Operation, doch das ist nichts neben dem Vorteil, nachher ein normales Glied wie die anderen Jungen zu haben. Das muß man ihnen sagen. Die Eltern sind immer ängstlich, wenn man an den Körper ihres Kindes rührt. Aber in diesem Fall sind die Ängste nicht berechtigt, denn das Kind – und das möchte ich noch einmal ausdrücklich betonen – wird nachher viel glücklicher sein.

Alle diese Fragen werfen im großen und ganzen die Problematik eines Krankenhausaufenthaltes bei Kindern auf. Kann man aus dem Gesagten vielleicht die Schlußfolgerung ziehen, daß man eine solche Situation nicht dramatisieren sollte?

Ja, zumal meistens die Kinder im Krankenhaus glücklich sind; sobald es ihnen etwas besser geht, haben sie ja Gesellschaft. Man soll einem Kind übrigens niemals einen versprochenen Besuch im Krankenhaus vorenthalten. Das ist sehr wichtig. Wenn die Mutter im voraus weiß, daß sie an dem oder dem Tag nicht vorbeikommen kann, soll sie das Kind nicht das Gegenteil glauben lassen. Im Krankenhaus kann das Kind seine Eltern häufig nur hinter einer Glasscheibe sehen. Und dann fangen die Eltern an zu weinen, weil ihr Kind weint; sie sind ängstlich. Jedoch ist es völlig normal, daß das Kind weint. In solchen Augenblicken müssen die Eltern den Mut haben, sein Weinen zu ertragen. Beim Weggehen sollten sie nicht denken: »Da es weint, wenn es mich sieht, werde ich nicht mehr wiederkommen.« Es ist besser, daß das Kind weint und traurig ist, seine Mutter gesehen zu haben, ohne auf ihrem Arm sein zu dürfen, anstatt dieser Traurigkeit aus dem Wege zu gehen, weil sie beide – die Mutter und das Kind – innerlich zu stark bewegt sind. Das macht nichts! Die Mutter muß den Mut haben, innerlich stark bewegt zu sein, ohne es sich nach außen zu sehr anmerken zu lassen. Für das Kind ist es gut (selbst, wenn es weint), seine Mutter zu sehen und auch dann, wenn sie weint. Es wäre viel schlimmer, sie nicht zu sehen und zu glauben, sie hätte einen vergessen.

26

Ein Baby muß getragen werden

(Beruhigen)

Hier ist eine Mutter, deren 18 Monate alter Sohn praktisch von Geburt an ständig gebrochen hat und dabei die »gewöhnlichen« nervösen Symptome des Neugeborenen zeigte. Im Alter von elf Monaten wurde er ungefähr zehn Tage seinen Großeltern anvertraut; ab dann fing er an, mit dem Kopf gegen sein Bett zu schlagen. Das hat inzwischen starke Ausmaße angenommen, denn hinzukommt, daß er diese »Geste« jetzt als ein Erpressungsmittel einsetzt; er weiß, daß seine Eltern sofort kommen, wenn er mit dem Kopf gegen das Bett schlägt. Die Mutter erwähnt noch, daß das Kind im Alter von neun Monaten wegen einer Phimose beschnitten worden ist und daß es bestimmt eine schmerzhafte Erinnerung an diese Operation zurückbehalten hat: »Ich möchte verstehen, was die Handlungsweise meines Kindes bedeutet. Sucht das Kind vielleicht eine Antwort auf irgendeine Frage? Wie kann man diese Störung seines Verhaltens erklären? Sonst ist es ein glückliches Kind, das viel spielt...«

Die Schwierigkeiten haben also nach seinem Aufenthalt im Haus seiner Großeltern begonnen, wobei dieser Aufenthalt kurz nach der Operation erfolgt ist... Ich denke, daß es sich um einen kleinen Jungen handelt, dem in bezug auf seine Operation zu wenig im voraus erklärt wurde. Wissen Sie, ich habe schon gesagt, daß man einem Baby gar nicht früh genug die Wahrheit sagen soll.

Man hat ihn weder auf diese Operation vorbereitet noch auf seinen Aufenthalt bei den Großeltern. In solchen Augenblikken, in denen er seinen Kopf gegen das Bett schlägt und im Halbschlaf oder sogar im Schlaf ist, sollte der Vater, und zwar öfter als die Mutter, ihm dem Kopf von hinten nach vorne streicheln und ihm sagen: »Weißt du, als du klein warst, haben

wir dich bei deinen Großeltern gelassen und du wußtest nicht, daß wir dich wieder dort abholen würden. Wir hatten es dir nicht erklärt und du hast geglaubt, du wärest im Gefängnis. Du hast dich für einen Gefangenen gehalten. Und jetzt schlägst du gegen das Gitter wie ein Gefangener. Aber du bist kein Gefangener. Wir haben dich lieb. Und Papa und Mama sind bei dir, im Zimmer drüben. Ich bin da, ganz nah.« Dieses Kind ist in seiner Entwicklung schon weit vorangeschritten; was die Mutter uns über das Erbrechen zu einer Zeit, als es noch ein Baby war, erzählt, zeigt an, daß es schon damals jemanden brauchte, der ihm Gesellschaft leistet – nicht irgendjemanden, sondern eine bestimmte Person.
Bei dieser Gelegenheit möchte ich einmal sagen, daß Kinder, die häufig erbrechen, besonders viel auf den Arm genommen werden müssen. Es gibt in der Kindererziehung eine Art »Therapie« (und manche Kinderärzte vertreten sie), wonach man den Kindern durch zu viel Zuwendung keine »schlechten Gewohnheiten« beibringen soll. Angeblich soll man sie nicht hin- und herwiegen oder zu dicht am Körper tragen. Aber das ist falsch, denn *genau das muß man tun.* Natürlich nicht bis ins Alter von 25 Jahren. Man wird seinen Umgang mit dem Kind nach und nach ändern. Aber es ist absolut notwendig, daß das Baby fühlt, daß es hundertprozentig in Sicherheit ist. Diese Sicherheit hat es nur, wenn es sozusagen ständig gegen seine Mutter stößt. Schon in seiner Wiege versucht es, sich gegen seine Mutter zu stoßen, aber stößt doch nur gegen die Wiege. Das erste ist in solch einem Fall, die Wiege mit vielen Kissen auszupolstern ...

Das haben die Eltern auch gemacht. Seitdem würden sie im übrigen die Angelegenheit nicht mehr so wichtig nehmen.

Das ist verständlich. Vielleicht sollte man auch die Gitterstäbchen des Bettes entfernen ... Und man sollte diesem kleinen Jungen über die Operation im Zusammenhang mit der Phimose erzählen und warum er damals operiert wurde. Das sollte möglichst der Vater tun, da diese Dinge die zukünftige Männlichkeit des Jungen berühren. Das Kind wurde sozusagen von Anfang an verletzt, denn man darf schließlich nicht vergessen, daß der Junge monatelang darunter gelitten hat, wenn er Wasser lassen mußte oder eine Erektion hatte, d.h. er spürte es sieben- bis zehnmal am Tag. Er fühlte sich in seiner Haut nicht wohl und deshalb war die Operation auch notwendig. Man sollte mit ihm darüber sprechen und dazu ist es – auch im Alter von 18 Monaten – nie zu früh. Selbst wenn ein Kind zwei Monate oder meinetwegen sechs Tage alt ist, ist es nicht zu früh, ihm von seiner Sensibilität und von seinen schmerzhaften Erfahrungen zu erzählen; ihm sagen, daß man sein Bestes tun wird, um ihm zu helfen, aber auch, daß man manche schmerzhafte Erfahrung, die es macht, nicht vermeiden kann.

Sie erwähnten vorhin die Kinderärzte... Nun haben wir hier den Brief von einer Kinderärztin, stellen Sie sich einmal vor! Sie bittet Sie, einmal von den sogenannten »Säuglingsbauchschmerzen« zu sprechen. Die Kinder, die darunter leiden, sind ansonsten gesund, schreien aber unaufhörlich – manchmal sechs oder acht Stunden am Tag.

Ich glaube, daß ein Baby, das so stark weint, eine traumatische Geburt gehabt haben muß, empfindlich auf die plötzliche Trennung von der Mutter reagierte oder eine ängstliche Mutter gehabt hat, als es noch in ihrem Bauch war. Man muß die Mütter ermutigen, ihr Kind so oft wie möglich dicht an ihrem Körper zu tragen. Wenn sie es nicht tun können, sollten sie mit ihm sprechen und versuchen, es so nahe wie möglich an dem Ort, an dem sie arbeiten, bei sich zu haben. Wenn es weint, sollten sie es hin- und herwiegen. Man sollte das Kind nicht einfach weinen lassen, nur weil es Bauchschmerzen hat, die irgendwann von allein weggehen werden. Das Baby empfindet die Welt und seine Welt ist die Mutter. Natürlich ist Schreien allemal besser als stillzuhalten und zu leiden. Man sollte es aber nicht allein vor sich hinschreien lassen. Es muß eine Stimme hören, die es versteht. Aufgrund der heutigen Sitten ist das Kind ja nicht mehr umgeben von Großmüttern oder einer großen Familie. Das Baby müßte eigentlich auf dem Arm sein, wenn es schläft. Es gibt viele Kinder, die weinen und dann nur auf den Arm genommen und hin- und hergewiegt werden müssen. Mit ihnen soll man sprechen und die Mutter braucht keine Angst zu haben. Es gibt auch Babys, die Schwierigkeiten haben, die Milch zu verdauen, und denen man helfen muß. Früher gab es hierfür viele, ganz einfache Hausmittelchen, die ich schon bei meinen eigenen Kindern verwendet habe, wenn sie weinten. Noch etwas: man kann den Bauch des Kindes oberhalb der Windeln ganz lieb massieren; dadurch ist es ihm am Bauch nicht kalt. Und wenn es durchnäßt ist, sollte man ihm eine Wärmflasche geben. Alle diese kleinen Dinge sind wichtig. Man sollte allerdings nicht außer acht lassen, daß es Babys gibt, die Bauchschmerzen haben, weil sich wirklich etwas Ernsthaftes ankündigt.

Ich möchte noch einmal wiederholen, daß man mit dem Baby in solch einem Fall immer in einem netten und ruhigen Ton sprechen und es nie anschreien soll. Das Kind wird dann zwar aufhören zu weinen, aber noch mehr Angst bekommen, weil es sich nicht ausdrücken darf und dies nur deswegen, damit es sich dem Wunsch der Mutter unterwirft.

Es wird sich also erschrecken und dann nichts mehr nach außen zeigen.

Genau, und das ist viel schlimmer. Dagegen ist es besser, ihm zu sagen: »Ja, du hast Bauchschmerzen, mein Kleiner.« Solche Dinge, Dinge, die ganz einfach sind; und dabei kann man ja auch seinen Haushalt weitermachen, in der Küche arbeiten usw. Und sobald die Mutter eine freie Minute hat, geht sie zu dem Baby hin, um es ein wenig hin- und herzuwiegen, ihm dem Bauch zu massieren und mit ihm zu sprechen. So kann man verfahren, aber natürlich ist es nicht immer ganz einfach. Im übrigen haben wir einen Brief bekommen, der im gleichen Zusammenhang steht. Das war ein Brief von einer Mutter mit Zwillingen, der mich sehr interessiert hat ...

Hier habe ich ihn. Cathy und David sind frühgeborene Zwillinge. Sie kamen mit siebeneinhalb Monaten auf die Welt und mußten deshalb eineinhalb Monate auf der Station für Frühgeborene liegen. »Als sie ungefähr fünf oder sechs Monate alt waren, mußte ich sie mehrmals einer Kinderkrippe anvertrauen, und ...«

Es handelt sich um eine Krippe, in der die Kinder nur einen halben Tag sind, glaube ich. Ich finde es sehr interessant, daß es solche Einrichtungen gibt, in denen die Kinder nicht verpflichtet sind, ganztags zu bleiben.

»... dort blieben sie jedesmal drei oder vier Stunden am Tag. Die Betreuungsbedingungen waren ausgezeichnet. Aber zur Mittagszeit und wenn die Kinder saubergemacht wurden, geschah folgendes: die Erzieherinnen zogen sich zu diesem Zweck einen weißen Kittel an und nahmen dann die Kinder; meine fingen dabei sofort an zu brüllen; das Brüllen setzte ein, sobald die weißen Kittel sichtbar wurden und hielt solange an, bis die Kinder fertig versorgt waren ... Ich habe daran gedacht, daß die Kinder ihre Betreuerinnen in den weißen Kitteln den Krankenschwestern gleichstellten, die sie auf der Station für Frühgeborene gesehen hatten. Um den Zwillingen wieder Vertrauen zu geben und um ihnen zu zeigen, daß die weißen Kittel keine Trennung von mir anzeigten, habe ich mir zu Hause selbst einen weißen Kittel angezogen, wenn ich sie badete oder ihnen ihr Fläschchen gab. Ab diesem Zeitpunkt war keine Angstreaktion oder ähnliches mehr festzustellen.« Nachdem einige Tage vergangen waren und sie die Kinder wieder in die Kinderkrippe brachte, gab es keine Reaktion mehr auf die weißen Kittel der Betreuerinnen.

Dieses Beispiel zeigt, wie sehr die Kinder bei allem Neuen, was auf sie zukommt, der Vermittlung durch die Mutter bedürfen. Hier geht es nicht um eine neue Erfahrung, sondern um die Vergangenheit, die für die Kinder beängstigende Situationen geschaffen hatte und in die sie nicht zurückversetzt werden wollten; diese Mutter hat sich intuitiv genauso verhalten, wie eine Mutter es tun sollte und Intelligenz bewiesen. Sie verdient mein Kompliment.

27

Aneinanderhängende Babys, eifersüchtige Zwillinge

Nehmen wir denselben Brief wieder auf, um auf die Frage zu sprechen zu kommen, die Ihnen die Mutter stellte. Der Junge und das Mädchen – beide jetzt fünfeinhalb Jahre alt – sind bisher gemeinsam aufgewachsen, ohne daß einer den anderen dominierte. Sie waren sehr verschieden voneinander und hatten auch unterschiedliche Interessengebiete. Bis sie fünf Jahre alt waren und in den Vorschulkindergarten kamen, herrschte allerdings eine starke Rivalität zwischen beiden und ein gegenseitiges Wetteifern. Damals hatte man den Eindruck, daß das Mädchen weiter war als sein Bruder: »Man fühlte, daß das Mädchen den Jungen dominierte, vor allem durch seine Selbständigkeit.« Um die fünf Jahre hat der Junge insbesondere in der Vorschule einen Riesenschritt nach vorn gemacht. Sie gehörten der gleichen Gruppe an und die Erzieherin hat wahrscheinlich den Jungen in bezug auf die Fortschritte, die er machte, sehr viel gelobt. Die Mutter betont, daß weder sie noch ihr Mann die beiden Kinder miteinander verglichen und entsprechende Kommentare abgegeben hätten. »Ab diesem Zeitpunkt«, so die Mutter, »habe ich den Eindruck gehabt, daß das Mädchen sich von seinem Bruder unterdrücken ließ. Sie hatte sogar die Tendenz, in ihrer Entwicklung zurückzufallen: ihre Sprache wurde schlechter, sie hatte Gedächtnisstörungen usw.« Diese Situation hält jetzt schon gute sechs Monate an. Die Mutter bat darum, daß die beiden Kinder in zwei verschiedene Gruppen kommen, was die Kinder übrigens mit großer Freude akzeptierten. Ihre Frage aber lautet: »Wie kann man dem kleinen Mädchen aus diesem Engpaß heraushelfen und was soll man tun, damit es sein Selbstvertrauen wieder zurückgewinnt?«

Ich habe den Eindruck, daß dieses Mädchen gerade seine Weiblichkeit entdeckt hat, also genau das, was es von ihrem Bruder unterscheidet. Lange Zeit war zwischen ihnen alles ganz selbstverständlich, da sie Zwillinge waren. Die Frage nach Unterschiedlichem stellte sich nicht einmal. Ich könnte mir denken, daß die Eltern den beiden nicht genügend den Unterschied zwischen ihnen erklärt haben und ihnen solche einfachen Dinge sagten wie: »Du wirst ein Mann werden, du wirst eine Frau werden«, und zwar in einem Alter, als sie noch ganz klein waren. Ich glaube auch, daß es für das Mädchen von Nachteil war, daß es in der Vorschule eine Erzieherin bekommen hat. Bei einem Erzieher hätte sie *ihre* Möglichkeiten ins Spiel bringen können, denn die kleinen Mädchen haben eine freche Zunge, was bei ihnen ganz normal ist. Der Junge hätte sich dann gesagt: »Auch hier hat sie die Oberhand.« Doch in der Vorschule traf der Junge andere Jungen. Er hat sich gesagt: »Die sind wie ich, und sie, sie ist nicht wie ich.« Vielleicht haben die Eltern also zu wenig über den Geschlechtsunterschied gesprochen. Deshalb fühlen die Kinder sich jetzt erleichtert, getrennt zu sein. Denn Zwillinge verschiedenen Geschlechts wie diese können nicht ineinander verliebt sein, wie es zwischen Jungen und Mädchen ab drei Jahre normalerweise der Fall ist: alle Kinder, die in diesem Alter im Kindergarten oder in der Vorschule sind, haben – ob sie es nun zugeben oder nicht – unter ihren Freunden einen kleinen Verlobten oder eine kleine Verlobte. Und ein kleines Mädchen hat immer ein Auge auf seinen kleinen Bruder, denn bis dahin wurde es ja von ihm bevorzugt. Jetzt aber hat er Jungen als Freunde und vielleicht auch noch ein kleines Mädchen, das ihn anzieht. Das Mädchen hat sich also von seinem privilegierten Platz als einziger – noch dazu weiblicher – Partner fortgejagt gefühlt. Das kann man leicht verstehen. Seine Eltern sollten es dem Mädchen genauso erklären. Man muß diesen Kindern schon jetzt sagen, daß sie immer die Freundschaft zwischen sich haben werden, sich aber, da sie Geschwister sind, doch werden trennen müssen. Später werden sie jeweils andere Partner haben, das Mädchen einen Jungen, der ihr Verlobter und dann ihr Mann sein wird, und er ein anderes Mädchen, das später seine Frau sein wird.

Und wenn es sich um »richtige«, d. h. eineiige Zwillinge, zwei Mädchen oder zwei Jungen handelt? ...

In diesem Fall verhält es sich ganz anders, weil die Konkurrenz zwischen beiden viel größer ist. Bis ins Pubertätsalter hält sie sich verborgen, bis dahin sind beide gewöhnlich untrennbar wie eine zweistellige Zahl. Eigentlich muß es nicht so sein. Die Eltern, die es feststellen, sollten sie schon von klein auf an verschieden kleiden und ihnen verschiedenes Spielzeug geben, selbst wenn sie es dann untereinander austauschen. Sie sollten sie, sofern es möglich ist, von verschiedenen Freunden einladen lassen und sie in verschiedene Klassen schicken. Aber es kommt vor, daß Zwillinge tatsächlich untrennbar sind. Wenn sie sich alles in allem gut entwickeln und sich in einer gleichen Kindergartengruppe oder Vorschulklasse durch eine zu starke Abhängigkeit auch nicht schaden und beide in die gleiche Gruppe oder Klasse gehen wollen, kann man sie durchaus zusammen lassen.
Allgemein gesprochen ist es immer schädlich, zwei nahe aufeinanderfolgende Kinder gleich zu erziehen; dasselbe trifft natürlich auch auf Zwillinge zu.

Dieser Standpunkt scheint aber noch nicht sehr verbreitet zu sein, denn man sieht sehr viele kleine Brüder oder kleine Schwestern, die die gleichen Kleider anhaben...

Eben. Dabei sollten Zwillinge schon von klein auf als Individuen erzogen werden, denn sonst hängen sie zu stark aneinander. Meistens gibt es dann einen, der den Ton angibt und der andere wird dominiert, was für beide schlecht ist. Wie gesagt, es wäre besser, sie von Anfang an verschieden aufwachsen zu lassen. Was den Kindergarten angeht, sollte man sie, soweit es machbar ist, in verschiedene Gruppen aufnehmen lassen. Man sollte so früh wie möglich in diesem Sinne handeln, denn wenn sie es erst einmal gewöhnt sind, ständig aneinanderzuhängen, kann man sie nicht mehr trennen. In der Pubertätszeit kommt es dann zu einem fürchterlichen Kleinkrieg, denn keiner von beiden kann akzeptieren, daß ein vom anderen ausgesuchter Dritter auftaucht. Der eine nimmt dem anderen

gegenüber also sofort die Stellung eines Rivalen ein, sobald dieser beginnt, irgendeinem kleinen Freund seine Achtung zu schenken. Es wäre also besser, wenn sie sich nicht von Anfang an ständig beobachten. Sie sollten von ihren Eltern, egal, ob Zwillinge oder nicht, als vollkommen verschiedene Personen betrachtet werden. Das ist immer sehr wichtig, auch dann, wenn sich die Kinder sehr ähnlich sehen.
Ich habe oft um mich herum sagen hören: »Zwillinge darf man nicht trennen.« Aber auch wenn sie vor der Geburt zusammen gewesen sind, gibt es doch später keinen Grund, den einen fortan als den Schatten des anderen zu betrachten. Sonst schreibt man sie doch in ihrer Entwicklung fest wie einen Gegenstand und bezieht sie immer nur auf ihre Vergangenheit ... Man sollte sie jedoch vielmehr aus dem heraus beurteilen, was sie *heute* sind, und *heute* sind sie verschieden. Im allgemeinen haben sie einen verschiedenen Patenonkel oder eine verschiedene Patentante; mit denen sollte sie getrennt ausgehen. Sehen Sie, man soll sie ständig voneinander unterscheiden, ihnen die Möglichkeit geben, Persönlichkeiten zu entwickeln, die so verschieden wie möglich sind.

Und auch mit ihnen sollte man sprechen, ihnen Erklärungen anbieten ...

Natürlich.

28

Nein sagen und doch das Richtige tun

(Gehorsam)

Dieser Brief wirft das Problem der Autorität in der Familie auf: »Ich möchte gern wissen, ab welchem Alter man von einem Kind Gehorsam verlangen kann, z. B. sein Spielzeug aufzuräumen, am Tisch sitzen zu bleiben, ins Bett zu gehen, aufhören zu spielen, eine Tür zu schließen usw.« Die Frau, die uns diesen Brief schreibt, hat ein zweijähriges Kind. Sie fügt hinzu: »Ich muß den ganzen Tag irgendwelche Tricks anwenden, damit mir mein Kind gehorcht, denn seit einigen Monaten befindet es sich in einer Phase, in der es systematisch ›nein‹ sagt, eine Angewohnheit, die ein immer stärkeres Ausmaß annimmt.«

Dieses Kind ist dabei, seine psychologische Struktur, die es als Baby hatte, zu verändern. Als Baby kam es nicht umhin, das zu tun, was seine Mutter von ihm verlangte; es handelte also stets nach dem Willen seiner Mutter, weil es mit ihr eine Einheit bildete. Jetzt kann es zwischen »Ich-Ich« und »Ich-Du« unterscheiden und wird genauso zum »Ich« wie seine Mutter. Parallel dazu gerät es in eine Phase, in der es ständig »nein« sagt, die übrigens sehr positiv für die psychische Entwicklung des Kindes ist, wenn die Mutter richtig damit umgeht. Das Kind *sagt* »nein« und *handelt* doch, als würde es »ja« gesagt haben. Das bedeutet folgendes: »Nein«, weil du mich darum bittest, und »ja«, weil das Kind im gleichen Augenblick denkt, daß »*Ich* es doch gern tun würde«. Die Mutter könnte dem Kind in solchen Situationen viel helfen, wenn sie sagen würde: »Weißt du, wenn dein Vater da wäre, würde er dir wahrscheinlich genau dasselbe sagen wie ich.« Doch sie sollte auch nicht zu sehr auf ihrem Wunsch bestehen. Einige Minuten später wird das Kind schon tun, was sie von ihm verlangte. Es wird es von sich aus tun, um, wie in diesem Fall, ein »Mann« zu werden und kein Kind zu bleiben, das man wie einen Hund, wie einen »Kleinen«, der einen Herrn braucht, herumkommandiert. Es ist gerade dabei, zu lernen, von dem auszugehen, was *sein Ich* will. Diese Zeit ist für die Mutter zwar nicht so bequem, aber es handelt sich um einen sehr wichtigen Augenblick im Leben des Kindes.

Die Mutter spricht auch vom »Aufräumen«. Ein Kind kann eigentlich, ohne seine psychische Entwicklung zu gefährden, bis zum Alter von dreieinhalb bis vier Jahren nicht aufräumen. Ein Kind, das zu früh aufräumt, kann zwanghaft werden ...

Was verstehen Sie unter »zwanghaft«?

Zwanghaft ist derjenige, der später nur Dinge tun wird, weil sie getan werden müssen, und nicht, weil sie einen Sinn haben, er handelt also nach einer Art von Ritual. Er bewegt sich nicht mehr unter Lebenden, er ist wie ein Ding den anderen Dingen unterworfen. Während die Eltern gut wissen, daß es nützlich ist, wenn man aufräumt, weiß das Kind davon noch nichts: je mehr Unordnung um es herum ist, desto stärker fühlt es sein eigenes Lebendigsein. Ein Kind macht, wenn es spielt, immer Unordnung. Es hat noch nicht *seine eigene Ordnung. Seine eigene Ordnung* wird es haben, wenn es sieben Jahre alt sein wird. Sicherlich kann es schon mit vier Jahren beginnen aufzuräumen, vor allem, wenn seine Mutter ihm sagt: »Wir räumen, bevor wir etwas anderes machen, jetzt erst einmal auf. Vielleicht magst du mir dabei helfen.« Sie übernimmt dreiviertel der Arbeit, das Kind den Rest, zwar ungern, aber es macht trotzdem mit. Nach einer gewissen Zeit räumt es auch auf, weil es seinen Vater aufräumen sieht. Hier ist allerdings Vorsicht geboten! Die Jungen, deren Väter selbst nie aufgeräumt haben, fällt es später sehr schwer, »ordentlich« zu werden. In diesem Fall sollte der Vater aber auch eingreifen, indem er z.B. zu seinem Sohn sagt: »Siehst du, als ich klein war, habe ich nicht gelernt, aufzuräumen. Heute stört es mich, weil ich meine Sachen nicht wiederfinde. Deine Mutter hat Recht. Versuche also, *ordentlicher* als ich zu werden«. Es ist eine bekannte Tatsache, daß die Jungen deshalb nicht »ordentlich« werden, weil immer nur die Mutter, als sie klein waren, von ihnen verlangte, aufzuräumen bzw. der Vater nicht mithalf, sei es, durch ein vorbildliches Verhalten oder durch Worte, die ihnen hätten verständlich machen können, wie störend die Unordnung für das alltägliche Leben sein kann.

Und in bezug auf die anderen Probleme, wie am Tisch sitzen zu bleiben oder ins Bett zu gehen? Wenn ein Kind einfach »nein« sagt und nicht tut, was man von ihm verlangt?

Es ist ja auch nicht »richtig«, ins Bett zu gehen, wenn man nicht müde ist. Für die Eltern ist doch entscheidend, daß sie ab einer bestimmten Uhrzeit am Abend ihre Ruhe haben. Und dann sollten sie es dem Kind auch sagen: »Nun ist es Zeit, *uns* in Ruhe zu lassen; *wir* wollen unsere Ruhe haben, geh' in dein Zimmer und leg' dich hin, wenn du dich müde fühlst.« Mehr braucht man nicht zu sagen. Das Kind wird sich schon irgendwann hinlegen, und zwar nicht, weil man es dazu gezwungen hat, sondern weil es müde ist. Vielleicht wird es auch irgendwo auf dem Teppich einschlafen oder dort, wo es ihm nicht so kalt ist; ein oder zwei Stunden später werden die Eltern das Kind dann ins Bett legen. Das Kind soll seine Lebensgewohnheiten selbständig lernen. Wenn die Mutter immer den Ton angibt und alles entscheidet, wird es am Ende seinen eigenen Körper nicht mehr spüren und dieser wird immer noch dem Erwachsenen gehören. Hier besteht die Gefahr, daß das Kind unselbständig bleibt.

Ein anderer Brief spricht nun jene kleinen Probleme an, die sich abends in der Familie ereignen. Eine Mutter schreibt: »Ich habe einen kleinen Teufel, der 18 Monate alt ist. Schon mit acht Monaten hatte er die Gitterstäbchen seines Bettes kaputtgemacht, um aus dem Bett auszusteigen und an die Tür klopfen zu können, wenn er nicht mehr schlafen wollte. Mit 14 Monaten hat er sich etwas Neues einfallen lassen. Er schläft sehr oft vor einer Fenstertür der Wohnung auf dem Fußboden ein. Wir wollten ihn nicht stören und haben ihm einfach einen dickeren Teppich hingelegt, damit er nicht friert. Und komischerweise legte er sich danach dort nicht mehr so oft hin.« Ihre Frage lautet: »Wieso kann die Ecke einer Wohnung für ein Kind so anziehend werden? Sind es die Landschaft hinter der Fenstertür oder die Lichter auf der Straße? Vielleicht liegt es aber auch daran, daß es dort kühler ist, denn unser Kind mag die Bettücher überhaupt nicht und strampelt sie immer von sich weg. Warum aber geht er jetzt weniger dorthin, seitdem der Teppich da ist?«

Das Problem ist ein wenig kompliziert. Ich vermute, daß das Kind auch ohne den Teppich nach einer gewissen Zeit ähnlich gehandelt hätte. Am Anfang fühlt sich das Kind durch den Ausgang, den diese Ecke durch die Fenstertür anzeigt, zu diesem Platz hingezogen; es möchte z.B. gern auf der Straße spazierengehen. Warum eigentlich auch nicht, wo es doch noch gar nicht müde ist? Also geht es dorthin, wo irgend etwas passiert. Es lenkt sich ab. Es kann ja weder lesen noch sich allein irgendwelche Bilder ansehen. Also geht es jetzt dorthin, wo sich etwas bewegt, wo Leben ist... Wenn die Kinder ins Bett gehen, sollte man übrigens nicht ihr Spielzeug aufräumen, bevor sie einschlafen. Zuerst soll man sie ins Bett bringen und dann ihr Spielzeug aufräumen. Denn das Spielzeug ist wie ein Teil ihrer selbst..., es geht schlafen, weil sie schlafen gehen. Und dieses Kind sieht, daß das Leben weitergeht. Nach und nach wird es sich an seinen eigenen Rhythmus und an sein eigenes Bedürfnis nach Ruhe und Schlaf gewöhnen. Bald wird es auch allein in sein Bett klettern können. Jetzt hat es die Stäbchen kaputtgemacht, was gut ist, denn es braucht sie anscheinend nicht mehr.

Mit acht Monaten eine ganz respektable Leistung!

Ja, es zeigt, wie stark es schon ist. Sobald ein Kind anfängt herumzuklettern, sollte man neben sein Bett eine Art Treppe, einen Stuhl oder einen kleinen Hocker stellen, damit es nicht von der Bettkante herunterfällt bzw. über die Gitterstäbchen leicht aus seinem Bett steigen kann. Für ein Kind, das noch nicht eingeschlafen ist, gibt es nämlich nichts Schlimmeres, als sich wie in einem Käfig eingesperrt zu fühlen. Ganz besonders schlimm ist es bei einem Einzelkind... Wenn Kinder dagegen zu zweit oder dritt im Zimmer sind, amüsieren sie sich solange, bis das erste Kind eingeschlafen ist.

Könnten Sie noch etwas in bezug auf die Phase sagen, in der die Kinder ständig »nein« sagen?

Sie findet bei jenen Jungen, die schon recht weit in ihrer Entwicklung sind, um die 18 Monate statt, ansonsten um die 21 Monate ... Es ist ein Augenblick in der Entwicklung des Kindes, den man akzeptieren muß und den man dem Kind nicht verübeln darf. Am besten, man geht gar nicht auf das »nein« ein. Das Kind wird später schon tun, was die Mutter von ihm verlangte.

Ich komme jetzt auf die Situation am Eßtisch bei den Familienmahlzeiten zu sprechen. Eine Mutter schreibt Ihnen, daß sie eine fünfjährige Tochter hat, die die Älteste von noch zwei anderen Kindern ist. Sie ist mit der Art und Weise, wie ihr Mann ihrer noch recht jungen Tochter die Eßmanieren beibringt, nicht einverstanden: »Meiner Meinung nach verlangt mein Mann zu viel von einem Kind dieses Alters; so besteht er darauf, daß sich dieses kleine Mädchen beim Essen gerade hält – mit den Ellenbogen am Körper – oder daß es mit geschlossenem Mund und ohne Geräusche ißt. Ich dagegen meine, daß man ihr dies alles Schritt für Schritt beibringen kann und warten sollte, bis es das eine gelernt hat, um danach das nächstfolgende zu lernen. In der Woche nehmen die Kinder ihre Mahlzeiten in der Küche ein, am Sonntag aber nicht. Und diese Mahlzeiten werden wegen der ständigen Bemerkungen meines Mannes gegenüber unserer Tochter zur wahren Hölle. Wie könnte man ein Gleichgewicht in dem Sinne herstellen, daß man die Kinder beim Essen einerseits erzieht, andererseits aber auch eine gemütliche Atmosphäre schafft? Was kann man von einem fünfjährigen Kind eigentlich verlangen? Sollte man in diesem Fall nicht doch noch ein wenig warten?« Ein weiterer wohl wichtiger Aspekt erwähnt sie in ihrem Brief auch noch: »Mein Mann gibt unserer Tochter – natürlich kleine – Schläge mit einer Gabel.« Die Dame beeilt sich dann zu sagen, daß der Vater ansonsten vorbildlich sei, viel mit den Kindern spielt, er sie gern hat, ihre Schulaufgaben verfolgt und ihnen vorliest... Aber bei Tisch grenze sein Verhalten an Hysterie ...

Es ist eigentlich ärgerlich, daß uns nur die Mutter geschrieben hat, ohne daß der Vater seine Meinung geäußert hat. Ich muß sagen, daß dieses Mädchen mit fünfeinhalb Jahren an sich schon wie ein Erwachsener essen müßte. Es ist möglich, daß die Mutter ihren Kindern nicht beigebracht hat, wie man sauber ißt, weil sie sie oft allein in der Küche essen ließ. Ein Kind kann ab drei Jahren problemlos sauber essen. Genauso wie ein Erwachsener. Ich denke mir, daß sich der Vater quasi wünscht, seine Tochter so makellos zu sehen, daß man sie mit den Augen essen könnte; er behandelt sie ja auch ein wenig wie etwas Eßbares, indem er mit der Gabel nach ihr sticht! Er möchte seine Tochter perfekt haben – weil er sie wahrscheinlich über alles liebt – und sie spürt es. Ich frage mich, ob die Probleme nicht daraus entstehen, daß die Mutter vor den Mahlzeiten Angst hat und die Kleine ein wenig darauf spekuliert, daß es zur gewohnten Auseinandersetzung zwischen ihren Eltern kommt. Das fühlt sie meiner Ansicht nach genau. Die Mutter sollte einmal ihre Tochter, wenn der Vater nicht da ist, beiseite nehmen und nicht immer völlig außer sich geraten. Sie könnte ihr dann sagen: »Hör mal zu, wir werden uns jetzt irgendwie einigen, damit du sauber essen kannst; dein Vater hat recht, denn du mußt schon sauber essen. Vielleicht gefällt es dir, daß sich dein Vater am Tisch nur um dich kümmert. Ich finde es aber nicht so lustig. Es wäre mir viel lieber, wenn wir am Tisch über etwas anderes sprechen könnten.«
Es ist für die Mutter sehr schlecht, daß sich während der Mahlzeiten ein ständiger Kleinkrieg zwischen den Familienmitgliedern abspielt. Für das Mädchen ist es weder gut noch schlecht. Für sie ist es deswegen kein so großes Problem, weil sie die Vertraulichkeit ihres Vaters genießt und sich dabei als triumphierende Rivalin ihrer Mutter fühlt. Das Ärgerliche ist, daß es zu keinen wirklich gemeinsamen Essen mehr kommt. Die Mutter sollte sich also ihrer Tochter gegenüber bemühen. Ich glaube, daß sie in weniger als einer Woche sauber essen könnte.

Erlauben Sie mir eine persönliche Bemerkung? Ich finde, daß es doch einen gewissen Spielraum gibt, ob man nun sauber ißt oder am Tisch wie bei der Armee dazu gedrillt wird ... Kann man denn wirklich von einem fünfjährigen Kind darüber hinaus, daß es sauber ißt, noch verlangen, daß es seinen Mund hält bzw. mit geschlossenem Mund essen soll? Ist das für seine Erziehung denn wirklich so wichtig?

Es ist in diesem Fall wichtig, weil ihr Vater darauf besteht ...

Wäre es nicht umgekehrt besser, wenn er die Angelegenheit nicht so wichtig nehmen würde?

Wenn er nur in dem Maße darauf achten würde, wie es notwendig wäre, würde die Kleine ganz bestimmt sauber essen, davon bin ich überzeugt. Sie provoziert ihren Vater, damit es zu den Auseinandersetzungen am Tisch kommt; ein fünfjähriges Kind kann es durchaus lustig finden, wenn es mit ansieht, wie sich seine Mutter und sein Vater seinetwegen vor ihm in die Haare kriegen. Und selbst wenn die Mutter des Kindes, von dem wir gerade sprechen, am Tisch gar nichts sagen würde, würde die Tochter genau spüren, was los ist und am Ende die Königin beim Essen sein, da der Vater sich nur noch um sie kümmert. Ich frage mich auch, ob die Mutter nicht einmal mit dem Vater allein sprechen könnte, also außerhalb von den Mahlzeiten. Sie könnte ihm dann sagen: »Was hältst du davon, wenn die Kinder auch am Wochenende vor uns essen, und zwar solange, bis sie es perfekt können?« Es könnte ja sein, daß ihm diese Auseinandersetzungen am Tisch selbst gefallen? Ich weiß es nicht. Das ist die andere Seite des Problems, daß der Vater von sich aus keinen Brief geschrieben hat und sich über nichts beklagt, obwohl sich doch bei allen Mahlzeiten die gleiche Szene von neuem abspielt; es ist gerade so, als ob er und seine Tochter zwei Clowns wären, die sich beim Essen gegenseitig einen gelungenen Sketch vorspielen.

Noch eine weitere Frage wollte ich Ihnen stellen. Gibt es eigentlich einen bestimmten Zeitabschnitt, in dessen Verlauf sich die Kinder besonders gerne Schimpfworte sagen. Hier geht es um folgendes: Eine Mutter von drei Kindern, zwei Jungen von sieben und vier und ein Mädchen von drei Jahren, schreibt uns: »Mir persönlich machen Schimpfworte nicht so viel aus. Aber trotzdem ist es in Gesellschaft anderer, wenn also Leute bei uns sind, ziemlich peinlich zu hören, wie die Kinder in der Wohnung herumziehen und dabei wie die Kutscher herumfluchen. In unserer Familie ist es eigentlich nicht üblich, Schimpfworte zu gebrauchen. Das haben sie aus dem Kindergarten oder der Schule.« Sie fügt dann noch hinzu: »Das letzte Schimpfwort, das sie gelernt haben, war ›Arschloch‹. Davor war ›Kackwurst‹ an der Reihe gewesen und das Nächste läßt auch nicht gerade Gutes erwarten. Was soll ich tun? Soll ich so tun, als würde ich nichts hören?«

Schimpfworte zu gebrauchen bedeutet für das Kind soviel wie so groß wie ein Erwachsener zu sein. Es ist ja ganz toll, denn man fühlt sich wirklich wie ein Erwachsener. Und es bringt auch besonderen Spaß, sie – wenn man erst einmal dazu in der Lage ist – auf Wände zu kritzeln. Man kann ihnen z. B. sagen: »Und jetzt? Was kennt ihr denn noch für Schimpfworte?« Und dann wird diese Phase recht schnell vorbei sein. Es gibt ja nicht mehr als vier oder fünf, die sie kennen ... Der Vater z. B. könnte sagen: »Was, du kennst nur vier oder fünf? Hör mir mal zu, du solltest noch andere lernen, damit du im Kindergarten oder in der Schule genügend auf Lager hast.« Und dann kann der Vater welche erfinden, auch irgendwelchen Unsinn, wenn ihm keine anderen mehr einfallen. Es sollte sagen: »Das alles ist für den Kindergarten oder die Schule. Hier mußt du leben wie deine Eltern. Aber kennen solltest du sie alle. Und wenn du sie nicht schreiben kannst, werde ich es dir zeigen.« Das Kind wird dann sehr froh sein. Man darf dann Schimpfworte unter den Kameraden gebrauchen und fühlt sich dabei wie ein Erwachsener; zu Hause lebt man, wie es dem Lebensstil, der dort jeweils herrscht, entspricht.

Wenn die Kinder in ihrem Zimmer sind und ihre Tür zugemacht haben, sollte die Mutter nicht an der Tür lauschen. Es ist dann schließlich ihre eigene Welt. Und wenn sie zufällig – das kommt immer wieder vor – vor allen Leuten Schimpfworte sagen, sollte man ihnen sagen: »Hier sind wir in Gesellschaft oder unter Leuten. Handele so, als wärest du ein Erwachsener ..., sonst wirst du ja wie ein Baby aussehen.« Wenn es sich um Kinder handelt, die *ein wirkliches Bedürfnis empfinden*, ein Schimpfwort auszusprechen, könnte ihnen die Mutter sagen: »Das kannst du auf der Toilette machen. Alles Schmutzige macht man auf dem Klo. Also geh doch hin! Bitte, erleichtere dich dort.« Und die Mütter werden sich wundern, daß die Kinder auf dem Klo alle Schimpfworte aus sich herausbrüllen und sie nachher zufrieden sehen. Weil sie eben ein *Bedürfnis* hatten, sich auszusprechen. Es gibt auch Kinder, die auf alles eine Antwort haben wollen. Die Mutter kann dann ruhig einmal sagen: »Weißt du, ich habe nichts gehört, ich habe mir Watte in die Ohren gesteckt.« Das Kind wird nicht dumm sein und verstehen, daß diese Antwort nur bedeuten kann, daß es nicht richtig war, nach allem zu fragen. Und es wird der Mutter letztlich dankbar sein, daß sie es ihm über eine List verständlich gemacht hat.

29

Nackt, vor wem?

Wir hatten schon einmal das Problem erwähnt, ob sich die Eltern nackt vor ihren Kindern zeigen sollen; Sie waren seinerzeit nur flüchtig auf die Fragestellung eingegangen, weil Ihnen das Problem nicht allzu wichtig erschien... Doch Ihre kurze Antwort führte zu einer Flut von Protestbriefen, insbesondere von Nudisten ...

Dann wäre es interessant, länger darüber zu sprechen.

Zunächst die Stellungnahme der Nudisten: »Wir bringen unsere Kinder regelmäßig in Nudistenzentren. Dort schämen sie sich weder ihres eigenen Körpers noch des ihrer Eltern.« Sie betrachten den Aufenthalt in den Nudistencamps im übrigen auch als einen sehr guten Beginn der Sexualerziehung ihrer Kinder. Eine andere Mutter, die auch nicht mit dem einverstanden war, was Sie gesagt haben, schreibt: »Man muß in allem natürlich sein.« Sie wirft Ihnen vor, in bezug auf das Nacktsein zu rigide zu urteilen. Andere wiederum haben nicht genau verstanden, was Sie gesagt haben. Sie meinten, daß nach Ihrer Ansicht die Eltern vor ihren Kindern keine Zärtlichkeiten austauschen sollten. Hier handelt es sich aber um ein anderes Problem, glaube ich. Man sollte wohl nicht alles durcheinander bringen ...

Zum einen habe ich niemals von Scham gesprochen. Gerade das Gegenteil ist doch der Fall, denn die Kinder sind sehr stolz auf den Körper ihrer Eltern. Für sie sind ihre Eltern perfekt, wenn sie nackt sind (d.h. sie sind für die Kinder überhaupt perfekt). Doch gibt es Phasen im Leben eines Kindes, in denen es nicht alles sieht. Wenn es noch sehr klein ist, sieht es z.B. nicht die Sexualorgane. Erst wenn es den geschlechtlichen

Unterschied, d.h. überhaupt die Formunterschiede wahrnehmen kann, fängt es an, wirklich zu »sehen« und die Körper zu betrachten. Die Erwachsenen werden feststellen, daß ein Kind zwischen 18 Monaten und zweieinhalb Jahren noch keine Vorstellung für das Volumen von etwas oder in bezug auf den Unterschied verschiedener Körper oder Dinge hat. Der Augenblick, in dem es Unterschiede feststellt, ist in der Entwicklung des Kindes sehr wichtig, da damit die Strukturierung der Realität für das Kind beginnt. Und in diesem Alter ist z.B. der Unterschied im Volumen von etwas ein Unterschied in der Schönheit: *das Große ist besser als das Kleine.* Das Kind fühlt sich deshalb den Erwachsenen gegenüber minderwertig, obwohl es gerade in diesem Augenblick in die Lage kommt, sich ebensogut wie die Erwachsenen sprachlich zu artikulieren. Seinen »Wert« auf der sexuellen und körperlichen Ebene aber relativiert es an diesem »wunderbaren« Vater und dieser »wunderbaren« Mutter. Und genau das hatte ich damals gesagt.

Anders verhält es sich bei Erwachsenen, die nackt am Strand herumlaufen. Denn in diesem Fall wird es ja von allen praktiziert, ist also gesellschaftlich anerkannt und interessiert die Kinder nicht mehr oder weniger als alles andere, was sie sonst in der Welt entdecken. Sie wissen dann, daß ihre Eltern so wie alle anderen gebaut sind, warum auch nicht. Aber die Eltern sind für die Kinder in einem ganz anderen Sinn wichtig. Dadurch, daß sie ihre Eltern tagtäglich nackt vor ihren Augen sehen, nehmen sie sie in diesem nackten Zustand nicht richtig wahr. Im Grunde stellen sie sich deren Körper nun wie zugedeckt vor – decken ihn in ihrer Phantasie zu –, weil das Nacktsein ihrer Eltern und deren Schönheit sie verletzt. Oft verstehen das die Eltern nicht.

Aber mit fünfeinhalb, sechs oder sieben Jahren – das hängt von den Kindern ab – verhält es sich genau umgekehrt, denn die Kinder achten nun auf nichts anderes als auf sich selbst und ihre Freunde. Ab diesem Zeitpunkt können die Eltern also tun und lassen, was sie wollen, unter der Voraussetzung allerdings, daß sie ihre Kinder nicht zwingen, das zu tun, was sie selbst tun. Später dann, in der Vorpubertät, geraten die Kinder wieder in eine Phase, in der sie sich minderwertig vorkommen. Ich selbst

habe bei kleinen Mädchen, die zum ersten Mal mit ihren Eltern die Ferien auf einem FKK-Gelände verbrachten oder verbringen mußten, einige psychologische Prozesse beobachten können. Die Eltern hatten gedacht, daß ihre Töchter nun groß genug dafür seien und die Kinder freuten sich auch, mit ihren Eltern zusammen irgendwohin zu fahren. Bei der Rückkehr verstanden die Eltern dann nicht mehr, warum die jungen Mädchen – ich selbst habe mindestens sechs solcher Fälle gesehen – ihren Glanz verlieren und sehr schüchtern werden. Als ich die Gelegenheit hatte, sie im Krankenhaus bei der Psychotherapie zu sehen, war es so, als würden sie die Realität versteckt halten wollen: *Sie wollten nichts mehr sehen.* Sie versteckten sich auch sich selbst gegenüber: »Ich bin so häßlich! Ich sehe so mies aus! Die anderen Mädchen sind so hübsch!« In Wirklichkeit waren diese Mädchen besonders gut gebaut. Und das stimmt einen nachdenklich. Es ist seltsam, daß die jungen Mädchen oder jungen Männer, je schöner sie sind, desto eher glauben, schlecht auszusehen. Warum? Sie fragen sich, was von ihrem *Wert* übrig bleibt, wenn alles, was sie haben, gesehen wird ... In der Pubertätszeit fühlen sie sich regelrecht davon bedroht, von den anderen ständig angestarrt zu werden.
Aus diesem Grund habe ich gesagt, daß es nicht ungefährlich ist, wenn sich die Eltern vor ihren Kindern nackt zeigen; und nicht, daß ich einen nackten Körper an sich für etwas Schlechtes halten würde. Es gibt in der Entwicklung der Sensibilität der Kinder ganz bestimmte Merkwürdigkeiten. Wenn es nur darum ginge, daß sich Kinder im gleichen Alter voreinander nackt zeigen, würden keine Minderwertigkeitsgefühle entstehen.
Das kann ich also denjenigen sagen, die mich nach meiner Meinung zu diesem Thema gefragt haben ... Die anderen, d. h. diejenigen, die genau wissen, was sie tun, sollen so weitermachen. Man sollte sie nicht beunruhigen.

Könnten sich eigentlich FKK-Anhänger, die nach ihrem Urlaub in einem Nudistencamp wieder nach Hause zurückkehren, dann nur noch angezogen vor ihren Kindern zeigen? Wäre es nicht irgendwie unlogisch?

Was die Eltern in diesem Falle tun, ist eigentlich gar nicht so interessant. Wichtig erscheint mir, zuerst die Kinder nach ihrer Meinung zu fragen und ihnen den Standpunkt der Erwachsenen nicht aufzuzwingen. Im Grunde gibt es zwischen Eltern und Kindern immer dann Schwierigkeiten, wenn das Kind nicht die Freiheit besaß, was ihm vorgeschlagen wurde, auch ablehnen zu können. Oder es kommt vor, daß ein Kind zwar mit dem Kopf zustimmt, seine Meinung aber aus Erfahrung heraus ändert, *diese* Ablehnung dann aber nicht mehr akzeptiert wird.

Manche Briefe sprechen von einer Art »Rückkehr zur Natur«. Eine Mutter sagt uns: »Man versteckt sich weder, um zu essen, noch, um zu schlafen. Warum sollte man sich also verstecken, wenn man z.B. badet oder sich auszieht?« Andere Eltern denken auch, daß es für die spätere Sexualerziehung ganz gut ist, wenn man nackt vor seinen Kindern herumspaziert.

Ich glaube nicht daran. Die Eltern, die sich bei jeder Gelegenheit nackt zeigen, erlauben es ihren Kindern trotzdem nicht, ihren Körper oder ihr Geschlecht zu berühren. Bis zu welchem Punkt soll man dann eigentlich gehen? Es ist für einen Menschen sehr verwirrend, wenn er nicht mit dem Inzestverbot bekannt gemacht wird. Der Wert des Subjekts baut auf dem Inzestverbot auf: Es *darf* nicht vom Standpunkt der Energie seiner Libido aus (d.h. von den mannigfaltigen Formen, die seine sexuelle Energie annehmen kann) zu seiner Mutter (wenn es ein Junge ist) oder zu seinem Vater (wenn es ein Mädchen ist) zurückkehren.
Die Libido oder sexuelle Energie möchte ich einmal bildlich darstellen. Sie ist mit einem Fluß zu vergleichen, der seiner Quelle entspringt und in den Ozean mündet. Wenn ein Fluß nun unterwegs haltmacht, wird er zu einem Teich, der keine Kraft mehr hat. Und wohin wird der Fluß fließen, wenn er zu seiner Quelle zurückkehrt? Er wird immer mehr Wasser aufstauen. Es ist nun dieser Stau von Energie, der die Spannung bei dem Kind erzeugt.
Das Inzestverbot wird je nach Kind nicht vor sieben, acht oder neun Jahren verarbeitet. Davor will das Kind, das sexuell erregt ist, auch das berühren, was seine Erregung verursacht;

in diesem Moment nimmt es an sich einen sexuellen Spannungszustand wahr, der bei den Jungen an der Erektion sichtbar wird; bei den Mädchen kann man diesen Zustand zwar nicht sehen, er ist aber genauso vorhanden und wird auch ebenso empfunden, und zwar als Erregung und Wunsch nach körperlichen Kontakten.

Die Sexualerziehung hat nun mit der Form und dem Aussehen der Genitalien so gut wie nichts zu tun. Denn es geht vor allem um die Erziehung der Sensibilität, die gerade mit dem Verbot einhergeht, sein Leben lang seiner Mutter an der Brust zu saugen, sich sein Leben lang von seiner Mutter abputzen zu lassen oder mit ihr sexuelle Vertraulichkeiten haben zu dürfen. Diese Mutter schreibt uns nun: »Wir essen vor allen Leuten ...« Gut, vielleicht zeigt sie alle ihre Bedürfnisse öffentlich, d.h. vor den Augen ihrer Familie! Aber es würde mich trotzdem erstaunen, daß sie so weit geht, ihre Kinder aufzufordern, ihren sexuellen Beziehungen beizuwohnen ...

Nein. Sie sagt auch, daß es ihr nicht darum ginge, irgendwelche exhibitionistischen Verhaltensweisen zu praktizieren. Sie holt auch nicht das Kind, wenn sie sich auszieht. Aber sie sagt dennoch: »Wir schließen unseren Kindern gegenüber keine Türen zu.«

Dann muß sie ihren Kindern aber auch erlauben, daß sie ihre Türen zuschließen dürfen, wenn sie es wollen. Denn es gibt Kinder, die im Alter von sieben oder acht Jahren von ihren Eltern nicht nackt gesehen werden wollen. Es ist zwar komisch, aber es ist so. Und man sieht auch Eltern, die deswegen mit ihren Kindern schimpfen: »Du sollst beim Waschen die Tür auflassen«, während das Kind die Tür gerade abschließen will. Man soll also immer den Wunsch des Kindes respektieren, wenn sich daraus nichts Schädliches ergibt. Wenn man sich aber zu stark durchsetzt, will sich das Kind schließlich verteidigen, leidet aber darunter, daß es dazu letztlich nicht in der Lage ist. Im übrigen glaube ich, daß die meisten Eltern, die diesen Wunsch nach dem »Natürlichen« oder dem Nacktsein haben, früher selbst sehr rigide Eltern hatten. Diejenigen, deren Eltern FKK-Anhänger gewesen

sind, wissen sehr wohl, daß es sie in manchen Zeitabschnitten gestört hat; das Nacktsein stimulierte bei ihnen eine sexuelle Reaktionsbereitschaft, die ihren Körper vibrieren ließ, anstatt daß ihre Sexualität über die Sensibilität stimuliert worden wäre. Der Körper und die Gefühle sollen aber zusammengehören. Das Erwachsenenalter zu erreichen erfordert viel Selbstbeherrschung, erfordert, daß sich die Wünsche gleichzeitig entfalten und beherrschen lassen und zu guter Letzt die Verantwortung für sein Tun. Warum verstecken die Erwachsenen aus Schamgefühl ihre sexuelle Sensibilität? Eben deshalb, weil sie nicht jedem beliebigen Menschen ausgeliefert sein wollen. Sonst könnten sie von jemandem ausgenutzt werden, der ihren Körper einfach als Zeichen ihres Beziehungswunsches, und zwar eines rein körperlichen Beziehungswunsches ansieht, obwohl der andere ihrer Sensibilität, ihrer Ethik oder Intelligenz gar nicht entspricht. Wenn sie ihren Wunsch für jeden sichtbar mit sich herumtragen würden, würden sie vor jedem wehrlos dastehen: »Du begehrst mich, dann los, komm!« Auf der Ebene der Sexualität unterscheiden sich die Menschen von den Tieren ja gerade dadurch, daß mit dem sexuellen Wunsch die Liebe des *anderen* einhergeht; die menschliche Ethik verabscheut die Vergewaltigung als Angriff auf die Freiheit des Anderen und als ein nicht durch die Sprache vereinbarter Wunsch zwischen zwei Menschen.
Bei den inzestuösen ödipalen Trieben können die sexuellen Impulse in der Pubertätszeit die Grenzen der bewußten Moralvorstellungen überschreiten und bei den Individuen existentielle Konflikte erzeugen. Es handelt sich um besonders empfindliche Momente, bei denen die Rolle der Erwachsenen gegenüber den Jugendlichen, denen dabei geholfen werden muß, ihre sexuellen Wünsche zu erkennen und beherrschen zu lernen, nicht darin besteht, die Verwirrung einer unerfahrenen Sexualität auszunutzen. Kurzfristig würde ein solches Verhalten zu Verführung und Abhängigkeit führen, d.h. zu dem genauen Gegenteil von Selbständigkeit und Zugang zu verantwortungsvollem Handeln. Langfristig ergeben sich Verdrängungsmechanismen oder sexuelle Störungen mit Konsequenzen nicht nur für das Geschlechtsleben im Erwachsenenalter, sondern auch für das Ausgeglichensein der Persönlichkeit bzw.

für das Selbstvertrauen infolge von kulturellen Mißerfolgen, die sich daraus ergeben.
Aus diesem Grund erscheint mir sowohl die vorgefaßte Meinung von FKK-Anhängern als auch die vorgefaßte Meinung derer, die alles, was mit dem Körper zu tun hat, verschweigen und ihre Kinder nicht genügend aufklären, gleichermaßen gefährlich im Rahmen der Erziehung von Kindern und Jugendlichen. Ich sage dies, um spätere Neurosen zu verhindern.

30

»Stell dir vor, sie wäre tot«

(Aggressivität)

Hier ist wieder eine Mutter, die nicht weiß, was sie tun soll. Sie hat mit großer Aufmerksamkeit Ihren Ausführungen über das Problem des Todes zugehört... »Ich habe noch eine Frage an Sie, die eine Seite des Problems berührt, die Sie noch nicht angesprochen haben. Es geht mir um den Wunsch des Kindes, seinen Vater oder seine Mutter – je nachdem, ob es ein Junge oder Mädchen ist – zu töten. Insbesondere handelt es sich um den Wunsch meiner Tochter, daß ich tot wäre. Zwar versuche ich diese Problematik zu verstehen, muß aber gestehen, daß es mir schwerfällt. Ihr größer Spaß ist, mit uns ›Vater und Mutter‹ zu spielen. Dabei erzählt sie sich folgendes: ›Du wärest jetzt der Vater – das sagt sie dem Vater –, du wärest das Baby – das sagt sie ihrer Mutter –, und ich wäre die Mutter...‹ Oft machen wir ihr Spielchen mit, doch es kommt auch vor, daß wir gerade keine Lust dazu haben. Dann sagt die Kleine: ›Also gut! Ich bin der Vater und ihr seid die Kinder.‹ Und wenn man sie fragt, wo die Mutter ist, sagt sie: ›Sie ist tot.‹ Vor kurzem spielte sie zusammen mit einer Freundin, die sechs Jahre alt ist und keine von beiden wollte die Mutter sein: ›Stelle dir vor, sie wäre tot...‹«

Sehen Sie, die Kinder benutzen den Konjunktiv; die Bedingungsform ist sehr wichtig, damit sie in die Einbildungs- oder Phantasiewelt eintreten können. Denn was sie sagen, spielt sich in einer Phantasiewelt ab, in einer von der Realität völlig verschiedenen Welt. Man sieht z.B. kleine Jungen mit einem Gewehr oder einer Pistole spielen und alle Leute »töten«... Sie sind begeistert, wenn man ihnen sagt: »Jetzt bin ich tot!« und dabei trotzdem seinen Beschäftigungen weiter nachgeht. Die Kinder brauchen diese eingebildeten Vorstellungen, weil sie ihnen ermöglichen, die schreckliche Abhängigkeit von den

Eltern, die in der Realität ja existiert, von sich abschütteln. Sie stellen sich dann vor, in einer ganz anderen Welt zu sein, in der sie die Erwachsenen sind: *wenn* man in dieser Welt sein könnte ... Man ist aber nicht dort und die Eltern sollten sich in diese Spiele der Kinder nicht einmischen. Es ist besser, daß sie sich da heraushalten. Die Dame schreibt uns noch: »Ich kann mir schon denken, daß es mit dem Ödipuskomplex zu tun hat ...« Das stimmt. Auf diese Art und Weise leben ihn die Kinder aus und die Eltern sollten deswegen kein trauriges Gesicht machen. Im Gegenteil, sie sollten verbal akzeptieren, daß sie tot sind, müssen aber nicht den Toten spielen, da sie ja nur tot *wären,* wenn man sich in einer anderen Welt aufhielte. Für das Kind sind diese Vorstellungen auf jeden Fall positiv.

Sie sprachen gerade von Kindern, die mit Gewehren oder Pistolen spielen. Es gibt viele Eltern, die sich gegen die Industrie, die Kriegsspielzeug herstellt, auflehnen. Schockiert sie das? Soll man Kindern solches Spielzeug verbieten?

Wenn man es ihnen nicht schenkt, basteln sie es sich selbst aus Karton oder irgend etwas anderem. Sie brauchen diese Phantasien, daß sie das Leben und den Tod beherrschen. Das gehört zu der Existenz des Menschen, der es fertigbringen muß, die Geheimnisse des Lebens zu ..., mir fehlt das passende Wort, man könnte vielleicht sagen zu »zähmen«. Das Kind versetzt sich hierzu in eine Welt von Vorstellungen. Dank dieser Spiele erträgt es anschließend die Realität, die Einschränkungen der Freiheit, die allen Menschen zwangsläufig auferlegt sind, und zwar durch Leidsituationen, durch soziale Gesetze und schließlich durch den Tod. Wenn die Kinder diese Spiele nicht hätten, würden sie dieser grauenhaften Töterei, die in der Welt existiert, wehrlos gegenüberstehen. Die Phantasiewelt dient dazu, sich vor der Tragik der Realität zu schützen. Aber die Eltern sollten aus dem Spiel herausbleiben; sie brauchen auch nicht viel Geld für dieses Kriegsspielzeug auszugeben. Sie sollen nur wissen, daß die Kinder es nötig haben, damit zu spielen ...

Kommen wir auf das Problem der Aggressivität zurück ... Eine Mutter, die uns schreibt, hat vier Kinder: Eine siebenjährige Tochter, einen fünfjährigen Sohn, eine Tochter von 22 Monaten und schließlich einen Sohn, der gerade zwei Monate alt ist. Der fünfjährige Sohn ist sehr aggressiv. Er scheint auch oft »über den Wolken zu schweben« und ist dann schlecht gelaunt, wenn man ihn aus seinen Tagträumen wieder auf den Boden der Tatsachen zurückholt ...

Es handelt sich um ein zweites Kind, das nach einem Mädchen auf die Welt gekommen ist; das ist für einen Jungen in der Geschwisterreihe eine schwierige Stellung; wahrscheinlich will er so alt wie seine Schwester sein, um mit der Realität fertig zu werden. Man muß ihm aus der schwierigen Lage heraushelfen, die zum einen darin besteht, daß er nach dem Vorbild seines Geschwisters aufwächst und zum anderen, daß er doch seinen eigenen Weg finden muß; beides zusammenzubringen fällt ihm noch schwer und hier liegt auch eine gewisse Gefahr. Er möchte einerseits alles tun, was seine Schwester kann; andererseits will er aber auch seine Schwester *sein*. Letzteres deswegen, weil er einfach groß sein will und nicht, weil er das gleiche Geschlecht wie ein Mädchen haben will. Eigentlich möchte er ja so werden wie sein Vater, aber seine größere Schwester scheint ihm den Weg dazu zu versperren. Ich glaube, der Vater müßte sich in dieser Familie mehr um seinen Sohn kümmern, er könnte mit ihm hin und wieder einmal allein spielen und sich dabei allein mit ihm unterhalten. Ein Sohn soll früher als eine Tochter vom Vater erzogen erzogen werden. Wenn der Vater manchmal mit seinem Sohn zusammen ist, könnte er ihm z. B. sagen: »Ja, die Mädchen denken anders als *wir*. Du bist der Älteste der Söhne und sie ist die Älteste der Töchter. Vom Alter her kommst du zwar an zweiter Stelle, aber du bist der erste Sohn.« Auf diese Weise zeigt er dem Mädchen und dem Jungen, wie sie sich voneinander abgrenzen können. Ab einem Alter von dreieinhalb Jahren werden sie sich – entsprechend ihres Körpers unterschiedlichen Geschlechts – auch recht verschieden entwickeln: das Mädchen identifiziert sich dann mit der Mutter und der Junge mit dem Vater und das dauert solange, bis sie völlig selbständig geworden sind, also frühestens im sogenannten »Vernunftalter« mit acht oder neun Jahren, wenn sie auch ihre Milchzähne verloren haben ...

Kommen wir auf die Aggressivität des Jungen zurück. In der Schule äußert sie sich beispielsweise durch Streitereien, die so schnell keiner vergißt ...

Er möchte eben zeigen, *daß* er ein Junge *ist*.

Die Mutter schreibt: »Ich weiß nicht recht, was ich machen soll. Ich möchte, daß er es schafft, die spontan bei ihm auftretende Aggressivität zu beherrschen.« Und in Klammern fügt sie hinzu: »Bei uns wird nur wenig ferngesehen!« Ich könnte mir also denken, daß sie an den schädlichen Einfluß von irgendwelchen Filmen denkt ...

Damit könnte es auch zu tun haben ... Aber hier geht es hauptsächlich um den mangelnden Einfluß eines erwachsenen Mannes, was das Leben seiner Kinder betrifft, insbesondere das seines Jungen. Die Mutter sollte es irgendwie arrangieren, daß er mit anderen Jungen zusammen ist und ihm sagen: »Du bist ein Junge und deine Schwester ist ein Mädchen. Du bist der erste Junge, deshalb bist du so. Dein Vater wird dir helfen, denn du kannst nicht länger so aggressiv bleiben. Die ganze Kraft, die du in dir hast, ist etwas sehr Gutes, aber du solltest sie für etwas anderes gebrauchen.« Der Vater soll ihm Spiele zeigen, die für Jungen typisch sind, Gesellschaftsspiele, bei denen man seine Kraft einsetzt und sich trotzdem selber beherrschen lernt, Geschicklichkeitsspiele, all das ... Die Mutter kann sich dann um so mehr um ihre Tochter kümmern. Die Kampfeslust ist im übrigen eine soziale Eigenschaft, ein Zeichen von anerzogener Männlichkeit (aber auch Weiblichkeit).

Tritt diese Form der Aggressivität eigentlich generell auf?

Dieser Junge befindet sich in einem Altersabschnitt, in dem die Aggressivität einen wichtigen Platz einnimmt; die Jungen sind zwischen dreieinhalb und sieben Jahren am aggressivsten, d. h. bis sie entdecken, daß Männlichkeit weder Aggressivität an sich noch spektakuläre Kraft bedeutet; der Umgang mit der eigenen Aggressivität richtet sich an den Gesetzen einer Gesellschaft aus, am intelligenten Nachdenken über das eigene Verhalten und seine Ziele, er beruht auf der Achtung und der Toleranz den anderen gegenüber, auf der Bereitschaft, zusammen mit anderen etwas zu tun, auf freundschaftlichen Gefühlen, die man für jemanden empfindet, auf der Liebe, auf Verantwortung. Ein solches Verständnis der eigenen aggressiven Regungen zu bekommen, verlangt bei dem kleinen wilden Kerl die Liebe und Aufmerksamkeit eines Vaters, der diese Qualitäten bei seinem Sohn anerkennt und ihn dazu bewegt, sie zu entwickeln, indem er ihm sein Vertrauen schenkt. All das läßt sich nicht in einigen Wochen bewerkstelligen. Mir kommt die Mutter ein wenig zu ängstlich vor und ich glaube, daß der Sohn Sehnsucht nach einem Vater empfindet. Vielleicht hat sie früher selbst keinen Bruder gehabt? Mütter, die das einzige Mädchen in der Familie waren, sind der Erziehung von Jungen oft hilflos ausgeliefert und bei Vätern, die als einziger Junge in der Familie waren, verhält es sich in ihrer Beziehung zu einer Tochter ebenso.

31

Wer ist »man«?

(Vater und Mutter)

Eine Mutter stellt Ihnen zwei Fragen. Sie hat ein dreijähriges Mädchen, das ganz niedlich ist, aber sofort weint, wenn man es um etwas bittet, ohne zu sagen warum ...

Wer ist »man«? Die Mutter sagt, daß »man« es um etwas bittet. Ist es die Mutter oder wer?

Sie oder der Vater ...

Ich frage, weil sich dieses Mädchen vielleicht in jener Phase befindet, von der ich schon gesprochen habe und in der es zu allem erst einmal »nein« sagt. So will sich das Mädchen vielleicht gegen die Mutter auflehnen, die ihren Willen durchsetzen will, oder gegen ihren Vater oder gegen ihre große Schwester ... Es gibt kein »man« für ein Kind. Niemals. Es ist immer die eine oder die andere Person. Vielleicht hat aber dieses Kind auch Angst und fühlt sich den Aufgaben nicht gewachsen, die seine Eltern an es stellen. (Es würde sich dann um ein »gehemmtes« Kind handeln, wie es bei uns in der Fachsprache heißt, ein Kind, das sich nicht traut zu handeln.) Vielleicht hat sie sich auch zwei- oder dreimal ungeschickt angestellt und hält sich jetzt für völlig unfähig. Ich kann auf diese Frage nicht antworten, sie ist zu vage gestellt.

Im gleichen Brief wird aber noch eine präzisere Frage formuliert. Die Dame hat einen Artikel von Gordon, einem amerikanischen Psychologen, gelesen, der von dem ausgeht, was die meisten Handbücher Eltern empfehlen, die Meinungsverschiedenheiten mit ihrem Kind haben, nämlich dem Kind gegenüber einen gemeinsamen Standpunkt zu vertreten.

Meiner Meinung nach steht diese Auffassung für einen grundsätzlichen Irrtum. Zwei verschiedene Individuen können nicht immer der gleichen Meinung sein ...

Natürlich. Aber wird sich das Kind dessen nicht sowieso sehr schnell bewußt?

Es geht dabei im Grunde um die Frage der eigenen Meinung, die jeder haben und aufrechterhalten darf. Man setzt sich auseinander und stellt dann fest, daß man unterschiedlicher Auffassung ist. Der Vater und die Mutter oder die Großmutter oder die Mutter, d. h. zwei Erwachsene, die zwei verschiedene Standpunkte vertreten. Das Kind bekommt es mit. Ich finde, daß die Eltern anläßlich solcher Auseinandersetzungen das Kind, sofern es anwesend ist, darauf aufmerksam machen sollten: »Siehst du, wir verstehen uns gut, und trotzdem denken wir manchmal anders. Das ist so.« Wenn es dann darum geht, eine Entscheidung zu treffen – bei manchen Eltern schimpft der eine mit dem Kind und der andere findet, daß der erste übertreibt –, ist es besser, daß die Eltern das Problem in Abwesenheit des Kindes zusammen durchsprechen. Denn häufig wollen die Eltern dem Kind das gleiche sagen, aber es klappt nur unter der Voraussetzung, daß der eine die entsprechende Bemerkung nicht vor dem anderen macht. Sobald dieser Fall eintritt, sind sie dazu geneigt, sich das Gegenteil zu sagen, als ob es um sie selbst ginge und der eine dem anderen indirekt vorwerfen würde: »Du erziehst dein Kind nicht richtig ...« Es handelt sich dabei um eine Art Widerspruchsgeist, einen Diskussionsstil, der auf Kosten des Kindes geht.

In Wirklichkeit rechnen also die Erwachsenen untereinander ab?

Genau. Es handelt sich um ein Gezänk, hinter dem sich oft sexuelle Frustration verbirgt. Natürlich ist es nicht gut, aber wer kann es verhindern? Ich glaube, daß es allemal besser ist, natürlich zu sein und dem Kind zu sagen: »Siehst du, selbst wenn wir uns gut verstehen und dich gern haben, sind wir in vielen Punkten nicht miteinander einverstanden.« Es gibt allerdings Kinder im Alter zwischen vier und sieben Jahren, die solche Auseinandersetzungen zwischen den Eltern für sich ausnutzen. Zum Beispiel bitten sie die Mutter um Erlaubnis für etwas, das sie auch bekommen, während der Vater es bereits abgelehnt hat: »Aber Mutter sagt ...!« Sie spielen auf diese Weise ständig die Eltern gegeneinander aus. In diesem Falle sollten die Eltern, die diese Machenschaften ihrer Kinder durchschauen, genau aufpassen und sich sagen, daß ihr Kind im Moment Spaß daran hat, wenn sie sich in die Haare kriegen. Gerade um die Zeit des Ödipuskomplexes tritt dieses Spielchen zu dritt bei den Kindern auf. Wenn man nicht aufpaßt, ergeben sich daraus auch perverse Praktiken. Zum Beispiel pflegt das Kind ein gutes Verhältnis mit einem der beiden Eltern, um gegen den anderen ständig querzuschießen, damit eben der andere und nicht es selbst der ausgeschlossene Dritte ist. Für das Kind ist dies eine besonders schwierige Phase.

Und wenn z. B. ein Vater seinem Sohn etwas erklären will und dabei nicht den Begriff »meine Frau« sondern »deine Mutter« verwendet. Ist das von Belang? Sie haben es, glaube ich, irgendwann einmal gesagt; stimmt es, daß das Kind diesen Begriffsunterschied versteht?

Ob es stimmt? Sicherlich. Es ist sehr wichtig, vor allem ab dem Zeitpunkt, an dem das Kind sieben oder acht Jahre alt ist. Wenn das Mädchen oder der Junge zum Beispiel häßlich und frech mit der Mutter umgeht, könnte der Vater, wenn er es mitbekommt, ihnen sagen: »Ich erlaube es niemandem, in meinem Haus häßlich und respektlos zu meiner Frau zu sein.« Die Mutter sollte genauso handeln, wenn sich der Sohn vor ihr in abfälliger oder beleidigender Art über den Vater äußert. Es kommt auch vor, daß das Kind in Abwesenheit der Mutter oder des Vaters mit dem anwesenden Elternteil über den anderen herzieht und diesen regelrecht angreift. Dabei sucht sich das Kind meistens solche Vorwürfe heraus, von denen es vermutet, daß sie unter Umständen auf Zustimmung stoßen könnten. Der Vater oder die Mutter müssen dann unbedingt den Mut haben, dem Kind Einhalt zu gebieten und sagen: »Hör

zu, es ist mein Mann (und nicht dein Vater) oder es ist meine Frau (und nicht deine Mutter). Wenn er (oder sie) dir nicht gefällt, dann kannst du dir jemanden woanders suchen. Und mir brauchst du es schon gar nicht zu erzählen. Wenn du deinem Vater (oder deiner Mutter) irgend etwas zu sagen hast, dann sag es ihm (ihr) selbst. Ich habe absolut kein Bedürfnis zu wissen, was zwischen euch los ist.«
Es ist wichtig, daß die Eltern auf diese Weise in der Lage sind, mit ihren Kindern zu sprechen. Das Kind soll spüren, daß sie sich untereinander respektieren und sich nicht andauernd beobachten.
Man sollte aber auch bedenken, daß es dem Kind einfach nur darum gehen kann, unter dem Vorwand, sich über den anderen Elternteil zu beklagen, mit dem anwesenden Vater oder der Mutter ein Gespräch unter vier Augen zu führen. Gibt man dem Kind dann eine Antwort etwa in der Art, wie ich es gerade vorgeschlagen habe, kann es sehr gut laufen. Man kann auch sagen: »Eigentlich haben wir zwei nicht so oft die Gelegenheit, miteinander zu sprechen. Es wäre schön, wenn du mir von dir erzählen würdest.« Oder: »Wir könnten vielleicht einmal zusammen sprechen?« Ich spreche diesen Fall an, weil die Kinder oft nicht wissen, wie sie ein Gespräch beginnen sollen und der Meinung sind, daß ihnen von einem Elternteil besser zugehört wird, wenn sie sich über den anderen beklagen. Im Grunde suchen sie aber nur ein Einzelgespräch.

Wie kann man mit einem Kind von Gott sprechen? Und in welchem Augenblick? Die Frage wird uns in einer auf eine ganz bestimmte Person zugeschnittenen Form gestellt, so daß wir im Grunde wieder bei den Unstimmigkeiten unter den Eltern sind. Es geht um die Mutter einer achtjährigen Tochter; sie ist geschieden und hat vor zwei Jahren wieder geheiratet. Von ihrem neuen Mann hat sie ein Baby von vier Monaten. Ihr früherer Mann ist bei den Zeugen Jehovas und ihre achtjährige Tochter vertritt jetzt die gleichen Ideen wie ihr Vater. Die Mutter fragt, was man diesem Kind antworten soll, das alles in die Kategorien von gut und böse einteilt oder ihr sagt: »Du wirst zerstört werden, wenn du nicht zu den Zeugen Jehovas kommst.« Die Mutter schreibt uns: »Ich bin ein wenig bestürzt, weil ich viel Zeit dazu verwendet habe, meinem Kind ein Denken beizubringen, das für alles Neue offen ist, mit ihm darüber gesprochen habe, daß jeder seine eigene Meinung vertreten darf, d. h. ihm eine Erziehung zu tolerantem Verhalten gegeben habe, statt alles in schwarz und weiß zu malen.

Zunächst will ich auf die Frage antworten: »Wie kann man von Gott sprechen?« Wenn die Eltern an Gott glauben, sollten sie ganz einfach, auch wenn ihr Kind noch klein ist, darüber sprechen, und zwar so, wie sie es auch einem Freund gegenüber tun würden; d.h. einfach sagen, was sie denken, und es dem Kind nicht in einer gekünstelten Sprache verständlich machen. Einfach so, daß das Kind es mitbekommt. Und eines Tages wird es ein Gefühl dafür entwickeln, was Gott für seine Eltern, die von ihm sprechen, bedeutet. Alles weitere wird sich dann schon von allein ergeben ... So sollte man im übrigen mit allem, was einem wichtig erscheint, verfahren. Ohne das Kind direkt anzusprechen vor dem Kind sprechen, was einem als Erwachsener von Bedeutung erscheint.

Aber man spricht beim Kind doch immer vom sogenannten »Vernunftalter«? ...

Die Frage nach Gott stellt sich weit vor Eintritt in das Vernunftalter, denn es handelt sich um keine Frage, die mit dem Verstand oder der Logik zu tun hätte. Von Gott zu sprechen hat etwas mit *Liebe* zu tun. Für das Kind ist er der Hauptgarant der Liebe der Eltern, die an ihn glauben. Allerdings ist es wichtig, Gott niemals in einen Zusammenhang mit Strafen für das Kind zu stellen. Einen strafenden Gott kann es nicht geben, weil Gott für die Gläubigen doch allseitig gut und verständig ist.

Zu welchem Zeitpunkt soll man dem Kind von Gott erzählen? Ist es egal? Und wie soll man von ihm erzählen?

So, wie man will, d.h., wie die Mutter immer darüber spricht. Fühlt sie sich glücklich, spricht sie auf eine bestimmte Art von

Gott. Anders, wenn sie sich unglücklich fühlt: sie betet zu ihm, sie lobt ihn. Sie soll wirklich so handeln, wie sie es immer tut; ihr Kind wird es akzeptieren oder eben nicht. Das ist nicht so wichtig. Hauptsache, die Mutter bleibt dabei sie selbst.

Kehren wir jetzt zu dem Brief jener Mutter zurück, die bestürzt war, weil ihre kleine Tochter alles in den Kategorien von gut und böse beurteilt ...

Sie könnte dem Kind doch sagen: »Du verwirrst mich. Aber irgendwo verstehe ich, daß du mit deinem Vater, der nun einmal in diesen Kategorien denkt, einverstanden bist. Du bist seine Tochter und du kannst auch so denken wie er.« Und wenn das Kind nun sagt: »Du wirst zerstört werden«, sollte die Mutter sich darüber keine grauen Haare wachsen lassen, denn ein Kind dieses Alters ist sowieso von der Idee ganz angetan, seiner Mutter einige kleine Gemeinheiten sagen zu können. Mit sieben oder acht Jahren hat man das Bedürfnis zu sagen: »Mutter, du zählst im Leben nicht so viel wie ich.« Das ist ganz normal. Die Mutter könnte antworten: »Ich verstehe, daß du über meine Haltung traurig bist, aber ich bin trotzdem zuversichtlich, weil ich mein Möglichstes tue. Du kannst für mich an deinen Jehova beten.« Sie könnte also ganz freundlich zu dem Kind sprechen, ohne den Glauben des Vaters zu kritisieren. Das Kind wird sich dann im Recht fühlen, den Glauben des Vaters angenommen zu haben und wird nach und nach seine Mutter respektieren, weil sich diese tolerant verhält.

Ich möchte Sie aber daran erinnern, daß die Mutter seit zwei Jahren wieder verheiratet ist. Ihre Tochter ist jetzt acht Jahre alt, d. h. sie war sechs Jahre, als sich ihre Eltern getrennt haben. Könnte dies nicht auch eine Rolle spielen?

Natürlich. Das Mädchen ist natürlich sehr froh, den Schatten ihres Vaters auch in ihr neues Zuhause fallen zu lassen und dies insbesondere deswegen, weil schließlich noch ein zweites Kind da ist. Es verfährt nach dem Motto: »Ich habe meinen *eigenen* Vater«. Sie benutzt den Glauben ihres Vaters als Stütze in ihrer Rivalität gegenüber dem kleineren Kind, sie will sich von ihm abgrenzen, weil sie eben einen anderen Vater hat. Sie läßt sozusagen einen Versuchsballon steigen, um ihre ambivalente Liebe zu ihrer Mutter (und ihrem Stiefvater) zum Ausdruck zu bringen. Warum auch nicht?

32

Den Ödipus spielen …

Nun sind wir also beim berühmten Ödipuskomplex. Was sich in der frühen Kindheit in seinem Zusammenhang abspielt, betrifft ja jeden, der ein Kind hat. Und häufig wird gefragt: Befindet sich mein Sohn oder meine Tochter jetzt mitten in der Zeit des Ödipuskomplexes? Hierzu möchte ich auf zwei Briefe näher eingehen. Eine Mutter, die seit sechs Jahren von ihrem Mann getrennt ist, hat einen sechsjährigen Sohn, der einen Monat nach der Trennung geboren wurde. Sie schreibt: »Ich habe vom Ödipuskomplex gehört und mir wurde gesagt, daß das Kind, um ihn überwinden zu können, die Anwesenheit des Vaters braucht. Nun hat aber mein Sohn seinen Vater noch nie gesehen. Wie soll man dem Kind helfen, dieses Problem zu lösen?« Ich möchte einmal von mir aus hinzufügen: sein »mögliches« Problem, denn es ist doch gar nicht sicher, daß dieses Kind überhaupt ein Problem in dieser Beziehung hat.

Sagt sie sonst nichts über das Verhalten dieses Jungen, ob er z.B. Besitzansprüche und Eifersucht gegenüber seiner Mutter zeigt oder ob sie außer ihm keine anderen Menschen sieht? …

Sie sagt, daß sie bei ihren Eltern wohnt, daß sie 28 Jahre alt ist und nie ausgeht. Sie hat auch keinen Liebhaber. Ich möchte zu dem anderen Brief übergehen, bevor Sie antworten. Er stammt von einer Mutter mit zwei Kindern, einem vierjährigen Mädchen und einem einjährigen Jungen. Seitdem der kleine Junge in der Familie ist, befindet sich das Mädchen ständig mit jedem im Streit, hauptsächlich aber mit seinem Vater. Der Mutter gegenüber ist sie fordernd und sehr tyrannisch. Ständig reißt sie den kleinen Bruder an sich und hält seine Hand über ihn. In die Schule geht sie gern und lernt dort mit Ausdauer. So gewinnt man den Eindruck, daß sie sich zu Hause abreagiert. »Nun«, so die Mutter, »sollte ein Mädchen in der ödipalen Situation, wie man sagt, doch eine Zuneigung zum Vater und eine eifersüchtige Beziehung zur Mutter entwickeln. Könnte man sagen, daß sich meine Tochter außerhalb dieser Normen bewegt?«

Es scheint, daß sich dieses Mädchen mitten im Ödipuskomplex befindet und sehr eifersüchtig ist, daß der Vater ihrer Mutter und nicht ihr selbst ein Kind gegeben hat. Sie reißt den Kleinen wie die Mutter an sich und will damit so tun, als sei sie selbst die Mutter des Babys. In ihrem Spiel nimmt sie sich also das Baby, weil sie es nicht als gerecht empfindet, daß der Vater, den sie so liebt, ihr nicht die Freude gemacht hat, selbst Mutter zu sein!

Man kann also diese Mutter beruhigen... Das Verhalten ihrer Tochter entspricht vollkommen den Normen! Jetzt zu dem anderen Brief...

Diese junge Frau scheint ab dem Zeitpunkt der Geburt ihres Kindes in ihrer Entwicklung ein wenig stehengeblieben zu sein, indem sie in den Schoß ihrer Familie zurückkehrte und nun dort lebt. Sie hat sich damit abgefunden, ihr Kind bei den eigenen Eltern großzuziehen. Es gibt dort anscheinend einen Mann, nämlich den Großvater, so daß sich das Kind als Junge ganz gut entwickelt hat, weil er die Gelegenheit hat, sich mit ihm zu identifizieren. Vielleicht hat der Junge aber auch starke Besitzansprüche gegenüber seiner Mutter entwickelt oder betrachtet sie wie eine große Schwester, da er bei ihren Eltern lebt. Genaueres kann ich nicht sagen. Im übrigen erwähnt sie auch keine besonderen Probleme des Jungen. Er sollte aber den Namen des Vaters annehmen, da die Mutter, wie aus ihrem Brief hervorzugehen scheint, mit diesem Mann verheiratet war. Das Kind weiß also schon sehr wohl, daß es einen Vater hat und daß sein Großvater diesen nur abgelöst hat.
Die Situation ist für diesen Jungen im übrigen sehr vielschichtig. Auf jeden Fall wird er eine Identität als Junge erlangen. Was die Mutter angeht, besitzt sie sicherlich die Identität eines Mädchens, nur bin ich mir nicht so sicher, ob sie im Moment auch die Freiheit und Identität einer Frau besitzt. Vielleicht

wird der Junge erst dann, wenn diese Frau sich ein Leben als Frau zugesteht, dem Mann gegenüber Eifersucht zeigen, der in bezug auf seine Mutter dann über mehr Rechte verfügen würde als wie jetzt deren eigener Vater und ihr Sohn. Auf jeden Fall findet dieses Kind in seinem Großvater ein wesentliches Element beim Beginn des Ödipuskomplexes; beim Ödipuskomplex geht es ja darum, daß sich das Kind mit einem Erwachsenen identifiziert, indem es in ihm das fertige Bild und Modell seiner selbst erblickt, um selbst erwachsen zu werden. Im Augenblick macht er wohl keine großen Fortschritte in diesem Prozeß und wird, was die Sexualität angeht, ein wenig »unwissend« sein ...

Wie sollen die Eltern reagieren, wenn sich der Ödipuskomplex bei ihren Kindern bemerkbar macht?

Sie sollen im Grunde das tun, was sie selbst als richtig empfinden. Zunächst müssen sie wissen, daß es ein ganz normales Stadium in der Entwicklung des Kindes ist und können dem Kind sagen: »Wenn du groß sein wirst, wirst du tun können, was du willst. Im Augenblick kannst du aber noch keine eigene Frau (wenn es ein Junge ist), oder keinen eigenen Mann (wenn es ein Mädchen ist) haben. Du hättest große Lust, schon jetzt ein Erwachsener zu sein und all das zu tun, was sie machen. Vielleicht möchtest du, wie ganz viele kleine Jungen (bzw. Mädchen), der Mann deiner Mutter werden (oder die Frau deines Vaters). Aber in der Wirklichkeit geht es nicht. So ist das Leben nun einmal.

Man sollte also immer wieder nicht zögern, mit dem Kind zu sprechen.

Genau. Und dann könnte man dem Jungen noch sagen, daß sein Vater früher unter den gleichen Dingen gelitten hat wie er; und daß seine Mutter, als sie klein war, unter den gleichen Verboten wie heute ihre Tochter gelitten hat, usw.
In bezug auf den Ödipuskomplex stellen die Leute viele Fragen, seitdem er in der Öffentlichkeit so breit diskutiert

wurde; existiert hat er aber schon immer, und zwar schon lange, bevor man über ihn sprach. Diejenigen, die ihn fürchten, merken vor allem nicht, daß sich der Komplex anders bemerkbar macht, als man es eigentlich erwartet hätte. Ich möchte ein Beispiel dafür geben. In einer Familie mit drei Kindern (darunter waren zwei Jungen und beide waren die Ältesten), ging die Mutter an drei Abenden nacheinander mit dem Vater aus. Die Jungen sind dann zur Mutter gekommen und haben ihr gesagt: »Warum gehst du immer mit dem da aus und nie mit uns?« »Mit uns« lautete also das Kommando der Jungen. Die Mutter antwortete ein wenig verwirrt: »Aber er ist doch mein Mann und es ist mein gutes Recht, mit ihm auszugehen.« Darauf sagte eines der Kinder: »Wir wollen aber auch dein Mann sein.« Die Mutter wußte nichts darauf zu antworten. Daraufhin antwortete der andere Junge dem ersten folgendes: »Hör doch mal, er ist ihr Mann, um mit ihr Kinder zu machen und wir, wir wären ihr Mann einfach nur so.« Die Mutter folgte seinen Argumenten und sagte: »Er hat recht, das stimmt.« Damit war der Fall erledigt und die Jungen schwiegen ein wenig mißmutig, weil die Mutter schon einen Mann hatte. Der Komplex kann sich auch auf eine andere Weise bemerkbar machen: der Junge liebt seinen Vater, möchte sich mit ihm identifizieren, möchte, daß er immer recht hat; gleichzeitig liebt er seine Mutter und möchte, daß sie mit ihm Zärtlichkeiten austauscht... Das Kind sagt: »Weißt du, vielleicht wird er (der Vater) heute abend nicht nach Hause kommen oder spät, dann könnte ich mich doch in der Zeit an seinen Platz setzen, ja? Denn es ist ja schade, einen Platz so leerstehen zu lassen.« Gegenüber solchen Äußerungen muß die Mutter in jedem Fall einen klaren Kopf behalten, denn sie stellen eine Herausforderung an sie dar. Sie sollte antworten: »Dieser Platz steht nie leer; ob dein Vater da ist oder nicht, es ist der Platz deines Vaters. Er ist immer da, auch wenn er abwesend ist, weil ich an ihn denke.« Es ist also nicht gut, wenn die Mutter ihren Sohn den Platz des Vaters einnehmen läßt, nur weil dieser gerade nicht anwesend ist; denn in seiner Phantasie nimmt der Sohn ja das Recht für sich in Anspruch, sich für den Mann seiner Mutter zu halten. Noch schlimmer ist es, wenn sich diese Szene im Bett abspielt, etwa nur, weil die Mutter es warm haben will:

»Warum soll sich mein Sohn nicht zu mir ins Bett legen, mein Mann ist ja nicht da.« Das wäre für die Kinder ausgesprochen schädlich.
Sehen Sie, auf diese Weise macht sich der Ödipuskomplex im Alltagsleben bemerkbar. Die Mutter sollte auf der Hut sein. Daß ein Sohn ihr gegenüber die Rolle ihres Ehepartners oder den kleineren Geschwistern gegenüber die Rolle eines Vaters annimmt, sollte man gar nicht erst einreißen lassen. Dieses Privileg ihnen einzuräumen, bedeutet in der Phantasie der Kinder, daß ihnen die Mutter (die ja nichts dagegen hat) ein Recht einräumt, den Wunsch bei sich zu verspüren, den Vater direkt zu ersetzen. Das führt bei den Kindern zu Schuldgefühlen, die sie in ihrer weiteren Entwicklung behindern. Genau dasselbe gilt für die Mädchen. An eines kann ich mich erinnern. Es war damals drei Jahre alt und befand sich mitten in einer Phase feuriger Liebe für ihren Vater. Nachdem dieser eines Morgens laut aufwiedersehen gesagt hatte, sie ihn bis an die Tür begleitete und er dann weggegangen war, flüchtete sie sich in die Arme ihrer Mutter und sagte: »Ich hasse meinen Papi!« »Und warum haßt du ihn?«, fragte die Mutter. Nach einer Weile antwortete das Mädchen mit verzweifelter Stimme und versteckte sich dabei in den Armen der Mutter: »Weil er zu nett ist.«

Jetzt möchte ich eine Frage vortragen, die auf den ersten Blick mit unserem Thema nichts zu tun zu haben scheint: »Wie kann man einem sehr lebenslustigen und wißbegierigen Jungen verständlich machen, daß es trotzdem Momente gibt, in denen er die Erwachsenen sprechen lassen muß und selbst einmal schweigen, auch wenn es nur für einige Minuten am Tag ist. Er ist ein intelligentes und sehr sensibles Kind, aber er schwätzt die ganze Zeit. Ich halte es nämlich für mein gutes Recht, in seiner Anwesenheit wenigstens ein bißchen mit meinem Mann reden zu können oder Radio hören zu dürfen, ohne daß er einen ständig unterbricht. Was ist Ihre Meinung dazu?«

Das Kind unterhält eine Liebe zu seiner Mutter, die mit Besitzansprüchen und Eifersucht einhergeht; es möchte von dieser Liebe möglichst wenig abgeben, deshalb nimmt es sie ständig in Anspruch. Wahrscheinlich ist der Junge ein Einzelkind oder vom Alter her von seinen anderen Geschwistern sehr weit entfernt.

Er hat einen kleinen Bruder von zehn Monaten, also noch sehr jung ...

Sehen Sie, er war also doch lange Zeit ein Einzelkind. In seinem kleinen Bruder sieht er keinen geeigneten Gesprächspartner, so daß er sich lieber mit den Großen, in diesem Fall seinem Vater, identifizieren will. Das Kind befindet sich mitten in der Zeit des Ödipuskomplexes. Es möchte die Mutter für sich behalten, weswegen es sie daran hindert, mit ihrem Mann zu sprechen. Sie sollte diesen Jungen aber nicht zurückstoßen. Andererseits könnte ihm auch der Vater helfen und sagen: »Jetzt will ich mit deiner Mutter sprechen, sei bitte still. Wenn du uns nicht zuhören willst, kannst du ja gehen.« Und dann könnte der Vater, wenn er wirklich einmal mit seiner Frau reden will und der Junge ihn mit seinem ständigen Dazwischenreden daran hindert, ganz lieb zu ihm sein und ihm z.B. ein Kaugummi oder ein Kaubonbon geben. Wenn das Kind dann aufgegessen hat, kann er ihm sagen: »Siehst du, wir lassen dich nicht im Stich, weil wir zusammen miteinander reden. Du wirst dich schon daran gewöhnen ...« Man sollte derartige Situationen mit Humor nehmen. Offensichtlich verteidigt dieses Kind seine Position als Ältester. Vielleicht kümmert sich der Vater in seiner Freizeit auch zu wenig um den Jungen und fördert ihn in seinem Bestreben, groß zu werden, nicht genug. Es ist nicht ganz einfach, zwischen einem kleinen Bruder, der noch nicht spricht, aber eine immer wichtigere Rolle einnimmt, und einem Vater zu stehen, der als Konkurrent im Verhältnis zur Mutter auf der ganzen Linie siegreich ist. Der Junge denkt sich ja: Mir gehört sie, für mich allein ist sie da, ich will sie!
Man muß wissen, daß das Kind, das mit dem Ödipuskomplex ringt, dabei leidet. Es verdient das Mitgefühl der Eltern. Es braucht die dezente Liebe von seiten der Eltern und ehrliche Worte in bezug auf die verbotenen Wünsche, die zwischen den

Zeugern und dem Gezeugten oder den Kindern einer gleichen Familie bestehen. Die Eltern sollten sich hüten, das Kind zu sticheln oder zu tadeln. Man sollte auch absehen von zweideutigen Liebesäußerungen oder ambivalenten Zärtlichkeiten, z.B. unter dem Deckmantel stürmischen Streichelns. Ebenso von einer Art spielerischen Konkurrenzwettkampfes, durch den das Kind Hoffnung schöpft, in seinem inzestuösen Kampf doch noch zu siegen. All dies würde die psychosexuelle Entwicklung des Kindes hemmen.
Wenn das Inzestverbot von den Kindern spätestens bis zum Alter von sieben bis neun Jahren nicht begriffen und akzeptiert wird, tauchen die Konflikte in der Pubertät wieder auf. Die Probleme in der Adoleszenz werden dann schwieriger, und zwar sowohl für den Jugendlichen als auch für dessen Eltern. Sie strahlen auch auf die jüngeren Geschwister aus, da sie den ältesten Kindern für die Unruhe zu Hause und die Szenen zwischen den Eltern die Schuld geben werden. Es gibt viele Familien, die darunter leiden, daß sich die Eltern in die Ödipusfalle ihrer ältesten Kinder haben einfangen lassen. Jeder Elternteil hat sein Lieblingskind für sich behalten und diesem auf diese Art und Weise die Möglichkeit entzogen, von sieben bis neun Jahre die Freundschaft zu Kindern außerhalb der Familie zu entwickeln. Sie haben diesen Kindern nicht dabei geholfen, sich rechtzeitig von einer freundschaftlichen Beziehung zu den Eltern, zu einem Bruder oder einer Schwester zu distanzieren, die unbewußt eine Liebesbeziehung bzw. eine homosexuelle oder heterosexuelle Beziehung war. Und in der Pubertätszeit solcher Kinder stürzt dann alles zusammen und mündet in Gewalttätigkeit oder in Depression, wenn es nicht sogar zu Jugendkriminalität kommt oder die Ehe der Eltern zersetzt wird ... Es geht hierbei wohlgemerkt weder um Schuld noch »richtiges« Verhalten. Es handelt sich einfach um die Konsequenz des inzestuösen Wunsches und seiner Fallen, in die man geraten kann, wenn man sie nicht rechtzeitig erkennt und vereitelt. Wenn es trotzdem soweit kommt, sollte man ohne zu zögern auf eine psychoanalytische Therapie zurückgreifen, die zum Glück sehr wirksam ist.

33

Immer wiederkehrende Fragen

(Trennung; Zwillinge)

Es gibt Fragen, die wirklich immer wiederkehren; zunächst das Problem der langen Abwesenheit der Mutter von ihren Kindern. Die Mutter, die uns den folgenden Brief geschrieben hat, hat drei Kinder: einen vierzehnjährigen Jungen, ein siebenjähriges und noch ein vierjähriges Mädchen. Dieses letzte Kind macht der Mutter ganz besonders zu schaffen: »Als ich mit der Kleinen schwanger war, habe ich aufgehört zu arbeiten. Sie wurde also unter den besten Bedingungen erzogen, da ich immer für sie da war. Mit der Zeit ist sie aber immer schwieriger geworden und jetzt macht sie uns allen das Leben unerträglich. Ich versuche, es zu verstehen und Geduld zu haben, doch dieses Kind deprimiert mich, es bringt mich aus meiner Ruhe, es erschöpft mich ... Seit einiger Zeit schlägt sie ihre Schwester und beißt sich anschließend selbst zur Strafe. Allein mit mir oder ihrer Schwester ist sie sehr lieb. Das kann Tage anhalten, aber sobald eine andere Person hinzukommt, wird sie unerträglich. Ich führe dieses Verhalten darauf zurück, daß sie im Grunde nur will, daß man sich um sie kümmert. Ich traue mich schon nicht mehr, ihre kleinen Freundinnen nach Hause einzuladen, weil es immer Streit und Ärger gibt. Und wenn ich versuche, mit ihr ganz ruhig über ihr Verhalten zu sprechen, antwortet sie: ›Also gut, man wird sich bemühen, lieb zu sein.‹ Leider hält dieses Versprechen nie sehr lange. Ich bin ein wenig darüber verzweifelt, daß es mir so schlecht gelungen ist, sie richtig zu erziehen.«

Ich glaube, daß die Mutter schon vor einem Jahr ihre Arbeit hätte wieder aufnehmen müssen und verstehe auch nicht, warum sie es nicht getan hat. Wenn das Kind sagt, »man wird sich bemühen, lieb zu sein«, fühlt es wohl, daß es nicht nur um es allein, sondern um ein Trio geht, das sich bemühen soll, lieb zu sein. Anscheinend fühlt es sich nur wohl, wenn es mindestens zu zweit mit jemandem ist ... Der Vater hingegen wird in dem Brief überhaupt nicht erwähnt. Es wird auch nicht erwähnt, ob die Schwester, nach der das Mädchen schlägt und auf die es böse ist, ihrerseits aggressiv ist oder nicht. Ich habe Schwierigkeiten zu verstehen, was sich da eigentlich abspielt. Warum verteidigt sich die siebenjährige Schwester nicht, wenn sie von der Kleineren geschlagen wird? Wahrscheinlich beißt diese sich doch nur selbst, weil sie eine Mutter hat, die sich durch ihr Verhalten entmutigen läßt und eine Schwester, mit der man machen kann, was man will. Ich denke, daß es gar nicht diese Kleinste ist, die in der Familie die größten Schwierigkeiten hat. Ich habe den Eindruck, daß die Mutter viel zu viel für sie tun wollte und dies über einen langen Zeitraum hinweg. Schließlich ist sie ja die einzige gewesen, um die sie sich die ganze Zeit so intensiv gekümmert hat, denn bei ihren anderen Kindern hatte sie ja weitergearbeitet. Wenn man so will, ist die Kleine ein »verwöhntes« Kind. Die große Schwester denkt wahrscheinlich, sie hätte in bezug auf die Liebe ihrer Mutter weniger Rechte als ihre kleine Schwester. Es könnte auch sein, daß sie sich von der Kleinen schlagen läßt, um die Liebe ihrer Mutter wiederzugewinnen.

Dann würde ja eine gute Absicht dahinterstecken ...

Ja, aber auch mit guten Absichten kann man ins Verderben geraten... Die Mutter sollte jetzt wieder ein eigenes Leben beginnen, d.h. vielleicht ihre Arbeit wieder aufnehmen und von diesem Abhängigkeitsverhältnis zu ihrer kleinen Tochter wegkommen. Dieses Kind und seine siebenjährige Schwester scheinen einen schlechten Start erwischt zu haben. Man muß sich schließlich auch die Frage stellen, welche Rolle dabei der Vater und der Sohn spielen. Wenn eine Mutter deprimiert ist, gibt es für sie immer ein Kind in der Familie – meist ist es das lebenslustigste –, das ihr unerträglich wird. Man könnte es mit einer Elektroschockbehandlung für arme Leute vergleichen, denn dieses Kind dient als Instrument zur Verhinderung einer Depression bei der Mutter. Man gewinnt den Eindruck, daß sich das Kind dagegen wehrt, mit einer depressiven Person zusammenzusein und dieses ganze Spektakel um seine Person nur inszeniert, damit es Leben um sich spürt; bei Verzicht auf dieses Spektakel würde es nicht genug Leben für sich empfinden.

Für die Mutter wäre es wohl ratsam, selbst zu einem Psychoanalytiker zu gehen. Sie müßte versuchen, den Sinn ihrer Depression zu durchschauen. Denn ich denke schon, daß das Problem in erster Linie von der Mutter herrührt, allerdings auch von der großen Schwester, die über keine ausreichenden Abwehrmöglichkeiten gegenüber einem kleinen Mädchen verfügt, das sehr heftig zu sein scheint. Dieses wurde mit viel Rücksicht auf seine Person erzogen und jetzt hat es genug davon. Im Grunde hat man schon zu viel für es getan. Um sich herum hat sie nun Menschen, die ihrer Aggressivität nicht gewachsen sind. Die Mutter müßte sich erholen und dann wieder arbeiten gehen. Außerdem sollte sie der größeren Schwester sagen, daß sie der Kleinen gegenüber weder zu nachgiebig noch zu mütterlich sein sollte. Die bestehenden Schwierigkeiten werden sich durchaus beheben lassen; hier sollten sich auch der Vater und der Großvater um die Kleine kümmern und sie bei dem, was sie tut, nicht immer gewähren lassen. Dieses Mädchen sagt »man« statt »ich«, weil in ihm ein Bedürfnis die Oberhand gewonnen hat, das weder für ein Mädchen noch für einen Jungen typisch ist. Es leidet selbst und läßt andere leiden. Es fühlt sich schuldig. Es ruft nach Hilfe und »man« lamentiert darüber.

In bezug auf die Wiederaufnahme der Arbeit taucht immer wieder die Forderung nach einem »Hausfrauengehalt« auf. Denn bei vielen Frauen besteht die Möglichkeit, zu Hause zu bleiben und sich um die Kinder zu kümmern ja schlicht und ergreifend aus dem Grunde nicht, weil sie aus existentiellen Gründen auf das Geld angewiesen sind. Ist die Zeit, in der man ein Kind pflegen muß, eigentlich begrenzt?

Ja, wenn man darunter jene Zeit versteht, in der eine Person die ganze Zeit über zu Hause bleiben muß. Ich halte diese ständige Anwesenheit zu Hause solange für notwendig, bis ein

Kind vollkommen selbständig gehen kann, richtig spricht und sich auch körperlich zu helfen weiß, d. h. bis zu einem Alter zwischen 24 und 30 Monaten, spätestens bis zu drei Jahren. Ich persönlich wäre mit der Einführung eines Lohnes bzw. einer finanziellen Hilfestellung für die Mutter – warum nicht auch für den Vater – bis zu diesem Alter eines Kindes voll und ganz einverstanden. Für besonders labile Kinder sollte man sogar noch zusätzliche Zeit in Anspruch nehmen dürfen. Ab einem bestimmten Alter, das für jedes Kind individuell festzulegen wäre, könnte das Kind dann morgens und nachmittags in eine Kindertagesstätte gehen; denn sobald es sich selbst zu helfen weiß und mit anderen Kindern zurechtkommt, braucht es nicht mehr ständig mit seiner Mutter zu sein. Ein Kind großzuziehen heißt ja nicht, sich ausschließlich dem Kind widmen und dabei sich selbst zu vernachlässigen; und noch weniger, seinen Partner, seine anderen Kinder oder sein soziales Leben hintanzustellen.

Jetzt noch zwei Einwände in bezug auf unser Gespräch über die Zwillingsproblematik ... Mir liegen zwei völlig verschiedene Briefe zu diesem Thema vor. Einen hat eine eineiige Zwillingsschwester geschrieben: »Ich frage mich, wieso eigentlich alle Ärzte, Psychiater oder Soziologen so hartnäckig die Meinung vertreten, daß man Zwillinge unbedingt trennen soll. Ich bin da absolut anderer Meinung.« Ich denke, daß sie es schließlich beurteilen kann, weil sie ja selbst Zwillingsschwester ist. Sie spricht in diesem Zusammenhang von einer Art brüderlicher Liebe: »Ich sage Ihnen das alles, weil es meiner Ansicht nach nichts Schöneres und Angenehmeres gibt, als die tiefe, brüderliche Liebe. Ich glaube, daß diese Art von Liebe nur bei echten Zwillingen möglich ist. Wann wollen Sie denn Zwillinge trennen? Warum soll man riskieren, ihnen eine solch wunderbare Beziehung zueinander zu entziehen? Ich habe übrigens jetzt zwei Söhne, die vierzehn und fünfzehn Jahre alt sind und sich von morgens bis abends streiten. Ich bin ganz verzweifelt darüber. Da sie vom Alter her ja nicht so weit auseinander sind, habe ich sie praktisch wie Zwillinge erzogen.« Über diese Reaktionen wundert sie sich also ...

Es stimmt, daß es eine »schwesterliche« Liebe gibt. Ob diese Frau nun die Zwillingsschwester ihrer Schwester war oder nicht, hätte sie ihre Schwester geliebt und ihre Schwester sie. Viele Schwestern lieben sich. Man braucht deshalb also keineswegs Zwillingsschwester zu sein. Vielleicht hat in diesem Fall allerdings ihre Ähnlichkeit zu dieser Liebe beigetragen. Wie dem auch sei, andererseits ist es ratsam, zwei Kinder, die ein Jahr auseinander sind, nicht wie Zwillinge zu erziehen... Übrigens möchte ich noch anmerken, daß diese Frau ihre eheliche Liebe mit keinem Wort erwähnt ...

Sie haben – ich greife Ihre Worte wieder auf – das Wort »schwesterlich« verwendet.

Ja, »schwesterliche« Liebe! Ich meinte damit die Liebe zwischen zwei Schwestern! Ist das etwa falsch? Schließlich kann man, wenn es um Schwestern geht, nicht »brüderlich« sagen. Die Mädchen mögen gern wie Doubletten sein und sich in der Familie gut verstehen. Das geht solange gut, bis sie anfangen, sich ab einem gewissen Alter um denselben Mann zu streiten... Die Jungen, die sich nahestehen, Zwillinge oder Freunde sind, pflegen keine so enge Beziehung zueinander. Hinzuzufügen wäre noch, daß auch die Liebe zwischen Bruder und Schwester das ganze Leben authentisch und unzweideutig sein kann.

Gehen wir jetzt zu dem anderen Brief über. Eine Mutter schreibt: »Ich habe Ihnen zugehört, als sie zum Thema ›Zwillinge‹ sprachen. Sie haben in dieser Sendung gesagt, daß man sie verschieden anziehen sollte. Ich selbst habe dagegen die Erfahrung gemacht, daß sich genau das Gegenteil bewährt. Ich habe Zwillinge, einen Jungen und ein Mädchen, und habe sie immer auseinandergehalten. Als sie im gleichen Ställchen waren, hat das Mädchen immer seinen Bruder gebissen. Daraufhin habe ich sie getrennt und einzeln in ein Ställchen getan. Aber das Mädchen hat es immer wieder geschafft, sich mit ihrem Ställchen dem des Bruders zu nähern und ihn zu beißen.« Diese Dame hat später dann noch ein Kind bekommen. Doch das kleine Mäd-

chen hat seinen Bruder weiter gebissen. »Eines Tages habe ich diesen Kindern die gleichen Kleider angezogen, zum Schluß habe ich alle gleich angezogen. Ich habe sie also ganz typisch wie Zwillinge behandelt und die Schwierigkeiten sind verschwunden, alles hat sich wieder beruhigt (...). Ich finde, daß nur die Eltern wissen, was man in einer gegebenen Situation machen muß. Ich halte es nicht für richtig, sich im Kopf einen ganz bestimmten Typ von Kind auszudenken und die Kinder dann in diese Schablone eines idealen Kindes zu pressen. Zur Zeit gibt es so eine Tendenz, seine Kenntnisse nur aus Büchern, aus Filmen oder etwas anderem zu schöpfen ...«

Ja. Und auch, Françoise Dolto zuzuhören! Die Dame, die uns diesen Brief geschrieben hat, hat schon recht; jeder soll sich die Antworten auf seine eigenen Fragen selbst geben. Das ist also richtig. Richtig ist auch, daß es keinen bestimmten »Kindertyp« gibt. Hier wurde allerdings das Mädchen, das seinen Bruder biß, getäuscht, indem die Mutter alle Kinder, obwohl sie verschiedenen Geschlechts waren, uniform anzog.

In diesen beiden Briefen wurde Ihnen widersprochen ...

Das finde ich nicht, aber es wurden zwei besondere Fälle aufgeführt, in denen andere Lösungsversuche gefruchtet haben ...
Ich habe schon betont, daß ich mich bei jenen bedanken möchte, die sich die Zeit genommen haben, meinen Antworten zu widersprechen. Ich möchte, daß die Mütter und Väter die Überlegungen, die hinter meinen Antworten stecken, verstehen. Ich selbst denke über die kleinsten Details, die in den Briefen angeführt werden, nach und versuche mir mit Hilfe aller in ihnen enthaltenen Elemente zusammen mit den Eltern, und nicht an ihrer Stelle, ein Urteil zu bilden. Wenn Eltern bei Schwierigkeiten, die ähnlich gelagert waren wie die, die wir besprochen haben, sich anders zu helfen wußten, als ich es empfohlen habe, bin ich froh, ihre Aussagen mit in Betracht ziehen zu können. Das kann dann wieder anderen Eltern weiterhelfen. Und das ist schließlich das Ziel, das wir verfolgen.

34

Aggressive oder aggressiv behandelte Kinder?

(Rückkehr aus dem Kindergarten)

Wir wollen in unseren Fragen fortfahren. Jetzt geht es um eine Mutter, die ein fünfeinhalbjähriges Mädchen, einen viereinhalbjährigen Jungen und ein weiteres zweijähriges Mädchen hat. Bald wird sie noch ein viertes Kind bekommen. Ihre Frage bezieht sich auf das fünfeinhalbjährige Mädchen, welches das älteste Kind ist. Es geht in den Vorschulkindergarten, ist für sein Alter schon ziemlich groß und ein wenig pummelig und sieht übrigens seiner Mutter recht ähnlich. Eines Tages kam es sehr traurig vom Kindergarten zurück. Seine Eltern haben nach den Gründen dafür gefragt und es hat dann erzählt, daß die anderen Kinder sie eine »dicke verfaulte Kartoffel« genannt hätten, was sie anscheinend total fertiggemacht hat. In diesem Zusammenhang ergibt sich folgendes Problem: Wie kann man einem Kind helfen, in einem Milieu, das nicht den familiären Rahmen widerspiegelt, eine Strategie zu entwickeln, um sich verteidigen zu können und um die eigene Unabhängigkeit zu wahren?

Ich vermute, daß die Mutter selbst deprimiert war, als ihr Kind die Begebenheit aus dem Kindergarten erzählt hat. Man könnte mit dem Mädchen sprechen und ihr z. B. sagen: »Überleg' mal, was du selbst darauf hättest antworten können. Ich glaube, daß das Mädchen, das so zu dir gesprochen hat, auf dich eifersüchtig ist. Ich weiß zwar nicht worauf, aber es muß eifersüchtig sein.« Daß andere ein Kind beschimpfen, auf das sie eifersüchtig sind, kommt nämlich häufig vor. Natürlich gibt es auch Kinder, die wegen eines ausgesprochen »sadistischen« Kindes im Kindergarten zu leiden haben. In einem solchen Fall sollten sich die Eltern weder an die Erzieherinnen noch an die Eltern dieses Kindes, das ihr Kind beschimpft hat, wenden, sondern ihrem eigenen Kind dadurch helfen, daß sie mit dem

Kind, das ihr Kind verletzt hat, selbst sprechen: »Also, was hast du meiner Tochter gesagt? Es ist sehr schlecht, was du da gemacht hast...« usw. Sie sollten diesem Kind eine Lektion erteilen, mit ihm schimpfen, da es Ihrem Kind moralisch wehgetan hat. Diese verständliche Warnung genügt, danach muß man ihm helfen: »Dabei siehst du so niedlich aus, warum bist du denn so böse auf meine Tochter? Was hat sie dir getan? Nichts? Warum hast du denn so gehandelt? Du hast ihr wehgetan. Kommt, schließt jetzt Frieden miteinander.« Sehen Sie, ein Kind beschimpft ein anderes oft nur deshalb, weil es selbst leidet und weil es auf das andere Kind böse ist, von dem es glaubt, es sei glücklicher und würde mehr geliebt als es selbst. Es beneidet es und möchte im Grunde sein Freund sein. Es gibt allerdings auch viele Kinder, die auf irgendwelche platte Dummheiten nichts zu antworten wissen und daraus dann ein großes Drama machen. In diesem Fall kann man zu Hause über mögliche Antworten gemeinsam nachdenken. Zum Beispiel gibt es ja eine Menge Dinge, die man auf »verfaulte Kartoffel« antworten könnte. Man kann sich in der Familie eine Reihe von lustigen Ausdrücken dazu einfallen lassen, die das Kind dann lernen und im Kindergarten sagen könnte. Verbale Gefechte und der Sinn für Sticheleien sind sehr wichtig.

Es gibt auch jene Kinder, die ständig von anderen verprügelt werden. Hier liegt der Fall anders. Wenn es ernst wird, muß der Vater sich einmischen. Oft ist es ein Kleinerer, der einen Großen angreift. Der Größere hat Angst vor seiner eigenen Kraft und möchte den Kleineren nicht schlagen, weil man es in seiner Familie nicht tut. Es gibt auch Kinder, die sich schlagen lassen – man weiß nicht warum – und sogar andere provozieren, sie zu schlagen. Das geschieht nicht nur im Kindergarten oder in der Schule. Wir können an dieser Stelle nicht detailliert darauf eingehen, aber bei diesen zukünftigen Masochisten, die sehr ängstlich sind, gibt es ein Mittel, das häufig weiterhilft. Man sollte ihnen nämlich sagen: »Ich glaube, daß du gar nicht auf die Art und Weise achtest, wie die anderen dich schlagen. Du suchst sofort Schutz und versteckst dich; so wirst du dich aber nie verteidigen können. Paß lieber gut auf! Du mußt dir genau die Schläge merken, die wehtun und die, die dir *besser*

wehtun.« Man muß *»besser«* sagen, auch wenn es nicht ganz korrekt ist. Durch die Erlaubnis, Schläge zu bekommen und durch die Anweisung, auf die Art und Weise zu achten, wie man sie bekommt, wird das Kind im allgemeinen nach ein paar Tagen seine Schwierigkeiten überwinden, es wird dann diesen Schlägen seine Antwort geben und von den anderen nicht länger belästigt werden.
Oft handelt es sich dabei um ein Einzelkind, dem man zu Hause eingebläut hat, bloß nicht streitsüchtig zu sein, weil es nicht schön ist. Dann erzählt es bei seiner Rückkehr aus dem Kindergarten: »Die anderen schlagen mich, sie sind böse, alle schlagen mich ...«, und die Eltern antworten: »Aber wehre dich doch!« Aber es hat nicht gelernt, sich zu wehren, weil man ihm davor nicht die Gelegenheit gab, aggressiv zu sein. Noch einmal: Ein Kind, das man ermutigt, auf die Art und Weise zu achten, wie es angegriffen wird, weiß nach einer gewissen Zeit sehr wohl, wie man Schläge zurückgibt und sich Respekt verschaffen kann. Es handelt sich dabei um einen Lernprozeß.

In der Vorschule laufen auch noch andere Dinge ab. Oft haben Kinder unter sich folgendes klassisches Gespräch: »Mein Vater ist aber viel stärker als deiner. Mein Vater ist aber viel schlauer als deiner. Mein Vater ist aber viel reicher als deiner« usw. Was soll man also tun, wenn die Kinder nach Hause kommen und von solch einem »Gespräch« berichten? Sollen sie mit diesen Problemen selbst fertig werden oder soll man ihnen helfen, eine Antwort zu finden?

Zunächst muß man wissen, an wen sich das Kind zu Hause wendet. Stellen wir uns vor, das Kind würde seinen Vater darauf ansprechen. Wenn der Vater genügend Vertrauen in seine eigene Person hat und ein sicheres Selbstwertgefühl, wird er antworten: »Dein Schulkamerad ist vielleicht ein Idiot. Wenn er sagt, daß sein Vater deswegen so toll ist, weil er reich ist, so nur deshalb, weil er sich gar nicht so sicher ist, ob ihn sein Vater genauso liebt wie ich dich. Ob jemand nett ist oder nicht, erkennt man nicht daran, was für ein Auto er fährt oder was für Kleider er anhat.« In dieser Art und Weise sollte man auf das

Problem eingehen. Jedes Kind liebt seinen Vater und wenn es solche Mittel benutzt, um seinem Vater das zu sagen, was ein anderer über ihn gesagt hat, dann um sicher zu sein, daß sein Vater stark ist und sich nicht demütigen läßt. Der Vater kann aus solch einer Situation sogar gestärkt hervorgehen. Das trifft auch zu, wenn er zu antworten weiß: »Ich finde mich schwer in Ordnung. Ich habe es auch nicht nötig, mir so etwas von anderen sagen zu lassen. Du kannst ihm im übrigen antworten: ›Mein Vater ist schwer in Ordnung. Und ich, sein Sohn, bin auch schwer in Ordnung.‹«

Es ist unvermeidlich, daß Kinder mit ihrem Vater angeben. Ich erinnere mich an ein Gespräch, das ich vor drei oder vier Jahren mitbekommen habe – die Kinder wußten nicht, daß ich ihnen zuhörte: »Mein Vater hat aber ein Motorrad. Es fährt sehr schnell.« Darauf hin sagte der andere: »Mein Vater hat ein Motorrad, das fährt sehr schnell, sehr schnell, sehr schnell.« Dann wurden diese »sehr schnell, sehr schnell« angehäuft und das hat immerhin fünf Minuten gedauert; daraufhin sagte der eine: »Also, mein Vater hat ein Motorrad, das überhaupt nicht anhält.« Zum Schluß hat der andere ihn daraufhin angespuckt und sie haben sich getrennt. Was soll es also? Solche Geschichten laufen eben unter Kindern ab.

Zum Schluß möchte ich noch aus einem Brief vorlesen, in dem es heißt: »Es stimmt wirklich, daß ein Kind ein Leben völlig verändert, die Menschen anders werden läßt und sie dazu veranlaßt, das Beste von sich herzugeben. Eltern zu sein, ist nichts, was einem angeboren ist, sondern etwas, was gelernt sein will.«

Man könnte sogar sagen, daß das Kind in einem doppelten Sinn Vater des Menschen ist.

35

Das Baby »zivilisiert« empfangen

(Geburt)

Vielleicht haben Sie von dem Kongreß über Kinderheilkunde gehört, der seinerzeit in New York stattfand und auf dem sich amerikanische Ärzte – unter ihnen einige in einflußreichen Positionen – für die Rückkehr zur Hausgeburt ausgesprochen haben. Sie meinten, daß die Ärzte, insbesondere in den USA, die Schwangerschaft als eine Art Krankheit mit neunmonatiger Krankheitsdauer betrachten würden. Ebenfalls wandten sie sich entschieden gegen die künstliche Einleitung einer Geburt. Sie fanden also, daß nichts dagegen sprechen würde, daß die Frauen ihre Kinder wieder zu Hause gebären. Diese Ansicht wird mittlerweile ziemlich breit vertreten und wir möchten Sie über Ihre Meinung dazu fragen.

Die Geburt ist ein völlig normaler Vorgang und hat mit einer Krankheit nichts zu tun. Aber so, wie die Wohnungen jetzt aussehen – sie sind meistens klein und man hat Schwierigkeiten, sich in ihnen zu bewegen, wenn mehrere Menschen darin wohnen –, wäre es für eine Frau, die schon mehrere Kinder hat, nicht ganz einfach. Eine Frau, die zwei oder drei Kinder problemlos geboren hat, könnte natürlich zu Hause gebären, allerdings unter der Voraussetzung, daß ihr geholfen wird. Nur sollte man, nur weil die Geburt ein im Grunde normaler körperlicher Vorgang ist, nicht verlangen, daß die Mutter sofort, nachdem sie das Baby auf die Welt gebracht hat, ihren Beschäftigungen wieder nachgeht. Es war zwar früher auf dem Land üblich, hatte aber häufig Gebärmuttersenkungen bei der Frau zur Folge. Es braucht Zeit, bis die Muskeln wieder ihre ursprüngliche Form angenommen haben und der Bauch der Frau wieder straff geworden ist. Und die Frau braucht viel Ruhe nach einer Geburt. Aber wenn alles gutgegangen ist, ist es tatsächlich überflüssig, länger als 24 Stunden im Krankenhaus zu bleiben, und es ist sowohl für das Baby als auch für die Mutter besser, möglichst bald wieder zu Hause zu sein, weil sich beide dort besser fühlen. Vor allem für die anderen Kinder, sofern sie vorhanden sind, ist es besser, die Mutter und das Baby sofort wieder zu Hause zu sehen. Und schließlich ist der Vater ja auch zu Hause. Es ist doch schrecklich, wenn ein Mann Vater geworden ist und trotzdem seine Frau nicht bei sich haben kann, um mit ihr über das für beide doch so wichtige Ereignis zu sprechen. Und das Baby, das bereits im Bauch der Mutter die Stimme des Vaters zusammen mit der der Mutter gehört hat, ist plötzlich dieser männlichen Stimme, d.h. der Stimme des Vaters beraubt; und da es im Krankenhaus von seiner Mutter ebenfalls getrennt ist, hört es nur noch das Geschrei der anderen Säuglinge um sich herum. Es wird zwar von jemandem gepflegt, doch trotzdem lebt es für einige Tage wie in einer Wüste – und einige Tage bedeuten für den Säugling so viel, wie vier oder fünf Monate für uns.

Ich bin also ganz und gar der Meinung, daß die Geburt auf die einfachste Art und Weise stattfinden sollte. Trotzdem halte ich es für besser, beim ersten oder zweiten Kind, vor allem, wenn die Geburten kompliziert sind, ins Krankenhaus zu gehen. Denn ein Krankenhaus verfügt in den meisten Fällen über die technischen Voraussetzungen, die für die Mutter und das Kind lebenswichtig werden können.

Im übrigen könnte der Mutter auch eine Art Haushaltshilfe beistehen. Einer jungen Wöchnerin zu helfen, ist nicht besonders kompliziert; solche Helferinnen könnten vielleicht kleine Praktika in Krankenhäusern oder privaten Entbindungskliniken machen, um dort zu lernen, wie man Wöchnerinnen und Babys pflegt. Eine solche Hilfe könnte durchaus im Mutterschaftsgeld inbegriffen sein, denn schließlich würden dadurch auch die Krankenhauskosten gesenkt. Sie könnte der Mutter etwa vierzehn Tage helfen, damit sie sich wirklich ausruhen kann. Da auf die Geburt immer ein schwacher, physiologisch bedingter depressiver Zustand folgt, könnten diese Helfer auch mit der Mutter sprechen und ihr auf diese Weise moralischen Beistand leisten; den hat eine Mutter einfach nötig, vor allem, weil die vorigen Kinder ein wenig eifersüchtig sein werden und an ihre Mutter, wenn sie wieder zu Hause ist, auch mehr Erwartungen stellen.

Bei dem Kongreß über Kinderheilkunde, von dem vorhin die Rede war, ging es auch um die künstliche Einleitung einer Geburt. Die dort versammelten amerikanischen Ärzte waren strikt dagegen.

Das freut mich. Ich finde es auch erfreulich, daß dieser Standpunkt ausgerechnet in Amerika vertreten wird! Denn diese künstliche Einleitung wurde im Grunde nur deswegen eingeführt, damit der Geburtsvorgang für das Personal bequemer abläuft.

Damit es schneller geht?

Die Frauen sollen auf diese Weise wie Maschinen gebären, damit es schneller geht und das Personal seine Ruhe hat. Geburten sind aber etwas Menschliches. Manche Frauen gebären langsam, andere gebären schneller. Manche Frauen beginnen mit der Eröffnungsphase einer Geburt und ruhen sich dann wieder aus; bei ihnen muß man geduldig und ohne Angst abwarten, bis die Eröffnungsphase von neuem einsetzt; dieses Kind, was da auf die Welt kommt, ist eben so und die Dyade, die Einheit von Mutter und Kind, läßt sich nur schwer trennen. Man muß der Mutter helfen, damit sie sich völlig sicherfühlt, damit sie ihre Empfindungen zum Ausdruck bringen und andererseits auch dem Kind helfen kann, auf die Welt zu kommen. Niemals sollte es zur Anwendung von Gewalt kommen, weder in Bewegungen noch in Worten. Wenn eine bei ihren Schmerzen unzureichend unterstützte Gebärende Gewalt erleidet und ängstlich wird, entsteht dadurch ein Zustand psychischer Anspannung, die die Mutter-Kind-Beziehung am Anfang des Lebens eines Neugeborenen prägt. Dies kann später ernste Folgen haben.

Es wird heute viel von schmerzloser, aber auch immer mehr von gewaltfreier Geburt gesprochen. Zu diesem Themenkomplex stellt ihnen eine Mutter folgende Frage: »Was für positive und negative Konsequenzen könnte jene Methode, die die Schmerzlosigkeit der Mutter beim Geburtsvorgang postuliert, auf der körperlichen und psychischen Ebene haben?«

Es geht darum, wie ein Baby ohne Trauma bzw. unter möglichst geringen traumatischen Bedingungen geboren werden kann – stellt doch die Verwandlung eines Fötus in ein Neugeborenes ein natürliches Trauma dar; immerhin stellen sich bei dieser Verwandlung ja auch körperliche Veränderungen ein: der Kreislauf verändert sich, das Atemvolumen, plötzlich taucht eine Sinneswelt auf, die von der Welt, in der das Kind bisher gelebt hat, völlig verschieden ist, etwa was die Temperatur, das Licht, die Geräusche, die Tastempfindungen usw. angeht.
Bei der Geburtsmethode, die die Mutter in ihrem Brief anspricht, bezieht sie sich anscheinend auf ein Buch von Leboyer. Dieser propagiert eine Geburt unter folgenden Bedingungen: möglichst wenig Geräusche, kein starkes Licht und möglichst große Nähe zur Mutter während der ersten Stunde nach der Geburt. Diese Geburtsmethode ist im Grunde nur die Fortsetzung der »schmerzlosen Geburt«. Ich hoffe, daß in einigen Jahrzehnten – denn von heute auf morgen lassen sich derartige Veränderungen kaum durchführen – viele Kinder unter derartigen Bedingungen geboren werden. Im Kommen ist diese Methode aber auf jeden Fall.
Bisher hat man vor allem darauf geachtet, ob das Kind wirklich alles hatte, was es braucht, und man hat nicht bedacht, daß es schon eine Person ist, die – wie soll ich mich ausdrücken – »zivilisiert« empfangen werden muß. Bisher wurde es eigentlich immer wie ein kleines Säugetier empfangen, und nicht einmal das, denn ein kleines Säugetier wird von der Mutter gestützt, die es ableckt, ihm hilft und es bei sich hält. Die Menschen hatten sich solche Überlegungen zum Geburtsvorgang eben noch nicht gemacht. Wir fangen erst jetzt an, den

Geburtsvorgang in einem anderen Licht zu sehen. Vielleicht liegt es daran, daß wir uns durch unsere Zivilisation so »gestreßt« fühlen, daß wir uns plötzlich bewußt werden, daß unsere Kinder diesem Streß bei der Geburt eigentlich grundlos ausgesetzt werden.

Nun, die Briefschreiberin wohnt in der Provinz und ich weiß nicht, ob es in ihrer Region Kliniken gibt, die diese Art von Geburten durchführen. Wenn es keine gibt, sollte sie sich aber keine Sorgen machen. Da sie das Buch von Leboyer gelesen hat, hat sie schon verstanden, daß man die Traumata, die ihr Kind haben könnte, auf ein Minimum reduzieren muß. Sie muß versuchen, das Baby wenigstens tagsüber bei sich zu behalten, damit es sehr schnell mit ihrem Geruch vertraut ist. Wenn es bei der Geburt gelitten hat, muß sie mit ihm darüber schon ganz früh sprechen. (Sie wissen, daß ich oft sage, man soll mit Babys, die einige schlimme Erfahrungen durchzumachen hatten, sprechen. Die Schwingungen der zärtlichen Stimme einer Mutter sind der beste Trost, dem Baby über seine Schwierigkeiten hinwegzuhelfen.) Die Mutter könnte dem Baby sagen: »Aber du bist jetzt stark. Du bist groß. Dir geht es gut« usw. Ich glaube, daß auf diese Weise alles gutgehen wird. Was die Methode der gewaltfreien Geburt angeht, nach der die Mutter auch fragt, kenne ich Untersuchungen an Kindern, die auf diese Weise geboren worden sind. (Diese Methode wurde schon vor etwa 30 Jahren eingeführt.) Es stellte sich deutlich heraus, daß bei Familien mit mehreren Kindern dasjenige, das als einziges auf diese Art und Weise geboren wurde, tatsächlich keine Ängste kennt, weder vor der Dunkelheit noch vor Geräuschen oder dem Alleinsein – im Gegensatz zu den anderen. Auf jeden Fall finde ich es bemerkenswert, daß man diesen Unterschied feststellen konnte. (Es ist auch der einzige Unterschied, den man wirklich anführen kann, denn man kann ein Kind, das auf bestimmte Art geboren wurde, nicht mit einem Kind, das auf andere Art geboren wurde, einfach vergleichen. Im Grunde kann man nur in kinderreichen Familien solche Beobachtungen anstellen oder die Statistiken zu Rate ziehen. Es steht jedoch fest, daß diese Kinder in Situationen, die ein Kind normalerweise ängstigen, weit mehr Selbstvertrauen und weniger Ängste haben.)

36

Du hast einen leiblichen Vater gehabt

(Ledige Mütter)

Ich schlage Ihnen vor, das Problem der ledigen Mütter zu erörtern. Eine von ihnen schreibt uns: »Ich habe einen kleinen Jungen, der sieben Monate alt ist. Mich beunruhigt die Frage, welche Auswirkungen die Abwesenheit des Vaters wohl haben wird. Soll man in Zukunft den Vater ersetzen? Zu welchem Zeitpunkt läuft das Kind Gefahr, sich frustriert zu fühlen, keinen Vater gehabt zu haben? Soll man ihm von diesem unbekannten Vater erzählen, damit es sich nicht von anderen Kindern zu verschieden fühlt, selbst dann, wenn es von sich aus keine Fragen stellt? Wird es in seiner Entwicklung nicht dadurch gestört sein, daß es sich als Mann mit niemandem identifizieren kann, weil es hauptsächlich von Frauen umgeben war?

Sowohl ein Mädchen wie auch ein Junge braucht die Anwesenheit eines Mannes, um sich positiv zu entwickeln. Hat diese Frau überhaupt keine männlichen Verwandten?

Darüber sagt sie nichts, sie schreibt nur: ». . . aufgrund dessen, daß er gewöhnlich keine männliche Bezugsperson als Vorbild für sein Handeln haben wird.«

Mich erstaunt sehr, daß eine Frau ohne jeden freundschaftlichen Kontakt mit Männern oder Ehepaaren leben kann.

Nun, sie stellt ja ihre Frage hauptsächlich in bezug auf die Tatsache, daß kein Mann bei ihr zu Hause ist.

Vielleicht ist keiner zu Hause, aber der Junge kennt doch Männer, er sieht andere Leute, Kinder, die Väter und Geschwister haben. Und später wird dann für ihn im Kindergarten und in der Schule die Gesellschaft von Kindern und Erwachsenen die Sexualität in ihrer zweifachen, der männlichen und weiblichen, Form darstellen. Auf jeden Fall darf sich ein Kind – weil der sexuelle Partner seiner Mutter fehlt – unmöglich in dem Glauben entwickeln, daß es, im Fall eines Jungen, später eine Frau sein wird, oder daß es, wenn es ein Mädchen ist, das sich vor allem mit seiner ledigen Mutter identifizieren will, gegenüber dem anderen Geschlecht keine Wünsche haben darf. Das sind nur zwei Beispiele, hinter denen ein viel größeres Problem steckt: nämlich die Notwendigkeit, einem Kind von seiner Zeugung zu erzählen; wer ein Kind lieb hat und erziehen will, soll ihm sagen, wo sein Wissen über sich selbst und sein Wert Wurzeln schlagen.

Aber viele fragen sich, und ich finde mit Recht, über welche Umwege sie diese Wahrheit ansprechen können.

Bei einem Kind, das unter diesen Umständen von seiner Mutter großgezogen wird, sollen sich diese Ausführungen darüber, wer in Wahrheit der leibliche Vater ist, auf den *Familiennamen* beziehen, d.h. auf den gesetzlichen Familiennamen, mit dem das Kind eingeschult wird (und den es bis dahin vielleicht ignoriert hat). (»Erzeuger« wäre eigentlich der richtige Begriff, aber ich spreche vom »leiblichen« Vater, denn die Kinder sprechen meist von ihrem »leiblichen Vater« oder von ihrer »leiblichen Mutter«.) Der Familienname kann von einem Vater stammen, den das Kind nicht kennt; von einem Vater, den es zunächst gekannt hat und der dann gestorben ist oder es im Stich ließ. Wichtig erscheint mir dieser Name besonders dann, wenn in der Familie keine Großeltern oder väterliche Onkel existieren, die den Vater ersetzen könnten; vielleicht hat die Mutter sich aber auch scheiden lassen, als das Kind noch sehr jung war und hat wieder geheiratet oder trägt ihren Mädchennamen wieder. In einem anderen Fall kann das Kind auch den Namen seiner Mutter, die ledig geblieben ist bzw. mit einem Mann zusammenlebt, den es »Papi« nennt, weitertragen. Wie dem auch sei, in bezug auf seinen beim Standesamt eingetragenen Namen sollte dem Kind – ob Junge oder Mädchen – alles über seinen Erzeuger gesagt werden.

Entstehen besondere Probleme, wenn das Kind den Namen der Mutter trägt?

Wenn das Kind den Mädchennamen seiner Mutter trägt, ist nicht auszuschließen, daß es sich früher oder später die Frage stellt, ob seine Mutter nicht zu seinem Großvater mütterlicherseits oder einem Onkel mütterlicherseits eine inzestuöse Beziehung gehabt hat; dies kann insbesondere dann geschehen, wenn der eine oder der andere als Vormund dient. Man muß das Kind über seinen Namen und das Gesetz informieren, auf dessen Grundlage es bei seiner Geburt, und entsprechend der Umstände seiner Geburt und Beziehung seiner leiblichen Mutter zum leiblichen Vater, seinen Namen bekommen hat. Bietet man dem Kind hierfür keine Erklärungen an, wird es früher oder später in seiner Sprachfähigkeit, seinem Gefühlsleben oder sozialen Leben beeinträchtigt. Diese Erklärungen müssen für das Kind klar verständlich sein und im Verlauf der Entwicklung des Kindes mehrere Male wiederholt werden, am besten von der Mutter oder ihr nahestehenden Personen. Kurz und gut, das Kind muß also die gesetzliche Grundlage, auf der es seinen Namen erhalten hat, kennen. Wenn das Mädchen oder der Junge nun den Namen der ledigen Mutter trägt und zusätzlich in einer Familie aufwächst, in der es keine männlichen Bezugspersonen gibt, vielleicht sogar bis in die weitere Verwandtschaft hinein, besteht die Gefahr, daß das Kind sich wie ein Attribut seiner Mutter begreift; es fühlt sich dann als pathogenetisches Kind, d.h. als Kind, das von einer Frau allein, ohne Zutun eines Mannes geboren wurde. Da dies aber nicht den Tatsachen entspricht, würde dem Kind durch eine solche Lüge ein völlig irreales Verständnis seiner selbst eingeflößt. Hinzu kommt, daß es sich ganz besonders ängstlich und unsicher in bezug auf den möglichen Tod seiner Mutter fühlt, ohne die seine Existenz ja gesetzlich nicht gesichert ist. Jede ledige Mutter sollte von daher im voraus festlegen, wer die Betreuung ihres Kindes für den Fall gewährleistet, daß sie nicht mehr da sein sollte. Und sie sollte dies dem Kind dann auch mitteilen. Über die existentielle Unsicherheit eines Kindes, das weder eine Familie mütterlicherseits noch väterlicherseits hat, ist zu wenig bekannt. Ab dem Alter von fünf Jahren kann man das Problem des Todes der Eltern mit seinen Kindern nicht mehr umgehen, und ich habe Kinder gesehen, die aus der von mir erwähnten existentiellen Unsicherheit einem ängstlichen und neurotische Hinfälligkeit erzeugenden Zustand verfallen waren. Diese Kinder hatten keine Antworten auf ihre stumme Frage bekommen, die sie ihrer Mutter nicht zu stellen wagten, da diese allein für sie verantwortlich war. Die Mutter hatte zwar die Möglichkeit einer Antwort ins Auge gefaßt, jedoch nie mit ihrem Kind darüber gesprochen. Dieses verfiel dann vor lauter Ängstlichkeit in eine neurotische Regression.

Doch zurück zu dem Namensproblem. In unserem konkreten Fall einer ledigen Mutter, die in einem Milieu mit lauter Frauen lebt, muß dem Jungen die Wahrheit über seine Zeugung gesagt werden. Sie muß gesagt werden, aber ohne negative Bemerkungen in bezug auf seinen Erzeuger, und zwar egal, wie die Umstände der sexuellen Beziehung, aus der heraus das Kind entstanden ist, auch immer gewesen sein mögen. Auch sollte man dem Jungen diese Erklärungen ohne großes Pathos geben und die Mutter sollte auf das Erwähnen von Schuldgefühlen bei sich ebenso verzichten wie in die Rolle einer sich aufopfernden Frau schlüpfen. Egal, wie ihre Schwierigkeiten, der ihr auferlegten Verantwortung nachzukommen, auch immer sein mögen, sie hat doch die Freude gehabt, ihr Kind auf die Welt zu bringen und es jetzt lieb zu haben; und diese Freude verdankt sie letztlich dem Mann, der sie zur Mutter gemacht hat. Alles in allem tut sie gut daran, mit ihrem Kind zu sprechen. Ihm sollte man erklären: »Du hast einen leiblichen Vater gehabt. Aber du kennst ihn nicht, weil ich ihn nicht geheiratet habe.« Nun kann die Mutter ja auch mit einem Mann zusammenleben, der für das Kind wirklich wie ein Ehepartner und zudem der Vormund ist. Daß er nicht der leibliche Vater ist, sollte man aber dem Kind möglichst früh mitteilen, spätestens vor dem Schulalter und auch dann, wenn das Kind diese Frage von sich aus nicht anspricht.

Soweit also in bezug auf den Vater und den Namen des Kindes. Aber wie reagieren die Kinder – und hier spreche ich Sie als die Spezialistin an, die Sie sind – im allgemeinen auf die Abwesenheit des Vaters?

Sie meinen wohl die Kinder von ledigen Müttern? ... »Im allgemeinen« gibt es nicht. Alles hängt von der Art und Weise ab, wie die Mutter dem Kind von seinem Erzeuger erzählt, wie lieb sie das Kind hat und wie sie in ihrem emotionalen Verhalten oder seelischen Beziehungen die Anwesenheit von Männern um sich herum aufnimmt. Schließlich spielt natürlich noch die emotionale Beziehung des Kindes zu seiner Mutter eine entscheidende Rolle. Im Fall der Frau, auf deren Brief wir uns beziehen, und die von sich aus den Erzeuger ihres Kindes nicht hat heiraten wollen, würde ich folgenden Rat geben: sie sollte ihrem Kind Bilder ihres Mannes aus jener Zeit zeigen, als sie noch mit ihm zusammen war und ihm dadurch klarmachen, daß er für sie existiert hat; und durch Bilder von sich selbst könnte sie dem Kind zeigen, daß sie auch einen Vater gehabt hat, nämlich seinen Großvater mütterlicherseits usw. Und wenn der Junge nun eines Tages beim Anblick irgendeines Mannes sagt: »Ich möchte gern, daß dieser Mann mein Vater wäre«, könnte ihm die Mutter darauf antworten: »Siehst du, du trägst ein Bild deines Vaters im Herzen.« Da ihr Kind ein Junge ist, könnte sie noch hinzufügen: »Es liegt jetzt nur noch an dir, so zu werden wie er«; wenn er ihr nun einen Schwarzen zeigt, er aber selbst von weißer Hautfarbe ist, kann sie ihm sagen: »Nein, du wirst nie eine schwarze Hautfarbe bekommen, denn dein Vater war Weißer«; und wenn er ihr einen sehr kleinen Mann zeigt, er selbst aber für sein Alter schon recht groß ist, könnte sie sagen: »Nein, wahrscheinlich wirst du einmal groß werden, denn dein leiblicher Vater war groß und du bist es für dein Alter auch schon.« Auf diese Weise, bezugnehmend auf das Körperliche, wird sie dem Kind Vorbilder anführen können und braucht dabei niemals die Existenz des Erzeugers zu leugnen. Schließlich gibt es genügend Vorbilder der Jungen unter Sportlern, irgendwelchen Leuten, die im

Fernsehen auftreten, usw. Das Kind wird sich bestimmt für so etwas interessieren. Natürlich muß sie ihm erklären, daß er sich insofern von anderen unterscheidet, daß sie nicht mit jemandem zusammenlebt, den er »Papi« nennen kann; aber sie sollte ihm auch sagen, daß er sich für den Fall, daß sie auf seine Fragen keine Antwort weiß, bestimmte Männer suchen kann, die ihn beraten und seine Fragen beantworten können. Eine ledige Mutter muß nämlich wissen, daß es viele Dinge gibt, die sie ihrem Sohn nicht erklären kann. Sie kann ihm dann sagen: »Siehst du, ich bin eben eine Frau. Ich war nie ein Junge. Ich kann dir nicht antworten.« Im übrigen handelt es sich hierbei um eine Antwort, die jede Mutter ihrem Sohn einmal geben muß – selbst in den »normalsten« Familien; hier gewöhnen sich die Söhne oftmals viel zu sehr daran, sich immer nur an die Mutter zu wenden, und zwar leider recht häufig mit der Zustimmung des Vaters, der die Dinge einfach so laufen läßt.

Die Mutter sollte also den Vater nicht ersetzen?

Es geht nicht darum, daß sie es nicht sollte, sondern daß sie es nicht *kann*. Männliche Bezugspersonen, denen man sein Vertrauen schenkt und die einen Vater ersetzen, sind für Mädchen und Jungen gleichermaßen notwendig. Eine Mutter allein ist eben eine Frau. Bestenfalls wirkt sie wie ein »Neutrum«. Vielleicht ist sie auf der juristischen Ebene oder für die Werte, die eine Erziehung vermitteln soll, verantwortlich, aber sie kann nicht für alles zuständig sein, vor allem, was – gerade bei Jungen – mit der Gefühlssphäre, der Sensibilität oder den Emotionen zu tun hat. Fühlt sie sich ständig dafür zuständig, mischt sie sich viel zu viel in seine Sensibilität ein. Sie sollte ihm besser sagen: »Ich finde, das ist die Angelegenheit eines Jungen«, und ihm raten, sich an diesen oder jenen Freund von ihr zu wenden oder an diesen oder jenen Onkel, der verheiratet ist. Spricht er eine Tante an, die verheiratet ist, könnte diese ihm den Rat geben, mit ihrem Mann zu sprechen. Sie braucht dabei ihre Hilfe nicht grundsätzlich abzulehnen, könnte aber sagen: »Er wird dir bestimmt besser antworten können als ich, weil ich ja wie deine Mutter eine Frau bin; ich habe einfach nicht dieselben Erfahrungen wie ein Mann gemacht, der, wie du, erst ein kleiner Junge und dann ein Jugendlicher gewesen ist und sich deshalb mit den Fragen, die Kinder deines Geschlechts stellen, auch besser auskennt.« Genausowenig kann natürlich ein Mädchen, das seine Mutter nie zusammen mit einem Mann erlebt hat, mit ihr ein vertrautes Gespräch darüber führen, daß sie Jungen gegenüber starke Gefühle empfindet. Das Mädchen spürt, daß die Mutter irgendwie frustriert ist. Kommt ein Gespräch dennoch zustande, nimmt es wieder die Rolle eines kleinen Mädchens an, das unter einer es beschützenden Abhängigkeit der Mutter steht, die es eher für eine große, verwaiste Schwester hält.

Es ist also sehr schwierig, ein Kind ohne den Vater großzuziehen.

Ja, sicherlich, aber manche überwinden diese Schwierigkeiten auch ganz gut. Sie sagen ihren Kindern die Wahrheit und leben ihr Leben als Frau auf der gefühlsmäßigen und sexuellen Ebene so gut, wie sie können, weiter. Etwa, indem sie arbeiten, sich am sozialen Leben um sie herum aktiv beteiligen und sich nicht in ihrer Einsamkeit von allem Leben abkapseln. Sie ermuntern ihre Kinder zudem, Kontakte zu Kindern im gleichen Alter zu haben, und zwar ohne ihnen die möglichen Hindernisse zu verschweigen, aber auch ohne sie mit einer angstbesetzten und mit Besitzansprüchen verknüpften Liebe bei sich gefangen zu halten.

Dieses »Programm« ist aber für eine alleinstehende Frau nicht gerade leicht zu verwirklichen.

Vielleicht. Aber wissen Sie, die psychosexuelle und seelische Entwicklung eines Kindes, das ohne den Vater von einer ledigen Mutter erzogen wird, ist zwar schwierig, aber auch nicht schwieriger als in vielen anderen Fällen auch. Ich denke etwa an Einzelkinder oder Zuletztgeborene von Müttern, die sehr früh verwitwet sind und der weder die Familie väterlicherseits oder die Familie mütterlicherseits helfen kann oder will.

Wenn eine Mutter z. B. den verstorbenen Vater idealisiert, so ist es für das Kind, das diesen kaum oder überhaupt nicht gekannt hat, genauso schädlich, wie wenn es in bezug auf seinen Erzeuger völlig in Unkenntnis ist; ich meine damit, daß es nicht weiß, welche Beziehung seine Mutter und sein Vater in Wirklichkeit gehabt haben, kurzum, daß es nicht weiß, was seiner Existenz eigentlich einen Sinn verliehen hat. Es ist für den Sohn einer stets leidenden und verwitweten Mutter furchtbar erdrückend, wenn diese den Vater idealisiert, da er sich dann in der ödipalen Phase verpflichtet fühlt, in seinem sozialen und sexuellen Verhalten den Toten zu spielen, um mit dem Vater zu rivalisieren. Es gibt auch solche Witwen, die vor lauter eigener Trostlosigkeit bei ihrem Kind eine Neurose bewirken oder im Stich gelassene Frauen mit einem Kind, die sich gegenüber allen Männern verschließen und damit gegenüber dem Leben, das sie in sich tragen.
Auch hier sind wir wieder mit dem Problem der Worte konfrontiert. Die Mutter hat zunächst in ihrer Schwangerschaft und in dem Verantwortungsgefühl, die sie mit sich bringt, existiert. Dann existiert sie durch ihre Gesten und ihre Worte, die ja alle Ebenen der Erziehung ihres Kindes betreffen. Der abwesende Vater existiert hingegen nur symbolisch durch die Worte der Mutter und all derer, die ihn zu seinen Lebzeiten gekannt und gemocht haben und die ihn deshalb so, wie er war, dem Kind beschreiben können. Man kann nämlich jedem Kind unter der Bedingung, daß sich die Mutter nicht über den Mann, der sie zur Mutter gemacht hat, in Schweigen hüllt, den Kontakt zu jenen ermöglichen, die seinen Vater gekannt und geschätzt haben; und diese Personen kann er dann von seinem Vater sprechen hören. Und sofern dies möglich ist, sollte die Mutter ihre Enttäuschung hinunterschlucken und dem Kind diese Begegnung mit jemandem erlauben, der nicht die gleichen Gründe hat zu leiden wie sie, daß etwas, was begonnen hat, sich nicht mehr fortsetzen läßt. Ich möchte aber noch einmal betonen, daß die beste Art für eine alleinstehende Mutter, ihre Kinder zu erziehen, darin besteht, ihnen zunächst die Wahrheit über ihre Zeugung zu sagen: denn der Sinn ihres Lebens findet hier seine Wurzeln. Und dann sollten sie ihre Kinder, wenn sie noch ganz jung sind, sich auf Erwachsene

beiderlei Geschlechts beziehen lassen, denen gegenüber sie ihre eigene Art zu leben abgrenzt; sie sollte ihre Söhne und Töchter dazu anregen, bei den Menschen, denen sie begegnen, sich für diejenigen zu entscheiden, bei denen sie am stärksten eine Art von natürlicher Ähnlichkeit verspüren. Denn es ist wichtig, daß sie Vorbilder außerhalb des Kreises der Familie haben, der sich ja so eng geschlossen hat, wenn kein Vater mehr da ist. Im Falle, daß es sich umgekehrt verhält, also die Mutter weggegangen ist oder starb, ist es genau dasselbe.

Hier habe ich einen anderen Brief von einer ledigen Mutter, die ein Baby adoptiert hat, als es zehn Monate alt war. Die Mutter des Babys war eine Vietnamesin und der Vater ein schwarzer amerikanischer Soldat. Beide sind tot. Diese Dame schreibt, daß das Kind sehr nett ist und ansonsten keine Probleme bestehen, außer daß es sehr nachgiebig und zu wenig aggressiv sei: »Es hat auch schon unter sehr unangenehmen Bemerkungen über seine Hautfarbe zu leiden gehabt.«

Zunächst einmal, was heißt hier »aggressiv«, und worauf soll sich diese Problematik, die die Mutter anspricht, beziehen? Und warum spricht sie von »unangenehmen Bemerkungen«? Hat man ihm gesagt »Bist du nicht ein Chinese?« Warum erklärt sie ihm nicht die Geschichte seines Vaters und seiner Mutter? Ich glaube, sie täte gut daran und könnte ihm auch sagen, daß sie – vermutlich dank des Roten Kreuzes – die Möglichkeit bekommen hat, sich um es zu kümmern, weil sie es konnte und wollte, und daß seine leiblichen Eltern sehr froh wären, wenn sie wüßten, daß sie von ihr, die es sich leisten kann, nun in Frankreich erzogen wird. Sie muß dieses Kind in die Lage versetzen, auf Fragen nach seinem Vater eine Antwort geben zu können. Wenn sie ihm deren, für es symbolische, Existenz vermittelt hat, wird es nicht frustriert reagieren. Es wird genau wie die anderen Kinder über seine Herkunft erzählen können und sagen: »Mein Vater ist im Vietnamkrieg gestorben. Er war ein amerikanischer Soldat.« Unter den amerikanischen Soldaten gab es viele Schwarze. Sie könnte ihm Fotos aus Zeitungen dieser Zeit zeigen. Ich denke, daß man diesem Kind unbedingt die Wahrheit sagen soll. Man soll ihm auch seinen asiatischen Mischlingstyp erklären und mit ihm über seine vietnamesische Mutter sprechen, die aufgrund des Krieges aus seinem Leben verschwunden ist.

Die Mutter schreibt: »Ich habe Angst, daß es leidet oder sich wie eine Klette an mich hängt. Dies um so mehr, weil es auch keinen Großvater mehr hat.«

Aber nein, es wird nicht leiden, wenn sie mit ihm spricht. Und im übrigen ist diese Frau auch nicht ganz allein auf der Welt. Um sie herum sind andere Frauen und Männer. Das Kind wird sich bestimmte Vorbilder aussuchen und verstehen, was es heißt, mit ihnen zu leben. Ich glaube, daß sie sich auf diese Weise gut helfen kann. Aber die Tatsache, daß sich manche ledige Mütter viele Fragen stellen, verstehe ich. Es ist auch gut so, daß sich diese Mutter Fragen stellt. Und wenn dann später einige Probleme auftauchen, wird sie einen männlichen Psychologen bitten können, sich mit ihrem Sohn zu beschäftigen; er sollte ihm die gleichen Dinge, die sie ihm mit ihrer Frauenstimme schon einmal gesagt hat, noch einmal wiederholen, damit ihm seine Geschichte durch eine männliche Stimme erzählt wird, was ihm helfen wird, sein Schicksal auf sich zu nehmen.

Ich möchte eine dritte Situation schildern: Eine Frau hat im Einverständnis mit ihrem Freund, von dem sie ein Kind hat, beschlossen, ledig zu bleiben und das Kind allein zu versorgen und zu erziehen. Sie war katholisch und fragt sich nun, ob sie, obwohl sie selbst nicht mehr gläubig ist, ihr Kind taufen lassen soll. Wörtlich fügt sie dann hinzu: »Wäre es nicht dennoch angebracht, meinem Kind einen Taufpaten oder eine Taufpatin zu geben? Ist es für ein Kind – insbesondere, wenn es keinen Vater hat, – nicht besser, so viele Bezugspersonen wie möglich zu haben, denn Männer sehen wir so gut wie keine.«

Ich weiß nicht, ob es so gut ist, »so viele Bezugspersonen wie möglich« für das Kind zu suchen, bevor es selbst Kontakte zu

Menschen knüpft. Aber auf jeden Fall kann man Freunde habe, die das Kind versorgen, wenn der Mutter irgend etwas zustoßen sollte. Es würde den beiden eine Sicherheit bieten, wenn das Kind als Pate oder Patin einen Erwachsenen bzw. eine vertraute Person haben könnte, die sich für seine Erziehung und für alle jene Fälle verbürgen könnte, Hilfe zu leisten, wenn der Mutter, die ja mit dem Kind allein dasteht, etwas passiert. Ich glaube, das wäre sehr wichtig. Wenn sie unbedingt einen Paten oder eine Patin für ihr Kind haben will, wie sie sagt, wäre es gut, wenn sie ein Ehepaar findet, das mit ihr gut befreundet ist und ihre Sicht der Dinge akzeptiert; es sollte auch damit einverstanden sein, daß man diese Patenschaft mit einem kleinen Fest beschließt. Ich glaube, daß man aber solange warten sollte, bis das Kind etwas älter ist. Die Mutter kann ihm ja schon von denjenigen erzählen, die diese Verantwortung übernehmen wollen. Zum Beispiel könnte es an seinem ersten Geburtstag sein: man veranstaltet eine kleine Feier, bei der die Patin und der Pate anwesend sind; das Kind wird dann erfahren, warum es diese beiden Erwachsenen, die sich ja von den anderen unterscheiden, »Pate« und »Patin« nennt und warum es ihnen vertrauen kann.

Sie fragt auch, ob man die Paten aus dem Familienkreis, dem Kreis der nahen Verwandten oder anderswo suchen sollte.

Es ist oft üblich, einen Paten oder eine Patin aus dem Kreis der Familie zu benennen. Ich finde es eigentlich schade, vor allem, wenn das Kind keine Familie väterlicherseits hat, eine Familienbeziehung zu verdoppeln; denn im Falle von nahen Verwandten mütterlicherseits besteht ohnehin eine gesetzliche Mitverantwortung für das Kind. Wenn diese Verwandten für das Kind Onkel oder Tanten sind, reicht das doch aus. Es ist besser, einen Paten oder eine Patin unter fremden Leuten zu wählen; sie sollten nur nicht zu jung sein. Es ist auch manchmal üblich, ein älteres Geschwister auszuwählen. Ich halte es jedoch für besser, Erwachsene auszuwählen, die möglichst im gleichen Alter oder etwas jünger als die Mutter sind und die ihre Rolle auch ernstnehmen. Es ist schließlich für die Mutter bitterer Ernst, sich klarzumachen: »Wenn mir irgend etwas

zustoßen sollte, müßte jemand die Erziehung meines Kindes an meiner Stelle weiterführen.«
Wieso soll sie es, um auf die andere Frage zu kommen, taufen lassen, wenn der Glaube in ihr nicht mehr lebendig ist? Es wäre besser, wenn sie ihr Kind später darin unterstützen würde, eine eigene Entscheidung zu treffen. In diesem Zusammenhang möchte ich anmerken, daß viele getaufte Kinder von der »kirchlichen Verantwortung« ihres Paten oder ihrer Patin nichts wissen. Und ob das Kind nun einen Paten oder eine Patin vor dem Taufbecken hat oder nicht, sagt noch lange nichts darüber aus, ob es später einen Mann oder eine Frau für es gibt, die bereit sind, die Verantwortung für es zu übernehmen und zu tragen. Das aber ist bei der Entscheidung für oder gegen einen Paten das Wichtigste. Und wenn das Kind dann Paten hat, sollte es über deren Bedeutung auch Bescheid wissen. Natürlich nicht im Alter von einem Jahr; aber man wird diese Frage um das Alter von drei, fünf oder sechs Jahren unbedingt wieder aufgreifen müssen: »Warum wurde diese Patin gewählt?« Weil sie eben eine wichtige Rolle zu spielen hat, denn sie soll die Mutter ersetzen, wenn ihr etwas zustößt. Und der Pate soll für das Kind die Rolle des fehlenden Vaters übernehmen. Er hat sich ja dazu verpflichtet, immer für das Kind da zu sein, wenn es Rat braucht, und er wird ihm auch bei seinen Schwierigkeiten bis ins Erwachsenenalter hinein beiseite stehen und unterstützen.

37

Das Kind, das alles berühren will

(Herumlaufen und alles untersuchen)

Hier geht es um ein Thema, auf das wir immer wieder angesprochen werden. Wir wollen über jene Kinder sprechen, die, sobald sie gehen können, alles berühren wollen und die manchmal wie ein Wirbelsturm in der Wohnung herumziehen. Ich habe hier zwei Briefe, die ich Ihnen hintereinander vorlesen möchte. Zunächst eine Mutter, die die Situation nicht so ernstnimmt und uns schreibt: »Ich habe einen Jungen, der dreizehn Monate alt ist. Seitdem er gehen kann – das ist jetzt zwei Monate her – ist er sehr lebendig und wir sind davon regelrecht erschöpft. Kaum ist er aufgewacht, klettert er überall hin. Wenn er in der Küche ist, nimmt er die Kochtöpfe oder die Deckel und veranstaltet damit einen fürchterlichen Lärm, indem er mit ihnen auf den Kühlschrank oder auf den Fußboden schlägt. Ist er im Bad, drückt er die Zahnpasta ins Waschbecken aus. Im Wohnzimmer dreht er an den Knöpfen des Fernsehers herum usw. Was soll ich tun? Ihn im Haus alles kaputtmachen lassen? Oder alles, was er nicht berühren soll, außer seine Reichweite stellen? Oder soll ich ihm andauernd alles verbieten?«
Im zweiten Brief handelt es sich um ein Mädchen, das elf Monate alt ist, das im Krabbeln die ganze Wohnung durchforscht und alles in den Mund steckt. Auch diese Mutter fragt danach, wie sie in das Geschehen eingreifen sollte. Soll sie das Kind gewähren lassen und dabei nur aufpassen, daß nichts kaputtgeht? Soll sie das Kind allein spielen lassen oder ständig mit ihm spielen, um zu verhindern, daß es alles in den Mund steckt?

Hier handelt es sich um zwei Probleme, die eng miteinander verbunden sind: das Kind läuft oder krabbelt überall herum und will alles untersuchen. Und es ist normal, daß ein Kind alles in den Mund steckt und dies um so mehr, wenn es für das, was es berührt, noch keinen sprachlichen Ausdruck zur Verfügung hat. Ich habe schon über dieses »Allesberührenwollen« gesprochen. Das Kind scheint mit seinen 11 Monaten in seiner Entwicklung etwas zu weit voraus zu sein; trotzdem sollte man vermeiden, ihm zu sagen: »Faß es nicht an!« Natürlich soll die Mutter alles, was wirklich gefährlich für ein Kind ist, außer seine Reichweite stellen. Und sie sollte zu jeder sich ihr bietenden Gelegenheit dem Kind mit ihrem Blick und mit ihrer Sprache beiseite stehen. Wenn das Kind Dinge in den Mund steckt, soll sie es ansehen und sagen: »Das ist dieser oder jener Gegenstand, spürst du den Geschmack? Das ist Leder, Karton, Stoff, Tuch, Samt, Stickarbeit...« Dann kann sie die Gegenstände wieder einräumen. Auf diese Art und Weise könnte vom Kind das ganze Haus untersucht werden; die Mutter würde ihm – sofern sie anwesend ist – auf diese Weise den Wortschatz für alles liefern, was es berührt, abtastet, sich nimmt und in den Mund steckt.

Die übrige Zeit, in der die Mutter ihr Kind nicht mit den Augen folgen und alles, was es tut, kommentieren kann, könnte sie es in einem Raum spielen lassen, den sie für das Kind durch ein kleines Gitter, etwa in Augenhöhe, abgrenzt. (Ihr Mann könnte es ja bauen.) In diesen Raum kann sie Kartonschachteln, kleine Möbelstücke und Spielzeug, kurz, den ganzen Krimskrams, den Kinder brauchen, hineinlegen. Das Kind muß alles berühren und in den Mund stecken dürfen, d.h. man muß nur darauf achten, daß nichts Gefährliches dabei ist. Draußen ist es für das Kind natürlich nicht so gut, wenn es Erde, Schlamm oder jeden Dreck ißt. Deshalb ist es besser, wenn es Spielsachen dabei hat. Diese werden aber für das Kind erst dann interessant, wenn sie einen Namen haben und durch die Worte der Mutter in die Beziehung des Kindes zur Mutter einbezogen werden.

Aber nun zurück zu dem Jungen, der dreizehn Monate alt ist und seit zwei Monaten läuft. Er hat, so wie das kleine Mädchen, das Bedürfnis, alles kennenlernen zu wollen, zu wissen, wie man etwas berührt und wozu das, was er berührt, dient. Man soll sich nicht damit begnügen, ihm zu sagen: »Das ist ein Topfdeckel«, sondern vielmehr: »Siehst du, dieser

Deckel ist größer als dieser da.« Und dann kann man ihm einen anderen zeigen: »Siehst du, der paßt auf diesen Topf.« Das Kind könnte sich dann zwischen zwei oder drei Töpfen den aussuchen, auf den der betreffende Deckel paßt – »Paßt dieser darauf? Nein, auf diesen paßt er nicht, sondern auf den anderen, der dort liegt.« Das könnte man jeweils eine halbe Stunde morgens und eine halbe Stunde abends mit dem Kind machen. Es würde sich um eine Art »Sachunterricht« für ein Kind handeln, das alles berühren will. Was nun den Lärm angeht, den dieses Kind veranstaltet, könnte die Mutter mit ihm, um es zu beruhigen, ab und zu rhythmische Spiele machen, die die Kinder sehr gern mögen; also dem Kind Lieder oder irgendwelche selbsterfundenen Reime vorsingen. Solche motorischen Klang- und Sprachübungen sind für ein Baby ausgezeichnet. Und dann sollte die Mutter natürlich nicht die Haushaltsleiter vergessen, damit das Kind das Hinauf- und wieder Herunterklettern üben kann. Vor allem aber sollte sie mit ihm ein oder zwei Stunden am Tag (natürlich nicht hintereinander) spazierengehen, laufen und Ball spielen, weil dieses Kind Spiele braucht, bei denen es sich bewegt. Es könnte auch Spielzeug haben, auf dem es sitzen kann, sich vorwärtsbewegen und dabei »tut tut« ruft, z. B. Stühle, die es allein überall hinschieben kann.

Die Spiele, die mit den Sinnen des Kindes zu tun haben und die durch die Worte der Mutter und des Vaters gelenkt werden, fangen schon sehr früh, bereits in der Wiege des Kindes, an: Sehen, Hören, Tasten, Greifen; Nehmen, Loslassen, Geben, Werfen, Auffangen. Auf die Phase, in der das Kind dann in der ganzen Wohnung herumgeht, folgt die Beherrschung der Dinge von ihrem räumlichen Aspekt her; ferner die Untersuchung und Erfahrung des Körpers nach dem Modell, das die Erwachsenen und die vertrauten Personen dem Kind liefern. Hier entwickelt sich die Intelligenz in ihren frühesten Formen, das Kind erlernt ferner durch Gestik und Nachahmen eine Sprache, die sich verbal ausdifferenziert, denn es verspürt die Lust, die Welt kennenzulernen, sie zu beherrschen und mit anderen zu kommunizieren.

Ich habe zu diesem Thema noch einen dritten, interessanten Brief. Ich halte ihn von daher interessant, weil die Schwierigkeiten unter Umständen paradoxerweise gerade von daher rühren, daß diese Mutter sehr danach bestrebt ist, alles richtig zu machen. Zunächst stellt sie Ihnen eine sehr allgemeine Frage: »Ich weiß, daß Sie dafür eintreten, daß man mit kleinen Kindern unbedingt sanft umgehen soll (also nie die Stimme erheben und alles ganz ruhig erklären). Dennoch möchte ich wissen, wie man einem Baby, das zwölf Monate alt ist, zu laufen beginnt und alles berühren will, die ersten Strafen verpassen soll? Wie kann man ihm allmählich beibringen, auf eine wichtigere Aufforderung hin zu gehorchen? Meiner Meinung nach besteht doch eine Kluft zwischen dem sanften Umgang mit einem Baby und Verständnis einerseits und einem totalen Gewährenlassen andererseits, wozu manche junge Eltern tendieren, die sich in dem Milieu der modernen Psychologie und Pädagogik bewegen.«

Man braucht ja nicht zu bestrafen, wenn man etwas verbieten will. Und sanft zu sein, schließt weder Standhaftigkeit noch bestimmte durch Vorsichtsmaßnahmen bedingte Verbote aus. Wenn ein Kind nun anfängt, alles zu berühren, muß man bei einem elf Monate alten Baby die gefährlichen Dinge wegnehmen. Das habe ich vorhin schon gesagt. Man soll es aber experimentieren lassen, und zwar nicht auf eine Art und Weise, wie es die Dame in ihrem Brief beschreibt (sie stellt es in ein Ställchen), sondern indem man ihm im Gegenteil Kartonkisten gibt, damit es damit spielt und sich darin verstekken kann; man kann ihm auch kleine Hocker geben, kleine Hindernisse, über die es dann springen kann, usw.

Ja, aber ich möchte Sie doch kurz unterbrechen, um diesen Brief zu Ende zu lesen, denn es geht hier auch um eine ganz konkrete Erfahrung, die diese Mutter gemacht hat ...

Nach ihren Worten zu urteilen, scheint sie eine sklavisch abhängige Mutter zu sein; abhängig in dem Sinne, daß sie alles hundertprozentig richtig machen will.

Sie schreibt: »Ich mache es so: Ich setze mich mit meinem Sohn in das Ställchen hinein und zeige ihm dann, wie man Ringe auf einen Stock steckt. Oder ich stelle Würfel aufeinander. Das Kind reagiert aber sehr komisch. Ich möchte Sie bitten, daß Sie mir seine Reaktion erklären und mir sagen, ob sie bei Kindern üblich ist. Er zerstört nämlich den Turm, den ich aus Würfeln gebaut habe, mit den Füßen und versucht auch nicht, ihn wieder aufzubauen. Es gelingt ihm vielleicht nach einem oder zwei Versuchen, die Ringe auf den Stock zu stecken, wobei ich ihm jedoch helfe. Doch plötzlich fängt er dann an, sich zu ärgern, wird wütend, weint, wird unruhig und schmeißt alles aus dem Ställchen heraus; offensichtlich ist er an diesen Spielen überhaupt nicht interessiert, obwohl sie doch für sein Alter sind.«

Eben noch nicht. Sein Ärger ist doch der beste Beweis dafür. Und warum setzt sich diese Frau eigentlich zusammen mit ihm in sein Ställchen? Wenn sie zu Hause ist, könnte sie ihn doch überall in der Wohnung herumkrabbeln lassen.

In diesem Zusammenhang möchte ich noch sagen, daß wir viele Fragen bekommen, die das Problem »Welche Spiele sind für welches Alter geeignet?« betreffen. Täuscht sich diese Dame also vollständig?

Ja. Bei dem, was sie ihrem Kind beizubringen versucht, handelt es sich um Spiele, die ein Kind, das 18 Monate alt ist, allein mit Lust und Laune entdecken wird. Ihr Kind befindet sich hingegen in einem Alter, in dem es alles tasten und berühren will. Die Mutter sollte ihm eher beibringen, die Dinge zu betasten, anstatt es in ein Ställchen zu sperren; sie könnte dem Kind z. B. eine Menge von kleinen Gegenständen in eine Kiste hineintun, d. h. alles, was ich so »Krimskrams« nennen würde: Spulen, Teppichstücke, Wollknäuel, eine alte Klingel, Schlüssel, ein altes Schloß, also alles, was zu berühren reizvoll ist. Dazu könnte man auch Spielzeug tun (Tierchen, Püppchen, ein Holzlastwagen, farbiges Papier, eine Tasche, ein Köfferchen, Stoffhunde oder Stoffkatzen, Gummitierchen, eine Trompete, eine kleine Trommel usw.). Und die Mutter sollte das Kind mit diesen Gegenständen umgehen lassen, sie dabei benennen und gleichzeitig mit ihm sprechen. Das wäre für sein jetziges Alter adäquat und nicht das, was sie ihm partout beibringen will und was nicht der Initiative ihres Kindes entspringt.

In einem anderen Absatz schreibt sie, daß sie mit dem Kind in der Wohnung spazierengeht und ihm dabei die Hand gibt, »weil es dies lieber hat«; sie schreibt, daß sie dann natürlich nichts anderes machen kann.

Diese Mutter erträgt eben nicht, wenn ihr Kind einmal verärgert ist. Aber wie lange will sie das noch mitmachen? Das geht doch überhaupt nicht! Dieses Kind möchte sich im Grunde allein beschäftigen und man soll es ihm auch so, wie ich es vorhin sagte, ermöglichen. Und die Mutter sollte als Frau ihren eigenen Beschäftigungen nachgehen.

Und wenn sie es schon in sein Ställchen hineintut, ist es dann eigentlich nötig, daß sie selbst auch hineingeht?

Das Ställchen sollte eigentlich nicht den ganzen Tag über gebraucht werden, sondern nur, wenn die Mutter das Kind nicht beaufsichtigen kann. Und vor allem ist es völlig überflüssig, daß sie selbst hineingeht! Im Moment befindet sich das Kind in einem Alter, in dem es gern vor sich hinspielt und dabei auch gern Gegenstände hochwirft. Sie sollte es von daher möglichst wenig in sein Ställchen setzen und es statt dessen im Haus hinter ihr herlaufen lassen. Und wenn es dann 13 oder 14 Monate alt ist – oder schon jetzt, wenn sie merkt, daß es geschickt genug ist –, sollte sie ihm die Haushaltsleiter hinstellen, damit es zu klettern lernt. Ein Kind, das z.B. auf Tische klettert, d.h. natürlich nur dorthin, wo es nicht gefährlich ist, ist ein von der Entwicklung seines Muskelsystems her intelligentes Kind. Gerade das soll ihr Kind doch werden. Und sobald es Interesse zeigt, mit dem Wasser zu spielen, sollte sie es ihm erlauben, etwa im Waschbecken.
Es ist auch wichtig zu wissen, wie man einem Kind den Unterschied zwischen Dingen, die zu berühren erlaubt sind

und Dingen, bei denen es gefährlich ist, erklären kann. Man kann z. B. mit dem Kugelschreiber von Mutter oder Vater oder mit dem Nähkasten der Mutter anfangen: man schaut diese Gegenstände gut an, man beobachtet sie, aber man berührt sie nicht. Es gibt daneben noch viele andere Dinge – oder einige Dinge –, die das Kind nur mit Hilfe der Erwachsenen berühren darf. Zusammen (um die 18 Monate herum) lernt man sie kennen und damit umzugehen. Aber man sollte langsam damit anfangen, d.h. nicht länger als eine halbe Stunde am Tag; die Mutter sollte dabei dem Kind alles, was es sieht und berührt, mit Worten erklären, natürlich nur, wenn es das Kind interessiert, andernfalls ist es nicht nötig. (Aber der Umgang mit den Dingen interessiert die Kinder meistens sehr.)
Vielleicht befindet sich das eine oder andere Kind auch in einem Alter, in dem es gern hat, daß man ihm Kinderreime vorsingt oder etwas erzählt. Mit elf Monaten mag das Kind sich dann gern kleine Bilderbücher ansehen und wissen, was auf jeder Seite abgebildet ist.
Sie könnte auch ein Spiel machen, bei dem es andere Leute wiedererkennt, mit ihm spazierengehen, es Arbeitern bei ihrer Arbeit zuschauen lassen und ihm dabei erklären, was sie machen – natürlich immer unter der Bedingung, daß sich das Kind auch dafür interessiert, oder vor ihm mit anderen Leuten sprechen. Und vor allem sollte es mit anderen Kindern zusammen sein. Es wäre gut, wenn sie eine Freundin finden könnte, die ein gleichaltriges Kind hat. Sie könnten – wenn die Mütter beschäftigt sind – zusammen im Ställchen spielen oder um das Ställchen herum, wenn die Mütter gerade nichts zu tun haben. Sie könnte es auch auf einem Bett herumhüpfen, daraufklettern und wieder herunterpurzeln lassen. Alle diese Dinge sind seinem Alter gemäß. Aber bloß nicht diese ganzen klugen Spiele, die sie ihm partout beibringen will, und die es langweilen.

38

Eine bessere Hand gibt es nicht

(Linkshändige Kinder)

Einige Eltern haben Ihnen in bezug auf linkshändige Kinder geschrieben. Zunächst möchte ich den Brief einer Mutter anführen, deren dreieinhalbjährige Tochter tatsächlich linkshändig ist. Sie hat immer an ihrem linken Daumen gelutscht und die Gegenstände mit der linken Hand angefaßt. Auch zum Essen benutzt sie ihre linke Hand. Ebenso spielt sie mit der linken Hand Ball ...

Mit der linken Hand oder mit dem linken Fuß?

Mit dem linken Fuß. Mit der linken Hand fängt sie ihn.

Dann ist sie wirklich linkshändig.

Sie malt auch mit der linken Hand und schreibt von »rechts nach links«. Ihre Mutter will ihr nicht zu sehr in die Quere kommen: »Wir versuchen zwar ab und zu, ihr den Gebrauch der rechten Hand beizubringen, aber wir merken schnell, daß sie damit doch sehr ungeschickt ist. Auf der anderen Seite fängt sie an, ›vorn‹ und ›hinten‹, ›oben‹ und ›unten‹, ›morgens‹ und ›abends‹ oder ›morgen‹ und ›gestern‹ zu verwechseln. Dieses Kind hat an und für sich schon sehr früh sprechen und sich auch gut ausdrücken können; aber ich frage mich, ob diese Art der Verwechslungen sowohl in der Sprech- wie auch in der Schreibweise nicht von daher rühren, daß ich sie früher immer angetrieben habe, weil sie so langsam war.« Die Mutter möchte wissen, ob ihr Verhalten zu einer Lese- oder Rechtschreibschwäche führen kann.

In diesem Fall werden mehrere Probleme auf einmal angesprochen. Dieses Mädchen scheint in Opposition zu der Schreibrichtung zu stehen. Nun hat das mit der »Linkshändigkeit« eigentlich nichts zu tun, denn dieselben Schwierigkeiten treten auch unter rechtshändigen Kindern auf. Das Mädchen scheint auch widersprechen zu wollen, daß »oben« oben oder »unten« unten ist... Es möchte, daß morgen gestern sein würde. Wir haben es bei ihr anscheinend mit einer Haltung zu tun, die von einer Art innerlicher Opposition geprägt zu sein scheint; natürlich hat eine solche Haltung viele Aspekte, aber vielleicht hat man das Mädchen tatsächlich »aus ihrem Rhythmus« gebracht, indem es die Mutter dauernd angetrieben hat.

Die Mutter schreibt auch noch: »Wir stehen in der Familie dem Leben sehr offen gegenüber, aber führen auch ein unruhiges Leben. Wir müssen sehen, daß wir alles schaffen, was wir uns vornehmen...« Und der langsame Rhythmus dieses Kindes war wahrscheinlich ein Hindernis, mit allem fertig zu werden.

Das ist durchaus möglich. Aber hier scheint mir das Problem wirklich anders geartet zu sein als bei gewöhnlichen Linkshändern. Im allgemeinen kann man den Eltern sagen, daß die Kinder ihre linke Hand genauso oft benutzen wie ihre rechte Hand, abgesehen von solchen Kindern, die schon sehr früh nur alles mit der rechten Hand machen, was aber sehr selten vorkommt. Im allgemeinen benutzen die Kinder beide Hände und beide Füße. Je länger sie bei allen ihren motorischen Bewegungen beide Seiten des Körpers benutzen, um ihre Geschicklichkeit zu benutzen, desto besser ist es. Deshalb sollte man den Kindern nicht von einer »guten Hand« und von einer »schlechten Hand« erzählen.
Man kann ihnen z.B. ohne weiteres beibringen, daß man sich beim Verabschieden die rechte Hand gibt. Gibt aber das Kind seine linke Hand, sollte man ihm nicht sagen: »Gib deine gute Hand.« Es ist ganz einfach so, daß man eben die rechte Hand zum Abschied gibt und das Kind aus diesem Grund auch seine rechte Hand geben sollte. Hätte man uns beigebracht, die linke Hand zu geben, würden wir uns auch damit abgefunden haben; hier handelt es sich also um eine Frage der Konvention und

diese hat wiederum nichts damit zu tun, daß eine Hand »gut« oder »schlecht« ist.
Das Wichtigste ist eigentlich, daß man einem Kind in der Ausdifferenzierung seiner neurologischen Struktur, die sich im Verlauf seiner Entwicklung erst langsam stabilisiert und die dazu führt, die Geschicklichkeit des Schreibens zu erlangen oder mit den Gegenständen sorgfältig umzugehen, nicht widerspricht. Man sollte genauso glücklich sein, ob man nun ein linkshändiges oder ein rechtshändiges Kind hat. In diesem Zusammenhang sei auch erwähnt, daß man in den USA manche Werkzeuge speziell für Rechts- bzw. Linkshänder herstellt, wobei letztere immerhin 36 Prozent der Verbraucher darstellen.

In bezug auf Frankreich kommt mir diese Zahl sehr hoch vor.

Das kann sein, denn in Frankreich sind die Leute ja gezwungen, Rechtshänder zu sein, um manche Werkzeuge gebrauchen zu können, ansonsten wäre es nicht sehr bequem. Die Kinder müßte man eigentlich in ihrer »Doppelhändigkeit« respektieren, d.h. sie müßten mit beiden Händen arbeiten dürfen, und zwar solange, wie sie wollen. Nur sollte man ihnen, egal, welche Hand sie bevorzugen, nicht erlauben, verkehrtherum zu schreiben: auch jene Sprachen, die man von rechts nach links schreibt, werden von einem Rechtshänder so geschrieben. Die Schreibrichtung hat demnach mit dem Phänomen des »Linkshänders« nichts zu tun.
Im Zusammenhang mit dem Kind, von dem wir gerade sprechen, sind zwei Fragen relevant: die rechte Hand jemandem hinzustrecken, ist für alle eine Pflicht. Also soll es dies auch tun, denn sonst wird es von einigen Leuten in Zukunft schief angesehen werden. Es ist zwar irgendwo idiotisch, aber es ist so. Es ist besser, eine Situation zu vermeiden, in der man von irgend jemandem mitgeteilt bekommt, das Kind habe schlechte Manieren. Die Konvention, bei uns von links nach rechts zu schreiben, ist dagegen so wichtig, daß es für ein Kind zukünftig von Nachteil wäre, wenn es die Gewohnheit hätte, von rechts nach links zu schreiben, unabhängig davon, ob es nun Rechts- oder Linkshänder ist. Insofern ist es besser, den

Kindern zu sagen: »Du hast nicht geschrieben, sondern gemalt. Ich bin damit einverstanden. Aber wenn du schreibst, dann von links nach rechts.« Ich glaube also, daß diese Mutter doch irgend jemanden um Rat bitten sollte. Dieses Kind versteckt hinter einer scheinbaren linkshändigen Dominanz wohl eine andere Schwierigkeit, die damit unmittelbar nichts zu tun hat. Es muß mit irgend etwas anderem zu tun haben. Vielleicht will es durch irgendeine Besonderheit auffallen? Ich weiß es nicht. Aber auf jeden Fall sollte sich die Mutter über ihre Tochter fachmännischen Rat einholen... Außerdem sollte sie das Schreiben von rechts nach links sofort stoppen, weil das Mädchen ansonsten später dadurch benachteiligt sein würde.

Ein anderer Brief zum Problem der »Linkshändigkeit« stammt von einer Lehrerin. Ihre Tochter ist fünfeinhalb Jahre alt und benutzt lieber ihre linke als ihre rechte Hand. Die Mutter ist ihr deshalb noch nie in die Quere gekommen. Sie schreibt: »Neulich habe ich mit der Psychologin, die an meiner Schule arbeitet, gesprochen. Sie hat meine Tochter getestet und mir nach dem Test gesagt, daß sie eigentlich doppelhändig, der Gebrauch der linken Hand jedoch vorherrschend sei.« Die Psychologin hat ihr den Rat gegeben, ihre Tochter – zwar sanft – darum zu bitten, so viel wie möglich die rechte Hand zu benutzen. Das hat die Mutter dann auch getan. Jetzt mußte das Kind die Schule wechseln und die neue Lehrerin vertritt eine ganz andere Meinung. Ihrer Meinung nach sollte man die Kinder gewähren lassen. Die Mutter weiß nun nicht mehr, welchen Standpunkt sie eigentlich vertreten soll. »Erst gerate ich zu Hause mit meiner Tochter leicht aneinander, weil ich sie darum bitte, so viel wie möglich ihre rechte Hand zu benutzen, und jetzt wird man in ihrer neuen Schule nicht darauf achten.«

Auch in diesem Fall scheint man dem Problem meiner Meinung nach nicht gründlich genug nachgegangen zu sein. Man müßte wissen, was die Psychologin der Mutter genau empfohlen hat, ob sie ihr etwa geraten hat, für alles die rechte Hand zu benutzen. Wenn sie diese Meinung vertreten hat, würde ich sie gar nicht teilen; aber wenn es sich nur um manche Gesten wie das Schreiben oder eine bestimmte Begrüßungsform gehandelt hat, ... ich habe es vorhin schon gesagt.

Das Auge spielt bei diesen Problemen eine gewisse Rolle. Auch wenn sie nicht kurzsichtig sind, schreiben die Kinder anfangs mit der Nase fast auf dem Papier; sie schreiben oder gucken sich Bilder ganz aus der Nähe an, nur etwa 10 cm vom Auge entfernt. Sie nehmen die Gegenstände ganz dicht an ihr Gesicht heran, obwohl sie sie von weitem sehr gut erkennen können. Man muß wissen, daß die einen bevorzugt mit dem rechten, die anderen mit dem linken Auge sehen; ebenso ist es bei den Ohren. Wenn man mit dem rechten Auge, der rechten Hand und dem rechten Fuß geschickter ist, handelt es sich um eine vollständige Rechtsdominanz. Nun hat die Psychologin für den Fall recht, daß das Mädchen eigentlich doppelhändig mit leichter Dominanz der linken Hand ist, aber mit dem rechten Auge besser sieht. Sieht das Kind allerdings mit dem linken Auge besser, sollte es mit der linken Hand schreiben, bis es vielleicht irgendwann einmal von sich selbst darauf verzichtet. Kinder, die mit dem rechten Auge besser sehen und linkshändig sind, korrigieren sich meistens von allein, wenn sie ungefähr acht oder neun Jahre alt sind. Vorher ist es nicht möglich. Wenn sie es früher tun würden, würden sie vom Schreiben einen steifen Hals bekommen; denn mit der Nase so dicht am Papier, wie sie die kleineren Kinder haben, würden sie sich den Hals verrenken. Mit neun oder zehn Jahren schreiben die Kinder hingegen viel weiter weg vom Gesicht und diejenigen, die wirklich doppelhändig sind, gewöhnen sich dann von allein irgendwann um. Ich habe Kinder – fünf- oder sechsjährige – erlebt, die sich mit zehn Jahren von allein umgestellt haben, weil sie feststellten, daß sie mit der rechten Hand genausogut schreiben konnten und daß es letztlich doch besser wäre, wie alle zu sein und die Schrift außerdem schöner aussehen würde.

Zusammenfassend läßt sich also sagen, daß man einem Linkshänder nicht ständig in die Quere kommen soll.

Nein, das wäre nicht vernünftig und kann auch schädlich sein. Denn schließlich handelt es sich um eine neurologische Struktur. Kommt man einem echten Linkshänder ständig in die Quere, kann eine Hemmung seiner Ausdrucksmöglichkeiten eintreten; dies wiederum führt häufig zu einer Ungeschicklichkeit seiner ganzen Motorik oder zum Stottern bzw. zu einer tief verwurzelten Ängstlichkeit.

Hier endlich ein Brief von einem Vater: »Ich habe einen Jungen, der viereinhalb Monate alt ist, und ein kleines Mädchen von zwei Jahren und sieben Monaten. Beide benutzen offenkundig mehr ihre linke als ihre rechte Hand. Das Baby kann natürlich noch nicht alles genau verstehen, aber dem Mädchen gegenüber machen wir, d. h. seine Mutter und ich, doch viele Bemerkungen. Wir sagen ihm, wenn es gerade irgendetwas machen will, daß man seine rechte Hand benutzt.« Doch scheint das Mädchen mit seiner rechten Hand wirklich große motorische Schwierigkeiten zu haben. Es kann z. B. mit der rechten Hand einen Gegenstand nicht in eine bestimmte Richtung schieben: »Das macht mir Sorgen«, schreibt der Vater, »da ich keine historische Person, zumindestens keine aus der Gegenwart kenne, die linkshändig gewesen wäre. Meine Frau berichtete mir allerdings, daß sie schon einmal eine Ärztin gesehen habe, die ihre linke Hand benutzte ... Ich hoffe, daß sie sich nicht täuscht ...« Dieser Herr scheint also einen recht engen Zusammenhang zwischen Linskhändigkeit und Intelligenz zu sehen ...

... und sozialem Erfolg.

Ich weiß nicht, ob es eine Frage des sozialen Erfolges ist ...

Als ob es anormal wäre, linkshändig zu sein! Nein, überhaupt nicht; ich habe schon gesagt, daß es absolut nicht ungewöhnlich ist. Es wäre gefährlich, ein Kind zu korrigieren, das spontan rechtshändig ist, damit es linkshändig wird – genauso ist es umgekehrt der Fall. Ich verstehe nicht, wieso dieser Vater so beunruhigt ist. Vielleicht liegt die Hauptschwierigkeit darin, daß die Eltern ihren Kindern nicht unmittelbar die Gesten und Bewegungen zeigen können, wie sie selbst sie ausführen. Das Kind soll sich mit der Geschicklichkeit der Eltern identifizieren und dies ausgerechnet mit der Hand, die bei ihm am schwächsten ist; die Eltern können es dann nicht dazu bringen, alles genauso zu machen wie sie selbst. Vielleicht liegt es daran. Auf jeden Fall sollte man sich immer darüber freuen, Kinder zu haben, die – ob rechts- oder linkshändig – so sind, wie sie sind, und die nicht versuchen, so zu tun, als würden sie alles den Eltern nachmachen. Das Nachmachen ist affig; die Identifizierung hingegen ist ein symbolischer und sprachlicher Prozeß, der dazu führt, Initiativen zu ergreifen und deren Umsetzung auf eine Art und Weise zu Ende zu führen, daß man dabei den anderen oder sich selbst nicht zu Schaden bringt und insbesondere nicht der eigenen Natur in die Quere kommt.

Der Vater fragt Sie noch, ob es zu spät oder noch zu früh ist, um einzugreifen.

Es ist weder das eine noch das andere. Die Kinder sind so, wie sie sind bzw. wie es ihnen entspricht. Jetzt, mit zweieinhalb Jahren, kann man noch gar keine Aussagen darüber treffen, ob dieses Kind nicht irgendwann einmal mit der rechten Hand geschickt sein wird. Im Moment ist es halt mit der linken Hand geschickter, d.h. zur Zeit ist dieses kleine Mädchen eindeutig linkshändig. Es ist auch gut möglich, daß es mit vier oder fünf Jahren für manche Dinge mit der linken Hand geschickter und trotzdem auch mit der rechten Hand ziemlich geschickt ist; es wäre dann in der Lage, beide Hände mit viel Geschick zu benutzen. Denn ein Rechtshänder, der ausschließlich mit der rechten Hand und nicht auch mit seiner linken Hand geschickt ist, ist ja oft auch sehr eingeschränkt.
Daß wir uns in unseren Gesten und Bewegungen wohlfühlen, daß wir sie flink und harmonisch ausführen können, daß wir sie wirksam einsetzen – das alles beruht auf einem physiologischen Gleichgewicht aller unserer Körperfunktionen, die mit den Anstrengungen, die die Beherrschung unserer Motorik verlangt, in Einklang gebracht werden müssen. Es handelt sich schließlich um einen ganzen Komplex (von Nerven, Knochen, Muskeln, Kreislauf und inneren Organen). Nun haben wir meistens symmetrisch angeordnete innere Organe und Sinnesorgane (und es geht nicht nur um unsere höheren und niederen Sinnesorgane): diese Art von Symmetrie trägt zu der Harmonie unserer Bewegungen bei, von den mehr oder weni-

ger unbewußten Bewegungen, wie den Gesichtsmimiken, den Bewegungen des Kehlkopfes, des Mundes und der Zunge, die den Ausdruck unserer Stimme und Sprache leiten bis zu den bewußteren Bewegungen, die wir beherrschen und ausüben können. Man muß hinzufügen, daß natürlich bei allen Menschen eine Seite stärker als die andere ist. Und die Genauigkeit ist auch nicht immer auf der gleichen Seite angesiedelt wie etwa die Kraft, die man zu etwas braucht. Man nennt eben diejenigen Menschen links- oder rechtshändig, bei denen sich die Kraft, die Genauigkeit und die Geschicklichkeit auf derselben Seite befinden. Dieser Vater sollte einmal die Sportler bei ihren Wettkämpfen im Fernsehen beobachten. Er wird sehen, daß viele von den international bekanntesten und besten Sportlern, ob es nun Boxer, Fechter, Tennis- oder Fußballspieler sind, linkshändig sind. Vielleicht wird das ihn beruhigen!

39

Die Gegenstände sind für uns da – und nicht umgekehrt, wir für sie

(Ordnung oder Unordnung)

Ich habe zunächst zwei Briefe vor mir liegen. In dem einen werden Sie gebeten, etwas in bezug auf »Ordnung«, in dem anderen etwas in bezug auf »Unordnung« zu sagen. Ich habe mir gedacht, daß wir uns über diese zwei Briefe hinaus allgemein mit diesem Thema beschäftigen könnten, da sich viele Eltern ja tatsächlich ein aufgeräumtes Haus wünschen – vor allem die Mütter, die den ganzen Tag zu Hause sind und Unordnung ziemlich schlecht vertragen können. Aber zuerst möchte ich aus dem Brief eines Arztes zitieren. Dieser sagt zwar nicht genau, um was für ein Kind es sich handelt, aber seine Fragen sind direkt und einfach: »Könnten Sie uns einige Ratschläge geben, wie man einem Kind beibringen kann, ordentlich zu sein, ohne daß es gleich zwanghaft wird. In anderen Worten, wie kann man ihm beibringen, seine Sachen aufzuräumen, ohne daß man dabei seine Spontaneität tötet und ihm gegenüber trotzdem respektvoll bleibt?«

Man kann ein Kind, das begabt und lebendig ist und eine gute Beziehung zu der Außenwelt hat, nicht vor einem Alter von vier Jahren dazu bringen, daß es aufräumt. Aber vorher soll das Kind unbedingt sehen, daß seine Eltern aufräumen. Man könnte ihm z. B. sagen: »Hör zu, ich finde meine Sachen nicht wieder, weil du sie wahrscheinlich irgendwohin getan hast.« Und nachdem man mit ihm zusammen gesucht hat, könnte man sagen: »Siehst du, du trägst sie überall hin.« Man soll es darauf aufmerksam machen, daß es aufgrund seiner Lebendigkeit die Dinge ganz unbewußt nimmt und sie dann irgendwo liegen läßt, wenn sie nicht mehr interessieren, um sich etwas anderem zuzuwenden. So ist eben ein Kind. Vor dem Alter von vier

Jahren kann man ihm keinen Ordnungssinn beibringen, aber man kann mit ihm über dieses Thema sprechen.

Und ab vier Jahren?

Wenn man einem Kind das Aufräumen beibringen will, soll man es nicht den ganzen Tag über dazu auffordern (wenn es in irgendeine Aktivität vertieft ist, ist es sowieso unmöglich). Man kann dies tun, nachdem ein halber Tag vergangen ist, etwa zur Mittagszeit, wenn man das Zimmer aufräumt, um darin zu Mittag zu essen. Man kann das Kind dann fragen: »Kannst du mir helfen? Diese Dinge dort gehören alle in dein Zimmer, hier ist mein Zimmer ...«, wenn mehrere Zimmer vorhanden sind. »Das gehört in diesen Schrank, dieses in jenen Schrank« usw. Ist das Kinderzimmer abends unordentlich, ist es unmöglich, alles aufzuräumen, bevor das Kind in seinem Bett ist bzw. kurz davor, sich hinzulegen. Erst in dem Moment, wenn das Kind sozusagen »mit sich selbst« aufräumt, d.h. seinen Körper in sein Bett legt, um zu schlafen, versteht es, daß auch die Dinge aufgeräumt werden müssen; auf jeden Fall erscheint es ihm nicht so »widernatürlich«, d.h. unangenehm. Aufräumen muß nicht bedeuten, zwanghaft ordentlich zu sein. Sondern es bedeutet, alle Sachen zu einem extra für das Kind reservierten Platz zu bringen, z.B. in eine bestimmte Ecke im Zimmer, einen Korb, eine Spielzeugkiste oder einen Schrank. Man soll nicht damit anfangen, das eine hier, das andere dort hinzulegen. Wenn die Kinder klein sind, brauchen sie ihren persönlichen Kram um sich herum. Mit vier Jahren versteht ein Kind schon, daß es aufräumen muß. Und die Mutter kann ihm – aber nicht vor fünf Jahren – sagen: »Wenn deine Sachen nicht in deinem Zimmer, sondern woanders herumliegen, dann tut es mir leid, aber ich nehme sie dir weg. Du stellst sie immer dorthin, wo sie nichts zu suchen haben; dein Spielzeug soll aber weder in unserem Zimmer noch im Eßzimmer noch in der Küche herumliegen.« Im Kinderzimmer hingegen kann man keine richtige Ordnung machen, außer vielleicht einmal in der Woche, wenn man sowieso die Wohnung putzt. Erst mit acht Jahren räumen die Kinder von sich aus auf. Vorher räumen sie manchmal ihre Schulsachen auf, vor allem, wenn sie zu mehre-

ren in der Familie sind. Sie schützen ja ihre Sachen vor den kleineren oder größeren Geschwistern, die sie ihnen gerne wegnehmen, vorausgesetzt, daß sie über eine eigene Ecke verfügen, die möglichst abschließbar ist.
Es ist wichtig, daß jedes Kind ein eigenes Fach für sich hat – das gilt vor allem für kinderreiche Familien –, in das es seine ihm wertvollen Sachen hineintun kann; dieses sollte für die anderen nicht erreichbar sein, weil es mit einem Hängeschloß, einem Schlüssel oder Zahlenschloß verschließbar ist (Das Kind soll den anderen natürlich nicht sagen, wo es seinen Schlüssel versteckt hält, andernfalls würde es bedeuten, daß es es gern hat, daß man ihm etwas wegnimmt.) Man kann dem Kind das Aufräumen nur dadurch beibringen, daß man selbst als Vorbild fungiert. Das trifft im übrigen auf alles zu, was man dem Kind beibringen will.

Nun gehen Sie ja in Ihrer Beschreibung ein wenig vom Idealfall aus. Wenn man aber beschlossen hat, einem Kind schon vor dem Alter von vier Jahren einen Ordnungssinn einzuschärfen, besteht nicht die Gefahr, daß man, wie dieser Arzt schreibt, seine Spontaneität tötet?

Ja, das Kind läuft dann tatsächlich Gefahr, zwanghaft zu werden, wie dieser Arzt schreibt. Das kleine Kind hat dann nicht die Freiheit, wie ein anderes Kind zu spielen, es ist, was die Ordnung betrifft, vor seiner Zeit gealtert; es empfindet dann so etwas wie ein »Bedürfnis«, daß alles an seinem Platz zu sein hat, so, als ob etwas mit seinem Körper nicht stimmen würde; d.h., es fühlt sich unwohl in seiner Haut, sowie die Dinge nicht aufgeräumt sind. Und das ist ein Zeichen für zwanghaftes Verhalten.
Ein Kind fühlt sich aber wohl in seiner Haut, wenn es alle seine Spielsachen, Bücher, Kleider durcheinander um sich herum hat. Dies natürlich unter der Voraussetzung, daß weder der Vater noch die Mutter selbst zwanghaft ordentlich sind und deswegen andauernd mit ihm schimpfen bzw. dem Kind ihren zwanghaften Tick, daß alles ordentlich zu sein hat, aufzwingen. Eine zwanghafte Ordnungssucht schadet nur, weil sich die Menschen, die völlig darauf fixiert sind, daß immer

alles ordentlich ist, gegenüber allen Überraschungen und Veränderungen in ihrem Leben intolerant zeigen und in ihren sozialen Beziehungen, die ja ständigen Wechsel mit sich bringen, sehr unwohl fühlen. Die Beziehung zu etwas ist aber das Wichtigste. Die Gegenstände gewinnen doch ihre Eigenschaften dadurch, daß man mit ihnen spielt, daß sie bei einem Interesse wecken und daß sie eine Beziehung zum Menschen bilden. Sie beherrschen nicht uns, sondern wir bedienen uns ihrer für unsere Zwecke.

Nachdem wir über das Problem der »Ordnung« gesprochen haben, wollen wir uns jetzt dem der »Unordnung« zuwenden. Eine Frau fragt Sie in ihrem Brief, ob die Unordentlichkeit eine Verhaltensweise ist, die man bei sich, sofern man will, in den Griff kriegen kann oder eine echte Persönlichkeitseigenschaft. Im letzeren Fall, wenn sie als Eigenschaft tief in der Persönlichkeit von jemandem verwurzelt ist, könne man sie doch nur schlecht beheben. Sie schreibt auch, daß sie drei Kinder hat (eines ist drei Jahre, das andere neun Jahre alt), von denen sie behauptet, sie seien in bezug auf Ordnung »ziemlich perfekt«; außerdem habe sie aber einen zehneinhalbjährigen Sohn, der sehr unordentlich ist. Ihr Mann ist übrigens auch sehr unordentlich. Dazu schreibt sie: »Er ist ein wunderbarer Mann. Er ist in seinem Beruf sehr sorgfältig, aber zu Hause ist es furchtbar. Ich bin eigentlich überhaupt kein Putzteufel. Aber ich möchte ganz einfach die Dinge, die ich bei mir suche, wiederfinden. Und ich traue mich andererseits auch wieder nicht, von den anderen zu viel zu verlangen.« Eines Tages sagte ihr zehneinhalbjähriger Sohn, nachdem er zusammen mit seiner Mutter sein Zimmer aufgeräumt hatte: »Weißt du, so mag ich mein Zimmer nicht. Wenn es aufgeräumt ist, fühle ich mich darin ganz allein, wie von allem abgeschnitten. Die Spielsachen sind für mich, wenn sie auf dem Boden ausgebreitet sind, ein wenig wie meine Freunde.«

Der älteste Sohn will sich ganz bestimmt mit seinem Vater identifizieren. Letzterer bietet mit seiner Unordnung ja ein Vorbild und diese ist für den Sohn Bestandteil der Art, wie sein

Vater eben ist. Vermutlich hat er den Vater schon einmal sagen hören: »Ich kann nicht haben, wenn alles so aufgeräumt ist. Ich habe dann nicht das Gefühl, mitten im Leben zu stehen, usw.« Er verhält sich also wie sein Vater, was auch nicht erstaunlich ist. Vielleicht ist er einfach von der gleichen Art wie sein Vater. Wenn die Mutter mehr aufräumen würde, würde es das Kind vielleicht auch mehr tun, denn auch den Vater wird seine Unordnung manchmal stören. Es gibt schließlich Leute, die wegen ihrer eigenen Unordentlichkeit täglich bis zu eine Stunde verlieren... Und es gibt wieder andere, die täglich mindestens eine Stunde dafür brauchen, sinnlos Dinge aufzuräumen, die sie eigentlich ruhig weiter um sich herum haben könnten.

Was mich an dem, was der Junge sagt, interessiert, war seine Äußerung, daß er es gern habe, wenn die Sachen auf dem Boden liegen. Ich habe schon häufig beobachtet, daß Kinder es gern haben, wenn ihre kleinen persönlichen Dinge überall verstreut auf dem Fußboden liegen. Ich war persönlich erstaunt, weil ich selbst die Sachen eigentlich nicht auf dem Boden, sondern gern in meiner Reichweite, etwa auf einem Stuhl, liegen habe. So sind meine Stühle häufig vollbepackt, wenn ich keine Zeit habe, aufzuräumen; aber ich lasse nichts auf dem Boden liegen, es sei denn, ich habe keinen Platz mehr auf den Stühlen! Die Kinder sind in dieser Beziehung wahrscheinlich anders. Vielleicht ist aber ein Stuhl für einen Erwachsenen auch einfach wie der Boden für ein Kind. Ich weiß es nicht.

Auf jeden Fall muß man die Kinder gut erziehen und das geht nur, indem man ihnen Beispiele gibt. Dieses Kind, von dem wir sprechen, befindet sich sozusagen zwischen zwei Stühlen, zwischen einer Mutter, die – zwar nicht zu viel – aber eben aufräumt und einem Vater, der sehr unordentlich ist. Es wird schon lernen, die für ihn wertvolleren Sachen aufzuräumen, wenn er sie vor dem Zugriff seiner Geschwister sicherstellen will. Damit kommen wir auf das vorhin schon angesprochene Thema zurück: er könnte einen bestimmten Platz haben, den man abschließen kann. Die Mutter kann ihm sagen: »Die Dinge, die du wiederfinden willst, mußt du selbst so aufbewahren, daß du sie wiederfindest.« Und was die restlichen Dinge

angeht, kann die Mutter ihn meinetwegen einmal in der Woche ausschimpfen, damit ein bißchen aufgeräumt wird.
Es ist zwar komisch, aber erst mit 15 Jahren herum wird das Verhältnis zur Ordnung eigentlich so, wie es einem Erwachsenen entsprechen sollte: erst jetzt lernen die Jugendlichen, wie man am besten aufräumt – nämlich auf eine Art und Weise, die weder übertrieben noch zwanghaft ist, sondern der Erleichterung des täglichen Lebens dient. Übrigens jeder auf seine Weise, da jeder seine eigene Ordnung hat. Deshalb kann auch eine Mutter ihrem Kind nicht die *ihr* eigene Ordnung aufzwingen. Aber jeder findet erst mit 14 oder 15 Jahren seine eigene Ordnung.

Was ist dann also die Unordnung, nur ein ganz bestimmter Charakterzug oder eine tief in der Gesamtpersönlichkeit verwurzelte Eigenschaft?

Weder, noch. Ein Lebensstil. Wie steht es mit den eigenen Gedanken? Es gibt Menschen, die in ihren Gedanken sehr ordentlich, aber im praktischen Leben sehr unordentlich sind. Bei anderen ist das Gegenteil der Fall. Ich kann keine genaue Antwort geben. Ich weiß es nicht.

Hier ist ein dritter Brief in bezug auf das Problem von Ordnung und Unordnung. Es handelt sich eher um einige allgemeine Überlegungen. Sie haben auf die Schrift einen Blick geworfen und gesagt, daß der Autor wahrscheinlich geistig noch sehr jung wäre. Nun handelt es sich aber um eine ehemalige Mitarbeiterin eines Kindergartens. Und sie schreibt Ihnen eine Art Bericht...

..., ja, es ist ein ausgezeichneter Bericht.

..., der es wert ist, daß man sich, so wie ich meine, etwas länger mit ihm beschäftigen sollte. Zunächst schreibt sie: »Es gibt zwei Arten von Unordnung. Die Unordnung im wortwörtlichen Sinn: man sucht etwas und weiß nicht mehr, wo es ist. Man findet nur die Hälfte...« Sie schreibt, daß diese Unordnung mit

falscher Planung, Faulheit oder intellektueller Dummheit zu tun hätte.

Ja, es handelt sich um eine innere Unordnung, die sich nach außen hin bemerkbar macht und unter der die Betroffenen leiden.

... und dann gibt es noch eine andere Art von Unordnung, die wir Erwachsenen bei Kindern kennen, die aber in Wirklichkeit gar keine ist. Und sie erzählt eine Anekdote aus einer Zeit, als sie als junge Erzieherin Vertretung gemacht hat: »Ich übernehme in einem Kindergarten für kurze Zeit die Vertretung. Man gibt mir die Gruppe der Babys ...«

Die Allerjüngsten.

Die Kinder zwischen zwei und drei Jahren »... Die Leiterin des Kindergartens sagte zu mir: ›Wie Sie sehen, haben wir hier Fächer. Sie räumen abends die Bären und Eimer der Kinder wie folgt auf: ein Fach pro Kind, ein Bär und ein Eimer pro Fach.‹ Am Abend – die Kinder hatten einen unwahrscheinlich guten Riecher und haben bestimmt etwas geahnt – bitte ich sie dann, ihre Sachen aufzuräumen. Sie stellen alle ihre Bären jeweils zu zweit auf die eine Seite und die Holzeimer auf die andere Seite. Ich greife ein: ›Normalerweise räumt ihr doch nicht so auf?‹ Und sie antworten: ›Aber sie langweilen sich heute!‹«

Die Bärchen?

Ja.

Ah ja, natürlich!

»Das erschien mir ganz logisch«, fährt sie fort, »ich habe sie so gewähren lassen. Alle Bären saßen sich also zu zweit gegenüber. Um vier Uhr kommt die Leiterin wieder zurück und sagt mir: ›Was soll denn das? Und was wird aus den guten Gewohnheiten? Und mit der Ordnung?‹ Ich erkläre es ihr: ›Die Kinder

denken nämlich, daß sich die Bären sonst langweilen.‹ Ich muß sagen, daß mich die Leiterin ziemlich unruhig angesehen hat. Dann hat sie gesagt: ›Na los, räumen Sie jetzt so auf, wie es sich gehört.‹« Und unsere Erzieherin zieht dann den Schluß: »Um so schlimmer für die Babys, die jeden Abend das Opfer von Aggressionen und Gefühlskälte wurden, weil man sie zwang, zu ihren Bären nicht lieb zu sein.«

Letztlich waren dieser Leiterin die Dinge wichtiger als die Kinder. Aber für die Kinder gibt es eben keine »Dinge«. Ich habe das den Müttern immer wieder gesagt: Man soll nicht abends alles aufräumen, bevor das Kind eingeschlafen ist bzw. gerade am Einschlafen ist. Für das Kind sind die Dinge, die auf dem Boden herumliegen, lebendig und sie gehören zu seiner Atmosphäre. In unserem Fall waren diese Bärchen für die Kinder diejenigen, die im Kindergarten zurückblieben. Man geht in den Kindergarten, um zusammenzusein und nicht, um in einem Fach zu liegen. »Trennt euch! Keine Unterhaltung!«, wie oft hat man diesen Satz schon im Kindergarten oder in der Schule gehört! Macht ein Kind gerade seine Hausaufgaben, darf es seinem Nachbarn nicht mitteilen, was es schreibt. Die Kindergartengruppe oder Schulklasse sollte aber gerade dazu da sein, damit die Kinder untereinander Kontakt haben. Und die Bären, ja sogar die Bären durften keinen Kontakt miteinander haben. Es ist furchtbar!

Das störte ja nun auch wirklich niemanden, oder?

Im Gegenteil, die Kinder hatten sie doch ganz gut alle miteinander aufgeräumt. Nun wirklich!

Hier die Fortsetzung des Briefes: »Die Erwachsenen (z. B. eine Mutter) denken häufig genauso über einen Gegenstand: ›Der liegt hier nur so herum.‹ Das Kind denkt aber: ›So sieht man ihn wenigstens.‹ Wenn man etwas gern hat, mag man es ja auch sehen ...«

Aber ja.

»... und das Schlimmste, was eintreten kann, ist, wenn die Spielsachen verschwunden sind, denn es bedeutet, daß nichts mehr existiert. Ein Spielzeug, das vom Kind herausgeholt wird, ist lebendig (das sagten Sie vorhin auch) bzw. am Leben des Kindes beteiligt, selbst wenn es das Spielzeug im Moment gar nicht benutzt. Wissen Sie, ich rege mich ziemlich auf, wenn ich etwa in irgendwelchen Zeitschriften Ideen für die Einrichtung von Kinderzimmern lese.«

Hatte ich nicht auch einmal in diesem Sinn etwas in bezug auf die sogenannten »Kindermöbel« gesagt? Man hat mir damals geantwortet: »Ja, aber die Möbelfabrikanten werden keinen Käufer mehr finden, wenn alle Ihre Ratschläge befolgen.« Aber es ist wahr, daß man mit vom Vater dekorierten Kisten viel besser kleine Häuser oder Garagen für seine Autos bauen kann. Es ist gerade die Aufgabe der Väter, lebendige Dinge für ihre Kinder zu basteln, in die sie ihre Spielsachen dann hineinräumen können. Natürlich müssen sie kindgerecht sein, d. h. nicht zu hoch, sie sollen geeignet sein, um darin Spielzeug aufzubewahren, und man sollte die Spielsachen auch leicht darin finden können.

Der Brief fährt weiter fort – ich finde ihn wirklich sehr interessant: »Man muß diesen Leuten, die den Kindern diese Art von zwanghafter Ordnung aufoktroyieren, auch erklären, daß wir durch unsere Haut von der Außenwelt nicht einfach abgeschnitten sind. Ich z. B. betrachte meinen Bücherschrank ein wenig wie die Fortsetzung meines Gehirns. Ich komme immer wieder auf diese Problematik zurück, weil mir in meiner Jugend so oft gesagt wurde: ›Wirf diesen ganzen Dreck weg!‹ Hätte ich damals darauf gehört, hätte ich heute nicht diese wunderschöne Sammlung von historischen Zeitungen, in die ich mich jetzt, da ich älter bin, vertiefen kann. Ich habe den Eltern immer vorgeworfen, keinen Sinn für Wertmaßstäbe zu besitzen. Der Haushalt hat nicht immer Vorrang, zumindestens aber kann man hierüber wohl streiten.« Sie führt dann das Beispiel eines Kindes an, das gerade von einem Urlaub zusammen mit Klassenkameraden zurückgekommen ist: »Das erste, was die Eltern registrierten, war, daß sein Koffer viel schwerer war als vor seiner Abreise:

›Was hast du denn da zurückgebracht?‹ (Das Kind hatte sich Steine mitgebracht, denn der Leiter der Reisegruppe war ein Geologiestudent gewesen, der bei den Kindern das Interesse für Steine geweckt hatte.) – ›Du kannst einen oder zwei davon als Erinnerung behalten. Wir können mit den Steinen schließlich nichts anfangen.‹ Der Rest der Steine landete schließlich im Abfalleimer.«

Das bedeutet, gegenüber einer sich beim Kind entwickelnden Persönlichkeit keinen Respekt zu haben.

Sie bemerkt auch noch, daß die Eltern manchmal Ordnung nur deshalb verlangen, weil sie selbst nicht genügend Phantasie haben: »Wenn es zu viele Autos im Zimmer gibt, können die Eltern doch eine Garage kaufen.«

Oder der Vater kann selbst eine basteln, etwa mit einer Kartonkiste, die er dekoriert und anmalt. Das wird dem Kind Spaß machen und es wird glücklich sein, daß sein Vater für seine Autos eine Garage gebaut hat. Es lohnt sich nicht, extra eine Garage zu kaufen.

In dem Brief geht es dann weiter: »Warum beklagen sich die Eltern eigentlich, daß die Kinder auf dem Boden spielen? Der Boden bietet schließlich die größtmögliche Spielfläche. Es ist doch völlig normal, daß ein Kind auf dem Boden herumkriecht. Der Tisch der Erwachsenen ist den Kindern zu hoch. Ein Kindertisch ist zu klein, sieht nach nichts aus und ist für das Kind auch wenig nützlich.«

Richtig. Könnten wir Erwachsenen etwa mit einem Tisch etwas anfangen, der uns bis zur Nase geht? Der Tisch geht dem Kind eben bis zur Nase.

Die Dame beendet ihren Brief mit einigen praktischen Ratschlägen an die Eltern: »Kinder lehnen sich oft gegen Befehle auf. Wenn man ihnen mit Beispielen kommt, sind sie dafür hingegen sehr zugänglich. Man sollte ihnen erklären, daß man, wenn man aufräumt, wenigstens findet, was man sucht; man kann ihnen auch zeigen, daß man die Nähnadel schon eingefädelt hat, um später damit nähen zu können, usw.«

Ja. Oder daß die Werkzeuge im Werkzeugkasten sind und daß man sie dort wieder hineinlegt, wenn man mit der Arbeit fertig ist ... Aber die Kinder müßten ihre Eltern solche Dinge selbst tun sehen. Sie werden es dann auch tun, weil die Eltern es ebenfalls taten – zwar nicht sofort, aber das Beispiel wird mit der Zeit Früchte tragen.

Haben Sie noch etwas zu sagen?

Ja, ich finde diesen Brief wirklich wunderbar und möchte mich bei der Autorin herzlich bedanken.

(Einige Wochen später)

In bezug auf unser Gespräch über Ordnung und Unordnung sind eine Reihe von Einwänden erhoben worden. Dieses Thema scheint die Eltern ja schrecklich zu beschäftigen ...

Und es wird viel darüber diskutiert.

In der Tat. Manche sind sogar der Meinung, daß Sie sich in bezug auf die Unordnung völlig unkritisch verhalten hätten und sie dieses Thema strenger hätten angehen sollen, also etwa verkünden: »Unordnung ist schlecht!« Doch ich will nicht nur diese Briefe erwähnen. Andere stellen Ihnen genauere Fragen und beziehen sich auf einige Punkte Ihrer Ausführungen, die sie ein wenig überrascht haben.
Zum Beispiel haben Sie gesagt, daß die Kinder einen Platz haben sollten, den sie mit einem Hängeschloß abschließen können. Dazu schreibt man Ihnen: »Ich bin eine Mutter von vier Kindern (sie sind neun, siebeneinhalb, sechs und viereinhalb Jahre alt). Ich verstehe schon die Notwendigkeit, daß jedes Kind eine spezielle Ecke für sich haben soll. Aber wieso soll man sie verschließen können? Wäre es nicht besser, den Kindern beizubringen, die Ecke des Anderen zu respektieren, auch wenn sie

wissen, daß sie, sofern sie es wollten, an seine Sachen herankommen könnten.« Würde das nicht einem Sinn für Ordnung mehr Gewicht geben?

Das wäre natürlich ideal. Aber es ist sehr schwierig, diesen Idealzustand auf Anhieb zu erreichen und jedes Kind verhält sich in dieser Beziehung auch anders. Häufig kommt es vor, daß ein Kind das andere sehr beneidet – z.B. möchte ein älteres Kind, das seiner frühen Kindheit sehr nachtrauert, gern die Sachen des Kleineren haben; oder ein kleineres Kind glaubt, daß es größer wäre, wenn es die Sachen des älteren Geschwisters nimmt. Man sollte den Kindern aber beistehen, sich möglichst ohne Gewalt verteidigen zu können, d.h. eine Art passive Verteidigungsstrategie zu entwickeln. Durch einen abschließbaren Schrank (am besten mit einem Zahlenschloß, damit der Schlüssel nicht verlorengehen kann oder weggenommen wird) können die Eltern demjenigen helfen, der ständig aufgrund der Geschicklichkeit eines anderen Kindes benachteiligt wird: »Du kannst deine wertvollen Sachen auf diese Weise immer vor den anderen bewahren. Ansonsten müßt ihr jetzt selbst miteinander auskommen und einander tolerieren.« Was diese Dame in bezug auf das Erlernen des Respekts gegenüber dem Besitz anderer sagt, ist schon richtig. Nun gibt es aber wirklich Kinder, die von ihren Geschwistern regelrecht tyrannisiert werden, indem diese ihnen die Sachen systematisch wegnehmen ...

Sie meinen also, daß man jemanden dazu erst gar nicht in Versuchung führen sollte?

Ich möchte noch einen anderen Aspekt anführen. Ein abgeschlossener Schrank oder ein abgeschlossenes Fach ist auch ein Zeichen dafür, daß sich jemand gegen jedwede Vergewaltigung im Umgang mit anderen wehrt. Es gibt Dinge, die man jemandem erlaubt, und solche, die man jemandem nicht erlaubt zu tun. Der abschließbare Schrank steht symbolisch für diesen Sachverhalt. Natürlich ist er nur solange notwendig, bis die Kinder groß sind. Aber solange sie klein sind, halte ich ihn

für sehr notwendig, damit sie das, was ich eine passive Art der Verteidigung genannt habe, erlernen.
Doch damit ist dieses Thema noch nicht erschöpft. Die Kinder sollten auch lernen, daß sie sich über einen anderen, der ihnen ihre Sachen weggenommen hat, häufig nur beklagen, damit die Mutter wütend wird, man sich gegenseitig anbrüllt, sich streitet, der andere ausgeschimpft wird, usw. Diese Szenen brauchen dann nicht mehr vorzukommen. Die Eltern haben etwas mehr Ruhe und dadurch die Möglichkeit, den Kindern Vorbild zu sein, indem sie sie respektieren, ohne daß sie selbst immer eingreifen müssen, weil eines ihrer Kinder durch das, was sein Geschwister tut, betroffen ist. Es kommt ja häufig vor, daß ein Kind schreit und die Mutter dann auf denjenigen, der es geärgert hat, losgeht. In diesem Fall verhält es sich im Grunde so, als wäre das Kind, das ja die Reaktion der Mutter veranlaßt hat, ein Teil von ihr. Die Kinder verstehen nicht, daß sie einer Welt gegenüberstehen, zu der der kleine Bruder einerseits, die Mutter andererseits gehört. Deshalb sollte die Mutter lieber sagen: »Verteidige dich doch, du mußt dir selbst helfen.« Und sie sollte selbst vorbildlich sein, indem sie als erste Respekt und auch Toleranz gegenüber denjenigen zeigt, die vielleicht nicht immer ohne Fehl und Tadel sind! Es gibt auch viele Jungen und Mädchen, die so aussehen, als könnten sie kein Wässerlein trüben, aber das Leben ihrer Geschwister verderben, weil auch die Mutter nichts anderes zu sagen weiß als: »Aber er ist doch noch so klein, sei doch lieb mit ihm« oder: »Geschwister, die sich streiten, gibt es doch nicht. Man soll einander liebhaben.« Das ist überhaupt keine Lösung; ein eigener Schrank, eine eigene Schublade, also die Möglichkeit, sich passiv zu verteidigen, ist viel ehrlicher und auch wirksamer. Schließlich hat man damit auch gegenüber den Erwachsenen ein gutes Versteck für seine kleinen Schätze, sein Tagebuch, seine Ersparnisse ...

Ein freundlicher Brief erhebt Einwände in bezug auf das Alter, das Sie für das Erlernen, Ordnung zu halten, angegeben haben: »Ich habe in den Büchern von Maria Montessori gelesen, daß die Phase, in der Kinder für die Ordnung empfänglich werden, so zwischen 18 Monaten und zwei Jahren liegt.« Sie machten hier andere Angaben ...

Eigentlich nicht. Diese Überlegungen von Frau Montessori sind recht interessant. Man darf nicht außer acht lassen, daß sie Italienerin war, und die Kinder in den italienischen Familien sehr eng zusammenleben. Sie wissen sozusagen nicht mehr, wo ihr eigener Körper aufhört und der des anderen anfängt. Sie schlafen beispielsweise alle zusammen. Die Räume, in denen sie leben, sind sehr klein und sie werden dort quasi alle auf einmal großgezogen.

Hier spielen demnach auch kulturelle Einflüsse eine bestimmte Rolle?

Ja, in diesem Fall entsteht das Problem zu wissen, wo die anderen aufhören und wo man selbst anfängt. Man kann z. B. folgenden Vorgang immer wieder beobachten. Wenn die Eltern Erwachsene als Gäste empfangen und diese ihre Kleider irgendwo liegen lassen (der Herr seinen Hut, die Dame ihre Tasche...), kann man sicher davon ausgehen, daß ein Kind, das 18 Monate alt ist, dem Herrn den Hut, den Spazierstock oder den Mantel und der Dame die Tasche zurückbringen wird ... Für ein Kind ist alles, was zu einer Person gehört, eben deren unmittelbarer Bestandteil. Doch dieses Stadium muß überwunden werden, denn nicht die Gegenstände machen die Einheit einer Person aus, sondern die Beherrschung der Gegenstände aus der Distanz durch die Person. Sie werden von uns liegengelassen, wenn wir sie nicht mehr brauchen, und geholt, wenn man sie wieder braucht. Es ist sehr wichtig, die Gegenstände in diesem Sinn zu begreifen, aber diese Vorstellung entwickelt sich erst viel später beim Kind. Zwischen 18 Monaten und zwei Jahren oder vielleicht zwei Jahren und drei Monaten wird alles, was zu einer Person gehört (die Kleider etc.), so wahrgenommen, als wäre es diese Person selbst. Es grenzt, wenn man so will, an Fetischismus. Und bei der Phase, die von Frau Montessori angesprochen wird, geht es eben nicht um Ordnung im eigentlichen Sinn, sondern um den Fetischismus des persönlichen Raumes. Es geht nicht darum, diese Art von Abwehr gegenüber einem Gefühl, daß etwas nicht zusammengehört, einfach zu verbieten. Aber man sollte sie auch nicht kultivieren.

Dieselbe Frau, die uns diesen Brief geschrieben hat, hat Kinder, die zwar nicht aufräumen, die aber ganz und gar in der Lage sind, es zu tun, wenn man ihnen erklärt, daß es notwendig ist.

Das heißt, ab und zu.

... Jetzt aber zu dem, was die Frau genau von Ihnen wissen möchte: Kann man ordentlich sein und gleichzeitig keinen Sinn für das Aufräumen haben; oder einen Sinn für das Aufräumen haben und nicht ordentlich sein?

Man kann natürlich einen Sinn für das Aufräumen haben und schlicht zu faul sein, es wirklich zu tun. Man kann sich sagen: »Warum sollte ich eigentlich aufräumen? Es lohnt sich ja doch nicht.« Und aufzuräumen bedeutet ja tatsächlich, daß man sich eine Stunde lang in den Dienst der Gegenstände stellt, anstatt etwas viel Interessanteres zu machen. So jedenfalls empfinden es die Kinder ein wenig. Deshalb sollte man ihnen auch ab und zu sagen: »Also jetzt sind es einfach zu viele Sachen, die überall herumliegen, ihr müßt aufräumen.« Sie tun es schon, wenn man nicht ständig an ihnen herumquengelt: »Räume doch auf... Räume endlich deine Sachen weg... Räume jetzt endlich auf« usw. Es gibt ja nichts, was einem die Lust am Familienleben mehr verdirbt, als ständig dasselbe zu hören. Wenn es nichts bringt, warum macht man dann eigentlich immer weiter? Ab und zu und vor allem mit Hilfe der Mutter ist eine gewisse Ordnung für die Kinder und das Leben im Haus natürlich notwendig, denn andernfalls könnte man darin nicht leben.

Im Zusammenhang mit dem Phänomen des Fetischismus, den ich vorhin erwähnt habe, möchte ich noch etwas anderes sagen. Ein Kind läßt seine Sachen auch überall herumliegen, um sein eigenes Gebiet auszudehnen, damit sich dieses sozusagen nach überallhin erstreckt. Es läßt seine Spielsachen also mit Absicht im Zimmer seiner Eltern liegen, um zu betonen, daß es dort auch anwesend ist; es möchte zeigen, daß es vermittels seiner Spielsachen den Ort beherrscht, weil es überall bei sich sein will.

Ich möchte in diesem Zusammenhang jene Kinder erwähnen,

die soweit gehen, daß sie »bei mir« sagen, obwohl sie doch eigentlich »bei uns« sind. Ich verstehe die Eltern, die ja selbst »bei uns zu Hause« oder »bei uns« sagen, nicht, daß sie diese Redewendung des Kindes zulassen. Denn das Kind sagt »bei mir«, weil es zu Hause der kleine Herr oder die kleine Dame sein will.

Soll man diesen Fehler also korrigieren?

Ja. Die Eltern sollten das Kind fragen: »Aber warum sagst du immer ›bei mir‹? Du weißt doch, daß wir hier ›bei uns‹ sind. ›Bei dir‹, das ist dein Zimmer (wenn das Kind eines hat) oder dein Schrank. Aber überall sonst ist es ›bei uns‹ und nicht ›bei dir‹.« Man soll sich also immer präzise ausdrücken. Man sollte dann nicht mit dem Kind schimpfen, aber die Dinge immer richtigstellen, denn wer einfach darüber hinweggeht, willigt letztlich ein: allmählich dehnt das Kind dann seine totalen Besitzansprüche aus und weiß nachher überhaupt nicht mehr, wo die Grenze ist zwischen dem, was es sich im Laufe seiner Entwicklung erwerben muß, und dem, was ihm selbstverständlich zusteht, weil es den Eltern gehört und zu Hause vorhanden ist.
Es gibt nun auch die Unordnung jener Gegenstände, die das Kind plötzlich nicht mehr interessieren – darüber habe ich in bezug auf das Kind unter vier Jahren schon gesprochen – und die es dann dort liegen läßt, wo es aufhört, mit ihnen zu spielen, um sich etwas Neuem zuzuwenden. Es handelt sich dabei um eine ganz andere Art von Unordnung als die, die darin besteht, sein Gebiet überall behaupten zu wollen. Hier handelt es sich um Nachlässigkeit und den zu schnellen Wunsch nach etwas anderem, weshalb man den Gegenstand, der einen nicht mehr interessiert, einfach liegen läßt. In diesem Fall sollte man meines Erachtens erzieherische Maßnahmen ergreifen: »Siehst du, jetzt spielst du damit; wenn du die Spielsachen aber wieder haben willst, die du überall herumliegen läßt, nur weil du im Moment mit etwas anderem spielst, wirst du sie später nicht finden. Also heben wir sie schnell auf.« Man muß dem Kind helfen. Das heißt, daß die Mutter und das Kind zusammen aufräumen sollen. Das Kind wird sich darüber freuen.

Aber das Wichtigste möchte ich noch einmal betonen: Die Gegenstände sind für uns da und nicht umgekehrt, daß wir im Dienst der Gegenstände stehen.

Hier ist ein anderer Brief zum Problem, wie man Ordnung hält. Es handelt sich um eine Frau, die Sekretärin ist. Sie ist selbst sehr unordentlich und hebt alles auf, Papier, Schnüre usw. »Natürlich gebe ich dadurch ein schlechtes Bild ab«, schreibt sie. »Ich stehe in Konflikt mit meinem Sohn, der, was wohl selten vorkommt, einen regelrechten Tick mit dem Aufräumen hat. Er hat dadurch in seiner Beziehung zu mir große Schwierigkeiten. Ich persönlich hänge sehr an den Gegenständen, kann aber nicht Ordnung halten. Gibt es eine Möglichkeit, unsere Beziehung zu verbessern?«

Ich glaube, daß beide Schwierigkeiten haben, die in Widerspruch zueinander stehen. Hierbei muß es sich allerdings um etwas handeln, worauf ich an dieser Stelle keine Antwort zu geben weiß. Es handelt sich um eine ganz bestimmte Art von beiden, miteinander auszukommen. Anscheinend muß, so wie es aussieht, zwischen der Mutter und dem Sohn immer ein Spannungsverhältnis bestehen. Bei diesen beiden existiert es in bezug darauf, Ordnung zu halten, sonst würde es vielleicht in bezug auf etwas anderes vorhanden sein. Jeder ist so, wie er ist. Mehr kann ich dazu nicht sagen.

Zum Schluß noch ein Brief in bezug auf die Unordnung. Er ist in einem Bericht enthalten, der Ihnen sicherlich gefallen wird. Eine Mutter schreibt Ihnen: »Sie haben gesagt, daß die Kinder ihre Eltern nach und nach formen würden. Damit bin ich ganz und gar einverstanden; als meine Tochter geboren wurde, habe ich mir überlegt, daß die Babys zwar von Anfang an richtige Babys sind, die Eltern dagegen nicht von heute auf morgen richtige Eltern werden können, sondern daß es dazu einer ganzen Entwicklung bedarf.« Sie bittet Sie darum, etwas in bezug auf die Unordnung zu sagen. Vielleicht stellt sie wirklich einen Einzelfall dar, aber ihre Frage ist doch allgemeiner Art.

Sie schreibt also: »Ich persönlich bin nicht im räumlichen Sinne, sondern im zeitlichen Sinne unordentlich, d. h., ich bin absolut unfähig, einen Zeitplan einzuhalten. Mein Baby (sie hat ein vier Monate altes Kind) wurde entsprechend seinen Bedürfnissen ernährt und dies ganz einfach deshalb, weil ich mich an keinen Zeitplan halten kann. Irgendwie funktionieren die Wecker, Armband- oder Wanduhren nicht mehr, sobald ich mit ihnen in Berührung komme. Ich bin einfach nie pünktlich und frage mich, ob das für mein Baby gut ist. Ich gebe ihm also zu essen, wenn es Hunger hat; ich wasche es, wenn es schmutzig ist. Und morgens gehe ich ab und zu mit ihm spazieren, weil ich auf diese Weise am Nachmittag etwas anderes machen kann.« Sie hat gelesen bzw. von Kinderärzten gehört, daß ein Baby einen regelmäßigen Zeitplan braucht. Es wird ihr – und hier vor allem von den Großeltern – gesagt, daß sie dabei ist, ihr Kind ein für allemal zu verwöhnen, weil sie auf dessen kleinste Wünsche eingehen und ihr jegliche Sinne für Pünktlichkeit fehlen würde. Sie bemerkt – übrigens mit Humor –, daß ihr die Tochter »trotzdem zur Zeit von reizender Normalität« erscheint, aber sie fragt, ob ihre Haltung langfristig nicht doch Konsequenzen nach sich ziehen könnte.

Ich finde diesen Brief sehr interessant, weil er zeigt, daß verschiedene Leute nur eine sehr abstrakte Vorstellung von dem haben, was Eltern tun und lassen sollen und ihre Kinder dann einfach daran gewöhnen, ein nach der Uhr geregeltes Leben zu führen. Schließlich ist es auch noch gar nicht solange her, daß die Leute nach der Uhrzeit leben. Lange Zeit haben die Menschen entsprechend ihren Bedürfnissen und der jeweiligen Jahreszeit gelebt. Jetzt müssen die Kinder plötzlich jeden Tag ein Glas Fruchtsaft trinken – um nur ein Beispiel zu nennen! Als es unsere modernen Verkehrsmittel noch nicht gab, hatte man halt kein Obst im Winter. Man kam trotzdem ganz gut ohne den »geheiligten« Orangensaft aus, den die Mütter heutzutage als unentbehrlich für ihre Kinder betrachten. Und damals litten die Menschen deswegen auch nicht an Vitaminmangel. Um nun auf die Frage, die mir gestellt wurde, zurückzukommen: ich denke, daß jedes Kind die Mutter hat, die zu ihm paßt, ich meine, wenn sie es in ihrem Bauch getragen hat. Sie sollte sich um ihr Baby keine Sorgen machen. Vielleicht ist es ihr gegenüber ihrem Mann, Freunden oder Bekannten unangenehm, daß sie sich nicht an die Zeit halten kann. Wenn sie z. B. Gäste für 13 Uhr zum Essen einlädt und das Essen dann erst um 15 Uhr auf dem Tisch steht, werden diese dagegen protestieren, weil sie dann vor lauter Hunger überhaupt keinen Hunger mehr haben ... Nun gut. Aber das Baby, das genau diese Mutter gehabt hat, die es nach ihrem eigenen Rhythmus und nach der eigenen Art, mit ihrem Körper umzugehen, getragen hat, wird von ihr, also *seiner* Mutter, ganz normal erzogen. Es wäre für dieses Baby viel schlimmer, wenn es jetzt plötzlich in die Krippe gebracht wird, weil sich dort sein *menschlicher* Rhythmus – d. h. der Rhythmus, der durch die Beziehung zur Mutter geprägt ist und den es für sich auch als regelmäßig empfindet – verändern müßte und es dadurch ganz durcheinander käme. Ist dieses Mädchen nun eher nach der Familie des Vaters geraten und haben die Frauen in dieser Familie regelmäßige Ernährungs- und Lebensgewohnheiten, wird es mit zwei oder zweieinhalb Jahren mit seiner Mutter schimpfen und von ihr verlangen: »Mutter, wir müssen gehen. Mutter, ich habe Hunger.« Und die Mutter wird sich nach und nach daran gewöhnen. So wie sie von ihrem Baby bereits erzogen wurde, wird sie dann von ihrem Töchterchen erzogen. Und wenn letzteres sich später dadurch, daß sie den Rhythmus der Mutter übernommen hat, gegenüber den anderen gestört fühlen sollte, könnte die Mutter ihm dabei helfen, sich mit dieser natürlichen Rhythmuslosigkeit abzufinden. Allerdings helfen einem natürlich die Gefühle, die man zu den anderen empfindet, dabei, gewisse Konzessionen zu machen; ich finde aber, daß diese Frau das Problem sehr gut anpackt – sie sollte wirklich ruhig so weitermachen!

Die Großmütter können also beruhigt aufatmen – dieses Kind wird nicht besonders verwöhnt sein?

Es wird nicht mehr und nicht weniger ein verwöhntes Kind werden, wie seine Mutter, und die macht mir nicht den Eindruck, wie ein verwöhntes Kind zu sein. Sie hat halt ihren eigenen Rhythmus nach der Sonne zu leben; dieser ist von anderen Rhythmen verschieden. Sie geht eben nicht nach der Uhr, sondern nach ihren Bedürfnissen. Solche Leute gibt es. Man muß sie so akzeptieren und verstehen. Hunde sind halt keine Katzen; diese Mutter hat kein anderes Kind großziehen können als dieses, das sie getragen hat und das sich ihrem Rhythmus angepaßt und ganz wohl dabei gefühlt hat. Also ist im Moment wohl alles in Ordnung. Diese Frau hat genügend Respekt und Humor gegenüber ihrem Kind, daß es wohl auch dann weiter gutgehen wird, wenn das Kind seine Zeit nach dem Rhythmus, den die Schule ihm auferlegen wird, richten muß. Soweit ist es aber ja noch nicht.

40

Siehst du, ich hatte Lust dazu, dich zu schlagen

(Gewalttätigkeit bei Kindern und Eltern)

Wir sollten nun unbedingt einmal darüber sprechen, wenn Kinder geschlagen werden bzw. über das Problem der Gewalttätigkeit ...

Der Gewalttätigkeit von Eltern?

... gegenüber den Kindern. Hier ist eine Mutter, die Schwierigkeiten hat, sich selbst zu beherrschen. Vorher muß man vielleicht noch erklären, daß sie drei Kinder hat, die sie sehr lieb hat, die sehr hübsch sind und die alle drei Wunschkinder waren: ein fünfeinhalbjähriges Mädchen und zwei Jungen im Alter von drei Jahren bzw. sieben Monaten. Seit der Geburt des letzten Kindes fing die kleine Tochter an, den Zweitältesten, d. h. den Bruder, der nach ihr kam, zu hassen, und zwar »weil er nicht gut aussieht«. Als seine Mutter ihr erklärte: »Aber sieh doch, er sieht seinem Vater ähnlich, sieht also gut aus«, fing sie an zu weinen und antwortete: »Das ist nicht wahr. Ich bin diejenige, die dem Vater ähnlich sieht. Er sieht nicht gut aus. Ich mag ihn nicht.« So sieht es also, wenn man so will, in dieser Familie aus.
Die eigentliche Frage lautet aber: »Ich fühle mich manchmal der Situation nicht gewachsen. Ich verliere dann die Geduld und habe mich nicht mehr in der Gewalt. Ich fange an, innerlich zu kochen und schlage dann zu.« Sie fügt dann noch hinzu: »Von meiner heftigen Reaktion bin ich selbst erschrocken. In manchen Augenblicken hasse ich meine Tochter. Ich zeige es ihr, indem ich sie schüttele, aber auch, indem ich ihr einen bösen Blick zuwerfe. Können Sie sich so etwas vorstellen? Ich, die ich von Harmonie und Gleichgewicht träume, gebe mich der Gewalttätigkeit und der Brutalität hin.« Sie ist übrigens davon überzeugt – und in diesem Sinn beendet sie auch ihren Brief –,

daß ihr Schlagen in erster Linie das Eingeständnis einer Niederlage darstellt.

Es wäre zweierlei zu diesem Brief zu sagen. Einerseits will das kleine Mädchen nicht einsehen, daß sein erster Bruder seinem Vater ähnlich sieht. Das kommt wahrscheinlich von daher, daß ihm die Mutter den Sinn des Wortes »aussehen wie« nicht genau genug erklärt hat. Unter Umständen wird dieses Kind in seiner Umgebung oft gehört haben, daß es seinem Vater ähnlich sieht (seine Tochter ist ihm wie aus dem Gesicht geschnitten). Was steckt eigentlich hinter diesen Worten? Wahrscheinlich, daß das Gesicht des Mädchens dem des Vaters auf älteren Fotos, als er klein war, ähnlich sieht. Aber die Mutter hat es nicht genau gesagt: »Natürlich seht ihr alle eurem Vater ähnlich, da ihr alle von ihm seid. Aber dein Bruder, der jetzt ein Junge ist, wird später einmal Vater werden, du hingegen eine Mutter, weil du ein Mädchen bist. Ihr habt nicht das gleiche Geschlecht. Dein Bruder hat dasselbe Geschlecht wie dein Vater. Siehst du, das ist etwas anderes, auch wenn du deinem Vater ähnlich siehst, so wie ich auch meinem Vater ähnlich sehe.« Die Ähnlichkeit liegt für ein Kind in den Gesichtern. Die der Geschlechter versteht es nicht, wenn man sie ihm nicht mit Worten erklärt. Es ist so, als würde dieser Bruder nun aufgrund dessen, daß er ein Junge ist, dem Mädchen seinen Platz als Kind des Vaters weggenommen haben. Hinzu kommt, daß es sich wahrscheinlich bei der Geburt des dritten Kindes sehr frustriert gefühlt hat, keine kleine Schwester bekommen zu haben, damit in der Familie die Frauen am stärksten vertreten sind. Und schließlich wird sie auch auf die Mutter eifersüchtig sein, weil diese ein Baby bekommen hat, wobei sie selbst gern eines bekommen hätte; denn davon träumen alle kleinen Mädchen.

Und erst recht, wenn sie fünfeinhalb Jahre alt sind.

Ja, vielleicht war sie bei der Geburt des ersten kleinen Bruders deswegen nicht eifersüchtig, weil sie erst zwei Jahre alt war; aber bei der Geburt dieses Bruders ist sie nun schon fünfeinhalb Jahre alt. Sie wartet quasi seit zwei Jahren darauf, daß ihr

Vater ihr ein Baby macht: und jetzt muß sie darauf verzichten. Das ist natürlich eine schwierige Situation.
Aber die Mutter wird auch nicht besser damit zurechtkommen, wenn sie ihr Schläge erteilt.

Sie sagt: »Ich bin völlig verzweifelt.«

Könnte sie eigentlich nicht, wenn sie spürt, daß ihre Hände kribbeln und sie bald zuschlagen wird, schnell in ein anderes Zimmer gehen und einfach auf ein Kissen hauen? Es wäre viel lustiger. Und dem Kind, das die Szene miterlebt, könnte sie sagen: »Siehst du, ich hatte solche Lust, dich zu schlagen, daß ich jetzt das Kissen verprügele.« Wenn das Kind sich amüsieren will, wird es zusammen mit seiner Mutter auf das Kissen hauen und alles wird in einem Gelächter enden. Ich denke, daß diese Frau versuchen sollte, ihr Wutanfälle in Spaß zu verwandeln. Man kann eben eine dramatische Geschichte auch mit einem »lauthalsen Lachen« beenden. Man sollte nicht alles so tragisch nehmen.

Ich möchte in Klammern anmerken, daß uns viele Briefe von solchen Eltern erreichen, die in dem Sinne »altmodisch« sind, daß sie die Meinung vertreten, man würde mit den Kindern heutzutage viel zu lasch umgehen und daß eine Tracht Prügel ab und zu nichts schaden könnte.

Das heißt, daß es die Eltern erleichtert.

Haben Sie selbst jemals Schläge ausgeteilt?

Nie. Zum einen wäre ich dazu nicht in der Lage gewesen. Manchmal habe ich meine Kinder heftig behandelt und ihnen dabei gesagt: »Achtung, heute bin ich der Schwarze Panther, bald geht es los!« Daraufhin haben sie sich in ein anderes Zimmer zurückgezogen. An manchen Tagen ist natürlich jeder einmal genervt: man soll es den Kindern aber ruhig sagen und sie vor den eigenen Reaktionen schützen, indem man sie in ein anderes Zimmer schickt. Und wenn man trotzdem ab und zu einmal heftig zu ihnen ist, ist das auch nicht schlimm. Trotzdem sollte man vermeiden, in einen Zustand der Anspannung wie den zu geraten, von dem uns diese Mutter schreibt. Ich glaube, daß es ihr bestimmt schon geholfen hat, mir zu schreiben. Ich weiß selbst, wie schwierig es ist, drei Kinder so kurz hintereinander zu haben, da es bei mir selbst der Fall war. Aber man muß es fertigbringen, sie, wenn man so mit den Nerven am Ende ist, außer seiner Reichweite zu halten.

Die Dame schreibt am Ende ihres Briefes, daß sie die Haltung ihrer Tochter und ihre eigene Gewaltttätigkeit so stark beunruhigen, daß sie sich fragt, ob sie nicht zu einem Psychologen gehen sollte.

Ihre Tochter auf keinen Fall! Aber sie könnte vielleicht mit einem Psychologen oder Psychoanalytiker sprechen. Die Tochter sollte lieber altersgemäße Aktivitäten entfalten. Sie sollte nicht immer mit ihren Brüdern und ihrer Mutter zusammensein. Es ist für sie einfach schwer zu ertragen, wenn sie sieht, wie die Mutter sozusagen ihr eigenes Baby pflegt, während sie selbst leer dabei ausgeht. Die Mutter sollte sich mit einer Verwandten oder einer Freundin treffen oder das Kind könnte sogar ein paar Tage verreisen bzw. bei einer kleinen Freundin übernachten. Dies würde bestimmt helfen. Der Vater könnte sich übrigens auch einmal um seine »große Tochter« kümmern. Ich glaube, daß sich die Mutter dadurch erleichtert fühlen würde.

Hier haben wir einen ganz anderen Bericht, der auf den entstehenden Sadismus bei Kindern Bezug nimmt. Es handelt sich um eine Frau, die dazu einen von Ihrer Meinung abweichenden und recht abwegigen Standpunkt einnimmt. Ich glaube allerdings, daß diese Denkrichtung bei vielen Eltern vorhanden ist: »Im Alter von fünf oder sechs Jahren hat mein Sohn, der heute fünfzehn Jahre alt ist, eines Tages unserer kleinen Hündin unbeschreiblich Grausames angetan. Er hat ihr die Pfoten zusammengebunden und sie dann einfach im Regen liegen lassen. Daraufhin habe ich folgendes gemacht: Unterstützt von meiner Mutter und, obwohl es uns allen sehr viel ausmachte, habe ich ihm die Hände und Füße zusammengebunden und ihn solange gefesselt gelassen – allerdings nicht unter dem Regen –, bis wir das Tier abgetrocknet hatten.« Und weiter schreibt sie: »Seitdem hat es absolut kein Problem mehr in dieser Richtung gegeben.« Sie beendet ihren Brief dann mit den Worten: »Halten Sie uns jetzt nicht für Folterknechte? Es ist sehr hart, mit seinem Kind derart umzugehen, doch wenn die Umstände es erfordern ...« Ich persönlich muß gestehen, daß .., na gut, lassen wir es. Aber war es nun Ihrer Ansicht nach die beste Lösung?

Sie schreibt, daß ihr Sohn sehr nett und gut im Umgang mit Tieren geworden ist?

Auch mit Kindern.

Die Strafe erscheint mir *allemal* ziemlich schrecklich. Die Tatsache jedoch, daß die Mutter sie ihrem Sohn nur unter großen Schwierigkeiten verpassen konnte, schwächt das Ganze etwas ab. Sie hat so gehandelt, wie sie es für ihre Pflicht hielt, nämlich einen Menschen dazu zu erziehen, Mensch zu werden. Dies hat einen anderen Stellenwert als es bei Eltern der Fall ist, die aus Rache ihre Kinder beißen, weil diese sie vorher gebissen haben, und dann meistens noch stärker. An diesem Bericht sind zwei Dinge hervorzuheben: Erstens war das Kind schon groß und in der Lage, nachzudenken (es war schon fast sechs Jahre alt); zweitens war anscheinend kein Vater da, denn gehandelt haben ja nur die Mutter und die Großmutter. Ich denke, daß der Vater, wenn er dagewesen wäre, das Kind hätte zur Vernunft bringen können. Es wäre interessant, wenn diese Mutter heute mit ihrem Sohn über diesen Vorfall sprechen würde und dabei herausfinden könnte, ob sich ihr Sohn noch an diese Szene erinnert, d.h. ob er irgendeine Erinnerung an diese Zeit hat, als er zu Tieren grausam war und ob er denkt, daß es eine andere Lösung für andere Kinder gäbe als die, die man bei ihm angewandt hat. Nur über solche Berichte von Betroffenen könnte uns in dieser Frage weitergeholfen werden.

Das stimmt. Kann man also sagen, daß es ein Spiel mit dem Feuer ist, wenn Eltern Sadismus dadurch vergelten, daß sie selbst sadistisch handeln?

Ja, es kann dazu führen, daß das Kind sein Verhalten wiederholt, weil es einen perversen Geschmack an den starken Empfindungen findet, die es sowohl beim Bezwingen von etwas als auch bei Erleiden von etwas hat. Für diesen Jungen, der schon »groß« war und intelligent zu sein scheint, ist alles gutgegangen. Aber eine sadistische Haltung ist insbesondere gegenüber jungen Kindern absolut verwerflich. Denn ihre Aggressivität gegenüber Tieren kommt im allgemeinen von daher, daß sie sich, als sie noch klein waren – zu Recht oder nicht – von großen Kindern oder von zu anspruchsvollen Erwachsenen selbst sadistisch behandelt gefühlt haben. Vielleicht mußten sie sich also auch einem Krankenhausaufenthalt unterziehen und wurden dabei ohne vorherige Erklärungen und ohne Verteidigungsmechanismen einer Pflege ausgeliefert, unter der sie dann gelitten haben, oder andere Gründe spielen eine Rolle. Vielleicht sind ihnen auch Erzählungen oder Bilder aus dem Leben oder aus Filmen im Gedächtnis geblieben. Oft handelt es sich dabei auch um etwas verkümmerte Kinder, die sich in ihrem Körper unwohl fühlen, von ihrer Umgebung abgelehnt werden und die keine Freude am Leben haben.

Dieselbe Person erzählt uns auch einen analogen Bericht von einer ihrer Freundinnen. Deren Sohn hatte große Angst vor Spritzen, wenn er beim Arzt war und dort behandelt werden mußte; eines Tages stach er seinen Hund selbst mit mehreren Nadelstichen, worauf die Mutter mit ihm das gleiche tat. »Er hat dann verstanden«, schreibt diese Dame weiter, »was er getan hatte, und heute ist er ein entzückender zehnjähriger Junge geworden, der seinen Hund lieb streichelt.«

Dieser Erfahrungsbericht wird uns von derselben Person geschildert, die schon den vorigen Bericht abgab, so daß er zwangsläufig aus derselben Perspektive erzählt wird... Aber vielleicht hatte das Kind vor den Spritzen Angst, weil man ihm vorher nicht hinreichend erklärt hatte, daß der Arzt sie ihm deswegen gab, damit er wieder gesund wird und daß für die Behandlung eines Hundes der Tierarzt zuständig ist. Auch in diesem Fall scheint die Strafe Erfolg gehabt zu haben, aber ich wende mich doch dagegen, daß die angewandte Methode die richtige ist. Bei den Betroffenen, von denen hier berichtet wird, hat sie sich nicht nachteilig ausgewirkt. Aber man müßte sie heute selbst fragen, ob sie jene Methode für die einzige gangbare gehalten haben*.

* Haben diese Kinder sich nicht in Wirklichkeit aufgrund ihrer Entwicklung verändert, und zwar dem aggressiven Verhalten ihrer Erzieher in bezug auf ihr eigenes Verhalten zum Trotz? Der bestohlene Dieb, der angegriffene Aggressor bringen es ja ansonsten nicht sehr weit! Sie werden zu Erwachsenen, die häufig Kinder geblieben sind, »leidenschaftlich«, ohne Distanz, ohne Mitgefühl und die nach dem Prinzip handeln, Gleiches mit Gleichem zu vergelten ... Im Grunde ist es doch traurig, wenn sich der Erwachsene einem zu erziehenden Heranwachsenden gegenüber so herabsetzen muß.

41

Die Mutter rauft sich die Haare, der Sohn sieht aus wie ein zerrupftes Huhn

(Aufgebrachte Mütter)

Wir sprechen hier ein Thema an, das bei vielen Müttern »Schuldgefühle« auslöst. Es handelt sich dabei um das Problem, vor lauter Aufopferung einem Kind gegenüber am Ende selbst total aufgebracht zu sein, was sich dann auf die Kinder überträgt. Wir wollen diese Problematik nun in aller Ruhe behandeln, indem wir zunächst auf die Frage der Anwesenheit der Mutter zu Hause zurückkommen. Viele Eltern haben uns auf Ihre Ausführungen hin zu diesem Thema geschrieben; sie gingen davon aus, daß die Anwesenheit der Mutter wohl bis zum Alter von zweieinhalb bis drei Jahren angebracht sei. Eine Frau möchte Sie zum Beispiel darauf aufmerksam machen, daß die Kinder ihre Mütter zu Hause vielleicht mehr benötigen, wenn sie zur Schule gehen und Hausaufgaben machen müssen, als wenn sie unter drei Jahren sind: »Es ist doch nicht so, daß die Kinder ihre Mütter zu Hause nicht mehr brauchen, nur weil sie das ganze Jahr über in die Schule gehen. Es gibt ja auch die Schulferien. Stellen Sie sich vor, sie wären zwölf Stunden lang unter eigener Verantwortung allein zu Hause.«

Ich habe gesagt, daß die Anwesenheit der Mutter zu Hause meiner Meinung nach bis zu dem Augenblick notwendig ist, in dem das Kind Kontakte nach außen aufnehmen kann, d. h. daß es laufen und klar sprechen kann. Bei gesund entwickelten Kindern wäre das so um die 25 oder 28 Monate. Bleibt die Mutter zu Hause, ist es für das Kind von Vorteil, wenn es auch mit anderen Erwachsenen oder Kindern zusammen ist. Deshalb habe ich diesen Müttern geraten, sich doch mit anderen Müttern in Verbindung zu setzen, um zu dritt oder zu viert die Kinder abwechselnd unter der Woche zu betreuen, damit diese sich daran gewöhnen, auch in der Gruppe zu leben. Dazu ist es im übrigen nie zu früh, ebensowenig, daß Frauen sich untereinander helfen.

Problematisch wird es aber in dem Fall, in dem Frauen zu Hause völlig isoliert sind und darüber, daß sie sich um ihre Kinder ganz allein kümmern, allmählich immer wütender werden; sie entwickeln sich dann zu wahren »Meckerziegen«. Und dies natürlich nicht nur in bezug auf ihre Kinder. In diesem Fall, und wenn sie im Laufe des Tages wirklich keine anderen Mütter treffen können, wäre es für sie richtiger, arbeiten zu gehen und ihre Kinder einer Kinderkrippe anzuvertrauen. Es ist nämlich besser, eine entspannte Mutter zu haben, die man zwar nur abends sieht, als eine genervte Mutter, die sich den ganzen Tag nur die Haare rauft, schimpft und die dann am Abend, wenn ihr Mann nach Hause kommt, völlig erschöpft ist. Will eine Mutter auf jeden Fall die ganze Zeit zu Hause bleiben und ihre Kinder in diesem Rahmen erziehen, kann sie es natürlich tun, aber nur, wenn sie es wirklich schafft und abends mit den Nerven nicht völlig am Ende ist.

Es ist für die Kinder sicherlich sehr angenehm, eine Mutter zu haben, die sich um sie kümmert, wenn sie von der Schule heimkommen. Für die Feiertage oder Ferien ist es für Kinder – vor allem ab sechs, sieben Jahren – immer gut, eine intelligente Beschäftigung zu haben. Da die Mütter wegen der anfallenden Arbeiten im Haushalt häufig keine Zeit dazu haben, ist es also wichtig, daß sich die Kinder auch außerhalb von zu Hause an kreativen Beschäftigungen beteiligen können. Hinzu kommt, daß die Kinder es auch wirklich brauchen, mit anderen zusammen zu sein. Dafür gibt es ja Bastel- oder Spielgruppen. Oder die Mütter machen es auf die gleiche Art und Weise wie mit den kleinen Kindern; sie tun sich zusammen und machen untereinander aus, daß eine Mutter die Kinder beispielsweise am Mittwoch bei sich versammelt und irgendeine Beschäftigung organisiert, z.B. können sie Marionettentheater veranstalten, an dem darauffolgenden Mittwoch gehen sie zusammen spazieren usw. Die Mütter sollen dem Zustand, sich mit ihren Kindern isoliert zu fühlen, ein Ende setzen, und sie sollen sich ebensowenig zwingen, den Kindern nun alles geben zu wollen. Sie sollten sich vielmehr gegenseitig helfen und unterstützen. Schließlich müssen die Kinder soziales Verhalten ja erst lernen und hierfür sollten die Mütter selbst mit gutem Beispiel vorangehen.

Noch einmal zum Problem der Anwesenheit der Mütter zu Hause: »Sie haben neulich über ein kleines vierjähriges Mädchen gesprochen, das sich zu Hause unmöglich aufgeführt hat. Ich verstehe jetzt nicht, warum Sie der Mutter empfohlen haben, wieder arbeiten zu gehen, während sie selbst doch erklärt hatte, lieber zu Hause bleiben zu wollen, um ihr Kind besser erziehen zu können.«

Es handelte sich um jenes Mädchen, von dem die Mutter sagte, es würde sich zu Hause wie ein »Diktator« aufspielen; und dann kam noch die ältere Schwester hinzu, die von der Mutter früher nicht ganztägig betreut werden konnte und die jetzt zum Sündenbock der Kleineren wurde und alles mit sich geschehen ließ. Ich glaube, daß irgendetwas an der Beziehung der Mutter zu diesem Kind nicht stimmte und habe ihr deshalb geraten, wieder arbeiten zu gehen. Für ein Kind ist es schädlich, zu Hause zu bleiben, wenn es dort nicht glücklich ist und die anderen Familienmitglieder nicht glücklich macht. Wenn Mutter und Kind zu Hause sind, so doch deshalb, um sich gegenseitig mitzuteilen und Freude am Zusammensein zu haben. Sonst hat das doch keinen Sinn! Da ein Kind ab drei Jahren nicht mehr *seine* Mutter braucht, wäre es doch in diesem Fall wirklich das Beste gewesen, daß sie sich tagsüber getrennt hätten. Dieses Kind war zu Hause nicht glücklich, verdarb sein eigenes Leben und vor allem das seiner Schwester. Und was war schließlich aus dem großen Traum der Mutter geworden, nach Hause zurückzukehren, um dort glücklich mit ihren Kindern zu leben?

Nun folgt ein Brief von einer Mutter, die lange gezögert hat, bevor sie Ihnen schrieb. Sie schämte sich etwas, weil ..., lassen wir sie selbst sprechen: »Ich habe mir eigentlich nicht getraut, Ihnen mein Problem zu schildern. Ich hatte Angst, daß Sie von mir denken würden: ›Sie weiß nicht, wie sie ihr Problem lösen kann, sie ist wirklich kindisch.‹ Schließlich aber dachte ich mir, daß Sie vielleicht doch nicht so von mir denken würden. Mein Bedürfnis, es Ihnen zu sagen, ist eben sehr groß.« Und dann erklärt sie, worum es geht. Die Situation, die sie beschreibt, wird von ihr sehr dramatisch hingestellt und sie schreibt auch, daß sie häufig weinen muß. Dabei geht es um etwas, was Hunderte von Familien täglich mitmachen. Sie hat einen Sohn, der 16 Monate alt ist, der gesund ist, keine Probleme mit dem Essen kennt, der zwar einen leichten Schlaf hat, aber doch meistens gut durchschläft, mit einem Wort, ein Kind, das problemlos aufwächst. Aber er ist launisch: »Er brüllt den ganzen Tag«, schreibt sie, »und zwar immer, wenn ich mich unglücklicherweise von ihm abwende, wenn er gerade meine Aufmerksamkeit haben wollte. Es ist vielleicht nicht gut, von seinem Kind so zu sprechen, aber heute kann ich einfach nicht mehr.« Sie beschreibt dann einen Tagesablauf, wie er sich bei ihr regelmäßig wiederholt: »Morgens ist es furchtbar. Wenn er um sieben Uhr aufwacht, ist es ein einziges Gebrülle. Sobald er sein Fläschchen erblickt hat, kann er nicht mehr abwarten, bis es warm wird. Beim Waschen ist es noch schlimmer: er lehnt jegliche Berührung mit Wasser ab. Ich kann ihm weder das Gesicht noch den Popo waschen, noch die Ohren saubermachen noch die Fingernägel schneiden ... Ich bin von Natur aus eigentlich ein geduldiger Mensch, doch muß ich gestehen, daß ich mich seit drei oder vier Wochen nicht mehr in der Gewalt habe und ihn schlage, was mich persönlich regelrecht krank macht – und im übrigen auch gar nicht wirkt. Wenn er mit seinem Vater zusammen ist und ich zum Beispiel das Zimmer verlasse, ist er ruhiger als mit mir. Ich schreibe Ihnen, weil es Dinge gibt, die man seinen eigenem Mann nicht zu sagen wagt.« Es ist ja klar, daß sich der Mann, wenn er abends nach Hause kommt und das Kind ganz ruhig vorfindet, denkt, seine Frau müsse mit ihrer Schilderung der Situation einfach übertreiben.

Und er findet eine völlig erschöpfte Frau vor, die kurz davor ist, zusammenzubrechen. Ich halte dieses Kind für sehr intelligent, aber es scheint ja noch nicht zu sprechen. Es schreit, um sich auszudrücken. Wahrscheinlich hat es im Alter von neun oder zehn Monaten noch keine Worte zu dem, was es alles berühren oder machen konnte, angeboten bekommen. Vielleicht hat man es zu früh zur Beherrschung seiner Schließmuskeln, d. h. zur Sauberkeit »dressiert«. Oder es handelt sich um ein Kind, das schlecht behandelt wurde, dem Sachen weggenommen wurden und das jetzt das Bedürfnis hat, selbst zu nehmen; ein Kind, für das die Mutter Teil seiner selbst darstellt, der ihm entrissen wurde und den es ohne Worte nicht zu ersetzen vermag bzw. mit dem er keine Kommunikation haben kann. Ob es nun so oder so ist, das weiß ich nicht. Vielleicht sieht dieses Kind auch zu wenig andere Kinder?

Ist es wichtig für ein sechzehn Monate altes Baby, andere Kinder zu sehen?

Für manche schon. Sehen Sie, ein Kind hat mit neun Monaten, d.h. sobald es krabbeln kann, das Bedürfnis, zu Hause alle Dinge durch Berühren kennenzulernen und dabei deren Namen zu lernen, und vor allem darf man es nicht zwingen, auf den Topf zu gehen. Vielleicht rühren die Probleme dieses Kindes von daher, daß es von seiner Mutter in den Zustand eines Gegenstandes versetzt wird, der gewaschen werden muß, usw. Mit sechzehn Monaten könnte es eigentlich allein im Wasser plantschen. Sie braucht es ja nicht immer zu waschen. Da sie ja immer zu Hause zu sein scheint, kann sie einfach Wasser in die Badewanne laufen lassen und das Kind hineinsetzen, fertig! Es wird sich dann vergnügen. Eine halbe Stunde später wird es dann bestimmt sauber sein. Dieses Kind scheint einfach nicht wie ein Kind seines Alters zu leben. Die Mutter selbst braucht in der Tat mehr Ruhe, damit sie, wenn ihr Mann abends nach Hause kommt, auch wirklich seine Frau sein kann.

Alles wächst ihr wahrscheinlich über den Kopf.

In diesem Fall könnte sie doch versuchen, ihr Kind bei einer Tagesmutter zu lassen oder – warum auch nicht – ihr Kind für drei oder vier Wochen, bis sie sich wieder erholt hat, in eine Kinderkrippe geben. Der Vater könnte das Kind hinbringen und auch wieder abholen, damit sie sich nicht übernimmt. Vielleicht käme für sie auch ein Müttergenesungsheim in Frage

– solche Einrichtungen gibt es ja –, in denen Mütter mit ihren Kindern aufgenommen werden, wenn sie sehr deprimiert sind. Das Kind weiß ja zum Schluß auch nicht mehr, was es tut und ist dann nur noch ein Nervenbündel. Um mehr über diesen Fall zu sagen, fehlen mir jedoch die genaueren Informationen. Ich kann nur nochmals hervorheben, daß ein Kind, das gern mit Wasser spielt, ein ausgeglichenes Kind ist und ebenso ein Kind, das, wenn es mit seinem Vater allein ist, ruhig ist.

Ich lege diesen Brief einmal beiseite, um Ihnen eine allgemeine Frage zu stellen. Fürchten Sie eigentlich nicht, daß viele Mütter aufgebracht reagieren, wenn Sie sagen: Es ist nicht nötig, einem sechzehn Monate alten Kind die Ohren zu waschen, die Fingernägel zu schneiden oder das Gesicht zu waschen?

Das hängt eben von dem Kind ab, von dem man redet. Augenscheinlich ist das Kind, von dem eben die Rede war, nicht so, wie die anderen Kinder: sich zu waschen, empfindet es so, als würde man ihm die Haut abziehen. Warum es so gekommen ist, weiß ich nicht. Aber in seinem speziellen Fall ist es wohl besser, ihn mit der Körperpflege in Ruhe zu lassen. Ich glaube, dieses Kind hat das Gefühl, von seiner Mutter verdinglicht zu werden. Sie hat jetzt Angst vor ihm und es selbst fühlt sich mit ihr nicht in Sicherheit. Das geht doch klar daraus hervor, daß es mit dem Vater – wie man so schön sagt – »brav« ist, obwohl es ihn doch nicht so oft sieht und dieser auch viel weniger hinter ihm her ist. Dieses Kind erinnert mich an das Bild eines zerrupften Huhnes. Und die Mutter rauft sich dabei die Haare!

Das heißt, sie soll sich nicht immer die Haare raufen!

Nein. Sie sollte weniger putzen. Außerdem sollte sie ihr Kind in die Badewanne setzen und sich dort vergnügen lassen. Und dann könnte sie ihm, wenn es schreit, vielleicht einfach etwas vorsingen? Das ist alles. Aber wird sie dazu in der Lage sein? Ich denke, daß sie jetzt schlicht und ergreifend Ruhe braucht und auch von dem Kind ein wenig entlastet werden muß.

Eine andere Mutter schreibt: »Ich habe ein kleines Mädchen, das noch kein Jahr alt ist. Ich liebe es sehr – wenn es bloß nicht weinen würde ...

Sie mag kein lebendiges Kind!

»... Ich kann so vernünftig denken, wie ich will, sobald meine Tochter anfängt zu weinen, schreie ich noch lauter als sie ...

Das wird aber in Zukunft ziemlich anstrengend für sie werden.

Sie fragt: »Können Sie mir sagen, was ich tun könnte ...?«

Natürlich!

»... wenn ich so völlig außer mich gerate ...«

»Eine Psychotherapie ...«

»... denn ich habe den Eindruck, daß meine Tochter manchmal Angst vor mir hat.«

Das ist nicht verwunderlich. Diese Frau kann sich nicht beherrschen. Übrigens sieht man das an ihrer Schrift auch deutlich. Sie ist mit ihren Nerven völlig am Ende. Natürlich liebt sie ihre Tochter. Aber eigentlich liebt sie ein Kind ihrer Einbildung und nicht ihr wirkliches Kind. Sie muß unbedingt eine Psychotherapie machen. Und ich bin mir sicher, daß sie sich daran erinnern wird, früher auch so behandelt worden zu sein, denn eine Frau handelt mit ihrem Kind so, wie man früher mit ihr gehandelt hat; das braucht nicht die eigene Mutter gewesen zu sein, sondern eine Person, die in dem Alter anwesend war, als sie selbst so geschrien hat, so wie jetzt ihr eigenes Kind. Sie hat auf jeden Fall Recht, über diesen Vorgang beunruhigt zu sein. Sie sollte also eine therapeutische Behandlung beginnen und keine Medikamente einnehmen, um sich zu beruhigen, denn allein darum geht es ja nicht. Sie muß lernen zu verstehen, was in ihr geschieht, wenn ihr Kind sich im Grunde einfach nur sensibel und lebendig verhält. Dazu muß sie mit jemandem regelmäßig sprechen.

42

Passivität ist keine Tugend

(Schüchterne Kinder)

Es geht hier um die Frage, ab wann Freundlichkeit oder Zuvorkommenheit zu weit gehen. Eine Mutter von zwei kleinen Töchtern (vier Jahre und sechs Monate) schreibt: »Ich war Lehrerin. Jetzt widme ich mich ganz meiner kleinen Familie. Die Älteste ist sehr nett und ausgeglichen, wird aber oft wegen ihrer Freundlichkeit ausgenutzt. Wenn sie im Kindergarten Schläge bekommt, traut sie sich nicht, sie zurückzugeben; sie begründet ihr Verhalten damit, daß sie Ärger mit der Erzieherin bekommen würde, wenn sie es sehen würde. Gestern hat ein 18 Monate altes Kind sie vor meinen Augen mehrmals grausam gebissen, sie gekratzt und gezwickt. Meine Tochter weinte zwar, wollte sich aber nicht wehren. Sie sagte über das andere Kind, daß es doch noch ›so klein‹ sei. Was soll man tun, um diesem Kind zu helfen, sich zu wehren? Sollte man ihm irgendeine Sportart beibringen?«

Vielleicht Karate!

Warum eigentlich nicht? Die Mutter schreibt auch, daß ihr Kind sehr großzügig sei, sein Spielzeug ausleiht und sein Zimmer mit anderen Kindern problemlos teilt; häufig zieht sie sich allerdings irgendwie enttäuscht in eine Ecke zurück ...

Dieses Kind glaubt, daß Passivität eine Tugend ist. Als das 18 Monate alte Baby es mehrere Male gebissen, gekratzt und gezwickt hat, hätte das Mädchen ja nun wenigstens weggehen oder ihm die Arme festhalten können. Warum sie es nicht tat, weiß ich nicht. Vielleicht glaubt sie schon seit frühester Kindheit, daß es gut ist, alles mit sich machen zu lassen. Sie hat vor der Erzieherin Angst, als ob diese wissen müßte, was ein Kind in einer bestimmten Situation aushalten kann oder nicht. Im Grunde ist sie überhaupt nicht unabhängig in ihrem Verhalten. Die Mutter muß mit ihr reden und im Spiel so tun, als würde sie sie angreifen; und das Kind müßte sich dann ihr gegenüber wehren. Ohne ihr dabei wehzutun, könnte sie dem Kind auf diese Weise beibringen, wie man sich am besten verteidigen und wie sie ihre kleine Person am besten schützen kann. Das Kind sollte auch für sich selbst spielen und nicht immer das Spiel der kleinen Schwester anleiten. Natürlich kann die Mutter sie mit ihrer Schwester spielen lassen, aber wenn die Kleinere dann einmal schreit, soll man es bloß nicht der Großen anlasten. Man soll ihr auch nicht andauernd sagen: »Sei lieb« oder »Gib nach, deine Schwester ist ja noch so klein.« »Lieb« zu sein, paßt eigentlich eher zu einem Stofftier; ich habe den Eindruck, daß diese Mutter ihre Tochter ein wenig wie ein »Stofftier« erzieht, das sich ja auch nicht bewegt, wenn man es angreift. Ich muß aber auch sagen, daß man dieses Verhalten häufig bei jenen Kindern beobachten kann, die zu früh sauber geworden sind. Die Mutter, die ihrem Kind zu früh wegnimmt, was für dessen Begriffe ja Teil seiner selbst ist, die also nicht will, daß es diesen bei sich behält, schafft darüber eine Grundlage für ein Verhalten, das entweder durch eine große Passivität oder durch das Gegenteil, nämlich übertriebene Selbstverteidigungsmechanismen, hervorsticht. So wie diese Mutter schreibt, scheint ja eher das erste eingetreten zu sein.

Die Mutter fragt tatsächlich in bezug auf das sechs Monate alte Kind: »Mit welchem Alter soll man ein Kind zur Sauberkeit erziehen?«

Beginnen? Nicht vor vierzehn Monaten bei einem Kind, das mit elf oder zwölf Monaten gelaufen ist. Und um 19 oder 20 Monate wird dann das Kind langsam von selbst in der Lage sein, sauber zu werden – die Jungen später als die Mädchen. Aber davor sollte es ganz viele Dinge wissen und kennenlernen! Es soll Bewegungsspiele spielen, in denen sich die körperliche Aggressivität ausdrücken kann, z.B. auf einen Ball schlagen oder schwere Dinge tragen, es soll mit Geschick zerbrechliche Gegenstände hin- und herbewegen, seine Motorik beherrschen, sich anstrengen, Gemüse putzen, eine Menge Werkzeuge handhaben können, Messer und Schere. Es soll also seine Motorik, Kraft und Aggressivität in bezug auf äußerliche Gegenstände beherrschen lernen. Und dies natürlich auch im Spiel. Mir scheint aber, daß diese ältere Tochter mit ihrem Körper gerade nicht spielt. Was das sechs Monate alte Baby angeht, kommt eine Sauberkeitserziehung überhaupt noch nicht in Frage. Es ißt ja noch nicht allein und krabbelt noch nicht einmal ...

Wenn Sie davon sprechen »mit seinem Körper zu spielen«, unterscheiden Sie dabei zwischen »Spielen« und »Sport«?

Natürlich.

Wenn wir schon beim Sport sind ... In vielen Briefen wird die Frage gestellt, ab welchem Alter man ein Kind eine Sportart treiben lassen kann.

Wenn es den Wunsch dazu äußert. Einem Kind, das sagt: »Ich möchte gerne Fußball spielen«, kann die Mutter antworten: »Ich will herausfinden, ob es für dein Alter schon kleine Mannschaften gibt.« Aber auch für ein wirklich geschicktes, aufgewecktes und soziales Kind hat es damit Zeit bis zu einem Alter von sieben oder acht Jahren.

Mit vier Jahren wäre es also noch viel zu jung.

Natürlich! Einen Ball einfach herumzukicken, ist ja etwas anderes, als richtig Fußball spielen; es sollte auch mit seinen Eltern spielen, die ihm dadurch erst einmal beibringen, was es heißt, gemeinsam etwas zu spielen und die es dabei in ihr Spiel einbeziehen. Genausowenig wie ein Kind mit seiner Mutter allein sprechen lernt, kann es nicht nur über die physische Anwesenheit einer Person lernen, was es heißt, zu spielen. Jemand kann ihm etwas beibringen und mit ihm üben. Aber hierbei handelt es sich um kein Spiel. Zum Spielen muß man mindestens zu dritt sein. Das Kind lernt das Spielen durch die

Nachahmung seiner Mutter und seines Vaters, die zusammen kegeln, Ball spielen usw. Die körperliche Bewegung, die irgend etwas erreichen will, ist ja auch eine Art Sprache. Das Kind lernt durch seinen Wunsch zu spielen und durch die Freude, die es dabei empfindet; es lernt aber auch zu spielen, indem es andere dabei beobachtet.
Ich habe den Eindruck, daß das Kind, von dem vorhin die Rede war, für diese Art von Sprache keinen Sinn hat. Man muß ihm die Sprache der Gesten, die Sprache des Körpers beibringen. Dann wird es bestimmt auch keine Angst mehr vor seiner Erzieherin haben. Sie wird dann denken, daß diese nur ihre Pflicht getan hat, wenn sie schimpft, weil sie sich gewehrt hat, daß sie aber im Grunde genau das Richtige tat, indem sie sich nicht alles gefallen ließ. Die Mutter, die ja selbst Lehrerin ist, sollte ihre Tochter unbedingt von diesem morbiden Schuldgefühl gegenüber den Erzieherinnen befreien.

Hier haben wir es mit zwei Mädchen zu tun (viereinhalb und zwei Jahre), die beide sehr schüchtern und sensibel sind. Die Mutter macht sich hierüber allerdings keine allzu großen Sorgen; sie glaubt, daß es vorbeigeht, sobald die Kinder in der Schule sind und Kontakt zu anderen Kindern haben. Ihr Problem besteht vielmehr darin, daß die Älteste die Tendenz hat, allen Leuten blindlings zu vertrauen. Vor allem auf der Straße würde sie mit jedem Beliebigen einfach mitgehen. Die Mutter berichtet uns über einen Vorfall dieser Art: Eines Tages hat eine Dame, als sie gerade aus der Post herauskam, zu dem Kind gesagt: »Kommst du mit?« Das Mädchen sei daraufhin sofort mitgegangen. Die Frau hat dann weiter zu ihr gesagt: »Aber man darf nicht mit jedem so ohne weiteres mitgehen!« Später kam eine ähnliche Geschichte noch einmal vor. Die Mutter ist jetzt beunruhigt und fragt sich, wie sie ihrer Tochter verständlich machen kann, daß man nicht jedem vertrauen darf.

Ich denke nicht, daß man ihr es einfach nur verständlich machen muß. Die Beziehung des Mädchens zur Mutter scheint nicht besonders wählerisch zu sein; wahrscheinlich hat sich dieses Verhalten seit der Geburt ihrer kleinen Schwester herausgebildet. Hinzu kommt, daß sie sich anscheinend nicht zu widersprechen traut. Es handelt sich um ein schüchternes Kind, das entsprechend erzogen wurde bzw. die Tendenz hat, seiner Mutter zu sehr zu gehorchen. Ich glaube, daß letztere eine Änderung dadurch herbeiführen kann, daß sie von ihrer Tochter weder alles sofort verlangt, von dem sie glaubt, daß es richtig ist, noch einen blinden Gehorsam. Dieses Kind ist tatsächlich wie eine Blinde: es gehorcht blind seiner Mutter. Sie geht mit jedem mit, weil sie eine Art von Unterwürfigkeit bzw. eine totale Abhängigkeit in ihrer Beziehung zur Mutter gelernt hat. Sie ist nicht selbständig und unabhängig genug. Ihre Mutter könnte ihr beispielsweise dadurch helfen, daß sie beim Essen fragt: »Möchtest du dies oder das?« Das Kind muß die Möglichkeit, »nein« zu sagen, erlernen, es muß lernen, daß es erlaubt ist, einen anderen Standpunkt zu vertreten! Man soll bei den Kindern immer persönliche Initiativen fördern, auch wenn sie der Vorstellung der Mutter nicht entsprechen.

Diese Frau hat uns am nächsten Tag noch einmal geschrieben, weil sie in bezug auf ihre Tochter etwas zu erwähnen vergessen hatte: als diese noch jünger gewesen war, hat sie sich auf Kinderspielplätzen von anderen Müttern oder sogar Großmüttern immer mehr angezogen gefühlt als von gleichaltrigen Kindern. Im Kindergarten bleibt sie in den Pausen immer neben ihrer Erzieherin und will nicht mit den anderen Kindern spielen.

Ich glaube nicht daran, daß dies »immer« so war und ist. Ich vermute eher, daß es der Fall war, als die Mutter mit der kleinen Schwester schwanger war oder nach deren Geburt – aber eher, als sie noch schwanger war. Die Kinder fühlen, daß das Leben der Mutter, die ein Baby erwartet, durch ein anderes Kind förmlich »ausgefüllt« ist. Sie werden insgesamt etwas vorsichtiger, was sich in einem schweigsameren Verhältnis zur Mutter ausdrückt, und fühlen sich angezogen von jenen, die ihnen ihr Leben eher zur Verfügung stellen können. Das beobachtet man doch häufig! Wenn sich dieses Mädchen nun schon vor der Schwangerschaft so verhielt, wie es die Mutter beschreibt, dann lag es daran, daß es zu wenig andere Kinder sah. Babys fühlen sich ja sehr schnell von anderen Babys angezogen: aber sie müssen zusammen sein können und die sie beaufsichtigende Person muß sie kleine Spielerfahrungen mit anderen machen lassen, ohne dabei ängstlich zu wirken.

Ich komme nun zum nächsten Brief. Hier handelt es sich vielleicht nur um eine andere Form des gleichen Problems. Wir haben schon sehr oft von Familien mit zwei, drei, vier oder fünf Kindern gesprochen; aber Sie werden gebeten, auch von den Einzelkindern zu sprechen. So schreibt z. B. eine Mutter: »Ich habe nur eine viereinhalbjährige Tochter. Mein Mann und ich haben den Eindruck, daß sie alles unternimmt, möglichst lange ein Baby zu bleiben. Sie hat zum Beispiel ständig ein kleines Taschentuch dabei, daß sie sich unter die Nase hält. Wenn sie mit anderen Kindern zusammen ist, versucht sie wenig, mit ihnen ins Spiel zu kommen. Sie bleibt ruhig in irgendeiner Ecke stehen.« Die genaue Frage lautet: »Wie kann man einem Einzelkind dabei helfen, sich von seinen Eltern ein wenig zu lösen und sich für andere – besonders für Kinder seines Alters – zu interessieren, um dabei eine gewisse Ausgeglichenheit zu finden.«

Wenn man nicht früher damit begonnen hat, ist es im Alter von viereinhalb Jahren nicht ganz einfach. Dazu muß ich sagen, daß Einzelkinder im allgemeinen unglücklich sind. Es ist frappierend zu sehen, daß Eltern, die selbst Einzelkind waren, Lust dazu haben, mehrere Kinder zu bekommen. Und die Eltern aus kinderreichen Familien – vor allem die ältesten – möchten gern ein Einzelkind haben, weil sie ihrerseits unter ihrer Gebundenheit an die kleineren Geschwister bzw. ihrer Verantwortung als »Älteste« gelitten haben. Von der Gemeinschaft von Kindern geht jedoch eine ganz bestimmte Ausstrahlung aus, die kein Erwachsener ersetzen kann.
Ich denke, daß dieses Kind von seinen Eltern nicht früh genug darin gefördert wurde, mit anderen Kindern zusammen zu sein, während seine Eltern wohl ihrerseits nicht genügend andere Erwachsene sahen. Lebt ein Einzelkind mit Eltern zusammen, die ihrerseits viel Kontakt zu anderen Eltern haben, überträgt es seine Beziehung zur Mutter oder zum

Vater auch auf sie; haben sie dann keine Kinder, spielen sie vielleicht mit den Erwachsenen. Aber mir scheint, daß sich diese Eltern passend zu ihrer Situation, nämlich die Eltern nur eines Kindes zu sein, verhalten. Man kann natürlich auch ein Einzelkind haben, weil man dazu gezwungen ist und trotzdem sehr zugänglich sein. Ich glaube, daß diese Frau quasi seit der Geburt ihrer Tochter Schwierigkeiten damit hat, anderen Frauen gegenüber zugänglich zu sein. Eigentlich müßte jedes Kind schon in der Wiege an dem Leben anderer Kinder beteiligt sein – und dies gilt erst recht für ein Einzelkind, denn die Mutter hat ja genügend Zeit, etwas entsprechendes zu organisieren. Auch soll die Mutter häufig mit anderen Freundinnen zusammenkommen, egal, ob sie Kinder haben oder nicht. Das mindeste wären Tiere, die man zu Hause hat. Die Atmosphäre zu Hause soll also geprägt sein von sozialem Austausch, von Liedern, Freude, Bewegung, Leben. Und das Kind soll für die beiden Eltern nicht im Zentrum ihres Lebens stehen.

Die Mutter schreibt uns, daß sie ihre Tochter immer entsprechend ihres Alters behandelt hat, ihr Mann aber nicht: »Mein Mann kümmert sich viel um sie, aber er behandelt sie vielleicht zu sehr als kleine Erwachsene.« Und sie fragt sich, ob das Kind nicht als Reaktion auf diese Behandlung möglichst lange ein Baby bleiben will. Halten Sie ihre Analyse der Situation für richtig?

Ich weiß nicht. Aber ich kann mir auch nicht vorstellen, daß sie ihre Tochter immer entsprechend ihres Alters behandelt hat. Denn mit viereinhalb Jahren – sogar ab drei Jahren – tut ein kleines Mädchen alles gern, was die Mutter im Haus macht: Gemüse putzen, Betten machen, Schuhe putzen, Teppich klopfen, Staub saugen, Geschirr spülen, Wäsche waschen und bügeln... Sie mag auch gern mit dem Vater irgendwelche Handwerksarbeit machen. Ich denke also eher, daß diese Mutter ihre Tochter, ohne es zu merken, lange wie ein zwei Jahre oder zweieinhalb Jahre altes Mädchen behandelt hat und ihre Schwierigkeiten gerade daraus resultieren. Vielleicht kann man dieses Kind jetzt dazu bringen, weniger abhängig zu sein, indem die Eltern kleine Mädchen mit ihren Eltern einladen und ihrerseits auch mit mehr Erwachsenen zusammen sind. So etwas könnte man zum Beispiel für die nächsten Ferien arrangieren. Es ist besser, als zurückgezogen im engsten Familienkreis zu leben. Aber wie gesagt, mit viereinhalb Jahren ist es nicht mehr ganz einfach. Denn ein Kind kann ja, sobald es laufen lernt, von sich aus unter anderen Kindern sein; man soll ihm jetzt auch die Freiheit gewähren, persönliche Initiativen zu ergreifen und seine Eltern sollen es dabei durch Worte, vergnügte Aufmerksamkeit und Ermutigung unterstützen.

Man kann das wohl als Ratschlag an alle Eltern von Einzelkindern verstehen: Damit sie nicht zu unglücklich sind – da Sie vorhin sagten, daß Einzelkinder in der Regel unglücklich sind –, soll man viele Freunde mit ihnen besuchen gehen, sie bei Leuten, die sie eingeladen haben, ruhig allein lassen und sie sollen auch ihrerseits viele Freunde und Bekannte zu sich einladen. Zu Hause soll man ihnen beibringen, auch allein mit sich auszukommen. Denn es gibt für Kinder im Grunde nichts schlimmeres, als ständig im Mittelpunkt des Interesses ihrer Eltern zu stehen. Und hier besteht bei Einzelkindern eine ganz besondere Gefahr.

Ja, man kann sich Pflanzen anschaffen, die man gern hat und auch, wenn möglich, Haustiere. Vielleicht nicht gerade einen Hund, wenn man in einem oberen Stockwerk wohnt, aber eine Katze, einen Hamster, Goldfische oder einen Kanarienvogel. Ich sagte, daß die Kinder »Tiere« bekommen können, d.h. z.B. ein Pärchen. Es soll Bewegung, Beziehungen und zu beobachtendes Leben im Haus geben, wenn schon keine Geschwister vorhanden sind.

Wenn ich Sie also richtig verstehe, sind Sie eher für eine kinderreiche Familie?

Kinderreich im eigentlichen Sinne, nein. Aber für drei Kinder in der Familie bin ich schon, denn das ist vom Standpunkt der Geschwister eine gute Zahl. Kinder sind glücklich, wenn sie zu dritt sind – drei Gefährten oder Brüder und Schwestern, die nicht zu weit auseinander sind. Denn sonst ist der eine gegen den anderen oder lebt doch wie ein Einzelkind. Zu dritt in einer Familie ist man schon wie ein kleiner Stamm, der sich verteidigt, der zusammenrückt, wenn die Eltern einen angreifen – und das ist doch sehr gut, nicht wahr? Auch wenn sie von den Eltern weg sind, rücken sie zusammen; sie können zu zweit den Dritten beschützen oder aber auch zu zweit den Dritten angreifen. Wie dem auch sei, sie haben schon unter sich ein kleines soziales Leben. Es ist dagegen überhaupt nicht lustig, Einzelkind in dem Sinne zu sein, daß man als einsames Kind zwischen seinen beiden Eltern und Großeltern erzogen wird. Es beeinflußt das Gefühlsleben negativ, auch wenn es natürlich vom materiellen Standpunkt aus gesehen einfacher ist.

43

In der Phantasiewelt

(Weihnachten, Märchen, Spielsachen)

Einer ganzen Reihe von Fragen merkt man an, daß bald Weihnachten sein wird.

Die Kinder sind aufgeregt und die Eltern machen sich Sorgen!

Ja, das stimmt. Die Mutter eines zweijährigen Jungen schreibt Ihnen: »Dieses Jahr ist es das erste Mal, daß ich mich von dieser ganzen Geschichte um den Weihnachtsmann wirklich angesprochen fühle. Ich weiß nicht, ob man einem Kind vom Weihnachtsmann erzählen soll oder nicht; andererseits habe ich den Eindruck, ein Kind ganz einfach zu belügen, wenn man von dieser fast mythologischen Figur spricht, die da durch den Schornstein klettert, um den Kindern Geschenke zu bringen. Wäre es nicht möglich, das Wunderbare zwar beizubehalten, von dem Sie ja ausgehen, daß die Kinder es brauchen, aber nur die Geschichte der Weihnachtsnacht zu erzählen: ›Die Eltern tun die Geschenke in die Schuhe, wenn es dunkel ist, und die Kinder schlafen ...‹ Könnte man also das Weihnachtsfest nicht auch ohne Weihnachtsmann ganz zauberhaft gestalten?« Und sie fügt hinzu: »Ich glaube, daß sich der Erwachsene mit seinen Geschichten vom Weihnachtsmann im Grunde nur selbst eine Freude macht.«

Diese Dame braucht ihrem Sohn noch nichts vom Weihnachtsmann zu erzählen, da er ja gerade zwei Jahre alt ist. Sie kann ihm sagen: »Wir stellen die Schuhe an den Kamin. Morgen früh werden deine Geschenke darin sein.« Nun wird das Kind bestimmt von anderen Kindern vom Weihnachtsmann erzählt bekommen. Und eines Tages wird es seine Mutter fragen: »Existiert der Weihnachtsmann wirklich?« Sie könnte dann antworten: »Ich weiß es nicht, ich weiß nur, daß es Weihnachten Geschenke geben wird.« Und außerdem – das habe ich bereits gesagt – tragen wir alle den Wunsch in unserem Herzen, jemandem ein Geschenk zu geben, das ihn überrascht: das nennen wir, wenn man so will, »den Weihnachtsmann spielen«. Natürlich kann diese Dame tun, was sie für richtig hält. Aber diese Geschichte ist so hübsch und poetisch. Sie findet in einer Phantasiewelt statt. Es gibt auch die wirkliche Welt. Ich glaube, daß wir uns beide bewahren müssen. Wir sollten nicht denken, daß wir ein Kind, dem wir von einem Mythos erzählen, anlügen.

Ein Mythos ist keine Lüge. Es handelt sich um gesellschaftliche Wirklichkeit, die von entsprechenden Bräuchen begleitet wird. Man sollte allerdings vermeiden, daß die Bräuche zum bloßen Ideal verkommen. Ich denke dabei besonders an jene Eltern, die sich das ganze Jahr über streiten und eines schönen Tages »Weihnachten« feiern. Das Essen ist zwar gepflegter als sonst, aber gleichzeitig gibt es die Drohung, keine Geschenke zu bekommen, Szenen, Beschimpfungen, Wegnahme des vom Weihnachtsmann »gebrachten« Spielzeugs usw. ... Man kann sich in so einem Fall in der Tat fragen, worin der Sinn des Feierns liegen soll.

Aber nun wieder zurück zu dem Kind – man könnte es doch einmal, wenn es dazu Lust hat, als Weihnachtsmann verkleiden, d.h. ungefähr mit dreieinhalb Jahren. Es wird dann der Weihnachtsmann sein, der die Geschenke in die Schuhe seiner Eltern hineinlegt. Und wenn es in den Geschäften einen Weihnachtsmann sieht, kann man ihm sagen: »Siehst du, das ist ein als Weihnachtsmann verkleideter Herr.« Wenn das Kind fragt: »Und was ist mit dem richtigen Weihnachtsmann?«, kann man ihm antworten: »Den richtigen Weihnachtsmann kennen wir nicht. Es ist jemand, der nicht trinkt, nicht ißt, der keinen Vater und keine Mutter hat, der nicht geboren wurde und auch nicht sterben wird. Es ist jemand, der nur in unserer Phantasie existiert.« Und das Kind versteht es dann bestimmt.

Dieselbe Dame spricht auch noch die Märchenbücher an. Gerade in der Weihnachtszeit fragt man sich natürlich, was man wem schenken soll bzw. welche Märchen für welche Kinder. Sie schreibt: »Ich war davon überzeugt, daß solche Geschichten wie der ›Däumling‹, ›Schneewittchen‹ oder ›Rotkäppchen‹ bei Kindern bis zu einem gewissen Alter nichts zu suchen haben.«

Ja. Und auch ihr Kind ist noch nicht im richtigen Alter dafür.

Aber sie hat gehört, daß man keine Angst zu haben braucht, daß die Kinder sich bei diesen Märchen fürchterlich ängstigen. »Man hat mir gesagt, daß die Angst, die beim Erzählen von Märchen bei den Kindern entsteht, jene Ängste beruhigen, die beim Kind bereits vorhanden sind, oder sie zumindestens in eine richtige Bahn lenken. Ich weiß nicht so recht, was ich davon halten soll; die Versuchung ist ja groß, den Kindern solche schrecklichen Geschichten zu erzählen, weil man sich dann sicher sein kann, sie damit zu begeistern. Ist aber die Angst, die bei ihnen entsteht, wirklich nötig, sie zu ködern und ihre Aufmerksamkeit zu fesseln? Auch hier finde ich, daß sich im Grunde der Erwachsene auf Kosten der Gutgläubigkeit der Kinder eine große Freude bereitet.«

Da sie die Dinge so empfindet, sollte sie auch entsprechend mit ihren Kindern verfahren, einfach so, wie sie eben fühlt. Eine andere Mutter würde über diese Frage anders denken ... Es geht nicht um gut oder böse, um »es muß« oder »man darf nicht«. Alles hängt von der Sensibilität der Kinder ab und diese ist im allgemeinen der der Eltern recht ähnlich. Manche Kinder mögen sehr gern schreckliche Geschichten erzählen. Wie dem auch sei, es ist wichtig, daß die Kinder ihre Geschichten malen oder daß ihnen beim Erzählen von Geschichten Bilder gezeigt werden. Sie haben nämlich das Bedürfnis, ihre Geschichten durch Bilder zu illustrieren. Der Beweis dafür ist das Bild, das dieser kleine Junge für mich gemalt hat: er hat das Bedürfnis empfunden, den Brief seiner Mutter zu illustrieren, um mir seine eigene Frage zu schicken und um seine eigene Art der Kommunikation herzustellen.
Abgesehen davon finde ich aber, daß diese Mutter recht hat. Die Märchen von den Gebrüdern Grimm waren im 18. Jahrhundert Märchen für Erwachsene, sie sind es heute für Kinder, aber nicht für Zweijährige.

Für welches Alter dann?

Für Sechs- oder Siebenjährige. Diese Märchen haben Symbolcharakter, d. h., sie bewirken im Unbewußten des Kindes ganz bestimmte Resonanzen, weil sie auf Ängste eine Antwort geben, die das Kind gehabt hat, als es noch ganz klein war. Zum Beispiel, seinen Weg in der großen weiten Welt wiederzufinden oder sich die Frage zu stellen, ob man genug Geld zum Essen haben wird. Wenn das Kind seine Mutter rufen hört: »Es ist kein Zucker mehr da, oh, wir haben vergessen, welchen zu kaufen und heute ist Sonntag und alle Geschäfte haben zu«, sagt sich das Kind plötzlich: »Oh je, es kann aber leicht etwas fehlen.« Mütter, die merken, daß ihre Kinder auf solche Bemerkungen sehr stark reagieren, sollten ihnen erklären: »Siehst du, man hat dir diese oder jene Geschichte erzählt, in der auch so etwas vorkam.« Man muß nämlich wissen, daß selbst ein belangloses Ereignis, sobald es vom Kind in der Wirklichkeit erlebt wird, große Dimensionen für das Kind annehmen kann – erst recht, wenn die Mutter eine Szene um etwas völlig Unwichtiges macht. In Wirklichkeit mag es gar nicht so schlimm sein, nur differenziert das Kind nicht genügend.

Man braucht also dem Wolf »nicht den Bauch aufzuschneiden«?

Man muß sehen, daß die Tiere zu der Zeit, als die Märchen geschrieben wurden, die Menschen wirklich bedrohten, und daß sie bei den Erwachsenen Phantasievorstellungen hervorriefen, die ihnen aus der Kindheit in Erinnerung geblieben waren. Heutzutage phantasieren die Kinder ja über alles Mögliche. Lassen wir ihnen ihre Phantasie. Ich kann Ihnen versichern, daß sie nicht zuhören, wenn sie etwas nicht interessiert. Natürlich sollte man ein Kind nicht zwingen, einer Geschichte zuzuhören, nur weil wir an dieser Geschichte Freude haben; man sollte dem Kind auch nicht mit Absicht, wie diese Dame schreibt, irgendwelche Horrorgeschichten erzählen. Jede Mutter sollte danach gehen, was sie fühlt, d. h. was sie für ihr Kind am besten findet. Dafür lassen sich keine

Festlegungen treffen. Märchen sind für solche Kinder »richtig«, die sie gerne mögen. Und im allgemeinen mögen die Kinder Märchen, weil ihre Mütter sie auch ganz gut finden. Aber es gibt auch Mütter, die ihren Kindern, die von unwahren Geschichten so begeistert sind, Schuldgefühle vermitteln... Die Reaktion der Kinder ist dann meistens, so zu tun, als würden sie alles Unwirkliche verachten... Jetzt geht es aber langsam um das Für und Wider von Literatur ganz allgemein...

Hier haben wir eine Frage, welche Spielsachen man den Kindern wann geben soll. Eine Frage, die viele Eltern beschäftigt. Man spricht ja auch oft von Spielsachen, die eine pädagogische Funktion erfüllen. Man muß schon sagen, daß es einerseits solche Spielsachen gibt und dann jenes gängige Spielzeug, das man überall findet und das nicht so besonders interessant ist. Was meinen Sie?

Ich finde die Frage ist schwierig zu beantworten. Ich glaube, daß man den Kindern die Spielsachen geben sollte, die sie sich wünschen. In solch einem Fall ist es ganz einfach. Die Mutter geht mit ihrem Kind in ein Geschäft – am besten zu einer Zeit, wenn wenig Betrieb ist, denn das Kind kann dann alles anfassen. Sie könnte ihren Besuch auch dem entsprechenden Geschäft vorher ankündigen und fragen: »Wann kann man am besten kommen, ohne daß man zu sehr stört? Ich möchte mein Kind nämlich einmal allein inmitten der Spielsachen beobachten, um herauszufinden, wofür es sich interessiert.« (Auf diese Weise kann man es nämlich am besten herausfinden.) Und während einer oder zwei Stunden läßt sie sich das Kind in Ruhe alles ansehen und sieht unauffällig zu, während sie sich mit anderen Leuten unterhält. Eine Verkäuferin könnte vielleicht mit dem Kind gehen, damit es nicht zu viel anstellt und mit ihm sprechen. Die Mutter sollte es gerade nicht tun, weil sich das Kind augenblicklich für genau dasselbe interessieren wird, wofür sich auch die Mutter interessiert. (Ich spreche von Kindern unter fünf bis sieben Jahren.) Die Mutter kann sich nun merken, welche Spielsachen bei dem Kind besondere Aufmerksamkeit hervorriefen und wird sich dabei natürlich

auch fragen, ob sie es bezahlen kann – denn das ist ja auch ein wichtiger Gesichtspunkt.
Was Spielsachen betrifft, die man ohne das Kind auswählt, interessieren die Kinder bis zu fünf Jahren solche am meisten, die man zusammensetzen oder zusammenstecken kann, also Puzzles, Bauklötze, Hampelmänner oder Figuren, die man auseinandernehmen und wieder zusammensetzen kann. (Ich meine also nicht die Puppen, die man in Teile zerlegen kann. Die Eltern finden sie zwar deshalb ganz gut, weil sie unzerbrechlich sind, aber diese Puppen, die man heutzutage herstellt, und die leicht den Kopf, die Arme oder die Beine verlieren, sind für Kinder weniger geeignet. Puppen stellen für sie ja Menschen dar, die man liebkosen will...) Und dann gibt es noch die Spielsachen, die zum Träumen anregen; sie sind den perfekt verarbeiteten und mechanischen Spielsachen vorzuziehen, die ohnehin nicht sehr lange halten: man schüttelt sie oder dreht an einem Schlüssel und sie funktionieren einen Tag; nachher sind sie kaputt oder der Schlüssel geht verloren und die Kinder interessieren sich nicht mehr dafür; die Eltern finden es zwar lustig, einen Vogel picken zu sehen oder einen Frosch herumhüpfen, aber so etwas interessiert ein Kind nicht sehr lange. Eigentlich ist nichts besser als kleine und haltbare Spielsachen zu schenken, z.B. Spielzeugautos, an denen die Kinder manchmal bis zum Alter von 14, 15 Jahren Interesse zeigen. Hinzu kommen Spielsachen, die ab- und wieder aufgebaut werden können. Schließlich noch die berühmte elektrische Eisenbahn, von der jeder weiß, daß sie mehr für die Väter als für die Kinder ist... Für Jungen ab zwölf Jahren finde ich sie in Ordnung, aber vorher brauchen die Jungen ihren Vater, daß er mit ihnen spielt. Puppen? Ich bin auf jeden Fall gegen Puppen, die alles machen können, also weinen, wenn man auf irgendeinen Knopf drückt, oder Pipi machen, wenn man sie so und so hält. Dem Kind wird an diesen Puppen genau das fehlen, was sie nicht machen, denn es hat kein Interesse für Dinge, die sich ständig wiederholen. Es möchte lieber über einem Gegenstand träumen. Wird ihm eine solche Puppe geschenkt, kann man natürlich nichts machen. Aber es wird bestimmt nicht die Puppe sein, die es haben wollte ...

Eine Puppe, die sprechen, laufen, saugen kann?

Das sind doch technische Kuriositäten. Für das Kind ist die Puppe, die man liebkosen kann, etwas völlig anderes. Es liebt weiche und sanfte Puppen, die ein hübsches Gesicht haben und natürlich will es viele Kleider für seine Puppe haben. Ich weiß auch nicht, warum es in Mode gekommen ist, Puppen herzustellen, die einen so aus dem Augenwinkel heraus ansehen. Ich finde es schrecklich. Puppen, die geradeaus sehen, sollen die Kinder angeblich ängstigen. Das mag bei einem besonders ängstlichen Kind vielleicht einmal der Fall gewesen sein und dann hat man wohl daraus geschlossen, keine Puppe mehr herzustellen, die geradeaus schaut. Ich finde es nicht besonders originell, denn bei einer Puppe, die einen so schräg aus den Augenwinkeln ansieht, fühlt man sich schließlich nicht gerade als »Mutter« dieses »Babys«, nicht wahr?

Also auch in diesem Fall sollte man eher nach den Empfindungen und Wünschen der Kinder gehen …

Ich möchte kurz noch etwas hinzufügen, was viele Leute nicht wissen: Luftballons, es können ruhig hundert sein, die es abgepackt in Tüten zu kaufen gibt, sind für kleine Kinder, aber auch solche bis zu sieben, acht Jahren, phantastisch: sie sind im Haus nicht gefährlich, weder für die Fensterscheiben noch für die Gegenstände, man kann auf sie schlagen, man kann ihre Luft ablassen, sie wieder aufblasen, mit dem Finger auf ihnen herumdrücken und sie durchbohren. Es ist wunderbar für ein Kind, mit einem Luftballon zu spielen.

Eine andere Frage: Was halten sie von jenen Stofftieren, die sehr groß sind?

Wenn Stofftiere oder Puppen zu groß sind, können sie auf Kinder gefährlich wirken. Ist das Kind wach und spielt, spielen die Proportionen des Spielzeugs in bezug auf die des Kindes zwar keine Rolle. Leider befinden sich aber die Spielsachen häufig in einer Ecke des Zimmers und in manchen Situationen, wenn das Kind müde oder krank ist, nehmen sie einen größeren Raum im Zimmer ein als das Kind, das sich müde und schwach fühlt. Eigentlich sollte Kinderspielzeug (ein Stoffbärchen, eine Puppe usw.) nicht größer sein als die Länge vom Mittelfinger des Kindes bis zu seinem Ellenbogen. Dies Verhältnis ist für jedes Kind richtig, weil es die Proportion zwischen einem Erwachsenen und einem Baby wiedergibt.

Immer noch bezogen auf das Thema »Spielsachen« haben wir hier einen schrecklichen Erfahrungsbericht von einer Mutter, die drei Töchter hat (fünf, drei und ein Jahr alt). »Zum Jahresende hin werden die Kinder im allgemeinen viel zu sehr verwöhnt. Einmal zu dieser Zeit haben meine zwei ältesten Töchter einen Riesenspaß daran gehabt – nachdem sie jeweils um die zwölf Geschenke bekommen hatten –, ein Puppengeschirr, das ihnen gerade geschenkt worden war, mit den Füßen zu zertreten und kaputt zu machen.« Die Mutter hat daraufhin das Puppengeschirr in den Abfalleimer geworfen und die Kinder haben danach alle ihre alten Spielsachen, für die sie sich nicht mehr interessierten, auch weggeworfen. Der Brief fährt fort: »Seitdem lassen wir meinen Töchtern, wenn sie ein Geschenk bekommen, nur kurze Zeit, es zu begutachten und nehmen ihnen es dann mit den Worten weg: ›Es ist zwar dein Geschenk, aber du hast ja noch so viel Zeit vor dir, um damit zu spielen.‹« Schließlich gibt es noch ein anderes, ausgeklügeltes System in dieser Familie. Man überläßt den Kindern immer nur ein Spielzeug auf einmal; dieses muß dann ordentlich in eine Schachtel eingeräumt werden, bevor sie ein anderes bekommen. Die Kinder suchen ihre Mutter dann auf und zeigen ihr, daß sie alles gut aufgeräumt haben, bevor sie dann die Erlaubnis von ihr bekommen, sich ein anderes Spielzeug nehmen zu dürfen. Die Mutter beendet den Brief dann mit folgendem Satz: »Ich vermeide ihnen zu schenken, was ihnen gefällt, damit sie wenigstens von etwas Unerreichbarem träumen können.«

Das ist ja verblüffend. Ausgerechnet diese Mutter möchte, daß ihre Kinder von etwas träumen … Dabei tritt doch das genaue Gegenteil ein. Sie können nicht träumen, weil sie viel zu sehr an die Realität geheftet werden! Und die Mutter versteht auch nicht, daß das Feiern – das »Feiern« im Sinne von »außer sich vor Freude sein«, »glücklich sein« – für ein Kind durchaus darin bestehen kann, Spielsachen zu zertreten. Und man sollte kaputtes Spielzeug ruhig in der Spielzeugkiste lassen – es sei denn, das Kind könnte sich an den zerbrochenen Stücken leicht verletzen. Kinder haben manchmal mehr Spaß an einem kaputten Teil von einem Spielzeug als an ganz neuen Spielsachen. Für den vorliegenden Fall möchte ich allerdings sagen, daß ein derartiger Erziehungsstil wahrscheinlich zu ernsthaften Störungen bei den Kindern führen wird. Die Spielsachen sollen dem Kind unbedingt ganz allein gehören und was es mit ihnen macht, geht die Eltern nichts mehr an. Geschenkt ist geschenkt und das Kind kann daraus Hackfleisch machen, wenn es Spaß daran hat.

Es resultieren also keine weiteren Rechte der Eltern an den Spielsachen, wenn sie einmal verschenkt sind?

Nein. Und man sollte einem Kind ein Spielzeug auch nie vorübergehend wegnehmen. Das ist sadistisch. Was würden die Leute sagen, wenn man einer Mutter vorübergehend ihr Kind wegnehmen würde? Also! Spielsachen sind für Kinder wie ihre Kinder ... Dieser Brief ist völlig untragbar. Wir haben uns beim Lesen sogar die Frage gestellt, ob uns diese Frau nicht nur einen Streich spielen wollte. Aber es scheint tatsächlich wahr zu sein.

Und dann sind Kinder mit fünf, drei oder einem Jahr doch auch noch zu jung, um aufzuräumen.

Ich habe schon davon gesprochen, daß es für die weitere psychische Entwicklung des Kindes gefährlich ist, wenn man es vor vier Jahren dazu zwingt, aufzuräumen. Ab vier Jahren kann man ihm dabei helfen. Es räumt, wenn man so will, ein Zehntel auf, den Rest übernimmt die Mutter. Man sollte darüber hinaus, wie ich schon gesagt habe, möglichst abends aufräumen, wenn das Kind zu Bett geht, weil sich dann alles zusammen schlafen legt. Aber die Welt um das Kind herum muß leben. Und die Welt des Kindes sind seine Spielsachen, die es um sich verbreitet. Deswegen bloß nicht alles am Abend wegräumen – wäre das noch Leben? Jene Kinder befänden sich in einer ... unmenschlichen Welt.

Ich hoffe, daß die Mutter, die uns den letzten Brief geschrieben hat, noch einmal gründlich über alles nachdenkt.

Auf jeden Fall möchte ich den Eltern raten, ihren Kindern Spielsachen zu schenken, die sie wirklich haben möchten; sie sollen sie auch nie wieder vor ihren Kindern verstecken oder sie ihnen entziehen, nachdem sie sie bekommen haben. Wenn sie das Spielzeug nicht wollen, werden sie es in eine Ecke stellen und mit den alten Spielsachen weiterspielen. Alles, was einem Kind gehört, ist seines. Spielsachen, die ein Kind nicht mehr gebraucht, kann man durchaus anderen Kindern verschenken, aber das Kind, dem sie gehören, sollte selbst wählen, was es verschenken will. Die Eltern sollten auch nicht davon ausgehen, daß man nur heile Spielsachen verschenken darf; Kinder in Krankenhäusern oder Kinderhorten sind manchmal über ein beschädigtes Spielzeug froher als über ein nagelneues. Natürlich braucht man auch neue Spielsachen, aber eben nicht nur. Kinder mögen gern Teile von Spielsachen.

Eine weitere Frage zum gleichen Thema. Dieser Brief stammt von einer Mutter, die wissen möchte, ob man zweieiigen Zwillingen (einem Jungen und einem Mädchen) die gleichen Spielsachen – also alles doppelt – geben sollte (sie sind zehn Monate alt).

Zehn Monate! Nein, ich glaube, daß es mit zehn Monaten besser ist, etwas Verschiedenes zu geben. Man sollte es sich zwar nicht verbieten, auch einmal beiden das Gleiche zu schenken, aber es sollte nicht zum Prinzip werden. Wenn sie nun größer werden und beide das gleiche Spielzeug haben wollen, kann man darauf natürlich eingehen. Ich persönlich rate immer, Zwillinge voneinander zu unterscheiden, vor allem aber, sie verschieden zu kleiden; sie können dann ihre Kleider tauschen und sind auch nicht immer gleich angezogen, so daß ihre Freunde sie auseinanderhalten können. Das gilt insbesondere für Zwillinge, die einander sehr ähnlich sind, was hier nicht der Fall ist, da es ein Junge und ein Mädchen ist. Sie sollten verschiedene Kleider und später in der Schule auch verschiedene Hefte habe. Aber was Spielzeug angeht – und dies gilt für alle Kinder –, sollte man grundsätzlich nur solche Sachen schenken, die sich die Kinder auch wünschen. Wollen zwei Kinder das gleiche Spielzeug, sollen sie es auch bekommen! Ob es sich nun um Zwillinge handelt oder um Kinder, die vom Alter her nicht so weit auseinander sind – nur ein Prinzip sollte man daraus nicht machen.

44

Wirklichkeit und Einbildung

(Flucht, Angst, Lüge)

Drei verschiedene Briefe erwähnen jene Schwierigkeiten, die dadurch entstehen, daß die Kinder die Wirklichkeit ablehnen. Zunächst wollen wir uns mit einer Familie befassen, in der es drei Kinder gibt, einen fünfjährigen Jungen, einen 26 Monate alten Jungen und schließlich ein vier Monate altes Mädchen. Der älteste soll schon als ganz kleiner Junge auf sehr beunruhigende Weise geweint haben, wie die Großmütter, die ihn erzogen haben, berichten: es handelte sich um ein nahezu geräuschloses Weinen, bei dem der Junge den Atem anhielt, als würde er ersticken. Man hatte dann Angst, daß er in Atemnot geraten würde.

Es könnte sich um eine Art »Weinkrampf« gehandelt haben.

Nun, auf jeden Fall ist alles wieder in Ordnung gekommen. Jetzt ist es aber sein Bruder, der die Familie beunruhigt. Er weint, wie es scheint, ganz ruhig vor sich hin, bis er einen »Starrkrampf« bekommt, d. h., er wird ganz steif und kippt mit dem Kopf und den Händen nach hinten gehalten rückwärts um. Nach diesen kleineren Anfällen taucht er sozusagen aus einem Niemandsland wieder auf und sieht verloren, erstaunt und sehr müde aus. Um zu vermeiden, daß er sich verletzt – er würde schließlich irgendwo einfach umkippen –, und wenn man merkt, daß er diese Art von Wutanfall bekommt (man muß um so mehr darauf achten, weil sich das ganze ja in aller Stille abspielt), legt man ihn mit dem Bauch auf den Boden. Die Mutter macht sich keine allzu großen Sorgen, weil sie, wie sie schreibt, davon ausgeht, daß alles »vorbeigeht, wie bei dem Ältesten«.

Sie hat bestimmt recht. Aber sie schreibt noch etwas anderes,

was mir wichtig erscheint: »Ich möchte Sie darauf hinweisen, daß er nicht erst seit der Geburt seiner kleinen Schwester so zu weinen begann. Er tat es schon vorher. Es fing um Weihnachten herum an, und zwar nach einer schweren Mandelentzündung mit 40 Grad Fieber.« Ich finde es nun sehr interessant, daß die Mutter zu dieser Zeit drei Monate schwanger war. Und im allgemeinen entwickelt das Kind, das vor dem zu erwartenden Baby geboren wurde, genau zu dieser Zeit psychosomatische Störungen: vielleicht, weil man ihm die Schwangerschaft verschwiegen hat oder weil es ein Gespräch darüber gehört hat, ohne direkt angesprochen zu werden.
Wie dem auch sei, ich denke, daß man diesem Kind, wenn es seinen Anfall hat, eher dadurch helfen kann, daß man es auf den Arm nimmt, anstatt es auf den Boden zu legen. Dabei könnte man ihm leise ins Ohr sagen: »Du wirst nicht weniger geliebt, weil du eine kleine Schwester hast.« Sobald es sich wieder in seinem normalen Zustand befindet, könnte man ihm erklären: »Kannst du dich erinnern? Als du Weihnachten krank gewesen bist, wußtest du schon, daß Mutter eine kleine Schwester erwartete und niemand hatte es dir gesagt; du wolltest damals in den Bauch deiner Mutter zurückkehren, weil du wohl spürtest, daß sich dort irgend etwas ankündigte. Du hattest recht!« Ich bin davon überzeugt, daß nach einigen »Wutanfällen« dieser Art alles vorbei sein wird.

Obwohl es sich hier um einen ganz besonderen Fall handelt, sollte man in diesem Zusammenhang noch einmal alle schwangeren Mütter, selbst wenn sie in den ersten Monaten schwanger sind, daran erinnern, ihren Kindern mitzuteilen, daß sie ein Kind erwarten.

Es braucht nicht immer so früh zu sein. Für ein Kind kann das monatelange Warten sonst vielleicht zu lange dauern. Eine Ausnahme bilden jene Kinder, die, wie im letzten Fall, irgendwelche Symptome zeigen. In diesem Fall war das 22 Monate alte Kind sehr sensibel und hatte, wie man von vielen Kindern weiß, für den Vorgang der Schwangerschaft ein sicheres Gefühl, obwohl es ihn ja mit den Augen nicht wahrnehmen konnte.

Ich denke schon, daß bei ihm alles wieder in Ordnung kommen wird.
Noch einmal zu dem, was uns über den großen Bruder mitgeteilt wird. Ich frage mich, ob er nicht aus der Wirklichkeit in eine Phantasiewelt geflohen ist – dabei stütze ich mich auf das, was von seiner Art berichtet wurde: er spielt ständig mit allen möglichen Schnüren und fiktiven Maschinen; er mag nicht, wenn sein Bruder ihn dabei stört. Er will anscheinend in seiner Phantasiewelt bleiben. Er versteht aber auch weder Scherze noch die Funktion der Wörter, über die man sich mit anderen unterhalten kann. Er ist ständig am Herumbasteln. Ich glaube, der Vater sollte seine zwei Jungen auf den Geschmack bringen, daß die Wirklichkeit sich vom Traum unterscheidet, indem er ganz konkret mit ihnen spielt. Auf diese Art und Weise werden diese kleinen Störungen des Realitätsbezugs bestimmt bald verschwinden.

Man sieht hier noch einmal, wie wichtig es ist, mit den Kindern zu sprechen ...

Ja, und man sollte auch immer auf die Sensibilität eines Kindes in bezug auf ein Ereignis achten, das es ein wenig aus dem Gleichgewicht gebracht hat.

Zu einem anderen Thema: Sprechen wir über die Angst bei Kindern. Ein zehnjähriges Mädchen hat Angst davor, seine Aufgaben allein in seinem Zimmer zu machen, wenn sich die Eltern zur gleichen Zeit in einem anderen Raum befinden; oder es mag nach dem Essen nicht, allein seine Zähne putzen zu gehen, wenn die Eltern zum Beispiel in der Küche sind; oder ein Stockwerk höher zu gehen, um dort eine Freundin zu besuchen. Alles macht es nur, wenn seine kleine Schwester, seine Mutter oder sein Vater es begleiten. Die Mutter fragt nun: »Liegt es vielleicht daran, daß wir unsere Kinder, selbst, als sie Babys waren, niemals allein lassen wollten, nicht einmal für fünf Minuten?«

Ja, ich glaube, daß dieses Verhalten darauf hindeutet, daß die

Mutter selbst Angst hatte. Dieses Kind hat sich jetzt mit ihr identifiziert und eine ängstliche Persönlichkeit entwickelt.

Die Mutter sagt von sich selbst, daß sie große Angst vor Unfällen, Gas, Feuer oder Stürzen hat. Sie schreibt: »Ich lasse meine Kinder nicht allein einkaufen gehen. Ich verbiete es ihnen förmlich, sich die Räder zum Beispiel allein aus dem Keller zu holen (sie wohnen in einer großen Wohnsiedlung), weil wir irgendwelche Penner befürchten. Wenn man so will, habe ich die typische Angst derer, die in großen Wohnsiedlungen leben.«

Man sollte sich auf keinen Fall über das Kind lustig machen. Und alle dunklen Ecken sollten gut beleuchtet sein. Man könnte ihr vielleicht eine elektrische Lampe mit einer langen Schnur schenken, damit sie überall, wo sie hingehen will, Licht hat. Man kann sie auch darum bitten zu malen, was ihr Angst macht oder was sie sich dabei vorstellt. Denn es handelt sich um ein Kind mit einer großen Vorstellungskraft, das seine Träume aber niemandem erzählt. Wenn es Angst hat, könnte die Mutter auch sagen: »Komm, wir schauen zusammen nach. Siehst du, da sind ganz normale Dinge ...« Und dann sollte man das Kind alle Sachen berühren lassen! Ich könnte mir nämlich auch denken, daß dieses Kind nicht gelernt hat, die Gegenstände zu berühren, wie ich es empfohlen habe, und von daher in seiner Phantasiewelt verharrt, weil es keinen Bezugspunkt zu der sinnlich vorgegebenen Welt findet. Hat ein Kind verstanden, daß Gegenstände Umrisse haben, daß sie unbeweglich sind, daß man mit der Hand um sie herumfahren kann und daß man sie berühren kann, hat es keine Angst mehr vor dem, was es sich vorstellt. Es kennt dann die Dinge und weiß, daß man sie auf verschiedene Weise »begreifen« kann. Es weiß, daß es die Wirklichkeit und die Phantasie gibt und daß beides nicht das Gleiche ist. Wenn man einmal aus Spaß die Phantasiewelt mit der Wirklichkeit verbinden will, soll man dem Kind helfen, das Mögliche und das Unmögliche auseinanderzuhalten, soweit die Verwechslung dieser beiden Vorstellungsebenen das Kind ängstigt und ihm das Leben schwer macht. Könnte nicht etwa der Vater in dieser Familie seinen Töchtern dabei helfen, ihre Mutter, die zu ängstlich ist, zu kritisieren? Alle könnten dann gemeinsam darüber lachen ... Vorsichtig zu sein ist nicht dasselbe, wie immer auf völlig unwahrscheinliche bzw. in der Wirklichkeit gar nicht vorkommende Gefahren fixiert zu sein.

In zahlreichen Briefen werden Sie gebeten, zum Thema »Lügen« etwas zu sagen. Hier ist ein Brief einer Mutter, die nicht mehr weiß, wie sie sich den Lügen ihrer einzigen sechsjährigen Tochter gegenüber verhalten soll. Seit Beginn der Schule hat dieses Mädchen die schlimme Gewohnheit, »mit der Wahrheit auf dem Kriegsfuß zu stehen«. Die Mutter fragt sich, ob ein sechsjähriges Kind überhaupt bewußt genug ist, um zwischen Lüge und Wahrheit zu unterscheiden. Auf jeden Fall macht sie dieses Problem um so ärgerlicher, weil die Lügen ihrem Kind mittlerweile ganz natürlich über die Lippen gehen.

Das Alter, um zwischen Fiktion und Wirklichkeit unterscheiden zu können, liegt bei Kindern ganz verschieden. Es ist aber schwierig, dieser Dame eine präzise Antwort zu geben, weil man das Verhalten eines Kindes eigentlich nur anhand der konkreten Situation, worauf es sich bezieht, verstehen kann. Die Mutter gibt uns ja kein Beispiel, in welchem Rahmen die Lügen ihres Kindes auftauchen.

Ein Kind sagt aus den verschiedensten Gründen nicht die Wahrheit.

Es kann sich um krankhaftes Lügen handeln, wir nennen es »Mythomanie«. Ein Mädchen erzählt irgendeine unwahre Geschichte, die sozusagen jenseits von gut und böse ist. Es handelt sich dabei um eine reine Erfindung.

Natürlich muß man die Phantasiewelt des Kindes schützen. Es braucht sie. Die Poesie gehört zu uns Menschen, gibt es doch so wenige Dinge, die zu verwirklichen wir in der Lage sind, und unsere Ohnmacht ist so groß, daß wir uns dann vorstellen müssen, was wir nicht haben oder tun können. Die Poesie und die Komödie leben davon. Warum sehen die Erwachsenen denn so gern die Filme im Fernsehen? Weil sie sich eben nicht »in der Wirklichkeit« abspielen. Wir alle berauschen uns an dieser »nichtwirklichen« Seite unserer Kultur.

Es kann sich andererseits auch um ein Kind handeln, das gern in Widerspruch zu seiner Mutter gerät, weil es dies im Spiel mit ihr nicht erlebt hat. Ich glaube, daß die Mutter herausfinden sollte, warum ihr Kind am Lügen solch einen Gefallen findet. Und sie könnte, von den konkreten Dingen ausgehend, antworten: »Ich weiß nicht, ob es wahr ist, was du sagst. Siehst du, dort steht ein Tisch, er ist weiß angestrichen. Wenn du mir sagst, daß er schwarz ist, werde ich denken: ›Kann sie eigentlich richtig sehen?‹ oder ›sie sagt es nur zum Spaß, weil sie möchte, daß wir uns im Spiel über die Farbe des Tisches streiten‹.«
Diese Dame könnte vielleicht auch einmal sich selbst fragen, ob nicht sie und ihr Mann dem Kind schon einmal Lügen erzählt haben. Zum Beispiel in bezug auf die Geburt eines Babys oder Weihnachten in bezug auf den Weihnachtsmann (ein Thema, dem man ja häufig in der Vorstellungskraft der Kinder begegnet): Das Kind weiß die Wahrheit über den Weihnachtsmann schon von seinen kleinen Freunden und trotzdem sagt man ihm weiter, daß er wirklich »ganz wirklich« existiert, wobei er doch nur »zum Vergnügen« als wirklich hingestellt wird. Aber wenn etwas »zum Vergnügen« ist, handelt es sich eben um eine andere Ebene der Wirklichkeit, man bewegt sich sozusagen im Land der Poesie.
Kurz, man sollte versuchen, dieses Kind zu verstehen und sollte es nicht beschimpfen.
Vielleicht hat dieses Kind aber auch jemanden in eine Sache hineingezogen, für die es selbst verantwortlich war? Manche Kinder lügen, weil sie intelligent sind, nur, um die Schuld von sich auf andere zu lenken. Diesen sollte man beibringen, sich für etwas verantwortlich zu fühlen. Das ist sehr wichtig! Ich habe auch manche Kinder »lügen« sehen, nur, damit sie sich einen Vorgang erklären können, den sie noch nicht verstanden hatten ... In diesem Zusammenhang fällt mir eine Anekdote ein: Eines Tages fand ich einen Schrank, den ich gerade zugemacht hatte, offen, und alle Spielsachen lagen auf dem Boden. Mein Sohn, der damals 20 Monate alt war und schon ganz gut sprach, sagte mir, daß sein kleiner Bruder (der damals drei Monate alt war), den Schrank aufgemacht hätte. Ich war sehr erstaunt, denn er hatte bisher nicht gelogen. Kurze Zeit

später ging ich an einer ganz bestimmten Stelle dicht an diesem Schrank vorbei, einer Stelle, die so dicht am Schrank war, daß die Erwachsenen nur selten dorthin treten. Ich sah, wie der Schrank wie von allein aufging und alles, was darin war, auf den Boden purzelte. Erst dann hatte ich verstanden! Ich machte die Tür wieder zu und drückte an derselben Stelle noch einmal mit der Hand – etwa so stark, daß es dem Gewicht eines Babys entsprach – und der Schrank ging wieder auf. Ich habe dann meinen Sohn gerufen und ihm den Vorgang gezeigt. »Siehst du, wenn man da entlanggeht, geht der Schrank auf.« Daraufhin sagte er: »Aber ja, das sagte ich dir doch!« – »Was sagtest du mir? Du sagtest doch, daß es dein Bruder war. Der kann aber aus seiner Wiege noch gar nicht allein heraus.« – »Ich sagte dir, daß der Schrank ohne Zauber aufging«, antwortete mir mein Sohn. Er brauchte für diesen Vorfall einen Verantwortlichen, und zwar aus Angst, daß es irgendein unheimlicher Zaubervorgang war. Weder er selbst, sein Vater noch ich hatten ja den Schrank geöffnet. Also war es der kleine Bruder. Das war alles! Erst dann habe ich verstanden, daß das, was ich für eine Lüge gehalten hatte, im Grunde keine Lüge war. Oder wenn es wirklich eine gewesen wäre, war es in seinen Augen doch eine plausible Erklärung: da er es selbst nicht gewesen war, mußte es sein Bruder sein. Diese Geschichte zeigt, daß man lange darüber nachdenken muß, aus welchem Grund ein Kind uns etwas sagt, das uns wie eine Lüge oder etwas völlig Absurdes vorkommt.

Und man soll sich auch nicht darüber ärgern ...

Möglichst nicht. Ärger nutzt überhaupt nichts. Auf jeden Fall ist es von den Eltern nicht richtig, das Kind zu erpressen: »Wenn du sagst, daß du es gewesen bist, werde ich nicht mit dir schimpfen.« Aber wenn das Kind irgendetwas kaputtgemacht hat oder etwas, was die Erwachsenen stört, sollte es dies auch auf sich nehmen. Und das Kind kann es besser akzeptieren, wenn man ihm sagt: »Deine Füße oder deine Hände wollten dies oder jenes tun, nicht du. Ich weiß, daß die Hände manchmal Dinge tun, die der Kopf nicht will«, usw. Man muß mit dem Kind sprechen und zusammen mit ihm nachdenken, sollte aber niemals »bohren«, um die Wahrheit zu erfahren. Nicht zulassen sollte man hingegen, daß sich ein Kind nur deshalb auf eine Lüge versteift, weil es sich möglichst ohne viel Aufhebens aus der Affäre ziehen will. Und schon gar nicht, wenn es sich von einem Erwachsenen nicht bedroht zu fühlen braucht. Was getan ist, ist getan. Wenn es nun seine Verantwortung abstreitet, weil es die Schuld nicht auf sich nehmen kann, sollte man mit dem Fragen aufhören und sagen: »Nun gut, ich sehe, daß du dich zu sehr schämst, um zuzugeben, was du gemacht hast. Du hast Recht, aber versuche das nächste Mal, es nicht noch einmal zu tun...« Und wenn das Kind nun weiter beteuert: »Aber ich sage dir doch, daß ich es nicht war«, kann man antworten: »Gut, ich glaube dir... Und was geschehen ist, ist im übrigen geschehen. Reden wir nicht mehr darüber. Aber du solltest wissen, daß ich dich lieb habe und dir vertraue, auch wenn du Schuld gehabt hast. Du solltest dir also die Dummheit selbst verzeihen, wenn du sie begangen hast; bist du es nicht gewesen, dann verzeihe mir, daß ich dich verdächtigt habe.« Diese Lektion wird langfristig Erfolg haben. Und das ist allemal besser, als ein Drama aus einem solchen Vorgang zu machen.

45

Die Worte sollen der Wirklichkeit entsprechen

(Den Tod sagen)

Der Tod: Ein Thema, das in den Briefen immer wieder vorkommt. Hier zwei Briefe in diesem Zusammenhang. In dem ersten Brief werden Sie von den Eltern danach gefragt, wie man ihrem acht Monate alten Kind am besten von dem Tod seines Bruders erzählt; es hat ihn zwar nicht mehr gekannt, aber im Herzen der Eltern ist er sehr gegenwärtig. Der zweite Brief ist von einer Mutter, die Zwillinge (siebzehn Monate alte Jungen) bekommen hat. Der eine Zwilling ist nach einem Krankenhausaufenthalt von anderthalb Monaten im Alter von drei Monaten gestorben. Die Mutter fragt Sie, wie der andere Zwilling diesen Verlust wohl empfinden wird und wie man mit ihm am besten darüber sprechen kann.

In bezug auf das acht Monate alte Kind, dessen großer Bruder gestorben ist, möchte ich den Eltern zwei Dinge sagen. Erstens sollte dieses Kind, das in ihrem Herzen gegenwärtig geblieben ist und das sie geliebt haben, seinen Platz dort behalten; es ist gut, wenn man in der Familie oder unter Freunden weiterhin über dieses Kind spricht. Und wenn das letzte Kind auch erst acht Monate alt ist – im übrigen wäre es auch schon vorher gegangen –, sollte man ihm sagen, wenn man über dieses Thema spricht: »Wir reden von deinem großen Bruder, den du nicht gekannt hast.« Man soll sich den Begriff »großer Bruder« gut merken. Denn nichts ist für Kinder, die ein älteres Geschwister verloren haben, schädlicher, als von dem »kleinen« Bruder zu sprechen. Manche Mütter neigen dazu, »mein kleiner . . ., der gestorben ist« zu sagen; ich glaube, daß man im Gegenteil von dem »großen Bruder«, dem »älteren Bruder« sprechen sollte oder sagen: »Du bist der zweite«. Es ist wichtig für das Kind, immer wieder zu hören, daß es das zweite ist und daß es seine

Eltern sehr glücklich macht, da das Schicksal zum Glück wollte, daß es das Alter des toten Bruders, auf das sich die Eltern weiterhin beziehen, überschritten hat. Wenn man einen nahestehenden Menschen verliert, hat man häufig die Tendenz, ihn nachträglich nur von seinen besten Seiten zu sehen; wenn es sich um einen Erwachsenen handelt, sieht man ihn wieder in jungem Alter vor sich, selbst wenn man ab und zu denkt, wie alt er doch gewesen ist ... Aber bei einem sehr früh gestorbenen Kind haben die Eltern die Tendenz, sich es in den letzten Monaten seines Lebens vorzustellen. Es wird für sie von daher eine große Hilfe sein, ihrem Sohn vom großen Bruder, »der ... alt geworden wäre«, zu sprechen. Und nach und nach, wenn das Kind älter wird, kann man ihm erklären: »Du hast zwar deinen Bruder nicht hier. Vielleicht wäre es für dich eine Hilfe, wenn er noch am Leben wäre; und trotzdem, man kann nie wissen, hilft er dir vielleicht doch, schließlich ist er noch unter uns, weil wir an ihn denken.« Auf keinen Fall aber sollte man dieses verstorbene Kind idealisieren, indem man z. B. sagt, es wäre ohne Fehl und Tadel gewesen, hätte nie Dummheiten gemacht usw.

Ich möchte also noch einmal betonen, daß man vom Tod eines Bruders sprechen kann, sogar mit einem noch sehr jungen Baby.

Ja. Und bei der ersten Gelegenheit, vielleicht am 1. November, wenn alle auf den Friedhof gehen, um den Toten ein Zeichen der Treue von seiten der Lebendigen zu geben. Dann wäre es ganz gut, wenn das Baby die Eltern begleitet – ohne daß man pathetisch wird – und daß man ihm bei dieser Gelegenheit vom verstorbenen Bruder erzählt: »Hier liegt er in Frieden.«

Darüber haben wir hier einen Bericht. Es handelt sich um den Brief einer Mutter, deren Junge zur Zeit zwei Jahre alt ist. Eineinhalb Monate nach seiner Geburt verlor sie ihren ältesten Sohn, der drei Jahre alt war; er starb plötzlich infolge einer schweren Krankheit. Sie hatte auch ein fünfzehn Monate altes Mädchen, das diesen Bruder sehr gern mochte. Die Mutter stellt nun folgendes fest: »Ein Baby kann viele Dinge verstehen und man sollte ihm gegenüber nichts verbergen, sondern immer die Wahrheit sagen.« Der Beweis: das fünfzehn Monate alte Mädchen entwickelte nach dem Tod seines Bruders ernsthafte Störungen; es hat ihn tagelang gesucht und infolgedessen nicht einmal sein Spielzeug angerührt. Als es 19 Monate alt war, ist man mit ihm zum Grab des Bruders gegangen und ab diesem Zeitpunkt hat sie sich vollkommen wieder beruhigt.

Dieses Beispiel ist sehr bezeichnend. Es ist nicht einfach, alle Gründe dafür anzuführen, warum die Wahrheit zu sagen eigentlich immer der bessere Weg ist. Ich möchte allerdings dazu sagen, daß man sie in den gleichen Worten sagen soll, die der Erwachsene selbst benutzt, um mit diesem Leid, das nur so schwer zu akzeptieren ist, fertig zu werden. Dann wird sich das Kind in seiner Phantasie auch keine wilden Vorstellungen machen, die die Angelegenheit zum Teil noch mehr dramatisieren können. Zum Beispiel hätte dieses fünfzehn Monate alte Mädchen, das seinen Bruder suchte, ja glauben können, daß seine Mutter ihn in die Toilette geworfen hat oder das Vater und Mutter ihn aufgegessen hätten ..., all diese Dinge also, die man in den Märchen findet und die sich Kinder eben vorstellen. Die Worte sollen der Wirklichkeit entsprechen, d.h. so, wie die Dinge erfahren werden, muß man sie auch in Worte fassen (und dies möglichst ganz natürlich). Die Eltern gehen davon aus, daß ihr Kind unter dem Tod eines anderen leiden wird. Sicherlich, aber später! Dieses Mädchen litt unter dem Eindruck, daß etwas sehr seltsames geschehen war und hätte in einen völlig realitätsfernen Zustand geraten können, aus dem es vielleicht nicht mehr herausgefunden hätte.

Die Mutter erzählt im übrigen nicht, ob der zweijährige kleine Bruder in bezug auf den gestorbenen älteren Bruder Probleme hatte. Da er aber jetzt der älteste Sohn geworden ist, ist es wichtig, ihm zu sagen: »Wir hatten einen Sohn, der der Älteste war. Du bist der Zweitälteste.« Er sollte bloß nicht den Platz des Ältesten im Herzen seiner Eltern einnehmen, selbst wenn er diesen Platz »auf dem Papier« jetzt hat. Jeder Mensch ist für diejenigen, die ihn geliebt haben, unersetzbar.

Kommen wir nun auf die Zwillinge zurück, von denen einer gestorben war.

Die Mutter fragt, was der andere wohl empfinden mag. Das ist eine Frage, auf die wir keine Antwort geben können... Wir können, um ihr zu helfen, nur raten, jede Gelegenheit zu nutzen, um sich mit anderen darüber zu unterhalten, wenn der Zwilling dabei ist und z. B. sagen: »Ja, sie wären jetzt zu zweit, wenn er noch am Leben wäre ...« Wenn das Kind diesen Satz wieder aufgreift, wird man ihm sagen können: »Er ist gestorben, weil er zu Ende gelebt hatte, obwohl wir eigentlich gehofft haben, daß er solange wie du leben würde. Es ist gut, daß du lebst; und es ist auch nicht schlecht, wenn er gestorben ist. Vielleicht bedauerst du es, weil du mit ihm zusammen in meinem Bauch warst. Eines Tages ist dieser Gefährte aus deinem Leben verschwunden. Aber vielleicht beschützt er dich doch von oben her, von da aus, wo er ist, wer weiß?« Was man in dieser Richtung sagt, hängt vom Glauben der Leute ab. Ich denke, die Eltern sollten *ihre* Wahrheit sagen; d. h. die Wahrheit, die für alle verbindlich ist *und* die Wahrheit, die mit ihrem Glauben, wenn sie einen haben, zusammenhängt. Selbst wenn das Kind sagt: »Das kannst du doch gar nicht genau wissen, was mit ihm ist ...«, kann man ihm antworten: »Vielleicht, aber es tut mir gut, an so etwas zu denken.«

Hier haben wir den Bericht einer Mutter, die lange gezögert hat, bevor sie Ihnen geschrieben hat. Es hat einfach damit zu tun, daß das, was im Verlauf der folgenden Szene geschehen ist, sich nicht mit dem deckte, was sie anfangs vermutet hatte.
Diese Mutter hatte Sie über den Tod sowie über die Art und Weise, wie dieses Thema bei Kindern angesprochen werden kann, sprechen hören. Daß man ihnen erklärt, »daß man stirbt, weil man zu Ende gelebt hat«. Diese Antwort, sagten Sie, würde das Kind in den meisten Fällen von seiner Angst befreien. Nun hat sie eine achtjährige Tochter; vor vier Jahren starb ohne ersichtlichen Grund eine kleine Nachbarin – sie hatte noch nie eine schwere Krankheit gehabt und spielte an jenem Tag ganz ruhig in der Nähe ihrer Mutter, die eine Freundin der Familie, vor allem der kleinen Tochter, war.

Die Frau schreibt: »Nach vier Jahren läßt der Schmerz über diesen Tod allmählich nach. Wir gehen oft zum Friedhof, um dort Blumen auf das Grab zu legen. Aber meine Tochter spricht noch andauernd von ihrer gestorbenen Freundin. Nachdem ich Ihnen zugehört hatte, habe ich mit ihr sehr offen und lieb gesprochen und ihr alles so erklärt, wie Sie es vorgeschlagen haben. Ihre Reaktion entsprach nun gar nicht der Reaktion, die Sie beschrieben hatten, denn sie wurde sehr böse. Sie fing an zu schreien: »Du spinnst. Du machst dich über mich lustig. Natürlich habe ich zu Ende gelebt, wenn ich gestorben bin. Aber wenn dieses Mädchen an jenem Morgen seine Mutter das Gleiche gefragt hätte und seine Mutter ihm geantwortet hätte: ›Nein, du hast noch nicht zu Ende gelebt‹, so wäre es trotzdem gestorben.«
Die Mutter geriet durch diese Form der Auflehnung und die Angst, die sie bei ihrer Tochter verspürte, ein wenig aus der Fassung. Um dieser Szene ein Ende zu setzen, hat sie ihr dann gesagt, daß sie im übrigen nichts weiter wüßte und versucht, sie zu beruhigen.
Einige Tage später sind sie gemeinsam noch einmal auf das Thema zurückgekommen. Der Wutanfall hatte dem Kind die Angst nicht genommen, wie die Mutter erhofft hatte. Daraufhin hat sie ihm von einer sehr alten Dame erzählt: »Weißt du, wenn diese Dame, als sie jung war, ihre Mutter gefragt hätte, wann sie sterben würde, hätte ihre Mutter auf diese Frage auch keine Antwort geben können.« Sie bittet Sie nun, noch einmal über dieses Thema zu sprechen, »weil das Problem immer wieder auftaucht. Letzte Woche noch hat mich meine Tochter ganz leise gefragt: »Halte mich in meinem jetzigen Alter an, da ich mein Alter nicht ändern will, um immer zu leben. Ich weiß nicht, was ich ihr sagen soll, außer, daß ich sie liebe und hoffe, daß wir alle fünf (es sind drei Kinder in der Familie) sehr lange leben werden.«

Ich glaube, daß dieses Kind zur Zeit verschiedene Schwierigkeiten durchlebt, die mit dem Tod dieser kleinen Freundin unmittelbar zusammenzuhängen scheinen, die aber auch etwas mit ihrem Alter – sie ist jetzt acht Jahre – zu tun haben. Sieben- oder achtjährige Kinder haben in der Regel Alpträume über den Tod ihrer Eltern oder über ihren eigenen Tod – aber meist

über den Tod ihrer Eltern. Und dann empfinden sie wegen ihrer Träume Schuldgefühle. Von diesen Träumen ausgehend, denken sie über ihren möglichen Tod bzw. darüber nach, daß man sie im Stich lassen könnte. Hinter der Wut dieses Mädchens gegen seine Mutter verbarg sich ein Vertrauensverlust, ob die Eltern nun wirklich alles wissen – zu dieser Art von Vertrauensverlust kommt es bei Kindern dieses Alters im übrigen automatisch, da sie entdecken, daß ihre Eltern tatsächlich weder allmächtig noch allwissend sind.
Wenn dieses Mädchen über seine Freundin weiterspricht, sollte die Mutter ihr dabei helfen, ihrer Wut freien Lauf zu lassen – der Wut, die sich ja auch gegen bestimmte Alpträume richtet, die man hat und nicht vermeiden kann, genausowenig wie man vermeiden kann, seine Milchzähne zu verlieren, wenn man groß wird. Das Kind hat ja nicht im Alter seiner kleinen Freundin aufgehört zu leben, sondern lebt weiter und ist jetzt acht Jahre alt. Ich glaube, daß sie aus dem Mund ihrer Mutter hören muß, daß es im Leben schwierige Dinge gibt, was aber nicht bedeutet, daß das Leben nun völlig unerträglich wäre oder daß es eine Lösung wäre, nicht zu leben. Zu leben aufhören wäre genau dasselbe, als würde man so tun, als wäre man ein Gegenstand. Die Gegenstände denken nicht, lieben nicht, leben nicht. Man muß ihr auch erklären: »Es ist schon schwierig, die Kindheit zu verlassen, um ein großes Mädchen zu werden, besonders wenn du deine kleine Freundin nicht mehr hast, um mit ihr darüber zu sprechen. Es wäre also doch nicht schlecht, sich schnell neue Freunde zu suchen, nicht wahr?«
Wenn das Kind wieder anfängt, über den Tod zu reden, kann man sagen: »Mehr kann ich dir wirklich nicht sagen: Derjenige, der stirbt, ist im selben Moment im Einklang mit dem, was geschieht, wenn er stirbt. Er versteht wahrscheinlich das, was wir Lebenden erst verstehen werden, wenn wir selbst sterben. Wenn du nun mit deinem Leben nicht in Einklang sein willst, kann ich es nur so sehen, daß du wie ein Gegenstand werden möchtest. Und ich persönlich möchte keine Tochter haben, die ein Ding ist.« Stimmt das etwa nicht? Es gibt doch kein Leben ohne die Gewißheit, eines Tages zu sterben. Und wir fühlen uns dadurch lebendig, daß wir sicher sind, sterben zu

müssen. Das Wichtigste ist, daß wir unser Schicksal akzeptieren; erst dann hat das Leben einen Sinn.
Vielleicht sollte man mit diesem Kind nicht mehr zum Friedhof gehen. Die Mutter kann ruhig hingehen, aber wenn das Mädchen nicht danach fragt, sollte man es zu Hause lassen. Dieser Kult um den Friedhof könnte es langfristig daran hindern, neue Freunde zu finden. Im Grunde bekommt es dort ein Gefühl vermittelt, als müßte es der verstorbenen Freundin treu bleiben, anstatt neue Freundinnen kennenzulernen. Das ist alles, was ich dazu sagen kann.
Insgesamt aber meine ich, daß dieses Mädchen seine Wut über den Tod seiner Freundin vor vier Jahren hätte zum Ausdruck bringen sollen. Damals hat es sie verdrängt. Es ist gut, daß es die Wut jetzt endlich zum Ausdruck gebracht hat. Aber seine Wut wird jetzt auch von der Angst anderer Alpträume bzw. von anderen Ängsten genährt: Angst vor dem Gedanken, groß zu werden und Angst, daß es seine Mutter und seinen Vater nicht mehr in derselben Weise wie früher lieben darf. Es möchte die Illusionen der Kindheit aufbewahren. Es kommt jetzt in das sogenannte »Vernunftalter« und wird sich seiner Ohnmacht und der seiner Eltern sowie der Ohnmacht aller Menschen vor den Geheimnissen des Lebens und des Todes bewußt. Vielleicht stellt es sich auch über seine Geschlechtsrolle Fragen, über die Rolle von Mann und Frau bei der Geburt eines Kindes, über die Lust, die es am eigenen Körper verspürt und die es vielleicht verwerflich findet. Man muß dem Mädchen sagen, daß der Wunsch, im Zeugungsakt Leben in die Welt zu setzen, nicht die Frage beantwortet, ob ein Mensch geboren und weiterleben will; daß niemand eigentlich weiß, was Leben und Tod bedeuten. Wir kennen nur die Bedingungen, unter denen beides steht, die Freuden und auch die Schmerzen.
Und dann wird die Mutter doch die geeigneten Worte finden, um ihr – so gut sie kann – den Wunsch zum Ausdruck zu bringen, leben zu wollen und daß sie sich ihrer Liebe gewiß sein kann.

46

Gemeinsam Spaß haben – aber jeder entsprechend seinem Bedürfnis

Ein Vater mit einem dreijährigen und einem zweieinhalb Monate alten Kind möchte Ihren Rat zu zwei konkreten Punkten einholen. Seine Frau und er haben wegen der Eßgewohnheiten der Kinder kleinere Probleme. Das älteste Kind will oft nicht am Tisch sitzen bleiben, weil es lieber spielen und im Haus herumgehen will. Die Mutter nimmt diese Angewohnheit sehr ernst: »Es macht sie krank«, schreibt der Vater, »wenn sie sieht, daß das Kind nichts zu sich genommen hat. Ich selbst neige eher dazu, es gewähren zu lassen bzw. nehme es nicht so wichtig; schließlich hat man mich auch so erzogen, daß ich nicht zu essen brauchte, wenn ich keinen Hunger hatte und ich aß dann bei der nächsten Mahlzeit eben mehr.« Ich denke, daß man schon jetzt auf seine Frage eingehen kann: Ist es für ein dreijähriges Kind wichtig, regelmäßige Mahlzeiten zu sich zu nehmen?

Ganz und gar nicht! Das Wichtigste ist, daß die Mahlzeiten in einer angenehmen Atmosphäre stattfinden. Die Eltern sollen am Tisch selbst Spaß haben; man ißt, um sich zu ernähren, aber doch nur das, was einem auch gefällt. Wenn ein Kind Hunger hat, will es auch essen. Wenn es nicht ißt, sollten ihm die Eltern sagen: »Du hast Recht. Wenn du keinen Hunger hast, brauchst du nichts zu essen.« Vielleicht hat es in Wirklichkeit doch Hunger, ißt aber nicht, weil es lieber spielen will. Meistens verhält es sich mit drei Jahren so, wie ich es gerade gesagt habe. Es ist nicht wichtig, daß das Kind bei der einen Mahlzeit mehr und bei der anderen weniger ißt. Wissen Sie, es ist für die Menschheit erst recht spät zu einem festen Brauch geworden, regelmäßig zu essen. Bevor sich die Kinder den Regeln des gesellschaftlichen Lebens etwas mehr unterwerfen müssen, ist es auch nicht so wichtig. Erst um sieben Jahre herum reguliert das Kind seine Bedürfnisse (nach Nahrung, aber auch alle anderen Bedürfnisse) selbst. Davor ist eine regelmäßige Beteiligung an den Mahlzeiten völlig überflüssig. Später ist es dann praktisch. Aber unbedingt notwendig ist es auch nicht.

Sie meinen also, daß es ganz gut ist, wenn sich das Kind an regelmäßige Eßzeiten gewöhnt, daß darin aber keine Notwendigkeit besteht und das Kind im Grunde essen sollte, wenn es Hunger hat?

Ja, es kann zwischendurch seinen Hunger an etwas Kleinem stillen, aber wie gesagt, nur wenn es danach verlangt. Ich wiederhole, daß die Mahlzeiten vor allem für die Eltern schön sein sollen, das halte ich für alle am wichtigsten ... Die Mutter sollte also die Diskussion um die Eßmanieren ihrer Tochter lassen und nicht die Stimmung zwischen sich und ihrem Mann am Tisch verderben bzw. die Lebensfreude ihres Kindes. Im allgemeinen zieht ein dreijähriges Kind das Frühstück und einen kleinen Imbiß am Nachmittag allen anderen Mahlzeiten vor. Abends ißt es ja kaum etwas. Die Eltern sollten aus so etwas bloß keine Staatsaffäre machen. Der Vater hat recht: er wurde selbst erzogen, daß er nur zu essen brauchte, wann er wollte und ist schließlich doch ein Mann geworden. Vielleicht könnte er seiner Frau dabei helfen, den Eßrhythmus ihres Kindes zu akzeptieren, anstatt die Essensituation zu einer Art Kraftprobe werden zu lassen. Als ob sich der Magen der Mutter im Körper ihres Sohnes befinden würde!

Der Vater hebt dann hervor, daß die Probleme seines Sohnes erst mit der Geburt des Babys, das jetzt zweieinhalb Monate alt ist, aufgetaucht sind. So ist bei ihm zum Beispiel das An- und Ausziehen zum Problem geworden. Aber vor allem das Schlafengehen stellt jetzt das größte Problem dar, weil das Kind um die gleiche Uhrzeit wie seine Eltern ins Bett gehen will – d. h. gegen elf Uhr. Der Vater schreibt: »Meine Frau hat große Mühe mit ihm, wenn sie ihn um acht oder halb neun ins Bett schicken will. Ab und zu schafft sie es, aber nur dann, wenn sie sich neben ihn legt.«

Das haben sie wirklich falsch angefangen, denn dieses Kind braucht mit seinen drei Jahren nicht mehr von seiner Mutter ins Bett gebracht zu werden. Man sollte es in Ruhe lassen, wenn alle Voraussetzungen zum Schlafen erfüllt sind, d.h. wenn er sich seine Zähne gebürstet und sich seinen Pyjama, T-Shirt oder Nachthemd angezogen hat. Und ab einer bestimmten Uhrzeit, die am besten der Vater festlegt, sollte er seine Eltern dann auch in Ruhe lassen. Er wird dann je nach Lust und Laune in seinem Zimmer spielen oder sich hinlegen – ohne die Erwachsenen zu stören und ohne Krach zu machen. Dafür müßte der Vater sorgen.

Der Vater fragt auch noch: »Vielleicht braucht er seit der Geburt seines Bruders mehr Zuwendung?

Sicherlich; aber man sollte ihn weder wie ein Baby noch wie einen erwachsenen Mann behandeln ... Man soll ihn als großen Jungen, der sich in seinem Zimmer allein schlafen legt, betrachten – ich habe es schon öfter hervorgehoben. Sein Vater könnte auch, wenn er nicht sehr früh ins Bett gehen will, einen Augenblick mit ihm spielen. Zum Beispiel Domino, was viel Spaß macht, mit ihm ein Puzzle legen oder ihm irgendeine Bildergeschichte erzählen. Er könnte dann eine bestimmte Uhrzeit festlegen – neun Uhr oder halb zehn, das hängt von den Kindern und von den Eltern ab – und ihn dann mit den Worten in sein Zimmer schicken: »Jetzt ist Schluß! Und du läßt mich jetzt bitte mit meiner Frau in Ruhe. Du kannst dich hinlegen, wann du willst. Wenn du nicht müde bist, dann kannst du spielen. Aber wir wollen unsere Ruhe haben, sonst werde ich sauer.«
Was nun den kleinen Bruder angeht, ist er nun schon zweieinhalb Monate auf der Welt. Es ist möglich, daß die Eltern eine kleine Schwester angekündigt haben – das kommt häufig vor, wenn das ältere Kind ein Junge ist – oder daß sie enttäuscht waren, daß das Baby noch einmal ein Junge war. Der große Junge versteht dann nicht, daß seine doch allmächtigen Eltern dieses Baby, das sie sich nicht gewünscht hatten, dennoch akzeptieren. Der Vater könnte in diesem Fall mit dem Ältesten sprechen und ihm sagen, daß das Leben eigentlich entscheidet

und nicht die Eltern. Als er selbst gezeugt worden ist, wollte er selbst ein Junge sein; genauso erging es seinem Vater und jetzt seinem Bruder; er sei der Große, der andere der Kleine; von daher wären sie nicht gleich und würden auch nicht die gleichen Lebensgewohnheiten haben. Er wird ja nun bald in den Kindergarten kommen und Freunde haben. Sein kleiner Bruder braucht ihn nicht, weil er noch nichts anderes kennt, als in seine Windeln zu machen, zu saugen oder zu schreien.
Der Vater sollte also mit ihm sprechen, denn sein Sohn befindet sich in einem Alter, in dem er sich stark mit ihm identifiziert. Deswegen sollte sich der Vater um ihn kümmern, ihm zeigen, wie man sich wie ein Großer wäscht, anzieht und ins Bett geht. Die Versuchung ist nämlich groß, die Mutter und den kleinen Bruder nachzuahmen. Er ist im Zweifel, was besser ist, sich mit einem Erwachsenen (und wenn, welchen Geschlechts?) zu identifizieren oder mit einem Baby. Oder soll er seiner Mutter gegenüber den tyrannischen »Ehemann« spielen oder doch besser das Baby, indem er in seiner Entwicklung wieder zurückschreitet? Es liegt an diesen Zweifeln, daß er versucht, seine Mutter ängstlich zu machen, indem er mit dem Baby konkurriert, das regelmäßig gestillt, an- und ausgezogen und trockengelegt werden muß. Und mit seinem Vater konkurriert er, indem er von seiner Mutter verlangt, sich beim Schlafengehen neben ihn zu legen.

Hier ist ein netter Brief, der eine Erfahrung wiedergibt, die eine Familie mit fünf Kindern gemacht hat. Die Frau schreibt: »Wir leben seit drei Jahren auf einem Bauernhof und von unserer eigenen Arbeit. Wir legen sehr großen Wert auf die Erziehung unserer Kinder und darauf, daß der Vater auch darin einbezogen ist. Dieser wird nicht mehr, wie es in der Stadt war, bloß als ›Maschine‹ betrachtet, die das Geld verdient, sondern kann jetzt am Leben der Kinder wirklich beteiligt sein. Ich finde, daß die Eltern ihren Kindern gegenüber häufig zu mißtrauisch sind. Sie nehmen sogar die Rolle eines Feindes gegenüber ihren Kindern ein und bekämpfen deren Fehler in der Absicht, sich von ihnen nicht ›hereinlegen‹ zu lassen. Und die Kinder haben dann den Eindruck, daß die

Eltern gegen sie sind. Vor allem in intellektuellen Milieus kann man das andere Extrem beobachten: Die Eltern stellen sich völlig in den Dienst ihrer Kinder, so, als wären sie die Könige. Hier versuchen wir einfach, zusammen zu sein mit all den Anforderungen, die es für den Einzelnen bedeutet, sich gegenseitig zu verstehen, zu helfen und zu respektieren. Zum Beispiel sind Schimpfworte erlaubt, es sei denn, sie stören jemanden, z.B. Großeltern oder Besucher, bzw. stellen eine wirkliche Beleidigung gegen jemanden dar (man kann so viel fluchen wie man will, wenn man sich etwa am Finger wehgetan hat, aber zu jemandem ›Halt die Fresse‹ oder ›Drecksau‹ zu sagen finden wir nicht richtig). Die sexuelle Erziehung bewegt sich ganz natürlich im Rahmen der Beobachtung der Beziehung zwischen den Tieren (Ziegenbock und Ziege, Hahn und Henne etc.) die ja auf instinktivem Verhalten beruht und dem Vergleich dieser Beziehungen zu den Kontakten und Respekt, die die Erwachsenen im Umgang miteinander pflegen.«

Man könnte meinen, Sie hätten diesen Brief geschrieben ...

Der Brief schildert dann das tägliche Leben. Sie haben das Glück, viel Platz in so einem alten, eigentlich ja unbequemen Haus zu haben, um die verschiedenen Leute zu empfangen, sowohl junge Leute wie auch die Großeltern oder Freunde der Großeltern. Die Kinder sind zwei bis elf Jahre alt. Der Älteste geht in die sechste Klasse. Die drei nächsten gehen in die Dorfschule, die nur zwölf Schüler hat. Wenn doch nur alle Schulen so wären! Auf dem Land spielt die Arbeit eine dominierende Rolle, denn sie dient dem Überleben und jeder, ob groß oder klein, nimmt entsprechend seinen Fähigkeiten daran teil. Die Arbeiten, die im Haus erledigt werden müssen, sind nicht nach einer strengen Regel eingeteilt, sondern jeder wählt sich aus, was er am betreffenden Tag machen will: Kehren, Geschirr spülen usw. Zweimal in der Woche beaufsichtigen die Kinder die Tiere; das machen sie abwechselnd zu zweit und wählen dabei den, der sie begleiten soll. Die zwei anderen, die keinen Dienst haben, bringen ihnen dann einen kleinen Imbiß. »Ich kann nicht im voraus sagen, was in der Pubertätszeit passieren wird«, steht weiter in dem Brief, »aber ich glaube, daß die Tatsache, früh Verantwortung übernehmen zu müssen, den Kindern die Möglichkeit gibt, an das Leben mit einer objektiven und ernsthaften Sicht der Dinge heranzugehen. Sie können mir im übrigen glauben, daß diesen Kindern trotz der Arbeit immer noch genügend Zeit übrig bleibt, sich irgendwelche Hütten oder Lifte zwischen den Bäumen zu bauen.« Die Frau schreibt, daß es ein »bescheidener« Bericht sei. Ich sage dazu, daß es ein wunderbarer Bericht ist. Vielen Dank.

Ein zehnjähriges Mädchen macht seinen Eltern viel Kummer. Beide haben den Eindruck, daß sie zur Zeit eine schwierige Phase durchzumachen scheint. Sie quengelt ständig herum und fängt beim kleinsten Anlaß an zu jammern. Auch beim Essen kommt es oft zu Tränen. Die Mutter meint, daß die Schwierigkeiten begonnen haben, nachdem sie und ihr Mann von einem Urlaub, den sie allein verbrachten, zurückgekommen sind. Das Kind war bei der Großmutter mütterlicherseits geblieben. Obwohl dieser Urlaub der Eltern im Grunde sehr kurz gewesen war – acht Tage – fragt sich die Mutter, ob die Haltung des Kindes nicht darauf hinausläuft, sich in den Vordergrund zu stellen, um mehr Zuwendung zu bekommen.

Ich führe das Verhalten des Kindes darauf zurück, daß es offensichtlich unter der Abwesenheit der Eltern, der großen Entfernung, die es von ihnen trennte, und seiner Einsamkeit gelitten hat. Vielleicht hat das Mädchen es während dieser Ferien das erste Mal so empfunden. Ich würde nicht sagen, daß es sich einfach nur in den Vordergrund stellen will.

Es kommt hinzu, daß das Kind schon in sehr jungem Alter spürbare Probleme mit seiner Gesundheit erlebt hat: da es stark schielte, wurde es mehrmals (im Alter von dreieinhalb und sechs Jahren) operiert. Mit vier Jahren kam noch eine Hautkrankheit, nämlich Schuppenflechte, hinzu, die seit zwei Jahren periodisch immer wieder auftaucht. Die Mutter schreibt noch, daß die Großmutter väterlicherseits den dreizehnjährigen Bruder des Mädchens lieber mag. Weiter heißt es: »Der Wechsel im

Verhalten meiner Tochter hat sich erst vor ungefähr sechs Monaten bemerkbar gemacht. Glauben Sie nicht, daß es mit der beginnenden Pubertät zusammenhängen könnte? Sie klagt zum Beispiel häufig über Bauchschmerzen und ich weiß nicht, ob sie mir nun etwas vorspielt oder nicht. Ihre Brüste sind leicht angeschwollen. Könnten Sie vielleicht erklären, wie sich die Pubertät auf ihre Persönlichkeit auswirkt?«

Hier handelt es sich um mehrere Fragen. Einerseits geht es um ganz spezifische Probleme dieses Mädchens, andererseits darum, wie man ein Mädchen allgemein auf die Zeit der Pubertät vorbereitet.
Ich habe den Eindruck, daß dieses Mädchen unter den Schwierigkeiten, die es mit den Augen hatte, sehr gelitten hat. Vielleicht würde es für sie eine Hilfe sein, wenn ihre Mutter ihr erklären würde, daß sie als kleines Kind darunter gelitten hat, von ihrer Familie getrennt zu werden, um dann einige Tage in völliger Dunkelheit zu verbringen (wie es nach einer Augenoperation üblich ist). Weiter könnte die Mutter ihr sagen, daß sie vielleicht aufgrund dieser Schwierigkeiten, die sie bis zum Alter von sechs Jahren mit ihren Augen gehabt hat, glaubte, nicht hübsch zu sein. Eltern sagen ihren Kindern, die an den Augen operiert werden oft, daß man es macht, damit sie danach schöner aussehen. Das ist eigentlich nicht wahr, denn ein kleiner Augenfehler hindert ein Kind nicht daran, schön auszusehen, doch das Kind glaubt, daß es so wäre. Es ist auch möglich, daß sich dieses Kind als »weniger gelungen« als sein Bruder empfindet, weil dieser von der Großmutter väterlicherseits bevorzugt wird.

Die Mutter fügt in ihrem Brief hinzu, daß sie diese Bevorzugung bei ihrer Tochter ihrerseits zu kompensieren versucht.

Dieser Kampf zwischen den beiden Frauen erscheint mir sehr wichtig zu sein ...

Sie schreibt: »Meine Schwiegermutter zieht meinen Sohn gegenüber dem Mädchen derart vor, daß es auf der anderen Seite bei mir so aussieht, als ob ich mit meinem Bemühen, einen Aus-

gleich zu schaffen, meine Tochter mehr liebkosen würde als ihn – was meine Schwiegermutter wieder zu einem vorschnellen Urteil über meine Person veranlaßt.«

Wenn die Großmutter den dreizehnjährigen Jungen tatsächlich »liebkost«, dann habe ich Mitleid mit ihm. Denn in einer Familie ist der Bevorzugte in bezug auf die Zukunft immer der Leidtragende und niemals der andere. Selbst wenn das zweite Kind, wenn es jung ist, darunter ein wenig zu leiden hat, wird es sich später desto unabhängiger fühlen. Die Mutter braucht sich also über das Verhalten ihrer Schwiegermutter gegenüber ihrer Tochter keine Sorgen zu machen. Sie könnte der Tochter beispielsweise aus Spaß sagen: »Siehst du, deine Großmutter ist schon alt. Sie mag kleine Jungen gern, weil sie sich zu alt fühlt, um einem Mann zu gefallen und wieder zu heiraten. Im Grunde ist sie doch zu bedauern.« Oder: »Du wirst jetzt immer größer. Unter den Töchtern bist du die älteste. Er ist der älteste unter den Jungen. Jungen und Mädchen sind überhaupt nicht dasselbe. Und als Mädchen bist du gut gelungen, du könntest nicht besser sein. Auch wenn du Schwierigkeiten mit deinen Augen hattest, als du klein warst.« Ab und zu solche Gespräche »unter Frauen« zu führen, bei denen die Mutter ihrer Tochter das Selbstvertrauen und das Vertrauen in ihre Weiblichkeit stärkt, ist viel hilfreicher als mit ihr nur herumzuschmusen.
Vielleicht kann sie mit dem Kind auch über seine Bauchschmerzen sprechen und es darüber aufklären: »Ich weiß nicht, ob du Bauchschmerzen aufgrund von Verdauungsschwierigkeiten hast oder sich deine Eierstöcke und Gebärmutter auf deine erste Periode vorbereiten.« Und dann muß sie ihr genau erklären: »Du kannst stolz darauf sein.« Oder: »Deine Brüste fangen an, sich zu entwickeln. Bald werden wir deinen ersten BH kaufen.« Sie kann ihr bei dieser Gelegenheit auch ein kleines Geschenk speziell für Mädchen mitbringen, vielleicht eine Brosche oder ein Armband (selbst wenn sie es dann nicht trägt) und ihr sagen: »Siehst du, du wirst jetzt ein junges Mädchen.«
Andererseits würde ich gern wissen, ob dieses Mädchen Freundinnen hat. Denn mit zehn Jahren müßte sie eigentlich welche

haben, sie einladen und zu ihnen hingehen. Ich glaube, daß sie solche Aktivitäten außerhalb der Familie gut gebrauchen könnte. Dieses Kind langweilt sich anscheinend und weiß vielleicht nicht, daß es hübsch aussieht und auf sich sehr stolz sein kann. Im übrigen wird der Vater in dem Brief gar nicht erwähnt. So sagt die Mutter, daß die Großmutter väterlicherseits in ihrem Sohn ein Bild des Vaters, als dieser klein war, sieht, aber sie erwähnt mit keinem Wort, wer eigentlich die sich zögernd entwickelnde Weiblichkeit ihrer Tochter unterstützt. Vielleicht ist diese Weiblichkeit auch dadurch bedroht, daß die Tochter sich mit dem Bruder zu identifizieren versucht, weil sie sich ihm gegenüber beeinträchtigt fühlt und die Mutter dieses Gefühl verstärkt, indem sie sie mit ihrem Bruder vergleicht, der verwöhnt und immer beschützt worden ist. Ich möchte noch etwas hinzufügen: Das nächste Mal, wenn sie mit ihrem Mann irgendwohin allein hinfahren will, wäre es ratsam, wenn sie ihre Tochter einer befreundeten Familie anvertrauen würde, anstatt sie mit ihrem Bruder zusammenzulassen.

Ich möchte noch einmal auf die allgemeine Fragestellung zurückkommen: Wie wirkt sich die Pubertät bei einem jungen Mädchen auf dessen Charakter aus?

Zweifelsohne geht in dem Kind eine tiefgreifende Veränderung vor sich. Es macht manchmal einen gelangweilten Eindruck; die Geschwister, Vater und Mutter genügen nun nicht mehr, nun will es aus der Familie ausbrechen. Davor hat es manchmal auch Angst. Man muß dem Kind hierbei helfen, es in einer Jugendgruppe anmelden, unter Jugendliche bringen, die irgendetwas zusammen arbeiten oder an einem Ferienlager teilnehmen lassen. Man sollte es aber nicht sofort in einem fremden Milieu ganz allein auf sich gestellt lassen. Diese Frau könnte mit ihrer Tochter zum Beispiel hin und wieder ein Wochenende bei Verwandten oder Freunden verbringen, die Kinder im gleichen Alter haben. Sie könnten auch einmal zu dritt, d.h. Vater, Mutter und Tochter, wegfahren, also ohne den Bruder, der für das Mädchen keine ständige Bezugsperson mehr sein kann. Auf diese Weise hätten sie auch einmal die Gelegenheit, ruhig miteinander zu sprechen – bei kleinen

Anlässen wie Essengehen, Verreisen usw. ist man ja eher geneigt, einmal miteinander zu reden, nicht wahr? Und man könnte auch herausfinden, was das Kind nun wirklich gern mag (seinen Geschmack, seine Zukunftspläne), und man kann es darin unterstützen, mit einer Gruppe von Mädchen oder Heranwachsenden beiderlei Geschlechts Kontakt aufzunehmen, d.h. ihr Selbstvertrauen stärken.

Wenn man es mit Kindern in diesem Alter zu tun hat, sollten Vater und Mutter möglichst getrennt mit dem Kind sprechen. Aber die Mutter und der Vater sollten darauf achten, daß sie sich nicht gegenseitig erzählen, was ihnen der Junge oder das Mädchen vertraulich mitgeteilt hat. Das wäre ein Vertrauensbruch. Höchstens könnten sie den Jugendlichen ermutigen, bei dem anderen Elternteil Rat zu suchen und ihm dabei erklären, daß ein Vater und eine Mutter die Dinge nicht immer gleich sehen und daß zwei verschiedene Meinungen einen Sachverhalt durchaus klarer hervortreten lassen können, vor allem, wenn es sich um Probleme in bezug auf beide Eltern handelt. Im übrigen hat ja jeder die Tendenz – vor allem bei den älteren Kindern – entsprechend der eigenen Erziehung zu reagieren; das hilft dem jungen Menschen, sich mit seinen Schwierigkeiten und Widersprüchen selbst besser zu verstehen: er wird sich sowohl der Gemeinsamkeiten wie auch der Unterschiede zwischen seinen Eltern bewußt und wird in eine Zeit zurückversetzt, als diese sich noch nicht kannten. Will man vermeiden, daß zwischen Eltern und Kindern eine Art Friedhofsruhe herrscht, sollten die Eltern mit ihren Kindern im Alter von zehn, elf Jahren solche Gespräche unter vier Augen führen. Solche Gespräche sollten gesucht werden und man kann sie wiederholen, doch immer im Rahmen einer interessanten Beschäftigung für beide, den Erwachsenen wie für das Kind.

47

Du wolltest auf die Welt kommen und wir wollten ein Kind

(Sexualerziehung, direkte Fragen)

Unter den Briefen, die wir bekommen, finden sich immer wieder solche, die das Problem der Sexualerziehung bzw. jener Antworten ansprechen, die die Eltern – häufig auf Umwegen – ihren Kindern zu diesem Thema zu geben versuchen. In dem Brief, der nun vor mir liegt, geht es um die Fragen einer vierjährigen Tochter (sie hat noch eine dreijährige Schwester), die von ihren Eltern wissen wollte, woher eigentlich sie und ihre Schwester auf die Welt gekommen seien. Die Eltern begannen ihrer Tochter etwas über die Fortpflanzung der Blumen zu erzählen, hatten aber den Eindruck, daß das Mädchen ihnen nicht folgen bzw. sie nicht verstehen konnte. »Dann«, schreibt die Mutter, »haben wir ihr erklärt, daß wir sie und ihre Schwester dadurch bekommen haben, daß wir miteinander geschlafen haben. Sie schien durch diese Antwort nicht besonders schockiert gewesen zu sein« (d. h. die Mutter dachte, daß das Mädchen schockiert sein könnte). Die Mutter hat nun folgende Frage: »Ist es üblich, daß Kinder dieses Alters solche Fragen stellen? Denken Sie, daß es von uns richtig war, ihr die Wahrheit zu sagen?« Um Ihnen ein richtiges Bild dieser Familie zu vermitteln, möchte ich noch sagen, daß es dort recht offen und frei zugeht, z. B. baden alle Familienmitglieder zusammen.

Man sollte auf derartige Fragen immer ganz direkt antworten, also so, wie die Eltern es im vorliegenden Bericht getan haben. Man muß ihnen erklären, daß sich der Körper eines Kindes durch den Geschlechtsverkehr im Bauch zu bilden beginnt. Man könnte vielleicht sagen, daß im Bauch so etwas wie eine »Tasche für die Kinder« ist, die alle Mädchen in sich haben und die größer wird, wenn sie Mütter bzw. Frauen werden. Ich denke aber, daß die Frage, die das Kind gestellt hat, auch

gleichzeitig einen übernatürlichen Sinn hatte. Die Eltern haben nur in bezug auf den körperlichen Vorgang geantwortet. Aber man sollte den Kindern auch sagen, daß sie geboren wurden, weil sie selbst auf die Welt kommen wollten. Denn der Geschlechtsverkehr erklärt ja nicht alles. Ich kenne viele Jugendliche, die glauben, daß ihre Eltern insgesamt dreimal miteinander geschlafen haben, weil sie drei Kinder bekommen haben. Als würde dies nur mit dem Geschlechtsverkehr zusammenhängen! Die Zeugung eines Kindes ist aber nicht auf irgendeine »Funktion« des Geschlechtsverkehrs zurückzuführen. Viele Kinder stellen im übrigen ihren Eltern keine direkten Fragen nach ihrer Zeugung, sondern sprechen mit anderen Kindern darüber. Ihre Gespräche über dieses Thema im Kindergarten reduzieren sich oft auf eine bestimmte Geste: »Siehst du, so machen es unsere Eltern« – und sie tun den Zeigefinger der einen Hand in die geschlossen gehaltene andere Hand. Sie tun dies wortlos, ohne Bezugnahme auf etwas Schönes oder Häßliches, auf etwas Gutes oder Böses. Diese Geste scheint ihnen für ihr Wissen zu genügen und ganz natürlich.
Die Eltern, die uns den Brief geschrieben haben, haben sehr richtig geantwortet. Trotzdem wird diese Antwort nicht ausreichen, da ihre Tochter eines Tages die Frage stellen wird: »Aber warum habt ihr mich gezeugt?« Man sollte dann antworten: »Weil du zur Welt kommen wolltest und wir auch ein Kind haben wollten. Wir drei sind uns begegnet und du begannst, in meinem Bauch zu wachsen.« Man sollte also das Gespräch nicht nur über die körperlichen Funktionen beim Geschlechtsverkehr führen, weil eine derartige Behandlung dieses Themas einen Körper, wenn ich es einmal so ausdrücken darf, zu menschlichem Fleisch degradiert.

Man sollte also auch von der Liebe erzählen.

Unbedingt. Und auch von dem Begehren, das man dabei empfindet, wenn man sich liebt. Wenn die Kinder nun weiterhin darüber sprechen wollen und Fragen stellen, kann man ihnen auch gleich erklären, daß der Geschlechtsverkehr erst dann zur Zeugung eines Kindes führen kann, wenn der Körper des

Jungen oder Mädchen bereits erwachsen ist; und daß ein Mann und eine Frau miteinander schlafen können, wenn sie beide es wünschen und sie weder Geschwister noch Mutter und Sohn oder Tochter und Vater sind, denn letzteres gilt für alle Menschen auf der Welt. Natürlich gibt es viele Bücher in bezug auf die Aufklärung der Kinder über die Geburt – und manche sind auch ganz gut gemacht. Aber ich kenne nur ein einziges, das dem Kind neben dem Wissen über die Biologie des Menschen und die Fortpflanzung auch das Inzestverbot beibringt. Und doch müssen beide Dinge gleichzeitig vermittelt werden. Im Kindergarten und in der Schule sollte man darauf zu sprechen kommen, sobald die Kinder diese Frage ansprechen. Denn genau darin besteht ja der Unterschied zwischen den Menschen und den Tieren.

Wenn ich Ihnen jetzt zuhöre, muß ich daran denken, daß solche Themen vor noch nicht allzu langer Zeit tabu waren und die Familien ihren Kindern in dieser Beziehung überhaupt keine Antworten gaben. Sie vertreten also einen klaren Standpunkt: Es ist normal, daß ein Kind im Alter von vier oder fünf Jahren solche Fragen stellt und es ist erst recht normal, ihnen auf ihre Fragen eine ganz direkte Antwort zu geben, ohne die Dinge zu verschleiern.

Ja. Aber man sollte auch nicht darüber erstaunt sein, wenn die gleichen Kinder zwei oder drei Jahre später alles vergessen haben, was ihnen gesagt wurde. Die Antworten, die man ihnen dann noch einmal gibt, entsprechen zwar ihrem früheren Wissen (sie wissen ja, daß sie gezeugt worden sind: das Unbewußte weiß alles). Aber man hat ihnen mit Worten geantwortet, die nur in bezug auf ihre damalige Entwicklungsstufe logisch waren. Im Laufe ihrer Entwicklung schaffen sich die Kinder nun komische Phantasiegebilde – manchmal sadistische Vorstellungen oder irgendwelche seltsame Gedanken – über die Zeugung und die Geburt. Diese Vorstellungen sind für sie dann »auch« wahr: Sie gehören der Phantasiewelt an. Man sollte ihnen dann nicht sagen: »Bist du aber dumm! Das hast du doch schon alles gewußt, als du noch ganz klein warst.« Man muß ihnen vielmehr die ganze Wahrheit noch einmal sagen, weil sie es wohl vergessen haben. Darüber sollte man also nicht erstaunt sein, ebensowenig, wenn sie weiterhin an ihren Phantasievorstellungen festhalten wollen. Man kann ein wenig darüber lachen und sagen: »Gut, stelle dir vor, was du willst, aber in Wirklichkeit ist es doch so, wie ich es dir erklärt habe.«

Hier haben wir einen Brief, der ganz gut veranschaulicht, was Sie gerade über die Phantasie und Einbildungskraft der Kinder in bezug auf die Geburt gesagt haben. Es geht um eine Familie mit zwei Jungen, die sechs und drei Jahre alt sind, und die in nächster Zeit ein Baby erwartet. Der Älteste ist davon überzeugt, daß er das Baby in seinem eigenen Bauch hat und daß man jetzt unbedingt darauf achten soll, das Baby nicht zu bedrängen, wenn man ihn umarmt. Als seine Eltern ihm sagten, daß sein Vater ihn ja schließlich auch nicht im Bauch getragen hätte, war er mit dieser Erklärung überhaupt nicht einverstanden und blieb vom Gegenteil überzeugt. Da er dieses Mal hofft, ein kleines Mädchen zu bekommen, geht er sogar davon aus, daß er es besser als sein Vater angestellt hätte, der ja »nur« zwei Jungen gezeugt hat. Ich finde diese Geschichte ziemlich erstaunlich. Kann es sein, daß man in dieser Familie nicht mit der genügenden Klarheit über solche Dinge gesprochen hat?

Ich weiß es nicht. Dieser Junge befindet sich zur Zeit in jener Phase, in der die Mädchen, von denen wir vorhin sprachen, vergessen hatten, was ihnen früher einmal gesagt wurde. Er interessiert sich ja anscheinend überhaupt nicht für die Art und Weise, wie das Baby gezeugt wurde. Er beschäftigt sich nur damit, es im eigenen Bauch zu haben, um es dann auf die Welt zu bringen, weil er sich, wie alle kleinen Jungen und Mädchen, mit seiner Mutter identifiziert. Vielleicht will er mit ihr konkurrieren, ihre Vormachtstellung leugnen. Er ist von dem Gedanken einer scheinbaren Schwangerschaft erfüllt. Die Mutter schreibt sogar, daß er denkt, dieses Baby würde sprechen und singen, zum Beispiel »der Nikolaus ist da« usw. Er lebt in der Vorstellung, daß er sich in einem ebenso außerordentlichen Zustand und einer ebenso »interessanten Situation« wie seine

Mutter befindet. Seine Anspielung auf den Nikolaus (oder Weihnachtsmann), dieses große, alte und allmächtige Heinzelmännchen, entspricht dabei ganz und gar seinem Alter. Er zeigt noch eine gewisse Abneigung, die wirkliche Welt zu akzeptieren bzw. sich damit abzufinden, daß die Männer, deren Vorteile zu teilen er stolz ist, doch nicht das Privileg haben, wie eine Frau ein Kind zur Welt zu bringen.

Ist dies der Grund, warum er so verzweifelt ist, wenn man ihm die Wahrheit sagt?

Dieses Kind erlebt zur Zeit etwas, was wir in unserer psychoanalytischen Fachsprache die »primäre Kastration des Jungen« nennen. Auch wenn er, weil er ein Glied hat, in bezug auf die geschlechtliche Form seines Körpers glaubt, im Vorteil zu sein, ist er trotzdem nicht zufrieden damit, weil er in bezug auf das Genital gleichzeitig männlich sein will, aber andererseits auch das Privileg haben will, wie die Frauen Kinder auf die Welt bringen zu können. Er möchte alle Zeichen der Macht und Stärke auf einmal haben. Für uns Menschen ist es letztlich eine schlimme Erfahrung, nur von einem Geschlecht sein zu können und uns lediglich in der Phantasie die Lust und das Verlangen des anderen Geschlechts vorstellen zu können! Deshalb können sich auch Männer und Frauen im Grunde niemals ganz verstehen. Es ist schon gut, wenn sie sich vertragen können! Dieser kleine Junge möchte nichts gesagt bekommen. Er will verstehen, und verstehen bedeutet für ihn, etwas ganz konkret zu erfahren. Er versteht schon, daß seine Mutter ein Baby bekommen wird und erkennt es auch an. Im übrigen wird er daran keinen so großen Gefallen finden, einen Konkurrenten oder eine Konkurrentin zu bekommen, denn er war sicherlich auf seinen kleinen Bruder eifersüchtig gewesen, selbst wenn er es inzwischen vergessen hat.

Was wird also bei der Geburt des Babys geschehen?

Ich weiß es nicht. So, wie man diesem Jungen die biologische Wahrheit sagen muß, muß man auch seine fiktive Welt respektieren, da man weiß, daß er sich hier auf der Ebene seiner

Vorstellung bewegt. Man könnte ihm sagen: »Glaubst du wirklich daran?«, und dann lachen, mehr nicht. Man könnte es ihm auch folgendermaßen erklären: »Weißt du, alle Väter waren früher einmal kleine Jungen, die auch ganz gern ein Baby in ihrem Bauch gehabt hätten. Viele Mütter möchten Väter sein; viele Väter möchten Mütter sein, viele Mädchen kleine Jungen und viele kleine Jungen kleine Mädchen.« Im Grunde verhält es sich immer nach dem gleichen Schema. Wenn ein Junge es ganz besonders toll findet, ein Mädchen zu sein, möchte er ein Mädchen sein und umgekehrt. Erkennen, daß die Realität seines Geschlechts in Widerspruch zu dem vorgestellten Wunsch stehen kann, heißt schon, ihn als Menschen anzuerkennen, der ähnlichen Schwierigkeiten ausgesetzt ist, wie sie viele von uns haben. Das bedeutet, daß man ihm hilft, sich in seinem Dasein als kleiner Mensch zu akzeptieren. Wichtig ist dabei, daß jede Mutter auf die Frage nach der Entstehung des Lebens antwortet: »Ohne Mann kann keine Frau Mutter werden«, und daß jeder Vater antwortet: »Ohne Frau kann kein Mann Vater werden.« Im Moment befindet sich dieser Junge in einem Alter, in dem man darüber Träume und Phantasievorstellungen hat. Lassen wir ihn träumen. Er weiß sehr wohl die Wahrheit, aber er will sie im Moment noch nicht anerkennen.

Es sind also deswegen keine Dramen in Sicht?

Nein, ganz sicherlich nicht! Alle Menschen machen solche Erfahrungen!

Wenn wir schon dabei sind, wie man es dem Kind erklärt – ich habe hier einen sehr lustigen Brief. Als wir vor längerer Zeit über Sexualprobleme bei Kindern sprachen, hatten Sie Begriffe wie »Lebenskern« und dergleichen verwendet...

Ja, ich finde, daß es sich dabei um Begriffe handelt, die in der Umgangssprache etwas verständlich machen können. Aber vielleicht könnte man auch ein anderes Wort verwenden.

Tatsächlich schreibt uns diese Mutter, daß sie ihrem Kind die Geschichte mit den »Kernen« erzählt hat und daß ihr Kind seitdem auf einen Schlag sämtliche Früchte, die Kerne haben (wie z. B. Tomaten oder Erdbeeren) abgelehnt hat. Es zeichnete auch andauernd Bäume mit Früchten und Häuser voller Kirschen: »Da ich diese Anzeichen mit meinen Erklärungen in Verbindung gebracht habe«, schreibt sie, »habe ich ihn bei der nächsten Gelegenheit daraufhin angesprochen und mein Sohn hat mir gesagt, daß eine große Pflanze in seinem Körper wachsen würde.«

Hier sind zwei Dinge zu vermerken. Einerseits der Gedanke, daß jeder Kern einen Keim trägt und andererseits die Vorstellung, daß ein Pflanzenkern in seinem Magen keimen könnte. Weder spricht er von dem Kern, der ein Menschenleben erzeugt, noch hat er Angst davor. Vielleicht ist dieses Kind eben intelligent und denkt dabei an Orangen- oder Kirschkerne, vielleicht an Früchte überhaupt. Man muß ihm erklären, daß der Magen alles verdaut und daß die Pflanzenkerne nur in der Erde wachsen und daß der menschliche Samen nicht im Verdauungsorgan Leben erzeugen kann. Bei den Erklärungen, die diesem Jungen gegeben wurden, wurde ihm wahrscheinlich nicht gesagt, daß ein Begegnen der Lebenskerne von Mutter und Vater erst durch den Geschlechtsverkehr möglich wird und daß das Kind, das in der Babytasche der Mutter wächst – die weder etwas mit dem Mund noch dem After zu tun hat, und die die Jungen nicht haben –, das Kind *beider* Eltern ist. Und dann sollte man nicht vergessen, das Inzestverbot mit in die Erklärungen der Eltern einzubeziehen, und zwar jedesmal, wenn man den Kindern den Sexualakt zwischen zwei Menschen erklären will.
Es ist für viele Kinder verwirrend, wenn die Mutter in bezug auf die Kinder den Vater »Papa« und der Vater die Mutter »Mama« nennt. Man sollte immer von »deiner Mama« und »deinem Papa« sprechen, denn sonst könnte das Kind glauben, daß sein Vater der älteste Sohn seiner Mutter wäre oder seine Mutter die älteste Tochter des Vaters. Ebenso sollte man vermeiden, daß sich die Eltern gegenseitig so anreden; es erweckt leicht den Eindruck, daß sie Geschwister sind, insbe-

sondere, wenn sie auch noch die Schwiegereltern »Mama« und »Papa« nennen.
Man muß den Kindern im Kindergarten und in der Schule den Wortschatz für Verwandtschaftsbeziehungen beibringen, damit in deren konfusen inzestuösen Vorstellungen, was das Verständnis für die Verwandtschaftsbeziehungen angeht, Klarheit geschaffen wird.

48

Das große Vergnügen?

(Sich voreinander nackt zeigen)

Ein Erzieherehepaar hat zwei Jungen, die vier Jahre bzw. fünfzehn Monate alt sind. Beide sind nicht damit einverstanden, was Sie in bezug darauf gesagt haben, daß man sich voreinander nackt zeigt. Sie berichten: »Wir zeigen uns nackt vor unseren Kindern. Übrigens spielen sie sowohl mit ihrem Körper wie auch mit unseren.« Sie drücken auf die Brüste ihrer Mutter und sagen »tüt-tüt« dabei usw., machen mit ihrem Vater ... unter sich ... na ja, lassen wir es bei dieser Schilderung. Ich will nicht in alle Details gehen, die man bei dieser Familie aufzählen könnte, da »man« vor seinen Kindern ja nichts verbergen will.

Es geht also um »das große Vergnügen«?

Ja. Dennoch stellen sie sich ein paar Fragen. Ihr ältester Sohn verharrt manchmal vor jeglicher neuen Aktivität in totaler Passivität, als wäre er von Idiotie befallen. Wie könnten sie ihm helfen? Und hat es mit dem zu tun, was die Eltern uns vorher geschildert haben?

Ich denke ja. Die Eltern wissen nicht, daß es einem Kind gefällt, den Körper eines Erwachsenen zu betrachten, daß es sich darin spiegelt und dann einbildet, ähnlich zu sein. Das Kind spielt mit dem Körper des Erwachsenen sicherlich aus Vergnügen, aber wenn der Erwachsene dabei ebenfalls Vernügen empfindet, weiß es zum Schluß nicht mehr, wer der Erwachsene und wer das Kind ist. Diesen wichtigen Punkt sollte man in bezug auf das gemeinsame Nacktsein und die Lustgefühle, die man beim gegenseitigen Anschauen und Betasten miteinander teilt, unbedingt beachten. Es geht nicht darum, sich darüber zu entrüsten, doch es kann für das Kind in bezug auf seinen eigenen Körper zu einem »Realitätsverlust« führen. Hinzu kommt, daß diese erregenden Spiele für das Kind gefährlich sein können, weil sie seine Genitalien zu früh überreizen.

Sie haben schon einmal gesagt, daß sich ein Kind gegenüber dem Körper eines Erwachsenen geradezu mickrig vorkommt ...

Ja! Um die Problematik einmal auf eine etwas andere Ebene zu verlagern, möchte ich die Situation mit der eines Kindes vergleichen, das einen Teddybären hat, der sehr viel größer ist als es selbst. Solche schrecklichen Tiere sieht man ja häufig in den Schaufenstern – riesige Pinguine oder Teddys; es kommt nun gar nicht so selten vor, daß manche Kinder den Realitätsbezug zu sich selbst verlieren, weil sie glauben, sie wären selbst so ein Teddybär. Die Phantasie des Kindes geht eben manchmal weit über das, was wirklich sein kann, hinaus. Wenn man dem Kind etwas anbietet, was seinem Wunsch entspricht, ein großes Tier oder eine große Puppe zu sein, und wenn es in der Wirklichkeit dieses Stofftier oder dieses Wesen gibt, kann folgendes passieren: das Kind läßt es in seiner Phantasie zu einer menschlichen Gestalt werden, verleiht ihm Leben, Empfindungen und menschliche Gefühle und entfernt sich auf diese Weise immer mehr von der Wahrnehmung seines eigenen Körpers.
Jenes Kind, das manchmal wie von Idiotie befallen zu sein scheint, möchte eigentlich das Geschlecht seines Vaters schon jetzt haben. Und da er es berühren darf, ist es geneigt zu glauben, daß es bei dieser Berührung sein eigenes Geschlecht berührt. Wenn es die Brüste seiner Mutter berührt, berührt es auch seine eigenen eingebildeten Brüste. Es sagt »tüt-tüt«, als ob es ein Spielzeug berühren würde, weil die Brüste es an die Hupe eines Autos erinnern. Das ist eine merkwürdige Vorstellung. Dieses Kind hat in bezug auf den Körper seiner Eltern bereits einen »Realitätsverlust« erlitten.
Ab der Pubertätszeit spielt der nackte Körper der Eltern keine Rolle mehr. Gerade aber ab diesem Zeitpunkt verbieten es die Eltern ihren Kindern häufig, sie nackt zu sehen. Und doch ist es gerade umgekehrt, daß es für das kleine Kind gefährlich ist,

seine Eltern nackt zu sehen, denn es hat die Vorstellung, als würde deren Körper nur das Spiegelbild des eigenen sein, was in der Realität natürlich nicht stimmt. Deshalb bleibt auch das Kind, von dem vorhin die Rede war, regungslos und starr; es verhält sich, als würde es ganz abwesend sein: es weiß nicht mehr, wer es ist, ob es nun groß oder klein ist, es selbst oder ein anderer. In seiner visuellen Vorstellung und den Tastempfindungen seines Körpers gibt es ein oder mehrere Körperteile, die bereits nicht mehr als die eigenen empfunden werden. Das Kind wirkt wie ein Idiot, weil es im Grunde intelligent ist und mit einem regelrechten Identitätskonflikt zu kämpfen hat. Ich möchte die Eltern bitten, in dieser Beziehung wirklich achtzugeben!

Ich weiß nicht, ob Sie Ihre Meinung ändern können, aber ich möchte Ihnen folgende konkrete Frage stellen: kann man eine solche Störung denn überhaupt rückgängig machen? Können Eltern ihr Verhalten von Grund auf ändern, nachdem sie ihre Kinder vier Jahre oder fünfzehn Monate daran gewöhnt haben, sie nackt zu sehen?

Es ginge schon, wenn die Eltern nur selbst dabei nicht so viel Vergnügen empfinden würden! Ich habe den Eindruck, daß es gerade diesen Eltern sehr viel Spaß macht, daß ihre Kinder dieses Spiel gegenseitigen Berührens mitmachen. Und genau das finde ich an der ganzen Angelegenheit so ärgerlich. Es sieht so aus, daß die Eltern in bezug auf erotische Spielereien sich ganz gern an diesbezüglichen Aktivitäten ihrer Kinder – in der Rolle des »Riesen« – beteiligen. Es mag ihnen lustig erscheinen, aber für die Kinder ist es doch eher beängstigend.

Könnte man aber eine solche Haltung nicht durch verschiedene Theorien wie »Rückkehr zur Natur« usw. erklären?

Vielleicht. Aber die Eltern haben ja gerade festgestellt, daß die Kinder Probleme damit haben, und ich bin dabei zu erklären, um welche Art von Problemen es sich dabei handelt.

Kann man also diesen Umgang mit den Kindern verändern?

Natürlich. Man kann sagen: »Hör zu! Jetzt bist du zu groß für so etwas geworden. Berühre dich selbst oder spiele doch mit den Freunden in deinem Alter. Du hältst dich noch für ein Baby, aber du wirst jetzt groß und später ein Mann werden. Dann wirst du ja nicht mehr die Brüste deiner Mutter zum Spielen brauchen. Du wirst dir wohl eine kleine Frau unter denjenigen aussuchen, die zur Zeit noch, genau wie du, Kinder sind.« Man sollte dem Kind also auf einer solchen Ebene entgegentreten. Man muß es sogar, denn dieses Kind ist ja vom Körper seines Vaters manchmal wie von einer Krankheit befallen. Es weiß nicht mehr, wer es ist und was es ist...

Bleiben wir noch eine Weile bei dem Thema. Was passiert, wenn man sich voreinander nackt zeigt? Hier der Brief eines Vaters: »Ich habe eine sechsjährige Tochter, die sich von den Jungen anscheinend schon ganz schön angezogen fühlt. In der Schule ist es auch der Lehrerin schon aufgefallen. Mich überrascht diese Neugierde meiner Tochter in bezug auf Jungen etwas, denn meine Frau und ich haben sie schon als kleines Kind sehr liberal erzogen; so hatte sie Zugang zum Badezimmer, wenn sich dort jemand wusch.« Es ist um so überraschender, weil der elfjährige Bruder des kleinen Mädchens im Gegensatz zu ihr sehr prüde zu sein scheint.

Es ist nicht erstaunlich, daß sich dieses Mädchen von den Jungen angezogen fühlt und daß ihr Bruder im Gegenteil prüde ist: es rührt von der Erziehung, die die Eltern selbst als liberal einstufen. Ich sehe nichts Schlimmes darin, daß sich dieses Kind von Jungen angezogen fühlt. Ich denke sogar, daß es ihr eine gewisse Sicherheit gibt, weil sie aufgrund der ständigen Konfrontation mit dem nackten Körper ihrer Eltern und angesichts des gesunden Ausweichens ihres elfjährigen Bruders, der von den anderen Familienmitgliedern nicht nackt gesehen werden will, gerade Freunde des anderen Geschlechts braucht; ansonsten wäre sie eine Gefangene im Feuer – wirklich im Feuer – ihres Triebwunsches in bezug auf den Vater. Die einzige Möglichkeit, die inzestuöse Beziehung zum Vater zu vermeiden, besteht eben darin, sich männliche

Freunde zu suchen. Der Vater muß sich halt daran gewöhnen. Er hat seiner Tochter eine freie Erziehung gegeben. Ohne zu wissen, hat er bei ihr eine Inflation von Erregungszuständen wachgerufen, die jetzt gegenüber ihm und ihrem Bruder aufgrund des Inzestverbots blockiert sind. Die Mutter hat ihrerseits den Wünschen des Mädchens zu wenig entgegengesetzt und durch den kindlichen Austausch von Zärtlichkeiten die Konkurrenzgefühle ihrer Tochter ihr gegenüber noch provoziert. Deshalb will das Kind jetzt alle Jungen für sich allein haben und gibt sich diesem angenehmen Spielchen fast ausnahmslos hin. Es ist ganz normal.

Um all jenen schon im voraus eine Antwort zu geben, die uns schreiben werden, »Ich bin dafür« oder »Ich bin dagegen«: Wenn sie ihre Töchter so erziehen, wie dieser Herr, werden sie schon früh viele kleine »Verlobte« haben und es wird bei ihnen eher heißen: »Erst kommt das Vergnügen, dann die Arbeit.« Zumindestens in ihrer frühen Kindheit, aber vielleicht auch bis ins sogenannte »Vernunftalter«.

Das ist die logische Konsequenz einer solchen Erziehung. Im Fall eines Jungen wird er in der Familie eher prüde und in Gesellschaft anderer eher schüchtern sein. Er wird gegenüber anderen Jungen Minderwertigkeitsgefühle haben und unfähig sein, seine Wünsche zu realisieren: in seiner Phantasie ist es für ihn sehr erregend, die Mutter nackt zu sehen, aber er empfindet die sexuelle Konkurrenz zum Vater als bedrohlich. Er muß sich gegen seinen sexuellen Wunsch nach der Mutter schützen, d.h. gegen seinen Wunsch, die Mutter allein für sich zu bekommen. Dieser Wunsch des Jungen wird aktiv vorgetragen, d.h. er bringt ihn so zum Ausdruck, daß er zu der Frau hingeht, die er sich wünscht. Aber er kann weder zu seiner Mutter noch zu seiner Schwester gehen, da das Inzestverbot tief im Herzen der Menschen verwurzelt ist. Die sexuelle Rolle, die das Mädchen einnimmt, besteht nun darin, aktiv auf der Lauer zu sein, wer wohl zu ihr kommt. Deshalb provoziert sie die Jungen bzw. lockt sie an, weil sie genau merkt, daß es gefährlich sein würde, den Vater zu provozieren und weil sich ihr Bruder – zum Glück – nicht provozieren läßt.

Sie tut das alles instinktiv ...

Instinktiv, ja. Weil sie gesund ist.

Ich betone es deshalb, weil Sie in bezug auf die Sexualerziehung immer wieder betonen, daß man sehr leicht vergißt, vom Inzestverbot zu sprechen.

Das wirklich Entscheidende an der Sexualerziehung ist das Inzestverbot. Dies ergibt sich ganz zwangsläufig aus der Tatsache, daß das Inzestverbot und die Freiheit, alles kennenlernen zu wollen, zusammenfallen. Dann ist es sehr gut, daß die Kinder sich vom anderen Geschlecht angezogen fühlen und sich gegen ein eventuelles sexuelles Interesse für Eltern oder Geschwister wehren. In bezug auf die Sexualerziehung des Mädchens, von dem wir sprechen, sollte der Vater ihr – abgesehen vom Inzestverbot – sagen: »Suche dir doch ›kleine Verlobte‹ deines Alters.« Denn die einzige Gefahr besteht darin, daß sie sich jetzt junge Männer oder Erwachsene sucht, was sie vom Weg ihrer gesunden sexuellen Entwicklung abbringen würde. Wenn sie ihrem Vater vertraut und dieser dezent und ernst mit ihr redet, wird sie auf seine Worte hören und sich für die Äußerung ihrer Sinnlichkeit »kleine Verlobte« oder besondere »Auserwählte« und keine jungen Männer aussuchen, die für sie noch zu alt sind.

49

Was man in einem bestimmten Alter können muß

(Von falschen Normen)

Der folgende Brief stellt Ihnen eine »klassische Frage« – ich weiß im übrigen, daß Sie diese Art von Fragen »ärgerlich« macht, ich meine »ärgerlich« in Anführungszeichen …

Das stimmt.

Es handelt sich um eine sehr detaillierte Frage nach dem Erwerb von bestimmten Fähigkeiten in den ersten Lebensjahren. Man hat allerdings den Eindruck, daß diese Mutter ihr Kind vielleicht ein wenig zu viel beobachtet …

»Ein wenig zu viel« – das kann man wohl sagen! Mich schockieren diese Mütter immer wieder, die ihre Augen ständig auf den Körper ihres Kindes richten, um herauszubekommen, was es schon leistet! Hinzu kommen dann haargenaue Beobachtungen wie »jetzt kann Baby dies, morgen kann Baby das«. Man könnte denken, man hätte es mit einem experimentalpsychologischen Bericht zu tun. Es handelt sich um Mütter, die ihr Kind ständig beobachten, ständig auf der Lauer liegen und beim kleinsten Anlaß ängstlich werden. Ist es normal, daß ein Schneidezahn an diesem oder jenem Tag herauskommt, und zwar oben und nicht unten? Ist dies oder jenes normal? Man könnte glauben, daß die Frau, die uns den Brief geschrieben hat, den ganzen Tag nur noch ihr Kind beobachten würde und alles in ein Heft einträgt! Hat sie aber noch genug Energie übrig, um eine Frau zu sein? Nie spricht sie von dem Vater des Kindes oder von anderen Leuten, auch nicht von sich und ihren Gefühlen ihrem Kind gegenüber; statt dessen interessiert sie sich dafür, daß ihr Kind zwei Stunden zwischen fünf und sieben Uhr seit jenem Monat bis zu jenem Monat geschrien hat. Sie schreibt auch nichts über die Mimiken des Kindes, ob es lacht oder weshalb es lacht oder was es zum Weinen bringt, noch sagt sie etwas über seinen in Entstehung begriffenen Charakter, was es also mag und was nicht. Sie redet viel über sein Gewicht, aber nichts über seine Gesichtszüge, über seine Augenfarbe oder seine Haare ... Sie sagt auch nichts darüber, ob es seinem Vater, den Familienangehörigen väterlicherseits oder eher ihr und ihren Angehörigen ähnlich sieht. Man weiß nichts von ihrem eigenen Charakter, aber auch nichts von der Persönlichkeit dessen, den sie sich als Vater ihres Kindes gewählt hat. Man erfährt auch nichts vom äußerlichen Rahmen, in dem sie leben, von den Menschen ihrer Umgebung, d.h. von denen, die um sie und um ihr »Baby« sind, von denen, die ihr Baby lieben und von diesem geliebt werden. Sie erzählt auch nicht, ob sie es auf den Arm nimmt, wiegt, spazieren führt, mit ihm spricht oder worin ihr gemeinsames Vergnügen und ihr stillschweigendes Einverständnis besteht, wenn sie ihm sein Fläschchen gibt, es trockenlegt und badet. Was bleibt ihr und ihrem Kind eigentlich übrig zum Austausch von Zärtlichkeiten, an Lachen und gemeinsamer Freude? Und wenn der Vater des Kindes zu Hause ist – wie sieht es dann mit ihrem Glück aus, Eltern zu sein und in diesem Kind den gemeinsamen sinnlichen Ausdruck einer Verbindung zu sehen, der dazu führte, daß ein dritter geboren wurde? Wir erfahren auch nichts von beider Hoffnungen, die doch eigentlich das Kind verkörpert. Und diese Haltung nimmt das Kind doch wahr oder »ahnt« es zumindestens und *das* ist relevant für seinen Erwerb von wirklichen »Fähigkeiten«.

Sind Sie verärgert, Françoise Dolto? Es scheint so!

Ich bin nicht verärgert, aber dieser Bericht macht mich traurig. Daß wissenschaftlich arbeitende Psychologen solche Beobachtungen über Kinder, die nicht ihre eigenen sind, anstellen, sie unter die Lupe nehmen, wenn sie sie beobachten müssen (und zum Glück passiert das ja nicht jeden Tag und das Kind liebt sie ja auch nicht wie seine Mutter oder seinen Vater), geht schon in Ordnung, da es die Wissenschaft vom Säugetier »Mensch« voranbringt – wenn man dieses mit anderen Tierarten vergleicht. Aber bei einer Mutter oder einem Vater ist es doch ganz etwas anderes!

Ist es schädlich für das Kind?

Ja. Diese permanenten Beobachtungen und Urteile über das Kind degradieren es zu einem Gegenstand.

Sie wollen dieser Mutter also keine Auskunft darüber geben, was ein Kind zu einem bestimmten Alter können muß?

Ich will es einmal so ausdrücken: Ein Kind ist von seiner Geburt (bzw. sogar schon davor) ein Wesen, welches unbewußt für das empfänglich ist, was es vom Unbewußten derjenigen empfindet, die mit ihm zusammenleben und sich ihm annähern.

Können Sie uns erklären, was Sie damit meinen?

Ich meine, daß der Mensch ein sprachbegabtes und kommunikationsfreudiges Wesen ist, das für alles empfänglich ist, was es vom anderen wahrnimmt: dessen Laune, seinen Geruch, seine motorischen Rhythmen, seine Stimme; und daß der Mensch die Liebe oder die Gleichgültigkeit, die ihm entgegengebracht wird, empfindet, genauso wie den Platz, der ihm in der Familie oder anderswo eingeräumt wird bzw. den Respekt, den man für sein Leben und seine Äußerungen hat. Behandelt man den Menschen wie einen Gegenstand, eine Speiseröhre oder einen motorischen Apparat und nicht wie einen Menschen, den man liebt, wird er im Verlauf seiner Entwicklung allmählich zum Roboter, der gut gehorcht, wenn es sein Herr ihm befiehlt. Doch das Kind ist bereits ein Subjekt, es hat Wünsche und nicht nur physische Bedürfnisse. Das Kind ist nicht nur »Baby«, sondern es hat einen Namen, den es mit einer bestimmten Herkunft verbindet, einen Vornamen, den man für ihn ausgesucht hat und der ganz persönlich zu ihm gehört; um ihn dreht sich sein ganzes Leben, die Beziehung zu seinen Eltern und Verwandten, ob sie mit ihm Freuden und Leid teilen oder nicht. Und es ahnt schon – selbst wenn es noch nicht bewußt verstehen kann – den wahren Sinn der Beziehungen von anderen zu ihm, vor allem, was seine Mutter, sein Vater oder die Tagesmutter, von denen sein Leben abhängt, angeht. All dies wird von ihm aufgenommen und füllt sein ganzes Wesen mit seiner Sprache aus.

Gut, aber wie steht es mit dem Erwerb von bestimmten Fähigkeiten?

Bei alledem handelt es sich doch schon um eine »Fähigkeit«: Fähigkeit des Herzens, des Geistes, der Intelligenz, die mit dem physischen Wachstum einhergeht, das im übrigen bis zum Alter von drei Jahren sehr schnell vonstatten geht. Das alles kann man nicht einfach »sehen« und auch nicht unmittelbar »überprüfen«. Das Kind muß aus dem, was ihm von Anfang an von seiner Natur gegeben ist, das Beste machen. Diesen Weg geht es dann. Alles, was es von denjenigen wahrnimmt, von deren Leben sein eigenes seit der Schwangerschaft bis ins Alter von sechs bis acht Jahren abhängt, verbindet sich mit seinem nach Befriedigung seiner Wünsche trachtenden Wesen und organisiert sich in – zunächst stummer – Sprache. Sein Schreien, sein Lallen, seine Tränen und sein Lächeln sind natürlicher Ausdruck, der durch seine Hauptbezugspersonen zur Sprache entwickelt wird, durch die es dann seine innere Ausgeglichenheit oder seine Anspannungen mitteilen kann. Sie steht ihm in der Begegnung mit anderen, die ihm antworten, ebenso zur Verfügung wie zu einem stillschweigenden Einverständnis mit ihnen. Im Wach- und im Schlafzustand, in seinem intensiven Bedürfnis nach Kommunikation und im Zustand, wenn es sich ausruht, wird ein subtiles Kommunikationsnetz gesponnen, durch das es über gut und böse, schön und häßlich, erlaubt und verboten informiert wird. Es trachtet nach allem, was Lust bereitet und vermeidet Unlust. Dieser Vorgang spielt sich sicherlich unbewußt ab und geschieht beim Kind doch als Reaktion auf das, was diejenigen, die es erziehen und die es liebhat, befriedigt, verärgert oder gleichgültig sein läßt (wenn es von ihnen z. B. nicht verstanden wird).

Gibt es denn nichts, was man als »normal« oder »anormal« beim Erwerb bestimmter Fähigkeiten des kleinen Kindes klassifizieren kann?

Nein. Alles ordnet sich entsprechend der Beziehung zu seiner Mutter, seiner frühen Liebe zu ihr und über sie dann wieder zu sich selbst und zu den anderen. Es ist wirklich nicht möglich, für das, was ein Kind an Fähigkeiten erwirbt, Normen anzugeben, um dann entsprechend dem, was es kann oder nicht, zu urteilen.

Ich würde im Gegenteil sagen, daß die Entwicklung eines Kindes in gewissem Sinn vorgezeichnet ist, sie bewegt sich entlang der natürlichen Fähigkeiten, die es besitzt und die es von Anfang seines Lebens an begleiten, d.h. wenn es sich von seinen Eltern, die es liebt, geliebt fühlt und in einer fröhlichen Atmosphäre aufwächst. Ich möchte es einmal so ausdrücken: ein Kind fühlt sich in Sicherheit, wenn man nicht unbedingt will, was es nicht möchte, was umgekehrt nicht bedeutet, daß man nur tun sollte, was es will oder ihm alles gibt, wonach es verlangt.

Und was die Eltern angeht: die Mutter und der Vater sollten ihr eigenes Leben weiterführen, tun, was sie tun müssen und was ihrem Leben einen Sinn verleiht. Natürlich verfügt man, wenn ein Baby da ist, das alle drei Stunden ernährt werden muß und übrigens ja auch Geld kostet, über weniger Freiheit. Aber das ganze Leben der Eltern sollte sich nicht nur um das Kind drehen und sie sollten sich von diesem nicht völlig vereinnahmen lassen. Es kann an ihren Unternehmungen ja auch beteiligt sein, in der Nähe sein, wenn sie etwas zu tun haben oder Freunde empfangen.

Nur sollte man in seiner Anwesenheit den Geschlechtsverkehr vermeiden, auch wenn es schläft, denn unbewußt nimmt es doch an allem teil, wenn es schläft, sogar noch stärker; die Erregung aufgrund von Lustgefühlen sowie aufgrund von Wutanfällen oder Ängstlichkeit der Eltern provoziert beim Kind zu starke Empfindungen. Man darf das Kind weder durch die Stimme, durch Liebkosungen noch durch zu heftige Bewegungen in einen überstarken Reizzustand versetzen. Man sollte es sich auch nicht aus Spaß gegenseitig wie einen Ball zuwerfen und sich auch nicht über es lustig machen: gerade in dieser Beziehung reagiert ein Kind sehr sensibel, selbst, wenn es sich nichts anmerken läßt.

Aber wie ist es nun mit dem Erwerb ganz bestimmter Fähigkeiten?

Sie wollen wohl nicht locker lassen?
Also gut! Man muß dazu wissen, daß Fähigkeiten nur allmählich erlernt werden können und das Zentralnervensystem des Menschen bei der Geburt des Kindes noch nicht fertig ausgebildet ist; das Gehirn ist zwar schon ausgebildet, aber nicht die Nervenenden, die zu den Händen führen; diese wiederum werden früher ausgebildet als jene, die zum Gesäß oder zu den Füßen führen. So kann der Tastsinn des Kindes entwickelt sein, ohne daß es schon seine Bewegungen kontrollieren kann. Das Rückenmark entwickelt sich durchschnittlich bis zum Alter von 24 bis 28 Monaten.
Hieraus folgt, daß das Kind viele Dinge lernen und können muß, bevor ihm durch Dressur die Beherrschung seines Schließmuskels aufgezwungen wird. Denn es ist nicht von Beginn an in der Lage wahrzunehmen, was in der Gegend von seinem Gesäß stattfindet und kann also erst viel später lernen, sein Pipi natürlich zu kontrollieren. Die Fähigkeit, mit dem Mund und mit den Lippen Formen zu erkennen, ist sehr früh vorhanden; ebenso die Geschmacksempfindung, die Fähigkeit, mit der Nase Gerüche auseinanderzuhalten, mit den Ohren Laute zu erkennen (ihren Klang, ihre Tonhöhe, ihre Intensität), also Lieder zu behalten, Stimmen zu erkennen, den Tonwechsel wahrzunehmen und die Betonung der Wörter (die das Kind erst viel später wird selbst aussprechen können). Das Kind lernt auch Farben auseinanderzuhalten, ihre Intensität wahrzunehmen und das, was sie mit etwas anderem verbindet. Es gibt Bilder, Gemälde und Malereien, die es sehr gern mag, und es hört auch zu, was man darüber sagt. Andere sind ihm wiederum gleichgültig und es interessiert sich nicht dafür. Kinder mögen sehr früh Blätter, die sich vor dem Hintergrund des Himmels bewegen, sie sind empfänglich für das Rauschen des Windes, der die Blätter hin- und herbewegt. Sie mögen das

Grüne, die Luft, die Blumen, den Gesang der Vögel, die am Himmel ziehenden Wolken. Sie mögen, was sich bewegt, weil Bewegungen das Leben bedeuten. Man kann bzw. müßte mit ihnen über alles »sprechen«, was ihre Aufmerksamkeit fesselt. Die vielfältigen mimischen Ausdrücke des Kindes sind die stillschweigenden Antworten auf alles, was um sie geschieht und auf die erklärenden Wörter – vor allem die der Mutter und des Vaters.

Es gibt also eine natürliche Ordnung für die Möglichkeiten des Erwerbs bestimmter Fähigkeiten beim Kind – die Ordnung ist für alle dieselbe, aber das Tempo ist je nach Art des Kindes und der Mütter verschieden. Und gerade dieser natürlichen Ordnung sollte man auf keinen Fall entgegentreten.

Zum Beispiel ist es gefährlich, wenn ein Kind zu früh spricht. Ich meine damit, daß es gefährlich ist, wenn nur das Sprechen für seine Mutter einen Wert darstellt und wenn das Kind dadurch zu einer Art Tonband wird, das die Wörter oder die halben Sätze der Mutter durch Nachahmung nur wiederholt, weil es ihre einzige Freude ist. Es gibt Kinder, die dem Anschein nach perfekt wie die Erwachsenen sprechen, die sich aber nicht bewegen, keinen Lärm machen, die Gegenstände nicht verrücken, nicht klettern und auf nichts neugierig sind, was man – aus reinem Vergnügen – berühren kann. Wenn ein Kind bereits perfekt spricht, bevor es geschickte Hände, wie die der Erwachsenen hat, um sich allein ernähren zu können (so daß es noch von den Erwachsenen gefüttert werden muß, weil es nicht allein essen will oder kann), hat man es mit jemandem zu tun, der sich im Grunde gerade nicht »ordentlich« entwickelt.

Genauso ist ein Kind, das zwar sauber ist und auf Bitten der Mutter – um ihr zu gefallen – auf den Topf geht, ein dressiertes und von den Erwachsenen total abhängiges Kind. Vor dieser Reinlichkeitserziehung sollte es erst einmal seiner Lust nachgehen zu spielen, in der Hocke zu sitzen, geschickt zu laufen oder eine Haushaltsleiter aus Spaß hoch- und wieder herunterzuklettern. Andernfalls handelt es sich in bezug auf »seine Natur« und seine spontanen Fortschritte eher um eine »unordentliche« Entwicklung. Die Dressur führt dazu, daß es auf die angenehmen Empfindungen, die sich um die Tätigkeit seines

Schließmuskels gruppieren, verzichtet, denn dessen Funktionieren ist mit Lustgefühlen verbunden. Es verzichtet dann auf seine eigene Lust, um seiner Mutter einen Gefallen zu tun, um mit ihr in Frieden zu leben. Und es gibt sich dabei selbst auf. Ebenso verhält es sich in bezug auf seine Motorik. Das Kind entwickelt sie beim Spielen mit anderen Kindern, um den Raum zu entdecken, die Gegenstände zu beherrschen, sie kennenzulernen und um dann aus der Freude am Umgang mit ihnen zu lernen, wie man sie bewegt und wozu man sie gebrauchen kann. Dabei schwätzt es vor sich hin, macht Krach und hält kleine Reden auf seine Art. Wenn die Mutter es andauernd zum Schweigen bringt und ihm verbietet, Dinge zu berühren, die es leicht erreichen kann und die für es nicht gefährlich sind, zieht sich das Kind immer mehr zurück, seine Möglichkeiten werden ihm beschnitten und es ist blockiert in bezug auf das Erlernen von Fähigkeiten.

Was können Sie also abschließend in bezug auf die Normen für den Erwerb bestimmter Fähigkeiten beim Kind sagen?

Ich denke, daß ich bereits genug darüber gesagt habe. Ein Kind ist dann »flexibel«, also beweglich, wenn der Ausdruck seines Mundes, sein Geschmack, sein Blick, seine Höraufmerksamkeit und seine Geräusche stetig wechseln; wenn es nimmt, wegwirft, berührt und die Dinge bewegt und all dies entsprechend seinen Bedürfnissen; wenn es in dem Maße, wie es groß wird, spielt, was es bei den anderen sieht oder selbst Spiele erfindet; ein Kind, das die Bedürfnisse seines Körpers allein befriedigt, d.h. ißt, wenn es Hunger hat, sich wäscht, weil es ihm angenehm ist, sich allein beschäftigen kann, aber doch das Spielen mit Kindern seines Alters vorzieht; ein Kind, das sich bei all diesen Tätigkeiten in Sicherheit fühlt, das eine wachsame, aber keine ängstliche Mutter hat, die weder zu viel erlaubt noch zu streng ist, die nicht die Sklavin des Kindes ist und aus ihm kein Stofftierchen, Püppchen oder Schoßhund macht; das eine Mutter hat, die es lachen und singen hört, die es mit anderen Menschen außer ihm glücklich sieht, ohne daß sie es vernachlässigen oder von ihm in Gesellschaft anderer

mehr abverlangen würde – das alles zusammengenommen wäre ein gutes und lebendiges Kind, ein glückliches Kind, das sich in seiner Haut wohlfühlt, das sich so entwickelt, wie es ihm ganz persönlich entspricht – mit seinen Eigenarten, die respektiert werden.
Erst durch seine Beziehung zu den anderen, zu dem Lebenden, zu den Tieren, den Pflanzen, den Blumen, den Elementen, den Gegenständen und durch die Worte, die über all dies gesagt werden, wird ein Kind zu einem Wesen, das nach Austausch mit seiner Umwelt trachtet, ein Wesen des Habens, Tuns, Nehmens und Gebens, Wissens und Erfindens: zu einem Menschen, der sich Tag für Tag zu einer zu gesellschaftlichen Kontakten fähigen Person entwickelt – und das ist der Mensch schon im Alter von ca. 30 Monaten.

Soweit zu den Fähigkeiten eines Kindes bis zum Alter von 30 Monaten.

Das Kind hat bis zum Alter von drei Jahren sehr viele Dinge zu lernen, um überall in Sicherheit zu sein, um sich an die Disziplin im Kindergarten anpassen und dort Spaß haben zu können, um freudig neue Aktivitäten zu entwickeln, anstatt sich womöglich zurückzuziehen.
Es wird seinen Namen erfahren – und warum gerade diesen Namen – sein Geschlecht, seine Herkunft, von wem es die Tochter oder der Sohn ist und was dies bedeutet; seine Adresse, die Straßennamen, den Weg zum Kindergarten. Und es wird noch lernen müssen, daß man nicht alles hat, was man haben möchte, daß man nicht nehmen darf, was einem nicht gegeben wird, und daß alles seinen Preis hat; daß man sich zu verteidigen wissen muß, anderen nicht mit Absicht schaden soll, auf der Straße vorsichtig sein muß; es wird in dieser Zeit alles lernen, was ihm in der Gesellschaft Sicherheit gibt und ihm Tag für Tag die Möglichkeiten der Entwicklung neuer Fähigkeiten eröffnet, wodurch es dann immer unabhängiger wird und gelungene Beziehungen zu anderen aufnimmt, unter denen es sich seine »Auserwählten« aussucht und Freundschaften knüpfen wird. Und mit den anderen muß es auch lernen, zurechtzukommen.

Das war ein langes Schlußwort und ich danke Ihnen dafür – im Namen der Kinder und der Eltern ... Und noch einmal in aller Kürze: es gibt keine Normen!

Nein. Es gibt die Ordnung der Natur und die Liebe der Eltern und die Erziehung kann sie nutzen und das, was in ihr angelegt ist, entwickeln oder nicht; aber man sollte wirklich vermeiden, ihr in irgendeiner Weise entgegenzutreten.

50

Ein Kind muß allein zurechtkommen
(Alltag und Hausaufgaben)

Viele Eltern sehen sich immer wieder vor folgendes Problem gestellt: »Wie kann ich meinem Kind beibringen, daß es sich besser um seine eigenen Sachen kümmert? Es ist so zerstreut, weiß seine Hausaufgaben nicht zu organisieren, usw. usw.«
Ich will zunächst einen typischen Brief herausgreifen. Er ist von einer Mutter, die Sie um Rat bittet, was sie ihrem achtjährigen Jungen sagen soll, damit er endlich lernt, allein zurechtzukommen. Sie hat noch zwei weitere Kinder, eines ist sechs Jahre, das andere ein Jahr alt. Nun weiß sie nicht mehr, welche Argumente ihr noch einfallen sollen, damit sie ihren Sohn davon überzeugen kann, auf seine Sachen selbst aufzupassen. Neulich habe er Folgendes angestellt: er kam bei Regenwetter nach Hause – bzw. stürzte in die Wohnung, wie er es immer zu pflegen tut – und trug seinen Anorak unter dem Arm. Natürlich war der Junge von Kopf bis Fuß völlig durchnäßt. An einem anderen Tag hat er seinen Schulranzen nicht richtig zugemacht, so daß sein Aufgabenheft und sein Radiergummi auf der Straße gelandet sind. »Mein Mann ist der Meinung, daß ich unseren Sohn zu sehr beschütze, so daß er nicht gelernt hat, für sich und seine Sachen selbständig die Verantwortung zu übernehmen. Vielleicht hat er recht. Aber seit nunmehr zwei Jahren kämpfe ich doch darum, daß er sein Zimmer aufräumt, sich die Hände wäscht, ohne daß man es ihm vorher zu sagen braucht, usw. Meine Tochter ist zwar zwei Jahre jünger als er, doch in dieser Hinsicht viel vernünftiger. Mein Sohn hingegen denkt immer, ich würde nur von ihm etwas verlangen und nur bei ihm und nicht bei den anderen alles nachkontrollieren.« Ansonsten sei das Kind sehr intelligent und würde in seiner Klasse zu den Besten gehören. Er sei auch ziemlich redselig und würde oft ein wenig zerstreut wirken: »Wenn man mit ihm über diese kleinen Schwierigkeiten

sprechen will, scheint es ihn furchtbar zu langweilen. Er schaut einen so an, als wolle er sagen: ›Laß mich doch endlich in Ruhe. Es interessiert mich einfach nicht, was du jetzt sagst.‹«

Dem Brief nach zu urteilen scheint die Mutter allein für die Erziehung dieses lebendigen und dynamischen Jungen zuständig zu sein. Der Vater sagt, sie hätte ihn zu sehr beschützt. Ich denke, daß er zu sehr die Tendenz gehabt hat, die Erziehung dieses Kindes allein seiner Frau zu überlassen, anstatt sich dafür selbst etwas mehr zu interessieren. Wie dem auch sei, meiner Meinung nach hätte sie schon vor zwei Jahren damit aufhören sollen, ihm ständig zu sagen, was er zu tun und zu lassen hat. Statt: »Paß doch auf!« (d. h. letztlich: tue alles so, wie ich es dir gezeigt habe) sollte sie ihm sagen: »Ab jetzt mußt du allein zurechtkommen. Wenn du Schwierigkeiten hast, kannst du gerne zu mir kommen und ich werde dir helfen.« Entscheidend ist, daß das Kind die Mutter von sich aus um Hilfe bittet. Ansonsten soll sie ihn in Ruhe lassen und ihm nicht andauernd Vorhaltungen machen. Wenn sein Pulli nicht richtig sitzt, ihm das Hemd aus der Hose herausguckt oder er sich beklagt, naß geworden zu sein, weil er keinen Regenmantel dabei hatte, kann sie ihm sagen: »Du hattest deinen Regenmantel vergessen? Armer Kerl, du bist ja völlig naß.« Weiter braucht sie nichts zu sagen und ihn auch deswegen nicht auszuschimpfen. Er wird auf die Dauer schon seine Erfahrungen machen. Wenn er etwas aus seinem Schulranzen verloren hat, kann sie ihm sagen, daß es ihr auch leid tut. Man sollte ihm also eher sein Mitleid bekunden, wenn er im Alltag so viel Pech hat. Er stößt auch häufig seine Tasse um, wenn er am Tisch sitzt. Ich denke, die Arme und Hände der Mutter haben zu lange an seiner Stelle gehandelt. Die beste Hilfe wäre für ihn, fortan nichts mehr zu sagen. Wenn er irgendwelche Dummheiten anstellt, wird er vielleicht von sich aus kommen und sie erzählen. Die Mutter könnte ihm daraufhin sagen: »Ich glaube, ich habe dich zu sehr beschützt, als du klein gewesen bist. Aber du wirst es schon schaffen.« Und wenn er sich mit ungewaschenen Händen an den Tisch setzt, könnte sie ihm erklären, daß es aus hygienischen Gründen nicht gut ist, mit schmutzigen Händen zu essen. Sie sollte ihn nicht vor dem

Essen zum Händewaschen schicken. Am besten, sie läßt ihn in Ruhe.
Wenn der Vater nun eingreifen will oder mit ihm sprechen möchte, sollte er es tun, und die Mutter sollte auch in diesem Fall nicht eingreifen. Sie kann sich doch auf ihn stützen. Wenn er die schmutzigen Hände seines Sohnes nicht bemerkt, sollte sie darüber hinwegsehen. Schließlich sind es nicht ihre Hände. Sie sollte dieses Kind von nun an verstärkt sich selbst überlassen, damit es in bezug auf sich und seinen Vater zu seiner Selbstidentität findet. Es wird gut gehen, denn dieses Kind ist sehr begabt und packt schon jetzt vieles selbständig an. Im Grunde hat sie es zulange daran gehindert, seine eigenen Erfahrungen zu machen.
Ich möchte von mir aus das Thema noch ein wenig ausweiten. Viele Eltern berichten uns, daß ihre Kinder mit den Hausaufgaben Schwierigkeiten haben, daß sie dabei trödeln, nie mit den Aufgaben fertig werden und stundenlang daransitzen, ohne endlich fertig zu werden. In diesem Fall kommt alles darauf an, daß ein Kind versteht, seine Arbeit richtig zu organisieren. Aber das gelingt erst ab einem bestimmten Alter und vorher können die Eltern nur wenig dafür tun. Erst wenn die Kinder auf das Gymnasium kommen, haben sie auch ein Gespür dafür entwickelt, wie man sich die Arbeit richtig einteilt, um mit ihr fertig zu werden. Es wäre natürlich nützlich, wenn man es den Kindern schon früher in der Schule beibringen würde. Da dies aber nur in Ausnahmefällen geschieht, sollten sich die Eltern (aber auch die älteren Geschwister) Gedanken darüber machen, wie sie ihrem Kind in dieser Hinsicht am besten helfen können, vorausgesetzt, daß das Kind sie von sich aus darum gebeten hat. Zunächst sollten sie sich – sofern vorhanden – mit dem Kind sein Aufgabenheft ansehen. Wenn die Aufgaben dort nicht übersichtlich eingetragen sind, weiß das Kind häufig nicht, was es an Hausaufgaben eigentlich aufbekommen hat. Man kann es schnell beheben, indem man das Kind bittet, doch einmal das Aufgabenheft eines Klassenkameraden mit nach Hause zu bringen, um die Hefte zu vergleichen. Viele Kinder kommen auch beim Diktieren der Hausaufgaben nicht mit oder sie wollen am Schluß der Stunde schnell fertig sein und übersehen die eine oder andere

Aufgabe. Hat das Kind gelernt, wie wichtig es ist, die Hausaufgaben richtig einzutragen, geht man zum nächsten Schritt über, indem man mit dem Kind zusammen eine bestimmte Zeit festlegt, die es für jede Aufgabe braucht: »Du brauchst für dieses Fach oder für diese Aufgabe zwanzig Minuten. Wenn alles klargeht, dann bist du um soundsoviel Uhr damit fertig.« Man schreibt dann den Zeitplan auf einen Zettel, den das Kind neben sich legt. Die Mutter behält die Zeiten im Kopf und schaut dann auf den Zettel: »Jetzt reicht es. Du hast genug Zeit für diese Aufgabe gebraucht. Fang mit der nächsten an.« Sonst sind die Kinder – vor allem, wenn sie später auf das Gymnasium gehen – wirklich verloren; denn die Lehrer verlangen für die einzelnen Fächer wirklich sehr viel und die Kinder werden ohne festen Zeitplan meistens nie mit den Hausaufgaben fertig. Nach einigen Wochen wird das Kind allmählich gelernt haben, die einzelnen Aufgaben innerhalb eines bestimmten Zeitraums zu erledigen, auch wenn es die eine oder andere Aufgabe vielleicht nicht bearbeitet hat. Man muß lernen, aufhören zu können und einen Mittelweg zwischen Nachlässigkeit und Perfektionismus finden. Entscheidend ist doch, in einer Zeit, die man sich selbst vorgegeben hat, ausreichend produktiv gewesen zu sein.

Uns liegt noch der Brief einer anderen ratlosen Mutter vor: Sie hat zwei Söhne (acht Jahre und ein Jahr alt) und eine vierjährige Tochter. Das Problem, das hier aufgeworfen wird, betrifft den achtjährigen Sohn: »Er ist ein fröhliches Kind, das auch in der Schule einen unbekümmerten Eindruck hinterläßt. Aber seine Hefte sind nicht ordentlich gehalten und ich will versuchen von ihm zu erreichen, daß er sie zumindestens sauberhält.
Bevor er nun heute morgen in die Schule ging, schrieb er in aller Eile einen kurzen Brief an einen Austauschschüler, der ihm von der Schule vermittelt wurde. Eigentlich hätte er ihn gestern abend schreiben sollen, als er seine Schulaufgaben machte, aber der Brief stand natürlich nicht im Aufgabenheft, das ich mir jeden Tag nach der Schule ansehe, und so hatte er ihn vergessen. Nun hatte er in diesem Brief zwei Fehler mit dem Kugelschreiber verbessert, obwohl ansonsten alles mit Bleistift geschrieben war.

Inzwischen war es auch höchste Zeit, sich auf den Schulweg zu machen, aber ich schlug ihm wegen der hingekritzelten Korrekturen vor, den Brief sofort noch einmal zu schreiben: ›Du schreibst den Brief noch einmal. Das hast du davon, wenn du immer alles in letzter Minute erledigst.‹ Er hat sich darüber sehr aufgeregt und fing an zu weinen. Plötzlich sagte er: ›Nein, Mutti, das mache ich nicht. Ich werde doch zu spät kommen ... bitte.‹ Da ich nicht nachgab, sagte er dann: ›Ich werde mich umbringen!‹. Ich hörte meinen Sohn das erste Mal so sprechen, worauf ich es mit der Angst zu tun bekam. Ich habe ihm daraufhin ruhig erklärt, daß er das nächste Mal früher an seinen Brief denken sollte und daß wir uns deswegen nicht so streiten sollen. Das hat ihn getröstet und beruhigt ging er zur Schule, ohne den Brief noch einmal neu schreiben zu müssen. Nun befürchte ich, daß er diesen Satz ›Ich werde mich umbringen‹ bei der nächsten Gelegenheit wieder anbringt, da er sich bestimmt darüber Gedanken gemacht hat, wie er bei mir angekommen ist. Wenn man so will, könnte er mich fortan mit diesem Satz erpressen. Was kann ich tun, wenn eintrifft, was ich befürchte? Zum ersten Mal weiß ich wirklich nicht, wie ich mich verhalten soll.«

Ich finde den Brief sehr interessant, denn er zeigt, wie eine Frau nicht versteht, die Mutter eines achtjährigen, begabten Jungen zu werden. Ab sieben oder acht Jahren muß ein Junge wissen, daß seine Mutter ihm vertraut. Ich denke, es wäre für sie jetzt das beste, wenn sie die Aufpasserrolle, die sie ihrem Sohn gegenüber einnimmt, allmählich ablegt. Denn sie verdirbt damit nur die Beziehung, die sie zueinander haben. Andererseits wäre es für den Jungen vielleicht besser, nach der Schule in einen Hort zu gehen und dort seine Schulaufgaben zu machen. So bräuchte seine Mutter nicht länger seine Hefte zu kontrollieren. Sie könnte ihm sagen: »Ich hoffe, daß du jetzt allein zurechtkommst ... Ich habe dich lange genug geärgert, damit du deine Hausaufgaben ordentlich machst ... Von jetzt an will ich dir vertrauen.« Es ist höchste Zeit, daß dieses intelligente Kind selbständig wird und für sich selbst sorgt. In bezug auf den Brief an den Austauschschüler: Was ist denn dabei, wenn ein paar Fehler darin sind? Über das Verhalten der Mutter bin ich zutiefst erschrocken: Ich finde es wirklich schockierend, daß diese Frau den Brief eines Kindes an ein anderes Kind korrigieren will bzw. einen fehlerlosen Brief verlangt!

Im Postscriptum schreibt die Mutter noch folgendes: »Ich habe seine Rückkehr von der Schule abgewartet, bevor ich Ihnen schrieb, denn ich wollte wissen, in welcher Verfassung er war.« Das Kind ist nach Hause gekommen und hat sie lange angeschaut. Dann hat es gesagt: »Jetzt bist du aber viel ruhiger als heute morgen.« Jetzt hat sie Angst, daß er diesen Satz »Ich werde mich umbringen!« demnächst noch einmal als Erpressungsmittel gegen sie einsetzen wird. Wie sehen Sie eigentlich das Verhalten des Kindes? Halten Sie es für intelligent oder für gestört?

Sein Verhalten beweist ganz einfach, daß der Junge nicht mehr weiß, was er tun soll, um seine Mutter loszuwerden, damit er selbständig werden kann. Sie deprimiert ihn so sehr, daß er nicht mehr zu sich selbst stehen kann, da sie ihn mit dem Bild eines ›Selbst‹ konfrontiert, das immer im Unrecht ist und deswegen ständig getadelt werden muß. Er fühlt sich durch sie einfach in die Enge getrieben. Er mag ein wenig unbekümmert sein, aber darin sehe ich nichts Schlechtes. Im Gegenteil, wären wir alle ein wenig unbekümmerter, würden wir uns viel besser fühlen. Auch er wird irgendwann seine Probleme haben. Im Moment aber ist er noch nicht in einem Alter, um ständig über Probleme nachzudenken. Warum muß ihm seine Mutter welche schaffen? Sind denn die Rechtschreibfehler wirklich so wichtig? Bei einem Diktat in der Schule sollte man natürlich darauf achten, keine Fehler zu machen, und wenn, sollte man sie korrigieren können. Aber wie kann die Mutter den Fehlern im Brief ihres Sohnes an ein anderes Kind so große Bedeutung beimessen?

... und daß er mit Bleistift anstatt mit Kugelschreiber schrieb ...

Also, ich finde den Brief schrecklich. Ich hoffe, daß die Mutter die Lektion, die ihr der Sohn erteilt hat, verstanden hat. Ich glaube nämlich nicht, daß der Junge davon gesprochen hat,

sich umzubringen, nur um seine Mutter zu erpressen. Er hat es gesagt, weil er allmählich zu der Überzeugung kam: »Es ist anscheinend nichts mehr zu machen. Und wenn so das Leben sein soll, bedeutet es mir nichts.« Ich wiederhole, mit acht Jahren muß er für sich selbst leben, er muß für sich selbst sorgen können, auch um den Preis, in der Schule schlechtere Noten zu bekommen. Wie gesagt, es wäre besser, er ginge nach der Schule in einen Hort, so daß er zu Hause nicht noch irgendwelche Aufgaben zu erledigen hat. Es ist viel wichtiger, daß die Familie abends in guter Stimmung zusammensitzt, als daß es ständig heißt: Geh' an die Arbeit, mache deine Hausaufgaben fertig usw. Die Mutter sollte für den Jungen nicht noch eine zusätzliche Lehrerin sein.
Mich wundert auch, daß der Vater des Jungen gar nicht erwähnt wird... Vielleicht würde er so denken wie ich und seiner Frau sagen: »Hör auf, dich andauernd um ihn zu kümmern! Mit acht Jahren wird er schon wissen, was er zu tun hat.«

Ich bin sicher, daß diese Mutter aufgrund Ihrer Antwort befürchten wird, ihr Verhalten gegenüber ihrem Sohn vollständig ändern bzw. vor ihm kapitulieren zu müssen. Sie wird sich sagen: »Jetzt wird er mich nur noch ausnutzen.«

Das glaube ich nicht. Sie sollte versuchen, mit ihm zu reden. Warum hat sie auf seine Bemerkung »Du bist jetzt viel ruhiger« eigentlich nicht geantwortet: »Ja. Ich habe nicht damit gerechnet, daß mein Verhalten bei dir zu solch einem Satz führen würde. Aber weißt du eigentlich, daß ich dich sehr lieb habe?« Denn er weiß nicht, daß sie ihn lieb hat. Er wollte sich in der Schule nicht verspäten und sie ließ ihn nicht gehen. Statt dessen machte sie ihm Vorhaltungen. Aber schließlich muß er doch zur Schule gehen, und zwar unabhängig davon, was die Mutter sagt oder nicht sagt, ob er gefrühstückt hat oder nicht, fertig angezogen ist oder nicht... Wenn er zur Schule gehen will, soll er gehen. Es ist schließlich seine Sache. Mit acht Jahren, und ich wiederhole es ein letztes Mal, muß ein Kind für sich selbst sorgen können. Natürlich soll man darauf achten, daß es im großen und ganzen alles richtig macht. Man soll es aber nicht bis ins kleinste Detail kontrollieren.

51

Nicht nur die Eltern zählen …

(Lesen, Fernsehen; das begabte Kind)

Man hat den Eindruck, daß viele Eltern von ihren Kindern enttäuscht sind, sobald sie nicht mehr ihren Vorstellungen oder ihren Wünschen entsprechen …

Leider!

Die Mutter eines dreizehnjährigen Jungen schreibt Ihnen folgendes: »Er interessiert sich überhaupt nicht für Bücher, obwohl wir, sein Vater und ich, sehr gerne lesen. Aber es ist uns anscheinend nicht gelungen, ihn für Bücher zu begeistern. Am liebsten mag er Comics (immerhin), wobei er sich allerdings eine Zeitlang damit begnügte, sich nur die Bilder anzuschauen. Nur wenn er den Sinn eines Bildes nicht auf diese Weise herausbekam, las er den dazugehörigen Text. Mit sechs Jahren hörte er sich am liebsten Geschichten auf Schallplatten an, z. B. die Erzählung ›Der kleine Prinz‹.*« Als er dann lesen konnte, schlug ihm seine Mutter vor, parallel zum Hören der Schallplatte auch das Buch zu lesen: »Aber nach wenigen Minuten hatte er es schon wieder zugeklappt und wollte es nicht mehr anrühren. Er hat dann zwar lesen gelernt, aber meiner Meinung nach wie ein Papagei, d. h. er äffte die Worte nach, ohne ihren Sinn richtig verstanden zu haben. Das ging solange, bis ich in einer Kinderzeitschrift ein Spiel fand, das ihn sehr interessierte, und mit Hilfe dieses Spiels lernte er dann, richtig zu lesen.« Sie führt noch einige Beispiele mehr an und beendet ihren Brief mit der folgenden Bemerkung:*
»Ich denke, daß er irgendwann von allein auf den Geschmack kommen wird, wie es bei ihm immer der Fall war. Sein erster Zahn ist z. B. mit vierzehn Monaten gekommen. Und dann hat er eines Tages das Fläschchen weggeworfen und wollte von

diesem Zeitpunkt an nur noch mit dem Löffel essen. Auch interessiert er sich für Sport, Bastelarbeiten und Musik, nur will er nicht richtig für die Schule lernen. Er nimmt in der Schule am Musikunterricht teil und kann auf der Orgel schon ganze Stücke spielen. Dabei hören wir ihm gern zu und unterhalten uns miteinander darüber. Aber es ist wirklich schade, daß er für Bücher so wenig übrig hat, denn schließlich verbaut er sich damit den Zugang zu einer Welt, die sehr interessant sein kann. Und auch für die Schule wäre es schließlich von Nutzen, noch andere Bücher als die zu lesen, die für die Schule unerläßlich sind.«

Dieses Kind entspricht wohl tatsächlich nicht den Vorstellungen und Wünschen seiner Eltern. Sie haben ein Kind, das ganz anders ist als sie selbst. Vielleicht ist es auch so geworden, weil es immer, wenn seine Eltern in ihre Bücher vertieft waren, das Gefühl hatte, von ihnen nicht beachtet zu werden. Die einzige Methode, ein Kind zum Lesen anzuregen, besteht darin, ihm schon von früh an längere Geschichten vorzulesen. Einen anderen Weg weiß ich nicht.

Aber mit sechs Jahren hörte er doch gerne Geschichten ...

Ja, ich weiß, aber audiovisuell, d. h. auf Schallplatte, im Radio oder im Fernsehen. Sicherlich mochte er es gern, daß ihm auf diese Weise eine Geschichte erzählt wurde. Aber die Kinder mögen doch viel lieber, wenn der Vater oder die Mutter ihnen vorliest. Da diese Leute ja selbst so gerne lesen, könnten sie ihrem Sohn – mit dreizehn Jahren ist man, was das Lesen betrifft, schon fast erwachsen – alles, was sie lesen, laut vorlesen. Wenn der Junge sich dabei langweilt, kann er ja weggehen. Sonst kann er eben zuhören und von seinen Eltern etwas lernen.
Allerdings möchte ich in diesem Zusammenhang auch erwähnen, daß das Lesen von Büchern in sehr frühem Alter häufig eine Flucht vor der Realität darstellt. Die Eltern sind dann zwar begeistert, daß ihr Kind so viel liest, doch für seine soziale Entwicklung ist es nicht von Nutzen. Hinzu kommen ja auch noch Fernsehen und Radio. In dieser Beziehung haben sich die

Zeiten sehr geändert. Aber auch früher gab es Kinder, die keinen richtigen Kontakt zur Wirklichkeit über soziale Beschäftigungen fanden und sich statt dessen in eine Traumwelt flüchteten, die sie in ihren Büchern fanden. Der Junge, um den es hier geht, setzt sich aber aktiv mit der Wirklichkeit auseinander und darin sehe ich etwas ausgesprochen Positives. Erst mit sechzehn Jahren sollte man eigentlich Spaß daran haben, der Realität durch das Lesen eines Buches einmal entfliehen zu können, vielleicht weil man sich langweilt oder weil es einem gerade an menschlichen Kontakten fehlt. Und mit achtzehn oder neunzehn Jahren profitiert man noch mehr vom Lesen, denn man hat bereits bestimmte Kenntnisse über die Wirklichkeit erworben und entsprechende Erfahrungen hinter sich, die in Büchern häufig – in anderer Form – wieder angesprochen werden. Ohne diese ›Lebenserfahrung‹ erscheint der Inhalt eines Buches wie eine künstliche Welt, eine Welt, die sich nicht in Zusammenhang bringen läßt mit dem, was man selbst erlebt und erfahren hat. Das eigene Leben wird auf diese Weise nicht bereichert, indem man von Dingen erfährt, die den eigenen Wissenshorizont erweitern, sondern durch etwas ersetzt, zu dem man in der Wirklichkeit keine Beziehung hat.

Mit Ihrer Äußerung, daß die Eltern einem 13jährigen Jungen vorlesen sollen, was sie selbst lesen, werden Sie wohl nicht überall auf Zustimmung stoßen. Schließlich sind ja nicht alle Bücher für dieses Alter geschrieben ...

Um solche Bücher geht es mir auch nicht. Ich meine ja nicht, daß die Eltern ihren Kindern etwa pornografische oder erotische Bücher vorlesen sollen. Aber wenn es sich um gut geschriebene Bücher handelt, dann sind doch schon Kinder ab zehn oder elf Jahren dafür zugänglich. Die Eltern schlagen dem Kind in diesem Falle vor, ihm etwas vorzulesen, z.B.: »Hör mal, diese Seite des Kapitels, das ich gerade lese, finde ich ungeheuer gut. Ehrlich, ganz toll. Ich lese sie dir einmal vor.« Und die Kinder können mit ihren Eltern dann darüber diskutieren. Und nur auf diese Weise lernen sie einen Autoren auch schätzen. Ein Buch hat nämlich nur dann einen Sinn, wenn man zu dem Autoren, der es geschrieben hat, auch eine gewisse Beziehung hat. Andernfalls verstehen die Kinder ein Buch nicht, es bleibt ein beliebiger Gegenstand bedruckten Papiers. Die Buchstaben werden erst dann lebendig, wenn die Eltern es verstehen, sie lebendig zu machen. Die Tatsache, daß der Junge den ›*Kleinen Prinz*‹ so gern mochte, stützt meine Annahme: Er mochte die Geschichte, weil sie ihm mit einer – zwar fremden Stimme – dennoch lebendig gemacht wurde. Man liest ja auch, um eine Geschichte oder einen Roman geistig ›präsent‹ zu haben. Und wenn jemandem eine Geschichte dadurch ›geschenkt‹ wird, daß man sie ihm vorliest, ist er darüber sehr glücklich. Wenn die Eltern also den Horizont ihres Sohnes erweitern wollen, dann sollten sie so vorgehen, wie ich es ihnen vorgeschlagen habe. Auf keinen Fall werden sie Erfolg haben, wenn sie ihm einreden, er solle nur ›für sich selbst‹ lesen. Denn dabei empfindet ihr Sohn offensichtlich nur Langeweile.

Wenn wir nun schon dabei sind, über das zu sprechen, was bei einem Kind Interessen erwecken kann, sollten wir gleich das Thema ›Fernsehen‹ mit einbeziehen, ein Thema, das ja so ziemlich bei allen Eltern mit gewissen Problemen behaftet ist... Sollen oder dürfen Kinder fernsehen? Was bringt den Kindern das Fernsehen, was nimmt es ihnen? Überhaupt: Ist das Fernsehen nun gut oder schlecht?

Das Fernsehen stellt für viele Familien tatsächlich ein Problem dar. Nicht zuletzt deswegen, weil in einer Familie ganz verschiedene Interessen zusammenkommen. Und gerade hierbei bringt das Fernsehen einige Probleme mit sich, die nicht einfach zu lösen sind.

Eine Mutter erklärt, daß sie kategorisch gegen das Fernsehen eingestellt ist: »Ich bin dagegen, weil Fernsehen die Menschen wie Magneten anzieht und sie davon süchtig werden. Weiterhin verhindert das Fernsehen menschliche Gespräche. Für Kinder bedeutet es eine regelrechte Falle, in die sie hineingeraten und aus der sie nicht mehr wieder herausfinden. Auch die Augen werden viel zu sehr beansprucht! Und das Familienleben wird auch noch in Mitleidenschaft gezogen. Wir haben zwar einen Fernseher zu Hause, aber ich habe meinen Kindern verboten, fernzusehen.« Sie vergleicht das Fernsehen gewissermaßen mit einer Droge, von der die Familie nicht mehr loskommt ...

Gibt sie auch das Alter ihrer Kinder an?

Sie sind sieben und zweieinhalb Jahre. Ob es sich bei ihnen um Jungen oder Mädchen handelt, sagt sie nicht. Sie schreibt auch, daß sie im Kindergarten bzw. in der Schule ganz ausgezeichnete Leistungen erbringen ...

Das scheint mir etwas übertrieben. Im Alter von zweieinhalb bzw. sieben Jahren kann man noch nicht von ›ausgezeichneten Leistungen‹ sprechen.

Vielleicht schließt sie vom Verhalten ihrer Kinder zu schnell auf deren Leistungsfähigkeiten. Aber ich will weiter aus dem Brief zitieren: »Ihre ausgezeichneten Leistungen führe ich übrigens darauf zurück, daß sie nie fernsehen. Wir unternehmen nämlich mit unseren Kindern eine Vielzahl anderer Dinge. Wir machen Spiele zusammen, lesen, hören Musik, gehen spazieren und diskutieren viel miteinander.« Sie fügt noch hinzu, daß ihr Mann mit dem Fernsehverbot überhaupt nicht einverstanden ist und ihr vorwirft, sie würde nicht mit der Zeit gehen. Nun möchte sie wissen, wer von beiden – sie oder ihr Mann – recht hat. Sie sollen ihr aber Ihre ehrliche Meinung sagen, auch dann, wenn sie im Unrecht ist.

In bezug auf ihre Fragestellung, wer von beiden Elternteilen recht hat, möchte ich keine Antwort geben. Aber mich wundert an dem Brief, daß diese Mutter von dem siebenjährigen Kind genauso spricht wie von dem zweijährigen. Wie kann sich denn ein zweieinhalbjähriges Kind an Diskussionen beteiligen? Mir kommt es vor, als würde sie die ganze Zeit nur von dem älteren Kind sprechen, zu dem sie anscheinend eine ganz besondere Beziehung hat. Vielleicht leidet ihr Mann übrigens deshalb unter ihrem Fernsehverbot, weil er wegen dieses Kindes selbst auf das Fernsehen verzichten muß?

Ich finde, daß man auch für die Entwicklung der Kleinkinder das Fernsehen recht sinnvoll nutzen kann. Zweieinhalbjährige Kinder interessieren sich sehr für einige Geschichten, die sie im Fernsehen zu sehen bekommen. Darüber lernen schon Kinder in diesem Alter etwas über soziale Vorgänge, die sie von zu Hause nicht kennen und über die sie sich auf Spielplätzen oder im Kindergarten mit ihren kleinen Kameraden unterhalten können. Ich bin also nicht von vornherein gegen das Fernsehen eingestellt. Aber ich bin dagegen, wenn es zu einer Droge wird, auf die man nicht mehr verzichten kann, d. h. ich bin gegen die Eintönigkeit, wenn man nur noch fernsieht. Den Kindern aber ein generelles Fernsehverbot zu erteilen, halte ich für ausgesprochen altmodisch. Gerade für Kinder gibt es recht gute Sendungen im Bereich der Vorschulerziehung. In ihnen werden ihnen viele Dinge beigebracht, die dann nicht über die Eltern vermittelt werden müssen, sondern über Pädagogen, die eigens dafür ausgebildet sind. Da wird das Leben verschiedener Tiere gezeigt, werden bestimmte sachkundliche Themen abgehandelt usw. Und dann gibt es ja auch noch die Zeichentrickfilme. Vielleicht mag die Mutter diese Filme nicht, aber es gibt sehr hübsche Filme dieser Art. Natürlich auch ganz schlechte ...
Wie dem auch sei, was werden denn diese Kinder, die zu Hause Fernsehverbot erteilt bekommen haben, tun? Sie werden einfach zu Freunden gehen und dort fernsehen. Und darüber hinaus werden sie sich denken, daß ihre Mutter hinter dem Mond lebt. Und das müßte eigentlich doch nicht sein. Ich denke, daß diese Frau die Fernsehprogramme studieren und sich dann bestimmte Sendungen auswählen sollte, die sie ihren Kindern anbietet: »Heute abend gibt es etwas Interessantes im Fernsehen. Wenn ihr Lust habt – denn sie sind ja nicht verpflichtet, sich eine Sendung anzusehen, nur weil ihre Mutter gesagt hat, sie sei gut – können wir sie uns ansehen.« Und dann noch einmal zu den Sendungen für die ganz Kleinen: Sie kann sie sich ja erst einmal selbst ansehen, um sich ein Bild davon zu machen.

Der Mann hat also nicht ganz unrecht?

Zumal er selbst nicht fernsehen darf, damit seine Kinder nicht das Gefühl bekommen, sie wären die einzigen, denen man das Fernsehen vorenthält. Ich finde es generell nicht gut, wenn sich Eltern ausschließlich auf die Erziehung und die geistige Entwicklung ihrer Kinder konzentrieren und dabei ihre eigenen Interessen völlig vernachlässigen.

In dem Brief, von dem gerade die Rede ist, wird noch ein anderes Problem angesprochen. Sie sagten eben, daß man sich nicht zu sehr auf die Erziehung bzw. auf die geistige Entwicklung seiner Kinder konzentrieren sollte. Genau dieses Problem, ihre Kinder zu möglichst aufgeweckten Kindern zu erziehen, scheint diese Frau aber besonders stark zu beschäftigen. So fragt sie: »Wenn man feststellt, daß Kinder intelligent sind, daß sie alles sehr schnell begreifen, sollte man sie dann nicht besonders fördern, ihnen die Bedeutung des Lernens erklären und ihnen das Gefühl vermitteln, wie wichtig das Arbeiten an einem selbst ist? Oder sollte man sie ihre Kindheit eher ausleben lassen?"

Ich habe den Eindruck, daß sie die Antwort auf die Frage schon weiß, wenn sie schreibt »ihre Kindheit ausleben«. Natürlich sollen sie das, denn sonst würden die Kinder nur ein Teil der Mutter sein. Die Eltern sollten unbedingt wissen, daß alles, was ein Kind mit Hilfe seiner Eltern an Kenntnissen erwirbt (und sei es nur, um ihnen zu gefallen), und was es mit ihnen allein erlebt und ausgetauscht hat, in der Pubertät wie trockenes Laub von ihm herabfällt. Denn ein Kind bewahrt nur von seiner Kindheit, was es nicht im ausschließlichen Kontakt zu seinen Eltern, sondern gleichzeitig im Kontakt zu vielen anderen Menschen erlebt hat, um es auf diese Weise in seine Persönlichkeit zu integrieren. Das zu verstehen ist sehr wichtig.
Und was versteht diese Mutter eigentlich darunter, wenn sie schreibt, daß man die intelligenten Kinder schon frühzeitig fördern soll? Dazu möchte ich sagen, daß ich es für ausgesprochen schädlich halte, wenn man einem Kind rät, eine Schulklasse zu überspringen. Ein Kind, das mit fünfeinhalb oder sechs Jahren schon lesen und schreiben kann, sollte lediglich zu diesem Zeitpunkt auch eingeschult werden. Aber wenn es erst

einmal in der Schule ist, sollte es keine Klasse überspringen. Ich habe bei Kindern, die das nur gemacht haben, um ihren Eltern damit einen Gefallen zu tun, katastrophale Auswirkungen feststellen müssen. Und das Ergebnis war, daß sie die Klasse dann noch einmal wiederholen mußten ... Ich habe also nichts dagegen, daß ein Kind mit seinen Eltern schon vor der Einschulung ein wenig schreiben, rechnen und lesen lernt, zusammen mit den Eltern ist es besser als im Kindergarten. Aber gleichzeitig muß es unbedingt die Möglichkeit haben, auch mit anderen Kindern zu spielen, zu basteln usw.

Ich gewinne langsam den Eindruck, daß Sie die Leute nicht mögen, die ihre Kinder besonders fördern wollen ...

Ich halte es für gefährlich.

... und die dazu neigen, das hochbegabte Kind in ihrer Familie zu entdecken?

Kinder sind alle intelligent. Die rein schulische Intelligenz zählt nichts gegenüber der allgemeinen Intelligenz. Und darunter verstehe ich die Fähigkeit, allen Dingen, mit denen man in seinem Leben konfrontiert ist, einen Sinn geben zu können. Und diese Fähigkeit beschränkt sich eben nicht nur auf die Schulzeit. Intelligenz wird ebenso durch das Trainieren der Muskeln, durch das Erlernen der Körperbeherrschung oder durch die Geschicklichkeit der Hände geweckt. Auch das Gedächtnis hat viel mit der Intelligenz zu tun. Das Kind, von dem die Mutter schreibt, könnte ja auch durch das Erzählen von Geschichten oder Märchen sein Gedächtnis trainieren, genausogut übrigens, indem es seinen Eltern den Inhalt einer Fernsehsendung korrekt wiedergibt. Alles, was ich aufgezählt habe, trägt zur Entwicklung der Intelligenz bei. Also nicht nur das Lernen in der Schule, sondern die Auseinandersetzung mit allem, mit dem man in Berührung kommt. Ich möchte den Eltern deutlich machen, wie wichtig es ist, die Intelligenz und die Sensibilität gegenüber dem Leben mit allen Möglichkeiten, die einem Körper zur Verfügung stehen, zu entwickeln. Die einseitige Entwicklung der Intelligenz ist von keinem Nutzen.

Eltern, die ihre Kinder besonders fördern wollen, merken ja oft, daß diese – vielleicht nach einer gewissen Zeit – anfangen, die Schule regelrecht zu hassen.

Das ist auch nicht verwunderlich ...

Wahrscheinlich, weil man sie zu Hause immer nur gelobt hat oder weil man sie überforderte ...

Ich möchte noch auf eine weitere Gefahr aufmerksam machen. In ihrer Pubertätszeit haben solche Kinder, die man auf ihre geistige Entwicklung fixiert hat, häufig nur noch ihre schulischen Leistungen im Kopf. Und später, wenn sie sich auch ihren körperlichen oder sexuellen Bedürfnissen widmen wollen, müssen sie feststellen, daß sie diese Seite ihrer Entwicklung völlig vernachlässigt haben. Ihnen fehlt es dann häufig an Sensibilität gegenüber dem anderen Geschlecht, aber auch gegenüber künstlerischen Werten, und dann bricht für sie eine Welt, die sie bis dahin aufrechterhalten haben, völlig zusammen. Und an ihrem Studium werden sie dann ebenfalls jegliches Interesse verlieren. Und das ist bei Kindern, die so viel Hoffnungen in ihren Eltern erweckt haben, doch sehr schade. Wir müssen mit diesem ›alten Zopf‹, wenn ich mich so ausdrücken darf, daß nämlich die Schulzeit nur der Förderung der schulischen Intelligenz dienen soll, Schluß machen. Natürlich gibt es Kinder, die in der Schule wirklich gut mitkommen, vielleicht auch besser als andere Kinder. Aber es besteht dann trotzdem kein Grund, sie ausschließlich in bezug auf ihre schulischen Leistungen zu fördern. Aufrichtigkeit des Charakters, die Liebe zur Natur, zu den Pflanzen und Tieren, das Beobachten dessen, was um einen herum geschieht, Lebensfreude, Erfindungsgeist, körperliche Geschicklichkeit, die Geschicklichkeit der Hände, ein freies Gefühlsleben, die Möglichkeit, den anderen so zu erfahren wie er ist – das sind Eigenschaften, die sich oft nicht entwickeln können, wenn der schulische Erfolg zum einzigen Kriterium wird, das Eltern an die Entwicklung ihrer Kinder anlegen. Und genauso verhält es sich mit so wichtigen Eigenschaften wie der Fähigkeit, in der Gemeinschaft mit anderen zu leben, sich Freunde zu machen und sie auch zu behalten, sich Kenntnisse über die Geschichte seiner Familie anzueignen, seiner Stadt, seiner Gegend, seines Landes, ein reges Interesse für Kunst, kulturelle Aktivitäten oder Sport zu entwickeln und schließlich ein Gefühl für seine eigene Verantwortung gegenüber der Außenwelt zu haben. Ein lebendiges Kind ist ein Kind, das sich persönlich für irgend etwas engagiert, was es auch immer im einzelnen sein mag. Wenn ein solches Kind von seinen Eltern dabei unterstützt wird, die Niederlagen und Enttäuschungen zu überwinden, die es in der Schule oder in seinen gefühlsmäßigen Beziehungen zu anderen erfährt, wenn seine Eltern ihm dabei Zuwendung, Vertrauen und eine entsprechende häusliche Atmosphäre zu geben wissen, wird dieses Kind auch einer erfolgreichen Zukunft entgegensehen können. Und ich möchte dem noch eines hinzufügen: Wenn ein Kind von seinem schulischen Leistungsniveau anderen Kindern voraus ist, sollte man nicht nur auf seine Fähigkeiten, sich schneller als andere Kenntnisse anzueignen, achten, sondern sich auch darüber Gedanken machen, ob es in der Lage ist, seinem allgemeinen Entwicklungsstadium entsprechende Freunde zu finden, die es als ihm ebenbürtig anerkennt. Das geistige und physische Entwicklungsniveau sollten unbedingt im Einklang sein. Denn bei Kindern, die den anderen in der Schule voraus sind, besteht ansonsten die Gefahr, daß sie aus ihrer altersmäßigen Bezugsgruppe ausgeschlossen sind, besonders wenn sie körperlich oder sexuell noch nicht so reif sind wie die anderen Kinder der Klasse. Für die Persönlichkeitsentwicklung eines Kindes kann es manchmal schlimmer sein, der Jüngste als der Älteste in einer Klasse zu sein. Ein sehr begabtes Kind sollte von daher erst ab dem Alter von fünfzehn Jahren den Leistungen seiner Klasse wirklich voraus sein.

52

Warum muß die Schule so traurig sein?

(Lernen und Erziehung)

Ich möchte jetzt über den folgenden Brief sprechen, den uns eine Mutter von drei Kindern geschrieben hat. Die Kinder sind vierzehn, dreizehn und und elf Jahre alt. Neulich ist ihr dreizehnjähriger Sohn in Tränen ausgebrochen, als sie ihm seine Hausaufgaben abhörte; er lispelt ein wenig und bleibt am Anfang eines Satzes häufig hängen. Die Eltern haben versucht, dieses Problem anzugehen, indem sie mit ihm zu einem Kinderarzt und Logopäden gegangen sind. Beide haben gemeint, daß der Sprachfehler nicht gravierend sei und sich mit der Zeit von selbst geben würde. Es wäre also eine reine Zeitfrage, zumal ihr Sohn seine Sprachfähigkeit ja in der Schule und zu Hause täglich üben und somit verbessern würde. Die Mutter schreibt uns nun: »Ich möchte jetzt nicht so sehr über die rein medizinische Seite des Problems sprechen als vielmehr über die Angst, die mein Kind aufgrund seines Sprachfehlers entwickelt hat. Wir möchten ihm dabei helfen, seine Sprachschwierigkeiten auch deshalb zu überwinden, weil er in der Schule unter den Hänseleien seiner Klassenkameraden, aber auch unter den anzüglichen Witzen seines Lehrers leidet. Die Schule macht ihn unglücklich.

Die Schulpraktiken, von denen diese Mutter berichtet, sind wirklich schlimm. Es gibt Lehrer, die zwar einen geordneten Unterricht geben können, aber von dem erzieherischen Aspekt ihrer Tätigkeit keine Ahnung haben. Meiner Ansicht nach versagt ein Pädagoge in seinem Beruf, wenn er zuläßt, daß ein Kind während des Unterrichts von anderen Kindern wegen einer körperlichen Auffälligkeit oder wegen eines Sprachfehlers ausgelacht wird und deswegen darunter leidet. Das erinnert mich an den Brief eines jungen Mannes, der seine schulische Ausbildung per Fernunterricht beenden mußte, nur weil er einen Sprachfehler besaß und etwas schmächtiger war als seine Klassenkameraden. Er arbeitet heute sehr erfolgreich in seinem Beruf, aber er war zu diesem Schritt gezwungen gewesen, weil er die permanente Verspottung, der er ausgesetzt war, nicht mehr aushalten konnte. Schließlich ist jemand nicht deshalb weniger wert als andere, nur weil er eine starke Sensibilität besitzt oder unter irgendwelchen körperlichen Beeinträchtigungen leidet. Häufig tritt übrigens später das Gegenteil ein, daß solche Eigenschaften die Persönlichkeit bereichern. Aber nun noch einmal zu diesem Jungen, der ein wenig lispelt: Vielleicht könnte ihm eine Psychotherapie helfen, auch wenn die Ärzte davon ausgehen, daß sein Sprachfehler nicht so gravierend ist. Denn für den Jungen kommt es darauf an, daß er lernt, sich besser zu wehren, und zwar nicht in der Art und Weise, wie es die anderen von ihm erwarten, sondern mit den Mitteln, die seiner Persönlichkeit entsprechen ...

Wie können die Eltern ihren Kindern in einem solchen Fall sonst noch helfen? Nicht alle Eltern können es sich leisten, ihr Kind die Schule wechseln zu lassen oder mit ihm in eine andere Stadt zu ziehen? Und diese Mutter ist sich ja darüber im klaren, daß ihr Sohn nicht unter seinem Sprachfehler leidet, sondern unter den geschilderten Umständen, die sich bei ihm in der Schule abspielen.

Genau kann ich auch nicht sagen, was man dagegen unternehmen sollte. Aber vielleicht wäre es besser, wenn die Mutter ihr Kind in dieser Angelegenheit nicht zu sehr beschützt ... Und auch der Vater des Jungen könnte ihm beistehen ...

Halten Sie es eigentlich für richtig, daß Eltern in einem, wie dem eben geschilderten Fall mit dem betreffenden Lehrer sprechen?

Das ist eine zwiespältige Angelegenheit. Denn es hängt ganz von der Persönlichkeit des Lehrers ab, was sich im einzelnen aus einem solchen Gespräch ergibt. Zunächst müßte man einmal herausfinden, ob der Junge überhaupt damit einverstanden ist. Und dann besteht auch ein Unterschied darin, ob man einen Lehrer über die Lernfortschritte seines Kindes befragt, was immer notwendig ist, oder ob man mit ihm über *seine* pädagogischen Fähigkeiten oder *seine* Charakterprobleme sprechen will. Ich halte das für sehr schwierig und glaube kaum, daß es funktioniert, gerade bei einem Lehrer, der so weit geht, Spaß daran zu haben, sich mit Schülern seiner Klasse über einen ihrer Mitschüler lustig zu machen. Kinder können anderen Kindern gegenüber häufig genug grausam sein, aber man kann mit ihnen auch darüber sprechen. Aber mit einem Erwachsenen, der unter so starken Minderwertigkeitsgefühlen leidet, wie dieser Lehrer, der es nötig hat, über jemanden zu spotten, der von Natur aus benachteiligt ist? Ich befürchte, daß die Eltern durch eine Intervention bei diesem Lehrer die Situation eher noch verschlimmern würden. Und man kann schließlich auch nicht jeden Menschen dazu auffordern, eine Psychotherapie zu machen. Trotzdem ist es furchtbar, daß bestimmte Lehrer unterrichten dürfen, obwohl ihnen die wesentlichen Voraussetzungen dazu fehlen: Sie haben zwar ihr Examen bestanden, aber sie besitzen nicht jene pädagogischen und psychologischen Fähigkeiten, derer es bedarf, mit Kindern zusammenzuleben und sie zu erziehen. Sie mögen fachlich gut ausgebildet sein, aber fungieren als menschliche Vorbilder, die von Minderwertigkeitsgefühlen gequält sind und diese an ihren Schülern kompensieren.

Das Kind, von dem wir gerade sprechen, ist seinem Lehrer in seiner Persönlichkeit wahrscheinlich weit überlegen. Er macht sich im Grunde über es lustig, weil er eifersüchtig ist, weil ihn seine Überlegenheit stört. Da bin ich mir ganz sicher.

Vielleicht könnte auch der Vater zum Direktor der Schule gehen und ihn auf die Verzweiflung seines Sohnes hinweisen. Der Direktor könnte seinerseits die Situation etwas erträglicher gestalten oder sogar beheben, wenn er mit dem Klassensprecher oder der Klassensprecherin dieser Klasse spricht. Aber wenn alles nichts hilft, wäre ich in diesem Fall schon dafür, daß der Junge die Schule wechselt, vielleicht, wenn es geht, einfach auch nur die Klasse.

Im folgenden Brief wird ein ganz ähnliches Problem angesprochen. Er ist von einer Mutter, die ein siebeneinhalb- und sechsjähriges Kind hat. Der etwas ältere Junge ist sehr lebhaft und kann sich nach Angaben der Mutter auch ausgesprochen leicht über irgend etwas aufregen. Nun hat er das Pech, daß seine Klassenlehrerin sehr streng ist. Das hat nicht nur zur Folge, daß er ziemlich schlechte Noten mit nach Hause mitbringt und ständig von dieser Lehrerin getadelt wird, sondern daß diese ihn auch noch zusätzlich schikaniert und demütigt. So hat sie ihn mit einer schlechten Klassenarbeit in die Klasse nebenan geschickt mit der Auflage, den Schülern dieser Klasse seine Arbeit vorzutragen, damit sie sich über ihn ebenfalls lustig machen können. Die Mutter schreibt: »Im Gegensatz zu dieser Lehrerin habe ich mich immer bemüht, meinem Sohn gegenüber Verständnis aufzubringen. Aber leider fehlen mir die finanziellen Mittel, meine Kinder in eine bessere Schule zu schicken, z. B. in eine Freinet-Schule«. Sie traut sich auch nicht, mit dieser Lehrerin zu sprechen, da sie davon überzeugt ist, daß diese sich sowieso im Recht fühlt. Im übrigen hat sie generell eine starke Abneigung gegenüber solchen Lehrern, die nicht dazu imstande sind, jene ruhige Atmosphäre in ihrer Klasse herzustellen, die für das Arbeiten der Kinder notwendig ist. Und im letzten Satz ihres Briefes faßt sie ihren Standpunkt noch einmal zusammen: »Warum muß die Schule für die Kinder so traurig sein?«*

Eine Erziehung, die darüber funktionieren soll, daß man jemanden demütigt, finde ich empörend. Auch wenn es nicht weiterhelfen sollte, in diesem Fall sollten die Eltern der Lehrerin wirklich ihre Meinung sagen. Vielleicht der Vater, weil er bei ihr über mehr Autorität verfügt. Aber da es schwierig ist, das Verhalten einer solchen Lehrerin zu verän-

---

* Der französische Grundschullehrer und Reformpädagoge *Freinet* entwarf Anfang dieses Jahrhunderts eine alternative Schulkonzeption. In Frankreich entstanden daraufhin sogenannte ›Freinet-Schulen‹ oder man integrierte seine Unterrichtsmethode in den herkömmlichen Schulbetrieb. Im wesentlichen geht es dabei darum, durch einen sachbezogenen, naturnahen und dem praktischen Alltagsleben verbundenen Unterricht die Trennung von Schule und Leben zu überwinden.

dern – darauf habe ich gerade hingewiesen –, bleibt der Mutter wohl nichts anderes übrig, als ihrem Kind dabei zu helfen, die Persönlichkeit der Lehrerin zu ›akzeptieren‹, indem sie ihm sagt, es käme nur darauf an, daß es in der Schule gut arbeitet und es den schlechten Charakter der Lehrerin dabei am besten ignoriert: »Du hast doch gute Noten in der Schule, und das, was sie dir vorwirft, machen doch alle Schüler irgendwann einmal.« Das würde schon reichen. Sie soll die Angelegenheit nicht noch weiter dramatisieren. Und wie aus ihrem Brief hervorgeht, tut sie es ja auch nicht.
Mich stimmen derartige Demütigungen von Kindern jedoch sehr traurig. Es ist einfach die Pflicht eines Lehrers dann einzugreifen, wenn Schüler sich über einen Kameraden lustig machen, nur weil sich dieser nicht richtig ausdrücken kann oder weil er schlechte Leistungen zeigt. Ein Lehrer muß solche Äußerungen kritisieren und unterbinden, indem er sagt: »Das ist nicht menschlich, was ihr da treibt. Überlegt doch mal, was ihr tut. Ihr seid nicht besser als Affen in einem Käfig!« Und der Lehrer sollte sich nicht zum Anführer dieser Affenhorde machen. Ein Kind soll sich in der Schule wohlfühlen, auch dann, wenn es seine Aufgaben nur schlecht bewältigen kann oder wenn es irgend etwas angestellt hat. Wenn es dem Lehrer gelingt, einem Kind bei der Überwindung seiner Schwierigkeiten, egal welchen, zu helfen, dann ist er ein guter Pädagoge. Dann besitzt er eben nicht nur die Fähigkeit zu unterrichten, sondern auch die Fähigkeit, die Kinder zu erziehen.

Ein Problem, das auf jeden Fall ernstgenommen werden muß – und nicht wenige Eltern und Erzieher ängstigt –, betrifft jene Kinder, die plötzlich sagen: »Ich werde mich töten, ich werde mich umbringen.« Hierzu der Brief einer Mutter, deren Sohn elf Jahre alt ist. Ihr Sohn hat in der Schule große Probleme im Verhältnis zu seinen Mitschülern. Er scheint ziemliche Verständigungsschwierigkeiten mit ihnen zu haben, die dazu führen, daß er von ihnen ausgenutzt wird. Seit kurzem ist er auf einem großen Gymnasium mit über dreihundert Schülern und wird dort von seinen Klassenkameraden regelrecht erpreßt. Das heißt, sie fordern von ihm, daß er ihnen Geld gibt.

So eine Art Lösegeld?

Genau. Man droht ihm, daß man ihn zusammenschlägt, wenn er ihnen kein Geld mitbringt. Von seinen Mitschülern wird er regelrecht terrorisiert. Wenn schulfrei ist, fühlt er sich prächtig, aber sobald die Schule wieder anfängt, bekommt er Angst, hat Bauchschmerzen, hat das Gefühl, keine Luft zu kriegen und möchte sich manchmal übergeben. Dann sagt er immer wieder: »Ich will nicht wieder in diese Schule gehen.« Die Mutter berichtet auch noch von anderen Auseinandersetzungen: einmal wurde er verprügelt, ein anderes Mal hat man ihm seine Monatskarte aus der Hand gerissen, als er gerade in den Bus steigen wollte. Diese Demütigungen haben dazu geführt, daß er seine Schulangst kaum noch überwinden kann. Und so hat er schließlich zu seiner Mutter gesagt: »Wenn du mich nicht in eine andere Schule schickst, bringe ich mich um.«

Diese Geschichte kann tatsächlich ein böses Ende nehmen. Warum hat eigentlich nicht längst der Vater dieses Jungen eingegriffen und ist zum Direktor der Schule gegangen? Ich habe den Eindruck, daß der Klassenlehrer gar nicht weiß, was sich mit diesem Jungen in seiner Klasse abspielt. Im übrigen würde mich auch die Meinung des Vaters interessieren. Denn manche Mütter übertreiben ja auch, wenn sie darüber berichten, was man ihren Söhnen alles antut ... Es gibt Mütter, die bei geringstem Anlaß gleich ein großes Wehgeschrei anstimmen, obwohl es ihrem Kind in der Schule gar nicht so schlecht geht wie es zu Hause immer behauptet. Solche Mütter rennen ständig zum Klassenlehrer, sich zu beklagen und dieser erzählt ihnen, daß es sich gar nicht so verhält wie die Mutter denkt ...

Meinen Sie im Ernst, daß dies nur bei Frauen vorkommt, so nach dem Motto: »Typisch Frau!«? Ich sage dies bewußt, weil Sie ja wissen, daß uns nach derartigen Äußerungen eine Flut von Protestbriefen erreicht. Was wollen Sie eigentlich damit sagen?

Ich meine nur, daß sich viele Mütter gerade mit ihren Söhnen besonders verbunden fühlen, so daß diese ihre Mütter manchmal ausnutzen – insbesondere, wenn sie in eine neue Schule kommen. Dieser Junge fühlte sich vielleicht sehr stolz und war glücklich, auf das Gymnasium zu kommen. Und dann hat sich herausgestellt, daß er im Grunde noch gar nicht die genügende Reife zu diesem Schritt in seiner Schullaufbahn besaß. Ein Kind, das nicht in der Lage ist, den anderen zu zeigen, daß man mit ihm nicht alles machen kann, was einem gerade einfällt, das sich nicht wehren kann, wird in der Schule zwangsläufig in Schwierigkeiten geraten. Dieses Kind hat, ebenso wie seine Mitschüler, einen neuen Abschnitt in seiner Schulzeit begonnen. Wenn es nun zur Zielscheibe der Aggressivität seiner Klassenkameraden wird, könnte es auch daran liegen, daß es zu Hause ständig beschützt wurde und nie gelernt hat, sich seiner Haut zu wehren. Von nun an sollte sich der Vater etwas mehr um seinen Sohn kümmern. Aber man weiß nicht, ob es in dieser Familie überhaupt einen Vater gibt... Unter den jetzigen Bedingungen sollte der Junge allerdings nicht weiterleben. Es wird vielleicht auch schon zu spät sein, um mit dem Direktor der Schule zu sprechen, da die Situation mittlerweile schon seit drei Monaten andauert. Das Kind wird entweder krank werden oder eben das tun, was es angekündigt hat. Mit Erpressung hat der ganze Vorgang wenig zu tun. Aber es stimmt: dieser Junge kann die Schulsituation nicht mehr aushalten, er fühlt sich wie am Boden zerstört.

Gerade dazu wollte ich Sie fragen: Soll man einem Kind, das damit droht, sich umzubringen, Glauben schenken?

Manchmal sagen Kinder einen solchen Satz nur so dahin, um ihren Müttern zu imponieren oder um ihnen Angst einzujagen. Im vorliegenden Fall verhält es sich aber anders. Dieses Kind ist täglich Demütigungen ausgesetzt, unter denen es derart leidet, daß es bereits krank geworden ist, wovon uns die Mutter ja berichtet. Was mit ihm in der Schule geschieht, ist wirklich fürchterlich. Die Gewalttätigkeit hat an den Schulen insgesamt zugenommen und man schenkt diesem Phänomen viel zu wenig Beachtung. Für die Opfer dieser Gewalt gibt es häufig keine Möglichkeit, sich aus ihr zu befreien.
Vielfach kommt es auch zu Integrationsproblemen, wenn ein Schüler die Klasse wechselt oder das Schuljahr etwas später

beginnt als die anderen. Ein solches Kind hat es häufig schwer, von der Klasse aufgenommen zu werden, weil sich schon bestimmte Gruppen oder Cliquen unter den Schülern gebildet haben. In diesen Fällen sollte es die Aufgabe des Lehrers sein, den neuen Schüler seinen Klassenkameraden vorzustellen. Er könnte z. B. zwei Schüler aus der Klasse bestimmen, die als eine Art Verbindung zwischen dem Neuankömmling und den übrigen Schülern der Klasse fungieren, und zwar solange, bis dieser Schüler in der Klasse integriert ist.
Um aber noch einmal auf den uns vorliegenden Brief zurückzukommen. Diese Mutter sollte auf jeden Fall versuchen, daß ihr Sohn die Schule wechselt. Da sie in einer Großstadt lebt, dürfte diese Möglichkeit auch bestehen. Sie muß auf jeden Fall etwas unternehmen, denn ihr Kind darf der von ihr beschriebenen Situation in seiner Schule nicht länger ausgesetzt sein. Und auch der Vater sollte – sofern er bei der Familie lebt – aktiv zur Lösung des Problems beitragen. Er kann sich z. B. einen Tag Urlaub nehmen und erst einmal mit dem Direktor sprechen. Und kann dann dabei helfen, daß sein Sohn in eine andere Schule kommt.

53

Denk an deine Zukunft!

(Eltern und Schulzeit)

Kommen wir noch einmal auf das Thema ›Schulprobleme‹ zurück – insbesondere auf die große Bedeutung, die Eltern im allgemeinen dem Schulbesuch ihrer Kinder beimessen . . .

. . . und auf die Ängste, die sie in diesem Zusammenhang entwickeln. Denn sie sind meistens größer als die Bedeutung, die sie der Schule als solche beimessen!

In den Fragen der Eltern tauchen immer wieder folgende Bedenken auf: »Mein elfjähriger Sohn scheint ganz glücklich zu sein. Aber was wird einmal später aus seinem Leben, wenn er in der Schule nicht zurechtkommt? Wird er dann später immer noch glücklich sein?« Und an solche Zweifel schließen sich in der Regel viele weitere Fragen an. Zum Beispiel schreibt uns eine andere Mutter: »Mein Mann ist mit dem, was Sie sagen, überhaupt nicht einverstanden! Ich persönlich bin dagegen eher Ihrer Meinung, aber er will z. B., daß unser siebeneinhalbjähriger Sohn jeden Tag das Lesen übt. Dieser ist in der 2. Klasse und hat damit besondere Schwierigkeiten. Jedesmal gibt es zu Hause ein Drama, wenn diese Leseübungen stattfinden sollen. Was meinen Sie dazu?«

Eigentlich ist ja nichts dabei, wenn dieser Vater seinem Sohn helfen will, richtig zu lesen. Aber er sollte bedenken, daß ein Kind nur dann richtig liest, wenn es auch richtig schreiben kann, wie *Freinet* festgestellt hat. Wenn nun dieser Vater gern liest, wird er auch seinen Sohn auf den Geschmack bringen . . . Er könnte ihm ja auch Geschichten vorlesen. Wenn er ihm das Lesen erleichtern will, könnte er es dadurch, daß er ihn zwei Zeilen lesen läßt und ihm erklärt: »Es ist schon wie eine Zauberkunst, alle diese kleinen Buchstaben zu lesen, die sich zusammentun, um etwas zu bedeuten.« Er könnte ihm das Lesen durch solche und ähnliche Kommentare schmackhaft machen. Dies soll aber auf keinen Fall mit Geschrei und Gebrüll einhergehen wie die Mutter andeutet. Und die Mutter könnte ihrem Sohn, wenn sie dem Kind helfen will, ein Lesespiel basteln, indem sie aus Zeitungen Druckbuchstaben ausschneidet und sie auf einen Karton aufklebt. Es gibt aber auch fertige Lesespiele zu kaufen. Sohn und Mutter könnten gemeinsam viel Spaß haben, aus den Buchstaben immer neue Wörter zu konstruieren. Oder sie können zusammen ein einfaches Kreuzworträtsel lösen. Solche Spiele würden dem Jungen bei seinen Leseschwierigkeiten viel besser helfen als ihn mit andauernden Leseübungen zu belasten, gegen die er ohnehin eine gewisse Abneigung entwickelt hat. Ein Kind kann sich und seine Fähigkeiten niemals richtig entwickeln, wenn es bei dem, was es tut, völlig angespannt und überanstrengt ist.

Kommen wir auf eine Haltung zu sprechen, die Eltern häufig gegenüber den Schulproblemen ihrer Kinder einnehmen. Eine Haltung, die, wie ich glaube, wiederum eher daraus resultiert, daß letztlich die Eltern Angst vor der Schule und den damit zusammenhängenden Konsequenzen für ihre Kinder haben: »Ich habe einen zwölfjährigen Sohn, der in der Schule schlecht ist. Bei seinen Hausaufgaben muß man ihm immer helfen.« Sein Vater erwähnt nun gegenüber seinem Sohn immer irgendwelche Verwandte, die in seinem Alter bereits Musterschüler waren und es in ihrem späteren Leben entsprechend auch zu etwas gebracht hätten ...

Lassen Sie mich gleich dazu etwas sagen: Es ist überhaupt nicht gut, einem Kind gegenüber andere Kinder als absolute Vorbilder hinzustellen. Dieser Vater scheint Minderwertigkeitsgefühle zu empfinden bzw. sich zu schämen, der Vater eines Kindes zu sein, das in der Schule keinen Erfolg hat; er möchte im Grunde der Vater eines anderen Kindes sein. Das ist der wahre Grund, wenn man seinen eigenen Kindern ein Kind aus einer anderen Familie als Vorbild hinstellt, anstatt *ihre* Qualitäten herausfinden und sie zu fördern. Es darf niemals der Sinn einer Erziehung sein, Kinder anzuhalten, andere Kinder zu imitieren; vielmehr soll man ihnen helfen, das Beste aus *sich* zu machen.

Unabhängig davon kann man sich aber schon in die Lage von Eltern versetzen, die folgendes schreiben: »Wenn wir nicht seine Hausaufgaben machen würden, gäbe es in der Schule bald eine große Katastrophe.« Anscheinend kommt es vor, daß bestimmte Kinder mit dem heutigen Schulsystem überhaupt nicht zu Rande kommen. Nun müssen sie aber in die Schule gehen, ob sie nun wollen oder nicht. Wie kann man ihnen helfen?

Wenn die Eltern unbedingt die Hausaufgaben ihrer Kinder erledigen wollen, sollen sie es machen – warum auch nicht. Allerdings sollten sie darauf achten, daß ihr Kind in dieser Zeit, wenn sie an seinen Hausaufgaben sitzen, auch glücklich ist und mit etwas anderem beschäftigt ist. Wie dem auch sei – ein Mensch ist eigentlich immer dann glücklich, wenn er sich wohl in seiner Haut fühlt. Nur dann hat er Lust auf etwas. Wenn nun die Eltern die Hausaufgaben ihrer Kinder machen, damit sie versetzt werden, bin ich prinzipiell nicht dagegen. Man kann diese Eltern ja nicht daran hindern, sich damit selbst eine Freude zu machen! Für das betreffende Kind hat es natürlich keinen besonderen erzieherischen Wert, wenn es in der Schule Zensuren bekommt, die eigentlich die Leistungen seiner Eltern honorieren ...

Aber wie kann man solchen Kindern sonst noch helfen?

Zunächst müßte man sie fragen, ob und wobei sie die Hilfe ihrer Eltern haben wollen. Denn darin liegt das eigentliche Problem. Meistens wollen die Eltern ja etwas von dem Kind, das es selbst gar nicht will. Wenn ein Kind von sich aus seine Eltern um Hilfe bittet, können sie ihm natürlich unter die Arme greifen und es unterstützen, damit es sich auf seine Arbeit konzentrieren kann. Es gibt Kinder, die es allein nicht schaffen. Auf der anderen Seite kann ein Kind nach einem langen Schultag seine Hausaufgaben nur dann ohne große Schwierigkeiten hinter sich bringen, wenn die Beziehung zwischen ihm und den Eltern entspannt, herzlich und zärtlich ist. Dann können die Eltern im Nebenzimmer ihren Beschäftigungen nachgehen, sind aber jederzeit für das Kind da, wenn es ihre Hilfe braucht. Man sollte auf jeden Fall vermeiden, das Kind wegen seiner Hausaufgaben anzubrüllen oder es zu irgend etwas zu zwingen und man sollte es auch nicht mit Hilfe von Belohnungen und Bestrafungen erpressen, das zu tun, was von ihm verlangt wird oder was man selber von ihm verlangt. Auf diese Weise verleidet man dem Kind sein Verhältnis zur Schule oder erzieht es zu einer zwanghaften Einstellung in bezug auf alles, was mit der Schule zusammenhängt. Und das Kind geht am Leben vorbei.

Der folgende Brief wirft Ihnen vor, daß Sie mit Ihren Ratschlägen der gesellschaftlichen Realität nicht genügend Rechnung tragen: »Man muß auch einmal den sozialen Hintergrund derer ansprechen, die in bescheidenen Verhältnissen leben und den Wunsch haben, daß es ihrem Kind später einmal besser geht. Schließlich gehören materieller Wohlstand und eine gute Ausbildung zusammen.« Aber zurück zu Ihrer Bemerkung, daß ein Kind an seinem Leben ›vorbeigeht‹. In diesem Zusammenhang schreibt uns eine Frau: »Ich dachte, ich hätte nicht richtig zugehört, als Sie Ihrem Publikum mitteilten, daß es nicht so wichtig sei, gute Noten aus der Schule mit nach Hause zu bringen. Sie haben ja sogar das Gegenteil behauptet, nämlich daß Kinder, die in der Schule erfolgreich sind, ihre Kindheit und Jugend gar nicht richtig ausgelebt hätten.«

Ja. Ich habe eine ganze Reihe von Briefen bekommen, die dies dokumentieren: »Mir wurde meine Kindheit und Jugend durch die Schule verdorben.«

Diese Frau ist aber anderer Meinung: »Meine Erfahrung spricht ganz dagegen. Ich habe sieben Kinder gehabt ... Meine älteste Tochter ist jetzt fünfundzwanzig Jahre und arbeitet als Diplomingenieurin; die zweite (vierundzwanzig Jahre) arbeitet als

Ingenieurin im Flugzeugbau; die dritte (zweiundzwanzig Jahre) ist staatlich geprüfte Agronomin und die letzte (zwanzig Jahre) ist Krankenschwester. Und meine drei Buben gehen noch in die Schule ...«

Es handelt sich um Kinder, die alle, wie man so schön sagt, ›etwas geworden sind‹. Die Mutter erzählt in ihrem Brief, daß sie immer für ihre Kinder dagewesen sei und es auch akzeptiert hat, ihren Kindern in gewissen Dingen unterlegen zu sein, da sie selbst keinen Beruf ausgeübt hat. Es war wunderbar, sich um das Haus und die Familie zu kümmern, das gemeinsame Leben schön zu gestalten und stets anwesend zu sein, damit sich die Kinder dank der Hilfe ihrer Mutter auf ihre Interessen und Arbeit konzentrieren konnten. Und in diesem Fall geschah es durch die Gesprächsbereitschaft der Mutter und weniger dadurch, daß sie immer ›hinter allem her war‹ und ihre Kinder unbedingt fördern wollte.

Sie schreibt auch, daß ihre Kinder überhaupt nicht am Leben ›vorbeigelebt‹ hätten, wie Sie behaupten. Ihre Kinder hätten vieles neben der Schule unternommen, Sport getrieben, Ballettunterricht genommen und Klavier gespielt ...

Die Kinder sind deshalb erfolgreich gewesen, weil sie die Möglichkeiten besaßen, auch neben der Schule etwas zu tun, was sie besonders interessierte. Es ist optimal gelaufen!

Sie beendet ihren Brief mit einem Satz, der Ihnen sicherlich gefallen wird: »Ich glaube, die glücklichsten und ›erfolgreichsten‹ Kinder findet man vor allem in den kinderreichen Familien.«

Diese Kinder sind zum einen so geworden, weil sie bereits in der Familie ein Leben vielfältigster Beziehungen vorfanden. Aber auch, weil eine entspannte Atmosphäre in dieser Familie herrschte. Ich verstehe aber nicht, was diese Frau in bezug auf meine Bemerkung über gute und schlechte Noten so gestört hat. Ich sprach doch von jenen Kindern, die von ihren Eltern ständig angehalten werden, gute Noten aus der Schule mit nach

Hause zu bringen und sich ansonsten überhaupt nicht dafür interessieren, wie sich ihr Kind Tag für Tag neue Kenntnisse aneignet und seinen Horizont erweitert. Sie denken aus Angst oder aus Ehrgeiz immer nur an die *Zukunft* ihrer Kinder. Genau das finde ich verheerend: Von Kindern ständig Leistungen zu fordern, mit denen sie sich nicht identifizieren wollen und die sie dann nur erbringen, damit sie ›später‹ einmal glücklich sind ... Auf diese Weise opfern sie ihre ganze Kindheit und Jugend, indem sie auf ihre Zukunft starren. Wer kennt nicht diesen Satz: »Denk an deine Zukunft!«. Und währenddessen langweilt sich das Kind nur noch. Was es lernt, interessiert im Grunde weder es selbst noch seine Eltern, die nur wollen, *daß* es lernt. Sie wollen gute Schulnoten, d. h. den rein schulischen Erfolg, aber mit dem Inhalt der Fächer wollen sie sich nicht beschäftigen, mit der Literatur, den Naturwissenschaften oder der Geographie. Nur die Zensur ist ausschlaggebend, aber sie kommen nicht auf die Idee, zusammen mit ihren Kindern sich im täglichen Leben die Kenntnisse, die die Schule vermittelt, anzueignen, mit ihnen darüber zu sprechen, gemeinsame Entdeckungen zu machen usw. Bringt denn die heutige Erziehung in der Schule Spaß am Lernen mit sich? Befriedigt sie die Wißbegierde der Kinder? Oder geht es nicht vielmehr nur noch um gute Zensuren, Prüfungserfolge und irgendwelche erfolgreichen Abschlüsse, die letztlich einen Preis darstellen, den die Betroffenen für ihren Masochismus ausgehändigt bekommen, mit dem sie das alles jahrelang über sich ergehen ließen und der den Kindern auch noch als Tugend eingebläut wird.

Eine Mutter schreibt uns über ihren zwölfjährigen Sohn, der sich gerade sein rechtes Handgelenk gebrochen hat. Er muß nun den Arm für fünfundvierzig Tage in Gips behalten und kann deswegen nicht schreiben. Für die Mutter stellt dieser Umstand eine mittelschwere Katastrophe dar. Der Junge war nämlich gerade ins Gymnasium gekommen, als es nach vier Tagen passierte. Sie und ihr Mann machen sich jetzt große Sorgen um ihn, da er »ohnehin schon etwas träge ist«, so die Mutter, »und jetzt erst recht nicht mehr mitzumachen braucht bzw. die

Situation, bei bestimmten Dingen nur noch Zuschauer sein zu können, einfach über sich ergehen läßt. Zu Hause muß man ständig mit ihm schimpfen, damit er sich an die Arbeit setzt und seine Hausaufgaben macht«. Seine Eltern haben ihn überdies gebeten, mit seiner linken Hand schreiben zu lernen, damit er im Unterricht nicht länger unbeteiligt herumsitzt. Er hat zwar nicht widersprochen, aber trotzdem nichts unternommen. Die Mutter berichtet weiter, mit diesem Kind schon immer Probleme gehabt zu haben. Die 3. Klasse habe es wiederholen müssen und auch ansonsten würde es ständig ›über den Dingen schweben‹ und sich zu Hause nur für seine Hühner und seinen Hund interessieren. Sport mag er auch nicht: »Für neunzig Tage ist er jetzt vom Sport befreit. Und er freut sich auch noch darüber.«

Schon verständlich.

Mit ihrem jüngeren Sohn hätte sie solche Probleme überhaupt nicht gehabt. Der würde nämlich schnell und ohne große Mühe lernen, so daß sie sich um ihn nicht weiter zu kümmern braucht. Jetzt überlegt sie sich, für den Ältesten einen Nachhilfelehrer zu finden. Denn letztes Jahr machte er seine Hausaufgaben bei einer Nachbarin und hätte die Schule viel besser gepackt. Leider ist sie aber gerade umgezogen. Die Mutter weiß jetzt nicht mehr so recht, was sie tun soll. Und was den Jungen betrifft: er wirft seinen Eltern vor, zu wenig Zeit für ihn zur Verfügung zu haben. Damit er seine Nachlässigkeit überwindet, überlegt sich die Mutter auch, ihn zu einem Psychologen zu schicken.

Auf letztere Frage vermag ich an dieser Stelle keine Antwort zu geben. Aber insgesamt denke ich, daß man ein Kind nicht zum Lesen und Schreiben zwingen kann, wenn es in seinem Kopf mit etwas anderem beschäftigt ist. Die einzige Art, ein Kind für die Schule zu interessieren, besteht meiner Ansicht nach darin, daß sich die Eltern selbst für die Inhalte, die es im Schulunterricht vermittelt bekommt, interessieren. Dieser Junge hat das große Glück, zur Zeit Zuschauer in der Schule sein zu dürfen. Die Eltern sollten diese Situation ausnutzen, anstatt ihrem Kind ständig Vorhaltungen zu machen. Da er in der Schule vom aktiven Teil – zumindestens was das Schreiben angeht – befreit ist, hat er die Möglichkeit, gut zuzuhören und aufzupassen, was seine Mitschüler tun. Er könnte vielleicht auch zu einem Schulkameraden gehen, den er besonders mag und ihm bei seinen Hausaufgaben zusehen, mit ihm über den Unterrichtsstoff diskutieren, ohne daß er selbst die Hausaufgaben schriftlich erledigen muß. Ich glaube, daß es ihm etwas bringen würde. Natürlich wäre es für diesen Jungen auch gut, daß er jemand hat, der ihm hilft, da er darunter leidet, daß sich seine Eltern nicht genügend um ihn kümmern. Das wäre richtig, vorausgesetzt, daß diese Person fröhlich und sympathisch ist.

Vielleicht sollte man auch noch anmerken, daß die Mutter am Tag in der Werkstatt ihres Mannes sehr beschäftigt ist und sie den Jungen seit der Geburt seines Geschwisters auch nicht länger ›bemuttert‹ hat, wie Sie sagen würden.

Ich denke, daß er seine Situation schon meistern wird, schließlich liebt er seine Hühner und seinen Hund. Er könnte sich z.B. auch Tierfilme im Fernsehen anschauen. Manche sind sehr spannend. Da er zur Zeit nicht schreiben kann, könnte er sich sein Wissen teilweise aus dem Fernsehen aneignen. Das ist für Kinder ganz gut, die ein wenig passiv sind und mit dem Lernen etwas Schwierigkeiten haben bzw. sich schwertun, schriftliche Arbeiten zu formulieren. Abends könnte man mit ihm über die Fernsehfilme sprechen ...
Die Mutter sollte mit ihren Vorhaltungen aufhören und nicht länger versuchen, ihn wachzurütteln. Denn es wird überhaupt nichts nutzen. Wenn sie sich dagegen für die Schulbildung ihres Sohnes interessiert, dann sollte sie sich seine Schulbücher ansehen und sich mit dem Stoff, den er lernen muß, vertraut machen. Sie könnte ihm einige Texte aus diesen Schulbüchern vorlesen und anschließend mit ihm darüber sprechen.

Lassen sich Ihre Ausführungen dahingehend zusammenfassen, daß man ein Kind nicht einfach von seinem ganzen Wesen her verändern kann. Wenn es z. B. etwas träge ist, wird man nicht dadurch etwas erreichen, daß man es andauernd antreibt ...

Das ist nicht der Punkt. Die Mutter schreibt: »Soll ich einen Psychologen befragen?« Zuerst sollte man aber herausfinden, ob sich das Kind wirklich in einer Leidsituation befindet? Im Moment habe ich den Eindruck, daß eher die Eltern leiden als dieser Junge.
Natürlich könnten sie ihn auch auf ein Internat schicken. Dann würde er weniger darunter leiden, daß seine Eltern sich nicht so viel um ihn kümmern können und würde sich auch nicht ständig mit seinem jüngeren Bruder vergleichen.

Sollte man ihn fragen, was er davon hält, bevor man etwas unternimmt. Auch in bezug auf den Nachhilfeunterricht, den die Mutter in ihrem Brief ja erwähnt?

Aber selbstverständlich! Man muß ihn auch nach seiner Meinung fragen, wenn man ihn unter Umständen zu einem Psychologen schickt. Man sollte ihn nicht einfach fragen: »Willst du ...?«, sondern ihm sagen: »Wenn du unter der jetzigen Situation leidest und Hilfe brauchst, um dich zu verändern, könntest du vielleicht einen Psychologen aufsuchen.« Denn wenn er seine derzeitige Situation gar nicht verändern will, dann würde auch der Psychologe nicht viel ausrichten können. Die Mutter selbst könnte allerdings schon jemanden um Rat bitten, da sie ja unter der Situation, so wie sie sich ihr darstellt, leidet. Ich denke, daß es in Wirklichkeit eher um sie geht. Das Kind scheint sehr wohl in der Lage zu sein, das zum Ausdruck zu bringen, was es möchte.

Die folgende Mutter hat drei Kinder: einen zwölfjährigen Jungen und zwei Töchter, die elfeinhalb und neuneinhalb Jahre alt sind. Sie gibt folgende Darstellung ihrer Familienverhältnisse: Der Vater sei zwar physisch anwesend, scheint aber seine Kinder nur dann zu registrieren, wenn sie ihn stören. Er hat ein sehr schwieriges Verhältnis zu ihnen, insbesondere aber zu seinem Sohn. Die Mutter hat nun neulich wieder angefangen zu arbeiten. Bis dahin hat sie ihrem Sohn bei den Schularbeiten geholfen, jetzt, da er in die 5. Klasse gekommen ist, kann sie sich darum nicht mehr kümmern: »Die unmittelbare Folge ist, daß er

in der Schule schlechte Noten bekommt. Auch sonst interessiert er sich für nichts, liest kein Buch, hört keine Schallplatten und holt sich auch nie ein Spiel aus dem Schrank. Andererseits ist er immer bereit, mir bei irgend etwas zu helfen, ist also sehr nett und charmant. Er trifft sich im übrigen sehr gern mit den ›scouts marins‹[1]*, und ist dann, wie ich glaube, recht glücklich.« Sie selbst aber ist traurig und macht sich Sorgen, weil die Beziehung zwischen ihr und dem Sohn nur wegen der Schule immer schlechter wird. Auch möchte sie ihn jetzt nicht mit irgendwelchen Strafmaßnahmen oder Belohnungen erpressen. »Ich habe es einmal doch getan«, schreibt sie, »und habe ihm angedroht, mit den ›scouts marins‹ keine drei Wochen Ferien machen zu dürfen, wenn er in der Schule nicht besser wird«. Das Kind war dann auch bei einem Psychologen, der gemeint hatte, daß es ihm an Charakterstärke fehlen würde. Die Gespräche mit diesem Psychologen haben den Jungen aber anscheinend nicht sonderlich interessiert. Sie macht sich also große Sorgen und fragt sich, was aus ihm später einmal werden wird, wo doch heutzutage die Schulleistungen bereits ab der 4. Klasse mit darüber entscheiden, welche Schullaufbahn jemandem bevorsteht. »Vielleicht wird er dies begreifen, wenn es bereits zu spät sein wird. Und dann wird er mir wohl Vorwürfe machen ...«*
Dieses Kind ist zwar erst zwölf Jahre alt, aber ähnliche Probleme gibt es ja auch bei Jugendlichen. Wir haben eine Reihe von Briefen bekommen, die im Grunde alle die Sorgen, die uns diese Mutter mitgeteilt hat, zum Ausdruck bringen.

Die Eltern sind darüber besorgt, daß man die besseren von schlechteren Schülern schon sehr früh voneinander trennt. Aber es gibt doch unter denjenigen, die in der Schule schlechte Noten bekommen, nichtsdestoweniger viele Kinder, die andere Qualitäten besitzen, die z. B. sehr gesellig und kommunikativ, großzügig, körperlich geschickt oder künstlerisch begabt sind. Natürlich gibt es auch welche darunter, die zugegebenermaßen noch überhaupt keine erkennbaren Qualitäten aufweisen, die aber vielleicht nur noch nichts gefunden

1 Die »scouts marins« sind eine französische Pfadfindergruppe, die die Seefahrt in den Mittelpunkt ihrer Aktivitäten stellen.

haben, was sie innerhalb und außerhalb der Schule interessiert. Die Mutter sollte sich damit zufrieden geben, daß sich ihr Sohn für die Seefahrt interessiert, gern in Gesellschaft mit Kindern ist und anderen von sich aus einen Gefallen tut. Das ist doch schon etwas.
Mit einem Mann, der die Vaterrolle nicht einzunehmen weiß, ist jede Erziehung natürlich besonders schwierig. Aber ich möchte diese Mutter auch ganz direkt etwas fragen: Kümmert sie sich denn genug um ihren Mann? Ich habe das Gefühl, daß dieser Mann zu Hause mehr oder weniger das Gefühl hat, völlig überflüssig zu sein. Er ist den Kindern gegenüber aggressiv, weil seine Frau nur die Kinder im Kopf hat. Wie dem auch sei, wenn der Sohn sich für die Seefahrt besonders interessiert, dann ist die Seefahrt in Hinblick auf seine Zukunft zur Zeit eben viel wichtiger als die Schule. Was macht es schon, wenn er schlechte Noten hat und es in der Schule zu nichts bringt? Ich kenne Jugendliche, die als Schiffsjungen auf irgendwelchen Schiffen angefangen haben und heute hervorragende Berufe ausüben, weil sie dann mit achtzehn oder neunzehn Jahren von sich aus mit irgendeiner qualifizierteren Ausbildung angefangen haben. Sie sind dann Leutnant oder Kapitän zur See geworden, obwohl sie mit zehn Jahren kaum lesen und schreiben konnten ...
Für einen Jungen ist es übrigens nicht gut, die Hausaufgaben ständig mit der Mutter zu machen, weil er sich dann vielleicht zu sehr mit ihrer Geschlechtsrolle identifiziert. Denn in der Pubertät wird ja alles, was er einstmals bewußt mit der Mutter erlebt hat, stark in den Hintergrund gedrängt. Im vorliegenden Fall liegen die Dinge jedoch etwas anders. Der Junge fühlt sich von Jugendlichen seines Geschlechts angezogen, er interessiert sich für deren Aktivitäten und will mit ihnen etwas unternehmen. Er fühlt sich von allen Dingen angezogen, die zum Leben eines Jungen gehören, und bei denen sich seine Mutter nicht ständig in sein Leben einmischt. Durch sein schlechtes Verhältnis zur Schule hat er sozusagen mit ihr gebrochen. Und das war das Beste, was er tun konnte. Wenn er mit der Schule jetzt nicht zurechtkommt, sollte sie sich deswegen keine Sorgen machen und sich bloß nicht ständig mit ihm herumstreiten. Sie könnte ihm sagen: »Es war vielleicht dumm von mir, dich

ständig wie ein kleines Kind behandelt und dir immer bei den Hausaufgaben geholfen zu haben. Denn schließlich bist du intelligent und wärest schon allein damit zurechtgekommen, auch wenn ich mich nicht so darum gekümmert hätte. Wie dem auch sei: Jetzt ist für dich das Leben an der frischen Luft, sind deine körperlichen Aktivitäten, die Ferien sowie dein Interesse für die Seefahrt das Wichtigste. Du könntest dir überlegen, was du im Zusammenhang mit diesem Interesse alles unternehmen möchtest.« Die Mutter sollte verstehen, daß es jetzt darauf ankommt, daß ihr Sohn glücklich ist – ob er nun gute oder schlechte Noten mit nach Hause bringt, eine Klasse wiederholen muß oder die Schule wechselt. Jetzt hat er eben Interessen, die mit der Schule in keinem unmittelbaren Zusammenhang stehen. Dazu kommt, daß er sich einen Bereich für seine Aktivitäten gesucht hat, der außerhalb der Familie liegt, denn mit seinen beiden jüngeren Schwestern wird er nicht viel anfangen können. Vielleicht könnte sie auch in die Wege leiten, daß er seine großen Ferien als Schiffsjunge auf einem Fischerboot verbringt oder sie könnte ihn zu einer Fischerfamilie ans Meer schicken. Sie sollte sich unbedingt nach solchen Möglichkeiten umschauen. Und wenn sie sich weniger um ihn und seine Schulaufgaben kümmert, würde sich ihr Mann dadurch vielleicht weniger zurückziehen, da sie nicht mehr andauernd mit diesem Kind beschäftigt ist, das mit seinen angeblichen Schulschwierigkeiten alle ihre Gedanken in Beschlag nimmt. Im Moment ist sie auf jeden Fall auf dem Holzweg. Zahlreiche Briefe aus unserer Korrespondenz zeigen, daß viele Jungen anfangen, in ihrer psychischen Entwicklung zurückzubleiben, passiv werden oder an nichts mehr interessiert sind, weil die Mütter sie bei sich halten wollten, sich über alles in ihrem Leben Sorgen machten und sie auf diese Weise daran hinderten, selbständig zu werden.

Wird mit der Schulbildung von seiten der Eltern ein wahrer Kult betrieben, führt dies mitunter zu regelrechten Katastrophen. Ich will in diesem Rahmen keine konkreten Fälle ansprechen, aber uns erreichen viele Briefe von Müttern, die uns berichten, daß sie ihre Kinder damit geradezu provozierten, sich völlig außerhalb jeglicher gesellschaftlicher Normen zu stellen, daß sie sogar kriminell wurden usw. Das ist furchtbar, denn diese Mütter wollten ja eigentlich nur das Beste für ihre Kinder ...

Ja. Aber es handelt sich meistens um Mütter, die sich ständig darüber beklagen, daß ihr Kind dieses oder jenes nicht tun will. Auf der anderen Seite überschütten sie es mit Geschenken, wenn es der ›Mami‹ eine Freude macht. Diese Art von Erziehung läuft immer nach dem gleichen Schema ab, nämlich nach dem Schema von Zuckerbrot und Peitsche. Und dabei vergessen sie das Wichtigste: Ein Kind soll in seinem Leben aktiv und glücklich sein! Die Schulbildung darf nur ein bestimmtes Mittel zu einem bestimmten Zweck sein, aber nicht das Ziel des Lebens selbst! Ein Kind wird sich dann für seine Ausbildung interessieren, wenn es sich *in seinem Leben* ein ganz bestimmtes Ziel gesetzt hat. Nahezu bei jedem werden später die Gedanken auftauchen, ob er früher nicht doch lieber etwas anderes gemacht hätte. Ob nicht dieses oder jenes besser gewesen wäre. Und hieraus leiten manche Mütter den Vorwurf an sich selbst ab, daß ihnen ihr Kind später einmal sagen könnte, in seiner Erziehung versagt zu haben. Darauf aber weiß ich nur eine Antwort: Sie sollten es ertragen können, wenn ihnen ihre Kinder später einmal etwas in diesem Zusammenhang vorwerfen. Im Moment aber ist ihr Kind vielleicht gerade dabei zu entgleisen, weil sie versuchen, drei Rollen auf einmal einzunehmen: die des Vaters, der Mutter und sogar noch die des Kindes selbst. Sie projizieren ihre persönlichen Vorstellungen und Bestrebungen auf ihr Kind, anstatt es seine eigenen Interessen entdecken zu lassen. Man muß die Kinder für das lieben, was sie *sind,* und nicht für das, was sie sein sollen.

54

Ich habe es satt!

(Schulpflicht)

Dieses Mal handelt es sich um den Brief eines Vaters. Als er neulich einen Schulaufsatz seines Sohnes las, gewann er den Eindruck, daß das Kind sehr unglücklich ist und viele Probleme hat. Er hatte es bei seinem Sohn gar nicht vermutet und war so erstaunt, daß er uns geschrieben hat, um Ihre Meinung dazu zu hören.
Das Thema des Aufsatzes lautete: »Es gibt eine Redensart, in der man von den ›besten Jahren des Lebens‹ spricht. Habt ihr das Gefühl, gerade in ›den besten Jahren‹ zu sein? Gebt dazu einige Beispiele aus eurem Leben.«
Der dreizehneinhalbjährige Junge hat nun folgendes geschrieben: »Ich glaube nicht, daß man sich im Alter von dreizehn oder vierzehn Jahren ›in den besten Jahren‹ seines Lebens befindet. Dies trifft eher auf das Alter von sieben Jahren zu. Denn danach wird das Leben immer schwerer. Ich finde persönlich, daß ich nicht ›in den besten Jahren‹ meines Lebens bin. Um halb fünf komme ich abends nach Hause. Bis um sechs Uhr ruhe ich mich dann aus. Von halb sieben bis sieben Uhr muß ich Hausaufgaben machen. Um halb neun gibt es dann das Abendessen, das dauert in der Regel bis halb zehn. Ich gehe danach ins Bett, ohne meinen Vater gesehen zu haben und ohne mit ihm über die Schule und meine Arbeit sprechen zu können. Wenn ich meine Großeltern besuche, erzählen sie mir, daß sie in ihrer Jugend barfuß zur Schule gingen und mit elf Jahren bereits arbeiten mußten. Im Gegensatz zu mir waren sie aber immerhin ständig an der frischen Luft, hatten viel Bewegung und konnten draußen umherrennen. Ich bin den ganzen Tag eingesperrt. Wenn ich nach Hause komme und mir die ganzen Hausaufgaben vorstelle, die ich erledigen muß, wird mir immer ganz schwindelig. Ich habe alles irgendwie satt. Ich möchte alles liegen lassen, mit

allem Schluß machen und weit weg von hier sein, um das tun zu können, was ich will, und zwar wann und wo ich will.« Und am Ende seines Aufsatzes schreibt er: »Ich werde ständig ausgeschimpft. Man warnt mich: ›Du wirst es eines Tages noch bereuen, daß du für die Schule nichts getan hast. Dann bleibt dir nichts anderes übrig als Straßenfeger zu werden oder eben ein Penner.‹ Ich habe Angst davor, später einmal erwachsen zu sein, Entscheidungen treffen und allein mit dem Leben fertig werden zu müssen. Für mich ist die Traumwelt der Kindheit längst vorbei. Die Kindheit, das war so etwas wie die Unschuld oder die Reinheit. Ich war glücklich. Ich hatte keine Sorgen, die mich plagten, nichts störte oder ärgerte mich. Erst jetzt merke ich, was ich an meiner Kindheit verloren habe. Ich wünschte, das Leben würde noch einmal von vorne beginnen, ich könnte einen Schritt zurücktun und wieder ein Kind sein.« Soweit also der Aufsatz dieses Jungen. Ich zitiere nun weiter aus dem Brief des Vaters: »Zunächst stimmt es, daß ich nicht ständig für meinen Sohn da bin und ihm von daher die Zärtlichkeit, die er braucht, nicht geben kann. Ich bin politisch sehr aktiv und die Zeit, die ich normalerweise der Familie zur Verfügung stehen würde, widme ich anderen, vielleicht allen anderen, damit die Schwierigkeiten in dieser Gesellschaft für alle weniger werden. Wahrscheinlich ist es meine Schuld, wenn mein Sohn jetzt Probleme hat. Aber ganz so schlimm ist es auch wieder nicht: Meine Frau hilft ihm bei seinen Hausaufgaben und ab und zu spreche ich mit ihm auch darüber. Zweitens hat dieses ›große Baby‹ auch noch zwei Schwestern, eine zwölfjährige, mit der er ständig auf dem Kriegsfuß steht, und eine fünfjährige, die er zwar gerne neckt, aber auch ebenso gern beschützt. Im übrigen hat er auch immer noch seine fünf Bärchen und Häschen, die er in einer Reihe am Kopfende seines Bettes aufgestellt hat. Drittens reagiert er für sein Alter in bezug auf Mädchen ›ganz normal‹. Viertens scheint er ein wenig vor der Verantwortung für sein eigenes Handeln zu fliehen. Er handelt nicht selbständig, indem er auf seinen Absichten beharrt und versucht, sich durchzusetzen, sondern eher nur, um jemandem einen Gefallen zu tun. Und zu guter Letzt: Er ist wirklich nicht besonders fleißig in der Schule. Er besucht gerne seinen Onkel, der Schreiner ist, aber nicht, weil ihm dessen Arbeit interessieren würde, sondern um den Aufgaben und Pflichten zu Hause besser entgehen zu können.« Er bittet Sie um Ihre Meinung und stellt Ihnen zwei Fragen: »Was geht bei meinem Sohn zur Zeit eigentlich vor? Und was kann ich dagegen unternehmen?«

Einmal teilt der Junge seine Meinung über die Schule mit vielen seiner Altersgenossen: Sie alle haben keine Lust, sich ein Wissen aneignen zu müssen, das sie sich nicht selbst ausgesucht haben und das man ihnen von außen aufzwingt. Aber in dem ganzen Brief liegt auch eine gewisse Tragik: Warum hat denn dieser Vater sein ›großes Baby‹, wie er sich ausdrückt, nicht überall mit hingenommen, wo er hinging? Gerade in der Zeit zwischen sieben und elf Jahren wäre es doch einfach gewesen: Er hätte noch nicht so viele Hausaufgaben machen müssen und gerade in diesem Lebensabschnitt die Nähe seines Vaters gebraucht. Der Sohn hätte seinen politisch engagierten Vater zu dessen Sitzungen begleiten können und sich sicherlich für die interessante Arbeit hinsichtlich vieler sozialer Fragestellungen interessiert. Wahrscheinlich sind auch diese Eltern der Meinung, daß ein Kind zwischen acht und neun Uhr ins Bett gehen muß, weil am nächsten Tag Schule ist. Man hört sie schon ihrem Kind sagen: »Denk an deine Zukunft ...«.

»... sonst wirst du Straßenkehrer oder Penner ...«.

Genau. Die Eltern sind immer so ängstlich und malen den Kindern ihre Zukunft in den schwärzesten Farben. Dabei ist dieser Junge intelligent und auch ganz ›normal‹, wie dieser Vater schreibt. Aber für ihn ist das Gefühl, sich zu freuen oder Zärtlichkeit zu empfangen, eine Erinnerung an eine Zeit, als er noch klein war. Seine jüngere Schwester hat er deshalb auch so ›lieb‹, weil sie eben in einem Alter ist, in dem man noch ›unschuldig‹ oder ›rein‹ ist ... Natürlich hat er dann zu Hause wenig Freude, wenn er sich nur mit ihr, die viel jünger ist als er, identifizieren kann. Daß er mit seiner nur fünfzehn Monate jüngeren Schwester auf Kriegsfuß steht ist, ist verständlich und sogar zu begrüßen, denn wären sie ein Herz und eine Seele, so wäre er kein Junge mehr. Sie wären sozusagen miteinander

verschmolzen und er kein richtiger Junge und sie kein richtiges Mädchen.
Ansonsten ist es sehr schwierig, diesem Mann zu antworten. Ich bin sehr froh darüber, daß er die Gelegenheit erhalten hat zu erfahren, daß sein Sohn unglücklich ist. Da er es nun weiß, könnte er sich ein wenig mehr um ihn kümmern. Es gibt eigentlich nur zwei Möglichkeiten: Entweder er gibt ihm die Möglichkeit, sich von der Familie für eine Zeitlang zu trennen oder er kümmert sich eben einmal besonders intensiv um ihn. So könnte der Junge zusammen mit einer Gruppe von Gleichaltrigen allein irgendwohin fahren – solche Gruppenreisen lassen sich ja im Sommer organisieren. Er kann dann in den Ferien ein seinem Alter entsprechendes Leben führen und bräuchte nicht ständig an seine Zukunft zu denken bzw. höflich und nett zu den Erwachsenen sein zu müssen. Dieser Junge muß diese Schwelle überwinden, und endlich ein großer Junge werden. Der Vater sollte ihn unterstützen, mit Gleichaltrigen zusammenzusein. Es wäre seine Aufgabe und nicht etwa die der Lehrerin in der Schule. Ihre Anmerkungen zu dem Aufsatz finde ich im übrigen sehr unpersönlich und streng. Wenn sie ihm dann doch eine gute Note gab, so nur deswegen, weil der Aufsatz für einen Jungen dieses Alters ziemlich gut geschrieben ist.

Die Anmerkung der Lehrerin lautet übrigens: »Viele Flüchtigkeitsfehler und bei der Arbeit nicht genügend konzentriert. Auf die Rechtschreibung und Zeichensetzung ist mehr zu achten. Aber insgesamt einige gute Ansätze.«

Die Lehrerin hat es meiner Meinung nach versäumt, der Klasse anhand dieses Aufsatzes vorzuschlagen, einmal eine ganze Stunde damit zu verbringen, über die in ihm angesprochenen Fragen und Probleme zu diskutieren. Der Aufsatz wäre eine wunderbare Gelegenheit dazu gewesen. Man hätte darüber sprechen können, daß es nicht gut ist, so asketisch zu leben, nur weil man seinen Eltern dadurch gefallen will, daß in der Schule alles optimal läuft. Man muß auch an sich selbst denken und für sich etwas tun. Ich glaube, daß die Schüler sich an solch einer Unterrichtseinheit sehr lebhaft beteiligt hätten. Sie hätten

festgestellt, daß sie alle unter dem leiden, was der Junge in seinem Aufsatz angesprochen hat. Schließlich befinden sie sich alle in einem sehr schwierigen Alter und das Problem, daß für ihre unmittelbare Umgebung nur die Leistung in der Schule zählt, existiert nahezu bei jedem. Gefragt wird dann nämlich nicht mehr danach, was jemand persönlich denkt und wie man das, was in einem vorgeht, am besten artikuliert und welchen anderen – außer den schulischen – Aktivitäten man nachgehen könnte. Gerade letzteres, z.B. die Frage, zusammen eine Theatergruppe aufzubauen (natürlich Jungen und Mädchen gemeinsam), sollte in der 7. Klasse doch zum Unterrichtsstoff gehören. Der Unterricht sollte auch nicht nur das Ziel haben, von den Kindern zu verlangen, sich schriftlich zu äußern, sondern die mündliche Ausdrucksfähigkeit in Form von Diskussionen, bei denen sich jeder zu Wort melden kann, ist ebenso wichtig. Die formale Bildung ist zwar notwendig, aber man darf auf keinen Fall den gemeinsamen Austausch menschlicher Probleme vernachlässigen.
Aber um noch einmal auf die Fragen des Vaters zurückzukommen. Vielleicht könnte er dem Onkel des Jungen, ich meine den Schreiner, darum bitten, sich mehr mit diesem Jungen zu unterhalten. Das wäre sicherlich besser als ihn jetzt zu zwingen, mehr für die Schule zu tun. Ich glaube, daß der Junge durch solche Gespräche auch Spaß an der Arbeit seines Onkels finden könnte und ihm dabei hilft. Dieser Junge muß sich unbedingt Männern mitteilen und mit ihnen sprechen können. Er sollte auch den Vater bei seinen Aktivitäten begleiten und dabei die Gelegenheit haben, anderen Männern und Jugendlichen bei einer sinnvollen Tätigkeit zuzusehen. Was die Schule betrifft, so sollte er ein wenig Abstand von ihr gewinnen. Irgendwann im Laufe des Schuljahres wird er dann schon wieder aktiv in den Unterricht einsteigen.

Im folgenden schreibt uns eine Lehrerin zu einem Thema, das wir noch nicht erwähnt haben. Sie selbst hat keine Kinder, aber in diesem Zusammenhang halte ich es auch nicht für so wichtig. Schließlich braucht man nicht unbedingt selbst Kinder zu haben, um sich mit ihnen zu befassen!

Sie schreibt folgendes: »Ich denke, daß manche Kinder in ihrer Entwicklung dadurch zurückgeworfen werden, daß sie – ob sie es wollen oder nicht – bis zum Alter von sechzehn Jahren in die Schule gehen müssen, auch diejenigen, die dazu überhaupt keine Lust mehr haben.«

Ich bin mit der Meinung dieser Dame völlig einverstanden. Auch ich bedauere, daß es ein Gesetz gibt, in dem die Schulpflicht auf diese Weise geregelt wird. Man kann schon bei Kindern mit zwölf Jahren feststellen, ob sie in bezug auf ihre weitere Schullaufbahn motiviert sind oder nicht. Wenn ein Kind in diesem Alter nicht länger zur Schule gehen mag, wäre es vielleicht ratsam, daß es die Gelegenheit erhält, für seine Arbeit auch etwas Gleichwertiges zurückzubekommen. Meistens interessiert es sich für eine Tätigkeit ganz besonders. Und vielleicht stellt es sich dabei besonders geschickt an, weil es vom Kindesalter an darauf vorbereitet wurde. Ich finde es schade, daß man allen Kindern bis zu einem gewissen Alter die gleiche Anzahl an Schuljahren vorschreibt, wobei einige doch schon früher in die Arbeitswelt entlassen werden könnten. Gerade die Pubertätszeit wäre dafür ein idealer Zeitpunkt, also mit vierzehn Jahren, je nachdem, wann die Pubertät bei dem Einzelnen einsetzt. Auf jeden Fall weiß und fühlt ein Kind in diesem Alter schon ganz genau, zu was es in der Lage ist. Es fühlt sich dann vom Staat ausgebeutet, wenn man es zwingt, sich, ohne etwas dafür zu bekommen, mit Büchern und Heften zu beschäftigen, die es überhaupt nicht interessieren.«

Die Schulpflicht ist aber eigentlich aus positiven Erwägungen heraus entstanden ...

Das finde ich nicht, denn heutzutage geht es doch eher darum, daß man verhindern will, daß die Jugendlichen anderen einen Arbeitsplatz nehmen oder selbst arbeitslos bleiben. Dann handelt es sich also eher um eine arbeitsmarktpolitische Entscheidung. Ob es damit zu tun hat, daß man nicht will, daß sie ausgebeutet werden? Das werden sie allemal, so oder so.
Natürlich ist heute angesichts der technologischen Entwicklung für viele Berufe eine längere Schulbildung notwendig und

man folgert daraus, daß Jugendliche keinen ›gescheiten‹ Beruf ergreifen können, wenn sie nicht vorher für etliche Jahre auf der Schulbank gesessen haben. Und es stimmt auch, daß für viele Berufe theoretische und wissenschaftliche Vorkenntnisse erforderlich sind. Aber genau solche erwerben die Kinder ja nicht in der Schule, wenn sie sich dort nur langweilen. Wenn man Kindern ab zwölf Jahren außer einen Tag in der Woche, an dem man ihre Allgemeinbildung fördert, einen richtigen Beruf (keine Form der Beschäftigungstherapie) nachgehen ließe, etwa in Handwerksberufen, dann würde man sicherlich intelligente und geschickte Erwachsene von morgen ausbilden. Ihre abstrakten Fähigkeiten ließen sich später, vielleicht mit achtzehn Jahren, weiter entwickeln. Dann hätten sie als Jugendliche zumindestens bereits einen Beruf erlernt. Die Voraussetzungen dafür sind bei den verschiedenen Jugendlichen unterschiedlich. Für den einen ist es mit sechzehn Jahren zu früh, einen Beruf zu erlernen, und für den anderen ist es eben schon zu spät.
Ich gebe zu, daß es schwierig ist, solche Gedanken in die Tat umzusetzen. Aber man sollte danach streben, denn viele Kinder gehen an dem System einer immer längeren Schulausbildung einfach kaputt und betrachten ihre Weiterbildung mit Abscheu, obwohl sie vielleicht später großes Interesse dafür aufbringen würden, wenn man ihnen gestattet hätte, schon früher einmal direkt in das gesellschaftliche Leben eingreifen zu können. Man würde vermeiden, daß manche Kinder in der Schule regelrecht verblöden oder zu einer parasitären Existenz herangezogen werden. Manchmal geht es ja auch ganz schief.

(Einige Wochen später)

Die Debatte über die allgemeine Schulpflicht bis zum sechzehnten Lebensjahr und insbesondere Ihre Meinung, daß ein zwölfjähriges Kind bereits in der Lage sei zu entscheiden, ob es weiter zur Schule gehen möchte, hat die verschiedensten Reaktionen hervorgerufen.

Viele Kinder wissen ja bereits in diesem Alter, daß sie später einmal studieren möchten. Was diese Kinder betrifft, sollten sie nicht vergessen, daß sie auch noch Hände haben, denn Hände sind immer nützlich, auch wenn ihr Kopf voller Gedanken ist. Ich bedauere sehr die vielfach zu beobachtende Vernachlässigung der körperlichen Geschicklichkeit.

Ich habe einige Briefe ausgewählt, die in ihrem Inhalt weitgehend übereinstimmen. Lassen Sie mich aus dem folgenden Brief einige Zeilen zitieren: »Ich bin der Meinung, daß Sie völlig recht haben. Sie können sich gar nicht vorstellen, wie anstrengend und frustrierend es für einen Lehrer ist, dem sein Beruf und seine Schüler am Herzen liegen, zu wissen, daß manche Schüler sich in der Schule nie werden entfalten können, egal, wie viele Mühe sich der Lehrer auch mit ihnen gibt... Andererseits bedeutete die Einführung der allgemeinen Schulpflicht bis zum sechzehnten Lebensjahr eine große demokratische Errungenschaft insbesondere für die einfachen Leute, da vorher nur die Kinder reicher Eltern eine ausreichende Schulbildung bekommen konnten. Sie sagten auch, daß im Leben nicht nur Wissen und Bildung zählen. Auch hierin gebe ich Ihnen recht. Aber indem Sie für die Abschaffung der allgemeinen Schulpflicht eintreten, finden Sie sich doch auf der Seite derer wieder, die sich freuen werden, endlich einmal wieder an billige Arbeitskräfte heranzukommen – billig, weil sie ohne Ausbildung geblieben sind, wenn sie in das Berufsleben eintreten. Ich bin Kommunist und komme viel mit Arbeitern zusammen, auch mit solchen, die früh mit der Schule aufgehört und mit sechzehn Jahren angefangen haben zu arbeiten. Viele von ihnen sagen: »Nachträglich gesehen, wäre eine fundierte Ausbildung besser gewesen« oder »Hätte ich damals die Möglichkeit gehabt, wäre ich noch weiter zur Schule gegangen«. Diese Arbeiter haben die Erfahrung gemacht, ohne gründliche Ausbildung für einen niedrigen Lohn ausgebeutet zu werden und sie bereuen nachträglich, ihre Schulausbildung nicht bis zum Ende gemacht zu haben.

Es stimmt natürlich schon, daß eine Unterbrechung der Schulausbildung die Ausbeutung am Arbeitsplatz begünstigen kann, und zwar insbesondere beim Eintritt in das Berufsleben. Andererseits gibt es heutzutage genügend Möglichkeiten, auch am Arbeitsplatz seine Interessen zu verteidigen. Früher fand

eine wirkliche Ausbeutung statt, heutzutage gibt es Gewerkschaften, mit deren Hilfe man seine Rechte verteidigen kann. Und die Kinder haben daraus gelernt, daß man auch am Arbeitsplatz nicht wehrlos ist.
Es gibt auch heute noch Lehrlinge, z. B. in kleinen Handwerksbetrieben, die sich nicht trauen, ihrem Meister zu sagen, daß sie die Abendschule besuchen wollen. Oder andere müssen länger als acht Stunden am Tag arbeiten und sind dann abends so erschöpft, daß sie sich weder fortbilden können noch daß sie lernen, wie man verantwortungsvoll arbeitet. Manche von ihnen lehnen sich gegen eine solche Berufsausbildung und die damit einhergehenden miserablen Lebensverhältnisse auf – so, wie sie sich vorher gegen die Schule aufgelehnt haben.
Man muß den Kindern beibringen, wie sie sich später in ihrem Beruf verhalten müssen, daß es um die eigene Ehre geht, wenn man seine Gesundheit oder seinen Arbeitsvertrag verteidigt und sich vom Chef oder Meister nicht ausbeuten läßt. Aber andere werden eben von der Schule ausgebeutet, indem sie kaugummikauend den ganzen Tag die Schulbank drücken und darauf warten, daß sie sechzehn werden und ›abhauen‹ können. Sind sie dann so alt, haben sie vier Jahre ihres Lebens verloren und nur von einer Freiheit geträumt, mit der sie später nichts mehr anfangen können.

Wir haben indes auch zustimmende Briefe bekommen, häufig von denen, die sich selbst sehr früh für das Berufsleben entschieden haben und die jetzt einen anerkannten Beruf ausüben und sehr glücklich sind. Ich möchte an dieser Stelle jemanden zu Wort kommen lassen, der selbst ein Hochschulstudium absolviert hat, sich dann – aufgrund einer schweren Krankheit – aber entschloß, im Hafen zu arbeiten: »Meine Diplome sind für mich weit weg. Von Handwerkern, Fischern und Steinhauern umgeben, schließe ich mich Ihrem Standpunkt völlig an: Warum soll ein Handwerker, der zu ›seinem‹ Holz, zu ›seinem‹ Möbelstück oder zu ›seiner‹ Arbeit ein enges persönliches Verhältnis hat, oder dieser Mann, der mir oft Krebse, die er gefangen hat, vorbeibringt, bis zum sechzehnten Lebensjahr in der Schule eingesperrt sein? Die Kinder meiner Nachbarn arbeiten schon

mit elf, zwölf oder dreizehn Jahren am Samstag auf der Baustelle ihrer Eltern. Später werden sie für diese Arbeit schon hervorragend ausgebildet sein, dessen bin ich mir sicher. Ich kenne einen jungen Mann, dessen Eltern geschieden sind. Er war verhaltensgestört und ist ausgerissen, um auf dem Land zu arbeiten. Heute ist er Landschaftsmaler geworden, arbeitet für eine Baumschule und lebt mit seiner Freundin in der Natur auf dem Lande. Er verdient genug und fühlt sich glücklich. Damals, als er noch zur Schule ging, kam er mit seinem Leben überhaupt nicht klar. Hätte er seine Schulausbildung fortgesetzt, weiß ich nicht, was aus ihm geworden wäre.«
Der folgende Brief ist von einem Bäcker geschrieben worden: »Ich habe mit zehn oder elf Jahren als Bäckerlehrling angefangen. An der Arbeit hatte ich von Anfang an viel Spaß. In der Schule war ich zwar ganz gut, aber erst durch meine Tätigkeit als Bäcker habe ich mich als ›jemand‹ gefühlt, denn ich tat etwas Sinnvolles und erlernte dabei einen Beruf.«

Ich verstehe ehrlich gesagt nicht, warum intelligenten Kindern nicht gestattet wird, auf ihren Wunsch einmal in der Woche bei einem Handwerker ihres Stadtteils oder ihrer Stadt arbeiten zu dürfen. Nicht irgend etwas, sondern um eine richtige Ausbildung anzufangen. Diese Kinder könnten auf diese Weise einen Beruf erlernen und gleichzeitig noch zur Schule gehen. Natürlich können es später auch Intellektuelle werden, aber dann hätten sie wenigstens eine berufliche Ausbildung an der Hand. Voraussetzung ist natürlich, daß sie gewissenhaft ausgebildet werden und selbst ernsthaft mitarbeiten wollen. Denn zusammen mit gelernten Handwerkern ein Material zu bearbeiten, trägt zur Entwicklung der Intelligenz sehr viel bei. Und viele Jugendliche, die mit sechzehn Jahren eine sie frustrierende Schulausbildung hinter sich haben, sehen *diese* Seite des Berufslebens überhaupt nicht mehr, ihnen geht es dann nur noch darum, möglichst schnell an Geld heranzukommen. Meine Vorstellungen, denen zufolge ein Jugendlicher schon möglichst früh mit einer Berufsausbildung anfangen sollte, mögen utopisch klingen und in dieser Gesellschaft auch schwierig zu realisieren sein. Trotzdem würde bei ihrer Realisierung die Entwicklung der kindlichen und erwachsenen

Moralvorstellungen gefördert werden. Denn eine frühe handwerkliche Tätigkeit vermittelt Verantwortungsbewußtsein sowie eine ästhetische Vorstellung davon, wie man mit der Natur und den Arbeitsgegenständen, die sie hervorgebracht hat, umgehen sollte: Kreativ, diszipliniert und in einer produktiven Art und Weise.

55

Kinder sind fröhlich, wenn ihre Umgebung es auch ist

(Aktivunterricht)

Wir wollen jetzt die Diskussion über das Thema ›Schule‹ fortführen und über die ›Freinet-Schulen‹ sprechen, da sich viele Eltern für deren Unterrichtspraxis interessieren. Ich habe den Brief einer Frau vor mir liegen, die Ihnen folgendes in Erinnerung ruft: »Sie haben in einem Ihrer Beiträge einmal die Freinet-Schulen erwähnt und deren Unterrichtspraxis dabei positiv erwähnt. Was aber soll man tun, wenn es dort, wo man wohnt, keine solche Schule gibt?«*

Auch an normalen Schulen gibt es ja Lehrer, die sich für die sogenannte ›aktive Methode‹ des Unterrichts, wie sie Freinet konzipiert hat, interessieren und versuchen, sie zumindestens ansatzweise in ihren Unterricht einzubeziehen. Die Freinet-Schule war ja nur die erste Schule, die neben dem ›Aktivunterricht‹ versucht hat, den Kindern das Lesen und Schreiben dadurch beizubringen, indem sie etwas, das sie selbst verfaßt hatten, Geschichten oder Gedichte, auch selbst drucken durften.

Und dies mit Erfolg ...

Ja. Vor allem lief die Kommunikation zwischen Lehrern und Schülern phantastisch, denn man dachte zusammen nach, diskutierte viel miteinander, traf gemeinsam Entscheidungen bezüglich des Unterrichts und jedes Kind war für irgend etwas selbständig verantwortlich. Auf diese Weise herrschte in der Klasse stets eine aktive und keine passive Atmosphäre. Auch

---

* Siehe Fußnote S. 367

nahm man Kontakt zu anderen Klassen auf, indem man sich traf oder in regem Briefwechsel miteinander stand.

Gibt es eigentlich an diesen Schulen genausoviel Schüler in einer Klasse wie an den traditionellen Schulen?

Ja, leider. Es wäre besser, wenn es weniger wären. Aber entscheidend an den Freinet-Schulen ist die aktive Unterrichtsmethode, die man dort betreibt. Vor einiger Zeit habe ich eine interessante Sendung im Fernsehen gesehen, bei der es um die Müdigkeit von Kindern in der Schule während des Unterrichts ging. Dort stellte man fest, daß es diesbezüglich große Unterschiede zwischen solchen Schulen gibt, die ihren Unterricht traditionell gestalten, und solchen, die sich in ihrer Unterrichtsmethodik den Freinet-Schulen annähern. Man sollte auf die Freinet-Schule selbst gar nicht so fixiert sein, denn viele Lehrer bemühen sich ja, Unterrichtselemente dieser Schule auch in ihren herkömmlichen Unterricht zu integrieren. Was nun eine aktive Unterrichtspraxis angeht, bleibt folgendes festzuhalten: die Kinder, die einen Lehrer hatten, der die Unterrichtsmethode von Freinet benutzte, waren am Ende ihrer Schulausbildung entspannter und ausgeglicher als sie bei ihrer Einschulung waren – und die Lehrer übrigens auch ...
Da an den traditionellen Schulen nur selten oder gar nicht nach der Methode von Freinet unterrichtet wird, können die Eltern auch Bücher zu den von ihm vorgeschlagenen Unterrichtsmethoden lesen und ihre Kinder an Feiertagen damit beschäftigen. Damit helfen sie ihren Kindern ein wenig weiter und zeigen ihnen auch eine andere Herangehensweise an das, was sie lernen wollen ...

In zahlreichen Briefen schreiben Ihnen Eltern: »Meine Kinder gehen zwar in eine traditionelle Schule, aber zu Hause möchte ich sie ...«

... ausbilden. Warum auch nicht? Denn die Familie ist der optimale Rahmen dafür. Wenn den Kindern in der Schule das Wissen auf eine ganz bestimmte Art und Weise vermittelt wird – entsprechend der Unterrichtsmethode, die der Lehrer in seiner Ausbildung gelernt hat –, dann ist dagegen nichts einzuwenden. Aber alles, was die Eltern zusätzlich für die Ausbildung ihrer Kinder tun, wird von Nutzen sein, auch wenn sie dabei anders vorgehen als der Klassenlehrer. Darunter verstehe ich nicht nur die Dinge zu tun, die auch in der Schule den Alltag bestimmen, sondern andere Dinge, die die Konzentration des Kindes fördern oder sein Gedächtnis trainieren. Ich denke dabei an die verschiedensten Würfel- und Kartenspiele, aber auch an Geschichten, die die Erwachsenen den Kindern erzählen können ... Alle diese Spiele und die rege Kommunikation zwischen Eltern und Kindern tragen zu deren geistiger Entwicklung bei, auch wenn sie nicht auf dem Stundenplan in der Schule stehen. Zu Hause wie in der Schule sind die Kinder dann fröhlich, wenn es ihre Umgebung auch ist. Wenn die Kinder schon keine Schule haben, in der es fröhlich zugeht, sollten sie wenigstens zu Hause eine fröhliche Atmosphäre vorfinden. Wie gesagt, die Eltern könnten versuchen, das Leben zu Hause so angenehm wie möglich zu gestalten, indem sie mit ihren Kindern kleine Konzentrations- und Gedächtnisspiele machen, sich gegenseitig Rätsel aufgeben und kniffelige Fragen stellen, zusammen lachen, sich Blödsinn erzählen und sich vor allem dabei entspannen. Entspannung brauchen die Kinder am meisten. Sie ist sehr wichtig.

Und genau die Möglichkeit, sich zu entspannen, wird in der traditionellen Schule den Kindern nicht geboten. Es liegt an der momentanen Situation, die dadurch gekennzeichnet ist, daß die Klassen viel zu groß sind und die Lehrer, die eine traditionelle Unterrichtsmethode bevorzugen, sich gezwungen sehen, für Disziplin zu sorgen, so daß die Kinder traurig und niedergeschlagen werden, da sie andauerndem Streß und zudem einer von ihnen verlangten Passivität im Unterricht ausgesetzt sind. Ich verlange von den Eltern nicht, ihren Kindern zu Hause eine perfekte Alternative anzubieten, aber sie sollten sich ein wenig mit der Unterrichtsmethode von Freinet beschäftigen, weil sie davon auch in ihrer Art und Weise, wie sie mit ihren Kindern zu Hause umgehen, profitieren können. Sie sollten sich auch zusammentun und versuchen, gemeinsam Einfluß auf die traditionelle Schule auszuüben, so daß sich dort die Atmosphäre ein wenig zu verändern beginnt.

Aber sie sollten zu Hause von ihren Kindern auf keinen Fall noch mehr verlangen, als es die Schule sowieso schon tut. Ansonsten sitzen die Kinder an ihren Hausaufgaben manchmal bis in den Abend hinein. Eine Zeitlang wurden bei uns in Frankreich die Hausaufgaben ja ganz abgeschafft. Leider wurde dies nicht durchgehalten, weil es ausgerechnet die Eltern waren, die die Hausaufgaben für ihre Kinder wieder eingeführt sehen wollten.

Im folgenden Brief wird das Problem einer der traditionellen Schulpraxis entgegengesetzten Unterrichtsmethode von einer anderen Seite her aufgeworfen. Es geht dabei um Kinder, die an einer Schule gewesen sind, deren Unterricht sehr von der Konzeption Freinets bestimmt gewesen ist und die sich jetzt aufgrund eines Umzugs in eine andere Stadt wieder an die traditionellen Unterrichtsmethoden gewöhnen müssen. Dabei entstand ein zusätzliches Problem dadurch, daß auch die Eltern froh waren, daß ihre Kinder vorher in eine Schule gingen, in der es anders als in den meisten herkömmlichen Schulen zuging, und die herrschende Unterrichtspraxis vor ihnen kritisierten.

Die Kinder haben eben ihre Eltern sagen hören, daß die althergebrachten Methoden nicht viel taugen ...

Genau. Und diese Kinder haben nach dem Schulwechsel jetzt große Probleme.

Natürlich leiden sie jetzt unter großen Anpassungsschwierigkeiten. Sie sind verwirrt, weil sie nicht recht wissen, wie sie mit einem Lehrer zurechtkommen sollen, der nach einer Methode arbeitet, die im Gegensatz zu den bis dahin von ihren Eltern geäußerten Ansichten und pädagogischen Grundsätzen steht ...

Ja. Und diese Kinder fangen an, gehässig zu ihren Eltern zu werden ...

Das Bild, das sie sich von den Erwachsenen gemacht haben, stimmt eben nicht mehr. Aber es ist für das heranwachsende

Kind auch ganz gut, wenn nicht nur die Eltern seine Vorbilder bleiben. Im vorliegenden Fall muß die älteste Tochter nun ein traditionelles Gymnasium besuchen, während ihre jüngeren Geschwister auf eine Schule gekommen sind, deren Unterricht sich von der Schule, auf der sie gewesen sind, nicht so stark unterscheidet. Die Probleme der Ältesten haben sicherlich etwas mit ihren Anpassungsschwierigkeiten zu tun, aber sie haben, offen gesagt, auch noch andere Gründe. Das Mädchen befindet sich im Stadium der Vorpubertät. Häufig treffen Vorpubertät und der Übergang auf das Gymnasium, d.h. in die 5. oder 6. Klasse, zusammen. Und dann kommt hinzu, daß gerade der Wechsel auf die andere Schule und in diese Klassenstufe für die Kinder nicht einfach ist, es wird plötzlich von den Kindern viel mehr verlangt als vorher auf der Grundschule und sie werden mit einem anderen Unterrichts- und Arbeitsstil konfrontiert, mit dem sie zurechtkommen müssen. Und auch die Art der Lehrer auf dem Gymnasium ist vielfach eine andere als die auf der Grundschule. Und in dem uns vorliegenden Fall treten diese Unterschiede noch stärker hervor, da sich die Unterrichtsmethode von der vorherigen völlig unterscheidet.

In der Vorpubertät entwickeln die Kinder nun häufig Verhaltensweisen, die man bei ihnen aus der Zeit vorher gar nicht vermutet hätte. Von sechs bis elf Jahren an machen sie sozusagen ›dicht‹, alles scheint bei ihnen in Ordnung zu sein, sie erscheinen als gut angepaßt und dann weisen sie plötzlich Störungen auf, mit denen die Eltern gar nicht gerechnet haben. Es handelt sich dabei um solche Verhaltensweisen, die eine Art von Wiederholung jener Störungen sind, die sie in ihrer frühen Kindheit gehabt haben. Und genau diese Störungen treten in der Vorpubertät wieder auf. Kinder, die als Babies beispielsweise anorektisch waren, d.h. ihre Flasche nicht trinken wollten, wollen plötzlich nichts mehr essen. Solche Probleme sind aber im Grunde nicht so tragisch. Man sollte dem Kind sagen: »Du machst jetzt genau das gleiche wie damals, als du noch ganz klein warst. Das bedeutet, daß du zur Zeit sehr stark wächst und dich verändern wirst.« Die Vorpubertät kann sich im übrigen auch dadurch ankündigen, daß die Kinder wieder unter starken Alpträumen leiden. Ein Junge, der als kleines

Kind unter vielen Alpträumen litt, wiederholt dann in der Vorpubertät diese Phase, die bei ihm zwischen dem ersten und dritten Lebensjahr lag. Sie kann bis zu neun Monate andauern, aber wenn man darüber Bescheid weiß, braucht man daraus kein Drama zu machen.

Wenn sich die Mutter, die uns geschrieben hat, nun darüber Sorgen macht, daß sie und ihr Mann die älteste Tochter nicht überzeugen können, die neue Schule zu akzeptieren, wäre es vielleicht in ihrem Interesse, eine Erziehungsberatungsstelle in ihrer Stadt aufzusuchen, um ihrer heranwachsenden Tochter zu helfen. Aber zunächst sollten sie noch ein wenig abwarten, bis sich die ganze Familie auf die neue Umgebung eingestellt hat, denn schließlich sind durch den Umzug jetzt alle etwas desorientiert und verwirrt. Sollten die Schwierigkeiten bei der ältesten Tochter indes länger anhalten, sollte man eine Psychotherapie für sie in Erwägung ziehen.

Eine Lehrerin berichtet im folgenden Brief von ihren Schülern. Sie unterrichtet in der 6. Klasse Kinder verschiedenster sozialer Herkunft, die sich in ihrer Rechtschreibleistung sehr voneinander unterscheiden. Sie hat am Anfang des Schuljahres eine Art von Experiment durchgeführt und im Diktat keine Noten mehr verteilt, um die Ängste der Schüler abzubauen. »Anstatt die schlechten Klassenarbeiten von den Eltern unterzeichnen zu lassen – wodurch die Schüler ja beim nächsten Mal nicht unbedingt weniger Fehler machen werden –, versuchen wir nun im Unterricht gemeinsam die Fehler zu analysieren. So frage ich zunächst einmal, ob überhaupt jeder richtig verstanden hat, was ich erklärt habe und warum sie beispielsweise nicht daran gedacht haben, bestimmte Wortendungen richtig zu schreiben. Aber niemand bekommt eine Note. Manche Kinder, die unbedingt eine Note haben wollen, benoten sich ihre Arbeit selbst. Die Ergebnisse, auf die ganze Klasse bezogen, sind sehr interessant. Viele Kinder, die am Anfang des Unterrichts auf ›sechs‹ standen, haben spürbare Fortschritte gemacht. Sie sind seitdem entspannter im Unterricht und haben Vertrauen in ihre eigenen Fähigkeiten gewonnen.« Sie stellt Ihnen nun folgende Frage: »In meiner Klasse haben einige Schüler mehr persönliche

Schwierigkeiten als andere.« Sie erwähnt z. B. ein Mädchen, das vor kurzem, es war zu Beginn des Schuljahres, eine ihm nahestehende Person verloren hat, oder einen Jungen, der aufgrund seiner Größe und stattlichen Statur von der ganzen Klasse ausgelacht und schikaniert wird, wie das wohl in einer Klasse immer wieder vorkommt …

Ja. Meistens steckt die Eifersucht von seiten anderer Schülern dahinter …

Vielleicht, aber für das Kind, das andauerndem Spott ausgesetzt ist, kann dies sehr verletzend sein.

Sicherlich.

Die Lehrerin schreibt weiter: »Ich habe mich um dieses Mädchen mehr gekümmert, als um die anderen. Nach einer Weile stellte ich fest, daß sie in ihrer Entwicklung zurückblieb und regredierte. Schließlich habe ich sie ja auch bemuttert und es war für sie sehr bequem, sich auf diese auf gegenseitiger Sympathie beruhende Insel zurückziehen. Ihre Leistungen wurden immer schlechter. Dem Jungen hingegen habe ich nicht geholfen. Denn ich bin fünfunddreißig Jahre alt und er schließlich schon vierzehn. Ich wollte vermeiden, daß er mein Interesse für ihn als einen Verführungsversuch auslegen könnte und sich in eine Beziehung zu mir flüchtet. Ich weiß im übrigen nicht, ob sich ein Lehrer mit den von mir angesprochenen Problemen seiner Schüler überhaupt beschäftigen sollte. Meinen Sie, daß die Kinder solche Schwierigkeiten unter sich lösen können, ohne daß sich ein Erwachsener einmischt?

Man kann die persönlichen Schwierigkeiten von Kindern, wie sie sich in ihrem sozialen Verhalten in der Schule manifestieren, durchaus auf der gleichen Ebene angehen, wie andere Schulprobleme auch. Die Lehrerin hat ihre Schüler aufgefordert, ihre Schwierigkeiten bei der Rechtschreibung oder beim Rechnen gemeinsam herauszufinden, sich dabei gegenseitig zu helfen, um die Fehler zu korrigieren und sich selbst die Noten für die Klassenarbeiten zu geben. Auf diese Weise hat sie in ihrer Klasse einen gemeinsamen Dialog in Gang gesetzt. Von daher hat die Lehrerin recht gehabt, bei solchen Kindern einzugreifen und ihnen zu helfen, deren Schwierigkeiten für alle in der Klasse sichtbar waren, so wie es bei diesem Jungen und dem trauernden Mädchen offensichtlich der Fall war. Sie hat den Kindern auf diese Weise beigebracht, daß man mit Schicksalsschlägen und Schwierigkeiten, mit denen jeder von uns im Leben konfrontiert wird, gemeinsam oder ›gesellschaftlich‹ fertig werden kann.

Man kann mit dieser Methode Erfolg haben, indem man sich ganz offen an die Kinder wendet und ihnen sagt: »Euer Schulkamerad hat aus den oder den Gründen Schwierigkeiten. Es wäre gut, wenn wir darüber reden würden.« Dafür sollte man sich in der Schulpause, aber auch im Unterricht selbst, ein wenig Zeit nehmen. Es ist wichtig, daß bei dieser gemeinsamen Diskussion, vorausgesetzt, daß es sich um ein Problem handelt, das die Klasse wirklich angeht, ein Erwachsener dabei ist, der den Kindern hilft, ihre Meinung adäquat zum Ausdruck zu bringen, z.B. warum dieser Junge, der stärker und größer ist als die anderen, zum Prügelknaben der Klasse geworden ist. Denn die meisten Kinder, die körperlich anders aussehen als der Durchschnitt, fühlen sich in ihrer Haut unwohl. Entweder sie tragen, wie vielleicht im vorliegenden Fall, ihre stattliche Körperstatur den anderen gegenüber zur Schau oder sie ziehen sich deswegen von ihnen immer mehr zurück. Es wäre in diesem Zusammenhang auch wichtig, das Phänomen der vorpubertären Fettsucht, wenn es bei jemandem in der Klasse existiert, der von den Klassenkameraden deswegen verspottet wird, gemeinsam zu besprechen: »Warum lacht ihr dieses Kind eigentlich aus? Im Moment ist es nun einmal so dick. Ihr denkt, es liegt nur daran, daß es zu viel ißt. Aber wir wissen es nicht ganz genau. Vielleicht hat es ganz andere Gründe. Warum helft ihr euch eigentlich nicht gegenseitig?« Man muß sich im Leben einander helfen. Wenn man solche Probleme in der Klasse gemeinsam angeht, entstehen auch keine Vertraulichkeiten zwischen dem Lehrer und einem einzelnen Schüler, von denen die Lehrerin berichtet und die zur Folge haben können, daß ein Schüler in seiner Entwicklung zurückbleibt und sich ganz dem schützenden Arm des Lehrers anvertraut bzw. sogar in eine

Verführungssituation gerät. Leicht kommen bei den Schülern in diesen Fällen Gedanken auf wie »sie mag mich lieber als die anderen«... Man sollte in der Klasse immer wieder die gegenseitige Hilfe unter den Schülern fördern. Dadurch können sich persönliche Schwierigkeiten einzelner Schüler und andere Schulprobleme wie von selbst geben.

56

Auf einem bestimmten Gebiet sind sie immer intelligent

(Behinderte Kinder)

Wir wollen anhand des folgenden Briefes auf ein wichtiges Thema eingehen, welches wir bisher noch so gut wie nicht behandelt haben. Der Brief stammt von einer Mutter mit einem elfjährigen mongoloiden Kind, die uns bittet, einmal über die Probleme von behinderten Kindern zu sprechen: »Immerhin gibt es einige von uns, die einen sehr harten Kampf dafür führen müssen, daß diese Kinder von ihren Mitmenschen und von der Gesellschaft akzeptiert werden.«

Generell läßt sich hierzu sagen, daß gerade in bezug auf die zuletzt angesprochene Problematik vieles davon abhängt, ob es sich um psychisch gestörte Kinder ohne erkennbare körperliche Behinderung handelt oder eben um Kinder, die sichtbar körperlich behindert sind. Bei den mongoloiden Kindern ist letzteres der Fall. Denn man kann ein mongoloides Kind nicht mit einem geistig behinderten, aber körperlich gesunden Kind vergleichen.
Zunächst zu den mongoloiden Kindern: Sie besitzen alle die gleiche Eigenschaft: sie sind wenig aggressiv. Sie weisen eine Herzlichkeit und Sensibilität in ihrer Beziehung zu anderen (den Eltern oder anderen Kindern) auf, die auf ein sehr feines Gespür für ihre Umwelt schließen lassen. Sie leiden auch mehr als andere Kinder, wenn sie nicht geliebt werden, weil sie nicht den Ausgleich haben, den andere Kinder außerhalb der Familie (in der Schule oder dem Kindergarten) schon ab drei Jahren finden können, indem sie Freunde kennenlernen, bei denen sie Ähnlichkeiten mit sich selbst entdecken. Mongoloide Kinder hängen emotional mehr an ihren Eltern und brauchen mehr Zeit als andere, um Freunde zu finden. Ihre Eltern, Geschwi-

ster und Großeltern bleiben für sie die Hauptanziehungspunkte ihrer Sensibilität. Und es ist eigentlich traurig, daß Eltern, nachdem sie den Schock der Geburt eines mongoloiden Kindes überwunden und sich mit ihrem Schicksal abgefunden haben – nicht die emotionalen Qualitäten dieser Kinder zu schätzen wissen, wie sie sich ausdrücken in einer großen Toleranz, ja, sogar gewissen Nachgiebigkeit gegenüber den persönlichen Schwächen ihrer Eltern. So bringen sie Verständnis dafür auf, wenn ihnen ihre Eltern erklären: »Ich bitte dich um Verzeihung. Ich bin heftig und ungeduldig gewesen. Aber ich weiß, daß du dein Möglichstes tust und aufgrund dessen, daß du von Geburt an behindert bist, nicht die gleichen Fortschritte im Lernen machst wie deine Geschwister. Aber du sollst nicht traurig sein, weil ich dich nämlich sehr lieb habe.« Man muß bei einem mongoloiden Kind durch eine zärtliche Geste schnell alles wiedergutmachen, wenn man es verletzt hat. Denn man kann sie sehr leicht und sehr tief verletzen und dann fangen sie an, an dem Menschen zu zweifeln, der für sie das Liebste ist, was sie auf der Welt haben. Soweit also in aller Kürze zu den mongoloiden Kindern.

Was die anderen behinderten oder psychisch gestörten Kinder betrifft, so besitzen sie *alle* auf irgendeinem Gebiet eine ganz bestimmte Fähigkeit. Autistische Kinder sind oft außergewöhnlich intelligent und besitzen häufig eine ausgeprägte, fast unmittelbare Sinneswahrnehmung, sei es der Gehör- oder Tastsinn oder die Art und Weise, wie sie ihre Umwelt mit den Augen wahrnehmen, was sich oft in einem ausgesprochen ästhetischen Empfinden niederschlägt.

Manche psychisch oder von ihrem sozialen Verhalten her gestörten Kinder erscheinen den Erwachsenen unerträglich, weil sie nie stillsitzen können, überall hinklettern und ständig irgendwelche Grimassen schneiden ... Sie werden als labil bezeichnet, weil sie noch nicht herausgefunden haben, was sie eigentlich interessiert. Solche Kinder werden häufig als übertrieben motorisch bezeichnet, aber sie besitzen im Grunde eine motorische Intelligenz, d.h. eine Intelligenz ihres Körpers. Viel zu oft werden sie deswegen von ihren Eltern beschimpft. Man hält sie in ihrem Bewegungsdrang zurück, sperrt sie ein oder bestraft sie anderweitig. Wenn hingegen ihr Vater

Geschicklichkeitsspiele (z. B. Spiele, bei denen man das Gleichgewicht behalten muß) oder irgendwelche Klettergerüste erfinden würde, würden sie sehr glücklich sein, sich gefördert und für ihre Kühnheit bewundert fühlen. Auch kann man Kinder, die Sprachhemmungen haben und in der Schule nicht weiterkommen, ins Ballett oder in eine Musikschule, die ihnen Spaß macht, schicken. Man sollte auf jeden Fall vermeiden, sie in eine bestimmte Schablone zu pressen, wie es viele Eltern leider immer noch tun. Wußten Sie, daß Einstein bis zu seinem neunten Lebensjahr bei allen als geistig behindert galt?

Nein. Aber ich wußte, daß er in der Schule katastrophale Noten hatte und sich seine Eltern deswegen große Sorgen um seine Zukunft machten.

Er galt nicht nur in bezug auf seine schulischen Leistungen, sondern auch sonst als geistig zurückgeblieben. Wenn man ihn etwas fragte, wußte er so gut wie nie eine Antwort. Er war immer zerstreut und stellte sich ausgesprochen ungeschickt an. Seine Eltern aber meinten: »Das macht nichts, dafür hat er einen guten Charakter ...« Sie organisierten für ihn immer irgendeine Beschäftigung, z. B. ließen sie ihn Stoffballen zu einem ihrer Freunde, der Kaufmann war, hintragen. Sie hatten ihn sehr lieb. Und nach neun Jahren ist dann bei diesem Kind eine gleichermaßen besinnliche und mathematische Intelligenz aufgeblüht, die niemand vorher für möglich gehalten hatte. Und trotz dieser Intelligenz ist er mit zwanzig Jahren in seiner Ausbildung gescheitert.
Viele ›behinderte‹ Kinder werden später Musiker, Maler oder gehen einem anderen musikalischen Beruf nach. Jedes Kind, auch die behinderten Kinder, sind intelligent. Wir sollten sie lieb haben, so, wie sie sind, ihnen dabei helfen, ihr Selbstvertrauen zu finden, zu bewahren und glücklich, fröhlich und kommunikativ zu sein. Wir sollten ihre Interessen, die sie uns tagtäglich zeigen, unterstützen. Nur so werden sie sich entsprechend ihrer Möglichkeiten am besten entwickeln.

Eine ca. dreißigjährige Frau und ihr dreiunddreißigjähriger Mann machen sich um ihre neuneinhalb Jahre alte Tochter große Sorgen. Sie schielte von Geburt an und ist jetzt, nach einer Augenoperation, auf einem Auge erblindet. Als sie fünf Jahre alt war, hat die Leiterin des Kindergartens, in den sie ging, behauptet, sie sei in allem sehr widerspenstig. Ein Kinderarzt hat ihnen gesagt, sie sei verhaltensgestört, obwohl sie bei ihren Eltern zu Hause sehr nett ist. »Wenn alle verhaltensgestörten Kinder so einfach wären wie mein Kind«, schreibt die Mutter, »dann sollte es eigentlich kein Problem sein, ihnen mit sonderpädagogischen Maßnahmen weiterzuhelfen«. Diesen Eltern wurde dann eine Psychotherapie für ihre Tochter angeraten, wofür Sie ja auch schon plädiert haben. Aber nach neunzig Therapiestunden haben sie die Therapie unterbrochen, da ihre Tochter von den anderen Kindern im Wartezimmer völlig schockiert war. Die Eltern haben sie dann aufgrund ihrer Sprachentwicklungsstörung zu einem Logopäden geschickt. Da die Privatschule, auf die sie ging, geschlossen wurde, mußte sie in eine andere Schule überwechseln. In der neuen Schule machte sie gute, aber zögernde Fortschritte. Dieses Jahr ist sie in die 4. Klasse versetzt worden. Das eigentliche Drama begann damit, daß der Schularzt nach einer obligatorischen Untersuchung gesagt hat, sie müßte auf eine Sonderschule. Diese ärztliche Untersuchung hat im Beisein der Rektorin stattgefunden, die dem Arzt den Fall des Mädchens sehr ausführlich unterbreitete. Sie zeigte ihm auch die ärztlichen Unterlagen bezüglich der psychotherapeutischen Behandlung und erklärte ihm, daß sie solche Schüler in ihrer Schule nicht gerne hätte. Die Eltern sind nun über die Haltung dieser Rektorin und des Arztes sehr entrüstet. Die Klassenlehrerinnen des Kindes haben übrigens in Anwesenheit des Arztes und der Rektorin gegen diese Maßnahme protestiert. Das Kind würde zwar nur langsame Fortschritte machen, käme aber im Unterricht mit, so daß es für eine solche Maßnahme keine Begründung gäbe. Die Mutter fügt im übrigen noch hinzu, daß die Rektorin schon einmal anderen Eltern sagte, daß ihre Kinder geistig zurückgeblieben seien: »Mit welchem Recht kann sie eigentlich so etwas behaupten?«

Sie erklärt das Verhalten der Rektorin damit, daß diese eine Art von ›Elite-Schule‹ anstrebe, in der alle Kinder gute Noten haben müssen: »Sie will wohl, daß ihre Schule einen guten Ruf besitzt, in der schlechte Noten nicht vorkommen ...«

Das könnte leider zutreffen.

Die Eltern haben dann einen Psychologen aufgesucht, der mit dem Kind einige Tests durchgeführt hat. Die Resultate haben gezeigt, daß das Kind in der Lage ist, im Unterricht mitzukommen. Die Mutter möchte nun wissen, was sie tun soll.

Das weiß ich nicht. Heutzutage werden die strikten Anweisungen von Schulärzten oft für bare Münze gehalten und die Eltern müssen diese oft willkürlichen Entscheidungen, die von einer Direktorin oder einem von ihr beeinflußten Arzt getroffen werden, meistens befolgen. Erstens bin ich der Meinung, daß das Urteil der beiden Klassenlehrerinnen schwerer wiegen sollte als das der Schulrektorin. Zweitens halte ich es für sinnvoller, daß alle Kinder – unabhängig von ihrem jeweiligen Entwicklungsstand und ihren Fähigkeiten – in der gleichen Schule zusammenbleiben. Sie brauchen das gemeinsame Leben in der Gruppe, auch wenn sich das eine Kind schneller entwickelt als das andere. Schließlich ist es ja später auch so, daß Leute unterschiedlicher Intelligenz zusammenarbeiten. Darum verstehe ich nicht, warum man dieses Kind absondern sollte, mit dem die Klassenlehrerin ganz gut zurechtkommt ... Die Mutter sagt nichts darüber, ob ihre Tochter, die als Einzelkind zwischen ihren beiden Eltern lebt, Freunde oder anderweitig soziale Kontakte hat. Vielleicht ist es das, was ihr fehlt. Vielleicht ist dieses Kind auch ganz besonders sensibel und fühlt, daß die Rektorin mit ihr nicht zufrieden ist, weil es in der Schule nicht so gut ist, wie sie es sich wünscht. Unter Umständen ist sie auch deswegen zu der Rektorin nicht besonders nett und höflich. Das ist durchaus möglich. Trotzdem finde ich die Feststellung, sie sei verhaltensgestört, seltsam, denn sie hat sich weder in der Schule noch innerhalb ihrer Familie besonders auffällig verhalten – außer vielleicht gegenüber der Rektorin. Hinzu kommt, daß dieses Kind durch seine

Sehschwäche natürlich von Anfang an benachteiligt war – und ein Kind, das stark schielt, fühlt sich immer benachteiligt, weil es manchmal von anderen Kindern ausgeschlossen wird. Und seit ihrer Operation kommt noch das Problem hinzu, daß sie nur noch mit einem Auge sehen kann. Aber deswegen kann man in der Schule doch trotzdem mitkommen. Das hat sie vielleicht anfangs in ihren Schulleistungen etwas zurückgeworfen, aber jetzt macht sie – auch durch die Hilfe ihrer Eltern – gute Fortschritte. Die Eltern brauchen sich wirklich keine allzu großen Sorgen zu machen.
Ich würde der Mutter empfehlen, einmal mit einem Psychoanalytiker zu sprechen, weil sie jetzt selbst sehr in ihre eigenen Gefühle verstrickt zu sein scheint. Und für das Kind ist es nicht so gut, zwischen einer Rektorin, die es ablehnt, und einer Mutter, die sich dadurch gekränkt fühlt, ständig hin und her zu pendeln. Ich glaube auch nicht, daß es auf die Dauer für das Kind von Vorteil ist, in eine Schule zu gehen, mit deren Rektorin es ständig Schwierigkeiten gibt und Lehrerinnen zu haben, die deswegen in Konflikt mit der Rektorin stehen.

Die Mutter hat sich auch dagegen gewandt, daß zu der ärztlichen Untersuchung die Unterlagen der psychotherapeutischen Sitzungen hinzugezogen wurden, obwohl sie ja schon zwei oder drei Jahre zurücklagen.

Diese Therapie wurde an sich in einem sehr frühen Alter des Kindes begonnen. Ich verstehe auch nicht ganz, warum die Eltern die Sitzungen von sich aus abgebrochen haben, eine Entscheidung, die sie zumindestens mit dem Therapeuten hätten gemeinsam treffen sollen. Vielleicht war es nicht so gut.

Der Grund aber war doch, daß es das Kind nicht mehr ausgehalten hat, mit anderen behinderten Kindern im Wartezimmer des Psychotherapeuten konfrontiert zu sein ...

Das glaube ich nicht. Ein Kind kann sehr wohl ertragen, im Wartezimmer eines normalen Arztes behinderte Menschen zu sehen, die wegen einer Erkältung oder aus anderen Gründen bei ihm sind. Ich denke eher, daß sich die *Eltern* von diesen

Kindern, die gestörter sind als ihr eigenes, beeindrucken ließen. Ich vermute, daß diese Mutter in einer solchen Situation – also Wartezimmer des Therapeuten – einmal sehr ängstlich auf die anderen Kinder reagierte, anstatt ihrer Tochter zu erklären, daß ihre Störung nicht so ernst wie die der anderen Kinder ist und daß diese Kinder mit ihr lediglich den Psychotherapeuten, der ihnen hilft, gemeinsam hätten. Eltern sollten unbedingt wissen, daß Kinder überhaupt nicht darunter leiden, kranke Kinder zu sehen. Im Gegenteil interessieren sie sich für sie. Sie möchten gern darüber sprechen und die Eltern sollten es auch tun.

Aus diesem Grund empfehle ich der Mutter, die offensichtlich sehr ängstlich ist, mit einem Psychoanalytiker zu sprechen, auf welche Weise sie ihrem Kind am besten helfen kann. Sie sollte weniger die Rechte ihrer Tochter geltend machen und ihr auch nicht immer bei den Hausaufgaben helfen, als sie darin unterstützen, sich selbständig zu entfalten. Sie könnte mit ihr z.B. an schulfreien Tagen dorthin gehen, wo auch andere Kinder sind, so daß sie nicht immer als Einzelkind zwischen ihr und dem Vater leben muß. Kontakte zu anderen Kindern würden dem Kind in seinen sozialen Schwierigkeiten sicherlich weiterhelfen. Mehr kann ich zu diesem konkreten Fall nicht sagen.

Die Eltern eines achtjährigen Jungen, der infolge einer Augenkrankheit schlecht sieht und halbseitige Lähmungserscheinungen aufweist, berichten über den Mangel an Toleranz in unserer Gesellschaft Behinderten gegenüber. Auch sei unser Schulsystem für behinderte Kinder oder Kinder, ›die anders sind‹, wie sie gern bezeichnet werden, wenig geeignet. Diese Eltern, die noch eine sechsjährige Tochter haben, die nicht behindert ist, waren mit folgendem Problem konfrontiert: entweder ihren Sohn auf eine speziell für Behinderte eingerichtete Schule zu schicken, die von ihrem Wohnort allerdings zweihundert Kilometer entfernt ist oder ihn in der ›normalen‹ Schule zu lassen. Sie entschieden sich, letzteren Weg zu gehen. »Ich möchte darüber sprechen, wie schwierig es ist, daß solche Kinder wie mein Sohn von der Masse unserer Mitmenschen akzeptiert werden bzw. man ihrem Recht, anders zu sein als die anderen, zur Anerken-

nung verhelfen kann. Unser Schulsystem ist starr und festgeschrieben. Kinder, die aufgrund einer körperlichen, geistigen oder sonstigen Behinderung den Kriterien von ›Normalität‹ nicht entsprechen, kommen damit nicht zurecht. Sie stören und werden infolgedessen ausgeschlossen.«

Das trifft vor allem auf das Leben in der Stadt zu. In ländlichen Gebieten und auf kleinen Dörfern werden Behinderte meistens wesentlich besser integriert. Das Problem ist auch auf den zunehmenden Bevölkerungszuwachs in den Großstädten und auf eine gewisse ›Gleichmacherei‹ aller Kinder zurückzuführen. Aber Kinder schlagen eben ganz unterschiedliche Entwicklungslinien ein. Was heißt schon ›normal‹? Sind die normalen Kinder etwa der kleine Teil einer Schulklasse, der dadurch auffällt, daß er sich eben völlig unauffällig und normal verhält? Es wäre in der Tat traurig, wenn alle Kinder so wären. Diese Eltern haben vollkommen recht, wenn sie diesen Begriff von ›Normalität‹ ablehnen.
Wir haben wirklich herzzerreißende Briefe über Reaktionen der Umwelt (auf der Straße, beim Arzt, in der Klinik) auf behinderte Kinder bekommen. Was sich hier zum Teil abspielt, ist in der Tat furchtbar, aber wir müssen versuchen zu verstehen, warum es so ist. Bei den Erwachsenen hat es mit ihrer eigenen Angst zu tun, die immer dann entsteht, wenn sie mit einer Behinderung konfrontiert werden. Sie wissen nicht, wie sie sich einem solchen Kind gegenüber verhalten sollen; häufig tritt ein Kommunikationsstil des Kindes hinzu, der sie befremdet. Sie wissen also nicht recht, ›woran sie bei dem Kind sind‹. Das verwirrt sie, sie fühlen sich unfähig, auf das Kind zu reagieren und das macht sie unsicher.
In manchen Fällen – und das müssen wiederum Eltern von behinderten Kindern verstehen – reagieren Eltern, die ein gesundes Kind verloren haben, auf behinderte Kinder so, als würden sie sich sagen:
»Wenn doch unser Kind nach seiner Krankheit oder seinem Unfall am Leben geblieben wäre. Und selbst als behindertes Kind wäre es jetzt dennoch bei uns.« Oder: »Mein Kind, das schön und gesund war, mußte sterben. Dieses behinderte Kind aber ist noch am Leben. Wie ungerecht!« Sie verbieten sich im

Grunde solche Gedanken, und wenn sie hochkommen, haben sie ein schlechtes Gewissen. Bei den Kindern selbst liegt der Fall anders. Wenn sie sich mit einem behinderten Kind nicht abgeben wollen, dann meistens deswegen, weil sie sich nicht mit ihm identifizieren wollen. Wenn Jugendliche zum Beispiel einen Gleichaltrigen gern haben, entsteht häufig der Wunsch, sich mit dem Anderen zu identifizieren. Sie verbieten sich, einen Behinderten zu mögen, weil er für sie kein Vorbild abgibt. Das geschieht nicht bewußt, sondern stellt eher eine unbewußte Vorsichtsmaßnahme dar. Es handelt sich dabei um eine spontane Form von Verachtung dem behinderten Anderen gegenüber. Man kann eine solche Einstellung nur durch eine andere Erziehung korrigieren.

In den meisten Fällen ziehen es doch sowohl die Erwachsenen als auch die Kinder vor, behinderte Kinder gar nicht zu beachten?

Leider. Erwachsene nehmen hierbei selbst eine kindliche Haltung ein. Manchmal gehen sie sogar so weit, daß sie irgendeinen dummen oder überflüssigen Kommentar abgeben müssen. Das hängt mit dem Fortbestand einer Form von ›magischem‹ Denken bei ihnen zusammen; sie sehen die Behinderung als Bedrohung ihres eigenen ›intakten‹ körperlichen Selbsts. Oder eben mit sadistischen Impulsen, indem sie dem Schwachen unbewußt den Tod wünschen.

Im folgenden Brief geht es um ein fünfjähriges Mädchen, das ebenfalls einen Sehfehler hat und zudem in seinen Bewegungen leicht behindert ist. Die Mutter war mit dem Mädchen in der Klinik und als es – wie in diesem Alter durchaus üblich – ein wenig zu laut redete, sagte sie ihr, daß sie ein wenig ruhiger sein sollte, denn sie wären in einer Klinik, in der die Kranken viel Ruhe bräuchten usw. Darauf sagte eine gutsituierte, ältere Dame zu ihrem Mann (allerdings so laut, daß es jeder mitbekommen mußte): »Warum sagt sie ihrem Kind so etwas? Es lohnt sich doch gar nicht. Das Kind ist ja nicht normal.« Diese Worte haben die Mutter natürlich sehr getroffen. Das kleine Mädchen

fragte dann schüchtern seine Mutter: »Warum hat die Dame so etwas gesagt? Was hat es zu bedeuten?«
Das führt mich zu einer Frage, die in zahlreichen Briefen immer wieder gestellt wird: Soll man mit behinderten Kindern über ihre Behinderung sprechen?

Ja und möglichst früh. Sobald die Eltern merken, daß sich ihr Kind anders entwickelt als die anderen Kinder oder behindert ist, sollten sie mit ihm darüber reden. Tritt eine Behinderung nach einem Unfall oder nach einer Krankheit ein, sollten sie ihm sagen: »Als du klein warst, war bei dir alles in Ordnung. Und dann ist dir folgendes zugestoßen ...«. Dabei könnte man ihnen anhand von ganz konkreten Illustrationen, die sie verstehen können, ihre Behinderung erklären. Man kann ihnen z. B. das Bild eines Baumes zeigen, in den ein Blitz eingeschlagen hat: »Siehst du, bei diesem Baum wachsen nur noch drei Zweige, während die anderen Bäume um ihn herum viele Zweige haben. Aber trotzdem wird auch dieser Baum weiter wachsen. Das Leben geht für ihn weiter. Allmählich wird es ihm auch besser gehen, vielleicht wird er nicht ganz so werden wie die Bäume um ihn herum, aber er wird sich trotzdem entwickeln. Denn trotz allem ist er ein ganz lebendiger Baum ...«. Anhand solcher Beispiele kann man einiges veranschaulichen. Man muß auf jeden Fall dem Kind genau sagen, was es hat. Und dann kann man es fragen: »Was meinst du dazu? Wie wirst du dich deiner Meinung nach entwickeln?«. Man muß das Kind auch auffordern einem zu erklären, wie es seinen Zustand im Verhältnis zu den anderen empfindet. Daran denken sehr wenige Eltern von behinderten Kindern. Sie denken eher daran, wie sie ihr Kind in die Gesellschaft integrieren können bzw. wie es sich wieder anpassen kann. Sie setzen ihre ganze Liebe dafür ein, daß es nicht unter seiner Behinderung allzu stark leidet. Das tun sie aber deshalb, weil sie ihr eigenes Leiden auf ihr Kind projizieren, das eigentlich eher ein Interesse hätte, gefragt zu werden: »Was meinst du zu der Tatsache, daß du nicht so bist wie die anderen? Was denken deiner Meinung nach deine Kameraden darüber?« Man muß seine eigenen Schwierigkeiten kennen und in der Lage sein, darüber zu sprechen. Ein behindertes Kind würde dadurch entsprechend seiner Möglichkeiten viel schnellere Fortschritte machen, als es die Eltern für möglich halten. Es wäre auch in der Lage, seinen Kameraden gegenüber anders aufzutreten: »Mein Vater hat mir erklärt, daß ich nicht so bin wie du, weil...« Es würde sich auf diese Weise Freunde machen und seine Behinderung akzeptieren. Sonst fühlen diese Kinder ganz genau, daß man sie nie nach ihrer Meinung fragt und von ihnen weniger verlangt als von anderen Kindern. Und genau das fällt ihnen auf. Ich weiß es, weil ich viele behinderte Kinder behandelt habe. Ich habe Kinder in Behandlung gehabt, deren Behinderung man zu verbergen versucht hat und die nicht wegen ihrer Behinderung *an sich* psychische Störungen aufwiesen, sondern weil niemand mit ihnen darüber jemals gesprochen hatte.

Auf der anderen Seite sollten natürlich Eltern ihren ›normalen‹ Kindern helfen, kranke oder behinderte Kinder tolerieren zu lernen. Sie können ihnen sagen: »Das hätte auch dir passieren können. Es ist auch ein Kind, es mag dich und will auch leben. Hilf ihm doch.« Kinder sollten untereinander solidarisch miteinander umgehen.

Aus all den Gründen, die ich vorgetragen habe, finde ich es traurig, daß man versucht solche Kinder von den ›normalen‹ abzusondern und sie in besondere Schulen abschiebt anstatt in den üblichen Schulen besondere Klassen für sie einzurichten. Und auch die anderen Kinder würden dadurch viel besser lernen, mit Kameraden, die behindert oder einfach nur ›anders‹ sind als sie, umgehen zu können. Jedes Kind sollte in der Lage sein, mit jedem anderen Kind – möge es auch noch so verschieden sein – eine Kommunikation zu haben, ohne dabei sein Selbstvertrauen zu verlieren. Gegenseitige Hilfe und gegenseitiges Verständnis müßten Kindern eigentlich als Grundprinzip des Umgangs mit anderen in der Grundschule beigebracht werden. Und die Erwachsenen sollten mit ihrem Umgang untereinander – auch in der Schule – den Kindern hierzu als Vorbild dienen. Denn schließlich arbeiten sie – die Lehrer, die Verwaltungsangestellten oder der Hausmeister – an einer Schule auch deswegen, um sich der Erziehung heranwachsender Bürger zu widmen. Aber häufig geht man sich an der Schule unter verschieden bezahlten Lehrern oder unter den verschiedenen Berufsgruppen aus dem Wege oder ignoriert sich einfach. Dabei ist es doch das Verhalten der Erwachsenen, das auf die Erziehung der Kinder einen größeren Einfluß ausübt als alle Worte, die man ihnen sagt. Und wenn an der Schule immer ausgeklügeltere Ausleseverfahren eingeführt werden und man damit immer früher anfängt, läuft dies letztlich darauf hinaus, die moralische Diskriminierung unter Erwachsenen in ›weniger gute‹ und ›bessere‹ Bürger auch den Kindern gegenüber als legitim herauszustellen. Und genau diese Einstellung ruft dann vielerorts gegenüber behinderten Kindern eine geradezu rassistische Diskriminierung hervor.

Ein Vater schreibt uns: »Ich habe zwei Söhne, die jetzt zweiundzwanzig und vierundzwanzig Jahre alt sind. Der zweite ist mit einer Hasenscharte und einem offenen Gaumen auf die Welt gekommen. Meine Frau war mit ihm von Anfang an sehr geduldig: sie hat ihn mit dem Löffel gefüttert, da er natürlich nicht saugen konnte. Mehrmals wurde er – mit sechs, zehn und achtzehn Monaten – operiert. Mit fünf Jahren konnte er immer noch nicht richtig sprechen. Wir selbst verstanden ihn zwar ganz gut, aber andere, die ihn sprechen hörten, fast gar nicht. Mit Hilfe von sonderpädagogischen Maßnahmen und später bei einer Logopädin wurde ihm das korrekte Sprechen beigebracht. Mit sechs Jahren hatte er in der Grundschule sehr schlechte Noten und wurde zur Strafe häufig in die Ecke gestellt. Wir haben schließlich eine Privatschule mit sehr kleinen Klassen für ihn gefunden. Und dort hat er das Schreiben und Lesen gelernt. Nach zwei Jahren hat er dann die Schule wieder gewechselt und machte auf der neuen Schule ebenfalls gute Fortschritte. Auch an dieser Schule waren die Klassen sehr klein. Und während dieser ganzen Zeit haben sich meine Frau und ich intensiv um ihn gekümmert.«
Sein Bericht ist für die Eltern gedacht, die ebenfalls behinderte Kinder haben.

Ja, er ist ausgesprochen interessant.

»Er liebte Musik«, fährt der Vater fort, »insbesondere Folklore. Mit neun Jahren haben wir ihn in den Musikunterricht gehen

lassen. Dort ist er sofort regelrecht aufgeblüht. Er lernte Akkordeon und seit ungefähr drei Jahren organisiert er Musikveranstaltungen, auf denen er mit seine Gruppe spielt, die er selbst zusammengestellt hat. Er komponiert manche Stücke auch selbst. Ansonsten hat er die Schule bis zur mittleren Reife weiter besucht, allerdings keinen Abschluß gemacht. Dennoch kommt er gut zurecht, erledigt seine Korrespondenz mit anderen Künstlern und hat mit dem, was man dazu können muß, keinerlei Schwierigkeiten. Meine Frau hat viel arbeiten müssen, damit wir die hohen Kosten für seine Klinikaufenthalte und seine Ausbildung bestreiten konnten. Wir sind, da wir beide jeweils nur einen Monat im Jahr Urlaub haben, getrennt mit den Kindern in die Ferien gefahren, damit sie zwei Monate an der frischen Luft sein konnten, da wir inmitten einer Großstadt wohnen. Sie sehen, daß wir viele Opfer auf uns genommen haben, aber es hat sich wirklich gelohnt.
Unser Kind war aus der Sicht von Klinikärzten und Schulen zum Scheitern verurteilt. Vielleicht waren es das Verständnis und die Liebe, die man ihm in der Privatschule entgegenbrachte, sein wirklicher Rettungsanker. Warum gibt es eigentlich nicht in jedem Stadtviertel Schulen mit einer geringeren Klassenstärke als es ansonsten üblich ist?«

Es ist es schöner Brief. In der Tat wäre es wünschenswert, in allen Stadtvierteln – insbesondere für die Kinder, die Schwierigkeiten haben – Schulen mit niedriger Schülerzahl und geringer Klassenstärke zu haben. Natürlich gibt es noch die Sonderschulen für Körperbehinderte. Manche von ihnen sind sehr gut, was wiederum vor allem von der Zusammensetzung der Schüler abhängt. Kleinere Klassen sind generell besser, denn die Lehrer können sich auf die individuellen Lernfortschritte der Schüler viel besser einstellen, dem Einzelnen gegenüber mehr Verständnis und Liebe aufbringen und auch mehr mit den Eltern reden, wie sie sich am besten um ihre Kinder kümmern könnten. Ich bin also dafür, daß an den Schulen kleinere Klassen eingerichtet werden, aber nicht dafür, daß man in solchen, speziell für ›Problemkinder‹ eingerichteten Klassen, diejenigen, von denen man meint, daß sie die anderen ›stören‹, einfach absondert. Zumindestens sollten

alle Kinder in den Pausen und auch außerhalb der Schule gemeinsam zusammensein.
Ein bestimmter Absatz dieses Briefes scheint mir besonders wichtig zu sein; es handelt sich um die Stelle, an der die Eltern berichten, wie sie die musikalische Begabung ihres Kindes herausgefunden haben. Ich sehe darin ein gutes Beispiel, was Eltern tun müssen, wenn sie feststellen, daß ihr Kind in der Schule nicht richtig mitkommt: herausfinden, was das Kind interessiert, sei es Ballett oder Tanz, die Handarbeit, das Malen, technische Zusammenhänge, das Kochen usw. Und wenn es möglich ist, sollte man den Kindern erlauben, diesem Interesse ernsthaft nachzugehen, genauso wie es die Eltern im vorliegenden Fall getan haben. Musik hieß für diesen Jungen, eine Zukunftsperspektive für sein Leben zu besitzen. Schon mit neun Jahren hat er sich darauf vorbereitet. Und es ist besser, mit einer Tätigkeit, für die man sich begeistert, später sein Brot verdienen zu können, als seine Schullaufbahn mit den Gefühlen größter Frustration zu Ende zu führen, um später einen Beruf zu ergreifen, für den man sich im Grunde überhaupt nicht interessiert.

Um das Thema ›behinderte Kinder‹ abzuschließen, möchte ich aus einem Protestschreiben zitieren, das sich gegen eine Antwort von Ihnen richtet, die Sie früher einmal im Zusammenhang mit einem Jungen gegeben haben, der aufgrund seiner körperlichen Schwäche dem Spott seiner Schulkameraden ausgesetzt war: »Ihre Antwort hat mich erzürnt. Mir wäre es lieber gewesen, Sie hätten ihm empfohlen, sich gegen das Unrecht, das ihm geschah, zur Wehr zu setzen und ihm erklärt, daß auch er ein Recht auf Achtung und Respekt hat, genau wie alle anderen auch. Hätten Sie sich einmal in seine Lage versetzt, so wäre Ihnen sicherlich aufgegangen, wie falsch Ihre Ratschläge ausfielen. Statt ihm zu empfehlen, sich gegen die Angriffe auf seine Person zu verteidigen, haben Sie ihm geraten, er solle sich zurückziehen, seine Romane im stillen weiterschreiben, um letztlich seine Sensibilität mehr zu entwickeln als seine Aggressivität. Ich möchte Ihnen hierzu folgendes sagen: Mein ältester Bruder war völlig taub und hat deswegen mit zwölf Jahren große Probleme gehabt. Er ging auf eine ›normale‹ Schule und beklagte sich zu Hause andauernd über die verschiedensten Schikanen seiner Mitschüler. Unsere Eltern haben ihm gesagt: ›Setz dich durch‹ und ›Laß dir nicht alles gefallen‹. Und er hat es geschafft.« Sie beschließt ihren Brief mit folgendem Kommentar: »Die Behinderten brauchen sich für ihre Existenz nicht zu rechtfertigen. Es ist höchste Zeit, daß sich die Menschen dessen bewußt werden.«

Ich denke, daß es sich um zwei völlig voneinander verschiedene Fälle handelt. Jener Junge, von dem ich sprach*, hatte noch einen kindlichen Körper und dazu eine sehr hohe Stimme, was dazu führte, daß er von allen ›Fräulein‹ genannt wurde. Er litt in der Tat sehr stark unter der Verachtung, die ihm seine Kameraden durch ihre Kommentare entgegenbrachten, aber hätte er mit seiner hohen Stimme rebelliert, wäre er doch noch mehr zum Gegenstand des allgemeinen Gelächters geworden. Wenn man kämpfen will, sollte man auch über die entsprechenden Waffen verfügen. Vielleicht war der Bruder dieser Frau ein Mordskerl, der anderen mit Leichtigkeit eine Tracht Prügel verpassen konnte. Denn wenn jemand taub ist, so ist er noch lange nicht schwach. Es handelt sich also nicht um die gleiche Behinderung, sofern man im ersten Fall überhaupt von Behinderung sprechen kann. Ich weiß nicht, was aus dem Jungen von damals geworden ist. Vielleicht könnte er auch aus dem Bericht dieser Frau etwas lernen. Vielleicht hätte er damals auch die Meinung dieser Frau hören sollen.
Andererseits finde ich es doch merkwürdig, daß meine Antwort so viele Leute zum Nachdenken veranlaßt hat. Wir haben daraufhin tatsächlich sehr viele Briefe bekommen. In diesem Zusammenhang möchte ich besonders den Bericht einer Mutter von mehreren Kindern erwähnen, deren letztes Kind ebenfalls als Außenseiter abgestempelt wurde. Genau wie dieser Jugendliche, dem ich früher geantwortet habe, war auch er von Anfang an gut in der Schule, aber körperlich sehr schwach. Er war extrem sensibel und reagierte auf den Spott seiner Kameraden mit psychosomatischen Erscheinungen. Seine Hände und Füße schwollen an. In solchen Augenblicken

---

* Siehe S. 573ff.

konnte er kaum noch seinen Federhalter halten. Er wurde schließlich so unglücklich, daß er seinen Eltern trotz seines ausgeprägten Selbstvertrauens (infolge seiner guten Leistungen in der Schule) mit fünfzehn Jahren sagte, er könne es nicht länger ertragen, vor seinen Schulkameraden zum Sündenbock für alles herhalten zu müssen. Er hat seine Eltern daraufhin inständig gebeten, ihn auf ein Internat zu schicken, in dem die Persönlichkeit des einzelnen Schülers wirklich respektiert wird. Seine Eltern besaßen nicht viel Geld und die Lehrer, die mit diesem ausgezeichneten Schüler sehr zufrieden waren, meinten, es sei hirnverbrannt, seine Ausbildung an der Schule, auf die er ging, zu unterbrechen und ihn ins Ausland zu schicken. Da er in den Ferien von Freunden gehört hatte, daß die Internate in England besonders tolerant mit den Schülern umgingen, wollte er nämlich dorthin gehen.
Schließlich hat er aus Liebe zu seinen Eltern und letztlich wohl auch aus Vernunftgründen akzeptiert, unter den für ihn so dramatischen Bedingungen ein weiteres Jahr auf seiner Schule zu verbringen. Als die Eltern jedoch merkten, daß er immer verschlossener wurde und er anfing, Zweifel zu hegen, ob er seine Schullaufbahn überhaupt zu Ende bringen könnte, haben sie ihn trotz der großen finanziellen Belastung doch nach England geschickt. Sie hatten großen Erfolg damit: der Junge machte nicht nur sein Abitur auf dem Internat, sondern legte auch noch auf einer Schule in London erfolgreich sein französisches Abitur ab. Er kam ganz allein auf sich gestellt sehr gut hin und nahm sein Leben, nachdem er sich mit fünfzehneinhalb Jahren dafür entschieden hatte, in die eigenen Hände. Heute ist er vielleicht beruflich nicht so erfolgreich wie andere (die Mutter berichtet davon), aber dennoch hat er von seiner Entscheidung sehr viel profitiert: er hat heranwachsen und sich psychisch entwickeln können, ohne dem ständigen Spott und den Eifersüchteleien seiner Mitschüler ausgesetzt gewesen zu sein, die im Grunde ja nicht ertragen konnten, daß er mit seiner Art auf der Schule so viel Erfolg haben konnte. Die Mutter meint jetzt dazu: »Ich hätte ihm also das gleiche empfehlen sollen, wie Sie es in Ihrer Antwort damals getan haben: daß er vielleicht Fernunterricht nimmt und sich ansonsten weiter seinem starken Interesse für die Literatur widmen

sollte. Vielleicht haben wir ihm, indem wir zu lange darauf insistierten, die Schule nicht zu verlassen, schon früh sein Kreuz gebrochen, wer weiß?«

Die beiden Briefe, aus denen wir zitiert haben, vertreten also gegensätzliche Standpunkte. Es ist manchmal schwierig, die richtige Antwort auf ein Problem zu wissen. Ich antworte eigentlich immer so, wie ich fühle, daß es für den Betroffenen am besten ist. Aber ich freue mich auch, wenn man anders denkt als ich und andere Lösungen vorschlägt. So hat dann jeder die Möglichkeit, sich aus den verschiedenen Antworten diejenige herauszugreifen, die am besten zu ihm paßt.

57

Hochbegabt oder nur in der Schule erfolgreich?

(Über die Notwendigkeit einer ganzheitlichen Entwicklung)

Uns liegen eine Reihe von Briefen zur Problematik ›hochbegabter‹ Kinder vor. Wenden wir uns zuerst dem Bericht einer Frau zu, die rückblickend die Fortschritte in der Entwicklung ihres Sohnes, der heute zweiundzwanzig Jahre alt ist, beschreibt. Es sei für sie ein wunderschönes Erlebnis gewesen zu sehen, daß er bereits mit sieben Monaten laufen konnte. Sie fährt fort: »Mit drei Monaten begann er zu lallen und vor sich hinzuglucksen, wie alle Kinder dieses Alters, aber er staunte dabei über sich selbst, beobachtete sich dabei und wiederholte immer wieder diese Geräusche, um sicher zu sein, daß er es war, der sie von sich gab. Auch konnte er nach seiner Geburt schon sehr schnell seine Umgebung erkennen, so daß er bereits mit zehn Tagen nicht mehr mit dem Gesicht zur Wand liegen wollte, um sehen zu können, was sich im Zimmer um ihn herum abspielte.« Ich weiß nicht so recht, ob diese Anzeichen dafür sprechen, daß dieses Kind hochbegabt war, aber die Mutter behauptet es zumindestens. Weiter schreibt sie: »Eltern müssen lernen, die Hochbegabung ihrer Kinder zu erkennen. Man darf diese Kinder auch nicht für verhaltensgestört oder unangepaßt halten – nur weil man sie manchmal nicht recht zu nehmen weiß. Auch die Lehrer sind sich häufig unschlüssig, welche Erziehungsmethoden sie bei diesen Kindern anwenden sollen, die sich so stark von ihren Mitschülern unterscheiden.«

Ein anderer Brief berichtet von einem Jungen, der mit elf Jahren bereits zwölf Bücher pro Monat liest! Andererseits wundern sich die Eltern über den Unterschied zwischen seiner geistigen und körperlichen Entwicklung. Hinzu kommt, daß er seit seinem sechsten Lebensjahr, also seit der Einschulung, unter ständigen Kopfschmerzen leidet. Seine Leistungen in der Schule sind aber sehr gut, bis darauf, daß er eine fürchterliche Schrift hat, unter der er, so die Mutter, sehr leidet.

Ich finde seine Schrift (die Mutter hat einige seiner Hausaufgaben in den Brief eingelegt) gar nicht fürchterlich, eher wirkt sie etwas unbeholfen. Man kann dieser Schrift entnehmen, daß der Junge nervös beim Schreiben ist. Ich denke aber, daß es ihm bei seiner Arbeit hilft, wenn er anfängt, mit der Schreibmaschine zu schreiben. Schließlich ist er begabt, interessiert sich sehr für Literatur und setzt sich auch gern für längere Zeit hin, um zu arbeiten. Er sollte also anfangen, auf der Schreibmaschine zu schreiben. Viele Eltern kommen gar nicht auf diesen Gedanken, wenn die Kinder Schwierigkeiten mit ihrer Schrift haben. Natürlich kann er seine Hausaufgaben nur dann mit der Maschine schreiben, wenn der Lehrer auch damit einverstanden ist. Aber warum soll ein Kind nicht mit elf oder zwölf Jahren auf der Schreibmaschine schreiben? Es handelt sich um eine durchaus intelligente Tätigkeit. Natürlich geht es nicht darum, einem Kind zu verbieten, mit der Hand zu schreiben. Aber das Kind sollte wählen können, ob es seine Arbeit lieber mit der Schreibmaschine oder per Hand erledigt. Hinzu kommt, daß das Maschineschreiben eine Tätigkeit ist, die das Kind in seinem ganzen späteren Leben gut gebrauchen kann.

Ich komme auf den letzten Brief zurück. Die Mutter teilt uns noch mit, daß der Junge in seiner Klasse kaum Freunde hat und seine Mitschüler ›doof‹ findet. Seinen Bruder läßt er zu Hause in sein Zimmer herein und mit seinen Spielsachen spielen, schließt aber seine Schwester, die er ›Wanze‹ nennt, aus. Am Abend schmust er nur mit seiner Mutter, niemals mit dem Vater. Sie sagt auch, daß der Vater früher sehr häufig abwesend war und die Kinder darunter sehr gelitten haben. Jetzt sei er aber mehr zu Hause.
In beiden Briefen geht es also um ›hochbegabte‹ Kinder ...

... ein Problem, das heutzutage ja breit diskutiert wird. In England wurden z. B. speziell für diese Kinder sogenannte ›Eliteschulen‹ eingerichtet, eine katastrophale Entwicklung, wie ich und viele andere Leute finden, denn die Absonderung von Kindern einfach nur deswegen, weil sie ›anders‹ sind als die Mehrheit, führt zu schlimmen Konsequenzen. Auch wurden Tests entwickelt, mit denen man bereits bei fünfjährigen bzw. sechsjährigen Kindern feststellen kann, ob sie ›hochbegabt‹ sind, Tests übrigens, die sich nicht ausschließlich auf die Schulleistungen beziehen. Denn wenn ein Kind in der Schule sehr begabt ist, heißt das noch lange nicht, daß es sich bei ihm insgesamt um ein hochbegabtes Kind handelt. Denn dazu gehören auch ein ausgeprägter Wissensdurst auf einem ganz bestimmten Gebiet und das Interesse, sein Wissen kreativ und selbständig weiterzuentwickeln. Man spricht von einem hochbegabten Kind im übrigen dann, wenn es einen IQ von ungefähr 140 erreicht.

Das bedeutet, daß ein hochbegabtes Kind in einem nicht schulspezifischen Intelligenztest einen sehr hohen IQ erreicht, obwohl es auf bestimmten Gebieten, wie sie auch in der Schule verlangt werden, nicht besonders begabt zu sein braucht.

Ja. Wenn ein Kind in der Schule sehr guten Erfolg in allen Fächern hat, ist es eher zu bedauern, weil es ein Zeichen für seine Fixierung auf gute Noten darstellt, vielleicht will es nur Klassenbester sein. Mit einer überdurchschnittlichen Kreativität oder einem überdurchschnittlichen Wissensdurst braucht dies nichts zu tun zu haben. Solche Kinder wollen dann weder das ergründen, was ihnen in ihrem Leben alles begegnet, noch sich gemäß ihrem Interesse für ein ganz bestimmtes Gebiet interessieren.
Natürlich kann ein in der Schule hochbegabtes Kind in seiner Freizeit mit Menschen zusammensein, die ihm eine künstlerische Beschäftigung näherbringen oder ein Wissensgebiet, für das es sich besonders interessiert. Aber es sollte in der Schule auf jeden Fall mit den gleichaltrigen Schulkameraden zusammenbleiben. Sonst wird es sich allmählich zu einem Außenseiter entwickeln und darunter leiden. Hierbei spielt auch der Reifungsgrad des Kindes eine wichtige Rolle.
Der elfjährige Junge, von dem vorhin die Rede war, schmuste noch jeden Abend mit seiner Mutter, obwohl er sich ansonsten

nur für Literatur und geistige Inhalte interessierte. Dieser Junge ist in seiner psychischen Entwicklung tatsächlich gefährdet. Man kann ihn nicht als ›hochbegabt‹ bezeichnen, vielmehr bräuchte er eine Psychotherapie ... Vielleicht war er früher, als er klein war, hochbegabt. Bei Kindern entwickelt sich zuerst die motorische und dann die verbale Intelligenz. Auch ein Kind, das anderen in seiner Entwicklung voraus ist, lernt zuerst seine körperliche Geschicklichkeit und dann das Sprechen. Ein Kind, das in seiner motorischen Entwicklung frühreif ist, wird von den Erwachsenen vielfach als anstrengend empfunden, weil es sie andauernd bei dem, was sie gerade tun oder tun wollen, stört. Viele Eltern von hochbegabten Kindern verbieten ihnen dann, sich körperlich auszutoben oder später ständig zu sprechen und sich in ihre Gespräche einzumischen. Für die Kinder wirkt sich dieser Erziehungsstil negativ aus, so daß man heutzutage versucht, hochbegabte Kinder schon möglichst früh als solche zu erkennen, damit man für sie eine entsprechende Beschäftigung findet, sie mit anderen Kindern zusammenbringt und ihnen die Möglichkeit verschafft, schon frühzeitig ihren Interessen nachzugehen. Denn diese Kinder lernen ja mit großer Leichtigkeit, so daß sie sich schon bald nicht mehr für das interessieren, was man ihnen in der Schule beibringt und anfangen, sich dort zu langweilen. Sie brauchen vielerlei Anregungen durch andere Beschäftigungen, sei es Musik, eine künstlerische Tätigkeit oder andere kreative Betätigungen. Es geht dabei nicht darum, daß man diese Kinder, wie viele Eltern meinen, allgemein ›fördert‹, sondern daß sie neben der Schule einer Beschäftigung nachgehen, für die sie sich besonders interessieren.

Ich setze mich in meinen Ausführungen immer wieder dafür ein, daß sich die Kinder ganzheitlich entwickeln, d. h., daß sie richtig sprechen, aber auch mit ihrem Körper geschickt umgehen können. Später werden es vielleicht hochbegabte Kinder sein oder auch nicht. Zumindestens bestünde aber im Rahmen einer solchen Erziehung nicht die Gefahr, daß ein hochbegabtes Kind später einmal psychische Fehlentwicklungen oder Störungen aufweist. Selbst einem frühreifen Kind sollte man Zeit lassen, sich sowohl verbal als auch von seiner körperlichen Geschicklichkeit her frei auszudrücken. Es gibt leider viele

hochbegabte Kinder, die psychisch zurückgeblieben wirken, weil man sie während ihrer ganzen frühen Kindheit in ihrer Initiative bremste, sie mit ihren Gedanken und anderen Beschäftigungen allein ließ und ihnen Schuldgefühle beibrachte, indem man sie daran hinderte, unabhängig zu sein, allein etwas zu unternehmen und immer verlangte, daß sie sich ›brav‹ verhalten müssen.
Noch einmal zurück zum Inhalt des ersten Briefes. Wenn ein Kind in seiner frühen Kindheit hochbegabt erscheint, heißt dies noch lange nicht, daß es auch immer so bleiben wird. Man muß solche Kinder sehr genau beobachten und ihnen dabei helfen, sich zu entwickeln, ohne ihnen dabei zu schaden. Das geht nur, indem man sowohl auf die Individualität des Kindes Rücksicht nimmt als auch dafür sorgt, daß es sich in der Gruppe wohlfühlt, Initiativen übernimmt usw.

Zum gleichen Thema möchte ich noch aus einem anderen Brief zitieren. Eine Frau schreibt über ihre Tochter, die in der Schule zwei Klassen übersprungen hat: »Sie haben sich dagegen ausgesprochen, daß ein Kind eine Klasse in der Schule überspringt. Aber als meine Tochter acht Jahre alt war, fühlte ich mich ihr gegenüber wie ein Huhn, das eine Ente oder eine Ente, die einen Schwan ausgebrütet hat, weil sie ihrem Alter in allen Hinsichten so weit voraus war.« Ich will den Inhalt des Briefes kurz zusammenfassen: Dieses Kind ist von Anfang an sehr aufgeweckt gewesen. Schon mit sechs Monaten verließ sie allein ihr Bett, um in das Wohnzimmer ihrer Eltern zu krabbeln, weil sie bei allem dabei sein wollte. Und mit neun Monaten kam sie allein die Treppe herauf und hinunter, ohne dabei zu fallen.

Das ist in der Tat außergewöhnlich. Dieses Kind wollte eben überall dabeisein und empfand dabei eine große Lebenslust.

Ja, sie wurde auch sehr schnell als Draufgängerin bezeichnet. Die Mutter schildert sie als wenig zärtliches und ziemlich aggressives Mädchen, das imstande war, auch starke Schmerzen auszuhalten. Auch kratzte sie Leute, die ihr nicht gefielen oder ihren Bedürfnissen nicht nachkamen. Typisch für das Verhalten ihres Kindes sei folgende Episode: Als sich eine Frau zu ihrem

Kind herunterbeugte, sagte die Mutter: »Passen Sie auf, sie ist sehr wild und könnte Sie kratzen.« – »Aber das kann ich gar nicht glauben, sie ist doch so süß.« Die Dame wollte das Kind streicheln und schon ging die kleine Hand des Mädchens auf das Gesicht der Frau los und hinterließ dort einen deutlichen Kratzer, worauf diese sich abwandte und die Mutter beschimpfte. Weiter schreibt die Mutter, daß das Kind schon früh ein ausgesprochenes Talent besessen hätte, andere Menschen nachzuahmen und über ein außergewöhnliches Gedächtnis verfügt hätte. Sie kam mit dreißig Monaten in den Kindergarten und konnte bereits ein Vierteljahr später lesen und zählen. Die Kindergärtnerin hätte ihr darauf mitgeteilt, daß man ihre Tochter nicht länger dort behalten könne. Und sobald das Mädchen richtig lesen konnte, hat sie sofort begonnen, die Bücher, die sie besaß, regelrecht zu ›verschlingen‹. Und dann kam die Sache mit dem Wörterbuch ...

... von der die Mutter schreibt, daß sie sie beunruhigte.

Ja. Sie schreibt: »Sie fing an, das Wörterbuch auswendig zu lernen. Gott sei Dank sind wir – und auch sie – dadurch gerettet worden, daß wir in die Ferien fuhren.« Sie wollte dann auch stricken lernen, aber die Mutter fand, daß sie noch zu klein dafür wäre. Sie hat sich ihr gegenüber trotzdem durchgesetzt und war dann wütend, wenn ihr nicht sofort alles gelang. Aber sie hat es trotzdem sehr schnell gelernt ...

Man sagt ja von solchen Kindern, daß sie ›immer mehr wollen‹ ... Ihr Wissensdrang ist sozusagen unersättlich.

Ja. Genauso mit ihren Beschäftigungen außerhalb der Schule, also beim Reiten und bei der Gymnastik. Sie konnte mit ihrem Pferd sehr schnell geschickt umgehen. Und dann hat sie noch ein Instrument spielen bzw. Noten lernen wollen. Und nach den ersten drei Monaten in der Schule wurde sie vierte in einem Klavierwettbewerb ...
Die Mutter berichtet auch von der Haltung des Großvaters und des Vaters diesem Kind gegenüber. Am Anfang haben sie sich für das Mädchen gar nicht interessiert und betrachteten sie mit einem gewissen Abstand. Aber interessiert Sie eigentlich dieser Passus des Briefes?

Ja, weil sich der Vater ansonsten sehr viel um seine Kinder kümmerte, um seine älteste Tochter z. B. Aber bei ihr hatte er das Gefühl, daß er sie nicht zu sehr stören sollte, weil sie ihm gegenüber sonst hätte aggressiv werden können. Er hatte vollkommen recht, sie damals einfach leben zu lassen, ohne sich groß um sie zu kümmern. Und auch der Großvater beachtete sie nicht viel, weil er mit ihrer Art nicht zurechtkam.

Erst als sie ihn eines Tages nach der Satzkonstruktion in einem alten Gedicht fragte, die sie nicht verstand, begann er sich für sie zu interessieren und mit ihr zu sprechen.

Ich finde, daß diese Mutter sehr klug gehandelt hat, indem sie das Mädchen vor sich selbst schützte und hat ziemlich frei für sich leben lassen – was man ihr übrigens oft vorgeworfen hat. Aber was hätte sie denn anderes tun sollen? Unter Umständen hätte sie mit zu viel Zuwendung eine ernsthafte Störung bei ihrem Kind ausgelöst. Ich finde es auch vernünftig von ihr, zwei- oder dreimal mit ihrer Tochter zu einem Psychiater oder Psychologen gegangen zu sein. Beide haben ihr bestätigt, daß ihre Tochter völlig normal und von ihrer Entwicklung Gleichaltrigen um zwei bis zweieinhalb Jahre voraus war, vor allem aber, daß ihre motorische und emotionale Entwicklung homogen verlaufen würde. Es handelt sich wirklich um ein außergewöhnliches Kind.

Gleichzeitig ist sie unter anderen Kindern sehr beliebt. Sie hat Freunde und wird von allen gemocht. Sie ist jetzt auch nicht mehr so aggressiv anderen Kindern gegenüber.

Das ist sehr wichtig. Wie gesagt, das Kind ist völlig normal. Oder wie die Mutter sagt: »Sie ist nicht perfekt. Sie hat durchaus ihre Fehler ...«. Sie hält sie übrigens nicht für hochbegabt.

Nun aber zu ihrer Frage: »Die Strukturen in der Schule sind wirklich nicht auf die Kinder zugeschnitten, die den anderen voraus sind. Und so haben wir uns dafür entschieden, sie zwei Klassen überspringen zu lassen, aber meinen Sie nicht, daß es ihr schaden könnte?«

Was diesen Fall angeht, nein. Ich denke, daß diese Mutter richtig gehandelt hat, weil das Kind neben den Aufgaben, die sich ihm in der Schule stellten, noch vielen anderen Interessen nachging. Denn wenn ein Kind nicht nur in seinen Schulleistungen, sondern in jeder Beziehung seinem Alter voraus ist, spricht nichts dagegen, daß es in der Schule einmal eine oder zwei Klassen überspringt. Manche Kinder brauchen unbedingt den Lebensrhythmus und den Wissensstand älterer Kinder. Aber der Umgang mit älteren Kindern ist nur dann gut, wenn ihre Entwicklung diesen ganzheitlich entspricht. Auf der anderen Seite gibt es nämlich Kinder, die in der Schule sehr gute Leistungen erbringen, aber nicht in der Lage sind, sich allein anzuziehen oder sich mit etwas zu beschäftigen, was nicht in ihrer Phantasiewelt angesiedelt ist. Diese Kinder mögen in der Schule ausgezeichnet zurechtkommen, aber mit der Wirklichkeit und ihrer sozialen Umwelt kommen sie nicht klar. Und solche Kinder sind eben keine hochbegabten Kinder, denn ihre Entwicklung verläuft nicht ganzheitlich. Das hochbegabte Kind verfügt über vielseitige Fähigkeiten, sowohl was seine Gefühlswelt als auch seine Gedankenwelt angeht, es will alles haben, wie man so schön sagt, aber es ist auch in der Lage, sich gegen alles zu schützen, was seinem Leben und seinen Bedürfnissen in die Quere kommt. Manchmal erzieht man, so traurig es klingt, hochbegabte Kinder zu verhaltensgestörten Kindern, weil man sie in ihrer ganzheitlichen Entwicklung bremsen und bändigen will und statt dessen versucht, sie auf eine ganz bestimmte Leistung abzurichten. Hinzu kommt, daß diese Kinder von ihrer Motorik, ihrem Wissensdurst, ihrer Handgeschicklichkeit und ihren Bedürfnissen her ausgesprochen frühreif sind und daher auch sehr anstrengend für die Eltern werden können.

Wichtig erscheint mir, daß das Mädchen, über das wir gerade sprechen, die Klasse nicht in der Mitte des Schuljahres übersprungen hat, woraus sich durchaus auch bei ihr hätten Schwierigkeiten ergeben können, sondern zum einen einfach früher eingeschult wurde – mit fünf Jahren – und dann am Ende der 2. Klasse in die 4. Klasse versetzt wurde, weil die 3. Klasse im Normalfall den Stoff der 2. Klasse mehr oder weniger wiederholt und sie sich dann gelangweilt hätte.

Insofern finde ich die Vorgehensweise der Eltern recht vernünftig. Im ersten Schuljahr wird ein Kind mit der Schule als solche vertraut gemacht und dann kann man entsprechend seinen Fähigkeiten schon einmal erwägen, ob es eine Klasse überspringt. Schwieriger wird es in jedem Fall, wenn das Kind schon älter ist, z. B. in der 4. oder 6. Klasse ist, weil es sich dann an seine Klassenkameraden gewöhnt und in der Klasse Freunde gewonnen hat. Im vorliegenden Fall wurde das Mädchen aber in eine Klasse versetzt, die ihrem Arbeitsdrang und ihrem schnellen Arbeitstempo entsprach, in dem Sinne, daß sie schnell lernte und die Lehrerin nicht mehr wußte, womit sie sie beschäftigen sollte.

Die Mutter aber macht sich trotzdem Sorgen und möchte wissen, ob ihre Tochter nicht vielleicht doch irgendwann einmal unter der Last der an sie gestellten Anforderungen zusammenbrechen könnte. Ich glaube nicht. Und selbst wenn es so wäre, wäre es nicht schlimm. Wenn die Eltern bemerken, daß sie sich in der Klasse, in der sie ist, irgendwann einmal schwertut und darunter leidet, können sie sie die Klasse einfach wiederholen lassen. In diesem Fall könnte sie vielleicht die Schule wechseln oder auch in der gleichen Schule bleiben, wenn sie eine andere Lehrerin bekommt. Im voraus läßt sich eine solche Entwicklung allerdings niemals voraussagen. Auf jeden Fall hat dieses Mädchen sehr vielseitige Interessen. Außerdem hat sie auch viele Freunde. Es handelt sich um ein Kind, das sich auf allen Gebieten einheitlich entwickelt hat und die Schwierigkeiten nicht kennt, die manche in ihren Schulleistungen ›geförderten‹ Kinder haben. Man sollte sich um ein Kind erst dann Sorgen machen, wenn es auf der Schule seinem Alter weit voraus ist, auf den anderen Gebieten seiner psychischen Entwicklung aber zurückgeblieben ist. Dieses Kind, von dem die Rede ist, scheint wirklich ein außergewöhnlicher Mensch zu sein. Und ich möchte den Eltern ein Kompliment machen, daß es ihnen gelungen ist, sie zu erziehen, ohne ihr zu schaden, damals, als sie schon als Kleinkind so aggressiv und unabhängig war.

58

Geräusche muß man erklären, Musik muß man lieben

(Klänge: Geräusche und Musik)

In unserer Umgebung sind wir vielfach Klängen und Geräuschen ausgesetzt, die man teilweise als aggressiv erlebt. Viele junge Eltern möchten wissen, wie man Babies an Geräusche gewöhnen und sie mit bestimmten Klängen vertraut machen kann, die sie tagtäglich hören, fast jede Minute neu entdecken und sie manchmal beängstigen. Besonders dann, wenn sie die Geräusche nicht richtig einordnen können.

Ein Kind bekommt von den Geräuschen im Haushalt hauptsächlich Angst vor dem Staubsauger, vor brummenden Elektrogeräten und vor der Toilettenspülung. Man kann diesen Ängsten beim Kind am besten dadurch begegnen, daß man es auf den Arm nimmt und ihm erklärt: »Weißt du, dieses Geräusch, das du nicht magst, kommt vom Staubsauger, von der Klospülung usw.«. Man sollte die Dinge genau umschreiben und sie dem Kind auch zeigen.

Auch schon, wenn das Kind erst einige Wochen alt ist?

Ja, auch wenn es acht oder vierzehn Tage alt ist. Die Mutter könnte das Kind mit diesen alltäglichen Geräuschen vertraut machen, indem sie es dabei auf ihrem Arm hält. Die Geräusche würden auf diese Weise ›mamaisiert‹.

›Mamaisiert‹? Ein etwas seltsamer Ausdruck.

Ich benutze solche Neologismen gern. Und alles, was im Leben eines Kindes oder im Familienleben ›mamaisiert‹ wird, bedeutet ›Sicherheit‹ für das Kind. Denn auf diese Weise gehört dann alles zur vertrauten Umgebung der Mutter. Ein Kind fürchtet sich nämlich vor dem Geräusch des Staubsaugers, weil es seine Mutter beim Staubsaugen meistens anders erlebt als sonst: sie hat zerzaustes Haar und ist unruhig und gestreßt, weil sie diese Arbeit, die sie machen muß, im Grunde gar nicht mag. Das Kind spürt ihre ganze Anspannung. Und so reagiert es ängstlich auf alles, was mit Staubsaugen zu tun hat. Besonders, wenn es nicht von Anfang an in die alltägliche Arbeit der Mutter einbezogen wurde. Auch das Heulen der Sirenen macht den Kindern große Angst. Wenn ein Probealarm angekündigt wird, sollte die Mutter ihr Kind, kurz bevor es losgeht, auf den Arm nehmen. Auch auf der Straße. Der Ton einer Sirene ist ein vollkommen unnatürliches Geräusch, es gibt Säuglinge, die beim Hören des Sirenentons regelrecht zusammenschrumpfen und ganz blau vor Angst werden. Aber dieser Zustand geht schnell vorbei, wenn die Mutter das Kind beruhigt, in seine Augen schaut und sagt: »Du brauchst keine Angst zu haben, es ist nur die Sirene. Mama ist ja bei dir. Mama ist da.« Diese Kinder werden auch später vor der Sirene des Notarztwagens oder des Krankenwagens keine Angst mehr haben. Aber gerade was die ersten Erfahrungen mit diesen Geräuschen angeht, sollte man dem Kind die ausreichende Sicherheit geben. Was nun die Geräusche der Toilettenspülung angeht, so entsteht die Angst hierbei auch aus einem anderen Grunde: Das Kind bekommt Angst, weil es nicht weiß, was aus seinen Ausscheidungen wird. Denn es empfindet sie im frühen Alter ja als ein Teil von sich selbst und hat Angst, zusammen mit dem, was zu ihm gehört, auch selbst heruntergespült zu werden. Es ist sozusagen ein Geräusch, das das Kind mit sich forttragen will. Es gibt übrigens auch Kinder, die in der Badewanne eine panische Angst vor dem Geräusch haben, das entsteht, wenn man den Stöpsel herauszieht und das Wasser dann schnell abläuft. Es ist ganz so, als würden sie befürchten, daß auch sie mit dem Wasser ablaufen müßten. Man soll ihnen die entsprechenden Zusammenhänge also lange erläutern und sie ihnen erklären, bevor sie damit plötzlich konfrontiert werden. Man muß sie die Vorgänge erst einmal beobachten lassen. Und mit der Zeit werden sie sich daran gewöhnt haben. Man sollte niemals ein Kind auslachen, das vor irgendeinem

Geräusch Angst hat. Man muß ihm alles mit den passenden Worten erklären und es beruhigen.

Soll man auch elektrische Geräte bewußt einschalten, um dem Kind zu zeigen, wie sie funktionieren?

Ja. Das Kind kann sie auch selbst einschalten, man kann ihm zeigen, auf welchen Knopf es drücken muß.

Kommen wir zu einem ganz anderen Thema. Wir haben eine Reihe von Briefen bekommen, in denen eine die Musikalität des Kindes weckende Erziehung angesprochen wird, aber auch konkrete Formen des Musikunterrichts, z. B. die Klavierstunde. Zwei Briefe haben wir ausgewählt und wollen sie im folgenden zur Diskussion stellen. Der erste Brief stammt von einer Frau, die drei Töchter hat, sie sind elf, neun und vier Jahre alt. Die Großmutter mütterlicherseits ist Klavierlehrerin und gibt dem neunjährigen Mädchen Klavierunterricht. Vorher hatte sie die älteste Tochter unterrichtet, aber diese hatte den Klavierunterricht nach einem oder zwei Jahren aufgegeben, wie die Mutter schreibt. Die Tochter hätte damals, als sie zum Unterricht gehen mußte, immer geschrien, geweint, gebrüllt und war denkbar schlechtester Laune. Bei ihrer zweiten Tochter sei es im letzten Jahr übrigens genauso gewesen. Immer hätte sie gebrüllt: »Ich will nicht hingehen«, »Ich mag kein Klavier spielen«, »Ich will etwas anderes tun« usw. Die Eltern überlegen sich jetzt, ob es ratsam ist, ein Kind, wie auch in diesem Fall, zum Musikunterricht zu zwingen, damit es die Klavierstunde zumindestens über sich ergehen läßt. Aber sie meinen auch, daß die Kinder ihren Eltern später einmal dankbar sind, wenn sie ihnen dabei geholfen haben, ihre Schwierigkeiten zu überwinden. Der Vater schreibt: »Mit dem Klavierunterricht fängt es an ... und in der Schule geht es dann so weiter. Sie werden eines Tages erklären, nicht mehr hingehen zu wollen.«

Aber mit der Schule ist es doch etwas ganz anderes, denn in die Schule *muß* ein Kind gehen! Wenn der Klavierunterricht einem Kind nicht gefällt, liegt es zumeist daran, daß der Lehrer es nicht vermag, das Interesse des Kindes dafür zu wecken, entweder weil er für den Unterricht nicht die richtige Atmosphäre schafft oder weil dieser Lehrer von seinem Beruf selbst nicht sehr begeistert ist. Man kann ja mit seinem Beruf gar nicht glücklich sein, wenn man dabei immer nur gereizt und nervös ist! Auf diese Weise kann ein Lehrer einem Kind das Klavierspielen für sein Leben verleiden. Ich habe im Rahmen meiner Arbeit persönlich viele Leute getroffen, die sehr musikalisch waren, denen aber ein schlechter Klavierlehrer die Freude an der Musik regelrecht ausgetrieben hatte. Ein Lehrer soll sich auf das Kind einstellen und nicht umgekehrt. Wenn er merkt, daß das Kind das Klavierspielen nicht mag, kann er es ja erst einmal dabei belassen und dem Kind, weil er für die Stunde schließlich bezahlt wird, selbst etwas vorspielen. Das ist allemal besser, als das Kind zu zwingen, selbst etwas zu spielen, wenn es nicht mag. Musik ist für denjenigen ein großes Vergnügen, der sie liebt. Und dieses Vergnügen kann man durchaus auch beim bloßen Hören von Musik erleben. Man muß nicht unbedingt selbst Musik machen ...

Ich weiß nichts von der Beziehung, die diese Mädchen ansonsten zu ihrer Großmutter haben. Außerdem wird auch nicht erwähnt, ob die Mutter selbst Klavier spielt und Musik liebt. Wenn sie Musik liebt, wird sie ja selbst häufig Musik hören. Dann könnte sie ihren Kindern von dem Spaß erzählen, den ihr das Hören von Musik oder das Spielen eines Instruments bereitet. Kinder lieben Musik, wenn sie schon früh damit vertraut gemacht werden – z. B. daß jemand von den Eltern ein Instrument spielt und herausbekommt, daß es schon dem Baby gefällt, wenn es seine Klänge hört. Ich möchte noch einmal betonen: Erst einmal müssen die Eltern selbst gern Musik hören. Ein Kind liebt anfangs immer etwas über die affektive Gemeinsamkeit, die es mit seiner Mutter verspürt. Wenn diese Mädchen nur deshalb lernen, Klavier zu spielen, damit ihre Mutter der eigenen Mutter eine Freude machen kann, dann ist der Unterricht von vornherein zum Scheitern verurteilt. Dann rührt ja die Motivation dazu nicht von den Kindern, sondern von der Mutter in ihrer Beziehung zu der eigenen Mutter her! Und genauso schlimm ist das Argument, daß die Kinder den Eltern dafür später einmal dankbar sein werden. Wenn man für seine Kinder nur etwas tut, damit sie einem später einmal dafür danken, dann ist man wirklich auf dem verkehrten Weg. Wir sprachen bereits von der Liebe des Lehrers für seinen Beruf sowie von der Liebe der Eltern für die Musik. Hinzu kommt natürlich auch das Interesse und die Neigung des Kindes selbst. Eine Kunst kann man einem Kind nur beibringen, wenn es ein Verhältnis dazu hat. Und später wird auch dieses Kind bei seinen Kindern wieder herausfinden müssen, was sie besonders gern mögen. Vielleicht hat die Mutter dieser Frau, die uns geschrieben hat, auch bei ihr nicht versucht herauszufinden, wo ihre Interessen liegen. Denn sonst würde sie doch nicht so auf der Klavierstunde insistieren und ihre Kinder zwingen, dort hinzugehen, selbst wenn diese überhaupt keine Lust dazu haben. Man kann doch niemanden zwingen, ein Musikinstrument zu erlernen, das er nicht mag.

Man könnte mit den Kindern zu den Klavierstunden anderer Kinder gehen oder in ein Konzert. Man könnte ihnen sagen: »Ich mag Musik so gern. Habt ihr Lust, mit mir in ein Konzert zu gehen? Wenn es euch langweilt, könnt ihr natürlich schon früher herausgehen und draußen auf mich warten.« Man kann ja der Platzanweiserin Bescheid sagen, solange auf das Kind aufzupassen. Wenn die Kinder mitbekommen, daß ihre Eltern Musik gern mögen, bekommen sie von ganz allein ein Verhältnis dazu. Aber über Zwang erreicht man gar nichts.

Sicherlich mögen Kinder auch nicht auf Anhieb jedwede Art von Musik. So empfinden die ganz Kleinen Orgelmusik häufig als zu massiv; Kinder können Musikstücke nicht differenziert wahrnehmen, bei denen man die einzelnen Instrumente nicht mehr heraushört.

Es kommt oft vor, daß ein Kind ein bestimmtes Instrument anfängt zu lernen, aber kurz danach aufgibt. Das heißt aber keineswegs, daß es keine Musik mag. Man könnte dem Kind sagen: »Da du zur Zeit keine Lust mehr hast, weiterzumachen, werde ich das Geld, das ich sonst für den Unterricht ausgeben würde, für dich sparen. Willst du irgendwann eine Kunst erlernen – ob Musik oder etwas anderes –, steht dir dieses Geld zur Verfügung.« Auf diese Weise kann man das Interesse eines Kindes an der Kunst vielleicht erhalten. Denn Freude an einer künstlerischen Betätigung zu empfinden, bringt im Leben viel

Befriedigung mit sich, gerade wenn später noch das ›normale‹ Berufsleben dazukommt.
Aber was den Brief angeht, so weiß ich dazu wirklich nicht mehr zu sagen. Mich macht es fassungslos zu hören, daß man Kinder zum Klavierunterricht wie zu Foltersitzungen antreibt. Ich finde es wirklich furchtbar. Wenn die Kinder sich weigern, dann liegt es eben an der Lehrerin, an der Beziehung des Kindes zu ihr oder vielleicht auch daran, daß das Kind Musik einfach nicht mag. Und das sollte man dann auch respektieren.

Noch eine Frage zu diesem Thema: Eltern fragen, ab welchem Alter man mit dem Klavierunterricht anfangen kann bzw. was das ideale Alter ist, um damit zu beginnen. Vorausgesetzt, daß das Kind dafür eine bestimmte ›Begabung‹ besitzt, wie man so schön sagt ...

Meinen Sie nun speziell den Klavierunterricht oder eine musikalische Erziehung überhaupt?

Beides, einerseits den Unterricht für ein spezielles Instrument, andererseits aber auch die Musikerziehung insgesamt.

Mit der Erziehung zur Musikalität eines Kindes sollte man so früh wie möglich anfangen – wenn das Kind zwei Monate alt ist oder sogar, wenn es noch im Bauch der Mutter ist. So spielt bei den Zigeunern der beste Musiker noch vor der Geburt des Kindes im Beisein der schwangeren Frau, später dann häufig neben der Wiege, bis das Kind einige Monate alt ist. Es ist beobachtet worden, daß Kinder auf diese Weise Zugang zu dem gleichen Instrument bekamen, das sie in einem so frühen Abschnitt ihres Lebens gehört hatten. Ich finde es interessant, sich in bezug auf die Musikerziehung mit den Traditionen eines Volkes zu befassen, dessen Tradition von einer großen musikalischen Begabung Zeugnis ablegt.
Auch im Kindergarten oder noch früher kann man bereits mit der Musikerziehung anfangen. Man kann mit den Instrumenten abwechseln oder immer – etwa alle zwei Monate – ein neues Instrument dazukommen lassen. Schon in diesen Jahren läßt sich das unterschiedliche Interesse der Kinder für

verschiedene Instrumente verfolgen, aber erst mit fünf oder sechs Jahren ist ein Kind wirklich in der Lage, sich für ein bestimmtes Instrument zu entscheiden. Oder die Kinder verzichten auf das Erlernen eines Instrumentes und gehen in eine Gesangs- oder Ballettgruppe. Auf diese Weise läßt sich eine breit angelegte musikalische Erziehung fortsetzen. Bei manchen Kindern taucht der Wunsch, ein bestimmtes Instrument zu spielen, auch erst im Alter von zehn Jahren auf und noch häufiger erst während der Pubertät. Dann ist es sehr gut, wenn die Kinder durch eine frühzeitig einsetzende Musikerziehung gut darauf vorbereitet wurden. Aber sie sollte das Kind nicht langweilen und sie sollte in einer spielerischen Atmosphäre stattfinden. Musik, Rhythmen und Klänge gehören zum Leben wie Formen und Farben. Sie bringen allen Menschen ein großes Vergnügen. Man kann den Kindern aber dieses Vergnügen verleiden, indem man es ihnen zur Pflicht macht.

59

Alles hat seinen Preis

(Taschengeld)

Im folgenden Brief geht es um das Taschengeld. Eine Mutter schreibt Ihnen, das Kind einer kinderreichen Familie gewesen zu sein, die, wie sie sich ausdrückt, ständig ›pleite‹ war. Trotzdem bekam sie regelmäßig einen kleineren Geldbetrag, den sie sich gut einteilen mußte, um sich davon das Nötigste zu kaufen. Ihr Mann, dessen Familie keine Geldsorgen kannte, bekam wöchentlich eine kleine Summe, mußte aber darüber, was er mit dem Geld anfing, stets Rechenschaft ablegen. Weiter schreibt sie: »Heute kann mein Mann überhaupt nicht mit Geld umgehen. Ständig wünscht er sich etwas und träumt davon, was er sich kaufen kann. Und wenn er sich dann einen Wunsch erfüllt, ist seine Freude grenzenlos. Ich hingegen habe solche Wünsche, was immer es auch sein mag, anscheinend vollkommen verdrängt und kann im Grunde von gar nichts mehr träumen.« Ihre Frage an Sie lautet: »Wir wollen, daß unsere Kinder schon früh ein richtiges Verhältnis zum Geld entwickeln. So sprechen wir mit ihnen darüber, wie teuer das Leben ist bzw. über die Geldprobleme, die sich daraus ergeben. Wir erklären ihnen, daß man, um Geld zu haben, es erst einmal verdienen muß, und daß es folgerichtig einiger Anstrengungen bedarf, um zu Geld zu kommen. Sie kriegen auch nicht ständig Geld von uns für alles, was sie haben wollen. Jetzt habe ich ein wenig Angst, daß auch unsere Kinder zu vernünftig und realistisch im Umgang mit Geld werden, daß wir sie also daran hindern, von Dingen, die sie sich wünschen, zu träumen.«

Hinter diesem Bericht und den gestellten Fragen verbergen sich in der Tat eine ganze Reihe von Problemen! Diese Frau lebte anscheinend in einer Familie mit großen Geldsorgen. Es ist möglich, daß ihre Eltern ihr nicht erlaubten, davon zu träumen, was sie machen *könnte,* wenn sie Geld *hätten.* Insofern gestatteten sie ihr dann auch keine Träume, sich etwas anzuschaffen. Geld zu haben, bedeutete in dieser Familie im Grunde nur, ›über die Runden zu kommen‹. Sie hat gelernt, daß Geld sehr wertvoll ist, und daß man sparsam damit umgehen muß. Aber hätte sie nicht auch davon träumen können, sich etwas zu kaufen, wenn sie mit ihrer Mutter an den Schaufenstern von Geschäften vorüberging? Zum Beispiel hätten sie zusammen ein Spiel spielen können: »Schau, Mutter, ich möchte dir diesen schönen Regenschirm schenken. Oder diese schöne Tasche. Und Vater würde ich dieses tolle Buch schenken, wenn ich Geld hätte, wenn wir Geld hätten ...«. Man kann an diesem ›wenn‹ so viel Vergnügen haben, stellt es doch eine Form des Wünschens dar oder der Liebe für denjenigen, dem man etwas schenken möchte. Auf diese Weise hilft man den Kindern, ihre Phantasiewelt zu bewahren. Der Mann dieser Frau hat zwar als Kind immer Geld bekommen, doch mußte er ständig Rechenschaft darüber ablegen, was er damit anfing – im Grunde durfte er also mit dem Geld gar nichts *für sich* anfangen! Wenn ein Kind – sofern dies möglich ist – von seinen Eltern Geld bekommt, soll es daran auch sein Vergnügen haben, ebenso wie die Eltern auch Freude daran haben, sich etwas von ihrem Geld kaufen zu können. Und noch etwas: Wenn einem der Eltern einmal etwas besonders gut gelungen ist, wofür er – vielleicht auch einmal außerhalb der Reihe – etwas zusätzlich verdient hat, könnte man den Kindern sagen: »Heute bin ich aber sehr zufrieden mit mir.« Und man könnte diese Zufriedenheit oder Freude dadurch zum Ausdruck bringen, daß man jedem der Kinder ein Geldstück in die Hand gibt. Das macht ein Kind besonders glücklich, denn es merkt, daß das Geld Teil einer Macht ist, die dem Vater oder der Mutter in diesem Augenblick zur Verfügung gestellt wurde, und daß seine Eltern es – ganz für sich – daran profitieren lassen. Später könnte man das Kind dann noch fragen, was es sich mit dem Geld kaufen möchte. Dann würde das Kind anfangen zu träumen, was man von dem Geld alles bekommen kann, das es vom Vater oder der Mutter erhielt, als einer von diesen beiden einmal ganz besonders mit sich zufrieden war.

Will man den Kindern den Wert des Geldes beibringen, sollte man ruhig Zahlen nennen, was die Sachen kosten, wieviel Haushaltsgeld man zur Verfügung hat usw. Allgemeinplätze wie ›Das Leben ist heutzutage sehr teuer‹ oder ›Um Geld zu verdienen, muß man arbeiten‹ erzeugen hingegen keine klare Vorstellung vom Wert des Geldes und tragen zum tieferen Verständnis des Kindes in bezug auf das Geld nichts bei. Vielmehr sollte das Kind den Preis des Brotes, Fleisches oder des Gemüses, das auf den Tisch kommt, wissen. Es sollte auch wissen, was seine Kleider kosten oder ähnliche Kleider kosten würden. Außerdem könnte man ihm auch sagen, wieviel Geld man ungefähr ausgeben muß, damit es in der Schule alles hat, was es braucht. Nicht nur in bezug auf die Schule, sondern auch auf alles andere sollte ein Kind ab sechs oder sieben Jahren über den Wert des Geldes Bescheid wissen. Wenn es einen neuen Radiergummi oder einen neuen Bleistift braucht, könnte man ihm sagen: »Dieser Radiergummi hat so und so viel gekostet« oder: »Du brauchst einen neuen Bleistift? Ich finde, es wäre besser, einen teureren zu kaufen. Aber paß' dann gut auf, wenn du ihn spitzt, damit die Mine nicht ständig abbricht und du ihn lange gebrauchen kannst. Natürlich könntest du auch einen billigen Bleistift bekommen, aber die taugen nicht viel.« Man kann dem Kind auch vorschlagen, sich sein Schulmaterial selbst zu kaufen: »Ich gebe dir jetzt soundsoviel Geld für deine Schulsachen. Mal sehen, was du für diesen Betrag alles bekommst.« Und dann könnte man mit dem Kind, bevor es losgeht, alles zusammenaddieren, genauso, wie es die Erwachsenen ja auch meistens machen. Auf diese Weise erlernen die Kinder eine ganz konkrete Vorstellung vom Geld, und zwar anhand konkreter Gegenstände, die man sich davon kaufen kann, seien es Gebrauchs- oder Genußartikel. Aber es hat nur dann Sinn, wenn das Kind auch weiß, was der Vater oder die Mutter verdienen, d. h. über wieviel Geld die Familie eigentlich verfügt.

Man sollte das Kind im übrigen auch beraten, wie es sein Geld ausgibt. Viele Kinder, die ein wöchentliches Taschengeld bekommen, haben nämlich gar keine Vorstellung davon, wie schnell sie es ausgegeben haben. Sie merken es erst, wenn kein Geld mehr da ist. Man könnte ihnen dann sagen: »Eigentlich müßtest du ja wissen, daß du jetzt pleite bist. Hättest du von vornherein zusammengezählt, was du in den letzten drei bis vier Wochen an Süßigkeiten ausgegeben hast, stündest du jetzt nicht mit leeren Taschen da und könntest dir kaufen, was du dir heute wünschst. Aber so ist das Geld halt weg.« Man soll also den Wert des Geldes immer an ganz konkreten Beispielen erklären und nicht in abstrakten Begriffen oder mit Hilfe von Moralpredigten ...

Aber verhindert eine Fixierung auf die konkrete Wirklichkeit nicht gerade, daß die Kinder von diesem oder jenem träumen?

Absolut nicht, dann dafür gibt es ja den Ausdruck ›wenn ...‹. Die Realität ist ja nun einmal vorhanden und das Geld stellt einen Teil dieser Realität dar. Andererseits gibt es die Träume und Wunschvorstellungen, und ein Geldbetrag kann Ausgangspunkt dafür sein. Das Kind kann z.B. angesichts seiner kleinen Ersparnisse sagen: »Ich könnte mir dieses oder jenes davon kaufen.« Vielleicht könnten die Eltern es davor warnen: »Beeile dich bloß nicht, denn es kann sein, daß du dir morgen etwas anderes kaufen möchtest.« Das Ergebnis wäre, daß das Kind einerseits lernt, sein Geld zu sparen und andererseits von möglichen Anschaffungen träumt. Gleichzeitig würde es feststellen, daß sich seine Wünsche auch verändern können. Sicherlich empfindet man manchmal den Wunsch danach, etwas sofort zu kaufen, aber oft ändern sich die Wünsche ja auch von Tag zu Tag. Und dann kann sich das Kind sagen: »Ich hatte Recht gehabt, mir nicht gleich gekauft zu haben, was ich wollte, denn jetzt wünsche ich mir ja ganz etwas anderes!« Schon mit zwölf oder dreizehn Jahren weiß jedes Kind, das Taschengeld bekommt, über diesen Vorgang Bescheid. Es weiß, daß es besser ist, erst einmal abzuwarten, bevor man sein Geld ausgibt, denn nur so ist man in der Lage, die Macht, die einem das Geld zur Verfügung stellt, auch wirklich zu genießen. Entscheidend ist doch, daß nicht das Geld uns, sondern wir das Geld beherrschen und damit etwas Nützliches anfangen. Und wenn das Kind dies erkannt hat, kann es sich auch sagen: »Es hat sich gelohnt, daß ich mir dieses oder jenes gekauft habe.«

Natürlich stellt das Geld in unserer Gesellschaft auch noch ein Symbol für die Macht oder den Status von jemandem dar. Es wäre allerdings traurig, wenn man Geld nur als Statussymbol ansehen würde. In diesem Zusammenhang könnten die Eltern ihren Kindern sagen: »Dein Vater ist in meinen Augen sehr viel wert, auch wenn er weniger Geld verdient als etwa der Herr im oberen Stockwerk. Gott sei Dank haben wir andere Wertvorstellungen und sehen nicht nur im Geld das Wichtigste im Leben.«
Man sollte also den Kindern helfen, den symbolischen Wert des Geldes richtig zu verstehen. Man sollte ihnen seinen konkret-nützlichen Aspekt erklären und die Rolle, die es in ihren Phantasievorstellungen spielen kann: Wenn ich Geld hätte, dann ...

Zum gleichen Thema berichtet uns eine andere Mutter von einem recht erstaunlichen Ereignis. Sie hat zwei Töchter (dreizehn und neun Jahre alt) und einen achtjährigen Sohn. Einmal hat sie ihre Kinder zusammen mit der Schwiegermutter bei sich zu Hause gelassen, da sie und ihr Mann eine kleine Reise unternommen haben. Als sie zurückkamen, waren aus einem Geldbeutel 100 DM verschwunden, den sie im übrigen immer gut sichtbar irgendwo in der Wohnung herumliegen ließ. Nach dieser Entdeckung war sie sehr enttäuscht: »Mir war zum Heulen zumute. Ich habe meine Kinder nicht geschlagen, weil ich es nicht fertiggebracht habe. Aber können Kinder in diesem Alter eigentlich schon den Wert des Geldes begreifen, daß nämlich das Geld eine andere Form der Arbeit ihres Vaters darstellt?« Dies führt uns wieder zur Frage nach dem Taschengeld zurück: Kann man denn mit Hilfe des Taschengeldes solche unangenehmen Geschichten vermeiden?

Ich glaube nicht. Denn hierbei geht es nicht nur darum, ob ein Kind Taschengeld bekommt oder nicht, sondern um das Geld, seinen Wert und seine Bedeutung im allgemeinen.

Um den Wert des Geldes?

Ja. Es ist doch merkwürdig, daß uns diese Frau in ihrem Brief fragt, ob ihre Kinder den Wert des Geldes in ihrem Alter bereits verstehen können? In welcher Welt hat sie sie eigentlich leben lassen? Im gewissen Sinn leben sie bereits außerhalb von sozialen Normvorstellungen. Schon ein fünf- oder sechsjähriges Kind, das in der heutigen Welt lebt, müßte den Wert des Geldes kennen. In dieser Familie muß man in puncto Geld noch einmal von vorne anfangen: Wieviel der Vater verdient, was man für das Notwendigste ausgibt, wieviel für die nicht alltäglichen Dinge übrig bleibt usw. Erst wenn die Kinder dies alles verstanden haben, kann man sein Portemonnaie überall herumliegen lassen. Vorher sollte man es nicht tun.

Ich möchte noch etwas zu diesem Fall anmerken: Es waren die zwei jüngsten, die acht- und neunjährigen, die das Geld genommen haben ...

Natürlich haben auch sie irgendwann einmal mitbekommen, daß andere Kinder Taschengeld bekommen. Vielleicht bekommen sie selbst noch keines. Aber darum geht es doch in diesem Fall gar nicht. Denn das verblüffende ist doch, daß die Kinder, von denen die Rede ist, anscheinend gar nicht wissen, was das Geld überhaupt für eine Bedeutung hat, wieviel der Vater verdient, was ihre Kleider oder ein Mittagessen kosten. Sie wissen wahrscheinlich noch nicht einmal, wieviel ein Bonbon oder ein Brötchen kostet.

Na ja, jetzt werden sie es wohl wissen, nachdem sie das gestohlene Geld für irgendwelche Einkäufe aufgebraucht haben.

Sie werden es schon irgendwo wissen, aber sie haben in ihrem Alter keinen richtigen Bezug dazu. Dieser sichtbar hingelegte Geldbeutel schien ihnen ein regelrechtes Angebot zu sein. Der Vorteil des persönlichen Taschengeldes liegt eben darin, ich möchte es noch einmal betonen, daß die Kinder schon ziemlich früh über einen eigenen ›kleinen Haushalt‹ verfügen, über den sie nach Herzenslust verfügen können. Aber immer sollten sie wissen, daß sie mit jemandem sprechen können, wenn sie sich

irgend etwas von diesem Geld kaufen möchten. Kinder wünschen sich ja alles Mögliche! Wichtig ist, daß ein Kind darüber spricht, nicht unbedingt, um sich das Gewünschte gleich zu besorgen, sondern weil die Wunschvorstellungen schon für sich genommen ein ganz interessantes Thema abgeben. Wünsche zu haben, macht das Leben doch irgendwie aus, auch wenn sie natürlich nicht alle zu verwirklichen sind. Dies zu wissen bedeutet, verantwortungsvoll zu leben.
Man sollte in diesem Zusammenhang auch nicht vergessen, daß vor noch nicht allzu langer Zeit – vor etwa vierzig Jahren – ein zwölfjähriges Kind (allerdings aus keiner bürgerlichen Familie) arbeiten mußte, d. h. schon selbst Geld erhielt, wovon es seinen Eltern für den Haushalt etwas abgab. Zum Glück haben sich die Zeiten in dieser Hinsicht geändert, und trotzdem trifft man selten ein Kind im Alter von zwölf oder dreizehn Jahren, das sich von den Möglichkeiten seines Taschengeldes her nicht einschränken müßte und sich nicht alles kaufen kann, was es gerade haben will. Das Kind lernt auf diese Weise, den Preis für etwas richtig einzuschätzen und es lernt darüber auch, auf etwas zu sparen. Will es sich z.B. etwas Teures kaufen, reicht das Taschengeld von zwei oder drei Wochen hierfür nicht aus. Und darüber kann es ja auch mit anderen sprechen.
Man sollte Kinder, was das Geld angeht, im übrigen so erziehen, wie das im Durchschnitt ihrer Umgebung auch der Fall ist. Sonst besteht die Gefahr, daß sie in bezug auf das Geld zu sehr zu Außenseitern werden. So wäre es für die Eltern der drei Kinder, von denen die Rede war, auch ganz gut, sich mit anderen Eltern zu unterhalten, die sie vielleicht über die Schule ihrer Kinder kennen. Auf diese Weise würden sie die Meinung der anderen zu diesem Thema erfahren. Sie könnten auch direkt ihre Kinder danach fragen: »Bekommt dein Bruder eigentlich Taschengeld? Wieviel bekommt er?« Auf diese Weise könnten sie das Problem bei ihren Kindern ansprechen. Ich bin sicher, daß sich ihre Kinder einfach nicht getraut haben, mit ihnen über dieses Thema zu sprechen. Deshalb haben sie das Geld gestohlen, als Kinder, denen niemals beigebracht wurde, damit umzugehen. Umgekehrt aber denke ich, daß man den Kindern nicht zuviel Geld zur Verfügung stellen sollte, so daß sie damit am Ende gar nichts mehr anzufangen

wissen und lauter unnützes Zeug kaufen. Ich möchte noch einmal wiederholen: Man muß mit dem Kind ganz konkret über Geld sprechen, um ihm zu helfen, den Wert des Geldes zu begreifen: Geld ist für die Kinder ein wichtiges Erfahrungsfeld, da es sie in das soziale Leben einführt.

60

Psychotherapie, Psychiatrie, Sonderpädagogik und Psychoanalyse

Eine Volksschullehrerin stellt Ihnen eine – meines Erachtens – sehr wichtige Frage: »Sie geben den Eltern oder Jugendlichen manchmal den Rat, eine Beratungsstelle in ihrem Wohngebiet aufzusuchen. Mich würde in diesem Zusammenhang der Unterschied interessieren, der zwischen Psychotherapeuten, Psychologen, Psychoanalytikern, Psychiatern und Sonder- oder Heilpädagogen besteht. Vielleicht können Sie auch anhand von Beispielen darauf eingehen, damit die Leute, denen Sie diesen Rat geben, wissen, woran sie sind ... Wenn man z. B. zu einem Psychiater geht, weiß man vorher gar nicht so recht, mit wem man es eigentlich zu tun hat und was in seinem Sprechzimmer stattfinden wird ...«

Ich will es versuchen.

Wenn man sich unwohl fühlt, geht man normalerweise erst einmal zum Arzt. Hier findet eine körperliche Untersuchung statt. Lassen sich für die genannten Symptome keine eindeutigen Ursachen feststellen, so wird er vielleicht nach dem familiären Hintergrund fragen, nach dem Gefühlsleben oder der Arbeitssituation des Betroffenen – gesetzt den Fall, er hat überhaupt Zeit dazu. Ansonsten verschreibt er irgendein Medikament, das zumindestens die Beschwerden – selbst wenn deren Ursachen unklar bleiben – lindert. Stellt der Arzt aber fest, daß sein Patient über kein richtiges Urteilsvermögen mehr verfügt, daß er Denkstörungen hat, unkonzentriert, aufgeregt oder deprimiert ist, daß er phantasiert, sich selbst irgendwelcher erfundener Tatsachen bezichtigt, behauptet, den Tod zu verdienen oder Verwandte und andere Leute zum Objekt seiner Wahnvorstellungen macht, wird er ihn an einen Psychiater überweisen. Er wird einen Patienten also zum Psychiater schicken, wenn er das Gefühl hat, daß dieser für sein eigenes Handeln keine Verantwortung mehr tragen kann und Dinge vorhat, die sein Leben bedrohen. Oder daß er umgekehrt, aufgrund der Überzeugung, verfolgt zu werden, anderen gegenüber aggressiv werden könnte und ihnen dadurch gefährlich wird. Falls der Patient diesen Rat selbst nicht einsehen kann oder einsehen will, kann er auch dessen Familie verständigen. Das hängt davon ab, ob jemand, der in einer psychischen Krise steckt, diese bei sich auch einsehen kann.

Der Psychiater ist aufgrund seiner Ausbildung in der Lage, die Schwere einer psychischen Störung festzustellen. Er kann den neurologischen Befund des Patienten erheben und befragt ihn hinsichtlich der von ihm gezeigten psychischen Symptome. Für den Fall, daß es ausreicht, die Symptome auf diese Weise zu kurieren, wird er Psychopharmaka verschreiben. Er kann auch beurteilen, ob der Patient ohne großes Risiko für sich und seine Umgebung bei seiner Familie bleiben darf oder ob es ratsamer wäre, ihn in einer psychiatrischen Klinik unter Aufsicht behandeln zu lassen. Dort wäre der Patient unter ständiger Beobachtung, ohne jedoch den Kontakt zu anderen Patienten oder dem Pflegepersonal zu verlieren. Es kann auch sein, daß man ihn dort für eine Weile mehr oder weniger ganz von der Außenwelt abschirmt, daß man eine Schlafkur anordnet usw.

Zusätzlich zur medikamentösen Behandlung kann der Psychiater auch eine Psychotherapie anregen, sei es, daß er diese selbst durchführt oder daß er den Patienten zu einem Psychotherapeuten schickt. Der Patient kann also, auch wenn er in einer psychiatrischen Klinik war, nach einiger Zeit der Ruhe, Trennung von seiner gewohnten Umgebung, Abwesenheit von der für ihn vielleicht besonders mit Streß verbundenen Arbeit und durch die Chemotherapie in bezug auf seine Symptome gebessert, den Kontakt mit dem Psychiater wieder aufnehmen. Und eine Psychotherapie würde dann helfen, daß er seinen Zustand besser erkennen und sein verlorenes Gleichgewicht wieder zurückgewinnen kann.

Sie erwähnten bis jetzt die Psychiater. Was machen die Psychologen?

Es gibt überall dort, wo Leute miteinander zusammenleben, Psychologen: in Betrieben, in der Schule, im Krankenhaus, in den Gefängnissen. Zum einen beschäftigen sie sich mit der gesunden Bevölkerung: Sie führen bestimmte Tests durch, um die Fähigkeiten von jemandem festzustellen: Intelligenz, Handgeschicklichkeit, besondere Interessenschwerpunkte, die Widerstandskraft gegenüber Müdigkeit und Monotonie, Konzentrationsfähigkeit usw. Auch können sie mit Hilfe von Tests die emotionale Grundstimmung erfassen, ferner gibt es eine Reihe von spezifischen Persönlichkeitstests usw. Manche Psychologen widmen sich auch nur ganz bestimmten Bevölkerungsgruppen, arbeiten z.B. mit gesunden oder behinderten Kindern in Kindergärten, Vorschuleinrichtungen, in Sonderschulen oder in für spezielle Fälle eingerichteten therapeutischen Zentren. Ein weiteres Feld ihrer beruflichen Tätigkeit liegt in der Schullaufbahn- oder Berufsberatung, wieder andere arbeiten mit vorwiegend älteren Menschen. Es gibt auch Psychologen, die in klinischen Institutionen wie psychiatrischen Krankenhäusern oder in der Kinder- und Jugendpsychiatrie arbeiten.

Zu welchem Zweck würde man also Eltern empfehlen, mit ihrem Kind zu einem Psychologen zu gehen?

Zum einen, daß der Psychologe erst einmal diagnostiziert, womit die Schwierigkeiten eines Kindes zu tun haben oder was diese Schwierigkeiten überhaupt sind. Auf der Grundlage einer solchen – zum Teil mit Hilfe von Tests ermittelten – Diagnose, kann der Psychologe die Eltern beraten, was am besten zu tun sei.

Aber es gibt doch auch Psychologen, die selber therapieren?

Ja. Es handelt sich um Psychologen mit einer entsprechenden Zusatzausbildung.

Damit wären wir bei der Frage angelangt, was eine Psychotherapie eigentlich bedeutet. Was macht der Psychotherapeut?

Eine Psychotherapie besteht im Grunde aus einer Reihe von Gesprächen: Man spricht und der Therapeut hört zu, erweckt Vertrauen bei demjenigen, der zu ihm gekommen ist und ermöglicht ihm zum Ausdruck zu bringen, was er bei sich oder in seinem Umgang mit anderen Menschen nicht in Ordnung findet oder was ihn dabei stört. Sich an jemanden zu wenden, zu dem man ein besonderes Vertrauensverhältnis hat, der einem geduldig zuhört und ausreden läßt und von dem man das Gefühl hat, daß er einen unterstützt, bedeutet immer eine große Hilfe.

Aber solche Therapien führen doch nicht immer zu einem Erfolg ...

Meistens liegt es daran, daß der Betreffende – ob Kind oder Erwachsener – aus seinen Schwierigkeiten gar nicht herauskommen will, wofür es wiederum eine ganze Reihe von Gründen geben kann; manchmal liegt es nur daran, daß ihm der Psychotherapeut einfach unsympathisch war. Die entscheidenden Kriterien für den Erfolg einer solchen Therapie liegen im Vertrauen und der Sympathie, die der Betreffende für den Psychotherapeuten empfindet, in seiner Zurückhaltung ihm gegenüber und in dem festen Bedürfnis, aus seinen Schwierigkeiten oder psychischen Krise auch wieder herauskommen zu wollen.

Sie sprechen häufig von ›analytischer‹ Psychotherapie im Gegensatz zu der ›einfachen‹ Psychotherapie. Worin besteht der Unterschied?

Der Unterschied läßt sich an der Ausbildung des Therapeuten festmachen. Letztlich hängt er damit zusammen, ob sich der Therapeut selbst einer Psychoanalyse unterzogen hat oder nicht. Man kann eine ›einfache‹ oder ›unterstützende‹ Therapie bei einem Arzt, Psychiater oder Psychologen machen, der Vertrauen in seine Person zu erwecken weiß, das eigene Sprechen fördert und einem dabei hilft, daß man das, was man auf dem Herzen hat, auch zum Ausdruck bringt. Aber eine (psycho-)analytische Therapie kann man nur mit einem Gesprächspartner machen, der selbst eine Analyse hinter sich hat und mit den unbewußten Prozessen umzugehen weiß, die sich ohne unser Wissen abspielen, während wir denken, sprechen und handeln. Auf der Ebene der Erscheinung scheinen sich beide Therapieformen zu gleichen, aber ein Therapeut, der eine Lehranalyse mitgemacht hat, ermöglicht durch seine Haltung im Verlauf der Therapie, daß tiefere und zurückliegende Konflikte beim Patienten wieder zum Vorschein und letztlich auch zum Ausdruck kommen.

Was aber ist der Unterschied zwischen einer analytischen Therapie und einer ›richtigen‹ Psychoanalyse, denn bei beiden Therapieformen gehört die Lehranalyse doch zur Ausbildung des Therapeuten?

Die Methode ist nicht die gleiche. Gehen wir erst einmal vom Augenscheinlichen aus: Bei der Psychotherapie sitzen sich Therapeut und Patient einander gegenüber und beide sprechen – der Patient meistens mehr als der Therapeut, der eigentlich nur eingreift, um das Gespräch zu erleichtern oder um dem Patienten zu helfen, sich auszudrücken. Eine solche Psychotherapie dauert auch weniger lang und ist weniger anstrengend als eine Psychoanalyse. Die Psychotherapie strebt eine mehr unmittelbare Besserung der Symptome bzw. deren Heilung an. Angesprochen wird im Grunde nur das, was aktuell geschieht und für den Patienten ein Problem darstellt, denn es geht darum, die bestehenden Schwierigkeiten besser kennenzulernen und sie zu überwinden. Man sagt nicht *alles,* was einem durch den Kopf geht. Zweck einer solchen Therapie ist eben, mehr oder weniger *bewußte* psychische Störungen oder Beziehungsprobleme zu behandeln. Sie berücksichtigt die aktuelle Situation, die es für den Patienten zu meistern gilt. Sie findet mehr an der Oberfläche statt und kommt schneller zu einem Abschluß. Oft reicht eine solche Psychotherapie aus, damit der Patient sein Gleichgewicht wieder erlangt, Selbstvertrauen zu sich findet und einen neuen Anfang macht; er findet auf diese Weise aus seiner schwierigen Situation wieder heraus, was er allein nicht geschafft hätte.
Bei einer Psychoanalyse hingegen liegt der Patient auf der Couch und sieht den Analytiker, der still zuhört, nicht. Es geht für den Patienten darum, alles, was er denkt und empfindet, zu

sagen. Die Erfahrung zeigt, daß über die vorgestellte Beziehung des Analysanden zum Analytiker und vor allem über die Träume, die er ihm mitteilt, der Analysand seine vergangenen Erfahrungen unbewußt von neuem erlebt, indem er auf seine individuell-psychische Geschichte wieder zurückgreift. Eine Psychoanalyse ähnelt einem sehr intensiven Erlebnis, aus dem man weniger zerbrechlich und psychisch gestärkt hervorgeht. Während einer solchen Analyse werden die ältesten Erinnerungen wachgerufen, die ganz und gar in Vergessenheit geraten waren. Es handelt sich um eine Art Wiederbelebung des ganzen, zurückliegenden Lebens, wobei insbesondere die emotionalen Konflikte wie Liebe, Haß, Mißtrauen, Vertrauen usw. eine gewichtige Rolle spielen. Sehr wichtig dabei ist die imaginäre Beziehung, die man während solcher Sitzungen zum Analytiker aufbaut, wir sprechen in diesem Zusammenhang auch von der ›Übertragungssituation‹.
Es handelt sich um eine langandauernde Arbeit, die oft mit viel Leiden und Ängsten verbunden ist und bei der es nicht direkt um das Heilen von einzelnen Symptomen geht.

Wann und in welchem Alter ist also eine Psychotherapie angezeigt?

Eine Psychotherapie kann in jedem Alter weiterhelfen, wenn jemand seine Beziehung zu sich selbst und zu anderen verbessern will.
Bei einem Säugling sollte man nicht zu lange warten, wenn man merkt, daß keine sichtbare Kommunikation zu der Mutter stattfindet; ebenso bei Kindern zwischen fünf und zwanzig Monaten, wenn sie zu beiden Eltern keinen menschlichen Kontakt finden, vor allem, wenn dieses Symptom auch außerhalb von zu Hause oder in ihrer Beziehung zu den anderen Familienmitgliedern zu beobachten ist. Das gleiche gilt für Kinder ab dreißig Monaten, wenn sie vor der Außenwelt oder Gleichaltrigen Angst haben, anstatt sich zu ihnen hingezogen zu fühlen, unter der Bedingung, daß sie sich zu Hause in Sicherheit fühlen können. Wenn diese Kinder sich eben nur langweilen, ständig unausgeglichen sind und nicht richtig spielen können.
Im Schulalter, wenn das Kind permanenten Mißerfolg hat und

gegen die Schule völlig eingenommen ist oder wenn es umgekehrt alle Aktivitäten, die Kinder in seinem Alter unternehmen, ablehnt und nur noch die Schule mag.
Ab acht Jahren, wenn das Kind keine Freunde hat, sich zu Hause nicht zu beschäftigen weiß, nicht draußen spielen mag, mit seinen Eltern ständig schmollt oder im Gegenteil ohne sie nicht auskommen kann.
Im Pubertätsalter, wenn der Jugendliche noch ein Kind geblieben ist, seine gleichaltrigen Kameraden – Jungen und Mädchen – meidet und sich nur mit dem Vater und der Mutter wohlfühlt.
In der Adoleszenz, wenn der Jugendliche keinen Kontakt zu Gleichaltrigen sucht, seinen Eltern gegenüber völlig stumm bleibt und sich nicht wohl in seiner Haut fühlt.
Als junger Erwachsener, wenn der Betreffende nach einem vielversprechenden Anfang sein Gefühls- und Sexualleben nicht auf andere Menschen seines Alters beziehen kann, wenn er sich gescheitert fühlt und Angst davor hat, weiterzuleben.
Als Erwachsener, wenn jemand unter sich selbst und den anderen leidet, glaubt, die anderen ständig zum Leiden zu bringen oder sie durch sein Verhalten auch tatsächlich ständig leiden läßt. Kurz, wenn schmerzhafte Beziehungskonflikte einem das Leben verderben, obwohl man sonst glücklich sein könnte. Als reifer Erwachsener, wenn die Kinder aus dem Haus sind und man im persönlichen Leben, im Gefühlsleben sowie in kulturellen und sexuellen Aktivitäten keinen Reiz mehr erblickt und man nicht leben kann, ohne wieder seine erwachsenen Kinder ständig um sich herum zu haben. Wenn man mit seinem Partner überhaupt nicht mehr auskommt und dies auch nicht über anderweitige Beziehungen zur Gesellschaft kompensieren kann.
Im Alter schließlich, wenn das Problem des Älterwerdens die ganze Aufmerksamkeit auf sich zieht, anstatt alle Gelegenheiten zu nutzen, mit anderen Kontakt aufzunehmen. Und wenn das Nahen des Todes einen ausschließlich beschäftigt und ängstlich macht.
Zusammengefaßt ist eine Psychotherapie also immer dann angezeigt, wenn bei jemandem das momentane Beziehungsleben gestört ist, d.h. er mit seiner nach außen gerichteten Intentionalität nicht mehr zu Rande kommt.

Es gibt also eine ganze Reihe von Indikationen für eine Psychotherapie?

Ja. Leider kommen Kinder häufig zwei oder drei Jahre zu spät zu einer Psychotherapie, meistens, weil ihre Eltern den Rat, ihr Kind in eine Therapie zu geben, nicht befolgt haben. In der Zwischenzeit ist es dann in seine Schwierigkeiten, die anfangs nur ab und zu auftauchten, vollends verstrickt, worauf sich weitere Nebeneffekte einstellten wie Mißerfolgserlebnisse, die dann zu Auflehnung, Depression, zu einer verspäteten affektiven Entwicklung und zu einer Neurose führten, zu deren Behandlung es nun einer längeren Zeit bedarf, bis daß eine Psychoanalyse notwendig wird.

Liegt es zum Teil nicht einfach an der Unkenntnis der Eltern darüber, was eine Psychotherapie eigentlich bewirkt? Werden sie durch diese Unkenntnis nicht häufig mißtrauisch gegenüber einer solchen Methode, jemandem zu helfen?

Bestimmt. Das mag auch mit uns Therapeuten selbst zusammenhängen. Oft erklären wir den Eltern nicht ausführlich genug, womit die Schwierigkeiten ihrer Kinder zu tun haben. Ebensowenig machen wir ihnen den Sinn der unbewußten Widerstände klar, die das Kind beeinträchtigen, sich so zu verhalten wie es soll. Wir sagen vielleicht auch nicht deutlich genug, daß für eine Besserung der Symptome allein der gute Wille des Kindes oder ein spezieller Erziehungsstil von seiten der Eltern nicht ausreichen. Es handelt sich nämlich um eine Situation, in der es – im Gegensatz zu der Meinung mancher Leute – sinnlos wäre, danach zu suchen, wer ›Schuld‹ hat – höchstens, daß manchmal die Verständigung zwischen den Eltern und Kindern nicht funktioniert hat.

Aber manchmal entscheiden sich die Eltern doch auch gegen eine Psychotherapie, weil sie vor deren Mißerfolg Angst haben?

Eine Psychotherapie endet eigentlich seltener mit einem Mißerfolg als es manche ängstliche und wenig entschlossene Eltern glauben. Die Voraussetzung für einen Erfolg liegt aber darin,

daß man sie zur rechten Zeit beginnt und nicht zu lange abwartet. Hinzukommt, daß derjenige die Entscheidung treffen sollte, der sich über seine eigene Situation selbst Sorgen macht bzw. sich seines Leidensdrucks bewußt ist.
Viele Kinder zeigen im übrigen Symptome, die sie selbst nicht sonderlich ängstigen, dafür aber ihre Umgebung. In diesem Fall ist es fast besser, daß die Eltern oder einer von beiden eine Therapie beginnt, damit man dem Kind helfen kann oder es darauf vorbereitet, sofern es noch nötig ist, daß es selbst eine Therapie anfängt.
Auf der anderen Seite sieht man häufig ältere Kinder oder Heranwachsende, die sich ihrer psychischen Probleme durchaus bewußt sind. Häufig befindet sich deren neurotische Fehlentwicklung schon in einem fortgeschrittenen Stadium, ohne daß die Eltern ihr Leiden überhaupt bemerken, zumal sie in der Schule sehr gute Leistungen zeigen können. Und wenn eines Tages die Neurose durch entsprechend ernste Symptome ganz offen zutage tritt, verlieren die Eltern den Kopf und fühlen sich an allem schuldig ...
Im Falle von Verhaltensauffälligkeiten sind die Eltern häufig besonders darauf fixiert und erwarten von der Therapie, daß sie die Symptome sofort wegzaubert. Sie vertrauen auf diese Weise weder ihrem Kind noch der Person, die sich um es kümmert und die das Kind gerne sieht ... Sie leiden einfach darunter, daß eine dritte Person das Vertrauen ihres Kindes genießt und sind häufig für eine Unterbrechung der Therapie, obwohl sie sich über die eingetretene Besserung der Verhaltensauffälligkeiten freuen. Sie lassen die Therapie ihres Kindes also nur solange zu, bis sie sich seines Verhaltens in der Öffentlichkeit nicht länger zu schämen brauchen bzw. keine Angst mehr haben, ihr Kind sei ›unnormal‹. Die Therapie wird dann viel zu früh beendet, womit sie ihrem Kind auch nicht helfen, Ausdauer zu zeigen. Es gibt wieder andere Eltern, die direkt darunter leiden, gute Ergebnisse der therapeutischen Bemühungen feststellen zu müssen. Zwar waren sie bei Beginn der Therapie davon ausgegangen und hatten sich sie auch herbeigewünscht, aber ihnen war nicht bewußt gewesen, daß der Therapieerfolg zwangsläufig mit einem Reifungsprozeß ihres Sohnes oder ihrer Tochter einhergeht, der oder die sich

von nun an für sich selbst verantwortlich fühlt. Dem Kind geht es sehr gut, es hat *seine* Kommunikationsfähigkeit wiedergefunden und ist in der Lage, *seine* persönlichen Bedürfnisse zum Ausdruck zu bringen. Das ist ein Zeichen dafür, daß es geheilt ist. Aber die Eltern sind verwirrt und wissen nicht mehr, welche Rolle sie jetzt in bezug auf das Kind einnehmen sollen, das sich aus seiner kindlichen Abhängigkeit ihnen gegenüber befreit hat. Sie machen für diese Schwierigkeiten dann die Therapie verantwortlich, obwohl es ihren Kindern doch fortan viel besser geht.
Hinzuzufügen wäre, daß die Eltern die Therapeuten ja nur selten ›selbst‹ ausgewählt haben und sich – von ihrer legalen und natürlichen Rolle als ›Erzieher befreit‹ – häufig ihres Sorgerechts beraubt fühlen. Der Umstand, für die Therapie auch noch selbst finanziell aufkommen zu müssen (was nur selten der Fall ist, denn meistens übernimmt die Krankenkasse die Kosten), kann eine solche Haltung noch verstärken. Eigentlich wollen sie, daß man *sie* dazu befähigt, Hilfe zu geben und dem Kind Ratschläge zu erteilen. Das hätte vielleicht zu Beginn der Schwierigkeiten ihrer Kinder auch ausgereicht, um wieder eine tragfeste Beziehung zwischen ihnen und dem Kind herzustellen. Im fortgeschrittenen Stadium einer psychischen Fehlentwicklung hat dies aber keinen Sinn mehr, denn der Therapeut kann den Eltern nun keine Ratschläge mehr in bezug auf ihren Erziehungsstil geben. Seine Rolle besteht vielmehr darin, das Kind zu befähigen, sich *selbst* besser verstehen zu lernen und die Spannungen, mit denen es sich konfrontiert sieht, für seine *eigene* Entwicklung positiv zu nutzen. Das heißt nicht, daß die Eltern nun ihre erzieherische Rolle aufgeben sollen, was oft die Kehrseite der oben beschriebenen Haltung darstellt. Enttäuscht oder eifersüchtig delegieren sie ihren Erziehungsauftrag an den Therapeuten. Alle Eltern müssen wissen: Es gibt kein Leben in der Gruppe, also auch keine Familie und keine Erziehung (ob sie nun gelungen ist oder gescheitert), ohne daß es zu Spannungen kommt. Eine Psychotherapie kann aber einem Kind helfen, sich von seinen Ängsten zu befreien und auf die Spannungen, mit denen es in der Familie und in der Gesellschaft konfrontiert ist, positiv zu reagieren.

Wenn die Eltern ihrem Kind und der Psychotherapie Vertrauen schenken, wenn sie ihr Kind unterstützen, sobald sich im Verlauf der Therapie unvermeidlich bestimmte Angstzustände bei ihm einstellen, wenn sie selbst in Zweifelsmomenten an der Therapie festhalten und ihrem Kind dazu raten weiterzumachen, werden sie letztlich auch für ihre Mühe belohnt. Dies wird uns auch in vielen Briefen von Eltern, die eine solche Erfahrung hinter sich haben, bestätigt. Aber daß durch eine Therapie nun schlagartig alles besser wird, ist ganz sicherlich nicht der Fall. Denn wenn sich jemand in seiner Persönlichkeit entwickelt, bedeutet es noch lange nicht, daß andere fortan besser mit ihm zurechtkommen.

Kann man Ihre Ausführungen also dahingehend zusammenfassen: Es kommt nur selten zu einem Mißerfolg, wenn diejenigen, die unter psychischen Störungen leiden, rechtzeitig und, sobald sie es merken, mit einer Therapie beginnen?

Ja. Die Mißerfolge sind, wenn sie sich einstellen, häufig von einer schlechten Ausgangssituation seitens der Eltern oder des Kindes bedingt. Doch manchmal fühlt sich ein Kind auch angetrieben und zu einer Therapie verpflichtet, zu der es überhaupt nicht motiviert ist, da es unter den Störungen, die seine Umgebung beobachtet hat, nicht oder noch nicht leidet. Manche Jugendlichen schreiben mir: »Ich bin als Kind zwei oder drei Jahre in einer Therapie gewesen, die aber überhaupt nichts genützt hat. Ich habe damals auch gar nicht verstanden, weshalb ich bei einer Frau oder einem Herrn ständig zeichnen sollte. Und dann haben wir auch irgendwann damit aufgehört.« Es liegt auf der Hand, daß der entscheidende Impuls, eine Therapie zu beginnen, nicht vom Kind selbst kam. Die Therapie ist also nicht gescheitert, sondern hatte eigentlich zu keinem Augenblick begonnen. Das Kind, die Eltern und der Therapeut haben ihre Zeit umsonst vertan. Manchmal liegt das Scheitern einer Therapie wiederum nur bei den Eltern. Das Kind selbst ist hochmotiviert, denn es hatte niemanden, dem es sich anvertrauen konnte. Die Therapie begann sehr gut, doch wurde sie nach und nach durch das mangelnde Verständnis der Eltern regelrecht boykottiert. Die Eltern bringen das Kind dann nicht mehr zu den Sitzungen. Oder in versteckter Form: Sie werfen dem Kind vor, seine Eltern wohl nicht länger zu brauchen, ihnen von den Sitzungen nichts zu erzählen usw. Wie gesagt, Eltern reagieren oft eifersüchtig in einer solchen Situation. Diese Eifersucht von seiten der Eltern bringt die Therapie zum Scheitern, das Kind gibt auf, bricht psychisch regelrecht zusammen und seine Symptome verschlimmern sich.

Aber das Scheitern wird doch auch das eine oder andere Mal auf den Therapeuten zurückzuführen sein?

Das kommt eigentlich selten vor, sehr selten. Denn die eigentliche Arbeit leistet ja nicht der Therapeut. Er steht nur demjenigen bei, der aus seiner Situation herauskommen will und hilft ihm dabei, sein Leiden ihm gegenüber zum Ausdruck zu bringen. Das Scheitern einer Therapie ist eher dann auf den Therapeuten zurückzuführen, wenn er ein Kind behandelt, das sich in gar keiner Situation befindet, die eine Therapie erfordert, bzw. wenn er nicht bemerkt, daß die Eltern des Kindes gar nicht verstanden haben, um was es bei der Therapie eigentlich geht. Dann wäre es besser, die Therapie abzubrechen und solange aufzuschieben, bis das Kind von sich aus wiederkommt. Es sollte aus freien Stücken zu ihm kommen und nicht, weil das Kind oder die Eltern Angst haben, daß es die Schule verlassen muß oder weil es zu seiner Entscheidung von irgendeinem ›Doktor‹ überredet wurde. Der Therapeut soll sich zur Verfügung stellen, mehr nicht. Weder kann man eine Therapie ›kaufen‹ noch kann man sie einfach über sich ›ergehen‹ lassen. Eltern und Kinder müssen aktiv dabei mitwirken.

Wenn der Patient persönlich dazu motiviert ist, stellen sich also keine Mißerfolge ein?

Nein, zumindestens nicht kurzfristig. Manchmal stellt man allerdings fest, daß die anfänglichen Störungen zwar verschwunden sind, aber abgelöst wurden durch andere, auf zurückliegenden Konflikten beruhende Symptome. Und manchmal tauchen die Störungen nach Beendigung einer Therapie auch wieder auf. Aber mit einem Scheitern der Therapie hat es nichts zu tun, denn auch die Psychotherapie hat ihre Grenzen. Die Behandlung zielt auf die aktuelle Situation des Patienten und berücksichtigt dabei vor allem das Bewußte.

Wäre denn im Falle des Wiederauftretens von Symptomen eine analytische Psychotherapie zu empfehlen?

Ja, denn hierbei werden vor allem die älteren, zurückliegenden Konflikte des Patienten bearbeitet. Es kann manchmal sogar notwendig sein, auf eine richtige Psychoanalyse zurückzugreifen.

Wann wäre diese Form der Therapie durch jemanden, der selbst eine Psychoanalyse abgeschlossen hat, zu empfehlen?

Jedesmal, wenn ein Arzt, Psychologe, Psychiater oder Psychoanalytiker es nach genauem Studium des vorliegenden Falles empfiehlt. Erst recht aber, wenn sich nach einer ernsthaft durchgeführten Psychotherapie keine Verbesserung der Symptome einstellt, obwohl der Patient, die Eltern und der Therapeut sich diese Verbesserung gewünscht haben.
Wie ich schon gesagt habe, werden in einer Psychotherapie die nur kurz zurückliegenden Konflikte bzw. die aktuellen und dem Betroffenen bewußten Schwierigkeiten angegangen und dies reicht häufig aus (sofern das erzieherische Umfeld des Patienten günstig ist). Es gibt aber auch Fälle, bei denen sich diese Konflikte als eine echte und schon lang zurückliegende neurotische Fehlentwicklung herausstellen. Ein von außen betrachtet scheinbarer Anfangserfolg verdeckte nur die Probleme, die sich hinter den bewußten Schwierigkeiten des Patienten verbergen. Dabei kann es sich um ernste Symptome handeln, die vom Beginn des Sexuallebens des Patienten und von seiner anfänglichen affektiven Beziehung zur Außenwelt herrühren, die aber bisher von ihm und seiner Umgebung ignoriert (weil nicht bemerkt) und deswegen auch stillschweigend in Kauf genommen wurden. Durch die Psychotherapie konnte der Betroffene aus einer akuten Krise, die durch ein

aktuelles Erlebnis ausgelöst wurde, herauskommen. Das ist immerhin etwas. Aber es reicht in diesem Fall eben nicht aus. Hier hilft nur eine gründliche Arbeit an den schwereren, verborgenen Symptomen weiter, und zwar sobald sie auftreten. Und dies ist, wie gesagt, nach einer ›erfolgreichen‹ Behandlung manchmal der Fall.
Ich stelle fest, daß ich zur Psychoanalyse mit Kindern noch nichts gesagt habe. Ihr wesentliches Merkmal ist zwar auch ein ›Hinhören‹ auf das Unbewußte, die Technik, mit der dies geschieht, ist jedoch eine andere: Nicht nur durch Sprechen, sondern auch durch Zeichnen, Modellieren, ausdrucksvolle Mimiken und Gestik kann das Kind verständlich machen, was es in seiner ›Vergangenheit‹ (schon) unbewußt blockiert hat. Um dies herauszufinden, würde eben nur der gute Wille des Kindes niemals ausreichen.

Ich denke, daß wir jetzt die Unterschiede zwischen den verschiedenen Therapieformen deutlich herausgestellt haben: Bei psychischen Störungen, deren Ursache eher in der aktuellen Gegenwart des Betroffenen zu finden sind: Psychotherapie. Bei Störungen, die auf ältere Konflikte und unbewußte Widerstände, sie zum Ausdruck zu bringen, zurückzuführen sind: analytische Therapie oder Psychoanalyse, vor allem auch dann, wenn der Betroffene, die Situationen, die ihn ängstigen, immer wieder selbst durch sein Verhalten und durch seine Äußerungen herbeiführt.

Im letzteren Fall entscheidet weder der Patient noch der Psychoanalytiker über eine entsprechende Behandlung, sondern beide entscheiden sich zusammen. Der Patient muß ernsthaft motiviert sein und muß über die nötige Zeit und – sofern die Krankenkasse die Kosten nicht übernimmt – auch über das nötige Geld dafür verfügen. Alle diese Bedingungen müssen vorab erfüllt sein und der Patient muß bereit sein, dafür die volle Verantwortung zu übernehmen. Ich betone es noch einmal: Die Psychoanalyse ist ein dornenreicher Weg, der einen dazu befähigen soll, daß man sich mit klarem Verstand seiner menschlichen Verantwortung stellt. Ihr Ziel ist nicht unmittelbar therapeutischer Art. Sie erfordert eine

ungeheure Verfügbarkeit über Zeit und die eigene Person, die man nicht in jeder Situation oder in jedem Alter besitzt. Man darf also die Psychoanalyse auf keinen Fall mit der Psychotherapie verwechseln. Ich hoffe, es deutlich genug erläutert zu haben. Die Indikationen für eine Psychoanalyse sind auf keinen Fall so breit angelegt wie für eine Psychotherapie.
Kommen wir nun noch zu dem etwas bescheideneren Aspekt unseres Themas, zur Sonder- bzw. Heilpädagogik.
Eigentlich geht es darum, eine Sinnesfunktion, die man verloren hat, nicht mehr beherrscht oder nicht mehr beherrschen will, wiederherzustellen. Hierzu reichen einfache pädagogische Maßnahmen vielfach nicht aus. Schließlich kann man eine Funktion, die man noch niemals besessen hat oder die man überhaupt nicht beherrscht oder beherrschen will, nicht einfach nachträglich trainieren. Und so geschieht es auch, daß selbst zahlreiche sonderpädagogische Maßnahmen zum Sprach- oder Bewegungstraining deswegen zu keinem Erfolg führen, weil man den zweiten Schritt vor dem ersten tut. Die Sonderpädagogik scheitert, weil vor ihren Bemühungen eine Psychotherapie versäumt wurde, die als vorbereitende Maßnahme notwendig gewesen wäre.
Bei einem kleineren Kind sollten der Vater und die Mutter bei der Behandlung zugegen sein, damit mit Hilfe der Erzieherin eine sprachliche oder motorische Kommunikation hergestellt werden kann. Eltern und Kinder sollten in einer vertrauensvollen und von Sympathie getragenen Atmosphäre mit der Erzieherin zusammenwirken. Die Sitzungen sollen möglichst entspannt verlaufen.

Und wann sind solche sonder- oder heilpädagogischen Maßnahmen zu erwägen?

Zum Beispiel gibt es viele Eltern, die meinen, daß ihr Kind schlecht spricht, stottert oder Legastheniker ist. Es ist die Frage, ob solche Kinder ausschließlich mit Hilfe solcher Maßnahmen zu kurieren sind. Die Sonder- oder Heilpädagogen sind ja eigentlich dazu ausgebildet, eine Technik anzuwenden, die mehr auf die körperliche Seite der Symptome abzielt. So könnten sonderpädagogische Maßnahmen dort weiterhelfen, wo sich ein Kind verbal schlecht äußern kann, sich ansonsten aber sehr gut durch Gesten oder den Ausdruck seiner Augen ausdrückt, das außerdem lebendig mit anderen Kindern zusammen spielt und die sprachliche Kommunikation mit anderen sucht, sie aber nicht zustandebringt. Aber im Grunde können es gut ausgebildete Pädagogen mit der Zeit selbst, ich meine, was das Erlernen der Sprache, des Schreibens, des Rechnens usw. angeht. Natürlich können sie dabei an eine Grenze stoßen, ab der sie die Schwierigkeiten eines Kindes nicht mehr beheben können. Meistens empfehlen sie den Eltern dann, mit dem Kind zu einem Psychoanalytiker oder zu einem Psychotherapeuten zu gehen. Es wäre vielleicht besser gewesen, dies als ersten Schritt vor den sonderpädagogischen Maßnahmen empfohlen zu haben, aber die Hauptsache ist, daß von nun an eine wirkliche Therapie stattfindet. Trotzdem sollte man die sonderpädagogischen Maßnahmen nicht einstellen, wozu es bei Beginn der Therapie häufig kommt. Vor allem dann nicht, wenn das Kind die Erzieherin oder den Erzieher sehr gern hat und dazu motiviert ist, seine Leistungsdefizite aufzuheben, besser sprechen zu lernen, richtig zu schreiben, zu lesen oder zu rechnen. Man sollte diese Förderungsmaßnahmen nur dann abbrechen, wenn das Kind nicht mehr hingehen will. Eine sonderpädagogische Maßnahme ist keine Psychoanalyse, kann aber durch eine Psychoanalyse erst ermöglicht bzw. unterstützt werden. Die Kinderpsychoanalyse hat mit der Sonder- oder Heilpädagogik nichts zu tun. Vielmehr ermöglicht sie über die Person des Analytikers ein Wiederaufleben verdrängter Gefühle bei dem Kind, die ganz zu Anfang seines Lebens bestanden und vor allem auch die Aufdeckung von solchen Konflikten, die seine Intelligenz, Affektivität oder Kommunikationsfähigkeit blockieren. Die Psychoanalyse unterscheidet sich ganz und gar von dem, worum es bei den pädagogischen Techniken und Methoden zum Erwerb von bestimmten Fähigkeiten geht. Aber dies bedeutet nicht, daß die Sonderpädagogik im Gegensatz zur Psychoanalyse stehen würde, und zwar vor allem dann, wenn das Kind seine Leistungsdefizite überwinden will, wenn es ganz bewußt dazu motiviert ist und eine gute Beziehung zum Sonderpädagogen und dessen Methoden entwickelt hat.

Gibt es Mißerfolge in diesem Bereich pädagogischer Bemühungen?

Ja, genauso, wie partielle Mißerfolge im Rahmen der Psychoanalyse oder Psychotherapie existieren, wie man ja zugeben muß. Für manche moralischen, gefühlsmäßigen oder intellektuellen Leidsituationen gibt es leider noch keine therapeutische Lösung.

61

Man muß nicht immer sagen, was gewesen ist

(Zu allem eine Bemerkung machen, Unverschämtheiten sagen, jemanden verpetzen)

Eine Mutter erzählt von ihrem vierjährigen Jungen, der überall »seinen Senf dazugeben muß« und sie durch seine lauten Kommentare auf der Straße häufig in Verlegenheit bringt. Begegnet er z. B. einem Afrikaner, sagt er: »Schau mal den Mann da, der ist aber schwarz!« Oder angesichts eines älteren Herrn, der gerade über die Straße geht: »Der ist ja uralt. Sicherlich stirbt er bald.« Da sie sich angesichts solcher Kommentare nicht gerade wohlfühlt, stellt das Verhalten ihres Sohnes für sie ein echtes Problem dar. Hinzu kommt folgendes: »Ich habe zwei Freundinnen, die beide familiäre Schwierigkeiten haben. Die erste hat ihren Mann verloren, da er Selbstmord begangen hat. Sie hat ein Kind im gleichen Alter wie mein Sohn, das seinen Vater praktisch nicht gekannt hat. Die andere lebt getrennt von ihrem Mann. Ihre beiden Kinder sehen den Vater sehr selten. Ich befürchte, daß mein Sohn diese Kinder eines Tages mit seinen vorlauten Kommentaren verletzen könnte und sie mit Fragen nach ihrem Vater löchert. Soll ich nun versuchen, diese Situation quasi vorwegzunehmen und mit ihm darüber sprechen? Oder soll ich erst einmal abwarten, bis er mich von sich aus darauf anspricht?«

Diese Frau könnte ihre Freundinnen erst einmal fragen, ob ihre Kinder über die jeweilige familiäre Situation Bescheid wissen. Ihrem Alter nach zu urteilen, dürfte es der Fall sein. So müßte das eine Kind eigentlich wissen, daß sein Vater starb, als es noch sehr klein war, z. B. durch Photos von diesem Mann, die vor seiner Geburt aufgenommen wurden oder als er noch ein Baby war. Mit den beiden anderen Kindern kann man sowieso ganz offen sprechen. Schließlich sind sie nicht die einzigen, die geschiedene Eltern haben und ihren Vater nur selten sehen. Wenn die Kinder über ihre Situation also Bescheid wissen, werden sie eventuelle Kommentare des Jungen, von dem die Rede ist, sicherlich nicht verletzen, d. h. wenn sie sich nur auf die Tatsachen als solche beziehen. Anders verhält es sich, wenn der Junge diese Kinder absichtlich kränken will.

Der Kommentar über den Afrikaner bedeutet im übrigen nicht, daß der Junge rassistisch denkt: er hat ja lediglich gesagt, wie schwarz die Haut eines Afrikaners ist, was schließlich auch zutrifft. Natürlich kommen solche unbequemen Situationen, von denen die Mutter berichtet, vor. Manche Kinder ahnen bei anderen Menschen auch nur irgend etwas und treffen womöglich mit ihrem Kommentar den Nagel auf den Kopf! Ich kannte einmal ein Mädchen, das im Zug zu einer Frau, die gerade erklärte, daß sie zu ihrem Mann fahren würde, sagte: »Das glaube ich nicht. In Wirklichkeit ist ihr Mann gar nicht dort, wo sie hinfährt. Sie fährt zu einem anderen und hat ihrem Mann nichts davon gesagt.« Die Frau war ganz rot im Gesicht geworden und hatte daraufhin geschwiegen ...

Das Kind ist wohl ›ins Fettnäpfchen‹ getreten ...

Nun ja, es gibt schließlich das Sprichwort: ›Kindermund tut Wahrheit kund‹ ... Wenn Kinder mit ihren Kommentaren die Wahrheit sagen, dann auch häufig deswegen, weil sie sehr gute Beobachter sind.

Soll man diese Kinder eigentlich zurechtweisen?

Ich denke nicht. Im konkreten Fall könnte sich die Mutter, wenn sie merkt, daß die Worte ihres Kindes jemanden verletzt oder schockiert haben, bei ihm entschuldigen. Ihrem Sohn könnte sie ein Zeichen geben, damit aufzuhören und ihm später sagen: »Vorhin hast du diesem älteren Herrn gesagt, er würde bald sterben. Würdest du gern bald sterben?« Und sie kann ihm erklären, daß man jemandem nicht etwas sagt, das ihn verletzt. Dieses Kind ist intelligent und sicherlich auch sensibel. Wenn sie jetzt mit ihm darüber redet, so wird sie seine

Sensibilität sicherlich fördern. Sie könnte dem Kind auch den Vorschlag machen, ihr alles, was es beobachtet, leise mitzuteilen. Wenn sie dann zusammen auf der Straße gehen, könnte er ihr insgeheim ins Ohr flüstern: »Diese Frau ist aber häßlich« oder »Dieser Mann ist aber gemein«. Manche Kinder sagen auch Dinge wie: »Schau her, diese Frau ist aber ganz blau« oder »Die ist aber rot«. Meistens bedeutet es, daß sie die Farben als angenehm empfinden. Man muß wissen, daß vierjährige Kinder ihre Gefühle häufig in Farben zum Ausdruck bringen. Auf diese Weise können sie ihrer Mutter alles anvertrauen, denn sie versteht sie, weil sie mit ihnen ständig im Gespräch ist. Sie könnte das Kind fragen: »Geht es eigentlich um ein Spiel, wenn du sagst, daß diese Frau ganz rot ist. Findest du sie nett oder unsympathisch?« Mehr kann ich dazu nicht sagen. Das Kind ist auch erst vier Jahre alt ... Man sollte ihm keine große Moralpredigt halten!

Hier haben wir den Brief einer Mutter, die völlig durcheinander ist: »Soll ich das, was geschehen ist, nun ernstnehmen oder soll ich es herunterspielen?« Ihr sechsjähriger Sohn geht seit kurzem in die Schule: »Als ich gestern abend nach Hause kam, saß mein Mann ganz niedergeschlagen da«. Ihr Sohn hatte nämlich die Rektorin beim Verlassen der Schule wüst beschimpft, da sie ihm während der großen Pause seine Spielzeugautos weggenommen hatte. Als die Großmutter ihn dann nach dem Unterricht abholen kam, hat sie gehört, daß das Kind auf dem Schulhof immer noch wütend herumschrie und der Rektorin noch nachrief: »Du blöde Sau«. Gott sei Dank habe sie es nicht gehört ...

Dafür aber die Großmutter ...

Ja. Sie hat es dem Vater berichtet und der dann der Mutter. Und alle waren schockiert: »Stellen Sie sich dieses Verhalten vor! Was wäre denn passiert, wenn es die Rektorin wirklich gehört hätte? Was wäre meinem Sohn dann bloß passiert?« Die Mutter schreibt auch noch: »Im übrigen habe ich meinen Sohn – so, wie ich es jeden Abend tue – gefragt, wie er den Tag verbracht habe, was er gegessen habe ...

Lassen Sie mich hier sofort unterbrechen: Ich finde es schrecklich, wenn Eltern ihre Kinder jeden Abend fragen, was sie am Tag getan oder erlebt haben, wie es in der Schule war usw. Ich habe schon einmal gesagt, daß sich Kinder abends an den hinter ihnen liegenden Tag häufig gar nicht oder nur schlecht erinnern können. Dieser Junge hätte den Vorfall in der Schule sicherlich vollkommen vergessen, wenn nicht die Großmutter so eine Geschichte daraus gemacht hätte.

Genau das hat seine Mutter übrigens auch geschrieben, daß er den Vorgang eigentlich schon vergessen hatte ...

Das glaube ich ihm gern. Die Großmutter fühlte sich im Grunde durch den Kommentar des Jungen selbst getroffen. Wahrscheinlich hat sie sich vorgestellt, was *sie* empfinden würde, wenn ein Kind so etwas zu ihr gesagt hätte. Ich denke, auch, daß die Rektorin den Satz des Jungen gehört hat, nur war sie intelligent genug, nicht darauf zu reagieren. Das ist auch das beste, wenn ein Kind einmal etwas Freches und Unverschämtes sagt. Und schließlich hatte man dem Jungen auch böse mitgespielt: Da war er nun gerade drei oder vier Tage in der Schule und brachte seine Autos mit, um damit vor seinen kleinen Kameraden – Jungen oder Mädchen – ein wenig anzugeben, und schon verstieß er gegen die Bestimmungen! Nun gut, es handelt sich um Regeln für alle, aber sie sind recht hart für einen Jungen dieses Alters. Und nicht nur für ihn: Wer hat denn noch niemals in seinem Leben insgeheim zu einem Polizisten oder Richter »blöde Sau« gesagt? Alles in allem besteht kein Grund, eine große Affäre aus dem Vorfall zu machen. Viel schlimmer ist das Drama, das jetzt zu Hause bei dem Jungen daraus entstanden ist.

Die Mutter fährt fort: »Irgendwann kam dann doch alles heraus und er hat alles zugegeben.« Er habe daraufhin fürchterlich geweint und sich in sein Zimmer eingesperrt. Nach einer Weile kam er wieder heraus, und zwar mit einem Bild, das er für die Mutter gemalt hatte: »Ich bin aber nicht darauf hereingefallen«, schreibt sie, »nur weil er auf den schlauen Gedanken kam, mir etwas zu schenken. Ich habe aber lange mit ihm kämpfen müssen, das Bild nicht anzunehmen«.

Warum hat sie es nicht angenommen?

Die Mutter schreibt: »Ich habe ihm erklärt, warum er von mir an diesem Abend weder vorgelesen noch Liebkosungen bekommt. Um 10 Uhr war er aber immer noch nicht eingeschlafen und so habe ich letztendlich einen Rückzieher gemacht.« Sie fand, daß es von ihm schlau eingefädelt war, ihr ein Bild zu schenken, nachdem er sich in der Schule so unmöglich benommen hatte.

Ein typisches Beispiel für das Verhalten von Eltern, die nicht akzeptieren können, daß sich ihr Kind einmal auflehnt und das, was es dabei fühlt, unmittelbar zum Ausdruck bringt! Natürlich kann man nicht in jeder Situation sagen, was man gerade denkt. Das hätte sie ihm vielleicht schon vorher einmal erklären sollen. Und jetzt könnte sie ihm sagen: »Hör mal, beim nächsten Mal mußt du aber besser aufpassen. Wenn du einer Respektsperson etwas sagen willst, was sich nicht gehört, dann verkneife es dir lieber und sage es uns später. Und im übrigen weißt du jetzt, daß du keine Autos in die Schule mitbringen darfst.« Aber ich muß schon sagen, daß ich diesen niedergeschlagenen Vater und diese aufgebrachte Mutter eigentlich nicht verstehen kann. Sie messen der Impulsivität ihres eigentlich doch entzückenden und sich treu gebliebenen Kindes viel zu viel Bedeutung bei.

Im nächsten Brief geht es um etwas anderes, was aber auch mit der Schule zu tun hat, nämlich um das sogenannte ›Petzen‹. Die Mutter, die diesen Brief schreibt, hat zwei Söhne, die fünfeinhalb Jahre und vier Jahre alt sind. Es geht dabei um den älteren Sohn. In der Schule sei er im übrigen sehr gut.

Was heißt das schon, in diesem Alter?

Die Mutter schreibt einfach, daß seine Lehrerin sehr zufrieden mit ihm ist und daß er sehr schnell etwas Neues lernt ...

Das heißt, daß er intelligent ist.

Der Junge sei seit seiner frühesten Kindheit schon immer ein sehr ängstliches Kind gewesen. In der Schule fürchtet er sich jetzt vor seinen Kameraden. Er kann sich nicht gut wehren und statt dessen denunziert er sie und petzt alles, was er mitbekommt bei seiner Lehrerin oder seiner Mutter. Die Mutter sagt ihm zwar immer, er solle es bleiben lassen, aber er fährt trotzdem damit fort. Sein Verhalten erklärt sie sich wie folgt: Im Alter von zwanzig Monaten hat er seinen Großvater väterlicherseits verloren, der eine Bäckerei besaß. Diese Bäckerei haben seine Eltern dann übernommen und arbeiten dort bis heute. Das war auch der Grund dafür, daß sie der gerade verwitweten Großmutter das Kind tagsüber anvertrauen mußten. Und diese ging mit ihm jeden Tag auf den Friedhof, »was ihn sicherlich sehr beeindruckt hat«. – »Ich habe aber damals nicht gewagt«, so die Mutter, »meine Schwiegermutter darum zu bitten, es bleiben zu lassen, weil ich wußte, wie sehr sie litt und daß es ihr gut tat, auf den Friedhof zu gehen«. Sie fügt noch hinzu, daß sie und ihr Mann die ersten Jahre ihrer Ehe nicht sehr glücklich waren, daß sie oft tagelang nicht miteinander sprachen, ohne sich zu fragen, ob die Kinder nicht womöglich darunter leiden würden. Jetzt geht es ihnen aber viel besser.

Es liegt auf der Hand, daß das schwierige Leben, das dieses Kind bereits ab dem Alter von zwanzig Monaten führen mußte, nicht spurlos an ihm vorübergegangen ist. Vor allem blieb es den ganzen Tag mit einer Person zusammen, die in einer ausgesprochenen Leidsituation befangen war, die auf das Kind ›abfärben‹ mußte. Es entwickelte, wenn man so will, allmählich einen ›masochistischen‹ Zug. Ich will versuchen zu erklären, was ich damit meine: Das Kind war gezwungen, tagsüber seinen Spaß am Leben in der Gegenwart seiner Großmutter zu entdecken und so faszinierte ihn allmählich auch deren Leidsituation. Darum ist er jetzt ganz gern das Opfer von anderen und läßt sich auch von ihnen schlagen. Denn er war ja schließlich auch das ›Opfer‹ der elterlichen Umstellung auf eine neue Tätigkeit geworden. So ungefähr stelle ich mir den Sachverhalt vor ... Wie kann man ihm nun helfen? Einem Kind, das sich regelmäßig von seinen Kameraden verprügeln läßt, muß man – ich habe es bereits erwähnt –

sagen: »Hör zu: Du hast bei der Schlägerei im Klassenzimmer oder auf dem Schulhof einfach nicht richtig aufgepaßt. Du hast nicht darauf geachtet, *wie* sie dich schlagen und wann die Schläge *besser wehtaten* (man soll in diesem Zusammenhang unbedingt den Begriff ›besser wehtun‹ benutzen). Wenn du den Schlägen ausweichen kannst, dann tue es. Aber sobald dich der andere überwältigt, erinnere dich an das, was ich dir eben gesagt habe. Und wenn du mit der Zeit genügend Erfahrung gesammelt hast, was eigentlich ›besser‹ wehtut, wirst du auch wissen, wie man die Schläge am besten verteilt und dich entsprechend verteidigen können. Deine Kameraden werden dich dann nicht mehr angreifen, dessen bin ich mir sicher. Aber du selbst wirst vielleicht Spaß daran haben, mit ihnen zu raufen.« Einem solchen Kind nur sagen, es solle sich besser wehren, nützt überhaupt nichts, da es anscheinend nicht anders kann, als sich den anderen als Opfer anzubieten. Man sollte es also ermuntern, die Aggressivität der anderen besser einschätzen zu lernen. Dabei soll es besonders auf die Technik der angreifenden Kinder achten. Dieser Junge ist intelligent genug, solche Dinge zu lernen und wird sich sicherlich bald selbst verteidigen können. Man soll ihn jetzt weder auslachen, noch den anderen die Schuld geben, sondern ihm Anregungen geben, wie er sich Respekt verschaffen und bei körperlichen Auseinandersetzungen den anderen gleiches mit gleichem vergelten kann. Dieses Kind verhält sich noch zu passiv.

Da wir gerade über die Ängste von Kindern sprechen, hierzu folgende, vielleicht beispielhafte Geschichte: »Während der letzten Sommerferien habe ich meinen Sohn zu einem Schwimmkursus im Schwimmbad angemeldet. Wir bekamen jedoch einen Schwimmlehrer zugeteilt, der über keinerlei pädagogische Fähigkeiten verfügte. So behauptete er, daß es gar nicht schlimm wäre, wenn ein Kind Angst hätte, da es mit seiner Intelligenz diese Angst immer überwinden könnte. Man müsse es nur dazu zwingen. Meinem Sohn ist diese Behandlung aber nicht gut bekommen. Er wurde immer ängstlicher und seine Angst übertrug sich auch auf andere Bereiche. So wollte er nicht mehr ohne Licht abends einschlafen.« Die letzte Schwimmstunde wurde zur völligen Katastrophe: Der Schwimmlehrer ging mit ihm in das große Becken und dort ist das Kind vor Schrecken buchstäblich steif geworden und hat aus Leibeskräften geschrien: »Ich habe Angst, ich habe Angst.« Die Mutter hat aber nicht eingegriffen. Als der Schwimmlehrer ihr den Jungen zurückbrachte, war er eiskalt und hatte geschlossene Augen, obwohl es draußen sehr warm war. Erst nach einem warmen Bad ist er wieder zu sich gekommen und damit war der Schwimmunterricht für ihn natürlich gestorben. Er ist nie wieder hingegangen. Der Brief dieser Mutter endet mit folgender Frage: »Was soll ich nun tun, damit er diese Ängste überwindet und er in der Schule nicht mehr petzt? Sollte er mehr Sport treiben – aber damit habe ich ja bislang wenig Glück gehabt? Und welche Sportart wäre die beste für ihn?«

Zunächst sollte er nicht ständig dazu angehalten werden, irgendeine Sportart zu betreiben. Und mit knapp sechs Jahren ist es vielleicht auch noch zu früh, einem Kind das Schwimmen beizubringen, das von Anfang an davon nicht begeistert ist. Und falls man die Schwimmstunden im voraus bezahlen mußte, sollten sich die Eltern auch nicht von dem finanziellen Aspekt leiten lassen und das Kind gegen seinen Willen weiter am Schwimmunterricht teilnehmen lassen. Man sollte den Jungen jetzt damit in Ruhe lassen. Ein Kind mit acht Jahren hätte man vielleicht überzeugen können. Aber die Eltern sollten wissen, daß man einem knapp sechs Jahre alten Kind nur dann das Schwimmen beibringen kann, wenn es ausdrücklich darum bittet. Und dann kann man das Kind auch erst einmal zu einer Schwimmstunde mitnehmen, damit es sich ansieht, was dort gemacht wird. Ich habe das Gefühl, daß die Frau, die uns geschrieben hat, ihren Sohn wie einen Achtjährigen behandelt. Ich möchte noch hinzufügen, daß ich es schade finde, daß die Eltern dieses Kindes vorher scheinbar nie mit ihm zusammen im Schwimmbecken gewesen sind. Auf diese Weise hätten sie es an das Schwimmbad gewöhnt. Das Kind hätte zwischen Vater und Mutter im Wasser gespielt, wäre wie ein kleiner Hund geschwommen, wie es alle Kinder anfangs tun, und später wäre es von sich aus auf die Idee gekommen, richtig und schneller schwimmen zu lernen. Und dann wäre auch alles anders gekommen.

Kommen wir noch einmal auf seine Angewohnheit zurück, andere Kinder zu verpetzen.

Was heißt ›petzen‹? Man muß genau darauf achten, um was es im jeweiligen Fall geht. So ist es manchmal durchaus nützlich, wenn ein Kind einem Erwachsenen von etwas, was ein anderes Kind tut, berichtet, z. B. wenn es sich um etwas Gefährliches handelt. Wenn man Kindern sagt, daß sie niemals ›petzen‹ sollen und sie deswegen nur beschimpft und bestraft werden, werden sie sich auch nicht trauen, den Erwachsenen über etwas zu berichten, was eine wirkliche Gefahr für es oder andere darstellt. Wenn ein Kind zu einem Erwachsenen kommt und sagt: Dieser oder jener hat aber dieses oder jenes gemacht, sollte man sofort sagen: »Warum sagst du mir das?« Und wenn es antwortet: »Weil man es nicht tun darf«, kann man ihm sagen: »Ja, du hast Recht, es ist verboten. Da du es ja weißt, wirst du so etwas nicht machen.« Wenn das Kind meint, man müsse nun mit dem anderen Kind schimpfen, kann man antworten: »Es hat Glück gehabt, ich habe es nicht gehört oder gesehen« oder: »Zum Glück ist nichts passiert.« (Schließlich spricht man ja ein Verbot nur dann aus, wenn die Handlung des Kindes eine Gefahr für sich oder andere darstellt.) Wenn ein Kind jedoch ›petzt‹, weil es gesehen hat, wie ein anderes Kind etwas wirklich gefährliches tat, muß man es dafür ausdrücklich loben. Und man sagt ihm auch, daß es nicht ›gepetzt‹, sondern völlig richtig gehandelt hat. Man erkundigt sich, was eigentlich losgewesen ist und greift vielleicht ein.

Ein Kind, das von einem anderen ›verpetzt‹ wurde, sollte man im übrigen nie vor dessen Augen beschimpfen. Vielmehr sollte man ihm sagen: »Du weißt wohl selbst, daß es nicht richtig ist, was du gerade tust« oder »Es ist gefährlich, was du gerade getan hast. Darum ist es ja auch verboten.« Wenn niemand zu Schaden gekommen ist, obwohl es gefährlich war, kann man auch sagen: »Ihr habt noch einmal Glück gehabt und ich werde euch jetzt nicht ausschimpfen.« Und zum Kind, das alles angezettelt hat: »Zum Glück habe ich dich nicht dabei erwischt, denn sonst hätte ich fürchterliche Angst um euch bekommen.« Verstehen Sie den Unterschied? Man schimpft nicht, sondern achtet darauf, daß die Sicherheit der Kinder

gewährleistet ist. So hilft man dem betroffenen Kind aus den Schwierigkeiten heraus, in die es durch sein Verhalten geraten ist. Und dem Kind, das über das Geschehen berichtet hat, sagt man: »Du hast recht gehabt, mir alles zu sagen, denn du hast auch das Schlimmste befürchtet. Er ist ein großes Risiko eingegangen und es hätte für ihn fürchterliche Folgen haben können.«
Auf diese Weise kann man den Kindern helfen. Man sollte ihnen nicht sagen, daß es prinzipiell schlecht ist, jemanden zu verpetzen. Es hängt von der konkreten Situation ab. Nur das Petzen, das zum Ziel hat, daß ein anderes Kind beschimpft wird, sollte man verhindern. Und diese Form des Petzens existiert im Grunde nur deshalb, weil Eltern Kinder beschimpfen, über die gepetzt wird.

Noch einmal zu dem vorliegenden Fall. Hier scheint ja der Junge, der petzt, das Opfer desjenigen zu sein, den er denunziert. »Ich sage es aber meiner Mutter« oder »Warte nur, wenn ich es meinem Vater gesagt habe« – solche Redewendungen hört man ja oft zu Hause oder auf dem Schulhof. Wie soll sich ein Erwachsener denn verhalten, wenn sich ein Kind nach einem Streit unter Kindern, bei dem es das Opfer wurde, über einen Freund, seinen Bruder oder seine Schwester beklagt?

Zwei Reaktionen, die nahe liegen, sollte man vermeiden: zum einen sollte man denjenigen, der getroffen wurde und vielleicht auch ein wenig verletzt ist, nicht sofort bemitleiden; zum anderen sollte man den ›Angreifer‹ nicht gleich wüst beschimpfen oder ihn gar körperlich züchtigen. Denn beide Verhaltensweisen können sowohl dem einen als auch dem anderen Kind schaden. Und mit Erziehung haben sie schon gar nichts zu tun. Zuerst sollte man sich um denjenigen kümmern, der beleidigt oder verletzt wurde und ihn trösten. Dabei könnte man ihm z.B. sagen: »Der andere hat mit seiner Kraft wohl etwas übertrieben« oder »Du mußt deine Gegner besser einschätzen, dieses Kind ist zu stark und zu groß, um mit dir zu spielen. Aber das hast du ja jetzt gelernt.« Meistens reichen ein paar Worte und konkrete Hilfe – und alles ist vergessen. Man soll aber niemals über denjenigen, der die Auseinandersetzung angezet-

telt hat, schlecht sprechen. Man kann ihn vielleicht ermutigen mitzuhelfen, den Schaden wieder gutzumachen, den er angerichtet hat.
Es kommt auch oft vor, daß ein Kind, sobald sich ein anderes über es beklagt, dazukommt, um sein Verhalten zu rechtfertigen oder um nun ebenfalls über das andere Kind zu klagen: »Sie hat mich aber vorher ständig geärgert und mich provoziert..« Dann muß man auch dieses Kind trösten: »Aber es ist schwächer als du, das ist dein Pech. Es macht eben keinen Spaß, mit jemandem zu spielen, der nicht gleichstark ist.«
Was nun die Streitigkeiten unter Geschwistern angeht, die sich um das eigene Zimmer oder um die eigenen Spielsachen drehen, sollte jedes Kind die Möglichkeit haben, sich vor dem anderen zurückziehen zu können. Ich habe diese Art, die eigenen Sachen vor dem Zugriff des Geschwisters in Sicherheit zu bringen, einmal eine Art von ›passiver‹ Verteidigung genannt: Jedes Kind könnte zu Hause für seine persönlichen Sachen über einen bestimmten Platz verfügen (z. B. eine Kiste oder ein Schränkchen, das man abschließen kann). Die Eltern sollten dann nur darauf achten, daß dieses Konzept einer ›passiven Verteidigung‹ auch klappt. Denn wenn einem Kind dann trotzdem vom Geschwister ständig etwas ›aus seinem Bereich‹ genommen wird, hat es noch nicht gelernt, von dieser Möglichkeit, etwas vor dem Zugriff des anderen nur für sich aufzubewahren, Gebrauch zu machen.

Ganz allgemein: Ist es auf die Dauer für ein Kind nicht von Nachteil, immer als jemand zu gelten, der petzt?

Wenn ein Kind eine starke Tendenz dazu hat und andauernd andere Kinder beschuldigt, sollte man vor allem vermeiden, sich von ihm manipulieren zu lassen und das andere Kind zu bestrafen oder ihm Vorhaltungen zu machen. Ansonsten wird das Kind, das die anderen ständig verleumdet und sich selbst immer nur als Opfer versteht, niemals unabhängig werden können. Es wird immer auf eine es beschützende Autorität angewiesen sein und die Strafe anderer als armselige Befriedigung für sich selbst erleben. Es wird allmählich bei anderen Kindern verhaßt sein und von ihnen als ›Feind‹ oder ›Spion‹ ausgeschlossen werden.

Wenn das Petzen eines Kindes dadurch bedingt ist, daß es mehr als andere darüber verunsichert ist, daß ein anderes Kind bestimmte Verbote nicht einhält, muß man diesem Kind noch einmal die Richtigkeit des Verbotes erklären, damit es sich selbst richtig zu verhalten weiß und sich nicht dazu hinreißen läßt, die gleichen Dummheiten zu machen ...

Aber das Kind, das immer petzt, ist eigentlich ein schwaches Kind, das sich gegenüber stärkeren, schlaueren oder geschickteren Kindern nicht durchzusetzen vermag und deswegen eifersüchtig ist. Man muß ihm dabei helfen, diese ständig anklagende Sensibilität, die es in sich trägt, zu überwinden, damit es Freunde findet. Man muß ihm die Befriedigung nehmen, die es aus dem Petzen zieht, nämlich anzusehen, wie ein anderes Kind bestraft wird. Solche Kinder, die schlechte Verlierer sind, die mit keinem anderen Kind gut zurechtkommen, die immer nur über andere herziehen können und sich gegenüber Autoritätspersonen ständig brav verhalten, werden allmählich einsame und unglückliche Kinder innerhalb ihrer gleichaltrigen Bezugsgruppe, wenn sich die Eltern zu Hause von ihnen manipulieren lassen.

Unsere Rolle als Erzieher besteht darin – und ich wiederhole es – darauf hinzuwirken, daß unsere Kinder mit Gleichaltrigen gut auskommen und daß sie in schwierigen Situationen ihre eigene Mutter und in ihrem Verhalten ihr eigener Vater sind. Sie sollen Vorsichtsmaßnahmen und gesetzliche Bestimmungen beachten und sich nicht von anderen dahingehend beeinflussen lassen, daß man sie ohne größeren Schaden umgehen kann.

62

Schneewittchen, die von früh bis spät arbeitet

(Vom richtigen Umgang mit Märchen)

Eine Mutter schreibt uns, daß sie sich bezüglich des Verhaltens ihrer Tochter einige Fragen stellt; insgesamt gäbe es aber keine ernsthaften Probleme mit ihr.

Ich denke schon, daß sie Probleme mit ihr hat.

Am besten wir schildern kurz die ganze Geschichte. Die Tochter ist fünfeinhalb Jahre alt und hat eine vierzehnjährige Schwester. Die Mutter selbst arbeitet nicht, der Mann kümmere sich zwar um die jüngere Tochter, »aber das sei auch alles«. Mit zweieinhalb Jahren ist sie bereits in den Kindergarten gekommen, aber hat sich dort nur gelangweilt, wie die Mutter anmerkt.

Warum sollte man eigentlich ein Kind im Kindergarten lassen, wenn es sich dort doch nur langweilt und die Mutter zu Hause Zeit für es hätte?

Wahrscheinlich hat ihre Tochter den Wunsch, in den Kindergarten zu kommen, von sich aus geäußert, nur war sie sehr schnell enttäuscht von dem, was dort geschah. Sie hatte anscheinend auch erwartet, ihre ältere Schwester dort zu treffen. Nun denn. Dieses Mädchen hört auf jeden Fall sehr viele Schallplatten und hat es sehr gern, wenn man ihr Geschichten erzählt. Das ist ja alles ganz ›normal‹ und entspricht auch ihrem Alter. Nur ist sie von dem Märchen ›Schneewittchen‹ absolut begeistert. Die Mutter schreibt dazu: »Es geht soweit, daß sie seit zwei Jahren (!) dieses Märchen mindestens zweimal am Tag hört.« Zusätzlich mußte sie ihr das Märchen auch noch vorlesen, und zwar in den verschiedensten Variationen (Gebrüder Grimm, Walt Disney usw.). »Und natürlich muß meine Tochter genau das gleiche

Kleid wie Schneewittchen tragen, so daß ich es ihr genäht habe. Sie möchte sich auch die Haare so schwarz wie die von Schneewittchen färben lassen. Schuhe mit hohen Absätzen besitzt sie zwar noch nicht, aber sie träumt davon. Kommt man dann beim Vorlesen an die Stelle, wo der Prinz Schneewittchen mit einem Kuß wieder zum Leben erweckt, ist sie außer sich vor Freude und bekommt glänzende Augen ...« Die Mutter erwähnt noch, daß das Mädchen sehr hübsch sei, daß sie aber die Familienmitglieder darum gebeten habe, ihr nicht zu viele Komplimente zu machen.
Denken Sie, daß dieses Mädchen von dem Märchen deswegen so fasziniert ist, weil Schneewittchen als so hübsch geschildert wird? Und was hat diese fast grenzenlose Bewunderung zu bedeuten? Die Mutter hat in dem Buch von Bruno Bettelheim *›Kinder brauchen Märchen‹ zwar den Passus über Schneewittchen gelesen, aber sie meint, daß die Ausführungen* Bettelheims *auf die Reaktion ihrer Tochter nicht zutreffen würden.*

Egal, wie die Anziehungskraft eines Helden – Schneewittchen ist ja eine ›Heldin‹ – auf ein Kind auch immer beschaffen sein mag, die Eltern könnten sie nutzen, um dem Kind in seiner Entwicklung weiterzuhelfen. Bei diesem Mädchen ist aber genau das Gegenteil der Fall: sie entwickelt sich nicht weiter. Sie erstarrt förmlich vor etwas Imaginärem und kann der Anziehungskraft, die die Märchenfigur auf sie ausübt, überhaupt nicht widerstehen. Sie bleibt in ihrer Vorstellungskraft mit der Heldin ganz für sich allein und bezieht andere Kinder nicht mit ein, kommuniziert nicht darüber, was sie empfindet, spielt das Märchen nicht zusammen mit ihnen nach usw. Übrigens schreibt uns die Mutter nicht, ob sie für das Märchen auch die Zwerge gebastelt hat, sie hätte ja genug Zeit dafür.

Sie hat ihr auf jeden Fall das Kleid genäht.

Ja eben. Aber es ist auch nicht schwer, aus Kinderschuhen Schuhe mit hohen Absätzen zu fabrizieren, man braucht nur ausgeschnittene Pappteile unter den Absatz zu kleben. Und dann könnte sie ihrer Tochter noch eine alte Perücke besorgen, warum auch nicht? Kinder verkleiden sich sehr gern. Und jetzt zu meiner Anregung, die Zwerge nicht zu vergessen: Dieses Mädchen spielt gern die Rolle von Schneewittchen, schön und gut; aber Schneewittchen ist ja nicht nur das hübsche Mädchen, als das es in dem Märchen geschildert wird, sondern auch noch jemand, die von morgens bis spät im Hause der Zwerge arbeiten muß: es macht die Betten, näht Decken aus bunten Stoffresten, hat stets den Besen in der Hand usw. Von zu Hause ist sie geflüchtet, weil sie eine böse Mutter hatte. Aber sie ist geflüchtet, um die Mutter der sieben Zwerge zu werden, um die sie sich fortan kümmern muß – und wie! Sie muß sich buchstäblich um alles kümmern. Und dieses kleine Mädchen, von dem in unserem Brief die Rede ist, will sie auch eine Mutter sein, die nur die Hausarbeit im Kopf hat? Wenn sie sich so gern als Schneewittchen verkleidet, dann könnte sie zumindestens auch das Gemüse putzen und kochen, sie könnte ihrer Mutter und ihrer Schwester und allen anderen im Haus sagen, sie seien die sieben Zwerge und sie würde sich um sie kümmern ...

Wahrscheinlich wird sie sich dann sehr schnell ein anderes Märchen auswählen, sich vielleicht mit Dornröschen identifizieren ...

Ich will damit sagen, daß man mit Märchen richtig umgehen sollte. Man kann sie z.B. dazu nutzen, dem Kind zu helfen, seine Fähigkeiten und Begabungen in bezug auf die Wirklichkeit besser zu entwickeln. Im vorliegenden Fall flüchtet sich das Mädchen aber nur in eine Phantasiewelt, wobei es von der Mutter noch einseitig unterstützt wird. Es wäre aber sinnvoller, sich mit dem Helden auch in der Realität und nicht nur in der Phantasiewelt zu identifizieren. Das heißt einerseits so, wie die Person im Märchen wirklich dargestellt wird, und andererseits, indem man den Stoff des Märchens auch mit der eigenen Wirklichkeit um einen herum in Verbindung bringt. Schneewittchen ist nun einmal die ›klassische‹ Hausfrau, also das Gegenteil von einer emanzipierten Frau. Trotzdem bin ich nicht prinzipiell gegen die Rolle, die Schneewittchen in dem Märchen spielt; man kann sie nutzen, weil Kinder durch sie in ihrer Entwicklung auf einiges hingewiesen werden und davon auch einiges lernen können. Zum Beispiel könnte die Mutter dem Mädchen anhand von Zeichnungen zeigen, was Schneewittchen im Haus alles tut, aber auch, was die Zwerge tun: daß sie den ganzen Tag arbeiten müssen und daß, wenn sie nach Hause kommen, alles für sie vorbereitet ist. Das Kind sollte sich also auch mit dieser Seite der Realität von Schneewittchen beschäftigen und nicht nur mit ihrem Kleid, ihrer Schönheit oder auch ihrer Einsamkeit. Das ist gerade, was mich bei diesem Kind beunruhigt: seine Langeweile, seine Flucht in eine Traumwelt, in der es sich nur mit sich selbst unterhält, sein totales Desinteresse für alles, was im Haushalt passiert, seine Passivität zu Hause und im Kindergarten. Es lebt anscheinend fast ausschließlich in seiner Traumwelt und wartet sehnsüchtig auf die Ankunft seines zukünftigen Prinzen (der es aus allem erlöst).

Wenn man einem Kind ein Märchen, eine Legende oder Geschichte erzählt, muß man eigentlich immer betonen, daß es sich dabei um etwas Erfundenes handelt, um etwas, was ›in Wirklichkeit‹ nicht passiert ist?

Man ›muß‹ nicht ...

Ich meine, wäre es vielleicht ratsam ...

Wenn ein Kind einen Helden oder eine Heldin gern mag, sollte es sich mit ihm meiner Meinung nach nicht nur in seinen Gedanken identifizieren, sondern auch in dem, was es tut. Viele Kinder mögen sich z.B. gern als ›Robin Hood‹ verkleiden. Aber man kann dem Kind dann auch beibringen, wie man besonders geschickt mit Pfeil und Bogen umgeht. Man bastelt eine große Zielscheibe aus Holz und einen ungefährlichen Pfeil, indem man an seiner Spitze ein Stück Knete befestigt. Und dann bringt man dem Kind bei, aus immer größeren Entfernungen auf die Zielscheibe zu treffen. Man kann dem Kind sagen: »Wenn du Robin Hood bist, muß du auch gut mit Pfeil und Bogen umgehen können. Denn sonst nützt es dir ja gar nichts, Robin Hood zu sein.« Das Kind kann auf diese Weise die Geschicklichkeit Robin Hoods und seinen Vorsatz, Menschen vor dem ›Bösen‹ zu retten, nachahmen.

Die Geschichte, die sich das Kind ausdenkt, sollte also nicht nur in seinem Kopf stattfinden. Denn alles, was ein Kind *tut,* trägt zu seiner Entwicklung bei, hilft ihm, seine Schwächen zu überwinden und in der Realität, nach dem Vorbild, welches ihm sein Held vermittelt, stark zu werden. In den Märchen sind die Helden zwar erfundene Gestalten, doch ist ihr Handeln meistens vorbildlich, sie sind körperlich gut entwickelt, tüchtig und geschickt. Und genau das sollten die Kinder in ihrem Spiel auch anstreben: sich entsprechend ihrer Möglichkeiten und ihrer individuellen Art bemühen, die Eigenschaften des Helden oder der Heldin, die sie bewundern, bei sich zu entwickeln.

63

Von den Elementen fasziniert

(Feuer)

Ein alter Erziehungsgrundsatz besagt, daß Kinder nicht mit Feuer spielen sollen. Die Großmutter eines sechsjährigen Jungen stellt Ihnen – aus gutem Grund, wie ich meine – hierzu einige Fragen. Anläßlich eines Besuches bei ihrem Sohn und der Schwiegertochter bemerkte sie, daß sich ihr Enkel in einer außergewöhnlichen Art und Weise vom Feuer angezogen fühlt: »Schon als er ganz klein war, faszinierten ihn die brennenden Geburtstagskerzen. Mit Hilfe eines Erwachsenen, der ihm die Hand dabei führte, zündete er sie immer wieder an. Später war er fasziniert, wenn sein Großvater in der Ecke seines Gartens ein Feuer machte.« Die Großmutter erfuhr nun bei ihrem Besuch, daß der Junge kurz zuvor eine Wolldecke angezündet hatte, die (Gott sei Dank) schnell wieder gelöscht werden konnte, da noch andere Leute in der Wohnung gewesen waren. Bei dieser Gelegenheit haben die Eltern mit dem Kind gesprochen und ihm erklärt, wie gefährlich es sei, mit Feuer zu spielen, daß das ganze Haus hätte abbrennen können usw. Sie haben also versucht, ihm die Katastrophe drastisch vor Augen zu führen, die durch sein Handeln hätte entstehen können. Kurz danach mußten sie aber feststellen, wie der Junge heimlich eine Streichholzschachtel aus ihrer Küche entwendete, obwohl er bisher noch nie etwas vor ihnen versteckt gehalten hatte. Ansonsten hatte er seinen Eltern nämlich immer gesagt, wenn er etwas von ihnen nahm, sei es ein Buch oder eine Schere. Die Eltern haben sich danach gefragt, ob es überhaupt etwas nützt, mit diesem Kind darüber zu sprechen. Aber es kam noch schlimmer: Am Tag vor der Ankunft seiner Großmutter – dies ist auch der eigentliche Grund, warum sie sich jetzt an uns gewendet hat – ertappten ihn Nachbarn, wie er in einer Mülltonne Papier ansteckte. Die Mülltonne wurde durch das Feuer völlig deformiert. Ein anderer Junge, der dabei war, ist schnell weggerannt, er aber blieb stehen und schaute fasziniert den Flammen zu. »Was soll man jetzt tun? Soll man ihn bestrafen, weil das Sprechen anscheinend nicht weitergeholfen hat? Und wie soll man auf ihn aufpassen? Man kann ein Kind seines Alters schließlich keine 24 Stunden am Tag im Auge behalten. Sollte man ihm vielleicht die Finger einmal verbrennen, um ihm zu zeigen, wie gefährlich ein Feuer sein kann? Dies erscheint mir andererseits zu übertrieben und grausam.« Eine Freundin der Familie kam noch auf eine andere Idee: Man solle ihn zwingen, alle Streichhölzer von 20 Vorratspackungen zu verbrennen, damit er ein für allemal genug davon hat. Die Großmutter möchte nun Ihre Meinung dazu hören.

Der Umgang mit Feuer stellt für Kinder tatsächlich ein Problem dar. Sie sind vom Feuer einfach fasziniert, genauso, wie sie fasziniert von Wasser, von Sand oder von der Luft sind. Tagtäglich passieren Unfälle, weil Kinder in Sandhaufen auf Baustellen tiefe Löcher graben mit der Gefahr, daß die Wände der Löcher einbrechen oder Sand auf sie herabrutscht. Und genauso lieben die Kinder, Luftballons in die Luft steigen zu lassen, was natürlich nicht so gefährlich ist, vom Spiel mit Wasser ganz zu schweigen. Kinder sind von den Elementen der Natur fasziniert, wie im übrigen alle Menschen, seit die Welt existiert. Und Kinder entwickeln sich gerade dadurch, daß sie lernen, diese Elemente zu beherrschen. Was das Entwicklungsstadium dieses Jungen betrifft, erfahren wir von der Großmutter nichts. Sie nennt uns zwar sein Alter, äußert sich aber nicht über seine motorische Geschicklichkeit, sein sprachliches Niveau, seine Schulleistungen, die Art seines sozialen Verhaltens in Gegenwart von Erwachsenen oder Gleichaltrigen.

Sie schreibt, daß er ein Einzelkind sei und die Eltern für bald ein zweites Kind planen.

Mir fiel im übrigen auch eine wichtige Bemerkung zur Vergangenheit des Kindes auf. Sie schreibt, daß ein Erwachsener ihm die Hand geführt hat, damit er die Kerzen seines Geburtstagskuchens anzünden konnte, denn er war ja damals noch zu klein gewesen, es selbst zu tun. Nun sollte man niemals die Hand eines Kindes führen, um ihm bei etwas behilflich zu sein, was in seinem Alter noch verboten ist und was es allein auch noch gar nicht schafft. Dies gilt insbesondere für das Spielen mit Feuer, gerade weil es für ein Kind so faszinierend ist. Ich habe den Eindruck, daß dieser Junge im Grunde immer noch Sehnsucht nach dieser Hand hat, die ihn bei jeder Gelegenheit führt und er sich an sein damaliges Erlebnis erinnert. Vielleicht aber ist ihm bewußt die Faszination einer Tätigkeit erhalten geblieben, die gefährlich war, und bei der er damals nicht registrierte, daß man ihm dabei geholfen hatte.

In diesem Zusammenhang fallen mir übrigens jene Väter ein, die sich ihre Kinder auf den Schoß setzen, um sie dann Auto ›fahren‹ zu lassen. Oder man läßt Kinder im Alter von zwölf oder dreizehn Jahren schon selbst mit dem Auto fahren, nur weil sie dessen Technik schon halbwegs beherrschen können. Abgesehen davon, daß man ihnen auf diese Weise nicht gerade die Achtung vor dem Gesetz beibringt, gaukelt man ihnen vor, eine Tätigkeit zu beherrschen, deren Folgen sie in ihrem Alter noch gar nicht absehen und vernünftig einschätzen können.

Aber zurück zu dem konkreten Fall. Was soll es nun bringen, das Kind zu veranlassen, eine Unmasse an Streichhölzern zu verbrennen? Soll es sich nur ärgern? Dadurch wird man ihm sicherlich nicht weiterhelfen. Wenn jemand diesem Kind helfen kann, dann nicht eine Frau, sondern der Vater: Erstens ist das Kind schon sechs Jahre alt und zweitens steht das Feuer als Symbol für das sexuelle Begehren. Natürlich kann die Mutter auch ab und zu ein Auge auf ihn werfen. Und sie kann ihn ein Feuer anmachen lassen, das eine nützliche Funktion erfüllt, etwa den Gasherd anzünden oder den Kamin, wenn es einen gibt. Sie könnte ihm jedesmal sagen: »Schau genau zu, ich zeige dir, wie es geht.« Aber sie sollte ihm dabei auf keinen Fall die Hand führen, sondern es ihm mit Worten erklären. Dann kann er es selbst ausprobieren. Wenn er sich dabei einmal aus Versehen die Hand ein wenig verbrennt, könnte sie ihm sagen: »Du hast dich verbrannt, aber wenn du es richtig machst und dich dabei konzentrierst, d.h. wenn du vorsichtig mit Feuer umgehst, wirst du dich nicht mehr verbrennen.« Auf diese Weise würde sie ihm etwas Nützliches beibringen und ihm verschiedene Techniken des Feuermachens beibringen, auf die er dann stolz sein könnte.

Sollte man die Streichhölzer nicht besser vor ihm wegschließen?

Das wird wenig nutzen, weil er ja woanders welche auftreiben kann. Der Vater könnte aber mit ihm auch einmal ein richtiges Feuer machen, vielleicht im Garten, wo es nicht gefährlich ist. Er könnte ihm sagen: »Hör mal, weil du vom Feuer so fasziniert bist, machen wir einmal ein richtiges Feuer und nutzen die Gelegenheit, darüber zu sprechen. Wir haben eine halbe Stunde oder Stunde Zeit dafür und werden es perfekt hinkriegen. Da du Feuer so gerne magst, machen wir halt selbst eines.« Und währenddessen kann er ihm erklären, wann und wo es gefährlich ist, ein Feuer zu machen. Aber ein Kind, das ein Feuer anzündet, zu bestrafen, nutzt absolut nichts, denn es geht dabei immer um eine Faszination, die tief im Unbewußten des Kindes liegt. Der Junge muß diese Faszination beherrschen lernen und wissen, daß man an gefährlichen Stellen kein Feuer anzündet. Sein Vater wird es ihm sicherlich beibringen können.
Sollte seine Mutter bereits schwanger sein, braucht er die Zuwendung seines Vaters, seine Zärtlichkeit, seinen Schutz und seine Aufmerksamkeit ganz besonders.
Vielleicht hat aber in der Vergangenheit dieses kleinen Jungen auch etwas anderes stattgefunden als die Begebenheit, daß man seine Hand zu den Kerzen führte, um sie anzuzünden. Vielleicht erinnert es sich daran, einmal einen großen Brand gesehen zu haben? Aber was es auch gewesen sein mag, man sollte dieses Problem so angehen, wie ich vorgeschlagen habe, wenn man ihm wirklich helfen will. Statt ihn zu bestrafen, sollte man sich ihm und seinen Problemen zuwenden und mit ihm über das Feuer sprechen. Man muß ihm beibringen, diese Faszination, die das Feuer auf ihn ausübt, zu beherrschen.

64

Über seine Hände die Herrschaft behalten

(Diebstahl)

Stehlende Kinder stellen ihre Eltern vor große Probleme. Eine Mutter mit drei dicht aufeinanderfolgenden Kindern (der Sohn ist sieben, die Töchter sind sechs und vier Jahre alt) schreibt uns dazu: »In der Schule ist mein Ältester ganz gut. In diesem Zusammenhang gibt es an seinem Verhalten nichts auszusetzen. Auch zu Hause benimmt er sich für sein Alter recht vernünftig. Doch seit kurzem hat er begonnen zu stehlen: Filzstifte in der Schule, Batterien bei seiner Großmutter oder Kugelschreiber bei seinen Klassenkameraden. Frage ich ihn, warum er das tut, antwortet er mir: ›Weil diese Sachen so schön und so neu sind.‹ Wie kann ich dieses Problem lösen, ohne daß ich ihm zuviel Aufmerksamkeit schenke?«

Bei einem siebenjährigen Kind darf man dieses Verhalten nicht mehr einfach ignorieren. So möchte ich ausführlich auf das eingehen, wovon hier die Rede ist. Die Frau hat zwei Töchter, von denen die eine nur ein Jahr jünger ist als der Sohn. Vielleicht hat sie die beiden unbewußt wie Zwillinge behandelt. Oder beide Kinder haben sich als solche gefühlt. Den Geschlechtsunterschied wird der Junge erst mit ungefähr drei Jahren bemerkt haben, denn in diesem Alter werden Kinder auf die unterschiedlichen Geschlechtsmerkmale aufmerksam. Wahrscheinlich hat man seine Schwester, als er damals ein Jahr alt war, als die ›*Neu*geborene‹ sehr bewundert. Und eine Weile ist er damit anscheinend ganz gut hingekommen, so daß er erst jetzt darauf reagiert, indem er ein intensives Verlangen nach ›neuen‹ und ›schönen‹ Gegenständen entwikkelt hat. Er möchte sich selbst darüber aufwerten, d.h. sich schöner und wichtiger als seine Schwester fühlen. Doch mit sieben Jahren, im Schulalter also, stellt das Stehlen ein ernstzunehmendes Problem dar. Die Frau sagt uns nicht, ob sie mit dem Vater darüber gesprochen hat. Aber wie dem auch sei, ich denke, daß man gestohlene Dinge immer zurückgeben sollte, und zwar zusammen mit dem Kind. Auch wenn das Kind sich dann hinter seiner Mutter versteckt, sollte sie darauf bestehen, daß es dabei ist. Nur darf sie das Kind keinesfalls vor den Klassenkameraden, bei der Familie des Kindes, dem er etwas gestohlen hat oder vor seiner Großmutter demütigen. Vielmehr sollte sie ihm erklären: »Komm mit mir, damit wir die Gegenstände zurückgeben können; denn deine Hände haben etwas getan, was dein intelligenter Kopf eigentlich gar nicht tun wollte. Siehst du, du warst klein, als deine Schwester geboren wurde. Sie war hübsch und wurde von allen sehr bewundert. Vielleicht hast du dich damals als weniger schön empfunden. Trotzdem mußt du jetzt einsehen, daß du die Sachen von anderen nicht einfach nehmen darfst. Du wärest auch traurig, wenn man dir deine Sachen wegnehmen würde.« Auch hinterläßt es bei Kindern großen Eindruck, wenn man ihnen folgendes sagt: »Was würdest du machen, wenn eines Tages an unsere Tür ein Polizist klopft, der zu mir sagt: ›Ich muß Ihren Mann festnehmen, weil er ein Dieb ist‹ oder ›Ich komme, um Sie festzunehmen, weil Sie immer stehlen.‹ Was würdest du davon halten? Du würdest dich wahrscheinlich schämen. Genauso schämen wir (dein Vater, deine Mutter) uns, wenn jemand aus unserer Familie Dinge tut, die man nicht tun darf. Du bist ja kein kleines Kind mehr. Du mußt diesen Drang, dir irgend etwas Neues oder Schönes zu nehmen, unbedingt überwinden und lernen, deine Hände zu beherrschen. Wenn du Lust bekommst, etwas zu stehlen, so könntest du z. B. die Hände einfach hinter den Rücken halten. Und bald wirst du mir dann sagen können: ›Mutter, ich habe gegen die Hände gewonnen, die etwas stehlen wollten.‹« Auf jeden Fall sollte man sich diesem Problem mit großer Aufmerksamkeit zuwenden.

Aber ist denn ein kleines Kind überhaupt schon in der Lage, zwischen ›sich nehmen‹ und ›stehlen‹ zu unterscheiden?

Ein kleines Kind? Nein.

Zum Beispiel nehmen doch die zwei- oder dreijährigen in Supermärkten alles an sich, was in ihrer Reichweite steht. Soll man ihnen dennoch zu verstehen geben, daß sie es nicht tun dürfen?

Man sollte es so früh wie möglich bei den Kindern ansprechen. Natürlich darf man ein Kind deswegen nicht ohrfeigen, man sollte ohnehin ein Kind niemals demütigen. Aber man könnte es bei der Hand, die sich gerade nach etwas ausstreckt oder die gerade etwas hält, nehmen und ihm sagen: »Deine Hand hat dich wieder einmal reingelegt; sie ist so wie das Maul eines Hundes, das nach allem Möglichen schnappt. Aber du sollst deine Hand nicht gewähren lassen, denn später, wenn du älter bist, mußt du in der Lage sein, deine Hände zu beherrschen.« Und dann sollte man den Gegenstand zurückstellen oder ihn zurückgeben, selbst wenn es für die Mutter peinlich ist.

Wir haben zu diesem Thema noch einen anderen Brief, den die Mutter wie folgt einleitet: »Meiner Meinung nach ist es wichtig, sich stets zu vergegenwärtigen, daß ein Kind nicht uns allein gehört, sondern der Gesellschaft und daß es im Alter von ungefähr zehn Jahren lernen muß, sich den Regeln dieser Gesellschaft entsprechend zu verhalten. Einem unabhängigen Kind, dem Selbstachtung und damit auch Achtung vor den Belangen der anderen beigebracht wurde, wird später auch der verantwortungsvolle Umgang mit seiner Umgebung leichter fallen.« Nun will sie Ihre Meinung zu der Methode von Neill *wissen, der anscheinend die Auffassung vertritt, daß man ein Kind, das stiehlt, eher ›belohnen‹ soll, denn im Grunde sei es unglücklich und brauche eher Zuwendung und Liebe als eine Strafe für das, was es getan hat. Womit er wohl einen ganz anderen Standpunkt vertritt als Sie ihn eben eingenommen haben.*

Ich denke, daß die Methode von *Neill* vor allem darauf abzielt, Eltern über die Beweggründe des Stehlens aufzuklären, daß es, wenn man so will, ein Mangelsymptom darstellt. Aber jedem Menschen wird von Zeit zu Zeit etwas fehlen! Nun ist es bestimmt sehr gut, wenn ein Kind sich geliebt und akzeptiert fühlt, auch dann, wenn es etwas stiehlt. Gerade die Liebe, die es für sich empfindet, befähigt ja ein Kind, mit dem Leben der Erwachsenen und den an es geknüpften sozialen Bestimmungen zurechtzukommen. Aber im allgemeinen ist es doch so, daß ein Kind, das stiehlt, selbst nicht so gern bestohlen werden möchte. Natürlich gibt es auch die Ausnahme, daß es einem Kind vollkommen egal ist, ob man ihm etwas wegnimmt oder nicht. In diesen Fällen wird die Mutter häufig ärgerlich sein, wenn die Schulmappe oder irgendwelche Hefte ständig verschwinden. Aber wenn ein Kind ein Gespür dafür entwickelt hat – etwa mit vier Jahren –, daß ihm etwas gehört, kann man ihm auch beibringen, daß man anderen nichts wegnehmen darf. Man sollte dem Kind etwas über das Tauschgesetz sagen, es ihm erklären; dann wird es sich auch ärgern, wenn ihm etwas genommen wird, ohne daß es dafür etwas bekommt. Und natürlich sollte man dem Kind immer zeigen, daß man versucht, ihm aus Liebe dabei zu helfen, ein Mensch zu werden, der unabhängig vom Alter dem gleichen Gesetz, wie es für alle gilt, unterstellt ist.

Bis jetzt haben wir noch kaum über das Alter gesprochen in dem ein Kind etwas stiehlt. Im folgenden geht es um einen vierzehnjährigen Jungen, der seit einigen Jahren immer wieder das starke Bedürfnis verspürt, etwas zu stehlen. Dazu schreibt seine Mutter: »Wir, d.h. sein Vater und ich, haben ihm immer wieder erklärt, daß es Diebstahl ist, wenn man sich einfach ›Dinge nimmt‹, und daß er mit Konsequenzen zu rechnen habe, wenn er es weiterhin tun würde. Es hat aber alles nichts geholfen. Ich habe jetzt Angst, daß seine Diebstähle bei ihm schon zu einer richtigen Gewohnheit geworden sind.« Weiter schreibt sie, daß ihr Sohn ein Einzelkind ist, mit dem sie ansonsten kaum Probleme habe.

Überhaupt keine Probleme? Ist er produktiv, in dem, was er tut, ist er geschickt, bastelt er gern, ist er fleißig usw.?

Das Kind scheint in seiner Entwicklung weit voraus zu sein, wie die Mutter schreibt.

Gut, im Sprechen und Denken vielleicht. Aber woher dann dieses Bedürfnis, sich zu nehmen und noch mal zu nehmen? Normalerweise lernt ein Kind ja dadurch zu sprechen, daß es sich Worte ›nimmt‹. Auch in der Schule ›nimmt‹ es, nämlich aus dem Erfahrungsschatz vorangegangener Generationen. Und dann kommt es schließlich in ein Alter, in dem es anfängt zu entdecken, etwas zu erfinden, zu bauen und seine Hände produktiv zu benutzen. In diesem Alter produziert es also selbst etwas und ist nicht mehr nur auf das ›Nehmen‹ angewiesen.

Die Mutter versteht unter der Entwicklung ihres Jungen mehr seine körperliche Entwicklung. Körperlich wirke er schon wie ein Jugendlicher, doch geistig wie ein kleines Kind. Er habe wenig Verstand und entwickele kaum Initiativen ...

Sehen Sie, da haben wir es!

Er sei jetzt fast das Gegenteil von dem, was er mit acht Jahren war, nämlich Klassenbester und ein erfinderischer Geist.

Wieso kann sie dann behaupten, daß es, abgesehen von seinen Diebstählen, keine Probleme gibt? Mit seinen vierzehn Jahren regrediert er, er entwickelt sich gleichsam zurück! Irgend etwas muß in dieser Familie vor sich gehen, was erklären könnte, warum er nicht stolz sein kann, ein großer und verantwortungsvoller Junge zu werden. Vielleicht handelt es sich um ein Problem zwischen ihm und seinem Vater oder zwischen seiner Mutter und seinem Vater?

Wahrscheinlich. Denn sie schreibt auch, daß sie ihrerseits große Probleme mit ihrem Mann habe ...

Ach so?

Doch fährt sie fort, daß diese Probleme unmöglich mit dem Verhalten des Kindes zu tun haben können.

Doch, gerade! Der so vielversprechende Stolz, ein Mann zu werden wie sein Vater, wurde ihm entzogen, seitdem die

Mutter unter ihrem Mann leidet und er dieses zu Hause mitbekommt. Das Kind ist aufgrund dieser Schwierigkeiten meiner Meinung nach psychisch gefährdet. Die Eltern sollten es bitte auch so sehen. Zu allererst sollten sie mit dem Kind über die Schwierigkeiten unter sich offen reden. Die Mutter sollte ihrem Sohn sagen, daß sein Vater trotz der Kritik, die sie an ihm hat, gesellschaftlich anerkannt wird. Denn das Kind muß sich mit ihm identifizieren können, es muß ihm vertrauen können. Ich habe das Gefühl, daß sich der Junge in diesem problematischen Elternhaus, in dem sich die Mutter ständig über den Vater beklagt, langweilt. Meiner Ansicht nach müßte er für eine Weile von seinen konfliktbeladenen Eltern getrennt leben und vielleicht in ein Internat gehen. Vielleicht müßte der Sohn auf diese Trennung mit einer Psychotherapie vorbereitet werden, sofern dies dort, wo er wohnt, möglich ist. Die ganze Angelegenheit hat für ihn immerhin eine ziemlich schlechte Wendung genommen. Mit acht Jahren war er fleißig und intelligent. Jetzt ist er passiv und gleichzeitig auch schlau, wenn es darum geht, sich auf angenehme Art und Weise alles zu beschaffen, was er sich wünscht. Aber er ist dabei nicht stolz auf sich und findet keine Freunde. Nach dem Bericht seiner Mutter zu urteilen, lebt er völlig passiv dahin, so wie ein Plüschtier seiner Mutter, die ihrerseits in seinen Augen den Vater ständig herabsetzt. Letzteres deprimiert ihn. Mit seinen Diebstählen verschafft er sich für sein trauriges Zuhause eine Art von Ausgleich. Aber gerade wegen seiner psychischen Unreife ist auch in seinem Alter noch alles möglich. Er sollte in einem Rahmen leben, in dem er sich nur Sorgen um sich selbst zu machen braucht, in dem er mit anderen Jugendlichen, die um ihn herum sind, einen Zusammenhalt findet. So wird er wieder erwachen und in die Lage kommen, seine Intelligenz erfolgversprechend einzusetzen. Ich kenne im übrigen eine ganze Reihe von Fällen, bei denen die räumliche Entfernung eines in seiner Entwicklung gehemmten Jugendlichen bewirkte, daß sich auch die Eltern erholen konnten und besser miteinander zurechtkamen. Und wenn Geschwister vorhanden sind, kann sich die Abwesenheit eines Problemkindes ebenfalls positiv auf deren psychische Gesundheit auswirken. Im Moment quält sich die Mutter mit Selbstvorwürfen und läßt ihren Mann über die Diebstähle ihres Sohnes im unklaren. Diese Diebstähle finden ja schon seit mehreren Jahren statt und nie hat sie das Kind dazu bewegt, das Gestohlene wieder zurückzugeben. Im Grunde hat sie sich auf diese Weise zur Mittäterin gemacht ... wie im übrigen viele Mütter, die große Moralpredigten halten, aber das Kind ansonsten gewähren lassen.

Dieser vierzehnjährige Junge ist in meinen Augen psychisch gefährdet, vielleicht ist er auch schon selbst ganz verzweifelt. Wenn er weder akzeptiert, auf ein Internat zu gehen oder eine Psychotherapie zu beginnen, könnte die Mutter selbst eine Therapie anfangen, um die eigene Haltung zur Erziehung ihres Sohnes zu verändern und um aus der Sackgasse, in der sie und ihr Sohn sich befinden, herauszukommen.

65

Wenn die Programme eines Computers durcheinandergeraten

(Zweisprachige Erziehung)

In bezug auf die Fragen, die sich Eltern im Falle einer zweisprachigen Erziehung stellen, baten Sie um konkrete Erlebnisberichte. Diese sind nun eingetroffen. Ein Vater schreibt uns, mit seinen Söhnen hiermit überhaupt keine Schwierigkeiten gehabt zu haben. Aber er berichtet in seinem Brief auch von einem Mädchen, dessen Vater Deutscher und Mutter Engländerin ist. Beide Eltern sprachen noch französisch miteinander und zudem hatten sie ein Kindermädchen, das nur italienisch sprach. Dieses Mädchen hat erst mit acht Jahren gesprochen – aber dann alle vier Sprachen auf einmal!

Ja, das Erlernen einer Sprache ist in mancher Hinsicht mit der Programmierung eines Computers vergleichbar. Es gibt kleine Kinder, die lange überhaupt kein Wort sagen können und dann auf einmal perfekt sprechen. Andere wiederum fangen schon früh an zu sprechen, plappern dann aber sehr lange irgendein Kauderwelsch daher, bis auch sie später sehr gut reden können. Wirklich gut aber sprechen Kinder vor allem dann, wenn sie innerhalb von kurzer Zeit vieles richtig sagen können. Deshalb sollte man ein Kind in dieser Hinsicht niemals bedrängen.
In der Familie, die Sie gerade erwähnten, hat man wahrscheinlich vermutet, daß das Kind deshalb so spät gesprochen hat, weil es mehrere Sprachen zur gleichen Zeit gelernt hat. Doch hat es sich bis dahin, wie aus diesem Brief hervorgeht, vorzüglich mit Hilfe von Gesten und Mimiken mit den vier Menschen, die um es herum waren, ›unterhalten‹ können. Aber erst mit acht Jahren, d. h. nach Abschluß der gesamten ödipalen Phase, als sich das Kind aus seinen ersten sexuell motivierten Objektbeziehungen gelöst hat und sich mehr dem sozialen Leben um

sich herum zuwandte, konnte es ohne Schwierigkeiten die vier Sprachen sprechen. Sicherlich hat es viele Probleme in dieser Zeit gehabt. Aber es ist in seiner Entwicklung weitergekommen, weil seine Eltern keine Ängste hatten oder ihre Ängste dem Kind gegenüber nicht gezeigt haben. Eltern brauchen nicht ängstlich zu sein, wenn ihr Kind noch nicht spricht, sich aber durch Gesten verständlich machen kann. Man soll sich nur um die Kinder Sorgen machen, die zurückgezogen leben, die zu Gleichaltrigen keinen Kontakt finden – und seien es nur Blicke oder ein stillschweigendes Verständnis – und die nicht spielen können. Dieses Mädchen war wohl ein lebhaftes Kind, bei dem die verschiedenen Programme, die ihr die Außenwelt boten, durcheinandergeraten waren.

Hier werden uns weitere Probleme geschildert, die entstehen können, wenn ein Kind zwei- oder mehrsprachig ›programmiert‹ wird. Eine Mutter gibt uns einen Bericht, der auf die Zeit zwischen 1938 bis 1940 zurückgeht: »Ich bin Österreicherin und wir sprechen mit unserem Sohn deutsch zu Hause.« In den dreißiger Jahren haben sie einige Jahre auf einem Bauernhof in Tirol gelebt, auf dem sehr stark Dialekt gesprochen wurde. Das Kind wußte zwischen dem Deutsch, welches zu Hause gesprochen wurde, und dem Dialekt der Leute auf dem Bauernhof sehr gut zu unterscheiden. 1938 ist die Familie dann nach Peru ausgewandert. Dort wurde das Kind, inzwischen fünfeinhalb Jahre alt, auf eine englisch-peruanische Schule geschickt. Es konnte zu dieser Zeit weder englisch noch spanisch. Eine deutsche Schule kam für sie nicht in Frage, weil die Nazis dort das Sagen hatten. So mußte das Kind auf eine Schule gehen, deren Sprache es nicht verstand. Eines Tages hat sich dieses Kind mitten im Unterricht auf einen Tisch gestellt und begonnen, wie ein Besessener zu schreien. Der Lehrer hat daraufhin ein anderes Kind herbeigerufen, das deutsch sprach. Und dieses hat dann gesagt: »Bist du denn verrückt geworden?« Sofort hörte der kleine Fremde auf zu schreien und hatte sich beruhigt. Und sehr schnell fing er an, sowohl spanisch als auch englisch zu reden, so als ob alle seine inneren Sperren durchbrochen waren.

Diese Geschichte ist sehr schön. Der Lehrer hat mit viel Intelligenz und Menschenkenntnis gehandelt. Er kam auf die Idee, ein anderes Kind herbeizuholen, das sich an den schreienden Jungen mit der Stimme eines Kindes und in der gleichen Sprache, die er von früher kannte, wandte. Er sagte »verrückt« und der Junge fühlte sich auch so »ver-rückt«, daß er sich nicht mehr ausdrücken konnte. So kam es zu diesem Wutanfall. Das plötzliche Auftauchen der Sprache aus seiner frühen Kindheit half ihm – dank dem Einfall des Lehrers – eine Verbindung zwischen seiner frühen Kindheit und Gegenwart wieder herzustellen. Er machte die Erfahrung, daß er aufgrund seiner Sprache nicht mehr von der Gesellschaft, in der er fortan leben mußte, ausgeschlossen wurde.

Diese Dame schreibt Ihnen einige Tage darauf noch einmal, um ihren Bericht zu ergänzen. Der kleine Junge ist heute über vierzig Jahre alt, er ist Chirurg geworden, mit einer Französin zusammen und hat drei Jungen. Uns interessiert allerdings mehr, daß er im Alter von zwölf Jahren sehr große Probleme hatte. Etwas von seiner traumatischen Kindheit war in seinen sozialen Kontakten erhalten geblieben. Er bekam im Umgang mit seinen Schulkameraden sehr große Schwierigkeiten. Die Mutter hat damals nicht gezögert und ihn zu einer erfahrenen Psychologin geschickt, die dem Kind in vier Sitzungen aus seinen Schwierigkeiten herausgeholfen hat.

Auch das finde ich interessant, denn viele Eltern wissen nicht, wie ratsam es sein kann, ein Kind in psychotherapeutische Behandlung zu geben, wenn es durch seine Schwierigkeiten in der Beziehung zu Gleichaltrigen mit sich selbst nicht mehr zurechtkommt. Eine Psychotherapie ist besonders dann zu erwägen, wenn, wie ich schon ausgeführt habe, das Kind selbst dazu motiviert ist. Gerade in der Vorpubertät lassen sich auf diese Weise einige psychische Probleme von Kindern schnell lösen.

Sie schreibt ferner, daß seine Konflikte im Alter von sechzehn Jahren wieder aufgetaucht sind und berichtet, wie sie ihnen begegnet ist: »Ich habe ihm gesagt, daß ich seine neuerlichen

Probleme habe kommen sehen, aber auch, daß in diesem Alter alle jungen Leute Probleme haben. Er bräuchte sie mir aber nicht unbedingt mitzuteilen, denn es würde reichen, wenn ich, seine Mutter, über seine Schwierigkeiten Bescheid wüßte.« Wenn man so will, hat sie die ›Dolto-Methode‹ angewendet.

Auf jeden Fall sollte man allen Müttern, die die Probleme ihrer sechzehnjährigen Söhne unbedingt herausbekommen wollen, das Lesen dieser Zeilen empfehlen. Die Mutter hat ihrem Sohn gegenüber auf jeden Fall eine sehr vernünftige und respektvolle Haltung bewiesen, da sie auf seine Verletzlichkeit Rücksicht nahm und nicht insistierte, etwas von seinen Problemen zu erfahren.

Uns liegt noch ein weiterer Brief vor, aus dem hervorgeht, daß sich ein Sprachproblem auch über Generationen hinweg stellen kann. Er stammt von einer Frau, deren Eltern aus der deutschsprachigen Schweiz sind und die, als sie selbst erst sechs Monate alt war, mit ihr nach Frankreich zogen. Sie schreibt: »Ich habe mich während meiner ganzen Jugend sowohl in der Schweiz wie auch in Deutschland immer fremd gefühlt. Irgendwie muß sich unsere französische Erziehung bei uns – schon von früher Kindheit an – durchgesetzt haben. So erweiterten wir unseren Wortschatz während dieser Zeit fast nur mit französischen Wörtern und das Schweizerdeutsch trat immer mehr in den Hintergrund unserer Sprache. Und trotzdem fühle ich mich in keiner Sprache richtig zu Hause. Als wir nach meinem Abitur – ich war damals achtzehn Jahre – wieder zuück in die Schweiz zogen und ich dort mein Hochschulstudium in deutscher Sprache absolvierte, hatte ich das Gefühl, mein Französisch sei auf dem Niveau meines Abiturs stehen geblieben und meinem Deutsch würden die versäumten Schuljahre in meiner Kindheit und Jugend fehlen. Hinzu kommt, daß ich zwischen zwei verschiedenen Kulturen aufgewachsen bin, die mir sozusagen zwei verschiedene Persönlichkeiten verliehen haben.

Dieser Bericht mag dem einen oder anderen vielleicht merkwürdig vorkommen, aber es trifft zu, daß gerade die Sprache auf unsere Lebens- und Denkweise einen großen Einfluß ausübt. Man fühlt sich einfach nicht als der gleiche Mensch, wenn man französisch oder schweizerdeutsch spricht.

Sie fährt aber mit einer noch merkwürdigeren Bemerkung fort: »Wenn ich englisch spreche, stellt sich bei mir dieses Gefühl der Unsicherheit nicht ein. Wahrscheinlich deswegen, weil ich mit der englischen Kultur nie in Berührung gekommen bin.« Da ihr Mann jetzt in Afrika arbeitet, ist sie nämlich gezwungen, dort englisch zu sprechen. Und hier taucht das Problem der zweisprachigen Erziehung wieder auf, nämlich für die nächste Generation: »Meinen Kindern, sie sind viereinhalb und drei Jahre alt, geht es sehr gut. Der zweite Sohn hat zwar erst mit drei Jahren gesprochen, allerdings beherrschte er dann beide Sprachen – Englisch und Schweizerdeutsch – von Anfang an. Er wußte ganz genau, bei welcher Gelegenheit er die eine und bei welcher Gelegenheit er die andere Sprache zu benutzen hatte.«

Sie hat sich eben keine großen Sorgen gemacht, daß er nicht früher anfing zu sprechen. Schließlich hatte sie ihre eigenen Erfahrungen dabei vor Augen. Ihr Sohn hatte Zeit genug, die verschiedenen ›Programme‹ richtig in seinem Kopf zu ordnen. So konnte er dann beide Sprachen, nachdem er sich Zeit dazu gelassen hatte, perfekt. Sie berichtet ihren Kindern ja auch von ihren eigenen Erfahrungen und erkennt an ihnen, daß man durch das Sprechen von zwei verschiedenen Sprachen zwar zwei ›Persönlichkeiten‹ haben kann, aber trotzdem gut damit auskommen kann. Und wenn man mit der einen Sprache dann besser zurechtkommt, heißt das noch lange nicht, daß die andere deswegen völlig verdrängt wird oder in Vergessenheit gerät.

Nun noch ein letzter Brief zu diesem Thema. Geschrieben hat ihn eine zwanzigjährige Marokkanerin. Ihr Vater ist Marokkaner, ihre Mutter Französin. Sie selbst studiert in Frankreich. Sie schreibt: »Meine eigentliche Muttersprache ist Französisch. Aber seltsamerweise habe ich es bisher noch nicht geschafft, arabisch zu sprechen...« Sie hat in bezug auf die arabische

Sprache eine Art von Komplex, wie sie schreibt, nämlich Angst davor, sie zu sprechen. Wenn man so will, ist sie hinsichtlich der Sprache ihres Vaters total blockiert. Als sie noch in Marokko lebte, ist sie niemals auf eine arabische Schule gegangen, sondern hat ihre ganze Schulzeit auf einer französischen Schule verbracht, wo sie nur französisch sprach. Sie war aber unter ihren Schulkameraden von Anfang an die einzige, die überhaupt kein Arabisch konnte. »Ich habe mich so gefühlt, als wäre ich anders als die anderen. Die Unkenntnis der arabischen Sprache empfand ich fast als Krankheit, für die man sich schämen mußte. Wenn man mich auf arabisch ansprach, fühlte ich mich gedemütigt, weil ich ja verstand, was man mir sagte, aber selbst keinen Ton herausbringen konnte. Wenn ich etwas sagen wollte, war ich wie blockiert.« Diese Sprachhemmung hat sie bis heute noch. So hat sie Angst, die arabischen Wörter schlecht auszusprechen oder falsch zu betonen. Ihre Sprachunfähigkeit in bezug auf die arabische Sprache hat auch eine gewisse Entfremdung zu ihren Eltern mit sich gebracht, unter der sie sehr leidet. Sie möchte, daß Sie ihr vielleicht die Ursache dafür erklären. Und wie könnte sie diese Sprachhemmung überwinden?

Erklären, erklären ... Sie sollte es vor allem selbst herausbekommen. Denn das Problem scheint sie tatsächlich stark zu belasten und zu ängstigen.

Ja, schon. Sie schreibt auch an anderer Stelle: »Ich bin unfähig, mit meinen Eltern oder Verwandten zu sprechen.« Aber vor allem mit ihrem Vater stellt sich dieses Problem: »Ich empfinde fast eine körperliche Unfähigkeit, mit ihm auch nur ein arabisches Wort zu sprechen. Ich habe eine fürchterliche Angst davor, ihn zu enttäuschen.«

Es ist schwierig, auf die Fragen dieses jungen Mädchens einzugehen, weil uns fast sämtliche Kenntnisse über die Familie dieses Vaters fehlen. Sie erzählt nur von dem Vater selbst. Es kommt mir so vor, als wollte sie in ihrer frühen Kindheit mit ihrem Vater gar nicht sprechen und nur die Tochter ihrer Mutter sein und deren Sprache sprechen. Aber der Vater muß ja auch den Wunsch gehabt haben, daß sie die französische Sprache und Kultur pflegt, sonst hätte er sie nicht in eine französische Schule geschickt.

Sie schreibt, daß es damals eine Art Mode oder eine Art von Snobismus war, seine Kinder in eine französischsprachige Schule zu schicken.

Vielleicht. Aber die anderen Kinder konnten dort ja auch alle die arabische Sprache.

Natürlich.

Aber sie nicht – vielleicht deshalb, weil sie irgend jemanden aus der Familie des Vaters, die Großmutter oder Tante – nicht leiden konnte. Ich denke, daß es bei der ganzen Angelegenheit um ein Identitätsproblem des Mädchens geht. Sie konnte nicht die Tochter ihres Vaters sein, weil sie sich nicht im klaren darüber war, ob ihre Beziehung zu ihm ›unschuldig‹ bliebe, wenn sie mit ihm seine Sprache sprechen würde. Das Arabische wäre ein Teil von ihr geworden, in dem für die Mutter kein Platz mehr ist. So wäre sie auf einem Gebiet Teil ihres Vaters geworden. Irgend etwas in dieser Richtung wird sich wohl in einer sehr frühen Phase ihrer Sexualität abgespielt haben – in der präödipalen Phase, wenn die Mädchen sich eine sexuelle Beziehung zum Vater wünschen, aber gezwungen sind, mit ihm nur sprachlich zu kommunizieren.
Vielleicht würde es ihr weiterhelfen, zu marokkanischen Kommilitonen Kontakt aufzunehmen. Sie könnte einer von ihnen ihre Probleme anvertrauen. Wenn sie lernt, mit einer Freundin arabisch zu sprechen, würde es sie darauf vorbereiten, auch mit männlichen Freunden diese Sprache zu benutzen. So könnte sie sich allmählich von der Unmöglichkeit, arabisch mit ihrem Vater zu sprechen, lösen. Dieses Mädchen war zudem – dem Brief nach zu urteilen – ein Einzelkind und hatte keine Brüder. So konnte sie den Kontakt zu ihrem Vater niemals über eine dritte Person herstellen, mit der sie bereits arabisch sprach. Aber wenn sie es jetzt auf diese Weise lernt, kann sie vielleicht auch mit ihrem Vater arabisch sprechen und ihre Ängste

überwinden. Hinter diesem Bericht verbirgt sich meines Erachtens das Schicksal eines Einzelkindes, dem eine große Familie gefehlt hat, in der auch arabisch gesprochen wurde, Großmutter, Onkel oder Tanten väterlicherseits, Kusinen usw., die für sie auch in sprachlicher Hinsicht ein Vorbild abgegeben und ihr beigebracht hätten, mit ihren Eltern arabisch zu sprechen.

Zum Schluß sollte man wohl ergänzen, daß die meisten Briefe, die wir zu diesem Thema bekommen haben, über positive Resultate bei der zweisprachigen Erziehung berichteten. Manche Eltern schreiben auch: »Wenn man den Eindruck hat, daß ein Kind beim gleichzeitigen Erlernen von zwei Sprachen Schwierigkeiten bekommt, sollte man vor ihm kein großes Problem daraus machen.« Auf diese Weise bekäme man die schwierige Situation besser in den Griff.

Unbedingt. Man sollte weder vor dem Kind noch hinter seinem Rücken ein großes Problem daraus machen, sondern zeigen, daß man ihm unbedingt vertraut. Aus den meisten Berichten geht hervor, daß es ab und zu in der Sprachentwicklung des Kindes zu kleineren Verzögerungen kommt, die aber vom Kind später rasch wieder aufgeholt werden. Man muß eben die Schwierigkeiten, die ein Kind im Rahmen einer zweisprachigen Erziehung bekommen kann, respektieren, ohne ein großes Problem daraus zu machen, über das sich die ganze Familie den Kopf zerbricht. Das scheint mir das Wichtigste zu sein.

66

Der Vater ist kein Baby mehr

(Kommunikationsschwierigkeiten von Vätern)

Wenn man sich die Briefe von Müttern, darunter auch solche, die kinderreiche Familien betreffen, anschaut, so fällt auf, daß eigentlich recht selten vom Vater die Rede ist.

Ja, so daß man manchmal meinen könnte, daß es ihn gar nicht gibt ...

In diesem Fall haben wir aber einmal einen Brief, in dem sich ein Vater darüber Gedanken macht, was er ›Kommunikationsschwierigkeiten‹ nennt. Er hat den Eindruck, daß die Väter häufig aufgrund ihrer Arbeitssituation keinen so leichten Zugang zu ihren Kindern finden wie die Mutter. Er schreibt dazu folgendes: »Meiner Ansicht nach kann ein Vater seinen Kindern seine Zuneigung eher durch körperlichen Kontakt zeigen als durch viele Worte.« Und dann fährt er fort: »Ich habe einen siebeneinhalbjährigen Sohn und eine sechsjährige Tochter, die jedoch meine zärtlichen Gesten oder Liebkosungen ablehnen. Manchmal fangen sie auch an, dabei zu lachen oder sich lustig über mich zu machen. Neulich, als wir sie zur Schule begleiteten und sie von ihrer Mutter zärtlich umarmt wurden, habe ich so getan, als würde ich eifersüchtig sein. Daraufhin hat mein Sohn gesagt: »Du hast kein Recht, geküßt zu werden, weil du mich auch nicht geboren hast.« Ich denke, daß dieser Vorgang für den Vater ein großes Problem darstellt.

Die Thematik ist auf jeden Fall sehr interessant und ich glaube, daß sie viele Väter betrifft. Aber dieser Mann hat eigentlich selbst die Bedingungen für das geschaffen, worunter er jetzt leidet. Die Liebe der Kinder zum Vater kommt eigentlich nie dadurch zustande, daß er sie ständig umarmt oder küßt.

Natürlich können solche Zärtlichkeiten bestehen, wenn das Kind als Baby noch sehr klein ist, dagegen ist nichts einzuwenden. Aber so früh wie möglich sollten sie durch etwas anderes ersetzt werden bzw. sich auf ein Minimum beschränken. Eigentlich ist der Vater gerade derjenige, der seinem Sohn oder seiner Tochter die Hand auf die Schultern legt und sagt: »Mein Sohn« oder »Meine Tochter«, der sie auf den Schoß setzt, Lieder singt, Bilder aus Büchern oder Zeitschriften kommentiert, dabei Geschichten aus seinem Leben erzählt oder den Kindern alles Mögliche erklärt. So auch die Gründe für seine häufige Abwesenheit bzw. warum er manchmal so und manchmal so handelt. Da er oft außer Haus ist, könnte das Kind wohl meinen, daß er die Welt besser kennt als die Mutter, die ihrerseits wieder vor allem die Dinge zu Hause kennt. Ich finde, daß sich dieser Mann seinen Kindern gegenüber wie ein Baby aufführt, das nur Küsse und Umarmungen haben will. Irgendwann zählt er im Leben der Kinder dann gar nichts mehr ...

In bezug auf die Verantwortung des Vaters bei der Geburt sollte die Mutter – das habe ich schon oft gesagt – ihren zwei- oder dreijährigen Kindern sagen, daß sie vor ihrer Geburt in ihrem Bauch waren und hinzufügen: »Aber du warst dort nur deshalb, weil es sich dein Vater so gewünscht hat. Du hast als Junge geboren werden wollen – wenn es ein Junge ist – oder als Mädchen – wenn es ein Mädchen ist. Aber gezeugt haben wir dich zu zweit.« Man sollte das richtige Wort hierbei verwenden, nämlich ›gezeugt‹, und nicht ›gemacht‹; denn dieses Wort symbolisiert für die Kinder eher die Funktion, etwas auszuscheiden bzw. mit den Händen etwas zu fabrizieren oder zu handhaben.

Um nun noch einmal auf diesen Mann zurückzukommen: Ich denke, daß er sein Problem noch in den Griff bekommen kann, wenn er den Kindern sagt: »Vielleicht habt ihr gedacht, ich wollte nur immer umarmt und geküßt werden. Das stimmt aber nicht. Ich habe nur gedacht, ihr wäret noch zu klein, um mit mir zu sprechen oder um mich mit euch zu unterhalten. Jetzt soll es aber anders werden! Wenn ihr wollt, werde ich mit euch spazieren gehen. Wir können irgend etwas Interessantes besichtigen, entweder mit euch zweien oder mit einem von euch.« (Schließlich interessieren sich die Jungen und Mädchen nicht immer für die gleichen Dinge.) Ich möchte also hervorheben, daß sich die Väter bei ihren Kindern nicht durch den körperlichen Kontakt, sondern eher dadurch Respekt verschaffen, indem sie mit ihnen sprechen.

Sie erwähnen das Wort ›sprechen‹. An einer anderen Stelle des Briefes lesen wir: »Mein Sohn gibt auf unsere *Fragen oft keine Antwort. So möchte er weder seiner Mutter noch mir sagen, was er eigentlich in der Schule macht. Was meine um ein Jahr jüngere Tochter angeht, so rebelliert sie regelrecht, wenn man sie etwas fragt. Sie geht auf uns los und lehnt sich offensichtlich gegen das auf, was* wir *ihr sagen. Unsere Kinder scheinen für Worte wohl nicht besonders empfänglich zu sein ...«*

Darum geht es nicht. Diese Eltern scheinen selbst untereinander keine Gespräche zu führen, wie es unter Erwachsenen üblich ist, sondern nur in bezug auf ihre Kinder zu leben. Es herrscht in dieser Familie so eine Art ›Kindermädchenatmosphäre‹. Geistig scheinen mir diese Eltern noch ziemlich jung zu sein, da sie ihre Kinder necken, als würden sie Babies sein. Sie lassen sich ja anscheinend auch besonders gern von ihren Kindern küssen und umarmen. Sie sollten am Abend aber über das sprechen, was *sie* interessiert, was sie tagsüber gemacht haben und ihre Kinder bitten, dabei still zu sein. Sie könnten sie auch auffordern, spielen zu gehen. Nur so werden diese Kinder verstehen lernen, daß ihre Eltern als Erwachsene ein eigenes Leben haben, in dem die Kinder nicht immer unentbehrlich sind. Das ist sehr wichtig. In vielen Familien spielt nur das Kind die Hauptrolle und die Erwachsenen sind von ihm abhängig: Erzählt es ihnen nicht von der Schule, sind sie gleich frustriert. Nun können die Kinder zu Hause aber nicht auf Kommando von der Schule oder in der Schule von zu Hause erzählen. Auf der anderen Seite brauchen sie aber ihr eigenes Leben mit ihren Freunden. Auch mit ihren Eltern, die ihnen darüber Sicherheit vermitteln, daß sie ebenfalls gleichaltrige Freunde haben, mit denen sie sprechen können. Sie brauchen Eltern, mit denen sie sich identifizieren können, um groß zu werden, aber keine Eltern, die so sind, wie ihre gleichaltrigen Spielkameraden.

Hier liegt ein ähnliches Problem vor, deshalb sollten wir es in diesem Zusammenhang erwähnen. Diesmal ist es allerdings eine Frau, die Ihnen geschrieben hat. Sie ist seit vier Jahren verheiratet, neunundzwanzig Jahre alt und ihr Kind drei Jahre. Ihr Mann ist einundvierzig Jahre alt. Sie schreibt: »Seit seinem ersten Lebensjahr ist mein Sohn auf meinen Mann eifersüchtig. Dies vergiftet die Atmosphäre zu Hause, besonders dann, wenn wir zu dritt sind. Ich selbst gehöre nun nicht zu denjenigen, die ihre Kinder verwöhnen oder besonders nachgiebig sind. Mit meinem Sohn komme ich alles in allem gut hin, trotzdem wird er von mir streng erzogen. Doch nützt meine Erziehung nicht sehr viel, da sich mein Mann, für den es sehr wichtig war, mit seinen achtunddreißig Jahren noch ein Kind zu bekommen, in seinem Erziehungsstil genau entgegengesetzt verhält. So kritisiert er vor dem Kind, was ich gerade sage oder mache. Das Ergebnis ist, daß mein Sohn jetzt nur noch seinem Vater gehorcht und ihn übrigens beim Vornamen nennt, was ihm meiner Ansicht nach keine besondere Autorität verleiht. Ich möchte, daß Sie mir sagen, wie ich mich diesem Kind gegenüber fortan verhalten soll.« Am Ende ihres Briefes fügt sie dann noch hinzu: »Im übrigen habe ich seit einigen Monaten noch ein Baby als Pflegekind zu Hause, was die Situation nicht gerade einfacher werden läßt.«

In dieser Familie spielt die Mutter die Rolle des ›Aufpassers‹, wobei der Vater eine eher mütterliche Rolle einnimmt. Vor allem scheint er ja auch von dem Baby völlig begeistert zu sein. Schimpft die Mutter mit ihm, ergreift er sofort die Partei des Babys, als würde er selbst in dessen Haut stecken, oder weil er selbst nicht ausgeschimpft werden mag. Ich weiß nicht genau, wie sich diese Situation ändern läßt. Vielleicht könnte die Mutter einmal mit ihrem Kind sprechen: »Hör mal zu, er ist mein Mann und du bist sein Sohn.« Und der Vater sollte etwas ähnliches sagen: »Deine Mutter ist meine Frau und ich möchte, daß du mich in Ruhe läßt, wenn ich mit ihr zusammen bin. Das werde ich auch später gegenüber deiner Frau so tun. Wollen wir diese Verabredung nicht ›unter Männern‹ einmal treffen?«

Es ist wichtig, daß beide Elternteile die Begriffe ›Mann‹ oder ›Frau‹ benutzen, wenn sie mit dem Kind von ihrem Partner sprechen und nicht ›Mutter‹ oder ›Vater‹. Im letzteren Fall sollten sie von ›deinem Vater‹ oder ›deiner Mutter‹, oder von ›deinem Papa‹ oder ›deiner Mama‹ sprechen. (Zum Beispiel: Sag bitte deiner Mutter ... und nicht ›sag bitte Mutter‹.)

In demselben Brief schreibt die Frau auch, daß sie ihren Sohn streng erzieht. Ist das im Fall eines dreijährigen Kindes denn überhaupt angebracht?

Man müßte wissen, was sie darunter versteht.

Vielleicht das Gegenteil von ›laissez faire‹. Wie halten Sie es mit diesem Erziehungsstil, denn danach werden wir auch häufig gefragt.

Ich würde diesen Erziehungsstil nicht als modern bezeichnen wollen. Vielfach besagt er doch nur, daß denjenigen, die ihn pflegen, in ihrem Leben sowieso alles egal ist.

Und worin besteht nun Ihrer Meinung nach der Unterschied zwischen einem solchen Erziehungsstil und dem, was die Mutter eine ›strenge‹ Erziehung nennt?

Das Wichtigste in der Kindererziehung ist doch, dem Kind gegenüber aufgeschlossen zu sein und aufrichtig mit ihm sprechen zu können. Jemand, der sein Kind einfach auslacht, oder das, was es einem Erwachsenen gegenüber sagt, lächerlich macht, also ein Kind in seiner Kommunikation mit einem Erwachsenen hänselt, respektiert weder den Erwachsenen noch das Kind. Derartige ›Erwachsene‹ verhalten sich im Grunde selbst wie Kinder. Und dem Kind wird überhaupt kein Platz mehr gelassen, sich zu entfalten. Wenn sich die Eltern also andauernd in die Haut ihrer Kinder stecken, werden diese keine Vorbilder mehr an ihnen haben. Das beste wäre, wenn solche Eltern ihre Kinder ab und zu außer Haus betreuen ließen. Im konkreten Fall braucht dieses Ehepaar sicherlich Zeit, um sich wieder miteinander zu arrangieren. Momentan sieht es jedenfalls so aus, daß sie abwechselnd den ›ausgeschlossenen‹ oder den ›schuldigen‹ Dritten spielen. Genau das ist ihr Problem.

Spielt eigentlich die Pflege des Babys, das sie bei sich aufgenommen haben, eine Rolle?

Zweifellos. Ihr eigenes Kind fühlt sich hintangesetzt und weiß im übrigen nicht, mit wem es sich eigentlich identifizieren soll (ob mit den Erwachsenen oder mit dem Baby). Dieser Vater, der ganz den Eindruck vermittelt, selbst noch ein Jugendlicher zu sein, möchte nicht streng und entschieden auftreten, um nicht wie eine Frau zu wirken. Anscheinend hat er angesichts des Verhaltens seiner Frau das Gefühl, ein solches Auftreten sei typisch nur für Frauen. Das stellt den Jungen vor große Probleme, er kann den seinem Alter entsprechenden Platz in dieser Familie nicht finden, d. h. findet nicht zu seiner Identität. Im Moment identifiziert er sich jeweils mit derjenigen Person, die in der jeweiligen Situation die vermeintlich stärkere ist. Mal ist es der Vater, wenn er das Verhalten seiner Frau kritisiert, und mal ist es die Mutter, die das Verhalten des Vaters kritisiert.

Sie haben in diesem Zusammenhang einmal erwähnt, daß es für ein Kind nicht gut ist, wenn sich seine Eltern vor ihm widersprechen. Stimmt das?

Ja. Aber in diesem Fall tun sie es andauernd und sie haben es wohl immer getan. Man kann das Rad der Geschichte jetzt nicht einfach zurückdrehen.

Ich meine aber, ob es prinzipiell nicht gut ist, wenn Eltern sich vor ihren Kindern ständig widersprechen.

Nein, es ist nicht gut. Wenn Eltern in bezug auf die Erziehung ihrer Kinder unterschiedlicher Meinung sind, dann sollten sie dies nicht vor dem Kind austragen, sondern später darüber reden. Für das Kind ist es in jedem Fall schwierig, mit Eltern zu leben, die andauernd in Widerspruch zueinander stehen. In dem vorliegenden Fall können beide Eltern sich nicht entscheiden, auf wen das Kind nun eigentlich hören soll. Nun sollte ein Kind aber vor allem auf sich selbst hören, d. h. nützliche und solche Dinge tun, die ihm Spaß machen. Ich vermute, daß sich dieses Kind im Grund langweilt, weil es nichts Interessantes zu tun weiß. Außerdem wird es durch die Atmosphäre verunsichert, die seine Eltern zu Hause verbreiten. Ich möchte auch noch einmal betonen, daß es für die psychische Entwicklung von Kindern gefährlich ist, wenn sie ihre Eltern ausschließlich beim Vornamen nennen bzw. irgendwelche Spitznamen für ihre Eltern verwenden: das hieße die Blutsverwandtschaft und die Besonderheit der Beziehung zwischen Eltern und Kindern leugnen zu wollen.

67

Seine Enkelkinder verhätscheln heißt nicht, sie wirklich zu lieben

(Kinder und Großeltern)

Den folgenden Brief hat ein sechsundzwanzigjähriger Vater geschrieben. Seine Frau ist achtundzwanzig Jahre alt und sie haben zwei Töchter im Alter von drei Jahren und zweieinhalb Monaten. Die Töchter haben noch ihre beiden Großeltern und sogar noch zwei Urgroßmütter. Das Problem, auf das der Vater in seinem Brief hinweist, hat insbesondere mit der Großmutter und Urgroßmutter väterlicherseits zu tun. Er meint, daß diese seiner ältesten Tochter viel zu viel Aufmerksamkeit widmen. So läßt sich die Großmutter, die sich ihr ganzes Leben lang selbst eine Tochter gewünscht hat, von seiner Ältesten förmlich ›um den Finger wickeln‹, wobei noch hinzukommt, daß sie das kleine Mädchen nachts gern mit zu sich ins Bett nimmt. Die Urgroßmutter, die früher kein besonders mütterliches Verhältnis zu ihren Kindern gehabt hat, möchte dagegen immer bei der Kleinen schlafen oder mit ihr auf die Toilette gehen; auch erzählt sie ihr gern grausame Geschichten ... Der Vater führt das Verhalten der Großmütter im übrigen auf ungelöste sexuelle Konflikte bei beiden zurück.

Was sicher stimmt ...

Die Eltern sind aber auf die Bedürfnisse der Großmütter nicht länger eingegangen, auch wenn der Druck, den sie diesbezüglich auf sie ausüben, noch stärker wurde, als die zweite Tochter zur Welt kam. Die beiden Frauen hätten sich zu dieser Zeit ständig in den Haaren gelegen und versucht, jeweils der anderen das Glück streitig zu machen, das ältere Mädchen jetzt endlich einmal für längere Zeit bei sich haben zu dürfen. Die Eltern haben sich aber geweigert, es weder der einen noch der anderen zu überlassen.

Das war richtig.

Der Vater möchte nun Ihren Rat einholen, weil seine ältere Tochter allmählich Spaß an diesem innigen Verhältnis zur Großmutter hat. Sie sehnt sich öfter nach der Großmutter oder der Urgroßmutter und möchte gerne bei ihnen schlafen. Und die beiden alten Frauen beklagen sich, daß es die Mutter nicht erlaubt.

Von vornherein möchte ich feststellen, daß es überhaupt nicht in Frage kommen soll, daß Kinder mit ihren Großeltern zusammen in einem Bett schlafen. Zu einer Großmutter oder Urgroßmutter, die so etwas tut, sollte man sein Kind nicht mehr hinschicken. Der Vater sollte seinem Kind klarmachen, daß *er* es ihm verbietet, weiter zu den Großmüttern zu gehen, denn dem Brief nach zu urteilen behaupten diese dem Kind gegenüber, daß es die Mutter sei, die ihm verbieten würde, mit ihnen ins Bett zu gehen oder dagegen wäre, daß sie es ›abknutschen‹ oder sich ihm sexuell annähern . . . Diese Frauen verhalten sich wie Babies! Offensichtlich kennen sie keine Grenzen ihres Tuns. Vielleicht denken sie an ihre eigene Kindheit und daran, daß ihre Mutter es mit ihnen nicht so gemacht hat. Wie dem auch sei, der Vater muß auf den Wunsch seiner Tochter, bei einer von den Großmüttern übernachten zu wollen, antworten: »Ich möchte nicht, daß du bei der Oma schläfst, weil sie mit dir tut, wovon du mir erzählt hast und mit dir spielt, als wärest du eine Puppe und sie selbst das dreijährige Kind.« Der Vater müßte die Verantwortung für dieses Verbot auf sich nehmen. Und wenn das Mädchen eines Tages seinen Großmüttern erzählt, was der Vater gesagt hat und sie daraufhin ihrem Sohn bzw. Enkel Vorwürfe machen, wird der Vater zu seiner Meinung stehen und ganz einfach sagen: »Es stimmt, ihr verhaltet euch wie Babies. Mit eurem Verhalten schadet ihr dem Kind. Mit Liebe zu diesem Kind hat es im übrigen nichts zu tun.« Seiner Tochter zuliebe muß er so handeln. Dem Brief nach zu urteilen, hat er ansonsten nichts gegen die Großeltern des Kindes. Er ist nur angesichts dieser perversen Spielereien, die sie mit seinem Kind betreiben, bestürzt.

Weiter schreibt er: »Jede Kleinigkeit nehmen sie zum Anlaß, das Kind emotional zu erpressen. Das heißt sie begleiten fast jede Reaktion des Kindes mit Sätzen wie »Du liebst deine Oma ja gar nicht mehr«, »Du liebst aber deine Oma!«, »Ich liebe dich nicht mehr« oder »Wen magst du lieber?« usw.... Ich glaube, daß dieses Verhalten Kindern gegenüber sehr verbreitet ist, vielleicht nicht in dieser extremen Form ...

Ja, aber es ist pervers, Kinder auf diese Weise erziehen zu wollen. Nach dem Motto: »Wenn du das tust, dann liebe ich dich nicht mehr!« Wenn sich die Liebe zu einem Kind auf diese abscheuliche Art und Weise äußert, ist es für ein Kind fast besser, überhaupt nicht geliebt zu werden. Diesem Kind kann man ruhig sagen: »Du kannst wirklich froh sein, wenn dich deine Großmutter nicht mehr liebt. Denn liebt sie dich, haßt sie dich eigentlich, sie will dich nur wie ein Baby behandeln, anstatt dir zu helfen, ein großes Mädchen zu werden.«

Nun zur letzten Frage des Briefes: da sie bald umziehen, brauchen sie jemanden, bei dem das Kind ein paar Tage bleiben kann. Die Tochter weiß davon und will jetzt unbedingt zu ihrer Großmutter bzw. Urgroßmutter gehen. Es ist für sie sozusagen ›die‹ Gelegenheit.

Sie sollten das Mädchen lieber zu einer Tagesmutter geben, die vielleicht noch zwei oder drei andere Kinder betreut und eben Geld dafür ausgeben, wenn sich sonst keine andere Möglichkeit findet. Auf keinen Fall aber sollten sie das Mädchen zu seinen Großeltern schicken.

Er soll sich also an das halten, was er sich vorgenommen hat.

Unbedingt. Man muß bei einem dreijährigen Kind, das schon sehr empfänglich für solches Tun seiner Großmutter ist, sehr auf der Hut sein. Später wird es seinen Eltern dafür dankbar sein.
Aber Gott sei Dank sind nicht alle Großeltern so. Viele bringen ihren Enkelkindern Lieder bei, zeigen ihnen intelligente Spiele und erzählen ihnen schöne Geschichten. Sie sind

den Kindern gegenüber zurückhaltend und bringen ihnen Achtung vor ihrem eigenen Körper bei. Dieser Brief beschreibt einen schlimmen Vorgang, der zeigt, wie schnell Kinder durch Erwachsene verdorben werden können.

(Einige Wochen später)

Der Brief des jungen Vaters und Ihre Antwort haben bei einigen Großmüttern heftige Reaktion bzw. Proteste hervorgerufen. Ich möchte dazu aus dem Brief einer Großmutter zitieren, der die übrigen Schreiben recht gut zusammenfaßt. Aber zuerst lassen Sie mich vielleicht noch einmal klarstellen, daß Sie prinzipiell nichts gegen Großmütter haben ...

Überhaupt nicht. Im Gegenteil habe ich in Zeitschriften, die sich hauptsächlich an ältere Menschen richten, geschrieben, wie wichtig für die kleineren Kinder der Umgang mit den Großeltern ist.

Die Großmutter, von der ich sprach, schreibt also folgendes: »Es kommt tatsächlich vor, daß meine Enkelkinder, um mir einen ›Guten Morgen‹ zu wünschen, in mein Bett schlüpfen, ein Lied oder eine Geschichte verlangen oder auf meinen Schoß klettern, um mir ein Küßchen zu geben, ›sich von mir abknutschen lassen‹, wie Sie sich ausdrücken. Ich möchte Ihnen versichern, daß ich mir dabei absolut nicht wie eine perverse Großmutter vorkomme. Haben Sie eigentlich Ihre Großeltern gekannt? Meine schönsten Kindheitserinnerungen verdanke ich der Zärtlichkeit und Güte einer Oma, bei der ich immer Zuflucht fand, wenn meine Mutter, die früh verwitwet war, arbeiten mußte oder mit etwas anderem beschäftigt war. Ich bin davon überzeugt, daß sich viele Großmütter ihren Enkeln gegenüber ebenso verhalten wie ich und Sie sie mit Ihren Äußerungen verletzt haben; wenn sie auch ihre Enkelkinder verhätscheln, dann bestimmt nicht mit den Hintergedanken, die Sie ihnen dabei unterstellen.«

Ich muß trotzdem etwas dagegenhalten: Seine Enkelkinder zu verhätscheln bedeutet nicht, daß man sie für das, was sie sind, wirklich liebt.

Ich selbst habe tatsächlich nicht nur meine beiden Großmütter, sondern auch meine Urgroßmütter gekannt. Und ich kann mich daran erinnern, daß wir – wir waren ja eine kinderreiche Familie – bei diesen Großmüttern sehr viele Gesellschaftsspiele gelernt haben, daß sie nie müde waren, mit jedem einzelnen von uns zu spielen, uns Lieder vorzusingen, indem sie sich dabei auf dem Klavier begleiteten, damit auch wir sie lernten und dann unseren Eltern vorsingen konnten. Sie zeigten uns Bilder aus früheren Zeiten und erzählten uns, wie es damals war, als sie kleine Mädchen waren. Die Großmutter, die 1860 geheiratet hatte, hat uns über ihre Hochzeit erzählt. Das war alles sehr spannend. Natürlich hat es bei ihnen auch einmal Süßigkeiten gegeben oder sie haben uns kleine Spielzeuge geschenkt. Aber hauptsächlich haben sie uns viele Beschäftigungen angeboten und in diesem Sinne wurden wir nie verhätschelt. Und dafür bin ich ihnen heute auch sehr dankbar. Es war viel besser, daß sie uns viele Geschichten über die Familie erzählt haben, uns das Leben von früher schilderten, wie der Alltag damals war oder wie man sich in dieser Zeit kleidete. Sie haben uns auch erklärt, wie sich mit der Zeit der Wert des Geldes gewandelt hat, aber vor allem haben sie uns viele spannende Bücher vorgelesen ...

Ich möchte noch einmal klarstellen: Wichtig für die Kommunikation zwischen Großeltern und Enkelkindern ist nicht, die Kinder zu verhätscheln oder die kleinen Mädchen mit zu sich ins Bett zu nehmen. Wenn die Kinder es verlangen, kann man ihnen erklären: »Kommt, wir machen lieber noch ein Spiel zusammen.« Denn die Kindererziehung besteht nicht darin, die Kinder zu streicheln und zu verhätscheln wie ein Baby oder einen Teddybären, sondern ihnen interessante Tätigkeiten beizubringen, sie dabei zu unterstützen, etwas zu Ende zu bringen, womit sie gerade angefangen haben. Ein Kind zu erziehen bedeutet eben nicht, es verführen oder sich seine Liebe erkaufen zu wollen, sondern es in das praktische Leben einzuführen, seine Intelligenz zu fördern und auszubilden, die Geheimnisse, die es einem mitteilt, für sich zu behalten – kurz, sich für das Kind Zeit zu nehmen und sich ihm von ganzem Herzen zu widmen. Und wer hätte dafür mehr Geduld als die Großeltern? Ich bin also überhaupt nicht gegen Großmütter, Urgroßmütter oder Großväter eingestellt.

Ich möchte zwar kein Öl ins Feuer gießen, aber da wir gerade bei dem Thema der Beziehung zwischen Kindern und Großeltern sind, will ich noch den Brief einer Mutter erwähnen, die Ihnen folgendes schreibt: »Ich weiß nicht, wie ich meiner Mutter erklären soll, daß ich nicht will, daß sie meine Kinder während der Ferien mit zu sich nach Hause nimmt. Vielleicht können Sie mir helfen.« Die Frau hat einen elfjährigen Sohn und zwei Töchter, die zehn und fünf Jahre alt sind. Jedesmal, wenn die Kinder Ferien haben, wird sie aufs Neue mit diesem Problem konfrontiert: »Meine Mutter möchte die Kinder in den Ferien immer bei sich haben. Seit sie verwitwet ist, lebt sie in einer kleinen Zweizimmerwohnung, die zwar bequem, aber doch zu klein ist, um gleichzeitig Kinder und Enkelkinder zu empfangen. Wenn wir mit der ganzen Familie bei ihr zu Besuch sind, schlafen mein Mann und ich im Wohnzimmer und die Kinder schlafen bei der Großmutter im Schlafzimmer. Seit einigen Jahren verfahren wir auf diese Weise und haben uns auch nicht gegen die bequemere Lösung versperren können, ein Kind aufgrund des Platzmangels im Bett seiner Großmutter schlafen zu lassen.« Die Kleine schläft also seit einiger Zeit während ihres Besuches im Bett der Großmutter: »Beide sind wie ein Herz und eine Seele. Schon beim Aufwachen denkt das Mädchen an nichts anderes, als mit der Großmutter spielen zu wollen. Diese macht ihre Spielereien auch mit. Sie sagen sich so Sprüche wie »Guten Tag, gnädige Frau, wie geht es Ihrem Kind?« usw. Sie schließen sich auch beide im Zimmer ein, um miteinander zu spielen, wenn wir da sind. Ich möchte aber auch hervorheben, daß meine Mutter uns gegenüber sehr entgegenkommend ist. So besucht sie uns einige Male im Jahr, damit wir ohne die Kinder verreisen können. Wir sind – bis auf einige Unannehmlichkeiten, die ihr Aufenthalt bei uns mit sich bringt – für ihre Hilfe schon dankbar. Aber sie kann den Kindern nie ›Nein‹ sagen, kann ihnen nie widersprechen, denn sie will, daß sie mit ihr immer einer

Meinung sein können. So kommt es, daß sie jeden Abend fernsehen dürfen, egal, was es gerade gibt. Die Mahlzeiten bestehen praktisch nur aus Nachspeisen. Sie fühlt sich mit ihren Enkelkindern eben sehr glücklich und möchte sie ab und zu auch einmal ohne uns bei sich zu Hause haben.«
Die Mutter schreibt an anderer Stelle, daß die Großeltern vor einigen Jahren zusätzlich zu ihren Kindern auch noch deren Kusinen eingeladen hatten – sie waren sechzehn, dreizehn, zwölf und neun Jahre –, so daß ihr Sohn unter den ganzen Mädchen der einzige Junge gewesen war. Seit einigen Jahren hat sie zumindestens für ihren Sohn diese Ferien bei der Großmutter abgeschafft, was ihm im übrigen sehr gut bekommen sein soll. Wie soll man nun dieser Großmutter beibringen, daß die Kinder ihre Ferien nicht länger bei ihr verbringen sollen? Es ist ja nicht einfach, diesen Wunsch zu begründen.

Das stimmt. Aber warum können sie nicht für das fünfjährige Mädchen ein Klappbett oder einen Schlafsack mitbringen, um zu vermeiden, daß die Kleine im Bett der Großmutter schläft? Es dürfte doch kein Problem sein, ein schmales, zusammenklappbares Bett bei der Großmutter zu lassen; es nimmt nicht viel Platz weg und man könnte es z.B. unter das Bett der Großmutter schieben. Ähnlich wie in dem Fall, auf den ich vorhin eingegangen bin, ist auch dieses Kind mit dem Vorbild einer älteren Frau konfrontiert, die sich selbst wie ein fünfjähriges Kind verhält. Dieses Verhalten steht völlig im Gegensatz zu dem, was ich allgemein in bezug auf Großmütter gesagt habe, die den Kindern viele Dinge beibringen und sie in ihrer psychischen und sozialen Entwicklung unterstützen. Es liegt auch klar auf der Hand, daß das Fernsehen den Kindern schadet, wenn sie sich buchstäblich alle Programme ansehen dürfen. Ich habe das Gefühl, daß ein Besuch bei der Großmutter für diese Kinder ein richtiges Fest darstellt, allein schon, was die Nachspeise betrifft ... Aber dies ist nur ein Detail und nicht so schlimm. Vor allem die Schlafgewohnheiten der Kinder bei dieser Großmutter sind schädlich für sie.
In bezug auf die Ferien möchte ich der Mutter folgendes sagen: sie hatte recht, daß es für ihren Sohn nicht günstig war, der einzige Junge in dieser Schar von Mädchen gewesen zu sein.

Ebenso ungünstig ist es im übrigen, in dieser kleinen Wohnung sechzehnjährige Jugendliche und fünfjährige Kinder zusammenwohnen zu lassen.
Ich sehe schon ein, daß es für eine Mutter schwierig ist, ihre Kinder nicht mehr zur Großmutter zu schicken, die ihr so behilflich ist. Aber ich habe das Gefühl, daß diese Frau, seitdem sie Witwe geworden ist, sehr stark regrediert. Vielleicht könnte ihre Tochter dafür sorgen, daß sie Kontakte zu gleichaltrigen Frauen bekommt oder sich überhaupt einmal mit anderen Erwachsenen trifft, damit sie geistig wach und am gesellschaftlichen Leben beteiligt bleibt. Sonst besteht die Gefahr, daß sie wirklich zu einer ›Fünfjährigen‹ wird und sich nicht mehr mit solchen Dingen beschäftigt, die ihrem wirklichen Alter entsprechen.

Wie soll man aber einem Kind klarmachen, daß es von heute auf morgen nicht mehr im Bett der Großmutter schlafen soll, wo es dies doch solange gewöhnt war? Das wird doch bestimmt schiefgehen.

Nun, das Kind wird wohl keine Lust haben, bis zu seinem fünfundzwanzigsten Lebensjahr im Bett der Großmutter zu schlafen ... Man kann dem Mädchen doch ganz einfach erklären: »Hör zu, dafür bist du jetzt aber wirklich zu groß. Du bist doch nicht der Mann deiner Großmutter. Ich möchte also nicht, daß du in ihrem Bett schläfst ...«
Aber ich möchte noch einmal auf die Großmutter selbst zurückkommen, denn das eigentliche Problem scheint mir in diesem Fall bei ihr zu liegen. Sie ist dabei, sich psychisch und sozial zurückzuentwickeln. Sie beteiligt sich nicht mehr am gesellschaftlichen Leben. Ich glaube, daß sie sich langweilt. Dabei gibt es heute doch viele interessante Tätigkeiten für ältere Menschen. Vielleicht könnte die Dame, die sich an uns gewendet hat, einen Freund oder eine Freundin ihrer Mutter darum bitten, sich mehr um sie zu kümmern. Möglicherweise hat diese alte Frau früher kein für sie befriedigendes Leben gehabt. Vielleicht lebte sie im Schatten eines Mannes, bei dem sie kein eigenes, einer erwachsenen Frau entsprechendes Leben führen durfte. Als sie dann durch den Tod ihres Mannes

einer wichtigen Stütze, sich in der Wirklichkeit zurechtzufinden, beraubt wurde, konnte sie allein mit sich und ihrem Leben nichts mehr anfangen. Viele ältere Leute haben heute bis zu einem Alter von siebzig oder fünfundsiebzig Jahren ein erfülltes Leben, weil sie Kontakte zu Gleichaltrigen haben, sich intellektuell entfalten können, verschiedenen Freizeitaktivitäten nachgehen, sich nachmittags mit Freunden treffen, irgend etwas zusammen arbeiten oder basteln oder sich in gemeinnützigen Aktivitäten engagieren. All dies fehlt dieser Großmutter, sie lebt nicht wie ein älterer Bürger, der Kontakt zu Gleichaltrigen hat und am gesellschaftlichen Leben beteiligt ist. Ihre Tochter könnte vielleicht in dieser Hinsicht mehr für sie tun als sie nur von ihren Enkelkindern fernzuhalten.

68

Jede Arbeit ist ihres Lohnes wert

(Großeltern und Eltern)

Vielfach passen die Großeltern auf ihre Enkelkinder auch deswegen auf, weil man sie nicht dafür bezahlen muß ...

Ja. Und häufig resultieren daraus Konflikte zwischen den Eltern der Kinder und Großeltern.

Die Großmutter, die Ihnen geschrieben hat, versorgt ihren dreizehnjährigen Enkel von Geburt an. Zu der Mutter des Kindes steht sie allerdings in einem eigenartigen Konkurrenzverhältnis: »Im Grunde wünscht meine Tochter gar nicht, daß ihr Sohn mich lieb hat. Sie ist zwar sehr froh, daß ich auf ihn aufpasse, aber ich habe den Eindruck, daß sie ihn gegen mich aufbringt.« Ich habe festgestellt, daß letzteres Wort häufig genannt wird, wenn es um Konflikte zwischen Großeltern und Eltern geht.

Daß Eltern ihre Kinder gegen die Großeltern aufbringen, kommt sicherlich häufiger vor ...

Die Beziehung zwischen der Mutter und Großmutter hat im übrigen allmählich verheerende Folgen für das Kind. Es ist, wie die Großmutter schreibt, »böse, aggressiv und widerspenstig geworden«. Auch kommt es in der Schule nicht richtig mit, nach Meinung der Großmutter nur deswegen, weil es von seinen Eltern nicht richtig verstanden wird. Man wird aus ihrem Brief nicht so recht schlau, aber es scheint in dieser Familie dem Kind gegenüber eine gespannte Atmosphäre zu herrschen, die das ganze Leben der daran Beteiligten allmählich zu vergiften droht, wenn kein Weg gefunden wird, wie man sich einmal gegenseitig näherkommen kann.

Vielleicht ... Aber mit dreizehn Jahren braucht man ein Kind doch nicht mehr von der Großmutter hüten zu lassen. Insofern finde ich es seltsam, daß man es noch immer bei der Großmutter unterbringt, obwohl es von seinem Alter her schon selbst Babysitter sein könnte. Ich frage mich, ob die ganzen Schwierigkeiten nicht daraus resultieren, daß der Junge Spaß daran gefunden hat, zwischen den beiden Frauen Zwietracht zu säen. Es macht ihm anscheinend Spaß, die ›Puppen tanzen zu lassen‹. Ich glaube, daß er genau weiß, daß seine beiden ›Lieben‹ kein gutes Verhältnis zueinander haben und daß er seine Freude daran hat, sie gegeneinander aufzubringen – nach dem Motto ›teile und herrsche‹ ... Mir scheint, daß es höchste Zeit ist, daß dieser Junge nicht mehr ständig bei der Großmutter und auch nicht mehr ständig bei seiner Mutter ist. Ich würde auch gern wissen, wie der Vater eigentlich dazu kommt, seinen Sohn ständig der Schwiegermutter zu überlassen.

In dem Brief wird er jedenfalls nicht erwähnt.

Hatte der Vater vielleicht auch mit dreizehn Jahren einen Babysitter, der ständig auf ihn aufgepaßt und ihn bei allem, was er tat, kontrolliert hat? Oder blieb er, wie viele Kinder, nach der Schule in einem Schülerhort, um später nach Hause zu kommen und für seine Eltern das Essen vorzubereiten? Dieser Junge wird jedenfalls wie ein kleines Kind behandelt ... Daß er kein guter Schüler ist, ist nicht so wichtig. Man kann in der Schule schlecht sein und trotzdem sein tägliches Leben so gut meistern, daß man später seinen Lebensunterhalt verdienen kann.
Überhaupt denke ich, daß viele Eltern unter dem Vorwand, sich um ihre Kinder besonders intensiv zu kümmern, dafür sorgen, daß ein zu starkes Abhängigkeitsverhältnis zwischen Eltern und Kind bestehen bleibt. Und um sich gegen ein solches, übertriebenes Abhängigkeitsverhältnis zur Wehr zu setzen, verbleiben dem Kind meistens nur zwei Möglichkeiten: Entweder es wird aggressiv und ergreift die Flucht oder es erträgt einfach seine Abhängigkeit von den Erwachsenen. Im letzten Fall wird es dann entweder völlig apathisch oder braust bei jeder kleinsten Gelegenheit auf und hat sich dann nicht

mehr in seiner Gewalt. Und irgendwann ergreift es dann doch noch die Flucht ...

Aber es trifft doch auch auf jüngere Kinder zu, daß sie für Spannungen zwischen den Großeltern und Eltern sorgen.

Zum Teil ist es darauf zurückzuführen, daß die Eltern Schwierigkeiten haben, den Großmüttern, die ihnen ja einen Gefallen tun, indem sie die Kinder zu sich nehmen, ihre Dankbarkeit zu erweisen. Denn ohne diese Hilfe wären die Eltern ja gezwungen, für einen Babysitter Geld auszugeben. Selten gelingt es jungen Eltern, eine Großmutter, die für ihre Hilfe kein Geld haben will, davon zu überzeugen, von ihnen bezahlt zu werden. Aber sie könnten doch z.B. das Geld, das sie für den Babysitter sparen oder wenigstens einen Teil davon, auf das Sparkonto der Großmutter oder ein Konto, das sie nur zu diesem Zweck einrichten, einzahlen. Denn auf ein Kind aufzupassen, stellt eine richtige Arbeit dar, die ihres Lohnes wert ist, auch wenn sie mit dem emotionalen Engagement einer Großmutter verrichtet wird. Wenn die Kinder später die Betreuung durch die Großmutter nicht mehr brauchen, könnten ihr die Eltern mitteilen: »Ein Babysitter hätte uns soundsoviel Geld gekostet. Da wir diesen Preis nicht zu bezahlen brauchten, haben wir die Hälfte davon für dich gespart. Dieses Geld gehört jetzt dir.« Und wenn das Kind acht Jahre lang bei der Großmutter gewesen ist, kommt eine ganz schöne Summe zusammen, die sie jetzt annehmen kann, obwohl sie zu der Zeit, als das Kind noch klein war, kein Geld für ihre Arbeit entgegennehmen wollte. Damals sagte sie vielleicht: »Das kommt überhaupt nicht in Frage, denn ich möchte euch nur helfen.« Und jetzt hilft man ihr mit dem Geld, das man für sie gespart hat. Ich finde diese Art, sich nachträglich für das zu bedanken, was die Großmutter für einen getan hat, viel besser als ihr von Zeit zu Zeit etwas dafür zu schenken. Denn das erworbene Geld bedeutet für die Großmutter nun ein Stück zusätzlicher Freiheit. Wenn das Kind also das Alter erreicht hat, in dem es nicht länger betreut zu werden braucht, bekommt die Großmutter dafür ein kleines Guthaben, das eine greifbare Anerkennung für die Monate und Jahre darstellt, die sie dem Kind geopfert hat. Ich glaube, daß daran die wenigsten Eltern denken. Und wenn die Eltern nicht so viel Geld haben, dann reicht auch eine kleine Summe. Was passiert aber, wenn man nicht so verfährt, wie ich vorschlage? Es läuft doch darauf hinaus, daß die Eltern jedesmal, wenn die Großmutter andeutet, sie wäre zu müde, um die Kinder weiterhin betreuen zu können, sich nicht mehr zu helfen wissen und ängstlich werden. In einem solchen Fall wird immer der Schwächere der Leidtragende sein; und wenn man eine Arbeit nicht bezahlt, gerät man zwangsläufig demjenigen gegenüber, der einem einen Gefallen getan hat, in die schwächere Position. Häufig ist dies die Ursache für manche Konflikte der beschriebenen Art. Und jedes Kind leidet unter einem Konflikt, den es selbst auszulösen scheint. Es fühlt sich dann schuldig...

Umgekehrt gibt es Eltern, die den Großeltern für die Betreuung ihres Kindes eine regelrechte Rente zahlen, damit ihr Haushaltsgeld stimmt. Hier grenzt das ›gute‹ Verhältnis zwischen Eltern und Großeltern an pure Heuchelei. Denn die Hilfe, zu der von uns ›Alten‹ ihren Enkelkindern gegenüber eigentlich jeder verpflichtet ist, sollte über keinen solchen Kuhhandel zustandekommen. Das Kind wird dann nämlich aufgrund eines bestehenden Kaufvertrages betreut, durch den sich sowohl die Großeltern als auch die ihnen anvertrauten Kinder verletzt fühlen, während die Eltern – zumindestens kurzfristig – im Glauben sind, ein gutes Geschäft gemacht zu haben. Ein Mensch, der von einem Kaufvertrag abhängig ist, wird sich indes niemals geliebt fühlen. Eltern und Großeltern würden sich also viel besser verstehen, wenn die Eltern den Großeltern eine Überraschung bereiten, nachdem sie über Monate oder Jahre ihr Kind betreut haben. Mit acht Jahren braucht ein Kind dann keine Tagesmutter mehr und es wird stolz sein, daß man von nun an seiner Selbständigkeit vertraut. Natürlich kann es jederzeit seine Großmutter, die es mag, besuchen und ihr ein wenig Gesellschaft zu leisten, wenn es dazu Lust hat.

69

Eltern sollten ein Wunschkind bekommen

(Planen oder ein Kind spontan zeugen?)

Früher gab es mehr kinderreiche Familien als heute. Zur Zeit geht die Tendenz eher dahin, selbst zu entscheiden, wann ein Kind kommen soll oder nicht. Das Kind wird, wenn man so will, ›vorprogrammiert‹.

In erster Linie hängt es mit den verbesserten Verhütungsmethoden zusammen und mit einer gewissen Liberalisierung der Sexualität. Viele Eltern planen die Geburt eines Kindes ja heute ähnlich wie den Kauf einer Waschmaschine oder ihres Fernsehapparates. Und dann nennt man diese Kinder bedauerlicherweise auch noch ›Wunschkinder‹. Ich verstehe unter einem ›Wunschkind‹ eigentlich etwas anderes, nämlich die Zeugung eines Kindes, die ein Paar, das bisher recht glücklich miteinander gelebt hat, wirklich überrascht. Plötzlich werden beide Partner Eltern ...

Eine Frau schreibt: »Wir, mein Mann und ich, stellen uns derzeit die Frage, ob wir ein Kind haben möchten oder nicht.« Ihr Mann ist Archäologe und sie Röntgenassistentin. Aus beruflichen Gründen leben sie häufig getrennt voneinander, z. B. wenn der Mann auf seinen Forschungsreisen unterwegs ist. Sie fährt fort: »Wir würden uns zwar beide über ein Baby freuen, können uns jedoch das Leben mit einem Kind, das schließlich älter wird, nicht vorstellen. Das Baby würde außerdem aufgrund meines Alters (sie ist vierunddreißig Jahre alt) und auch aus finanziellen Gründen ein Einzelkind bleiben. Und für meinen Mann ist seine Arbeit sein Ein und Alles, was ich verstehen kann, denn seine Tätigkeit begeistert mich ebenfalls.« Sie fragt sich, ob es nicht ein Fehler wäre, ihre Partnerschaft, die glücklich zu sein scheint, aufs Spiel zu setzen, um ein Kind in die Welt zu setzen, nur weil in einem bestimmten Alter ›alle‹ ein Kind bekommen. Auf der anderen Seite meint sie aber auch: »Eigentlich ist es ja ganz normal, Kinder zu haben, es gehört sozusagen zum Leben dazu.«

Zunächst einmal zu Ihrer Äußerung, sie sei vierunddreißig Jahre alt und könne deswegen später keine Kinder mehr bekommen. Das hört sich an, als wäre sie bereits eine alte Frau. Dabei sind vierunddreißig Jahre doch ein sehr gutes Alter, um mit dem Kinderkriegen zu beginnen.

Eine solche Antwort hatte ich von Ihnen erwartet ...

Man kann bis zum Alter von vierzig Jahren Kinder bekommen. Mit vierzig Jahren das erste Kind zu bekommen, kann aus verschiedenen Gründen etwas problematisch werden. Man kann Kinder auch viel früher bekommen, also weit vor dem vierunddreißigsten Lebensjahr. Aber sowohl vom körperlichen wie auch vom psychischen Aspekt her gesehen, ist das Alter von vierunddreißig Jahren fast ideal, denn die Frau hat eine Reihe von Erfahrungen hinter sich, die sie gut darauf vorbereitet haben können. Diese Frau schreibt allerdings auch noch, daß sie viele Freunde haben, die genauso sind wie sie. Sie leben wie in einer Gruppe von Studenten zusammen, die etwas älter geworden sind. Jeder widmet sich seinem ›Studium‹ und niemand von ihnen hat Kinder. Persönlich halte ich nicht viel von solch einem Lebensstil. Aber ich denke, wenn ein Kind auf die Welt kommt, wenn es einfach ›da‹ ist und geliebt wird, wird man mit dem übrigen Leben auch gut zurechtkommen. Schwierig erscheint es einem nur, bevor man sich dazu entschließt. Wenn die Frau dieses Kind liebt, wird sie, trotz des Berufes ihres Mannes, viel Spaß daran haben zuzusehen, wie es größer wird. Man bekommt im übrigen auch kein Kind, nur damit es immer ein Baby bleibt. Ebensogut könnte man ja mit Puppen spielen, wenn es nur darum ginge. Den Wunsch nach einem Kind sollten beide Eltern haben. Sie müssen sich allerdings auch darüber im klaren sein, daß sie erst durch das Dasein des Kindes zu Eltern gemacht werden. Wenn sie so denken, ist das Kind auch nicht länger nur ein ›Baby‹ für sie, sondern ein Mensch – ob Junge oder Mädchen –, der viele neue Lebensperspektiven mit sich bringt, weil er ständig neue Fragen stellt. Erst dadurch kommt eine Partnerschaft wirklich weiter. Vielleicht verstehen sie sich ganz gut, aber vielleicht nur wie zwei Leute, die sich mit der Zeit aneinander gewöhnt haben und dabei tun, was sie wollen. Ein Kind wird diese Situation sicherlich verändern. Sie muß es von vornherein wissen. Aber die Erfahrung lohnt sich, nicht weil man Kinder ›haben muß‹, sondern für sie selbst, wenn sie den Wunsch danach hat. Die Entscheidung kann ich den beiden jedoch nicht abnehmen, dieses Problem müssen sie in ihrer Beziehung selbst lösen.

Sie sind also eher für Wunschkinder als für solche, die exakt im voraus geplant werden.

Ja, weil doch die Liebe eines Paares gerade im ›zufälligen‹ Wunschkind zum Ausdruck kommt: Die Eltern freuen sich, daß ein Kind zur Welt kommen wollte und sie quasi überrascht hat.

Um Mißverständnissen zuvorzukommen: Sie sind aber nicht gegen die modernen Verhütungsmethoden?

Natürlich nicht, im Gegenteil, es ist gut, daß es sie heute gibt. Aber seitdem dies der Fall ist, müssen wir uns auch in der Erziehung der Jugendlichen besonders anstrengen: Denn die Möglichkeit zu verhüten, macht die Entscheidung, ein Kind zu bekommen, nicht einfacher, denn man will nun ganz besonders gut darauf vorbereitet sein. Man kann aber auf etwas, das einem noch gänzlich unbekannt ist, nie ganz vorbereitet sein, d. h. man wird davon immer überrascht. Zwar können wir eine Geburt verhindern, aber was mit dem Menschen, der aus der Begegnung eines Paares entsteht, später einmal sein wird, wissen wir nie ganz genau. Wir können aber die Jugendlichen dahingehend erziehen, daß sie am Tag der Überraschung schon ein wenig Bescheid wissen, was sie erwartet. Und wenn die Verhütungsmittel dem Einzelnen schon die Möglichkeit geben, mit seiner Verantwortung bewußter umgehen zu können, so sollten sie andererseits nicht dazu führen, sich ständig noch nicht ›reif‹ genug für ein Kind zu fühlen; man sollte nicht so fixiert darauf sein, indem man die Entscheidung ständig auf die lange Bank schiebt. Schließlich ermöglicht gerade das Kind den Eltern, sich ihrer Verantwortung zunehmend bewußt zu werden. Die Eltern verändern sich und werden nicht mehr die gleichen sein, die sie zum Zeitpunkt der Zeugung waren. So werden selbst Eltern, die ein Kind adoptieren, plötzlich ›reif‹ für ein Kind: Vielfach kommt es vor, daß sie nach einer solchen Entscheidung selbst noch Kinder bekommen. Vielleicht ist gerade bei diesen Eltern die Überraschung am größten, eine Erfahrung, die im übrigen ausgesprochen schön sein kann. Zusammenfassend könnte man sagen, daß es eigentlich das Kind ist, das ein Paar zu Vater und Mutter werden läßt. Diese geben dem gezeugten Kind nur ›grünes Licht‹. Und wie gesagt, man sollte nicht bis zu einem Zeitpunkt warten, an dem man sich für ›perfekt‹ hält. Vielmehr sollte man sich sagen: »Jetzt sind wir bereit, das Unbekannte, das ein Kind für uns darstellt, zu akzeptieren. Es soll kommen, wann es will.« Und eine Partnerschaft bekommt durch das Baby einen neuen Sinn.

Hier habe ich den Brief einer Mutter vor mir liegen, die die Geburt ihres Kindes überhaupt nicht geplant hatte. Jetzt ist ihr Sohn zwölf Jahre alt. Als sie und ihr Mann ihn bekommen haben, fühlten sie sich allerdings noch überhaupt nicht reif genug dafür. Nachträglich schildert sie ihre Situation von damals wie folgt: »Mir fehlte damals vielleicht einfach der ›gesunde Menschenverstand‹; ich fühlte mich überhaupt nicht ausgeglichen und habe das Kind niemals richtig akzeptieren können. In der Folge war ich sehr streng mit ihm. Ich schimpfte es ständig aus, nahm es nie auf den Arm, so daß es viel geweint hat.«

Das Kind kam eben zu früh.

»Jetzt«, schreibt sie weiter, »kann ich nicht verstehen, wie ich jemals so handeln konnte.« Und sie fügt einen Satz hinzu, der Sie sicherlich interessieren wird: »Wäre es nicht gut, wenn man

die Jugendlichen bereits in der Schule darauf vorbereiten würde, später einmal die Eltern eines Kindes zu sein? Wenn man ihnen z. B. etwas über Kinderpsychologie und Kinderpflege beibringen würde?«

Eine solche Form ›theoretischen‹ Unterrichts halte ich für weniger geeignet. Ein Kind ist doch gerade Inhalt des praktischen Lebens. Nachdem es heute kaum noch Großfamilien gibt, haben die Jugendlichen sicherlich nur wenig Kontakt mit kleinen Kindern. Wenn die Großfamilien einen Vorteil besaßen, dann bestand er darin, daß immer kleine Kinder im Haus waren und alle an deren Leben partizipierten. Die Großfamilie war ein Stück lebendiger Psychologie, man war mit den Eigenarten von Menschen verschiedensten Alters, auch mit denen von kleinen Kindern, ständig konfrontiert und von daher auch vertraut.

Der zwölfjährige Junge, von dem im Brief der Mutter die Rede war, ist ja ein Einzelkind geblieben. Er wurde zu früh geboren und seine Eltern wollten – oder konnten – keine Kinder mehr bekommen, vielleicht auch deswegen, weil ihnen die Erziehung ihres Sohnes zu sehr zu schaffen gemacht hatte. Die Mutter überlegt sich nun, dem Kind das zu geben, was zu geben sie ihm in seiner frühen Kindheit versäumt hat. Dazu müssen Sie wissen, daß er sich immer bei seiner Mutter verkriecht, um von ihr wie ein kleines Kind, Zärtlichkeit zu empfangen. Er kaut sich auch die Fingernägel blutig.

Das erinnert mich an jene Mütter, die ihrem Kind noch einmal die Flasche geben wollen, weil sie glauben, sie hätten ihm, als es noch klein war, zu wenig hineingetan. Nein, was vorbei ist, ist vorbei. Jetzt sollte dieses Kind wirklich wie ein zwölfjähriger Junge leben. Wahrscheinlich verkriecht er sich doch nur bei seiner Mutter, weil er keine Freunde hat. Die Eltern würden das beste tun, wenn sie ihn zusammen mit sich und anderen Kindern mit in den Urlaub nehmen. Sie könnten dann selbst mit den Eltern der anderen Kinder zusammensein und ihr Sohn hätte geeignete Spielkameraden für sich.

Aus dem Brief der Mutter geht aber hervor, daß sie ihn schon mehrmals zusammen mit anderen Kindern in die Ferien geschickt hat; er habe sich in diesen Ferien jedoch niemals so richtig wohlfühlen können.

Weil seine Eltern nicht mit dabei waren.

Jetzt hat er auf diese Art von Ferien jedenfalls keine Lust mehr. Die Mutter schreibt: »Er fühlt sich nur mit uns glücklich, so daß wir uns entschlossen haben, ihm dieses Jahr solche Ferien zu ersparen.«

Der Junge hat sich in eine Dreierkonstellation zurückgezogen, die zudem sehr isoliert von anderen zu leben scheint. Von daher kam er in den Ferien, als er in einer Kindergruppe ohne die Eltern war, natürlich nicht zurecht. Aber ich hielte es jetzt für besser, daß die Eltern und der Junge zusammen mit anderen Eltern und Kindern Urlaub machen. Die Kinder werden dann zusammen Spaß an den verschiedensten Aktivitäten haben und auch die Erwachsenen kämen nicht zu kurz. Zur Zeit lebt der Junge ja fast wie mit zwei alten Menschen zusammen, da seine Eltern ein zurückgezogenes und isoliertes Dasein führen. Damit hat er Schwierigkeiten. Mit einem Urlaub, so wie ich ihn vorgeschlagen habe, könnte man diese starre Struktur aufbrechen und das Leben würde für sie und ihr Kind wieder lebendig. Und genau das fehlt ihnen, wie ich mir gut vorstellen kann.
In bezug auf eine schon früh einsetzende Erziehung zum ›Eltern–werden‹, was ja ebenfalls in dem Brief angesprochen wird, fände ich gut, wenn man schon den Jungen und Mädchen beibringt, wie man sich um kleine Kinder kümmert. Ich bedauere sehr, daß vierzehn- oder fünfzehnjährige Jugendliche nicht die Möglichkeit haben, in einem Kindergarten ihres Stadtteils zu hospitieren, um sich einmal mit Kindern zu beschäftigen und mit ihnen zu spielen. Ich könnte mir vorstellen, daß sie ihren Spaß daran hätten. Anschließend könnte jemand, z.B. die Schulpsychologin oder auch eine Lehrerin, mit ihnen über ihre Erfahrungen sprechen und man könnte gemeinsam diskutieren, was in der Beziehung dieser Jugendli-

chen zu den Kindern stattgefunden hat. Mädchen (und Jungen) könnten auch darauf vorbereitet werden, kleine Kinder zu pflegen, indem sie anderen Müttern dabei helfen. Oder sie könnten vielleicht auch ein Praktikum in einer Kinderkrippe absolvieren.

Der folgende Brief ist von einer dreiundfünfzigjährigen Mutter, die sehr spät noch ein Kind bekommen hat. Jetzt ist der Sohn sechs Jahre alt. Ihr Mann ist dreiundsechzig Jahre alt und in fünf Jahren wird sie selbst pensioniert. Sie schildert ihr Problem wie folgt: »Mein Mann und ich wollen vom Land in die Nähe einer Großstadt ziehen, damit unser Sohn später das Gymnasium besuchen kann. Ich habe aber ein wenig Angst davor, daß er dann in der Vorpubertät darunter leidet, eine Frage gestellt zu bekommen, die sicherlich auf ihn zukommen wird: ›Sag mal, ist sie eigentlich deine Mutter oder Großmutter?‹. Ich fühle mich zwar noch relativ jung, aber wie fünfundzwanzig oder fünfunddreißig Jahre sehe ich nun wirklich nicht mehr aus.« Ihr Mann nimmt dieses Problem hingegen nicht so ernst, weil er davon ausgeht, daß schließlich jeder Jugendliche seine Probleme habe, egal, um was es letztlich geht. Sein Sohn müsse halt damit fertig werden, alte Eltern zu haben. Ferner schreibt sie: »Mir scheint es aber für ihn schon jetzt ein Problem zu sein. So sagt er häufig, keine älteren Leute ausstehen zu können; wenn z. B. im Fernsehen eine ältere, aber durchaus attraktive Sängerin auftritt, meint er: ›Die ist aber alt!‹. Genauso, wenn er einen älteren Schauspieler im Film sieht.« Es geht also um das Problem von Eltern, die erst sehr spät ein Kind bekommen haben, und das gegen alte Leute voreingenommen zu sein scheint. Im übrigen fügt sie noch hinzu: »Denken Sie nicht, daß ich meine eigene Angst, alt zu werden, nun auf dieses Kind projiziere. Ich selbst werde gut damit fertig, älter zu sein und es belastet mich auch nicht weiter. Aber was soll ich meinem Sohn sagen? Soll ich mit ihm reden und ihm ehrlich sagen, wie alt ich bin (sie haben es ihm anscheinend bisher noch nicht gesagt), oder soll ich damit warten oder ihm mein Alter ganz verschweigen, wie mein Mann mir rät?«

Man sollte auf jeden Fall die Wahrheit sagen. Wenn das Kind z.B. wieder einmal sagt, daß es alte Leute nicht mag, könnte man ihm antworten: »Da hast du aber kein Glück, denn schließlich hast du selbst alte Eltern.« Wahrscheinlich wird er sie daraufhin fragen, wie alt sie eigentlich sind und dann hätte diese Mutter die Gelegenheit, ihm ihr Alter zu sagen. Der Junge hat auf jeden Fall ein Recht, das Alter seiner Eltern zu wissen. Und diese Frau soll sich wirklich nicht alt vorkommen. Schließlich ist man nicht immer so alt, wie es aus der Geburtsurkunde hervorgeht... Diese Frau hat ihr Kind in einem Alter bekommen, in dem andere Frauen keine Kinder mehr bekommen können. Das zeigt doch, daß ihr Körper jung geblieben ist. Und sie fragt sich ständig: »Bin ich jung? Bin ich alt?« Später kann es vorkommen, daß vierzehn- oder fünfzehnjährige Jugendliche eine junge Mutter mehr stören können als eine alte. Denn eine ältere Mutter ist keine Rivalin von den kleinen Freundinnen mehr, die man kennenlernen möchte. Aber dieses Kind soll von nun an auf jeden Fall die Wahrheit wissen. Das ist sehr wichtig. Und es würde mich gar nicht wundern, wenn er ihnen sagen würde: »Aber ihr könnt doch noch gar nicht so alt sein, wenn ihr meine Eltern seid.« Viele sechsjährige Kinder stellen sich im übrigen vor ihre fünfundzwanzig- oder achtundzwanzigjährige Mutter hin und erklären: »Du bist doch schon uralt, nicht wahr?« Und wenn die Mutter ihm antwortet: »Nein, ich bin nicht uralt«, sagen sie: »Ach so, ich hatte gedacht, du wärest es.« Und damit ist die Sache erledigt. Für Kinder ist das Alter keine Frage der Anzahl von Jahren, die man gelebt hat.

Der Junge scheint die Problematik aber schon begriffen zu haben. Sonst würde er nicht solche Kommentare über ältere Menschen abgeben.

Ich glaube nicht. Vielleicht hat er seine Eltern schon einmal darüber sprechen hören. Gerade deswegen wird es höchste Zeit, daß man ihm die Wahrheit sagt. Sie sollten wissen, daß sie für ihn im Grunde weder alt noch jung sind: Sie sind einfach seine Eltern: sie seine Mutter, er sein Vater. Und was in einigen Jahren sein wird, darüber sollte sich die Mutter noch keine großen Gedanken machen. Vielleicht wird er schneller als andere Jugendliche seines Alters wissen, daß er bald für sich selbst verantwortlich ist.

Mir fällt in diesem Zusammenhang eine Begebenheit ein, die Marcel Pagnol *in einem seiner Bücher, die er seiner Kindheit widmete, erzählt. Als er fünf oder sechs Jahre alt war, wurde ihm der Besuch einer älteren Tante angekündigt, über die alle sagten: »Um Gottes willen, sie hat gerade ein Kind bekommen. Und das in ihrem Alter! Es wird ein Kind von uralten Leuten sein.«* Marcel Pagnol *schildert dann, wie er kurz nach Ankunft dieser Tante sich auf Zehenspitzen an die Wiege des Kindes heranschleicht, um hineinzusehen. Er schildert seine Überraschung, dort ein rosiges Baby liegen zu sehen – ganz ohne Haare auf dem Kopf. Er hat nämlich ein Baby mit einem langen Bart erwartet ...*

Stimmt. Die Frau könnte ihrem Sohn auch sagen: »Du hast Glück gehabt, ohne Bart auf die Welt gekommen zu sein, schließlich bist du ja ein Kind von alten Leuten.« Darüber wird er sicherlich lachen müssen. Oder sie könnte ihm auch sagen: »Weißt du, Kinder von älteren Eltern haben eigentlich Glück, denn wir haben ganz lange überlegt, ehe wir dich bekommen haben; und weil wir älter als andere Eltern sind, sind wir sehr gut auf dich vorbereitet gewesen. Du warst schlau, dir ältere Eltern gewählt zu haben.«

70

Mit dem Teufel hat es wohl nichts zu tun …

(Sexualerziehung, indirekte Fragen)

»Vor einigen Tagen«, so schreibt uns eine Mutter, »hat mich folgendes Ereignis in ernste Gewissenskonflikte gestürzt. Mein Sohn kam mit einer zerknitterten Zeitschrift unter dem Arm nach Hause und stürzte sich sofort in sein Zimmer. Dort versteckte er die Zeitschrift unter seinem Bett. Mit ganz unbeteiligter Stimme habe ich ihn gefragt, worum es denn eigentlich ginge. Er antwortete mir: ›Die Zeitschrift gehört mir. Ich möchte nicht, daß du sie dir anschaust. Es sind nämlich Teufel in der Zeitschrift abgebildet, die einem Angst einjagen.‹ Da ich nicht so recht wußte, wie ich mich verhalten sollte, sagte ich ihm: ›Hör mal, deine Teufel interessieren mich aber auch. Ich fände es nett von dir, wenn du sie mir einmal zeigen würdest.‹ ›Einverstanden‹ meinte er, ›aber ich kriege die Zeitschrift wieder zurück, o. k.?‹, was ich ihm auch versprach. Es handelte sich um ein Pornoheft mit den entsprechenden Photos darin. Was soll man in solch einem Fall tun? Ich habe die Zeitschrift erst einmal wieder unter sein Bett gelegt, eigentlich nur, um Zeit zu gewinnen. Dann habe ich ihm noch gesagt, daß sich sein Vater und ich das Heft am Abend ansehen würden, um es danach wegzuwerfen, schließlich hätte er es auf der Straße gefunden und es sei doch bestimmt voller Bakterien. Er ging dann noch einmal aus dem Hause, was ich dazu nutzte, einige Blätter aus dem Heft herauszureißen, deren Abbildungen ich ihm nun wirklich nicht zumuten wollte. Als er dann später zurückkam, stürzte er sich sofort wieder auf seine Zeitschrift. Er setzte sich – ohne mit der Wimper zu zucken – ganz ruhig ins Wohnzimmer und fing an, in dem Heft herumzublättern. Als er damit fertig war, habe ich es in den Abfalleimer geworfen, ohne ein Wort darüber zu verlieren.« Der Sohn dieser Frau ist übrigens acht Jahre alt. Nun macht sie sich über ihr Verhalten Sorgen: »Ich weiß nicht so

recht, wie ich mich richtig verhalten hätte. Das Heft, sobald er das Haus verlassen hatte, wegwerfen? Aber er hatte mich doch sein Geheimnis wissen lassen und ich hatte ihm versprochen, ihm das Heft zurückzugeben. Oder hätte ich in Kauf nehmen müssen, daß mein Sohn durch das eingehende Studium der pornographischen Abbildungen vielleicht völlig durcheinandergerät?« Sie schließt mit der Bemerkung, daß ihr Mann mit ihrem Verhalten nicht ganz einverstanden gewesen war.

Hat sie sonst nichts darüber gesagt, wie der Vater reagiert hat?

Nein.

Es gilt, bei diesem Vorfall mehreres zu beachten und hervorzuheben. Zum einen hatte sich das Kind das Heft ja bereits angesehen, bevor es damit nach Hause kam. Schließlich sprach es ja bereits von den Teufeln, die darin abgebildet seien. Vielleicht hat die Mutter in diesem Moment eine gute Gelegenheit verpaßt, nämlich zu sagen: »Aber nein, in diesem Heft sind doch keine Teufel abgebildet. Es ist ein Pornoheft. Hast du schon einmal davon gehört? Mit deinem Vater kannst du heute abend einmal darüber sprechen, denn du interessierst dich doch bestimmt für Dinge, die mit deinem Körper und deinem Geschlecht zu tun haben. Dein Vater wird dir dann alles erklären. Ich persönlich finde diese Hefte nicht schön. Vielleicht findest du sie sehr aufregend, aber schön sind sie nicht. Rede doch mit deinem Vater über diese Abbildungen, sie haben etwas mit dem zu tun, was man Sexualität nennt.« Es kommt darauf an, daß man die richtigen Worte findet. Die Mutter hat im Grunde keine Antwort gegeben, nicht wahr? Die Fragen des Kindes blieben dementsprechend unbeantwortet, denn als es das Heft später noch einmal unter seinem Bett hervorholte, wußte es ja, daß sie den Inhalt des Heftes mittlerweile kannte und mit dem Vater darüber sprechen wollte – schließlich hatte sie ihm das ja gesagt. So hat die Mutter das Heft wohl weggeworfen, ohne daß der Vater die Gelegenheit hatte, mit seinem Sohn über die darin enthaltenen Abbildungen zu reden. Dabei wäre es doch eine so ausgezeichnete Gelegenheit gewesen, daß Vater und Sohn über diese

Themen sprechen, also über Sexualität, Pornos, Sexfilme usw. Schließlich sehen ja nun alle Kinder die entsprechenden Kinoplakate und interessieren sich natürlich auch dafür. Häufig lesen sie noch, daß diese Filme ›Nur für Erwachsene‹ oder ›Unter 18 Jahren verboten‹ sind. Die Kinder oder Jugendlichen fragen sich auch, warum dies eigentlich so ist. Die Eltern müßten mit ihnen darüber sprechen. Dieses Kind hat im Grunde zweimal eine indirekte Frage gestellt: Einmal an seine Mutter und zum anderen an seinen Vater, von dem es erwartete, daß er mit ihm redet. Und alles wurde unter den Teppich gekehrt. Schade.

Probleme der Sexualerziehung entstehen doch vor allem, wenn jüngere Kinder sich direkt danach erkundigen, wie sie auf die Welt kommen usw.

Vielleicht. Aber auch schon im Alter von drei Jahren tauchen die ersten indirekten Fragen auf. Wenn ein Kind in diesem Alter etwa sein Geschlecht vorzeigt, stellt es eine indirekte Frage, nämlich: »Was ist dies für ein Körperteil, das anscheinend nicht nur zum Pinkeln gut ist?«

Ist es dann Ihrer Meinung nach die Aufgabe der Eltern, mit dem Kind darüber ein Gespräch anzufangen?

Aber sicherlich. Sie sollten sprechen und erklären, worum es an dieser Stelle des Körpers eigentlich geht. Denn sie ist ja nicht nur für die Ausscheidung bestimmt, sondern auch für so besondere Empfindungen wie Begehren oder Lust. Wenn Kinder ihr Geschlecht vorzeigen, signalisieren sie auf diese Weise häufig, daß sie über Onanie sprechen wollen. So kann sein, daß einem Jungen – wenn auch vielleicht im Scherz – gesagt wurde, ihm würde sein Penis abgeschnitten, wenn er dort hinfasse. Wenn diese Worte einmal im Spiel fallen, bedeuten sie für das Kind weniger viel. Aber ernsthaft darf man den Kindern so etwas niemals sagen. Die Eltern sollten dem Kind viel mehr Sicherheit im Umgang mit ihrer Sexualität vermitteln, dazu beitragen, daß sie darüber Bescheid wissen und auch immer einen Ansprechpartner für solche Probleme haben. Sie sollten mit ihnen über die gesellschaftlichen Normen diesbezüglich reden und helfen, eine Ästhetik und Moral in ihrer Sexualität zu entwickeln. Sie sollten mit dem Kind über das Inzestverbot sprechen, dem alle unterliegen und auch dazu beitragen, daß sie gegenüber solchen Erwachsenen auf der Hut sind, die versuchen, sie sexuell zu mißbrauchen. Wenn ich in diesem Zusammenhang von den Eltern spreche, so meine ich die Mutter in bezug auf die Mädchen und den Vater in bezug auf die Jungen.

Also wäre es in erster Linie die Aufgabe des Vaters gewesen, mit seinem Sohn über das Pornoheft zu sprechen?

Ja. Die Mutter hätte ihren Sohn am besten zum Vater geschickt. Dieser Junge wollte eine Erklärung für das, was er gesehen hatte und es war von ihr ungeschickt, ein ausführliches Gespräch darüber abzublocken. Und noch einmal: Mit dem Teufel haben diese Dinge nun wirklich nichts zu tun. Nackte Männer und Frauen sind doch nicht die Hölle! Aber die Abbildungen verwirrten das Kind. Und gerade deswegen hätte sein Vater mit ihm darüber reden sollen.

Kann der Vater dieses Gespräch nicht nachholen, indem er sich jetzt direkt an seinen Sohn wendet?

Natürlich. Und im Alter von acht Jahren wird es auch höchste Zeit! Sind die Kinder kleiner, sollte man mit ihnen darüber nicht auf zu direkte Art und Weise sprechen. In diesem Fall könnte einer der Eltern, der sich in einer Situation befindet, wie ich sie gerade angesprochen habe, einen beiläufigen Kommentar dazu abgeben. Man kann dem Kind, wenn es sich z. B. nackt vor anderen Leuten zeigt, aber auch direkt sagen: »Wenn du mit unseren Gästen zusammensein willst, dann ziehe dich bitte an.« Oder wenn es gleich eine präzise Frage anschließt: »Gut, ich erkläre es dir später. Im Moment bin ich aber zu beschäftigt.« Auf der anderen Seite fragen die Kinder sehr oft, wenn die Mutter gerade mit etwas beschäftigt ist: »Mami, ich möchte wissen, wie die Kinder auf die Welt kommen.« Dann sollte man ganz einfach sagen: »Wie das geht, darüber wissen doch alle Bescheid, die hier sind. Ich oder dein

Vater erklären es dir nachher.« Man sollte auf keinen Fall ein Drama daraus machen, wenn das Kind vor anderen Leuten solche Fragen stellt oder ihm ins Ohr flüstern: »Ich sage es dir später«, so als ob das Kind etwas Böses bzw. Unanständiges gefragt hätte. Im Gegenteil. Denn in einem solchen Augenblick will das Kind gesellschaftlich vollwertig sein und von allen akzeptiert werden. Man muß einfach Geistesgegenwart zeigen. Ich hoffe, daß dieses Buch überhaupt dazu beiträgt, den kindlichen Problemen gegenüber mit mehr Geistesgegenwart und Verständnis zu begegnen.
Um noch einmal auf den Jungen zu sprechen zu kommen! Die nächste Gelegenheit kommt ganz bestimmt, etwa vor einem Kinoplakat oder einem Pornoladen; und dann müßte der Vater die Sache unbedingt in die Hand nehmen und seinem Kind helfen, das mit dem bisherigen Verhalten seiner Mutter bzw. seines Vaters ja nicht einverstanden ist. Es war nicht gut, daß der Vater in dieser Angelegenheit von der Mutter übergangen wurde.

Sie sagen, daß man auf direkte oder ›indirekte‹ Fragen offen antworten soll. In vielen Familien traut man es sich aber nicht, sei es aus religiösen oder moralischen Gründen. Manche Eltern haben hierfür auch einfach nicht die notwendige Erziehung gehabt, die sie nun befähigt, über solche Probleme zu sprechen.

Diese Erziehung stellt ja nun gerade das Gegenteil von dem dar, was Erziehung eigentlich bedeutet, bzw. worauf sie hinauslaufen sollte... Aber hinzu kommt auch die Gefahr in unserer Gesellschaft, der Kinder ausgesetzt sind, wenn sie nicht rechtzeitig ›aufgeklärt‹ wurden. Sie sind dann wehrlos diesbezüglichen Informationen in der Öffentlichkeit ausgesetzt und nicht gerade den besten!

Und doch haben viele Erwachsene Schwierigkeiten, in puncto Sexualität die passenden Worte zu finden. Eine andere Dame schreibt uns: »Ich habe zwei Kinder, die sieben und neun Jahre alt sind. Eigentlich vertrauen sie mir eher ihre Probleme an als ihrem Vater. Ich versuche auch immer, auf ihre Fragen einzuge-

hen und ehrlich zu sein, weil ich sie nicht anlügen will. Aber was die Probleme, die die Sexualität betreffen, angeht, weiß ich wirklich nicht, wie ich mit ihnen darüber sprechen kann. Sie wissen zwar genau, wie die Babies auf die Welt kommen, daß sie aus dem Bauch der Mutter kommen usw., aber von der Ursache dafür haben sie keine Ahnung. Und ich weiß, wie gesagt, nicht, wie ich es ihnen erklären soll.«

Wenn die Mutter keine Antwort weiß, kann sie ja ruhig sagen: »Weißt du, ich fühle mich in bezug auf deine Fragen ein wenig verlegen, vielleicht, weil ich eine Frau bin (die Kinder der Mutter waren Jungen). Ich war ja in eurem Alter ein junges Mädchen und kann auf die Fragen von euch Jungen nicht so gut antworten. Aber frage doch deinen Vater, der weiß sicherlich die richtige Antwort.« Die Mutter könnte auch mit ihrem Mann dieses Thema besprechen, um ihm die Antworten leichter zu machen. Vielleicht wäre es in diesem Fall sogar gar nicht so schlecht, wenn der Vater beim Mittagessen oder zu einer anderen Gelegenheit, wenn die ganze Familie zusammen ist, darauf zu sprechen käme, daß eine Frau ohne Mann eben keine Mutter werden kann. Dabei könnte er ihnen erklären, daß sich im menschlichen Körper männliche und weibliche Lebenskerne befinden so wie bei allen Säugetieren, da der Mensch auch eines ist. Er sollte aber hinzufügen, daß es sich bei den Menschen um sprechende Lebewesen handelt und sie sich deshalb von den Tieren unterscheiden. Diese würden nur instinktiv handeln, wenn sie Kinder zeugen, doch beim Menschen wird der Zeugungsakt aus Liebe und Verantwortung für die Kinder vollzogen. Auch über das Thema der Fruchtbarkeit könnte in diesem Rahmen, wenn alle versammelt sind, gesprochen werden.

Wenn die Mutter nun wirklich keine Möglichkeit sieht, über sexuelle Themen mit ihren Kindern zu sprechen, sollte sie auf jeden Fall ehrlich sein: »Du hast recht, mir eine solche Frage zu stellen. Aber ich persönlich kann dir nicht antworten, weil ich es dir nicht zu erklären weiß. Es kommt mir schwierig vor, die richtigen Worte zu finden. Aber andere Leute können es bestimmt besser.« Zum Beispiel könnte eine Freundin der Mutter auf die Fragen eines Mädchens antworten, vielleicht,

weil sie es bei ihren eigenen Kindern schon ganz gut geschafft hat. Die Mutter sollte aber, sofern dies möglich ist, dabei sein. Und umgekehrt könnte ein guter Freund auf die Fragen des Jungen antworten. Einen Priester oder eine Nonne, die zum Zölibat berufen sind, sollte man aber nicht gerade wählen. Ich kenne Fälle von jungen Leuten oder jetzt Erwachsenen, die schockiert waren, daß ihre Eltern sie diesbezüglich gerade zu einem Priester geschickt haben. Ich meine schon, daß die Sexualerziehung in erster Linie die Aufgabe der Eltern ist. Können sie es nicht, so können sie sich vielleicht auch an einen Lehrer wenden, der in der Schule Sexualkundeunterricht erteilt. Und dann gibt es natürlich auch noch Bücher zu diesem Thema, von denen einige sehr gut sind. Die Frau, von der hier die Rede ist, könnte vielleicht in eine Buchhandlung gehen und sich ein Buch zum Thema Aufklärung empfehlen lassen und darin einmal herumblättern. Sie könnte das Buch mit nach Hause nehmen und ihren Kindern ins Zimmer legen: »Hier habe ich euch ein Buch mitgebracht, in dem alle diese Probleme gut erklärt werden.«
Es ist auf jeden Fall gefährlich, wenn die Kinder in bezug auf Zeugung, Geburt oder Geschlecht keine klaren und ehrlichen Antworten bekommen. Sonst schnappen sie irgend etwas total Verrücktes auf, denn schließlich gehen unter den Kindern die tollsten Geschichten darüber herum. Sie werden sich diese Geschichten auch ausmalen, wenn sie aufgeklärt wurden und vielleicht daran glauben – für ihr Alter ist das ganz normal – aber eine Stimme (bzw. ein Buch) im Kopf, die ihnen einmal die Wahrheit gesagt hat, ist schon besser.

Trifft nicht zu, daß die Kinder heutzutage zu diesen Fragen ein viel freieres Verhältnis haben ...

Ganz sicherlich. Das hat zum einen etwas mit den veränderten Medien zu tun, Kino, Rundfunk, Fernsehen usw., vor allem aber damit, daß sie heutzutage viel vernünftiger erzogen werden als viele von uns. Sie bekommen nicht mehr so viele Schuldgefühle in bezug auf ihre Neugier eingebläut. Immer aber sollte man auf die direkten oder ›indirekten‹ Fragen der Kinder eine Antwort geben. Daß man ihnen antwortet, vermittelt ihnen, daß man auf ihre Probleme eingeht. Zu sagen: »Ich weiß es nicht, weil es mich verlegen macht, dir etwas darauf zu sagen«, ist immer noch besser als ganz zu schweigen. Auf keinen Fall aber sollte man die Sexualität mit etwas Schmutzigem assoziieren oder den Kindern verbieten, überhaupt darüber zu sprechen.

71

Nicht gelogen, sondern nur aus Spaß erfunden

(Sexualphantasien und Erwachsenenwelt)

Der folgende Brief handelt von einer merkwürdigen Geschichte, die zwei Kinder ihren Eltern erzählt haben. Vielleicht wird diese Geschichte und das, was Sie dazu zu sagen haben, einige Leser verwirren. Ich glaube aber, daß das Problem von allgemeinem Interesse ist, wenn Kinder versuchen, ihre Eltern über eine Geschichte zu erpressen, an die sie in ihrer Einbildung selber ganz fest glauben.

Es handelt sich wohl um Kinder, die gerne Zwietracht säen.

Das kann man wohl sagen! Der Brief stammt von einer Mutter mit zwei Töchtern, die siebeneinhalb und fünfeinhalb Jahre alt sind. Tagsüber halten sie sich oft bei einer Tagesmutter auf. Abends essen sie dann meistens allein mit ihrem Vater, weil die Mutter noch studiert und zu dieser Zeit verschiedene Vorlesungen besucht. Sie schreibt nun folgendes: »Neulich haben die Mädchen nach dem Abendessen ihrem Vater angekündigt, daß sie ihm etwas sehr Wichtiges mitzuteilen hätten. Zuerst wollten sie es ihm gar nicht verraten: ›Wenn wir es dir sagen, wirst du uns ja doch nur auslachen.‹ Ihr Vater hat ihnen aber versichert, daß er es nicht tun würde und dann hat die Älteste angefangen, ihm zu berichten: ›Also folgendes: Der Mann von der Tagesmutter hat mir neulich seinen Pimmel in den Mund gesteckt.‹ Daraufhin hat sie dann keinen Ton mehr gesagt. Weitere Details wollte sie auch nicht herausrücken. Ihre jüngere Schwester fügte aber noch hinzu: ›Weißt du, daraufhin habe ich ihm eine Ohrfeige verpaßt‹, was die älteste zu dem Kommentar veranlaßte: ›Aber mit Absicht hat sie ihn nicht geohrfeigt.‹« Eine derartige Geschichte dürfte wohl in jeder Familie einige Probleme aufwerfen... Die Mutter schreibt uns weiter: »Am nächsten Morgen wollte ich mit den beiden darüber sprechen, denn mein Mann hatte mir von diesem Gespräch erzählt; beide Kinder verhielten sich mir gegenüber aber völlig ablehnend und rückten nicht mehr mit der Sprache heraus. Statt dessen sagten sie: ›Wir haben vollkommen vergessen, was da eigentlich losgewesen ist.‹ Und: ›Erzähl' es bloß nicht der Tagesmutter.‹«

Dieser Mann, von dem die Kinder erzählt haben, ist wohl auch der Vater einer Spielkameradin der beiden Mädchen?

Ja. Alles spielt sich in einem kleinen Dorf ab, indem praktisch jeder jeden kennt.

Ich denke, daß die Geschichte wohl dem Vater der beiden Mädchen galt. Es fielen ja auch einige bezeichnende Sätze wie: »Du wirst dich über uns ja nur lustig machen« oder zur Mutter: »Ach, wir haben schon wieder alles vergessen« oder »Sie hat ihn nicht mit Absicht geohrfeigt« ... Ich glaube, daß die Vorgänge, von denen die Mädchen erzählt haben, eher etwas mit ihrer Phantasiewelt zu tun haben. Kinder erzählen ja recht gerne solche anstößigen Geschichten, gerade abends, beim Abendessen oder bevor sie ins Bett gehen. Sie lassen ihrer Phantasie freien Lauf, stellen sich dabei ein wenig in den Vordergrund und machen sich interessant – vor allem bei dem Vater. Ich glaube, daß diese Frau richtig gehandelt hat, indem sie nicht länger auf einer Schilderung der Vorgänge insistierte. Somit macht sie den Kindern auch keine Angst, in Zukunft darüber zu berichten, wenn etwas wirklich Ernsthaftes in dieser Richtung passiert. Wenn Kinder solche Geschichten erzählen, sollte man sie weder auslachen noch beschimpfen. Vielleicht hätte man diesen beiden Mädchen noch sagen können: »Also gut. Aber wenn sie ihn geohrfeigt hat, dann hat sie es hoffentlich mit Absicht getan, weil ein Mann mit einem jungen Mädchen so etwas nicht machen darf.«

Ihre Antwort auf die Frage der Mutter, mit den Kindern noch einmal über den Vorgang zu sprechen, lautet also, es nicht zu tun.

So ist es.

Die Mutter fragt nun weiter, wie man Kinder allgemein vor solchen Vorkommnissen warnen kann. Denn die Kinder bilden sich zwar eine Menge ein, doch schließlich passiert so etwas ja auch wirklich.

Sie könnte bei anderer Gelegenheit noch einmal auf dieses Thema zu sprechen kommen: »Einmal habt ihr eurem Vater die folgende Geschichte erzählt... Es interessiert mich jetzt nicht, ob ihr damals die Wahrheit gesagt habt oder nicht (man sollte von den Kindern nicht verlangen, zuzugeben, daß sie damals die Unwahrheit sprachen). Wenn man klein ist, denkt man sich ja vieles aus. Aber wenn ihr nun ein anderes Mal so etwas erlebt, und wenn es diesmal tatsächlich stimmt, dann darf es nicht noch einmal geschehen. Der Mann weiß das übrigens selbst ganz genau. Ihr könnt ihm sagen: ›Sie dürfen das nicht tun. Ein Mann darf keine sexuellen Spiele mit Kindern spielen.‹« So kann man die Kinder für die Zukunft warnen. Aber noch einmal: Die nur so ›zum Spaß‹ erfundenen Geschichten von Kindern kann und sollte man nicht versuchen, zu unterbinden. Man kann sie ja schließlich nicht daran hindern, sich irgend etwas auszudenken ...

Die Mutter fragt sich natürlich auch, ob es sich wirklich nur um eine Erfindung ihrer Töchter gehandelt hat. Sie fragt, ob man nicht vielleicht zu dem Mann selbst gehen könnte und ihn auf den Vorfall ansprechen?

Ich weiß nicht, wie sie es anstellen soll, um herauszubekommen, ob diese Geschichte nun wahr oder erfunden ist. Natürlich kann sie oder ihr Mann mit diesem Mann sprechen, um ganz sicher zu gehen. Aber sie leben in einem kleinen Dorf: Jeder kennt jeden, die Menschen sind sich sehr nahe, arbeiten zusammen und teilen viele Aktivitäten in der Freizeit. Handelt es sich um eine Erfindung der Kinder, könnte er in Zukunft aggressiv auf sie reagieren. Und auf der anderen Seite könnte es auch diesem Mann in ernste Schwierigkeiten bringen, wenn es sich dann doch irgendwie herumspricht.
Ich finde, der Vater hat ganz gut darauf reagiert, indem er sich über seine Tochter nicht lustig gemacht hat und ihnen anderer-

seits auch einige präzise Fragen stellte – auf die die Töchter im übrigen nicht geantwortet haben. Als er sie zum Beispiel fragte, ob denn die Tagesmutter dabeigewesen ist, wußten sie nichts darauf zu sagen. Also ich glaube, daß es sich bei dieser Geschichte um eine Erfindung der beiden gehandelt hat.

Was stellen solche Phantasiegeschichten eigentlich dar? Sind es einfach nur Erfindungen, die sich Kinder einfallen lassen?

Diese Geschichten entsprechen häufig bestimmten Sexualvorstellungen, die die Kinder in einer Phase ihrer Entwicklung haben, in der sie den Erwachsenen gern verführen möchten. Solche Vorstellungen erzeugen regelrechte Bilder von Geschehnissen der Art, wie sie die Mädchen berichtet haben.

Ist eine solche Phase in der Entwicklung eines Kindes denn notwendig? Häufig sagen die Eltern ja in diesem Fall: ›Du lügst uns an. Du sollst aber immer nur die Wahrheit sagen!‹ Das heißt sie setzen die Phantasievorstellungen ihrer Kinder mit einer Lüge gleich.

Es handelt sich auf keinen Fall um eine Lüge. Es entspricht eher einem Spiel, häufig geschieht es, weil die Kinder auch Spaß daran haben, den Erwachsenen solche Geschichten zu erzählen. Die Kinder haben Lust dazu, sich derartige Geschichten vorzustellen, ohne daß sie dabei etwas riskieren würden ... Es ist ja fast wie ein kleiner Roman, in dem sie selbst die Hauptrolle spielen ... Die meisten ausgedachten Geschichten dieser Art sind eigentlich gar nicht für die Eltern bestimmt. Die Mädchen hatten ja auch anfangs Hemmungen, mit ihrem Vater darüber zu sprechen. Aber an jenem Abend fühlten sie sich wahrscheinlich wie die kleinen Frauen des Vaters, da ihre Mutter außer Haus war. Da haben sie sich wohl gedacht: »Wir werden Vater etwas ganz Interessantes erzählen. Vielleicht will er so etwas ja auch mal mit uns machen. Es wäre toll.« Zum Inhalt der Geschichte selbst: Kinder assoziieren das Geschlecht im Mund mit dem Saugen an der Brust der Mutter. Es sind Vorgänge, die das Kind als sehr ähnlich betrachtet, Kinder verwechseln ja auch häufig in ihren Vorstellungen die Brüste der Frau mit dem Penis des Mannes. Dies geschieht übrigens auch in den Träumen von Erwachsenen. Das Unbewußte kennt die eigentlichen Unterschiede nicht. Übrigens erschien für diese Kinder der Vorgang, von dem sie berichteten, noch nicht einmal sehr erotisch. Das läßt sich daraus schließen, wie sie dem Vater darüber erzählt haben. Man sollte also kein Drama aus dieser Geschichte machen. Wenn man so will, handelt es sich um einen Sciencefiction-Roman von Kindern ...

Wir haben bisher hauptsächlich von der Phantasiewelt der Kinder gesprochen. Nun kommen aber derartige Dinge auch in der Wirklichkeit vor, und viele Eltern machen sich deswegen große Sorgen. Es gibt ja Kinder, die nahezu mit jedem mitgehen würden. In diesem Zusammenhang taucht immer wieder die Frage auf, wie man verhindern kann, daß beispielsweise kleine Mädchen in die Hände von perversen Erwachsenen fallen. Viele Familien leben ja heutzutage in tagsüber fast ausgestorbenen Schlafstädten oder in Gegenden, wo die Straßen tagsüber bzw. abends recht unsicher sind. Was kann man den Kindern diesbezüglich für Ratschläge erteilen? Soll man ihnen detailliert schildern, was alles passieren könnte?

Natürlich gibt es Männer, die aus einem Mangel an echten Beziehungen zu Frauen oder auch aus anderen Gründen sich an kleine Mädchen heranmachen. Es ist ja auch viel einfacher, mit ihnen in ein Gespräch zu kommen. Und es gibt andere, harmlose Menschen, die Gefallen daran haben, sich mit Kinder zu unterhalten. Von daher ist es schwierig, eine generelle Warnung auszusprechen. Aber man kann den Kindern auf jeden Fall sagen, daß sie sich nicht mit Erwachsenen, die sie noch nicht kennen, anfreunden sollen. Und dann noch die üblichen Ratschläge: »Nimm keine Bonbons von wildfremden Menschen an« usw. Das beste ist jedoch, daß man den Mädchen und den Jungen, denn diese sind schließlich genauso gefährdet, empfiehlt, immer zu zweit oder zu dritt auf der Straße zu spielen oder gemeinsam mit anderen wegzugehen. Sie sollten nicht allein auf die Straße gehen. Und wenn sie jemand anspricht, brauchen sie nicht gleich unhöflich zu den Betreffenden zu sein, sondern können sagen: »Ich habe jetzt keine Zeit, denn ich muß nach Hause gehen. Dort werde ich erwartet.«

Das ist ganz entscheidend: Ein Kind nämlich, das sich zu Hause nicht erwartet fühlt, spricht eher mit jemandem, dem es begegnet und der nett zu ihm ist. Insofern sollten die Eltern darauf achten, daß ihr Kind immer dort, wo es hingeht, von jemandem erwartet wird. Es ist für die Kinder ein schlimmes Gefühl, allein in dem Wissen nach Hause zu gehen, daß sie dort noch zwei oder drei Stunden warten müssen, bis die Eltern ebenfalls zurückkommen. Besser ist es, in dem Haus jemand zu kennen (oder in der Nachbarschaft), zu dem die Kinder hingehen können. So beugt man den angesprochenen Gefahren viel besser vor als durch das Aussprechen von allgemeinen Warnungen vor ›fremden Menschen‹. Denn eines Tages, wenn sich das Kind gerade langweilt und weiß, daß es sich zu Hause weiter langweilen wird, wird es dann doch mit jemandem auf der Straße reden. Nach und nach nimmt diese Gefahr immer mehr Gestalt an und dann nutzen auch die eindringlichsten Warnungen nichts mehr.

Außerdem muß man die Kinder natürlich auch vor Exhibitionisten warnen und ihnen sagen: »Wenn du so jemanden siehst, dann mußt du am besten schnell davonlaufen. Sie wissen selbst, daß sie etwas Verbotenes tun, aber sie sind nicht gefährlich.« Das stimmt – Exhibitionisten sind entgegen der landläufigen Meinung von Eltern nicht gefährlich. Man muß die Kinder darüber in Kenntnis setzen, daß es unglückliche Menschen sind. Das Kind braucht bloß nicht hinzuschauen und soll weggehen, damit hat sich die Angelegenheit.

Wirklich gefährlich sind Perverse, die gegenüber dem betreffenden Kind eine regelrechte Strategie verfolgen, die meistens so aussieht: »Guten Tag, ich kenne ja deine Mutter und auch deinen Vater ...« Und dann sprechen sie das Kind über acht oder vierzehn Tage regelmäßig an. Nach drei Wochen – solange dauert es, das Vertrauen eines jüngeren Kindes zu gewinnen, sagen sie dann: »Du gehst gerade nach Hause? Du bist aber doch ganz allein. Komm doch mit, es ist so kalt draußen. Ich spendiere dir eine Tasse Kakao.« Auf diese

Weise kommen sie mit dem Kind in ein Gespräch. Sie bereiten den Kontakt zu dem Kind also systematisch vor und auf Vorfälle dieser Art sollten die Eltern, wenn sie davon Kenntnis bekommen, besonders achtgeben. Wenn die Eltern eines Kindes dessen Vertrauen genießen, wenn das Kind das Gefühl hat, mit ihnen über alles sprechen zu können und sie ihm dann auch ernsthaft zuhören, es dazu bewegen, sich ihnen gegenüber auszudrücken, so können sie ihm auch über solche Begegnungen alles erklären. Sie können ihm sagen, wie es sich davor schützen kann, und zwar auf eine Weise, ohne solche Vorkommnisse besonders zu dramatisieren; es ist nicht gut, dem Kind ein generelles Gefühl der Angst und Unsicherheit zu vermitteln, wenn es ohne die Eltern ist.

72

Das Verbot und die Verachtung

(Inzest, Homosexualität, Onanie)

Meines Erachtens entwickeln sich inzestuöse Sozialbeziehungen vor allem in kinderreichen Familien. Trifft dies zu?

Das Problem inzestuöser Beziehungen tritt weniger in kinderreichen Familien, als in Familien mit zwei Kindern, einem Jungen und einem Mädchen, auf. Bis zum Alter von fünf oder sechs Jahren veranstalten Geschwister ja eine ganze Reihe von sexuellen Spielen untereinander, was völlig normal ist. Wenn die Eltern solche Spiele mitbekommen, sollten sie sich in jedem Fall davor hüten, die Kinder auszuschimpfen oder gar zu bestrafen. Vielmehr sollten sie sich mit den Kindern über Sexualität unterhalten und dabei die korrekten Begriffe verwenden. Sie sollten ihnen erklären, daß die Mädchen ein anderes Geschlecht haben als die Jungen, jedoch nicht solche Bezeichnungen wie ›Pipi‹ im Gegensatz zu ›Pimmelchen‹ gebrauchen. Sie sollten mit den Kindern offen und in einem vernünftigen Ton sprechen und nicht ihre Stimme senken, als ob das, was sie ihnen sagen, ein Geheimnis wäre. Es macht nichts, wenn das Kind dann selbst von ›seinem Pimmelchen‹ oder ›Schwänzchen‹ spricht. Aber wenn es eregiert ist, dann lautet das korrekte Wort ›Glied‹ oder ›Penis‹. Und beim Mädchen soll man von ›Scheide‹ oder ›Vagina‹ sprechen. Man muß den Jungen erzählen, daß sie Muskeln, Stimmbruch, einen Bart und einen Schnurrbart, wie ihn vielleicht der Vater trägt, bekommen und den Mädchen gefallen werden. Und den Mädchen sollte man sagen, daß sie unter den Armen und am Geschlecht Haare bekommen werden, daß sich ihre Brüste entwickeln und sich ihr ganzer Körper verändern wird. Man sollte ihnen auch ankündigen, daß sie mit zwölf, dreizehn oder vierzehn Jahren ihre erste Regel haben werden. Alle diese

Aussichten werden sie mit Stolz erfüllen, denn sie werden den Jungen gefallen und das ist ganz natürlich so. Verschweigt man Kindern im Alter von sechs oder sieben Jahren all diese Dinge, werden die sexuellen Spiele untereinander länger anhalten und sich inzestuöse Komponenten daruntermischen. Das heißt, daß man nicht nur solche Themen ansprechen sollte, die ihre Sexualität direkt betreffen, sondern auch das Inzestverbot zwischen Bruder und Schwester, Vater und Tochter bzw. Mutter und Sohn. Mir fällt auf, daß heutzutage zahlreiche junge Geschwister echte sexuelle Beziehungen untereinander haben, womit ich nicht nur meine, daß sie gemeinsam onanieren, sondern auch miteinander schlafen. Häufig werden diese Beziehungen von den Eltern auch noch unwissentlich unterstützt. Da heißt es dann z.B.: »Wir wollen heute abend ins Kino gehen, du weißt, daß du deine kleine Schwester unbedingt zu dir ins Bett nehmen mußt, damit sie einschlafen kann. Sie könnte sonst Angst bekommen, wenn wir nicht zu Hause sind.« Hierbei spielt natürlich das schlechte Gewissen der Eltern eine große Rolle, indem sie meinen, die zurückbleibenden Kinder müßten sich gegenseitig trösten. Die daraus entstehenden Handlungsmöglichkeiten stellen dann für die Kinder nicht nur eine Versuchungssituation dar, sondern können auch sehr schnell in die Realität umgesetzt werden. Und dann kommt es zu ernsthaften Störungen nicht nur im schulischen Bereich, sondern auch in den sich entwickelnden sozialen Beziehungen, die häufig mit großen Anpassungsschwierigkeiten einhergehen. Es wird viel von der Notwendigkeit der Sexualerziehung in der Schule gesprochen, zweifellos zu Recht. Aber das Problem des Inzestverbots taucht niemals oder nur sehr selten auf, obwohl es für die sich entwickelnde Sexualität der Kinder und Jugendlichen von eminenter Bedeutung ist. Selbst wenn das Kind noch nicht alt genug ist, dieses Verbot zu verstehen, sollte man es ihm mitteilen: »Geschwister können niemals heiraten. Ich kann es dir zwar nicht erklären, aber es ist nun einmal so.«

Ich habe hier den Brief einer völlig deprimierten Mutter vor mir liegen, die bemerkt hat, daß ihre vierzehnjährige Tochter und der fünfzehnjährige Sohn sexuelle Beziehung miteinander unterhalten. Der Brief ist wirklich deprimierend. Wir wissen, daß inzestuöse Gefühle durchaus existieren können. Aber man darf sie nicht mit den sonstigen sexuellen Beziehungen vergleichen. Bei derartigen Beziehungen unter Geschwistern sollte die Mutter auf keinen Fall einfach tatenlos zusehen.

Die Mutter, von der hier die Rede ist, hat geschrieben, daß sie so tun würde, als hätte sie nichts bemerkt ...

Ja, aber ich verstehe ihr Verhalten nicht. Ihre Kinder werden in der Zukunft sicherlich große Schwierigkeiten bekommen. Um jetzt einzugreifen, ist es ja fast schon zu spät. Trotzdem sollte man ihre sexuelle Beziehung nicht einfach ignorieren, sondern mit ihnen im Gegenteil ganz deutlich darüber sprechen: »Wahrscheinlich habe ich euch nicht rechtzeitig gesagt, daß es für euch gefährlich ist, miteinander zu schlafen. Ihr seid für solche Spiele untereinander zu alt. Ich würde euch vorschlagen, es bleiben zu lassen.« Im Grunde aber sollten diese offenen Fragen schon viel früher angesprochen werden, im Rahmen von alltäglichen Unterhaltungen oder bei Tisch. Jeder hat dann die Möglichkeit, seine Meinung frei darüber äußern zu dürfen.

Und man braucht keine Angst davor zu haben, diese Problematik direkt anzusprechen?

Nein. Ich wiederhole es noch einmal: Das Inzestverbot ist ein ganz wesentliches Thema jeder Sexualaufklärung. Läßt man es aus falsch verstandener Scham beiseite, dann haben sexuelle Aufklärung und Erziehung kaum noch Sinn.

Wie ist das mit getrenntgeschlechtlichen Zwillingen? Hier haben wir es zwar mit einem erst vierjährigen Jungen und Mädchen zu tun, aber trotzdem berührt der Fall unser Thema. Die beiden werden von ihren Eltern oft getrennt betreut; so nimmt der Vater den Jungen beim Spazierengehen häufig allein mit und umgekehrt die Mutter das Mädchen. Der Junge sagte nun einmal: »Wenn ich groß bin, will ich meine Schwester heiraten.« Und als die Eltern ihm erklärten, daß es nicht ginge, wurde er sehr traurig. Kann es denn keine negativen Folgen haben, wenn man einem Kind diesen Wunsch von Anfang versagt?

Nein. Natürlich ergeben sich bei Zwillingen noch andere Probleme. Wenn dieser Junge sagt, er will seine Schwester heiraten, so hört sich das vielleicht übertrieben an, aber eine solche Äußerung paßt zu seinem Alter. Die Eltern könnten antworten: »Du kannst es dir im Spiel so vorstellen. Aber in Wirklichkeit geht es nicht.« Die Mutter braucht auch nicht weiter darauf einzugehen und sagen, daß die kleine Tochter eigentlich eher den Vater als den kleinen Bruder mit ihren Annäherungsversuchen im Auge hat. Denn wenn sie ihren Bruder sagen hört, er wolle sie heiraten, wird sie sich wahrscheinlich denken: »Du kannst mich ruhig heiraten wollen, aber ich weiß, daß ich später nur Vater heiraten werde.« Sie sind doch erst vier Jahre alt, d.h. in einem Alter, in dem man sich vorstellt, jeden zu heiraten, der einem gefällt. Und da kommen die Kinder natürlich zuerst auf die Eltern und engsten Familienangehörigen. Es handelt sich um Phantasievorstellungen, die einem starken Bedürfnis nach Zärtlichkeit entsprechen und die sich zukünftige Bilder von Ehe und Partnerschaft ausmalen. Das Wort ›lieben‹ kann viele Bedeutungen haben ...

Aber der Junge ist doch wirklich traurig!

Natürlich, aber wie jedes Kind in diesem Alter, dem man sagt, daß es seine Schwester, seinen Bruder, seine Mutter, seinen Vater oder seine Tante nicht heiraten kann. Man muß es dem Kind nur erklären: »Das sagst du jetzt, aber du bist noch sehr klein. Wenn du erst einmal älter bist, werden dir sehr viele Mädchen gefallen. Und außerdem wird es viel besser sein, wenn du ein anderes Mädchen und deine Schwester einen anderen Jungen heiratet, denn ihr werdet auf diese Weise viel mehr Kinder haben können, die ihr später lieben könnt. Nämlich ihre Kinder und deine eigenen... Sie wird sie mit einem anderen Mann und du sie mit einer anderen Frau haben. Alle Kinder werden untereinander Kusinen oder Cousins sein und auf diese Weise werdet ihr viel Spaß an der großen Familie haben!« Ich denke, daß es ganz gut ist, den Kindern solche Zukunftsperspektiven auszumalen; es käme ja zu überhaupt keinen neuen sozialen Beziehungen, wenn Bruder und Schwester heiraten würden.

Könnte die Fixierung des Jungen also gefährlich für seine weitere Entwicklung sein?

Aber nein! Bei vierjährigen Kindern geht es doch noch um ganz diffuse Vorstellungen. Wenn der Junge seine Schwester heiraten will, erspart er sich damit doch nur den Satz, daß er die Mutter heiraten will... Dieses Durchgangsstadium, man nennt es auch den Ödipuskomplex, macht jedes Kind durch. Das hat nichts damit zu tun, daß er auf die betreffende Person ein Leben lang fixiert bleibt.
Hinzu kommt bei Zwillingen, daß sie sich ihre Zukunft getrennt voneinander gar nicht vorstellen können, da sie es gewohnt sind, immer zusammen zu sein. Aber das wird schon in der Schule, im alltäglichen Leben, wenn sie verschiedene Freunde haben, anders werden. Die Eltern können den Kindern dabei natürlich behilflich sein, indem sie dazu beitragen, daß sie Freunde finden, vielleicht sogar Zwillinge in einem ähnlichen Alter. Dann werden diese Kinder merken, daß alle ganz ähnliche Probleme miteinander haben.
Im übrigen fällt es Eltern von Zwillingen immer schwer, sich ganz in deren Gedankenwelt hineinzubegeben. Sie können einfach nicht alles verstehen, was in diesen Kindern vor sich geht, da sie selbst die Erfahrung, einen Zwillingsbruder oder eine Zwillingsschwester gehabt zu haben, niemals gemacht haben.

Wir kommen nun zu einem Brief, der ein ernsthaftes Problem aufwirft, über das aber in der Öffentlichkeit viel Unfug verbreitet wird. Eine Mutter schreibt uns: »Ich habe einen siebeneinhalbjährigen Sohn, der sehr lieb und hübsch ist. Er wirkt sehr zart, spielt gerne mit den Mädchen und findet auch viel Gefallen an Handarbeit und Stricken. Sieht er eine Ballettaufführung im Fernsehen, tanzt er gleich mit. Sein Vater bekommt wahre

Tobsuchtsanfälle angesichts dieses Verhaltens, schreit ihn an, er sei schwul und beschimpft ihn fürchterlich.« Die Mutter sagt, daß sie mit dieser heftigen Reaktion ihres Mannes nicht einverstanden ist. Bis vor kurzem hat sie übrigens geglaubt, daß Homosexualität vor allem ein Laster wäre, aber jetzt schreibt sie: »Ich habe irgendwo gelesen, daß es physiologisch bedingt ist und auf irgendeinem genetischen Fehler beruht. Kündigt sich mit dem Aussehen meines Jungen also diese Art von ›Krankheit‹ an? Was kann man dagegen tun?«

Erst einmal ist zu sagen, daß sie sich täuscht, denn Homosexualität ist weder eine Krankheit noch ist sie angeboren. Es handelt sich vielmehr um eine bestimmte Persönlichkeitsstruktur. Und im übrigen kann sich bei Kindern aufgrund einer feindseligen Haltung des Vaters gegenüber den femininen Zügen seines Sohnes bzw. aufgrund der Ablehnung maskuliner Züge der Tochter durch die Mutter, schon sehr früh eine solche Persönlichkeitsstruktur verfestigen. Es ist auch die Frage, ob sich dieser Junge wirklich ›weiblich‹ verhält, wie der Vater anzunehmen scheint oder ob er nicht männlich ist, aber gleichzeitig graziös, blond, verführerisch und hübsch. Das Verhalten eines Jungen, der zum Tanzen und der damit verbundenen Ästhetik ein ganz besonderes Verhältnis hat und sich gern im Spiegel betrachtet, weil er wirklich schön ist, hätte dann eher etwas mit seinem Narzißmus zu tun. Aber woher diese Aggressivität des Vaters gegenüber seinem Sohn? Warum kann er ihn nicht einfach so lieben, wie er ist oder ihm meinetwegen dabei helfen, anders zu werden? Mit seiner Ablehnung wird er ihm überhaupt nicht helfen können. Er sollte ihm eher beibringen, wie er seine äußerliche Schönheit ein wenig mit anderen Aktivitäten zu kompensieren lernt und ihm sagen: »Es zählt ja nun nicht nur deine äußerliche Erscheinung. Natürlich siehst du sehr gut aus und ich habe dich auch sehr lieb. Aber vielleicht hättest du auch einmal Lust, mit mir das und das zu machen ...« Ich habe den Eindruck, daß der Vater sich von diesem Kind schon selbst angezogen fühlt und seine Gefühle dabei abwehrt. Der Junge scheint ein ausgeprägtes Gefühl für alles Ästhetische zu besitzen und wird später vielleicht wirklich einmal Tänzer. Vielleicht liegt es auch an seiner ausgeprägten Sensibilität, daß er so gerne mit Mädchen spielt. Im übrigen schreibt die Mutter, daß er bei diesen Spielen immer der ›Mann‹ oder der ›Vater‹ sein will. Ob dieser Junge später einmal homosexuell sein wird, läßt sich also überhaupt noch nicht sagen. Häufig wird auch ein Verhalten, das in diese Richtung zu tendieren scheint, mit einer Persönlichkeitsstruktur, die zur Homosexualität disponiert, verwechselt. Es ist nämlich keinesfalls so, daß derjenige, der homosexuell sein will, es auch wirklich ist. Es gibt viele Menschen, die in ihrer Kindheit – vor allem in der Adoleszenz – vorübergehende Wünsche in diese Richtung empfunden haben, aber dennoch nicht homosexuell wurden. Bei der echten Homosexualität handelt es sich um eine psychische und teilweise unbewußte Struktur. Es ist kein freiwilliger Akt, so zu werden. Sind ein Mann oder eine Frau wirklich homosexuell, dann deswegen, weil sie nicht anders sein können. Es gibt ja auch Fälle, in denen jemand versucht, sich davon – etwa durch eine Psychoanalyse – zu ›kurieren‹, weil er darunter leidet. Aber warum sollte er eigentlich darunter leiden? Einem Kind, das sich in diese Richtung zu entwickeln scheint, wird in jedem Fall durch Verachtung für seine Person am allerwenigsten geholfen, mit sich fertig zu werden. Vielleicht kann der eine oder andere dem Kind sagen, daß es später einmal darüber unglücklich sein könnte, keine Kinder bekommen zu können, weil sich sein Verlangen nicht auf das andere Geschlecht richtet. Und trotzdem sollte man immer seine guten Eigenschaften hervorheben, wenn man schon meint, diese Probleme ansprechen zu müssen.

Was den Jungen betrifft, sollte man ihn dazu anhalten, sich mit dem Tanzen ernsthaft zu beschäftigen anstatt ihn nur vor dem Bildschirm spielen zu lassen. Man soll die natürlichen Begabungen bei den Sieben- oder Achtjährigen sozialisieren, mögen sie nun eher maskulin oder feminin ausgeprägt sein. Es geht dabei um die Sublimierung solcher Fähigkeiten, d.h. um ihren künstlerischen und kulturellen Ausdruck, bezogen auf das gesellschaftliche Leben. Die ernsthafte Beschäftigung mit dem Tanz würde diesem Jungen nicht nur ein größeres Selbstwertgefühl vermitteln, sondern würden bei ihm auch männliche Züge stärker hervortreten lassen. Er könnte ja Tänzer werden, wenn er mag. Der Beruf des Tänzers hat übrigens mit der Homosexualität nichts zu tun. Unter Tänzern gibt es nicht mehr und nicht weniger Homosexuelle als anderswo. Es sind Künstler. Sie geben in der Öffentlichkeit nur häufig das Bild von Homosexuellen ab, weil sie viel unter sich bleiben. Das gilt aber auch für andere Künstler. Und auch die Akademiker, etwa die Mathematiker, bleiben gern ›unter sich‹. Tanzen ist eine Kunst, die das Leben eines Individuums förmlich fesseln kann. Der Vater dieses Jungen muß verstehen, daß er seinem Sohn helfen muß, anstatt ihn abzulehnen. Auf diese Weise unterstützt er nur seinen Narzißmus, indem er ihn dazu bringt, sich ständig zurückzuziehen; so fördert er vielleicht Tendenzen in seiner Persönlichkeitsentwicklung, die auf das Gegenteil dessen hinauslaufen, was er eigentlich will und von denen man sagen muß, daß sie sich zur Zeit wohl noch nicht so klar abzeichnen.

Sie meinen also, daß vor allem der Vater mehr Initiative zeigen müßte ...
Aber wie soll die Mutter das bewirken, da der Vater auf das Verhalten seines Sohnes anscheinend nur mit Wutanfällen zu reagieren weiß. Sie schreibt ja auch noch, daß ihr Mann, wenn er auf der Straße einen – seiner Meinung nach – ›graziösen‹ oder ›weichen‹ Mann sieht, am liebsten ins Gesicht schlagen würde.

Es ist sonderbar, daß er gerade zu diesen Männern einen körperlichen Kontakt zu suchen scheint ... Ich denke, die Mutter sollte mit ihrem Mann sprechen – schließlich sagt sie selbst, daß ihre Ehe im ganzen sehr gut wäre und sie sich lieben und verstehen würden. Sie sollte ihm erklären, daß Homosexualität keine Krankheit ist, sondern eine Persönlichkeitsstruktur, die sich bei Kindern dann entwickelt, wenn ihnen die Sicherheit und das Vertrauen von seiten der Väter (oder Mütter) fehlt. Dieser Mann wird auf diese Weise vielleicht feststellen, daß er bei seinem Sohn mit seinem Erziehungsstil auf dem falschen Weg ist. Vielleicht sollte er mit einem Psychotherapeuten auch einmal über seine eigenen Schwierigkeiten sprechen, die er offenbar im Umgang mit den ›unmännlichen‹ Verhaltensweisen nicht nur seines Sohnes hat. Auch die

Mutter könnte sich beraten lassen, wie sie ihren Mann besser verstehen lernen kann. Das Kind wird jedoch einmal Schwierigkeiten bekommen, wenn sich nichts am Erziehungsstil seiner Eltern ändert. Denn seine Erziehung zielt im Moment nicht darauf ab, die Qualitäten, die es besitzt, zu entwickeln und seine Begabungen zu fördern, so daß sie ihm und anderen Vergnügen bereiten würden. Genau das aber würde sein Selbstwertgefühl heben, ihn glücklich machen, weil es seinem Leben einen Sinn gäbe und ihm eine Perspektive aufzeigen würde.

Wir kommen zu einer anderen Fragestellung. Den Brief hat eine Lehrerin geschrieben, deren Mann Künstler ist. Sie haben zwei Kinder, einen zehneinhalbjährigen Jungen und eine sechsjährige Tochter. Das Mädchen scheint ihnen keine besonderen Sorgen zu bereiten, aber der Junge: Seit zwei Monaten kann er nicht einschlafen oder wacht nachts auf und findet dann keinen Schlaf mehr. Seine Schlafstörungen machen ihm selbst Angst. Der Arzt hat dem Jungen ein sehr wirksames Schlafmittel verschrieben, nach dem das Kind nun jeden Abend verlangt. Ansonsten schreibt sie noch, daß es dem Jungen in der Schule sehr gut gefalle, er dort gute Noten schreibt mit der Ausnahme, daß er keinen Sport betreiben würde. Und um das Bild ihrer derzeitigen Situation zu vervollständigen, berichtet sie noch von einem kürzlichen Nervenzusammenbruch ihres Mannes, der inzwischen aber auskuriert sei: »Ich habe persönlich selbst sehr stark darunter gelitten, aber man merkte es mir nicht an.« Trotzdem hat sie eine Psychotherapie begonnen, um zu versuchen, damit besser fertig zu werden. Sie fragt nun, ob sich ihr Sohn eigentlich schon für körperliche oder sexuelle Probleme interessieren könnte, obwohl er von seinem Äußeren noch wie ein Knabe wirkt. Zusätzlich bereitet ihr auch seine Medikamentenabhängigkeit große Sorgen.

Ich will versuchen, die in diesem Brief enthaltenen Fragen der Reihe nach zu beantworten. Ich finde es schade, daß der Arzt vor zwei Monaten, als die Schlafstörungen bei dem Jungen anfingen, sofort ein Schlafmittel verschrieben hat, ohne sich zu erkundigen, womit sie im einzelnen zu tun haben könnten. Hierfür kommen insbesondere Alpträume in Frage, vor denen der Junge floh. Denn ein unter Schlafstörungen leidendes Kind in diesem Alter leidet meistens unter seinen Alpträumen, besonders dann, wenn sie bei ihm früher nicht aufgetreten sind. Es könnte sich also um ›verspätete‹ Alpträume handeln, die normalerweise im Alter von sieben oder acht Jahren auftreten. Hinzu kommen der Nervenzusammenbruch des Vaters und die psychischen Probleme der Mutter – die Eltern sanken einfach in der Achtung dieses Kindes. In dieser allgemeinen Verunsicherung können von daher Alpträume – etwa daß seine Eltern sterben – aufgetreten sein. Ich bedauere immer, daß Kinderärzte Medikamente verabreichen, wenn Kinder nicht einschlafen können. Man kann den Kindern ja auch stark gezuckerten Lindenblütentee oder einfach einen Apfel ans Bett stellen, falls sie nachts aufwachen. Oder dem Kind einen Block mit einem Bleistift ans Bett legen und ihm sagen: »Schreib doch einmal alles auf, was du gerade denkst, wenn du in der Nacht aufwachst.« Sehr oft verschwinden die Alpträume auf diese Weise von ganz allein. Im vorliegenden Fall scheint der Junge, wie die Mutter schreibt, nach seinem Schlafmittel jedoch schon regelrecht süchtig zu sein. Es handelt sich auch keinesfalls um ein harmloses Medikament, sondern um eines, das eher für Erwachsene gedacht ist.

Wahrscheinlich ist er aber sehr froh, daß er mit Hilfe dieses Medikaments schlafen kann, weil er vor seiner Schlaflosigkeit Angst hat.

Wahrscheinlich reagiert er auf die Depression seines Vaters ebenfalls depressiv ...

Die Mutter spricht im übrigen auch mögliche Sexualprobleme an ...

... die der Junge sicherlich hat. Denn obwohl er noch nicht in der Pubertät ist, interessiert er sich schon sehr für seinen Körper und onaniert, auch wenn letzteres ganz normal ist. Vielleicht denkt er aber, es sei schlimm. Vielleicht hat er einmal einen Satz ›Wenn du es noch einmal machst, wird er abgeschnitten‹ oder etwas ähnliches, was nicht einmal ihm gegolten haben muß, aufgeschnappt – es gibt immer noch Erwachsene (oder Kinder) die heutzutage solche Geschichten verbreiten. Der Vater sollte mit ihm über dieses Thema sprechen. Hinzu kommt, daß er der einzige Junge in der Familie ist, also keinen älteren Bruder hat, bei dem er sich erkundigen könnte; auch stellt die Onanie häufig ein Mittel dar, um gegen depressive Zustände anzukämpfen. Zu onanieren ist für vier- bis sechsjährige Kinder eine wichtige Erfahrung. Mit sieben Jahren hören sie meistens auf und im Alter von zwölf, dreizehn Jahren setzt es wieder ein. Aber aufgrund der Ereignisse in dieser Familie scheint der Junge eine archaischere Form der Onanie ›wiederentdeckt‹ zu haben, die mit der Onanie in der Pubertätszeit nichts zu tun hat, die er aber jetzt zu seiner ›Wiederbelebung‹ braucht: Es handelt sich um eine Form der Onanie, die vor allem von Phantasiegebilden begleitet wird. Insofern wäre es vielleicht ganz gut, einen Psychotherapeuten mit ihm aufzusuchen.

Ich denke an den Satz, den Sie vorhin im Zusammenhang mit dem Onanieproblem erwähnt haben: »Tust du es noch einmal, wird er dir abgeschnitten!« In diesem Zusammenhang möchte ich auf einen Bericht zu sprechen kommen, in welchem ein Vater schreibt, was seinem Jungen passiert ist. Dieser war schon im Alter von zwei Jahren mit seiner ein Jahr älteren Schwester im Kindergarten. Nach einigen Wochen fing er an, nachts einzunässen. Sie haben alles Mögliche dagegen unternommen, ein Glas Wasser neben sein Bett gestellt, wie Sie es empfohlen haben, sie sind zu einem Psychologen gegangen usw. Sechs Jahre haben sie nach der Ursache dafür geforscht. Eines Abends diskutierte die Mutter nun mit einem Freund über Fragen schulischer Erziehung, als sie sich an einen Satz erinnerte, den ihre Tochter genau zu Anfang jenes Jahres, als die Kinder in den Kindergarten kamen, gesagt hatte. Und zwar hatte sie ihn bei einer Nonne, die die Kinder manchmal beaufsichtigte, aufgeschnappt, die einmal zu den Kindern gesagt hatte: »Wenn ich ein Kind sehe, das mit seinem Schwänzchen spielt, schneide ich es ihm ab. Man tut so etwas nicht, denn es ist unanständig.« – »Wir hatten damals die Kleine getröstet«, schreibt die Mutter, »und ihr gesagt, daß sie sowieso kein Schwänzchen hätte und allein von daher nichts zu befürchten bräuchte. Dabei hatten wir allerdings vergessen, daß der Junge diesen Satz ja auch mitbekommen hatte. Und wahrscheinlich hat er sich nachts, wenn er aufwachte und pinkeln mußte, an diesen Satz erinnert und deshalb auch ins Bett gemacht«. Am nächsten Morgen nach dem Gespräch der Mutter mit ihrem Freund haben die Eltern mit dem Jungen gesprochen und haben ihm gegenüber die Dinge von damals klargestellt. Und nach diesem Gespräch sei das Bettnässen nicht mehr aufgetreten: »Sechs Jahre hatten wir Kummer, sechs Jahre hat er sich zurückgezogen und nach außen hin abgeschirmt. Auf ihn muß dieser Satz katastrophale Auswirkungen gehabt haben. Eigentlich bin ich ja davon ausgegangen, daß heutzutage niemand mehr so etwas sagt, doch anscheinend hatte ich mich geirrt.«

Es gibt heute noch viele Eltern, die ihren Kinder so etwas sagen. Oder daß man davon schwer krank oder schwachsinnig wird. Häufig geschieht dies in Verbindung mit dem Satz, daß sie ihr Kind, wenn es onaniert, nicht mehr liebhaben würden. Man will die Kinder mit solchen Sätzen förmlich an den Rand der Verzweiflung bringen. Ich glaube, daß dieser Brief auf das, was ich schon wiederholt gesagt habe, eine klare Antwort gibt. Die Eltern sollten ihre Kinder gewähren lassen, wenn sie ihren Penis oder ihr Geschlecht (bei den Mädchen) berühren. Sie sollen den Kindern auf keinen Fall irgendwelche Schuldgefühle beibringen. Vielleicht können sie sagen, daß man es aus Rücksichtnahme vor anderen Leuten nicht macht, doch selbst wenn, ist es nicht so wichtig, da es schließlich niemanden etwas angeht und bestrafen soll man die Kinder deswegen auf keinen Fall.

73

Mittwochsbriefe*

(Alltagsprobleme Jugendlicher)

Ein fünfzehneinhalbjähriges Mädchen schreibt uns, daß sie unter Einschlafstörungen leidet. Sie meint in diesem Zusammenhang, daß sie schon früher als Baby mit wenig Schlaf ausgekommen sei, wie sie von ihren Eltern erfahren hätte.

Es kommt vor, daß manche Menschen mit weniger Schlaf auskommen als andere – und dies ihr Leben lang.

Das Mädchen meint, daß ihre Schwierigkeiten, abends einzuschlafen, im Schulalter begonnen haben, sie damals aber noch nicht weiter gestört hätten: »Ich schlief um zehn oder halb elf ein und stand morgens um sieben Uhr auf. Seit einem Jahr kommt es jedoch häufiger vor, daß ich erst gegen halb zwölf oder zwölf Uhr einschlafe und mich morgens dann noch sehr müde fühle. Diese Müdigkeitszustände werden immer schlimmer und beginnen, mir ernste Sorgen zu bereiten.« Sie bittet darum, ihr einige Hinweise zu geben, wie sie mit diesem Problem fertig werden kann. Ferner fügt sie hinzu, daß sie sich häufig aus geringem Anlaß sehr verkrampft fühlt. Ihre Mutter hat sie ferner gebeten hinzuzufügen, daß sie selbst ein sehr ängstlicher Mensch sei und befürchte, für die Anspannung ihrer Tochter verantwortlich zu sein.

Die zusätzliche Bemerkung der Mutter halte ich für wichtig, denn oft kommt es vor, daß sich die Angst einer Person, mit der man lebt, auf den anderen überträgt. Dies gilt besonders für

---

* *Mittwochs*briefe, weil die Schüler in Frankreich mittwochs schulfrei haben und von daher dieser Tag besonders gut geeignet ist, einen Brief zu schreiben.

das Verhältnis von Eltern und Kindern. Wenn die Mutter also selbst unter Angstzuständen leidet, wäre es vielleicht das beste, daß sie einen Psychotherapeuten aufsucht, der ihr helfen kann. In bezug auf das Mädchen habe ich den Eindruck, daß ihre Schlafdauer für sie ausreicht. Das einzig Ärgerliche ist wohl nur, daß sie sich morgens müde fühlt und länger schlafen würde, wenn sie nur könnte. Mehr weiß ich dazu erst einmal nicht zu sagen.
Ich möchte noch auf ihre Bemerkung eingehen, daß sie sich häufig bei nichtigen Anlässen verkrampft fühlt. Die meisten reagieren auf solche Zustände damit, daß sie den Atem anhalten bzw. unregelmäßiger atmen, wodurch die Verkrampfungen noch verschlimmert werden. Das Mädchen sollte angesichts solcher Zustände also mehrere Male hintereinander tief ein- und ausatmen und dabei versuchen, sich zu entspannen. Ich glaube, daß ihre Krampfzustände auf diese Art und Weise verschwinden werden.

Kommen wir noch einmal generell auf das Problem der Schlafqualität zu sprechen. Fühlen sich nicht Menschen, selbst wenn sie die gleiche Anzahl an Stunden schlafen, am nächsten Morgen unterschiedlich ausgeruht?

Ja. Man fühlt sich müde, wenn man den Eindruck gehabt hat, nicht tief genug geschlafen zu haben und somit zu keiner völligen Entspannung oder zu keiner absoluten Ruhe gekommen zu sein. Erst wenn man dieses Stadium erreicht hat, das meistens mit der Erinnerung, geträumt zu haben, einhergeht, fühlt man sich morgens frisch und munter.

Gibt es irgendwelche ›Tricks‹, um die Qualität seines Schlafes zu verbessern?

Sicherlich. Lärmempfindliche Menschen müssen sich eher von Außenreizen zurückziehen als andere. Vielleicht geht das Fenster des Mädchens, von dem wir gesprochen haben, auf eine laute Straße zu. Oder ihr Zimmer ist nicht dunkel genug. Denn es gibt Menschen, die durch ihre Augenlider hindurch die Helligkeit um sich spüren können. Oder sie kann vor dem Einschlafen nicht ›abschalten‹ oder atmet nicht regelmäßig und tief genug. Viele Faktoren können eine Rolle spielen. Aber sie sollte sich auf keinen Fall verrückt machen und sich vor dem Einschlafen immer wieder sagen: »Ich kann nicht einschlafen, ich kann nicht einschlafen ...« Und sie sollte auf jeden Fall versuchen, ohne Schlafmittel auszukommen.

Eine Abiturientin, die achtzehneinhalb Jahre alt ist, schreibt uns folgendes: »Ich habe ein geradezu ›klassisches‹ Problem, wie es wohl bei vielen Jugendlichen vorkommt: Ich kaue nämlich an meinen Fingernägeln, und zwar seit meinem fünften oder sechsten Lebensjahr.« Sie weiß nicht genau, warum sie es tut, vermutet aber, daß es sich dabei um eine gegen sie selbst gerichtete Form der Aggression handelt. Aber warum? Ferner teilt sie uns mit, daß sie das letzte Kind einer zehnköpfigen Familie sei, die neben den Eltern aus sechs Mädchen und vier Jungen besteht. Zu ihren Eltern habe sie eine sehr gute Beziehung und gegen deren Erziehungsstil nichts einzuwenden. Es gäbe in der Familie weder übertriebene Strenge noch übertriebenes ›laissez-faire‹, und sie meint, daß ihr diese Atmosphäre gut bekommen sei. Sie fährt fort: »Seit vier Jahren kaue ich verstärkt an meinen Fingernägeln. Vielleicht hat es mit dem Tod meines Bruders zu tun, der damals im Alter von einundzwanzig Jahren starb. Jetzt habe ich das Gefühl, daß es immer schlimmer wird. Es gelang mir zwar manchmal, ohne diesen Tick auszukommen, aber immer nur vorübergehend – wohl deshalb, weil ich die Ursache dafür nicht weiß.« Sie fragt danach, ob ihre Angewohnheit auf ihre frühe Kindheit zurückzuführen ist, was man dagegen unternehmen könnte und ob eine Psychoanalyse weiterhelfen würde. Der Brief endet mit den Worten: »Es ist wirklich nicht meine größte Sorge, aber es beschäftigt mich doch so, daß ich genau darüber Bescheid wissen will.«

Da sie ihre Angewohnheit anscheinend nicht weiter stört, geht es wohl eher darum, daß sich dieses Mädchen insgesamt besser kennenlernen will. So geht es allen Jugendlichen und sie soll sich darüber keine Sorgen machen. Vor allem aber ist wichtig,

sich auch für Gleichaltrige zu interessieren: vielleicht kennt sie ja Jungen und Mädchen, womöglich in ihrer Klasse, die ebenfalls an den Fingernägeln kauen. Und mit ihnen über dieses Problem zu sprechen, über die Möglichkeiten, darüber hinwegzukommen, wäre nicht schlecht; ab einem bestimmten Alter muß man nämlich diese Angewohnheit ablegen, sonst wird man mit ihr ›leben‹ müssen. Es gibt bedeutende Leute, die ihr Leben lang an den Fingernägeln gekaut haben, ohne daß es sie gestört hätte. Sie akzeptieren sich halt so, wie sie sind. Dieses Mädchen stört ihr ›Tick‹ wohl deshalb, weil sie immer daran denken muß, daß sie an den Nägeln kaut. Oder weil sich ihre Geschwister über sie lustig machen (Geschwister müssen ja etwas finden, um sich über den anderen lustig zu machen, und nun haben sie endlich etwas).
Als ihre ›Sucht‹, an den Nägeln zu kauen, begann, ist in ihrem Leben ganz sicherlich etwas sehr Wichtiges passiert, was sie daran gehindert hat, sich mehr nach außen zu öffnen, körperlich aktiv zu sein usw. Den Grund dafür weiß ich nicht und kann ihn durch einfaches Nachdenken auch nicht herausfinden. Unter ›körperlichen Aktivitäten‹ verstehe ich in diesem Zusammenhang, sich auch motorisch auf seine Umgebung hin zu orientieren, seine Bedürfnisse nachhaltig einzufordern und offen zum Ausdruck zu bringen. Vielleicht traute sich dieses Mädchen genau das nicht zu. Sie war ja auch das letzte Kind, die ›Kleine‹. Vielleicht hat sie immer ›die Zähne zusammenbeißen‹ müssen ...

Sie möchte von Ihnen aber die Ursache für ihre Gewohnheit erfahren.

Ich kann ihr aber keine Auskunft darüber geben. (Sie muß es allein herausfinden.)

Sie schreibt: Kann eine Psychoanalyse dabei helfen, sich selbst besser kennenzulernen?

Ja ..., aber darin besteht nicht ihr einziger Sinn. Eine Psychoanalyse beginnt man nicht aus Neugierde, weil man sich selbst etwas besser kennenlernen will. Eine Psychoanalyse – übrigens

eine sehr lange Arbeit – macht man, weil man sich ängstlich fühlt und leidet und weil man dieses Leiden nicht zum Ausdruck bringen kann, sich nicht ›Luft verschaffen‹ durch eigene Aktivitäten und die Beziehungen zu anderen Menschen; also weil man sich letztlich in sich selbst zurückzieht und dort wie eingesperrt fühlt. Aber das scheint mir bei diesem Mädchen überhaupt nicht der Fall zu sein. Ihre Sorge um das eigene Selbst scheint eher theoretischer Natur zu sein ...
Vielleicht hat sie sich durch die Trauer über den Tod ihres Bruders tatsächlich zurückgezogen. Aber keine Psychoanalytikerin könnte ihr sagen, warum sie an den Fingernägeln kaut. Eine Psychoanalyse ist viel umfassender, sie verlangt eine innere Arbeit, die sich mit keinem isolierten Problem beschäftigt, sondern die das ganze Leben noch einmal aufarbeitet. Aus Anlaß einer eher kleinen und oberflächlichen Sorge, die sich durch verstärkte Aktivitäten nach außen lösen ließe, ist sie nicht angezeigt. Nach und nach wird diese Gewohnheit verschwinden oder auch bleiben, ohne für das Mädchen ein allzu ernstes Problem darzustellen, weil es in seinem Leben mit ganz anderen Dingen beschäftigt sein wird.

Hören Sie jetzt zwei Fragen von Jugendlichen, deren Eltern sich vor längerer Zeit getrennt haben. Zunächst die Fragen der ältesten Tochter (es sind drei Töchter, achtzehn, vierzehn und zwölf Jahre alt). Die Kinder sind nach der Trennung – sie liegt sechs Jahre zurück – mit dem Vater und ihren Großeltern in einem großen Haus geblieben. Nun macht sich die Älteste Sorgen um ihre kleine Schwester, da sie Probleme mit der Schule hat. Ansonsten sei sie für ihr Alter schon recht weit, sie habe – im Gegensatz zu den älteren Mädchen – auch eine freiere Erziehung bekommen, wohingegen die Älteste eine strengere Erziehung eigentlich für besser hält. Wenn man so will, handelt es sich in bezug auf die zwölfjährige schon fast um einen ›Generationskonflikt‹.

Ich finde, daß sich dieses Mädchen zu sehr um die jüngere Schwester kümmert. Sie schreibt an irgendeiner Stelle: »Sie will von mir auch keine Befehle erteilt bekommen.« Die große

Schwester will also, daß ihre jüngere Schwester in der Schule Erfolg hat usw. Meiner Meinung nach kann aber die Zwölfjährige schon für sich allein sorgen. Und je weniger die große Schwester versuchen wird, die Mutter zu ersetzen, desto besser werden sich ihre Geschwister entwickeln können. Wenn die Jüngste sie um einen Rat bittet, kann sie natürlich antworten, aber sie sollte ihr keine Moralpredigten halten. Ein achtzehnjähriges Mädchen, das eine ganz andere Kindheit hatte als ihre jüngeren Geschwister, sollte diesen gegenüber keine ›Erziehungsfunktion‹ ausüben. Es sollte sie vielmehr an ihre richtige Mutter verweisen, die sie schließlich noch sehen. Übrigens hat die Zwölfjährige, sobald sie mit der Mutter zusammen ist, keine großen Probleme mehr, Probleme entstehen anscheinend vor allem, wenn sie beim Vater ist und mit ihrer ältesten Schwester konfrontiert wird. Es muß doch nicht sein – so in dem Brief –, daß sie bei Abwesenheit des Vaters im Zimmer der älteren Schwester schläft, nur weil sie der Vater vor dem Einschlafen angeblich immer streichelt und sie nur dann allein einschlafen kann. Das geht die Älteste überhaupt nichts an. Besser wäre es, wenn sie sagte: »Hör mal, ich möchte abends meine Ruhe haben. Du bist doch alt genug, allein zu schlafen und kein Baby mehr. Du weißt ja selbst, daß du deinen Vater leicht um den Finger wickeln kannst, aber mich nicht.« Sie braucht nicht gegenüber der jüngeren Schwester die Mutterrolle zu spielen. Das wird ihrer späteren Beziehung zueinander nur schaden. Warum erwähnt sie überhaupt, daß der Vater die Zwölfjährige ›streichelt‹. Wenn es die Worte der Zwölfjährigen selbst sind, dann will sie wohl auch von der älteren Schwester gestreichelt werden. Diese sollte ihr aber eher dabei helfen, Freunde zu finden und Kontakt zu anderen Familien zu haben. Und natürlich ist es für die Jüngste schwer, ohne eine junge Frau allein mit den Großeltern und dem Vater zu Hause zu leben.

Der zweite Brief ist etwas länger. Geschrieben hat ihn ein sechzehnjähriges Mädchen, das einen zwanzigjährigen Bruder hat. Ihre Eltern haben sich getrennt, als sie fünf Jahre alt war. Bis zum Alter von zehn Jahren lebte sie im Ausland. Danach

kam sie in ein Internat. So hatte sie die Möglichkeit, an jedem Wochenende zu den Großeltern väterlicherseits zurückzukehren. Die Familie der Mutter blieb im Ausland und der Vater lebt auch irgendwo anders, ziemlich weit weg. Seit drei Jahren leben sie und ihr Bruder nun ganz bei den Großeltern, die sie einerseits ziemlich streng und altmodisch findet, andererseits auf ihre Art auch sehr sensibel und lieb. Auf jeden Fall hat sie bei ihnen ein richtiges, ausgeglichenes Zuhause gefunden, wo sie sich aufgehoben fühlt.
Aber jetzt haben sich für sie zwei ernsthafte Probleme ergeben: das erste betrifft ihre Mutter, die alkohol- und nikotinabhängig ist und die von dem Mann, mit dem sie bis jetzt im Ausland zusammengelebt hatte, verlassen wurde. Sie hat vor, endgültig aus dem Ausland zurückzukehren und will auch ihre Kinder wieder zu sich nehmen. Das Mädchen kann den Wunsch der Mutter zwar verstehen und glaubt auch, daß sie und ihr Bruder ihrer Mutter womöglich helfen könnten. Trotzdem stimmt sie die Rückkehr ihrer Mutter nicht gerade fröhlich, denn sie fürchtet, von neuem hin- und hergerissen zu sein und nicht zu wissen, wie sie sich verhalten soll: »Ich bin es einfach leid, das Opfer der Familie meiner Mutter und meines Vaters zu sein, die wieder anfangen werden, sich gegenseitig zu bekämpfen.«

Ihre Situation ist in der Tat sehr schwierig. Was ihren zwanzigjährigen Bruder betrifft, so kann man hierzu nur sagen, daß er kein Kind mehr ist, das von seiner Mutter wieder aufgenommen wird. Schließlich ist er bereits volljährig!

Ehe Sie fortfahren – genau hier liegt das zweite Problem, von dem das Mädchen schreibt, denn dieser Bruder ist, als er noch jünger war, sehr schwer krank gewesen. Er war acht Jahre alt, als er für längere Zeit ins Krankenhaus mußte und unter der Abwesenheit der Mutter sehr stark litt. Das Ergebnis ist, daß er heute sehr zurückgezogen lebt, sich in seiner Haut überhaupt nicht wohlfühlt, schüchtern und ausgesprochen überempfindlich auf alles in seiner Umwelt reagiert. Er hat große Angst vor Liebesverlust, so daß er sich von anderen ständig bevormunden läßt und anderen gegenüber auch immer zuviel Verständnis zeigt. Die Leute nutzen ihn ein wenig aus. Dazu schreibt das

Mädchen: »Ich versuche ständig, ihn wachzurütteln, aber das macht die Dinge nur noch schwieriger. Was kann man tun, daß er sich sicherer vor anderen fühlt und mehr Selbstvertrauen bekommt?« Damit, ich zitiere, »das familiäre Ghetto« ihn weniger in seinen Aktivitäten lähmt? Objektiv mag er zwanzig Jahre alt sein, doch scheint er weit weniger Schwung als seine Schwester zu besitzen.

Natürlich können wir für die beiden nicht stellvertretend handeln. Das beste ist, das Mädchen tut etwas für sich selbst, indem sie sich – vom gesellschaftlichen Standpunkt aus – nach vorne entwickelt, ziemlich schnell einen Beruf erlernt, um in ihrem Leben allein zurechtzukommen und allein wohnen zu können – allein oder mit dem Bruder zusammen. Hauptsache ist, daß beide ihre Unabhängigkeit von der Familie bewahren. Sie könnten nach der Rückkehr der Mutter auch arrangieren, daß sie dicht zusammenwohnen, jeweils getrennt und ohne voneinander abhängig zu sein. Der Bruder, das Mädchen und die Mutter könnten z. B. in der gleichen Stadt eine Arbeit suchen. So wären sie von Anfang an unabhängiger voneinander, und jeder hätte seine Freiheit. Auf jeden Fall sollten zwischen ihnen klare Verhältnisse bestehen. Schließlich hat es auch die Mutter schwer: sie ist jetzt, nachdem sie von ihrem Mann verlassen wurde, wieder allein auf sich gestellt und versucht, sich an ihren Kindern festzuklammern. Auch die Großeltern werden darunter leiden, sich von dem Mädchen wieder trennen zu müssen. Allerdings könnte man sie häufiger besuchen. Und sie werden es wohl verstehen, wenn ihnen das Mädchen erklärt: »Sie ist meine leibliche Mutter. Ich muß ihr jetzt helfen und ich habe sie lieb, das ist doch ganz normal.« Sie sollte dabei nur nicht ihren eigenen Weg aus den Augen verlieren, sondern ihn weiter verfolgen und sich weiter entwikkeln. Würde sie es nicht tun, wäre es weder für sie noch für ihre Mutter gut. Sie sollte immer daran denken, daß seine Eltern ›zu ehren‹ nicht bedeutet, in deren Abhängigkeit zu geraten und die eigene Entwicklung aufzugeben.

Was ihren Bruder angeht, so könnte sie ihm raten, eine Psychotherapie anzufangen, wenn er unter seiner Zurückgezogenheit wirklich sehr stark leidet. Leidet er darunter nicht, sollte sie ihn nicht weiter bedrängen. Es würde nämlich bedeuten, daß dieses Leben seiner Art ganz einfach entspricht. Übrigens erwähnt sie von ihrer Beziehung zum Vater überhaupt nichts, sagt nicht, ob sie ihm schreibt, daß er sich mehr um seinen Sohn kümmern soll ...

Sie erwähnt ihn praktisch überhaupt nicht ...

Warum? Warum könnte ihr Bruder ihn nicht einmal besuchen, selbst wenn er dazu ins Ausland fahren müßte? Das Mädchen kann ihn dabei unterstützen, könnte den Kontakt zum Vater wiederherstellen und ihn bitten, seinen Sohn einmal zu sich einzuladen. Wahrscheinlich leidet dieser junge Mann doch vor allem darunter, daß er zu seinem Vater keinen Kontakt mehr hat. Er hat einfach Sehnsucht nach seinem Vater. Und der Vater könnte die Dinge auch am ehesten verändern.
Insgesamt ist es schwierig, noch mehr zu diesem Brief zu sagen. Seine Fragen setzen sich aus unterschiedlichen Komponenten zusammen: dabei geht es einmal um das affektive Konfliktgeschehen in der Beziehung zwischen den Familien der Mutter und des Vaters; ferner spielt die ökonomische Situation der Betroffenen eine wesentliche Rolle, da sie die Frage der gegenseitigen Abhängigkeiten berührt; und schließlich treten noch jene unbewußten Vorgänge hinzu, die sich bei Individuen verschiedenen Alters abspielen. So fällt einem eine klare Antwort schwer, denn schließlich sollte jeder die Gründe für sein Verhalten darlegen können und Hilfe bekommen; jeder sollte finden, was für ihn das beste ist, ohne den anderen dabei zu schaden.

Ein sechzehnjähriger Junge schreibt Ihnen über seine ›Beziehungsprobleme‹. Es wäre vielleicht besser, wenn Sie seinen Brief selbst zusammenfassen würden.

Dieser Junge hat mit vierzehn Jahren ein Mädchen kennengelernt, mit dem er lange gegangen ist. Immer wieder versicherte er ihr, daß er sie wirklich lieben würde und das Mädchen hörte ihm zu, ohne etwas dabei zu sagen. Eines Tages jedoch teilte sie ihm mit, daß sie bis jetzt nur mit ihm gespielt hätte und in Wahrheit für ihn gar nichts empfinden würde. Den Jungen haben diese Worte sehr verletzt. Er schreibt: »Dem Mädchen hat es wohl Spaß gemacht, sich über mich lustig zu machen. Mir hat es sehr weh getan. Ich war ja erst vierzehn Jahre, als ich anfing, mit ihr auszugehen. Immerhin ging diese Beziehung über zwei Jahre, bevor sie sie jetzt abgebrochen hat. Seitdem komme ich über diese Enttäuschung nicht hinweg, so daß ich gegenüber Mädchen sehr gehemmt bin. Vielleicht war ich es schon immer, aber nach diesem Erlebnis ist es noch viel stärker geworden.«

Daß dieser Junge jetzt leidet, ist sehr gut verständlich. Ich finde es auch nicht gut, wenn Mädchen auf diese Weise mit dem Herzen eines Jungen spielen. Aber ich bin mir auch sicher, daß dieses Mädchen dem Jungen keine zwei Jahre lang eine Komödie vorgemacht hat. Zunächst hat es sich von seiner Liebe sehr geschmeichelt gefühlt, denn schließlich ist sie mit ihm viel ausgegangen und hat ihm wohl auch gern zugehört. Das Mädchen muß schließlich einen Grund gehabt haben, immer wieder zu ihm zurückzukehren. Sie war glücklich. Und dann hat sie wahrscheinlich Angst vor sich selbst und vor der Liebe bekommen. Egal, was die Gründe für die Trennung gewesen sein mögen, der Junge kann sich auf jeden Fall sagen, daß es nicht stimmt, daß sie sich die gesamten zwei Jahre über ihn lustig gemacht hat. Das Mädchen wollte diese Trennung durch ihre Worte einfach provozieren, weil es mit sich selbst nicht mehr zu Rande kam, mit ihrem Unbehagen, geliebt zu haben und jetzt nicht mehr zu lieben. Sie ist in einem Alter, in dem man zwar schon lieben kann, aber in dem man auch sehr schnell seine Meinung ändert. Nehmen wir an, daß es ihr bei ihrem letzten Treffen doch Spaß gemacht hat, ihm wehzutun. Es ist nun einmal so, daß Mädchen betont aggressiv auf jemanden reagieren können, den sie selbst nicht lieben, der ihnen aber seine Liebe ständig versichert. Jungen im übrigen auch.

Für diesen Jungen ist jetzt entscheidend, sich in seinem Leben als Jugendlicher zu stärken. Er sollte sich gemeinsam mit anderen an verschiedenen Freizeitaktivitäten beteiligen, Sport, Jugendzentrum usw. Er könnte auch versuchen, im künstlerischen Bereich eine Bestätigung zu finden, Gitarre spielen, Schlagzeug spielen, wenn es möglich ist. In diesen Aktivitäten inmitten einer Gruppe von Gleichaltrigen und Freunden wird er sich schnell wiederfinden. Natürlich führt dies nicht unbedingt dazu, sofort wieder zu lieben oder geliebt zu werden. Aber allmählich wird er sein Selbstvertrauen zurückgewinnen. Und wenn er es wirklich nicht schafft, dann könnte er vielleicht einen Psychologen oder Psychotherapeuten aufsuchen. Schließlich ist er erst sechzehn Jahre alt. Und es ist ganz gut, schon in diesem Alter gegen Liebeskummer geimpft zu sein ...

Im Moment sollte er nur wissen, daß sich dieses Mädchen keine zwei Jahre über ihn lustig gemacht hat. Sie wollte sich nur von seiner Liebe befreien, vor der sie plötzlich Angst bekam. Auch für sie war es nicht einfach, dieses Problem zu lösen und wahrscheinlich wußte sie gar nicht so recht, wie sie es anstellen sollte. Natürlich hat ihm das Mädchen wehgetan. Aber eine Zeitlang war sie von der Ehrlichkeit des Jungen auch sehr gerührt. Sie war einfach nicht die richtige Partnerin für den Jungen. Er soll sich einen Ruck geben und wieder Mut fassen. Schließlich sind noch andere Mädchen für ihn da ...

Immer mehr Jugendliche schreiben Ihnen über ihre Beziehungsprobleme. Eigentlich war das nicht gerade der Sinn unserer Sendung.

Lassen Sie mich dazu noch einmal ganz allgemein sagen: Irgendwann muß man schließlich das erste Mal Liebeskummer haben. Auf diese Weise ist man später dagegen besser gewappnet. Liebe kann wie eine Krankheit sein – jeder kennt den Zustand, ohne den man allerdings im Leben nicht auskommt. Je früher man sie hat, desto besser wird man sie später überwinden können, wenn sie einen überfällt. Das ernsthafte Suchen um die Nähe eines anderen fällt allerdings nicht unter diese Form. Sicherlich existieren auch Phasen im Leben, in denen man aus Liebe zu jemandem wie besessen ist, aber das Wichtigste ist doch, an sich selbst zu arbeiten, die Fähigkeit zu erlangen, sich selbst zu realisieren und sich mehr für die anderen als für sein eigenes Leiden zu interessieren. In einer Liebesbeziehung ist ja nicht nur die Tatsache entscheidend, daß man sich liebt, sondern auch, daß man sich darüber hinaus etwas zu sagen hat, gemeinsam etwas tun will usw. Das verstehe ich unter ›wahrer Liebe‹ und weniger, daß man sich ständig seine Liebe versichert und nur davon redet, daß einem der andere zu jeder Gelegenheit fehlt. Verabredungen sollte man so gestalten, daß sie für beide ein bereicherndes Erlebnis bedeuten. Es sollte nicht dabei bleiben, sich nur tief in die Augen zu sehen ...

Natürlich muß man sich auch gegenseitig anschauen, das gehört zur Liebe dazu, aber es reicht nicht aus bzw. lebt man die Liebe dann nur einseitig aus und vergißt dabei die gemeinsamen Entdeckungen, die man machen kann, das Neue, was jeder Tag mit sich bringt und die Zukunft.

Ich interessiere mich eigentlich eher für solche Jugendliche, die ihre Schwierigkeiten ganz konkret benennen. Mit der Liebe werden sie schon auf ihre Weise fertig. Wenn sie daran krank werden, kann ich ihnen auch nicht weiterhelfen. Dann käme wohl eher eine Psychotherapie in Betracht ...

74

Neue Mittwochsbriefe

Ich schlage Ihnen vor, daß Sie noch einmal ganz konkret auf einige Mittwochsbriefe eingehen. Beginnen wir mit dem Brief eines kleinen Mädchens. Sie schreibt: »Ich bin Halbwaise und habe keinen Vater mehr. Mein Bruder behauptet immer, daß ich zu mager sei. Er erfindet sogar Lieder dazu. Dabei stimmt es nicht. Ich bin nur etwas zu dünn. Es macht mich sehr traurig, daß er mir das immer sagt.« Das Mädchen ist siebendreiviertel Jahre alt und wurde ein Jahr früher eingeschult, weil es schon mit fünf Jahren lesen konnte. Es ist jetzt in der zweiten Klasse mit Kindern zusammen, die sowohl älter als auch stärker sind als sie. Die jetzige Lehrerin ist erst neunzehn Jahre alt und sozusagen ›Berufsanfängerin‹. »Ich trauere meiner vorigen Lehrerin nach«, schreibt das Mädchen, »weil sie mir immer Bücher ausgeliehen hat. Jetzt habe ich auch keine Freundinnen mehr, was mich sehr traurig macht. Ich hatte eine kleine Freundin, die ich sehr gern gemocht habe, aber leider ist sie jetzt in die Klasse mit den jüngeren und weniger guten Kindern gekommen, so daß ich sie fast nicht mehr sehe – außer beim Sport, denn dieses Fach haben alle Kinder zusammen bei der gleichen Lehrerin. Neulich wurde sie allerdings durch einen Sportlehrer vertreten, denn wir spielen ja auch Fußball, Basketball usw.« Dieser Lehrer hat mit dem Mädchen geschimpft, daß es nicht schnell genug wäre. Und dann hat er ihr noch gesagt: »Kannst du stricken? Es wäre wohl besser, du würdest dir Stricknadeln und Wolle besorgen und hier stricken!« Nun die Frage des Mädchens: »Was soll ich tun, wenn dieser Lehrer noch einmal in unseren Sportunterricht kommt?«

Ich danke dir für diesen Brief, liebes Fräulein. Mach dir keine zu großen Sorgen. Du bist sehr intelligent und weißt es selbst.

Aber die Intelligenz hat ja nicht nur etwas mit deinem Kopf und dem Lernen zu tun. Man muß auch die Intelligenz des Körpers trainieren. Sicherlich hat dich dieser Lehrer beleidigt, als er dir sagte, du solltest lieber stricken als Fußball spielen. Aber wahrscheinlich hat er das nur so dahingesagt und schon wieder vergessen. Du denkst zwar noch daran, aber er weiß es schon nicht mehr, daß er so zu dir gesprochen hat. Wenn er noch einmal in euren Sportunterricht kommt, gib dir einfach so viel Mühe wie du kannst und wie es dir dein Körper erlaubt. Dann wird er bestimmt mit dir zufrieden sein. Und vergiß nicht, daß die körperliche Geschicklichkeit und die Geschicklichkeit der Hände mindestens ebenso wichtig sind wie die schulischen Leistungen, also das Schreiben, Rechnen usw. Du hast übrigens eine wunderschöne Schrift ...
Und was die Bücher angeht, von denen du schreibst, kannst du sie dir vielleicht in der Stadtbücherei ausleihen. Dafür mußt du dir dann nur einen Ausweis besorgen.
Du schreibst auch, daß sich dein Bruder über dich lustig macht. Aber das tun doch alle Brüder! Er ist ja nur neidisch, daß du so dünn bist und so gut dabei aussiehst. Höre ihm einfach nicht zu oder wenn, dann lache darüber. Und fühle dich nicht als das Opfer seiner Sticheleien. Schließlich hast du genügend Trümpfe in der Hand.

Hier haben wir den Brief von einem kleinen David, der auf knallrotem Papier geschrieben ist.

Er ist acht Jahre alt und macht Judo. Er möchte von mir wissen, was man tun muß, um ganz stark zu sein. Er hat nämlich einen Freund, der ihn ab und zu einmal verprügelt. Und anscheinend ist dieser Freund etwas kräftiger als er.

Wahrscheinlich.

Also David, hör mal zu. Wenn man Judo macht, müßte man ihm doch leicht ein Bein stellen können. Und dein Freund kennt die Tricks nicht, weil er wahrscheinlich keinen Unterricht im Judo hat. Wenn er allerdings auch Judo macht, wird die Sache schon schwieriger. Aber vielleicht konntest du schneller als er eine bessere Qualifikation bekommen. Und dann zu dem roten Papier, auf dem du mir geschrieben hast. Du bist wohl ganz schön wütend auf deinen Freund und gleichzeitig auch ein wenig schüchtern ihm gegenüber. Ich gebe dir folgenden Rat: Wenn es zu einer Auseinandersetzung mit ihm kommt, mußt du ganz leuchtende Augen bekommen, so einen stechenden Blick, der ihm Angst einjagt. Sie müssen ganz wütend aussehen. Das wird ihm schon imponieren. Und dann könntest du dich bei deinem Vater, Bruder oder Onkel erkundigen, wie man die besten Faustschläge verteilt, wenn man dem Anschein nach noch nicht so stark ist. Da gibt es eine ganz bestimmte Art, mit der Faust zu schlagen!

Vor allem beim Judo, glaube ich ...

Nein, beim Judo wird ja gerade nicht mit der Faust geschlagen. Hier geht es nicht um Judo, sondern letztlich darum, wie man sich gegen jemanden, der einen schlägt, wehren kann. Man muß eine Technik erlernen. Manche Jungen beherrschen sie. Sie schlagen eigentlich nicht fest, nur gezielt, und das tut dann sehr weh.
Deine Faustschläge kommen wohl nicht richtig an ... oder wenn, kommen sie wie ein großer Luftballon beim anderen angesegelt. Und dann erwischt es dich, zack, zack. Du mußt es eben lernen und dir von jemandem beibringen lassen. Und dafür hast du vielleicht auch starke Freunde. Zwei Möglichkeiten gibt es also: Zum einen das Beinstellen, zum anderen sich mit der Faust zu wehren.

Sie haben ja tolle Tips auf Lager, Françoise Dolto! Aber der kleine David wird mit Ihrer Antwort wohl hochzufrieden sein.

Und sein Freund wird ihn nachher um so lieber haben.

Glauben Sie? Nach Ihren Vorschlägen ...

Ja, ich bin sicher. Der andere erwartet ja, daß er auf die Schläge, die er austeilt, vom anderen eine Antwort bekommt.

Und wenn ein Mädchen von einem Jungen einmal geschubst wird, heißt es doch, daß sie den Jungen eigentlich interessiert. Sie sollte ihm darauf antworten. Schlimm wird es meistens dann, wenn der andere seine Antwort immer schuldig bleibt...

Ein zwölfjähriger Junge schreibt: »Ich habe eine achtjährige Schwester. Meine Eltern sind beide achtunddreißig Jahre alt. Ich möchte Sie nun fragen, ob man Kindern erlauben soll, Schimpfworte zu gebrauchen. Ein Lehrer in unserer Schule verteilt immer eine Strafarbeit, wenn man solche Worte sagt und er es mitbekommt. Was sollen Eltern eigentlich machen, wenn sie hören, daß eines ihrer Kinder Schimpfworte gebraucht? Sollen sie es bestrafen oder es einfach lassen?« (Ich gehe auf den ganzen Brief ein, weil ich ihn so niedlich finde.) Er fragt weiter, ob man Kindern erlauben soll, mit Pistolen, Flinten und Knallgewehren zu spielen und ob das Spielen mit Waffen irgendeinen Einfluß auf das spätere Leben hat. Wörtlich schreibt er, daß Sie mit ihm einen »treuen Zuhörer« haben, der mit seinen Fragen »nur Gutes im Sinn habe...«. Er will sich bei Ihnen nur informieren, um seinen Eltern oder seiner Lehrerin sagen zu können: »Madame Dolto hat aber folgendes gesagt...«.

Sein Brief ist recht erstaunlich. Vor allem, daß er nicht von seinem eigenen Standpunkt aus schreibt. Was die Frage nach dem Gebrauch von Schimpfwörtern angeht, so möchte ich ihm sagen, daß er doch wissen muß, woran er diesbezüglich bei seinem Lehrer ist. Alle wissen, daß er Schimpfworte nicht ausstehen kann und die Schüler bestraft, die sie gebrauchen. Manchmal frage ich mich, ob die Kinder nicht ganz gern bestraft werden, wenn sie diese Worte trotzdem benutzen. Manche Schüler langweilen sich am schulfreien Mittwoch, den ganzen Tag zu Hause zu sein und machen dann ganz gerne eine Strafarbeit, nur um sagen zu können: »Diese Lehrerin ist echt doof, denn sie erlaubt nicht, daß man in ihrer Gegenwart einmal flucht usw....« Eigentlich ist man wohl in der Schule, um eine anständige Sprache zu erlernen. Man geht dort ja nicht hin, damit man später besser fluchen kann. Ich habe schon einmal den Eltern, die mit dieser Unsitte ihrer Kinder konfron-

tiert sind – das fängt bereits mit vier Jahren an – geraten, ihre Kinder dann zu bitten, diese Worte in einem anderen Raum zu sagen. Dir, junger Mann, gebe ich auch diesen Rat, wenn du den Mund einmal davon voll hast. Natürlich kommt es auch vor, daß einem ein solches Wort einfach herausrutscht, z. B. wenn einem etwas heruntergefallen ist, wenn man auf irgend etwas ausrutscht oder wenn man etwas kaputtmacht. Dann kann man nicht viel machen, es ist nachträglich ja nicht zu ändern. Man kann sich dafür entschuldigen. Also wenn man vor anderen Leuten etwa ›Scheiße‹ sagt, kann man sich vielleicht dafür entschuldigen. Aber hast du es eigentlich nötig, ständig Schimpfworte zu gebrauchen? Wenn es der Fall ist, solltest du einmal darüber nachdenken und außerdem immer ein Blatt Papier bei dir haben. Wenn dann ein solches Wort aus deinem Mund heraus will, schreibst du es einfach hin, aber wenn es geht, ohne Schreibfehler. Es gibt nämlich eine ganze Menge Schimpfworte. Du würdest eine ganz schöne Sammlung zusammenbekommen. Man sollte sie auch alle kennen, braucht sie aber nicht ständig auszusprechen, außer unter Freunden, wenn keine Erwachsene dabei sind. Denn ich kenne kaum Erwachsene, die einem Kind sagen würden: »Ach bitte, sag mir doch noch ein paar Schimpfworte, ich finde sie so schön.«
Was deine Frage in bezug auf Pistolen, Gewehre usw. angeht: Ich denke, daß Kinder eine Zeitlang immer wieder einmal Krieg spielen müssen, schließlich machen es ihnen die Erwachsenen ja täglich vor. Die gehen auch noch so weit, daß sie die Waffen sonntags auf Militärparaden zur Schau stellen und dazu auch noch Beifall klatschen! Ein Gewehr aus Holz oder eine Spielzeugpistole sind im Gegensatz zu diesen Waffen aber nicht gefährlich und ermöglichen es dem Kind, sich stark zu fühlen. Ich selbst kann diese Frage weder entschieden in die eine noch in die andere Richtung beantworten. Aber die Eltern haben jeweils ihre Meinung dazu. Und die Eltern sind halt so wie sie sind. Wenn man seine eigenen gewählt hat, muß man mit ihnen zurechtkommen, da hilft alles nichts. Man lebt mit ihnen zusammen. Wenn du eines Tages Vater wirst, wirst du deinen Kindern gegenüber das tun, was du für richtig hältst. Aber glaubst du, daß die Kinder, die nicht mit Pistolen spielen,

deshalb menschlicher oder gebildeter als die anderen sind? Ich bin mir nicht so sicher. Nur die jüngeren Kinder spielen im Grunde gern mit Pistolen und Gewehren. Später treten an deren Stelle richtige Kampfspiele, die bestimmten Regeln unterliegen, an die man sich halten muß, und die Selbstbeherrschung verlangen ... Judo, Karate oder auch Fußball. In deinem Alter wirst du dich bereits für solche Spiele interessieren, die nach festen Regeln ablaufen und die zum Teil eine regelrechte Kunst darstellen.

Ein zwölfjähriges Mädchen ist von seiner Tante und seinem Onkel adoptiert worden. Sie weiß, daß ihre Mutter, die sie verlassen hat, die Schwester der Adoptivmutter ist. Aber sie kennt den Namen ihres Vaters nicht und würde ihn gern erfahren, um ihn einmal kennenlernen zu können. Die Tante hat an sich nichts dagegen, fürchtet aber, daß es der richtigen Mutter wehtun würde. Nun möchte das Mädchen Ihren Rat.

Deine Mutter erwartet von dir, daß du sie lieb hast und ihr dankbar bist, daß sie dir die Möglichkeit gab, schon ab dem vierzehnten Lebenstag bei ihrer Schwester zu leben und ihre Adoptivtochter zu werden, weil sie dich allein nicht erziehen konnte. Ich glaube, daß es zumindestens im Moment nicht nötig ist, ihr zusätzlich wehzutun. Vielleicht wirst du später erfahren, wer dein Vater ist. Aber ich weiß nicht. Schließlich hat er sich nie um dich gekümmert. Bei deiner Mutter ist es etwas anderes, denn sie sagt, daß sie dich aus finanziellen Gründen zu ihrer Schwester geben mußte. Das war recht mutig von ihr, denn viele Mütter geben ihre Kinder in solchen Fällen in irgendein Heim, d. h. zu fremden Leuten. Und für sie selbst wird es auch eine sehr schwere Entscheidung gewesen sein, dich nicht bei sich zu haben. Und dafür kannst du ihr wirklich dankbar sein, daß du bei ihrer Schwester und deren Mann eine wirkliche Familie gefunden hast, die sich um dich gekümmert hat.

Ferner möchte sie von Ihnen wissen, ob Gedächtnisschwierigkeiten erblich bedingt sein können, denn sie hat erfahren, daß ihre Mutter unter psychischen Schwierigkeiten gelitten hat.

Nein. Und wer einen solchen Brief schreibt wie du, hat sicherlich keine psychischen Schwierigkeiten, auch wenn du manchmal unter Gedächtnisstörungen leidest. Man kann im übrigen sein Gedächtnis trainieren, etwa mit einer Liste von Worten, die man auswendig lernt. Man kann dann kontrollieren, ob man welche übersprungen hat. Und dann nach zwei oder drei Tagen kann man überprüfen, ob man noch alle kennt. Ich glaube, daß du gut dabei abschneiden wirst. Verliere nur nicht den Mut!

Jetzt der Brief eines siebzehnjährigen Jungen, der schwer krank gewesen ist. Bis zu seinem neunten Lebensjahr war er sehr fröhlich, doch dann wurde sein Leben zu einem wahren Alptraum. Er wurde körperlich schwer krank und trotz aller ärztlichen Bemühungen hat man die Ursache für seine Krankheit nie herausgefunden. Schließlich hat man ihn operiert. Einige seiner Symptome sind geblieben, auch hat er sich körperlich langsamer als seine Altersgenossen entwickelt und wirkt auch heute noch sehr schmächtig. Darunter leidet er, vor allem auch deswegen, weil sich seine Schulkameraden über ihn lustig machen (man nennt ihn z. B. ›Fräulein‹). In der Schule ist er zwei Klassen zurück, wenn man bedenkt, wie sehr er gelitten hat, eigentlich eine gute Leistung. Aber das Leben ist ihm gerade dort unerträglich geworden. Er schreibt: »Nur zu Hause, in der Familie fühle ich mich wohl, aber draußen halte ich es nicht aus.« Er fragt: »Bin ich einfach schlecht angepaßt oder durch meine Krankheit, die mich sehr mitgenommen hat, derart traumatisiert worden, daß ich mit der Gesellschaft nicht mehr zu Rande komme. Wie kann ich mein Selbstvertrauen zurückerlangen?«

Sie haben die Lösung ihres Problems doch schon selbst gefunden, wenn Sie angefangen haben, Erzählungen, Märchen und Gedichte zu schreiben. Machen Sie nur weiter so. Und wenn es

Ihnen wirklich unmöglich erscheint, weiterhin mit Ihren Schulkameraden auszukommen, könnten Sie die Schule vielleicht per Fernstudium absolvieren. Wenn Sie diesen Weg wählen, sollten Sie aber unbedingt darauf achten, weiterhin Kontakt zu Jungen und Mädchen Ihres Alters zu haben, in einem Verein, im Jugendzentrum usw. Vom Alter her sind Sie ja selbständig genug. Was Ihre Zurückstellung in der Schule angeht, sollten Sie sich keine Sorgen machen. Machen Sie sich klar, daß jemand, der so viel gelitten hat wie Sie und in seiner literarischen Betätigung bereits eine Möglichkeit zur Sublimierung (wie wir als Psychoanalytiker sagen) gefunden hat, niemals verloren ist. Sie müssen sicherlich viel von dem, was Sie versäumt haben, nachholen, aber Sie werden sich immer weiter nach vorn entwickeln. Was kümmert Sie die Meinung derjenigen, die nicht gern haben, daß man anders ist als sie selbst? Ich kann Ihnen versichern, daß Sie keinesfalls unnormal sind. Aufgrund der langen traumatischen Erfahrung mit Ihrer Krankheit können Sie einfach nicht das gleiche Leben führen wie die anderen Jugendlichen in Ihrem Alter. Wenn Sie in der Nähe einer Stadt wohnen, in der es eine psychologische Beratungsstelle gibt, können Sie auch einmal dorthin gehen. Sicherlich finden Sie dort jemanden, mit dem Sie gut sprechen können. Sie sollten aber nicht an sich verzweifeln, dafür gibt es wirklich keinen Grund.

75

Romeo und Julia waren 15 Jahre alt

(Jugendliche)

Eine Mutter schreibt uns, daß ihre fünfzehnjährige Tochter eine Beziehung zu einem achtzehnjährigen Mann hat. Jetzt machen sie und ihr Mann sich darüber große Sorgen. Im übrigen gehören zu dieser Familie noch ein sechzehnjähriger Sohn und zwei Töchter, die zehn bzw. zwei Jahre alt sind.
Die Mutter schreibt, daß ihr die Sexualaufklärung der fünfzehnjährigen Tochter keine großen Schwierigkeiten bereitet habe. Wie sie es genau angestellt hat, erfahren wir allerdings nicht. Aber die Tatsache, daß sie sich über die Beziehung ihrer Tochter zu dem jungen Mann jetzt so große Sorgen macht, zeigt deutlich, daß sie mit einer Entwicklungsetappe ihrer Kinder konfrontiert wird, mit der sie – wie viele andere Eltern auch – nicht zurechtkommt.

Obwohl sie doch von der ›normalsten‹ Sache der Welt in Panik geraten ist; das zeigt im übrigen auch die gesunde Reaktion der Tochter auf die Vorhaltungen ihrer Mutter – zumindest bis jetzt.

Beschäftigen wir uns aber zuerst mit der Reaktion der Mutter, nachdem sie festgestellt hatte, daß ihre Tochter von dem jungen Mann, der zur Zeit seinen Militärdienst leistet, Briefe erhielt: »Ich bin regelrecht in Panik geraten. Ehe ich meinem Mann alles mitteilte, mußte ich erst mehrere Tage nachdenken, wie ich mich am besten verhalten sollte. Sie ist doch noch so jung, und diese Beziehung kann ihr so viele Unannehmlichkeiten einbringen. Schließlich sind ihre Noten in der Schule auch nicht gerade berühmt. Das habe ich ihr übrigens gesagt, als sie mir vorhielt, man könne in anderen Familien über diese Probleme viel offener und mit viel weniger Ängsten sprechen als bei uns. Sie findet mich altmodisch. Und ich weiß nicht, was ich jetzt tun soll.« Dann redet sie noch von der ›verkommenen Epoche‹, in der wir leben und fragt, ob eine Liebesbeziehung im Alter ihrer Tochter normal sei.

Aber sicherlich! ›Romeo und Julia‹ waren schließlich auch fünfzehn Jahre alt. Die Geschichte hat zwar kein gutes Ende genommen, aber doch wohl aus anderen Gründen! Diese Frau hat im übrigen auch noch einen sechzehnjährigen Sohn, von dem sie uns nichts mitteilt. Ich hoffe, daß er auch seine ›Julia‹ hat. Liebesbeziehungen in diesem Alter sind ganz normal. Ich sehe, daß die Mutter auch noch schreibt: »Ich kann sie schließlich nicht zu Hause festbinden, damit sie mir nicht sonntags ausgeht.« Man fragt sich, ob es für sie nicht doch besser wäre, ihre Tochter ›festzubinden‹, so verwirrt scheint sie mir zu sein.

Sie schreibt auch noch: »Wenn ich nur sicher sein könnte, daß diese Beziehung keine schlimmen Folgen hat.«

Was versteht sie eigentlich unter ›schlimmen Folgen‹? Es ist durchaus möglich, daß dieses Mädchen in den Jungen ernsthaft verliebt ist und in dieser Beziehung für sich eine ernsthafte Zukunftsperspektive sieht. Warum auch nicht? Niemand weiß von vornherein, in welchem Alter sich das Schicksal einer Zweierbeziehung entscheidet. Es gibt Jugendliche, die sich seit ihrem fünfzehnten Lebensjahr kennen und lieben. Meistens heiraten sie aber erst, wenn der Junge einen Beruf erlernt hat, auch wenn das Mädchen dann häufig noch jünger ist als der Mann. Meine eigene Großmutter hat mit fünfzehn Jahren, meine Urgroßmutter mit fünfzehneinhalb Jahren geheiratet. Ich finde es ganz normal, mit fünfzehn Jahren verliebt zu sein – und dies vielleicht für sein ganzes Leben. Ich denke, daß sich diese Mutter irrt, wenn sie darin etwas ›Schlimmes‹ sieht. Ist denn Liebe etwa schlimm?

Ich glaube, wenn sie von den ›schlimmen Folgen‹ schreibt, hat sie nur Angst davor, daß ihre Tochter mit diesem Mann schläft. Sie fürchtet doch im Grunde die körperliche Liebe, denn sie fügt hinzu: »Ich habe auch von meiner Tochter erfahren, daß mehrere Sechzehnjährige aus ihrer Klasse bereits die Pille nehmen.« Also hat sie jetzt einfach Angst davor, daß ihre Tochter schwanger werden könnte ...

Sicherlich. Aber sie kommt mit dieser Generation, die vielleicht viel vernünftiger mit solchen Problemen umzugehen weiß als wir damals, nicht zurecht. Die jungen Leute lernen sich heutzutage schon sehr früh kennen und riskieren bei den ersten sexuellen Kontakten – dank den verschiedenen Verhütungsmethoden – kaum noch, ein Kind zu bekommen, das sie sich nicht gewünscht haben und das sie noch nicht richtig erziehen könnten, weil sie sich für eine Vater- oder Mutterrolle noch zu jung fühlen.
Und letztlich ist es auch nicht ›schlimm‹, ein Kind zu bekommen: warum sollte ein junges Mädchen kein Kind bekommen, wenn der Junge in Ordnung ist und die Familie des Jungen einverstanden ist? Es spielen zu viele Faktoren mit hinein, so daß ich auf dieses Problem keine endgültige Antwort zu geben weiß. Nur im Falle dieses jungen Mädchens ist es doch noch gar nicht soweit: die beiden jungen Leute lieben sich und sie schreiben sich gegenseitig Briefe. Das Mädchen war bisher mit Freundinnen und Freunden zusammen und es gibt keinen Grund, warum sie es nicht auch zukünftig sein sollte – nur weil jetzt die Liebe mit von der Partie ist ...

Und wenn ihre Tochter schwanger wird? Davor hat sie doch Angst. Und anscheinend auch davor, daß sie die Pille nimmt.

Ich halte sie eher für unfähig, die Tochter auf ihre Verantwortung als Frau vorzubereiten. Dieses Mädchen hat ihr doch selbst gesagt, sie sei ›vernünftig‹, was so viel heißt wie: »Ich will nicht zu früh ein Risiko eingehen.« Sie liebt einen netten Jungen, der seinerseits in sie ernsthaft verliebt ist. Warum sollen sie sich nicht sehen, warum wird er nicht eingeladen? Statt dessen werden ihre Treffen systematisch verhindert. Im übrigen finde ich es sehr gut, einen Jungen, in den ein Mädchen verliebt ist, einmal zu sich einzuladen, weil sich die beiden jungen Leute auf diese Weise über die Art der Erziehung, die

sie jeweils genossen haben, besser im klaren werden. Dies kann sich auf ihre Beziehung und Intimität nur positiv auswirken. Der Junge fühlt sich von der Familie des Mädchens akzeptiert und vielleicht wird das Mädchen auch einmal von der Familie des Jungen eingeladen. Ob ihre Liebe nun eine Perspektive hat, kann man anhand solcher Treffen nicht feststellen. Dies läßt sich im voraus sowieso nicht sagen.
Und noch etwas: das Mädchen ist fünfzehn Jahre alt und hat in der Schule schlechte Noten. Warum? Vielleicht hat sie es eilig zu leben, ernsthaft zu leben, d.h. alle Verantwortungen im Leben selbst zu tragen. Vielleicht sollte sie mit einer anderen Ausbildung beginnen, mit der sie in zwei oder drei Jahren einen Beruf ausüben kann, wenn sie vorhat, mit dem Jungen zusammenzubleiben. Ich weiß zu wenig über sie. Aber man muß mit ihr über alle diese Probleme sprechen und sie ernstnehmen. Irgend etwas ›Schlimmes‹ an dieser Geschichte kann ich wirklich nicht sehen. Wenn die Mutter nun sehr beunruhigt ist, kann sie vielleicht auch eine Beratungsstelle aufsuchen und hier – zunächst allein – mit jemandem reden, von dem oder der sie Hilfe bekommt. In ihrem Brief ist mir übrigens noch ein Detail aufgefallen. Sie schreibt, daß ihre Tochter ihr Tagebuch und die Briefe offen auf den Tisch oder in der Schublade herumliegen läßt. Das bedeutet doch, daß sie der Mutter nichts zu verbergen hat. Wenn die Mutter über das, was sie dort liest, allerdings so außer sich gerät, wäre es vielleicht besser, wenn die Tochter ihr Tagebuch und ihre Briefe vor der Mutter verstecken würde.

Der Vater sagt auch noch, daß sich die Mutter zum ›Helfershelfer‹ der Tochter machen würde.

Ich möchte gerne einmal wissen, was er damit meint. Ist seine Frau ›Helfershelfer‹ der Tochter, nur weil sie von der Beziehung zwischen ihr und dem Jungen weiß? Es ist ja wohl auch Aufgabe des Vaters, über solche Dinge einmal mit seiner Tochter zu sprechen. Liebe ist schließlich eine ernstzunehmende Angelegenheit im Leben. Dieser Mann war ja vielleicht auch einmal verliebt, als er achtzehn Jahre alt war. Beide Eltern gehen wohl davon aus, daß ihre Tochter noch ein Kind ist. Und dann erfahren sie, daß sie bereits ein junges Mädchen zu Hause haben und geraten außer sich. Noch einmal: Was das Mädchen tut, ist überhaupt nicht schlimm und im übrigen finde ich ihre Geschichte mit dem Jungen auch sehr schön.

Im folgenden Brief geht es um eine Familie mit vier Kindern: der Junge ist zwanzig, die Tochter siebzehneinhalb und die beiden anderen Jungen sind zwölf und zehn Jahre alt. Über ihre siebzehneinhalbjährige Tochter schreibt die Mutter folgendes: »Da ich selbst in meiner Kindheit keine Eltern mehr hatte, wollte ich zu meinen Kindern ein besonders enges Verhältnis. Und so war es mir auch gelungen, meine Tochter davon zu überzeugen, daß sie erst ab achtzehn Jahren Geschlechtsverkehr haben darf und erst ab diesem Alter die Pille bekommt. Vorher sollte sie zu einem Frauenarzt gehen, damit dieser sie in dieser Angelegenheit beraten kann.« Nun hat sie gerade erfahren, daß ihre Tochter die Pille insgeheim schon länger nimmt. Und jetzt hat sie Angst, daß die Pille ihre Tochter »krank« macht. Was soll sie tun, da man in dieser Familie über diese Problematik anscheinend noch nie gesprochen hat? Die Mutter fühlt sich auf jeden Fall hintergangen und lehnt es auch ab, ihrer Tochter nach deren »Beichte« zu helfen. Dem Vater wurde im übrigen nichts gesagt.

Die Mutter schreibt von ›Beichte‹, als hätte der Vorgang mit etwas Schuldhaftem zu tun. Es kommt mir so vor, als würde sie sich jetzt selbst ›schuldig‹ fühlen, nicht die phantastische Mutter gewesen zu sein, wie sie es sich vorgestellt hatte, wohl deshalb, weil sie in ihrer Kindheit selbst keine Mutter hatte. Aber sie kann getrost sein: sie ist eine sehr gute Mutter gewesen. Und jetzt sind weder ›Geständnisse‹ noch ›Beichten‹ notwendig. Der beste Beweis für ihre gute Erziehung ist doch, daß sich dieses Mädchen bereits selbständig und erwachsen fühlt, zugegebenermaßen früher, als es sich die Mutter vorgestellt hat... Die Mutter war der Meinung, daß man die Pille mit achtzehn Jahren nehmen kann – warum dann nicht ein halbes Jahr früher? Und warum auch nicht mit sechzehn oder fünfzehn Jahren? Wenn ein junges Mädchen in der Lage ist, die Verantwortung für sich selbst zu tragen, ohne dabei

Schuldgefühle zu empfinden, geht daraus doch hervor, daß es eine sehr gute Mutter gehabt hat. Wenn sie ein Verlangen nach einer sexuellen Beziehung hat, so war es doch sehr klug von ihr, keine Schwangerschaft zu riskieren und ein Kind in die Welt zu setzen, bevor sie sich eines wünscht. Sie ist sich über ihre Beziehungen zu Jungen eben noch nicht ganz im klaren und körperlich und seelisch noch nicht so ausgeglichen, daß sie ihren Eltern sagen könnte: »Ich möchte gern ein Baby bekommen.« Und da seine Tochter bereits fast erwachsen ist, sollte sich der Vater auch nicht in ihre Probleme einmischen. Für mich ist dieses Mädchen durch ihr Verhalten bereits erwachsen, viele Kinder sind dies heute bereits schon mit sechzehn Jahren. Das ist keine Frage des Alters, sondern der, wenn man so will, moralischen und geistigen Reife.
Die Mutter könnte ihr jetzt sagen, daß sie richtig gehandelt hat. Das Vertrauen des Mädchens in sie würde dadurch gestärkt.

Was meinen Sie generell zu dem Problem, wenn Mädchen etwa ab sechzehn Jahren die Pille nehmen möchten?

Diese Mutter hat zu ihrer Tochter gesagt: »Laß dir Zeit. Du bist mit vierzehn oder fünfzehn Jahren noch nicht reif genug ...«, und sie hat durchaus Recht gehabt, so mit ihrer Tochter zu sprechen. Ich habe nichts dagegen. Denn wenn sie darauf gehört hätte, wäre sie tatsächlich noch nicht reif genug gewesen. Wenn sie dann trotzdem gegen den Willen ihrer Mutter gehandelt hat, dann ist sie vielleicht leichtsinnig oder eben reif genug. Eine Mutter sollte, sobald ihre Tochter die erste Periode bekommt, mit ihr zu einem Frauenarzt oder einer Frauenärztin gehen. Sie könnte dann sagen: »Ich vertraue Ihnen meine Tochter an. Sollte sie einmal allein zu Ihnen kommen, so haben Sie mein Vertrauen.« Und der Tochter könnte sie sagen: »Wenn du zu einem Frauenarzt gehen willst, brauchst du es mir nicht zu sagen. Du bist jetzt ein junges Mädchen und es ist deine Sache. Ich habe es nur lieber, wenn du zu jemandem gehst, der mein Vertrauen hat. Deswegen habe ich ihn (oder sie) auch für dich ausgesucht. Und wenn man einen Familienarzt hat, kann man ihm auch im Beisein der

Tochter (etwa wenn sie vierzehn Jahre alt ist) sagen: »Von nun an ist meine Tochter alt genug, um allein zu Ihnen zu kommen. Wenn sie irgendwelche Frauenprobleme hat, können Sie sich mit ihr darüber unterhalten. Sie haben mein ganzes Vertrauen.« Es geht also nicht darum, irgendwelche Geheimnisse zwischen Mutter und Tochter aufzubauen, sondern dafür zu sorgen, daß ein Kind in bezug auf sein Sexualleben unabhängig und selbständig wird, ohne daß die Mutter andauernd Angst davor zu haben braucht, daß ihr die Tochter etwas verheimlicht. Sie soll eigentlich nur die ›Vorkehrungen‹ treffen und irgendwann wird die Tochter diese Selbständigkeit dann auch ergreifen.
Natürlich hindert dies keine Mutter daran, mit ihrer Tochter über derartige Probleme auch selbst zu reden. Aber es ist besser, daß man, sobald ein Mädchen die erste Regel bekommt, zu einem Frauenarzt geht, der im übrigen an die Schweigepflicht gebunden ist.

Zusammenfassend läßt sich also sagen, daß man mit den Kindern über ihre Sexualprobleme sprechen und nicht davor zurückschrecken soll, ihnen die ganze Wahrheit zu sagen.

Ja. Das Wichtigste ist, den Kindern die Sicherheit zu geben, die sie brauchen, um in den verschiedensten Lebensbereichen unabhängig zu werden. Und eine Mutter sollte sich auf ihre Mutterrolle nicht zu stark fixieren, denn irgendwann geht dann dieser ›Traum‹ für sie zu Ende. In Wirklichkeit ist sie immer die Mutter, die ihr Kind braucht und nicht die, die sie selbst zu sein glaubt oder sich einbildet, sein zu müssen.

Anhang
Beispiel einer Kinderpsychotherapie

Was ist eine Psychotherapie? Bei dieser mir von vielen Eltern gestellten Frage will ich mich im folgenden anhand eines konkreten Falls um eine verständliche Antwort bemühen. Es geht dabei um eine ›einfache‹ Psychotherapie oder, wie man sie auch nennt, ›unterstützende‹ Therapie.

Das Ziel einer solchen Therapie ist die Wiederherstellung des psychischen Gleichgewichts eines Patienten, das infolge eines *aktuellen* Ereignisses gestört wurde. Der Patient fühlt sich in seinem Handeln ohnmächtig, aber doch für seine Handlungsunfähigkeit *verantwortlich,* weil er letztlich weiß, daß er mit einem bestimmten, für ihn eher zufälligem, Ereignis nicht fertig wird. Seine Gefühle, die der konkreten Erfahrung nicht immer unbedingt entsprechen müssen, sind von Angst, Ärger oder Demütigung bestimmt und in den meisten Fällen blieb eine konkrete Hilfe von außen aus, die ihm vielleicht diese Gefühle genommen, sie zumindestens relativiert hätten. Dann wäre er mit der Niederlage, wie er sie für sich in bezug auf die Anforderungen der Wirklichkeit empfunden hat, wahrscheinlich besser fertig geworden. Eine konkrete Unterstützung hätte ihn veranlassen können, die Vorgänge in der Wirklichkeit in diesem Fall erst einmal hinzunehmen, ohne sich dafür nur allein verantwortlich zu fühlen. Seine Sensibilität für sie wurde aber um so mehr tangiert, als er durch das Gefühl, gescheitert zu sein, psychisch so zerbrechlich geworden ist.
Die Tatsache, daß der Patient *sein* Problem nicht lösen kann, führt bei ihm zu sich ständig wiederholenden Verhaltensweisen, und zwar sowohl als Reaktion auf sein angegriffenes Selbst als auch auf die Verhaltensweisen anderer ihm gegenüber. Seine emotionale, psychische und soziale Situation verschlim-

mert sich auf diese Weise ständig, bis er keinen Ausweg mehr aus ihr zu finden weiß. Manchmal wird er körperlich krank und manchmal entwickelt er funktionelle Störungen wie Schlaflosigkeit oder Kopfschmerzen. Vor allem beginnt er vor dem zu fliehen, was ihn früher entspannt hat. Es kommt ihm so vor, als wäre sein Leben verpfuscht. Seine spürbare Unfähigkeit bringt ihn zur Verzweiflung. Ihn bedrücken Minderwertigkeitsgefühle und Schuldgefühle. Er beginnt zu regredieren, weil er mit seinen Konflikten und dem, was er eigentlich will, nicht zu Rande kommt. Und genau dies wirkt sich wiederum negativ auf seine gesamte Persönlichkeitsstruktur aus. Da er sich für seine psychische Verfassung selbst die Schuld gibt, sich also schuldig fühlt, kann es vorkommen, daß er tatsächlich eine strafbare Handlung begeht, um seine Schuldgefühle in der Realität bestätigt zu sehen. Er kann daraus sogar eine gewisse Lust beziehen. Vielleicht entwickelt er infolge seiner Verzweiflung auch die Wahnvorstellung, daß er bald stirbt, vielleicht durch einen Unfall, und es kann dann vorkommen, daß er einen solchen Unfall auch tatsächlich herbeiführt. Er richtet die Aggression, die er, ohne es zu wissen, auf ein ihm nicht bekanntes Objekt richtet, gegen sich selbst. Gewinnen im Rahmen solcher Schuldgefühle die bewußten depressiven Tendenzen seiner Persönlichkeit die Oberhand, leidet er an unbestimmten Ängsten und fängt an zu trinken oder Drogen zu nehmen, um seine ganze Hilflosigkeit vergessen zu machen. Oder er begeht Selbstmord.

PAUL (achteinhalb Jahre) ist ein intelligentes Kind. Aber seit Beginn des Schuljahres entwickelt er gegenüber der Schule eine krankhafte Angst. Jetzt ist es bereits Mitte April und er geht seit einigen Wochen überhaupt nicht mehr in die Schule. Seinen Eltern hat er davon nichts gesagt.
Alles fing damit an, daß er sein Hausaufgabenheft verlor. Dann fälschte er seine Noten und bekam deswegen Strafarbeiten auf. Er war immer mehr gegen die Schule eingestellt. Und schließlich trat für seine Eltern die Katastrophe ein: Paul sollte auf eine Sonderschule oder in ein Heim für verhaltensgestörte Kinder geschickt werden. Für die Rektorin der Grundschule

war er zu weit gegangen und sie wollte sein Verhalten nicht länger bei sich dulden.
Noch am Ende des letzten Schuljahres hatte er zu den besten Schülern gezählt, das war im Kindergarten und in der Vorschulklasse genauso gewesen. Er besucht die gleiche Schule, in der auch seine Vorschulklasse untergebracht war. Seine Lehrerin besaß an der Schule einen guten Ruf als Pädagogin. Obwohl sich die Schüler vor ihr fürchteten, wurde sie von ihnen sehr geschätzt. Für Paul war das vorige Schuljahr also sehr erfolgreich gewesen. Er war mit einer Jugendgruppe in den Ferien unterwegs gewesen und hatte anschließend zusammen mit seinen Eltern und seinem fünf Jahre jüngeren Bruder noch einige Wochen bei den Großeltern mütterlicherseits auf dem Lande verbracht. Alles war bis dahin in Ordnung und er kam Anfang September gesund aus den Ferien zurück. Die Kinder fuhren mit dem Vater etwas früher als geplant nach Hause, weil der Großvater krank wurde. Man dachte, daß er sich schon recht bald erholen würde und die Großmutter, sobald ihr Mann wieder gesund sein würde, ihrerseits die Familie ihrer Tochter besuchen würde. Denn die Mutter von Paul war zu dieser Zeit bereits hochschwanger. Das Kind kam einige Tage nach der Rückkehr der beiden anderen Kinder, die dann wegen der Geburt bei einer Tagesmutter, die sie schon immer betreut hatte, untergebracht wurden.
Das Baby kam zwei Monate vor dem errechneten Geburtstermin. Die Mutter hatte damit gerechnet, daß ihre anderen beiden Kinder bis zum Beginn des Schuljahres noch bei ihrer Mutter bleiben könnten, um sich selbst besser von der Geburt erholen zu können. Sie war sehr erschöpft, vielleicht weil sie fast bis zum Ende ihrer Schwangerschaft gearbeitet hatte. Und dann wollte die Mutter später zu der Großmutter ihrer Kinder fahren, um sie ein wenig zu unterstützen. Aber der Zustand des Großvaters hatte sich in der Zwischenzeit verschlechtert. Seine Frau mußte bei ihm bleiben. Er hatte Krebs und starb im Januar. Zu Neujahr war die ganze Familie bei den Großeltern das letzte Mal zu Besuch gewesen.

Pauls Mutter hätte ihren Vater vielleicht zu dieser Zeit nicht mehr sehen sollen. Er sei nicht mehr zu erkennen gewesen.

Wenn sie davon erzählt, fängt sie an zu weinen. Er war auch schon zu müde, um die Kinder bei sich haben zu können, hat aber seine kleine Enkelin noch erlebt: »Ich wollte, daß er sie wenigstens einmal gesehen hat«, sagt die Mutter und weint. »Die Kinder liebten ihren Großvater sehr, wir hatten ihn alle gern, denn er war ein guter Mann. Mein Mann, selbst Einzelkind wie ich, hatte seine Eltern schon mit acht Jahren verloren und wurde von der Großmutter mütterlicherseits erzogen, die nach der Geburt unseres zweiten Kindes gestorben ist. Wir alle hatten sie sehr lieb. Sie ist bei uns gestorben.« Und wieder weint sie: »Jetzt haben wir nur noch meine Mutter.«
Der Vater von Paul, also ihr Mann, ist Lastwagenfahrer. Wochentags ist er nicht zu Hause, lediglich an den Wochenenden. Mann und Frau verstehen sich gut. Alle Kinder waren Wunschkinder. Das Paar hatte sich drei Kinder gewünscht, weil sie beide darunter gelitten hatten, Einzelkinder gewesen zu sein. Wenn der Vater zu Hause ist, kümmert er sich rührend um seine Kinder und hilft auch seiner Frau.
Sie ist Büroangestellte. Ihre Arbeit gefällt ihr und sie hat nette Kollegen. Sie arbeitet in der gleichen Firma in der sie ihren Beruf erlernt hat, auch ihre Mutter arbeitete schon dort. Sie hat übrigens die Stelle ihrer Mutter übernommen, als diese in Rente ging, vor allem weil ihr Mann, der zehn Jahre älter war als sie, mit fünfundsechzig Jahren aufgehört hatte zu arbeiten. Er war in einer Firma beschäftigt, die Blumensamen produziert. Die Mutter hat eine glückliche Kindheit verbracht. Die Ferien waren sie immer auf dem Land im Hause ihrer Großmutter. Schon damals lernte sie ihren jetzigen Mann kennen. Und als sie heirateten, stellten ihnen die Eltern der Mutter ihre Wohnung in Paris zur Verfügung und zogen endgültig in das Haus ihrer Großmutter in der Normandie.
Die Mutter kommt im Rahmen unserer Unterhaltung wieder auf die Ereignisse im September letzten Jahres zurück.
»Die Kleine ist also kurz vor Beginn des neuen Schuljahres geboren. Ich konnte den Kleinen nicht mehr selbst in den Kindergarten bringen. Er wurde von der Tagesmutter dorthin gebracht. Bei Paul war es etwas anderes, denn er war ja gewöhnt, allein in die Schule zu gehen. Am Wochenende war dann mein Mann zu Hause, so daß auch die Kinder wieder den

ganzen Tag bei uns blieben. Ich war noch sehr müde, aber es ging trotzdem schon wieder bergauf, wir waren ja so froh, ein Mädchen bekommen zu haben. Paul brachte fortan seinen kleinen Bruder jeden Tag in den Kindergarten, von wo ihn die Tagesmutter abholte. Nach der Schule ging er dann auch zu ihr, aß dort zu Mittag und blieb bis zum Abend. So lief es immer, wenn ich tagsüber bei der Arbeit war.«
Paul war mit der Schule immer irgendwie klargekommen. Man machte nicht viel Aufhebens darum. Seiner Mutter half er viel. Ab und zu erzählte er dann von der Lehrerin, daß sie ihm so viele Strafarbeiten aufgab, er mußte abends viele Seiten abschreiben. Seine Mutter hielt ihm manchmal eine Moralpredigt. Aber sie konnte sich nicht sehr um ihn kümmern, weil sie so viel zu tun hatte und außerdem noch sehr erschöpft war. Hinzu kam damals noch die Sorge um ihren Vater ...
»Und dann fing ich wieder zu arbeiten an, es mußte ja sein. Ich habe das Baby in die Krippe gebracht und dann abends wieder abgeholt. Die Tagesmutter meines zweiten Kindes war inzwischen zu alt geworden, um sich um die Kleine kümmern zu können. Aber auch mein zweiter Sohn ist später noch in die Krippe gegangen. Paul nicht. Paul wurde von meiner Mutter beaufsichtigt, als er noch klein war. Später kam er zu einer Frau, die meine Mutter bei einem Spaziergang kennengelernt hat. Sie hatte akzeptiert, Paul zu nehmen, nur ganz kleine Kinder wollte sie nicht mehr haben. Sie kümmerte sich auch noch um einen anderen Jungen, Paul war also nicht allein bei ihr. Die beiden mochten sich gern. Als dann mein zweiter Sohn laufen konnte, hat sie ihn auch noch genommen. Sie kümmerte sich sehr gut um ihn. Sie ging oft mit ihm spazieren. Es war schon besser als in der Krippe. Sie wohnte auch in unserer Nähe. Wenn die Kinder erkältet sind, nimmt sie sie trotzdem. In der Krippe machen sie es nicht. Sie schicken die Kinder, die krank sind, einfach nach Hause. Dann muß man sie in die Klinik bringen. Aber meine Mutter kam in solchen Fällen oft zu uns nach Hause, um die Kinder zu versorgen. Solche Kinderkrankheiten wie Masern, Windpocken oder Röteln sind ja nicht schlimm und die Kinder stecken sich schnell bei jemandem an, wenn sie in der Schule oder noch im Kindergarten sind. Es ist nun mal so. Sonst sind wir alle kerngesund.

Aber jetzt macht mir Paul große Sorgen.« ... »Nach dem Tod meines Vaters wurde meine Mutter krank. Sie hat in ihrem Leben zuviel gearbeitet und hatte es mit dem Herzen. Sie hat dann bei uns gewohnt. Und dies war nicht einfach, da wir eine kleine Wohnung und drei Kinder haben. Ihr Hausarzt hat sie zu einem Facharzt geschickt, der sie jetzt behandelt. Sie bräuchte viel Ruhe, hieß es.«

Die Großmutter war zu dieser Zeit sehr deprimiert. Sie konnte den Lärm und die ständige Unruhe durch die Kinder nicht mehr aushalten. Nachdem sie früher mit ihnen so gut ausgekommen war, fing sie jetzt an, pausenlos mit ihnen zu schimpfen.

Die Mutter von Paul mußte – sie hoffte vorübergehend – mit ihrer Arbeit aufhören, um sich um die eigene Mutter kümmern zu können. Und was wurde aus Paul selbst? »Seine Noten fielen im ersten Viertel des neuen Schuljahres in allen Fächern schlecht aus. Ich sah schon kommen, daß er ein Jahr verlieren würde. Ich bin nach dem Tod meines Vaters zu seiner Lehrerin hingegangen. Sie war ganz gegen ihn aufgebracht: Er würde nichts tun, die Klasse ständig stören, nicht zuhören, er wäre faul, laut und unerträglich. Im allgemeinen würde sie nicht viele Hausaufgaben aufgeben, trotzdem hätte er sie nie gemacht: entweder hatte er sie völlig vergessen oder machte er sie sehr schlampig. Er hätte auch eine kleine und unleserliche Schrift. Offensichtlich ist sie von ihm enttäuscht. Er wäre nicht das Kind, von dem ihr so viel Gutes berichtet worden sei. In der Klasse verhält er sich entweder unmöglich oder er schläft. Mit ihm auszukommen sei deswegen nicht mehr möglich.«

Die Mutter hatte durchaus bemerkt, daß sich Paul verändert hatte – er sah immer blaß aus und hatte keinen Appetit mehr. Aber daß er laut wäre, hat sie nicht glauben wollen:

»Zu Hause hörte man ihn kaum. Er gibt sich viel Mühe, mir zu helfen. Er ist nett und hilfsbereit. Sicherlich ist er ein nervöses Kind. Der Arzt hat es mir auch bestätigt. Er schläft unruhig und hat öfter Alpträume. Seitdem die Großmutter bei uns wohnt, schlafen alle drei Kinder in einem Zimmer. Wenn die Kleine nachts gekommen ist, ist Paul aufgestanden. Damit ich schlafen konnte, hat er ihr das Fläschchen gegeben und ihre Windeln gewechselt, so wie es mein Mann normalerweise tut, wenn er da ist. Wenn sie schrie, mußte man sie herumtragen, daß sie ruhig wurde – wegen der Nachbarn. Am Anfang schlief die Kleine jedesmal nach dem Fläschchen sofort wieder ein. Aber seit sie in der Krippe war, hatte sie ihren alten Rhythmus verloren und schlief nicht mehr durch. Jetzt ist es schon besser, es hat sich wieder eingependelt. Das Problem ist jetzt mein zweiter Sohn ... Seitdem wir Weihnachten das letzte Mal bei meinen Eltern waren und sein Großvater ihn nicht wiedererkannt hat, leidet er nachts unter Alpträumen. Er weckt Paul auf, der ihn dann beruhigt. Es könnte sein, daß Paul mittlerweile schon selbst an diese Alpträume glaubt.« ... »Als meine Mutter bei uns war, fing bei Paul der Horror vor der Schule an und er ging dann wohl auch nicht mehr hin. Damals wußten wir es noch nicht. Er ging morgens aus dem Haus und kam abends wie immer mit seinem jüngeren Bruder von der Tagesmutter zurück. Er aß ja auch nicht mehr in der Schule sondern bei ihr. Wenn ich ihn fragte ›Wie geht es in der Schule?‹ antwortete er zögernd und ungern: ›Es geht nicht so gut. Sie kann mich nicht ausstehen. Ich weiß nicht, was ich ihr getan habe. Ich habe die Schule satt.‹ Ich versuchte dann immer, ihn zur Vernunft zu bringen. Von der Schule haben wir ja nichts erfahren, ich meine, man glaubte dort anfangs nur, er sei wirklich krank und würde deswegen nicht kommen. Dann hat ihn eines Tages ein Mitschüler auf der Straße gesehen und es der Lehrerin berichtet. Daraufhin bekamen wir einen Brief von der Rektorin. Ich bin zu ihr hingegangen. Ich habe nicht fassen können, was passiert war. Die Rektorin hat gesagt, daß mit Paul irgend etwas nicht stimmen würde, denn ohne Grund würde sich ein Kind nicht so verändern.

Vorher war ich mit Paul schon bei einer Psychologin gewesen, um ihn testen zu lassen, ob seine schlechten Leistungen in der Schule von daher kommen, daß er nicht intelligent genug ist. Aber die Psychologin meinte, er sei intelligent, nur würde er sehr leicht ermüden; außerdem sei er zu sensibel. Wir hatten damals um Neujahr den Großvater gesehen und er war traurig, so wie wir alle. Die Psychologin sagte, zur Zeit würde er die Schule ablehnen und wir sollten mit ihm zu einem Arzt gehen. Der Arzt sagte, daß Paul verhaltensgestört sei und auf eine Sonderschule für Verhaltensgestörte gehen müsse. Er solle dort, wie in einem Internat, auch leben. Wir sollten ihn nicht mehr bei uns haben. Ich weiß nicht, was mit ihm los ist. Er verhält sich in der Schule völlig anders als bei uns zu Hause. Man könnte glauben, daß es sich nicht um das gleiche Kind handelt. Ich habe ihm gesagt, daß wir uns um ihn Sorgen machen würden und ihn gefragt, warum er sich so verhält. Er sagte, es wäre nicht seine Schuld. Einmal habe ich ihn daraufhin angebrüllt: ›Es ist aber auch nicht meine Schuld oder die Schuld deines Vaters. Wir haben das nicht verdient.‹ Aber er war völlig verstockt und sagte, es wäre wohl das beste, wenn er sterben würde. Manchmal habe ich Angst, daß er eine Dummheit begeht. Ich weiß nicht mehr, was ich tun soll.

Nachdem ich bei der Klassenlehrerin gewesen war und nach den psychologischen Tests war mein Mann sehr ärgerlich; er hat ihn geschlagen, was er sonst noch nie getan hatte. Ich dachte, vielleicht könnte ihn eine Tracht Prügel dazu bewegen, sein Verhalten zu ändern. Mein Mann hat ihn einmal, als er krankgeschrieben war, selbst in die Schule gebracht. Die Rektorin hat uns die Anwesenheitslisten gezeigt. Ich glaube, er war zum ersten Mal kurz nach dem Besuch bei meinen Eltern der Schule ferngeblieben. Ich habe mir gedacht, daß es schade ist, daß sich ein so intelligentes Kind derart dumm verhält. Vielleicht waren wir mit ihm nicht streng genug.

Ich habe dann dafür gesorgt, daß er während der Osterferien morgens länger ausschlafen kann. Ich hatte ja aufgehört zu arbeiten, um bei meiner Mutter zu bleiben. Ihr ging es damals nicht gut. Ich konnte sie nicht im Stich lassen. Der zweite Junge war den ganzen Tag bei seiner Tagesmutter, da meine Mutter ihn nicht um sich ertragen konnte. Sogar die Kleine habe ich in die Krippe gebracht, damit sich meine Mutter ausruhen kann. Der Arzt hatte gesagt: ›Viel Ruhe und kein Ärger.‹ Dann dachte meine Mutter ständig an meinen Vater, an sein Grab usw. Ich glaube, es war für die Kinder nicht so gut, ständig damit konfrontiert zu sein. Sie wissen, wie schwierig das Leben in einer zu kleinen Wohnung ist; die Kinder verbreiten überall ihre Unordnung, sie brauchen Bewegung, vor allem der Kleine, denn Paul hat man praktisch nicht gehört. Er schlief morgens bis spät und blieb dann bei seiner Großmutter. Ich kochte das Mittagessen, danach ging er zu der Tagesmutter.

Sie geht mit den Kindern immer im Park spazieren, wenn das Wetter schön ist. Ich bin zu Hause nervös, ich ärgere mich wegen irgendwelcher Kleinigkeiten und brülle die Kinder an. Danach mache ich mir immer Vorwürfe, was aber nichts hilft. Ich weiß wirklich nicht mehr, was ich tun soll! Selbst wenn der Vater nach Hause kommt, ist die Atmosphäre angespannt. Früher war es immer wie ein kleines Fest: ›Pappi kommt.‹ Jetzt muß man mit Paul schimpfen, damit er überhaupt ißt. Er hat keinen Appetit mehr. Auch daran sieht man, daß es ihm nicht gut geht.« (Auch ihr geht es nicht gut: sie sieht schlecht aus, sie wirkt erschöpft und ist sehr mager.)

Nach diesem langen Monolog der Mutter wollen wir jetzt die Meinung des Vaters hören.
»Was denken Sie über Ihren Sohn, der Ihnen so viel Kummer bereitet?«
»Ich verstehe die ganze Sache nicht. Er war doch immer so ein netter Junge gewesen. Jetzt ist aus ihm ein Dickkopf geworden. Ich fürchte, daß für ihn die Schule gestorben ist. Er interessiert sich nicht mehr dafür. Früher ist er ja hingegangen. Er war auch immer ganz stolz auf seine guten Zeugnisse. Er zeigte sie mir, wenn er nach Hause kam. Und ich war immer froh darüber. Jetzt kann ich nichts mehr machen. Alle Versprechungen oder Beschimpfungen nutzen gar nichts. Ich habe ihn sogar einmal geschlagen. Manche behaupten, das würde bei Kindern helfen. Aber es ist eigentlich nicht meine Art. Ich finde es nicht gut, Kinder zu schlagen. Ich glaube, es war das einzige Mal in meinem Leben, daß ich ein Kind schlug ... Jetzt hat er Angst vor mir. Und alles nur wegen dieser Lehrerin, die ihn nicht ausstehen konnte. Nach Ostern wurde es ja immer schlimmer. Er ging einfach nicht mehr zur Schule, wie wir nachträglich erfahren haben. Es war nichts zu machen. Von der Schule will er nichts mehr wissen. Er würde lieber sterben als wieder dort hinzugehen ...
Einmal habe ich ihn persönlich hingebracht. Er ist auch hineingegangen. Aber ich weiß nicht, was er dann getan hat. Denn er war auch an diesem Tag als fehlend eingetragen. Er hat sich wahrscheinlich auf dem Klo versteckt und ist dann abgehauen. Wer weiß, wo er sich immer herumtreibt. Vor mir

hat er Angst, vor seiner Lehrerin – nur auf der Straße hat er keine ...«
Der Vater, der sich schuldig fühlt und ängstlich ist, schweigt eine Weile. Dann fährt er fort:
»Ich habe versucht, mit ihm im Beisein seiner Schulkameraden zu reden, damit er sich schämt. Ich habe ihm gesagt: ›Du mußt wie ein Mann handeln, sie wird dich schon nicht auffressen. Tue dein Bestes. Du bist intelligent und wirst es schon packen.‹ Er meinte, das würde alles nichts nutzen. Wenn er in der Schule zuhört, würde er überhaupt nichts mehr verstehen. Früher habe er alles verstanden. Er sagte, daß sich seine Mitschüler über ihn lustig machen würden. Sie würden ihn in der Pause auslachen ... Von seinen Klassenkameraden habe ich erfahren, daß die Lehrerin immer Strafarbeiten verteilt, bei denen die Kinder bis zu vier Seiten immer wieder denselben Satz, z.B. ›Ich darf im Unterricht nicht schlafen‹, schreiben müssen. Er hätte seine Strafarbeiten aber nie gemacht. Er behauptete, sein Heft vergessen oder verloren zu haben. Die anderen haben sie immer gemacht. Ihm hat sie immer zwei- oder dreimal so viel aufgegeben. Einmal hat sie ihm gesagt: ›Wenn du mir deine Strafarbeiten nach den Ferien nicht mitbringst – es war gerade Ostern –, dann brauchst du überhaupt nicht mehr zu kommen.‹ Genau das hat er dann gemacht ... Ein Dickkopf ist er, sage ich Ihnen. Ich denke aber, daß sie hätte nachgeben sollen. Sie hat ihm zuviel aufgegeben. Sie hätte weniger Seiten geben sollen. Ob er sie aber gemacht hätte? Das ist ja die Frage.«
»Was werden Sie jetzt tun?«
»Ich weiß es wirklich nicht. Ich habe meinen Jungen schon sehr lieb. Er macht's nicht mehr lange. Ich persönlich glaube, daß er nicht verhaltensgestört ist, wie behauptet wurde. Vielmehr denke ich, daß er sich geärgert hat und sich bockig verhält. Jetzt hat er einfach Angst.
Am Anfang ging er gern in die Schule. Er war ja auch ein guter Schüler. Dann kam die Geburt meiner Tochter. Meine Frau war erschöpft und dann gab es ja noch die Geschichte mit dem Großvater. Er konnte sich vielleicht deshalb nicht auf den Unterrichtsstoff konzentrieren. Er erzählte, es wäre so schwer, die Lehrerin würde ihn nicht mögen, sie wäre sehr streng und

er würde nicht mitkommen. Ich habe versucht, ihm Mut zu machen: ›Du wirst es schon packen!‹ Zu Hause hat er für uns ja alles getan, vor allem meiner Frau hat er viel geholfen. Ich habe ihm gesagt: ›Ich verlasse mich auf dich.‹ Vielleicht habe ich ihn auch überfordert. Er ist schließlich erst acht Jahre alt bzw. wird bald neun.
Dann kam sein Zeugnis: ›Schlecht, faul, arbeitet nicht, furchtbare Schrift‹. Wir haben uns dann gedacht, meine Frau und ich, ob es an seinem Gehirn liegt und ihn zum Psychologen geschickt, damit man mit ihm bestimmte Tests macht. Wir waren ja dann beruhigt. Die Psychologin hat gesagt, er wäre intelligent, aber daß er die Schule völlig ablehnt. Er würde schnell ermüden, deswegen sollten wir ihn von einem Arzt untersuchen lassen. Außerdem wurde uns eine Psychotherapie empfohlen. Das könnte helfen. Wir waren aber mißtrauisch. Vielleicht haben wir uns damals geirrt ...
Danach ist meine Frau zu der Lehrerin gegangen. Erst durch sie haben wir erfahren, daß er in der Schule unruhig, laut und unaufmerksam sei und andauernd den Unterricht stören würde – also das Gegenteil von dem, was er zu Hause ist. Meine Frau sagte zu mir: ›Sie hat etwas gegen ihn.‹ Ich dachte, ein Junge, der ist schließlich kein Engel. Er muß sich eben austoben. Aufgrund der Testergebnisse war ich eigentlich beruhigt. Aber die Geschichte mit den Strafarbeiten habe ich ja nicht gewußt. Zwischen ihm und der Lehrerin herrschte ein ständiger Machtkampf. Keiner wollte nachgeben. Das hat das Klima zwischen den beiden verdorben. Man erzählt, daß sie auf diese Weise andere Schüler schon in den Griff bekommen hätte. Sie hatte bei ihm wohl nicht erwartet, daß er so ein schlechter Schüler sei. Und er selbst hat uns ja über die Schule gar nichts mehr erzählt. Wenn man ihn fragte, wie es in der Schule ginge, antwortete er immer: ›Es geht. Sie kann mich nicht ausstehen.‹ Ich habe dann häufig gelacht und gesagt: ›Solche Frauen gibt es nun einmal. Du hast eben kein Glück mit ihr gehabt.‹ Aber er selbst lachte nie darüber. Meine Frau hat Ihnen ja erzählt, daß wir zu dieser Zeit sehr gestreßt waren: Sie hatte wieder zu arbeiten begonnen und meiner Schwiegermutter ging es auch nicht gut. Sie, die sonst so herzlich war, beschimpfte die Kinder andauernd, als ob sie keine Gefühle hätten ... Wenn wir nicht

gewußt hätten, daß ihr Mann gestorben war ... Zu Hause war es jedenfalls nicht gerade lustig. Ich habe zu meiner Frau gesagt: ›So kann es nicht weitergehen. Du mußt aufhören zu arbeiten. Später kannst du ja wieder hingehen. Die Leute kennen dich in deinem Betrieb doch schon lange. Sie werden es verstehen.‹ Das hat sie dann auch getan.«

Er schweigt und denkt nach.

»Der Großmutter geht es gesundheitlich jetzt besser. Der Arzt ist ganz zufrieden. Es waren die großen Anstrengungen und die Trauer. Jetzt ist es mit ihrem Herzen auch wieder ganz in Ordnung. Sie hat es schon überwunden. Sie hat beschlossen, zu sich nach Hause zurückzukehren. Es ist bei uns wirklich zu eng. Außerdem muß sie ja irgendwann wieder zu sich nach Hause gehen. Sie ist auch zu den Kindern wieder lieb. Sie ist eine nette Frau. Sie sagt, daß Paul im Grunde seines Herzens ein guter Junge ist. Er wäre immer nett zu ihr gewesen. Schließlich hat sie ihn großgezogen ..., ich meine damit, daß sie nach seiner Geburt bei uns war und sich um ihn gekümmert hat. Das erste Enkelkind hat sie ganz glücklich gemacht. Sie hat auch diese Tagesmutter – auch eine sehr nette Frau – für uns gefunden. Wir haben Glück gehabt ...«

Wieder entsteht ein langes Schweigen.

»Ich möchte nicht, daß mein Kind auf eine Sonderschule oder in so ein Heim kommt. Daß ihn die Schule nicht mehr haben will, ist schon verständlich und irgendwo hat er es auch verdient. Aber er sollte auf keinen Fall mit gestörten Kindern zusammensein, die Eltern haben, die sich nicht lieben. Ich kenne solche Kinder, deren Eltern sich überhaupt nicht verstehen und die ihre Kinder vernachlässigen. Daß mein Kind mit dieser Art von Kindern zusammensein soll ..., nein, auf gar keinen Fall! Ich will ihm helfen. Er muß da rauskommen.«

Es wird folgende Entscheidung getroffen: Da das Schuljahr für Paul ›gelaufen‹ ist und er gegenüber der Schule eine Phobie entwickelt hat, wird man Paul mit dem Thema ›Schule‹ vorerst nicht mehr plagen. Statt dessen soll er zweimal in der Woche zur Psychotherapie kommen. Seine Eltern können ihn abwechselnd dorthin begleiten. Mit einer Sonderschule oder einem Heim wird nicht länger gedroht.

Der Vater ist mit dieser Regelung einverstanden. Wenn die Schule seinen Sohn zu Beginn des neuen Schuljahres dann immer noch nicht nehmen würde, will er für ihn eine andere Schule suchen, notfalls auch dafür bezahlen. Ich sage ihm, daß ich diese Überlegungen für vernünftig halte.
Ich sehe dann Paul das erste Mal zusammen mit seinen Eltern, um ihm zu erklären, was für eine Art von Behandlung eine Psychotherapie ist. Ich sage ihm, daß es sich um regelmäßige Sitzungen mit mir handelt, die von der Krankenkasse bezahlt werden. Paul lehnt nicht ab. Er ist niedergeschlagen, resigniert, schaut verstohlen seine Eltern an, die ihre ganze Hoffnung in diese Therapie setzen – sie sehen darin im Grunde den allerletzten Ausweg aus ihrer ganzen Bestürzung.

Warum findet in einem solchen Fall nun eine unterstützende Therapie und keine Psychoanalyse statt? Das Kind war vor einem Jahr noch gesund. Er ist nach einem ganz normalen Schwangerschaftsverlauf gesund auf die Welt gekommen. Es war ein Wunschkind, das viel Liebe bekommen hat. Er wurde ein paar Wochen gestillt. Das Abstillen bzw. die Umstellung von der Brust auf die Flasche und von der Flasche auf den Löffel verliefen problemlos. Er wurde auch ohne Schwierigkeiten sauber. Mit einem Jahr ist er gelaufen, mit der Zahnbildung gab es ebenfalls keine Schwierigkeiten. Genauso problemlos waren seine motorische und sprachliche Entwicklung verlaufen: Kindergarten, Vorschule, Schule. Seine familiären Verhältnisse waren für eine Zeitlang gestört, aber es lagen keine schwerwiegenden Beziehungskonflikte vor.
Auch wenn jetzt psychosoziale Konflikte bestehen, spricht die ›normale‹ Entwicklung des Kindes, wie ich sie eben stichwortartig zusammengefaßt habe, für eine ›einfache‹ Psychotherapie. Diese zielt darauf ab, in der Behandlung eine positive *Übertragung* (Pauls Beziehung zu mir) herzustellen, ohne diese jedoch zu *analysieren,* d.h. ohne die Träume des Kindes oder seine Phantasievorstellungen zu deuten; auch sollen die verdrängten Konflikte aus der frühen Kindheit – selbst andeutungsweise – nicht wieder wachgerufen werden mit dem Ziel, sie zu entschlüsseln. (Darunter verstehe ich alles, was mit dem Inzestverbot, der ödipalen Identifikation und Aggression bzw.

mit den dazugehörigen Wunschvorstellungen in Zusammenhang steht*. Auch die Suizidgedanken des Jungen sollen nicht angesprochen werden. Wenn man so will, arbeitet der Therapeut mit dem Kind nur auf der Ebene dessen, was *wirklich* ist.) Eine ›unterstützende‹ Therapie kann von einem Therapeuten oder einer Therapeutin durchgeführt werden, die die kindliche ›Entwicklungslogik‹ kennt und sich in sie hineinzudenken vermag. Auf diese Weise kann sie mit dem Kind ›an der richtigen Stelle‹ Kontakt aufnehmen. Eine gewisse Sympathie muß zwischen dem Kind und dem Therapeuten bestehen und es muß gegenüber den Eltern absolute Diskretion gewährleistet sein. Voraussetzung ist auch, daß das Kind will, daß man ihm hilft. Beim ersten Gespräch zwischen dem Kind und dem Therapeuten, das im Beisein der Eltern stattfindet, wird es über das Wichtigste in Kenntnis gesetzt, was in dem Vorgespräch vom jeweiligen Elternteil geäußert wurde. Er muß ferner von seinen Eltern die Erlaubnis bekommen haben, dem Psychotherapeuten alles über sein Zuhause und seine Lebensgeschichte erzählen zu dürfen. Den Eltern muß eindringlich geraten werden, daß sie das Kind zu Hause nicht über den Gang der Therapie und was in deren Verlauf gesprochen wurde, ausfragen. Wenn das Kind – in diesem Fall ist es acht Jahre alt – die Behandlung ablehnen sollte, bevor es erfahren hat, was in ihr eigentlich passiert, darf man es niemals zur Therapie zwingen.

---

* Bekanntlich bedeutet der ödipale Konflikt für einen Jungen, sich für den Fall, daß der Vater nicht mehr existiert, vorzustellen, seinen Platz im Herzen der Mutter und in ihrem Bett einzunehmen. Er würde sie dann glücklich machen und sie würden Kinder zusammen haben. Für den kleinen Ödipus hängt an dieser Vorstellung ein ganzer Komplex von Träumen, die gleichzeitig als lustvoll und verbrecherisch erlebt werden, weil sie den Tod des Vaters mit einbeziehen, den er an sich liebt. Gerade rührt ja seine Vorstellung, Ehemann der Mutter zu werden, auch von daher, daß der Vater für ihn sein Freund bzw. Vorbild ist. In Pauls Phantasiewelt dürfte die Großmutter seine Geliebte und der Großvater der Rivale gewesen sein. Beide Vorbilder standen stellvertretend für die elterlichen Vorbilder. Wenn nun in der Realität ein glückliches oder auch unglückliches Ereignis eintritt, beispielsweise der Tod des Großvaters, dann kann das Kind sich einbilden, seine Phantasievorstellungen wären Wirklichkeit geworden. Es handelt sich bei solchen ›Wunschvorstellungen‹, die häufig unbewußt bleiben, um eine Art von ›magischem‹ Denken.

Vielmehr sollte man dafür sorgen, daß es von seinem Vater oder seiner Mutter fortan begleitet wird, die auch bei den Gesprächen anwesend bleiben dürfen, sofern sich das Kind dies wünscht. Häufig fühlt es sich dadurch sicherer. Man sollte die Gespräche erst dann mit ihm allein fortführen, wenn es den Wunsch danach von sich aus äußert. Was heißt nun ›unterstützend‹ im Zusammenhang mit dieser Art von Therapie? Der Patient ist ja nicht mehr in der Lage, zwischen seiner Phantasiewelt und der wirklichen Welt zu unterscheiden. Er kann sich in bezug auf das, was in ihm vorgeht, zusehends schlechter ausdrücken. Es stellen sich weiterhin unterschiedliche – auch körperlich empfundene – Symptome ein, seien es Panikgefühle, Ängste, Hemmungen, Müdigkeitszustände oder Anspannungen. Eine ihm fremde Sprache, die seiner ungelösten Konflikte, bemächtigt sich seiner, doch er kann sie weder denken noch sprechen – außer in der Umsetzung in Traumbilder im Schlaf. Von seinen Alpträumen wacht er während des Schlafens auf und findet keine Ruhe mehr, obwohl er sich an die Trauminhalte nicht erinnern kann. Im Verlauf der Psychotherapie tritt nun beim Malen, Modellieren oder Erzählen Stück für Stück jene Realität hervor, um die das Kind in seiner Vorstellungswelt ein ganzes Phantasiegebäude errichtet hat. Es ist die Anwesenheit eines Therapeuten, der die Handlungsunfähigkeit des Kindes in bezug auf die Wirklichkeit gerade nicht sanktioniert und so dem Kind ermöglicht, durch sein Sprechen wieder die Grundrisse der Realität unter seinen Vorstellungen und Phantasien zu erkennen. Dieser Zeuge seiner Reden, jemand, der ihm einfach zuhört, hilft ihm, sich langsam wieder in dem, was es erlebt hat, zurechtzufinden. Der Patient soll sich durch Worte gegenüber dem Therapeuten wieder in seiner Identität aufbauen. Dazu bietet er auch symbolische Orientierungspunkte an, indem er das Gespräch auf diese oder jene Begebenheit oder diesen oder jenen Ausspruch des Kindes hin orientiert. Möglich wird der Dialog durch die Sympathie, die zwischen beiden herrscht und dadurch, daß die Beziehung im Gegensatz zu der Beziehung des Patienten zu seinen Eltern oder nahen Verwandten als angstfrei erlebt werden kann. Die Dichte dieser letzteren Beziehungen und was sich über Jahre hinweg in ihnen alles angestaut hat, fehlt der Beziehung zwischen Patient und Therapeut. Hinzu kommt, daß der Therapeut wenig spricht, vom Patienten also nicht ständig ›etwas haben will‹ und sich alles in einem ›neutralen‹ Rahmen von vertraglich fixierten Sitzungen abspielt. Dadurch entsteht zwischen dem Patienten und dem Therapeuten eine völlig anders geartete Beziehung, die sich von allen anderen unterscheidet. Der therapeutische Rahmen läßt darüber hinaus keine Indiskretionen zu. Die Sicherheit des therapeutischen Gesprächs und die Erkenntnisse, die der Patient in seinem Verlauf über sich selbst gewinnt, begünstigt die symbolische Beziehung des Patienten in bezug auf dritte. Darin liegt meines Erachtens das Wesen einer Psychotherapie.

Es ist an dieser Stelle nicht möglich, den detaillierten Ablauf der Sitzungen mit Paul wiederzugeben. Es ist im übrigen auch nicht notwendig. Es genügt, die wichtigsten Themen anzuführen, die das Kind angeschnitten und über die es gesprochen hat. Dabei können wir einige von seinen Ausführungen wörtlich zitieren, bei denen er auf bestimmte Fragen und Ängste zu sprechen kam und die er deswegen frei zum Ausdruck bringen konnte, weil sie der Therapeut nicht mit Werturteilen sanktionierte. Der Junge berichtet dabei von für ihn seltsamen, schmerzlichen oder angenehmen Erfahrungen, die ihm während der Sitzungen einfielen und die er durch Worte zum Ausdruck bringen konnte, die ihn von der Last der Erfahrungen befreiten, aber auch von unterdrückten Wünschen oder Plänen, die zu schmieden verboten waren, weil sie ihm verbrecherisch, unvernünftig und angesichts seiner Realität als widersprüchlich erschienen. Die Wirklichkeit ist für jedes Kind ein Feld, auf dem es Gegensätze und Widersprüchliches entdeckt, aber auch relativ aufeinander bezogenes, das es zu ordnen gilt. Beispiele dafür sind ›das Wahre für sich‹ und das ›Nicht-Wahre für andere‹, das Unmögliche und Mögliche, die verschiedenen Wertvorstellungen wie Gut und Böse, Freundlich und Feindlich. In der Einbildung des Kindes kann in sich Widersprüchliches dennoch zusammengehören oder es wird eines der Gegensatzpaare häufig als absolut gesetzt. Wie diese in der Wirklichkeit existierende Relativität moralischer Kategorien vom einzelnen Kind interpretiert wird, ergibt sich entsprechend seines Geschlechts, seines Alters, dem Platz, den es in der Familienkonstellation einnimmt, seiner gesellschaftlichen Rolle, seinen persönlichen Erfahrungen, seinen Verantwortungsgefühlen und entsprechend der tatsächlichen Verantwortung, die es übernehmen muß, seinen Wertvorstellungen von Gut und Böse, seinem Gefühl für die Freiheit, was zu tun erlaubt ist oder man sich nur vorstellen darf und auch entsprechend dem, was es nicht weiß.

Im Verlauf der Sitzungen wird Paul geholfen, nach und nach seinen Narzißmus wieder zu gewinnen, durch dessen Kränkung er sich so ohnmächtig vorgekommen war. Gegenüber der für alle existierenden Wirklichkeit entwickelte er Schuldgefühle und fühlte sich von ihr verfolgt. Was verstehe ich unter einer ›für alle existierenden‹ Wirklichkeit? Sie ist für die Menschen wie ein Gesetz, nämlich leben, arbeiten und sterben zu müssen, aber auch das Bedürfnis zu haben, zu lieben und geliebt zu werden; weiterhin Trauer zu empfinden über den Verlust eines Menschen, den man liebt oder darunter zu leiden, von diesem Menschen nicht verstanden zu werden, verzweifelt zu sein, niemandem vertrauen zu können – auch sich selbst nicht. Man mag einwenden, daß ein achtjähriger Junge noch nicht über derart abstrakte Vorstellungen in seinen Bewußtsein verfügt, aber betrachten wir uns die Themen, auf die er während der Sitzungen zu sprechen kam:

- Geburt eines Mädchens, fünf Jahre nachdem sein Bruder geboren war; bei dessen Geburt sei eigentlich ein Mädchen erwartet worden.
- Die Krankheit seines Großvaters und seiner Großmutter. In diesem Zusammenhang kam er auf die Medizin und insbesondere die Chirurgie zu sprechen.
- Der mögliche Tod des Vaters oder der Mutter, wenn man acht Jahre alt ist, was gerade sein Vater in diesem Alter erlebt hatte. Daran zu denken wäre schlecht für ihn.
- Der Tod eines alten Verwandten, wenn ein Baby geboren wird; so war es bei seinem Bruder und später bei seiner Schwester gewesen. Zauberei oder Zufall?

- Erwachsen werden, Verpflichtungen haben, Verantwortung tragen zu müssen wie der Vater. Die Rolle des Vaters einnehmen zu müssen, wenn man der Älteste ist und der Vater nicht da ist.
- Seine Großmutter mütterlicherseits so lieben, wie sein Vater auch seine Mutter, in der Phantasie, geliebt hatte. (Wir erinnern uns, Pauls Vater war mit acht Jahren – also in Pauls Alter – Waisenkind geworden.)
- Die strenge und böse Lehrerin, in deren Unterricht er nicht mehr mitkam, weil man zu schnell schreiben mußte. Die Strafarbeiten. »Mutter gab ihr Recht.« In der Schule aufpassen zu müssen, aber nichts mehr zu begreifen. Dafür bestraft zu werden.

  »Sie wollte mich nicht mehr haben. Die anderen machten sich in der Pause über mich lustig – sie waren böse. In der Klasse haben sie mich nicht ausgelacht, sonst hätten sie auch Strafarbeiten bekommen.«
- Das Zuhause: Seine Schularbeiten auf dem Boden machen zu müssen, weil kein Tisch da war. In der Küche durfte man sie nicht machen. Das Essen. Keinen Hunger zu haben, die Beschimpfungen. Der kleine Bruder und die kleine Schwester nachts. Fläschchen machen, Windeln wechseln. Es war nicht einfach. Doch die Geschwister waren so niedlich. Das half.

  »Mein Papa hatte es mir gezeigt und gesagt, ich sollte es tun, damit sich meine Mutter ausruhen konnte.«

  Die Alpträume des kleinen Bruders, die er für wahre Geschichten hält. Die Gespenster.

  »Die Ärzte sehen wie Gespenster aus, wenn sie operieren. Aber es sind keine Gespenster.«

  »Großvater wurde vor zwei Jahren operiert. Es war immer die gleiche Krankheit. Man wird nicht gesund ...«

»Wenn man nicht in die Schule geht, wird man ein Penner.« Er hatte einen Penner kennengelernt, als er die Schule schwänzte, und der sein Freund wurde. Das Geld, das er für das Essen in der Schule bekommen hatte, behielt er: »Das ist schlecht von mir gewesen.« Er hatte es dem Penner gegeben: »Das war gut von mir.« »Das sind arme Kerle, die kein Geld haben. Wir haben uns damit etwas zu essen gekauft. Die können ja gar nicht arbeiten. Es gibt sehr nette Leute unter ihnen, das ist wahr. Er sagt mir, ich sollte in die Schule zurückkehren, um nicht so zu werden wie er. Er sagte lustige Dinge über meine Lehrerin ... ich weiß nicht mehr was.

Mein Vater ist sehr nett, er ist Fernfahrer. Er trinkt gern Wein, aber er betrinkt sich nicht. Manchmal gibt er mir ein bißchen Wein, nicht zu viel, manchmal sogar ohne Wasser. Früher ging er mit uns spazieren, wenn er frei hatte. Meine Mutter arbeitete. Er holte mich bei der Frau ab, die auf mich und meinen Freund aufpaßte. Ich fand das schön. Mein Bruder war noch klein, er blieb deshalb bei ihm ...«

Und dann fing Paul an, über die Schule zu sprechen, und zwar anhand eines Briefes von seinem Großvater und seiner Großmutter, den er mit in die Therapiestunde gebracht hatte. In dem Brief wurde er gelobt, daß er in der Schule so gut war. Es waren auch Bilder beigelegt, die wir uns gemeinsam ansahen. »Großvater war nett, wir gingen zusammen viel spazieren. Er hatte den Krieg mitgemacht – irgendeinen, ich weiß nicht mehr welchen. Er wurde verletzt. Er erzählte von den ›furchtbaren Deutschen‹ von früher, nicht von jetzt. Die vom anderen Krieg. Bei dem letzten war er nicht dabei, weil er dazu zu alt war. Aber erzählte von den Zügen mit den ›furchtbaren Deutschen‹, daß er sich versteckte und zusah, wie sie in die Luft gingen. Und dann über die Flugzeuge.«

Und so erzählte Paul weiter, malte und schrieb Geschichten auf, die das jeweilige Bild darstellen sollte. Am Anfang setzte er noch nicht seinen Namen darunter. Und dann das erste Mal ›Paul‹, ganz klein, dann etwas größer und schließlich seinen ganzen Namen.

»Jetzt schlafe ich gut. Ich habe keine Alpträume mehr. Die Großmutter ist wieder gesund. Sie ist so wie früher. Meine Mutter wird zu Beginn des nächsten Schuljahres ihre Arbeit wieder aufnehmen. Wenn die Schule mich nicht wieder aufnehmen will, wird mein Vater schon weitersehen. Ich möchte auf jeden Fall zu irgendeiner Schule wieder zurückkehren. Wir werden Großmutter besuchen. Dort gibt es eine Frau, die gesagt hat, sie würde während der Ferien Nachhilfeunterricht erteilen. Ich kenne sie. In den Ferien wird sie in der Nähe meiner Großmutter wohnen. Sie war früher Lehrerin. Sie ist nicht verheiratet. Sie ist eine Schulfreundin meiner Großmutter. Ich bin sicher, daß ich alles nachholen werde. Lernen macht mich nicht mehr müde.«

»Es waren die Operationen*, die ich bei meiner Lehrerin nicht verstand; sie dachte, ich würde es mit Absicht tun. Ich versuchte zuzuhören und dann hörte ich nichts mehr. Ich verstand nichts ...«

»Ich mache für meine Mutter jetzt die Abrechnungen. Mein Vater macht auch Abrechnungen. Er sagt, daß ich gut rechnen kann. Wir rechnen zusammen, wie viele Kilometer er gefahren ist und die Zeit, die er dazu gebraucht hat. Und dann um wieviel Uhr er wegfahren muß. Die Lkw fahren so 80 Kilometer in der Stunde, aber natürlich nicht durchgehend. Dann müssen die Fahrer anhalten, um etwas zu essen. Dabei muß man etwas abziehen und dann multiplizieren ... und noch eine Teilung und dann hat man die Zahl. Man darf nicht Alkohol trinken, wenn man fährt, dann kommen die Bullen und man muß in einen Ballon blasen. Er verfärbt sich, wenn man Alkohol getrunken hat. Der Penner, von dem ich Ihnen erzählt habe, der trank gern Alkohol, aber er mußte nicht fahren. Er erzählte mir auch Kriegsgeschichten, aber er ist nie Soldat gewesen. Er hatte keinen Orden. Mein Großvater hatte welche. Als er klein war, hatte er nichts zu essen. Es war damals so. Dann war er immer krank, als er Soldat war. Man wollte ihn bei der Armee nicht mehr behalten. Die Ärzte haben ihm gesagt: ›Jetzt ist Schluß, wir wollen dich nicht mehr haben.‹ Er war froh darüber. Ich habe meinen Eltern nicht erzählt, daß ich Fredo (so hieß der Penner) kannte und mit ihm zusammen aß. Meine Mutter sagte immer, Penner sind faule Kerle, Nichtsnutze. Aber Fredo sagte mir, es wäre gut, in die Schule zu gehen. Dann hat man später einen Beruf. Er sagte: ›Du bist ein nettes Kerlchen, du solltest nicht so werden wie ich. Du hast einen Vater, eine Mutter, einen kleinen Bruder und eine kleine

---

* Wahrscheinlich assoziiert er diese ›Operationen‹, wie er das Vorgehen der Lehrerin im Unterricht nennt, mit den Operationen bei seinem Großvater oder mit der Geburt der kleinen Schwester, die vor dem Termin lag. Er assoziiert den Geschlechtsunterschied (auch zur Lehrerin) mit der Klinik.

Schwester.‹ Seine Schwester war gestorben. Er sagte, der Tod verändert alles. Er sagte auch noch: ›Du hast eine Großmutter. Die Ärzte werden sie schon wieder gesund machen. Sicher. Das ist bestimmt wahr. Man stirbt nicht einfach so! Natürlich ... irgendwann ... eines Tages muß es schon sein, wie mein Großvater. Aber er war schon sehr alt. Es ist komisch, aber ich habe keine Lust mehr zu sterben ... Früher wollte ich sterben. Ich hatte alles satt.‹ Er hat mir das gesagt: ›Manchmal hat man alles satt‹, und dann Schimpfworte, die man nicht sagen darf. Dann sagte er mir immer: ›Hör nicht hin, das ist nichts für dich.‹ Er sagte mir: ›Du hast eine Familie, du mußt sie lieb haben.‹ Seinen Vater hat man ins Gefängnis gesteckt, weil er auf seine kleine Schwester so stark draufgeschlagen hat (sie war damals noch ein Baby), daß sie in die Klinik mußte und dort gestorben ist ... Das hat er gemacht, weil sie nachts schrie. Von seinem Vater wußte er nichts mehr, weil er ihn nach seiner Entlassung aus dem Gefängnis nicht wieder gesehen hat. Er sagte, es wäre schön, einen Vater zu haben. Vor der Geburt der kleinen Schwester hatte er alles, danach nichts mehr. Es war nunmal so. Ich habe ihn nach seiner Mutter gefragt. Er antwortete: ›Die arme Frau, es war nicht ihre Schuld ... Sie ist weggegangen, ich weiß nicht wohin ...«

Man braucht nun dieses Dokument einer Kinderpsychotherapie nicht weiter zu verfolgen. Paul sprach sich aus und damit sprach er *seine ganze Wahrheit* aus.

Nach einer bestandenen Aufnahmeprüfung zu Schulbeginn wurde Paul wieder in seine alte Schule aufgenommen und in die nächste Klasse versetzt. Tatsächlich hatte er in den Ferien alles nachgeholt. Er bekam auch eine neue Lehrerin, die alle guten Eigenschaften bei sich vereinbarte, sie war hübsch und sie konnte sehr gut erklären. Paul bekam gute Noten – auch im Betragen.

Paul kam während der ersten drei Monate des Schuljahres anfangs alle acht Tage, später vierzehntägig in die Therapiesitzungen. Er hatte ein gutes Verhältnis zu seinen Schulkameraden. Vielleicht erzählte er ihnen von Fredo, dem einzigen Trost, den er fand, als er damals die Schule schwänzte, damals,

als er sich im Niemandsland herumtrieb ... Später hat er in den Sitzungen dann nicht mehr darüber sprechen wollen. Bei ihm und seiner Familie war alles wieder in Ordnung.
Den Strudel, der Pauls kleines Boot auf dem Fluß des Lebens gekippt hatte, so daß er beinahe ertrunken wäre, hatte er hinter sich gelassen. Die Therapie hatte fünf Monate gedauert und ihr Ziel erreicht, nämlich die vollständige Wiederherstellung seines psychischen Gleichgewichts, das im Laufe seiner frühen Kindheit aufgebaut und im Alter von fünf bis acht Jahren gefestigt worden war, das Paul aber innerhalb von nur ein paar Monaten aufgrund eines zufällen Ereignisses – scheinbar wegen einer Lehrerin – verloren hatte. Denn ausschlaggebend waren andere Gründe in seinem Unbewußten gewesen. Der Erwerb von neuen Kenntnissen in der Schule, das Vertrauen zu den Mitmenschen und sich selbst, die Wiedererlangung der körperlichen Gesundheit, die friedliche Stimmung innerhalb der Familie – all dies sind günstige Vorzeichen für den weiteren Verlauf seines Lebens.

Bei dieser Behandlung handelte es sich also um keine Psychoanalyse, sondern um eine Psychotherapie – obwohl die Therapeutin eigentlich Analytikerin war. Die Übertragungssituation (d.h. die Beziehungen zwischen den an der Therapie Beteiligten, die sie erst ermöglicht hatte) wurde von ihr weder gedeutet noch verbalisiert. Alles, was sich aus der unbewußten Beziehung der Eltern Pauls zu ihren Eltern auf die Erziehung von Paul übertrug – über bewußte Aussagen bis hin zu einem filigranartigen Geflecht feinster Gefühle, wurde weder hervorgehoben noch interpretiert. Aus den Gesprächen, die die Therapeutin mit den Eltern von Paul und ihm selbst geführt hatte, wurden lediglich solche Aussagen festgehalten und zum Inhalt des Gesprächs gemacht, die auf der Ebene des Bewußten angesiedelt waren.

Aber wird nicht auch im Rahmen der ›unterstützenden‹ Therapie das Unbewußte des Patienten berührt?

Bei Paul waren Triebregungen seiner Persönlichkeit in gefährlicher Weise wieder geweckt worden, die mit dem prägenitalen und ödipalen Stadium seiner Entwicklung zusammenhängen, und die, bevor alles anfing, nicht in Erscheinung getreten waren. Dies geschah im Grunde bei allen Familienmitgliedern, da sie sich zusammen einer Realität ausgesetzt sahen, die geprägt war von der Geburt einer Tochter und dem Tod eines älteren Menschen, der als Großvater, Vater, Schwiegervater und Ehemann für jedes Familienmitglied in verschiedener Hinsicht wichtig war. Weit zurückliegende, archaische Triebqualitäten wurden dadurch berührt. Und durch die Therapie von Pauls ›Krankheit‹ konnte allen Familienmitgliedern geholfen werden, sich in der für sie nach der Geburt der Tochter und dem Tod des Großvaters neu entstandenen Situation wieder zurechtzufinden.

Was wäre noch zu jener ›Drohung‹ zu sagen, die Paul und seine Familie sehr belastete, nämlich Paul von der Schule und seinem Zuhause zu entfernen, um ihn in eine Sonderschule oder in ein Heim für verhaltensgestörte Kinder zu stecken? War dieser Vorschlag, selbst wenn er für die Einheit des Klassenverbandes ratsam erscheinen mag, für den Schüler Paul sinnvoll? Oder wäre es besser gewesen, ihn die Klasse cinfach noch einmal wiederholen zu lassen? Ich kann diese Vorschläge nur verneinen. Denn Paul hätte seine Phobie gegenüber der Schule beibehalten. Es war die Entscheidung der Rektorin, die Paul gerettet hat.

Sie hatte, ermutigt von den guten ›Tests‹, Pauls Eltern nicht nur angeraten, eine Psychotherapie für ihn zu akzeptieren (die ihnen übrigens schon zweimal nahegelegt worden war), sondern sich auch selbst in den therapeutischen Prozeß einbeziehen zu lassen.

Sachregister